Handbuch
Dialog der Religionen

Christliche Quellen zur Religionstheologie
und zum interreligiösen Dialog

Herausgegeben von Ulrich Dehn
unter Mitarbeit von Gwen Bryde

Verlag Otto Lembeck
Frankfurt am Main

Bibliografische Information der Deutschen Nationalbibliothek
Die Deutsche Nationalbibliothek verzeichnet diese Publikation in der
Deutschen Nationalbibliografie, detaillierte bibliografische Daten
sind im Internet über http://dnb.d-nb.de abrufbar.

Umschlagentwurf: Markus Wächter
© 2008 Verlag Otto Lembeck, Frankfurt am Main
Gesamtherstellung: Druckerei und Verlag Otto Lembeck
Frankfurt am Main und Butzbach
ISBN 978-3-87476-566-4

Inhalt

Ulrich Dehn / Gwen Bryde
Vorwort 9

Ulrich Dehn
Einleitung: Brauchen wir für den interreligiösen Dialog eine
Theologie der Religionen? 13

Ernst Troeltsch
Die Stellung des Christentums unter den Weltreligionen (1923)   28

Karl Barth
Auszüge aus: Kirchliche Dogmatik I/2, § 17: 2. Religion als
Unglaube; 3. Die wahre Religion (1937) 44

Hendrik Kraemer
Die Stellung zu den nichtchristlichen Religionen (1938) 61

Karl Rahner
Das Christentum und die nichtchristlichen Religionen (1961) . 75

Wolfhart Pannenberg
Erwägungen zu einer Theologie der Religionsgeschichte (1962)   97

Paul Tillich
Die Bedeutung der Religionsgeschichte für den systematischen
Theologen (1965) 147

Georges Khodr
Christentum in einer pluralistischen Welt – das Werk des
Heiligen Geistes (1971) 161

Hans Jochen Margull
Verwundbarkeit. Bemerkungen zum Dialog (1974) 174

Raimon Panikkar
Die Spielregeln der religiösen Begegnung (1978) 188

John Hick
Auf dem Weg zu einer Philosophie des religiösen Pluralismus
(1982) 203

Leonard Swidler
Grundregeln für den interreligiösen uind interideologischen
Dialog (1984)... 231

Aloysius Pieris
Der Ort der nichtchristlichen Religionen und Kulturen in der
Entwicklung einer Theologie der Dritten Welt (1986) 237

Francis X. D'Sa
Das endzeitliche Pfingstfest und der endgültige Mokscha
(1987) 278

Paul F. Knitter
Befreiungstheologie der Religionen (1987)................ 297

Hans Küng
Weltfrieden – Weltreligionen – Weltethos (1994) 330

Perry Schmidt-Leukel
Zur Einteilung religionstheologischer Standpunkte (2005) 347

Offizielle kirchliche Texte

2. Vatikanisches Konzil:
Lumen Gentium (Abschnitt 16) (1964) 395

2. Vatikanisches Konzil:
Nostra Aetate (1965)................................... 397

Kongregation für die Glaubenslehre:
Erklärung Dominus Iesus. Über die Einzigkeit und
die Heilsuniversalität Jesu Christi und der Kirche
(Abschnitt VI) (2000) 402

Ökumenischer Rat der Kirchen:
Leitlinien zum Dialog mit Menschen verschiedener Religionen
und Ideologien (1979) 407

Ökumenischer Rat der Kirchen:
Ökumenische Erwägungen zum Dialog und zu den
Beziehungen mit Menschen anderer Religionen (2002). 433

Evangelische Kirche in Deutschland:
Christlicher Glaube und nichtchristliche Religionen (2003) ... 446

Quellennachweise 470

Vorwort

Seit vielen Jahren werden in der Beschäftigung mit dem Thema des Dialogs von Angehörigen unterschiedlicher Religionen, einer Theologie der Religionen und des interreligiösen Dialogs dieselben klassischen Texte immer wieder zur Hand genommen. So lag die Idee, diese Texte zusammenzustellen und in einem Buch zusammenzufassen, schon lange in der Luft. Im Unterschied zu früheren Projekten dieser Art erschien es uns allerdings wichtig, neben den bereits in anderen Sammelbänden[1] veröffentlichten deutschsprachigen Autoren (mit der Ausnahme des Niederländers Hendrik Kraemer) von Ernst Troeltsch bis Hans Küng auch Autoren aus dem außereuropäischen Raum zugänglich zu machen. Auch werden die wichtigsten offiziellen römisch-katholischen Texte sowie Leitlinien aus dem Ökumenischen Rat der Kirchen dokumentiert. Mit Georges Khodr ist zudem ein prominenter orthodoxer Theologe vertreten. Entstanden ist ein Reader und Quellenbuch, das von interessierten Einzellesern benutzt werden kann, aber auch und insbesondere für universitäre Veranstaltungen, Gemeindeseminare, Akademien und andere Orte der Bildung, Fortbildung und Weiterbildung gemeint ist.

Das Handbuch wurde in einer Seminarveranstaltung im Sommersemester 2007 am Fachbereich Evangelische Theologie in Hamburg vorbereitet. Wir haben uns quasi als wöchentlicher Redaktionsausschuss getroffen, die Texte vorgestellt und ausgewählt, Einleitungstexte geschrieben und diskutiert und wichtige redaktionelle Entscheidungen getroffen. Oft kam es zu sehr grundsätzlichen Aussprachen über das Thema der interreligiösen Begegnung. An unserem Kreis waren außer den Unterzeichneten Luise Albers, Miriam Buse, Anja Frank, Andreas Holzbauer, Janina Mandel, Tobias Niwiński, Annika Paasman und Martina Ulm beteiligt. Ihnen allen sei gedankt für das große Engagement, mit dem sie dieses Projekt begleitet haben.

Unsere erste wichtige Entscheidung war, uns auf christliche Texte zu beschränken. Sie fiel uns nicht leicht, aber jeder andere Weg hätte eine schwierige Entgrenzung des Projektes bedeutet oder eine sehr

---

[1] Vgl. u. a. das Buch von Karl-Josef Kuschel (Hg.), Christentum und nichtchristliche Religionen, Darmstadt 1994.

schmale Auswahl aus dem nichtchristlichen Bereich, die sehr umfangreich und plausibel hätte begründet werden müssen. Dies ist als Impuls für weitere Projekte zu verstehen. Uns fiel auf, dass alle Texte von Männern stammen. Der Versuch, passgerechte Texte von Frauen zu finden, war erfolglos, und das Unternehmen, einen Text, der das Thema allenfalls am Rande behandelt, nur aus „Gender-Gründen" aufzunehmen, erschien uns nicht sinnvoll. Wir würden es sehr begrüßen, wenn in Zukunft die Kompetenz von Frauen im interreligiösen Dialog und in der Entfaltung einer Theologie der Religionen deutlicher sichtbar würde.

Schließlich haben wir eine Grenze zu Beiträgen gezogen, die in den letzten Jahren die Diskussion über die Theologie der Religionen geführt haben. Der einzige Text, der dieser Kategorie zuzuordnen wäre, ist das 3. Kapitel aus dem Buch „Gott ohne Grenzen" (2005) von Perry Schmidt-Leukel, eine reife Fortentwicklung seines schon fast klassischen Aufsatzes „Zur Klassifikation religionstheologischer Modelle" (Catholica 1993). Es schien uns wichtig, Schmidt-Leukel als engagierten und wohl prominentesten deutschsprachigen Befürworter der Dreier-Kategorisierung religionstheologischen Denkens und der pluralistischen Religionstheologie zugänglich zu machen.

Die Texte sind in der chronologischen Reihenfolge ihres Entstehens angeordnet, dies allerdings jeweils in Blöcken (Einzelautoren für sich, kirchliche Dokumente je nach Konfession für sich). Dieses Vorgehen ergab aufgrund der geistesgeschichtlichen Gezeiten auch fast eine inhaltliche Reihenfolge, wenn auch eher zufällig und mit Brüchen. An den Texten wurden redaktionell folgende Änderungen vorgenommen: Im Text von L. Swidler wurde „sz" durch „ß" ersetzt, in den „Leitlinien..." des ÖRK waren erhebliche Korrekturen von kleineren Schreibfehlern bis hin zu unvollständigen Worten (mit [ ] vermerkt) notwendig, die im Originaltext von K. Rahner jeweils an den Rändern stehenden Verweise auf die Seitenzahlen der Erstveröffentlichung wurden in den Text hineingeholt, Sanskrit-spezifische diakritische Zeichen im Text von F.X. D'Sa konnten nicht übernommen werden.

Herzlich gedankt sei unserer Mitarbeiterin Andrea Ehlers und unserer studentischen Hilfskraft Chang-Mi Dallat, die in unendlicher Kleinarbeit die Übertragung und Lektorierung der nur gedruckt vorliegenden Texte in PC-Dateien bewerkstelligt und an vielen anderen Stellen an der Erstellung des Buchs mitgewirkt haben. Ferner danken wir allen Verlagen und Organisationen, die den Nachdruck der Texte erlaubt haben (vgl. die Herkunftshinweise am Ende des Buchs), insbesondere jedoch der *Hamburgischen Stiftung für Wissenschaften, Entwicklung und Kultur Helmut und Hannelore Greve* dafür, dass sie mit einem großzügigen Druckkostenzuschuss dieses Projekt ermöglicht hat. Herrn Dr. Wolfgang Neumann, dem Verlagsleiter, sei für die freundliche Beratung und Zusammenarbeit gedankt.

Hamburg, im März 2008

Ulrich Dehn   Gwen Bryde

Einleitung

Brauchen wir für den interreligiösen Dialog eine Theologie der Religionen?

Ulrich Dehn

Jede Beschäftigung mit religiösen Fragen ist eine Suchbewegung. Das ist eine der Botschaften des „Buchs vom Heiden und den drei Weisen" von Raimundus Lullus/Ramon Lull (1232–1316). So ist auch das Gespräch mit Menschen anderen Glaubens, die Begegnung im Reden oder im Schweigen ein Handeln auf einem Weg, der nie an sein Ende kommt. Die Notwendigkeit zur Begegnung mit anderen Religionen bzw. ihren Anhängern wird zumeist mit der pluralisierten Situation begründet, in der wir uns in den letzten Jahrzehnten auch in Gesellschaften befinden, die einst als religiös „monokulturell" betrachtet wurden. An der Realität hat sich nicht so viel wie vermutet geändert: Die Präsenz des Islam auch in Westeuropa ist um Jahrhunderte älter als der Zustrom von türkischen „Gastarbeitern", seit mehr als hundert Jahren sind deutsche Buddhisten aktiv, und bis zu ihrer Vernichtung im Dritten Reich lebten mehrere Millionen Juden auf deutschem Boden, um nur einige Beispiele zu nennen.[1] Die gefühlte Präsenz nichtchristlicher Religionen hat in den letzten zwei Jahrzehnten im gleichen Maße zugenommen, in dem die Kirchen in Deutschland ihre Stärke schwinden sahen. Der Diskurs intensivierte sich auf vielen Ebenen, ebenso hat die Einsicht in die Notwendigkeit des interreligiösen Dialogs und die Bereitschaft, Gelegenheiten der Begegnung zu schaffen, erheblich zugenommen und auch zur Institutionalisierung des Dialogs an vielen Orten geführt.

Als wichtiger Bestandteil des eigenen identitätsbezogenen und zugleich beziehungsfähigen Verhaltens im interreligiösen Dialog ist die intrareligiöse Verständigung darüber anzusehen, wie die eigene religiöse Tradition sich aus ihrer Substanz heraus zu anderen Religionen in ein Verhältnis setzen kann. Diese Perspektive ist allerdings zu ergänzen durch die Einsicht, dass religiöse Identitäten sich immer aus der Interaktion mit Alteritäten, also anderen religiösen und weltanschaulichen Gedankensystemen gebildet haben – auch die wichtigen

---

1 Vgl. Religion in Geschichte und Gegenwart, Tübingen ⁴1998–2005, Artikel „Deutschland: Nichtchristliche Religionen".

dogmatischen Weichenstellungen bis zum 4. Jahrhundert n. Chr. sind nur im Zusammenhang der damaligen Abgrenzungskämpfe herrschender Theologie gegen „Häresien" und „Ketzer" und aus der Begegnung mit griechischer und vorderorientalischer Philosophie erklärlich. Insofern ist eine reine Selbstbesinnung theologischen Denkens unter Ausschluss von alteritären Begegnungs- und Bezugspartnern ein Konstrukt, das in der Christentums- und Religionsgeschichte keinen Anhalt hat. So sind auch die Vorschläge zu einer christlichen In-Beziehung-Setzung zu andern Religionen fast immer aus der Begegnung entstanden, um dann ihrerseits Kompetenz für die Begegnung zu vertiefen. Es ist das Thema der Theologie der Religionen, das die Religionen zu einem innertheologischen Beschäftigungsfeld werden lässt. Historisch hatte dieses Thema seinen Ort in der systematischen Theologie und in der Religionsphilosophie[2] und wurde in der zweiten Hälfte des 20. Jahrhunderts in die Missions- und Religionswissenschaft, wie sie an theologischen Fakultäten betrieben wird, hereingeholt. Zurzeit scheint sich eine umgekehrte Bewegung beobachten zu lassen. Autoren wie Reinhold Bernhardt, Ulrich Körtner, Christian Danz, Christoph Schwöbel, Hans-Martin Barth u. a. haben sich profiliert zu Wort gemeldet[3], wobei es in vielen Fällen das selbstbewusste Auftreten der pluralistischen Theologie der Religionen zu sein scheint, das systematische Theologen zur Auseinandersetzung reizt. Immer wieder stehen die Fragen neu zum Nachdenken an, ob und in welcher Weise es überhaupt aus dem Fundus einer religiösen Tradition heraus Fäden zum Knüpfen zu anderen religiösen Traditionen hin gibt, ob nicht dieser Gedanke schon voraussetzt, dass es sich bei Religionen

---

2   Vgl. in diesem Band die Texte von Karl Barth, Paul Tillich, Wolfhart Pannenberg, Ernst Troeltsch, Karl Rahner u. a., weiterhin zu nennen wären Rudolf Otto und Ernst Benz.

3   Vgl. Reinhold Bernhardt, Der Absolutheitsanspruch des Christentums, Gütersloh ³1993; ders. (Hg.), Horizontüberschreitung. Die Pluralistische Theologie der Religionen, Gütersloh 1991; Ulrich H. J. Körtner, Christus allein? Christusbekenntnis und religiöser Pluralismus aus evangelischer Sicht, in: Theologische Literaturzeitung 1998 (Jg. 123), 3–20; Christian Danz/Ulrich H. J. Körtner (Hg.), Theologie der Religionen. Positionen und Perspektiven evangelischer Theologie, Neukirchen-Vluyn 2005; Christian Danz, Einführung in die Theologie der Religionen, Wien 2005; Christoph Schwöbel, Die Wahrheit des Glaubens im religiös-weltanschaulichen Pluralismus, in: U. Kühn/M. Markert/M. Petzoldt (Hg.), Christlicher Wahrheitsanspruch zwischen Fundamentalismus und Pluralität, Leipzig 1998, 88–118; Hans-Martin Barth, Dogmatik. Evangelischer Glaube im Kontext der Weltreligionen – ein Lehrbuch, Gütersloh 2001.

Einleitung

um kompakte definierbare Gebilde mit geringer Komplexität handelt, die überhaupt als solche in Beziehung zueinander treten können, ob eine Beziehungsknüpfung nicht in jedem Falle kraft der Wahrheitsansprüche ein jeweiliges Gefälle zum Anderen hin implizieren müsse, das jeden Dialog mit konterproduktiven Machtkonnotationen ausstattet. Dieses glaubensgestützte Gefälle mag unvermeidlich sein für viele Arten, die interreligiöse Beziehung zu denken, wenn man denn mit Ulrich Schoen (in Anlehnung an Reinhold Bernhardt) sagt: „Das Höchste, was man von Gläubigen heute verlangen kann, ist ein Dialog der ptolemäischen Systeme"[4] – d. h. ein Dialog von Gläubigen, die je für ihren Glauben in Anspruch nehmen, in der Mitte zu stehen. Aber sie reden jedenfalls miteinander und arbeiten zusammen, so Schoen. Jede Wahrnehmung der eigenen und anderer Religionen ist eine perspektivische Wahrnehmung, die allerdings im Dialog in einer Dynamik des stetigen gegenseitigen Überprüfens von Innen- und Außenperspektive steht und von einem „hermeneutischen Kontrolldiskurs"[5] begleitet wird:

Ich verstehe diesen Kontrolldiskurs in einem umfassenden Sinne einerseits bezogen auf eine Ethik des Dialogs, die neben allgemeinen Kommunikationsregeln spezifisch auf religiöse Gesprächssituationen bezogene Vorgaben anbietet (vgl. in diesem Band Leonard Swidler und Raimon Panikkar, darüber hinaus im islamischen Bereich Abdoldjavad Falaturi). Zum anderen bezieht er sich auf eine Theologie der Religionen, wie sie in den meisten Texten dieses Buchs zum Thema gemacht wird, und schließlich auf hermeneutische Koordinaten, wie sie im Bereich des ethnologischen, religionswissenschaftlichen und theologischen Alteritätsdiskurses und in der Semiotik entwickelt worden sind. Es handelt sich also um ein Nachdenken über Rahmenbedingungen der interreligiösen Kommunikation, das zugleich sowohl dieser Kommunikation vorausläuft als auch immer wieder stärker sensibilisiert aus ihr hervorgeht und an ihr wächst.

Die Texte dieses Bandes sind den Bereichen der Ethik des Dialogs und der Theologie der Religionen zuzuordnen und zumeist als „klassisch" anerkannte und weithin benutzte Texte. In Anbetracht der schnell voranschreitenden Diskussion erschien es uns nicht möglich

---

4   Ulrich Schoen, Bi-Identität. Zweisprachigkeit, Bi-Religiosität, doppelte Staatsbürgerschaft, Zürich/Düsseldorf 1996, 135, unter inhaltlicher Berufung auf Bernhardt, Absolutheitsanspruch 230ff.
5   Bernhardt, Absolutheitsanspruch 233.

und sinnvoll, daneben auch jüngere Texte zu den anderen Bereichen anzubieten, die an der aktuellen Diskussion teilnehmen, deren nachhaltige Bedeutung jedoch noch nicht abzuschätzen ist und möglicherweise im Zuge der Debatte in wenigen Jahren wieder verblasst.

Religionstheologische Modelle

Seit Anfang der 1980er Jahre ist es üblich geworden, die bis jetzt entwickelten Modelle einer Theologie der Religionen unter drei Grundkategorien zusammenzufassen, die als das exklusivistische, inklusivistische und das pluralistische Modell bezeichnet werden. Als regelrechte Dreierklassifikation wurde diese Terminologie erstmalig wahrscheinlich 1982/1983 von Alan Race und Gavin D'Costa, zwei Schülern des britischen Theologen und Religionswissenschaftlers John Hick, benutzt[6], nachdem sie der Sache nach bereits von Ernst Troeltsch in seiner Schrift „Die Absolutheit des Christentums und die Religionsgeschichte" (1902/1912) verhandelt worden war. Troeltsch hatte eine „orthodox-supranaturalistische Apologetik" gegenüber einer „evolutionistischen Apologetik" profiliert und mit letzterer insbesondere die religionsgeschichtlichen Aspekte einer Superiorität des Christentums bezeichnet. Auch an anderen Orten sind die je einzelnen Kategorien schon vorher gebräuchlich gewesen. Was ist damit gemeint?

a. Der exklusivistische Typ

Der *exklusivistische* Typ geht davon aus, dass es außerhalb der Kirche (ekklesiologische Variante) bzw. außerhalb des christlichen Glaubens kein Heil gebe und deshalb ein unendlicher qualitativer Unterschied zwischen Christentum und anderen Religionen zu veranschlagen sei. Die ekklesiologische Seite des Exklusivismus wird gerne auf die cyprianische Formel *„salus extra ecclesiam non est"* (oder etwas populärer *„extra ecclesiam nulla salus"*) zurückgeführt, auch wenn es Cyprian (200–258) nicht um außerchristliche Religionen, sondern um innerchristliche Abspaltungsgefährdungen durch Häretiker ging, was sich jedoch zwangsläufig nicht nur in der Wirkungsgeschichte, sondern auch schon in der Anlage des Gedankens selbst auch gegen

---

6 John Hick, On Conflicting Religious Truth Claims, in: Religious Studies 19, 485–491.

Einleitung

„heidnische Kulte" im Römischen Reich (und über dieses hinaus) auswirken musste. Während der Katholizismus bis zum 2. Vatikanischen Konzil von diesem Gedanken geprägt war, ist auch bei Martin Luther im Großen Katechismus am Ende seines Kommentars zu den drei Glaubensartikeln zu lesen: „Darum unterscheiden und trennen diese Glaubensartikel uns Christen von allen anderen Leuten auf Erden. Denn die Menschen außerhalb der Christenheit, seien es Heiden, Türken, Juden oder falsche Christen und Heuchler, mögen zwar nur einen wahrhaftigen Gott glauben und anbeten; aber sie wissen doch nicht, wie er gegen sie gesinnt ist. Sie können von ihm auch weder Liebe noch etwas Gutes erhoffen; deshalb bleiben sie in ewigem Zorn und Verdammnis. Denn sie haben den Herrn Christus nicht und sind auch mit keinen Gaben durch den Heiligen Geist erleuchtet und begnadet."[7] Ein Christus-zentrierter Exklusivismus wird auch Karl Barth zugeschrieben, der in der Kirchlichen Dogmatik I/2 eine deutliche Profilierung des sich der Offenbarung Gottes in Christus verdankenden Glaubens gegenüber der eigenmächtigen Religiosität des Menschen vornimmt.[8] Barth ging es jedoch vorrangig nicht um die Auseinandersetzung mit nichtchristlichen Religionen, auch wenn sein Eingehen auf den japanischen Amida-Buddhismus[9] dies zu suggerieren scheint. Er hatte Auswüchse christlicher Theologie (aus seiner Sicht: den „Kulturprotestantismus") und den Missbrauch durch völkische Theologie im Dritten Reich vor Augen und zog einen Strich quer durch die Milieus des Christentums, war jedoch unvorsichtig in der Diktion[10] und mithin auch für exklusivistisches Gedankengut vereinnahmbar. Eher als von christlichem wäre bei ihm von Offenbarungsexklusivismus zu sprechen. Auch der niederländische Missionstheologe Hendrik Kraemer, der in Anlehnung an Barth für einen qualitativen Unterschied zwischen göttlicher Offenbarung und menschlicher Selbstverwirklichung plädiert, ist nicht einfach lapidar als christlich-exklusivistischer Denker zu betrachten. Nahe an Barth ist Kraemer

---

7 Martin Luther, Der große Katechismus. Die Schmalkaldischen Artikel, (Siebenstern TB 7) München/Hamburg 1964, 103.
8 So in Die Kirchliche Dogmatik I/2, Zollikon-Zürich 1945, § 17: Gottes Offenbarung als Aufhebung der Religion (304–397).
9 Vgl. a.a.O., 372–377.
10 Die Trennungslinie zwischen „Wahrheit und Lüge" war für ihn die zwischen der Nennung des Namens Jesu Christi und der Nicht-Nennung. Im Falle letzterer habe man es mit „Heiden, arme(n), gänzlich verlorene(n) Heiden" zu tun (a.a.O., 376).

Einleitung

mit der Unterscheidung von „biblischem Realismus", der den sich gnädig offenbarenden Gott dem Menschen in seiner Selbstgerechtigkeit zuvorkommen lässt, während in der nichtchristlichen Welt eine anthropozentrische Soteriologie herrsche, d. h. der irrige eigene Weg des Menschen zu Gott. Während die qualitativen theologischen Bestimmungen dem Barthschen Begriffspaar „Offenbarung" und „Religion" vergleichbar sind, zieht Kraemer den Trennungsstrich ebenfalls nicht eindeutig zwischen Christentum und nichtchristlichen Religionen, sondern rechnet auch Judentum und (mit einer gewissen Distanz) den Islam den prophetischen Offenbarungsreligionen zu, alle anderen dem Typ der naturalistischen Selbstverwirklichungsreligion.[11] Einen reineren Exklusivismus meint Perry Schmidt-Leukel bei der Southern Baptist Konvention in den USA wahrnehmen zu können, die aus Anlass des großen indischen Festes Divali Puja ihre Mitglieder auffordere, der Menschen zu gedenken, die „in der hoffnungslosen Dunkelheit des Hinduismus verloren" seien und noch nicht zu „dem einen wahren Weg" des Christentums bekehrt seien. „Durch Kali und andere Götter und Gottheiten des Hinduismus hält Satan Kalkutta fest in seinem Griff. Es ist Zeit, dass die Erlösung Christi nach Kalkutta kommt", so der Aufruf der Südlichen Baptisten.[12] Hier begegnet ein christlicher Exklusivismus im engeren Sinne einer Heilsausschließlichkeit des *Christentums* ohne Binnendifferenzierung. *Der* christliche Glaube steht in direkter Konfrontation zu anderen Religionen ohne Andeutung von Anknüpfungspunkten für den Dialog.

b. Der inklusivistische Typ

Im Unterschied zum exklusivistischen Denken geht *inklusivistische* Religionstheologie davon aus, dass auch anderen Religionen, in welcher Gestalt und in welchem Maße auch immer, Wahrheit innewohnt, bis hin zu Modellen, die Signifikationen Christi auch in nichtchristlichen Religionen wahrnehmen. Während einige indische Theologen des 19. Jahrhunderts das Christentum auf der Basis einer evolutionistischen Theorie (*fulfillment theory*) als „Erfüllung" des Hinduismus betrachteten, äußerten sich später M. M. Thomas zum „Christus im

---

11   Vgl. Hendrik Kraemer, Die christliche Botschaft in einer nichtchristlichen Welt, Zürich 1940.
12   Vgl. Perry Schmidt-Leukel, Gott ohne Grenzen, Gütersloh 2005, 96.

neuen Indien"¹³ und Stanley Samartha zum Thema „Hindus vor dem universalen Christus"¹⁴. In Texten des 2. Vatikanischen Konzils wird die Heilsausschließung für Menschen außerhalb des ausdrücklichen Christusglaubens aufgehoben. Auch Menschen, die den Glauben an Gott den Schöpfer teilen oder (unter Berufung auf Apg 17) auf andere Weise einen ihnen noch unbekannten Gott suchen, und zumal die, die ohne eigene Schuld noch nicht mit dem Evangelium in Berührung gekommen sind, sind vom Heilswillen Gottes umfasst. In der Kirchenkonstitution *Lumen gentium* (Abschnitt 16, 1964) werden bereits ausdrücklich die Muslime und ihre Nähe zu einigen Glaubensaspekten des Christentums erwähnt; in *Nostra aetate* (1965) wird die geistliche Verbundenheit des „Volkes des Neuen Bundes" mit dem „Stamme Abrahams" betont und damit die Thematik der Kontinuität aus dem Judentum, das vom Vorwurf einer Kollektivschuld am Tode Jesu befreit wird, in das Nachdenken über Kirche und ihre theologischen Beziehungen hereingeholt. Die vatikanischen Texte stehen im Zusammenhang des Anliegens, „Einheit und Liebe unter den Menschen und damit auch unter den Völkern zu fördern" (Nostra aetate 1), dem eine versöhnliche Hand gegenüber den Religionen dienen soll.

Die theologischen Weichenstellungen des Konzils waren vor allem auf Vorarbeiten Karl Rahners zurückzuführen, der u. a. in einem vielbeachteten und umstrittenen Vortrag 1961 entfaltete, dass auch „Menschen außerchristlicher Religionen" bereits der Gnade Gottes, in gewisser Weise seiner Offenbarung teilhaftig geworden sein können und insofern als „anonyme Christen" betrachtet werden könnten und müssten.¹⁵ Nichtchristen im Stande der „anonymen Christen" könnten somit als „verborgene Wirklichkeit auch außerhalb der Sichtbarkeit der Kirche" betrachtet werden, was jedoch keineswegs die Missionsbemühung ihnen gegenüber überflüssig mache.¹⁶ Rahners Entwurf und der Ansatz des 2. Vatikanums können als klassische Beispiele für inklusivistisches Denken betrachtet werden und veranschaulichen zugleich den Charakter des Superioristischen, d. h. einer deutlichen

---

13 The Acknowledged Christ of the Indian Renaissance, 1970, Deutsch: Christus im neuen Indien, 1989.
14 The Hindu Response to the Unbound Christ, 1974, Deutsch: Hindus vor dem universalen Christus, 1970.
15 Karl Rahner, Das Christentum und die nichtchristlichen Religionen, in diesem Band (1961), 3. These.
16 A. a. O.. 4. These.

Betonung der Überlegenheit des christlichen Glaubens, der im breiten Spektrum inklusivistischer Ansätze in unterschiedlichem Maße aufscheint.

Weniger stark von superioristischem Denken geprägt sind Entwürfe, die aus dem Schatz vergleichbarer Elemente heraus Relationierungen vornehmen. Hans-Martin Barth identifiziert ausgehend von trinitarischem Denken die Dreizahl als grundlegendes Element in der Welt der Religionen, Reinhold Bernhardt spricht sich für die Entdeckung des universalen Heilswillens und der Gnade Gottes auch in anderen Religionen aus.[17] Auch plädiert er aus trinitarischem Denken heraus für eine Entzifferung der universalen Wirksamkeit des Heiligen Geistes in der Welt der Religionen, die als „hermeneutischer Schlüssel" zur Interpretation religiöser Erscheinungen und interreligiöser Begegnungserfahrungen" dienen könne.[18]

Als weiterer theozentrisch-inklusivistischer Ansatz ist der der Studie „Religionen, Religiosität und christlicher Glaube" zu nennen, der auf „Zeugnisse göttlichen Handelns" in anderen Religionen verweist sowie allgemein auf das dort anzutreffende „nicht nur völlig Fremde() ..., sondern immer auch Verwandte()".[19] Hier schwächt sich wie schon bei Bernhardt das noch bei Rahner ausgedrückte christlich-superioristische Syndrom gegenüber den „noch-nicht-Christen" anderer Glaubensformen ab[20] und weicht zunehmend einer kognitiven Akzeptanz der nichtchristlichen Religionen und dem Bedürfnis nach Komparations- und Kommunikationsmodulen, die jedoch allererst christlich definiert werden. Dies zeigt deutlich, dass, nachdem bereits die Grenzen zwischen einem „moderaten" Exklusivismus Barthscher oder Kraemerscher Prägung und einem strengen Inklusivismus des 2. Vatikanums insbesondere in seiner strengen Interpretation durch

---

17 Reinhold Bernhardt, Auf dem Weg zur „größeren" Ökumene: Paradigmenwechsel in der ökumenischen Bewegung, in: Reinhard Kirste u. a. (Hg.), Vision 2001 – Die größere Ökumene, Köln 1999, 23–50, u. a. 47.

18 Reinhold Bernhardt, Trinitätstheologie als Matrix einer Theologie der Religionen, in: Ökumenische Rundschau 3/2000 (Themenheft Dialog der Religionen), 287–301, 297f.

19 Arnoldshainer Konferenz/VELKD (Hg.), Religionen, Religiosität und christlicher Glaube, Gütersloh ²1991, 125.

20 So formulierte Rahner noch: „Wenn einerseits nicht gehofft werden kann, daß der religiöse Pluralismus in der konkreten Situation der Christen in absehbarer Zukunft verschwinden werde ..." (Rahner a. a. O. 4. These).

Einleitung

Passagen der vatikanischen Erklärung Dominus Iesus[21] nicht allzu fest geschlossen waren, sich jetzt die Bandbreite inklusivistischen Denkens als sehr groß erweist. Ein weiterer Modus, den Dialog der Religionen zu figurieren, der keineswegs mit der noch zu erläuternden pluralistischen Option konform ist und sich sogar kritisch gegen sie wendet[22], ist der Versuch des Projektes Weltethos[23], in den religiösen Traditionen das Potential für gemeinsame ethische Standards zu eruieren und um dieses Bemühens willen den Dialog zu suchen. Es könnte als ethischer Inklusivismus bezeichnet werden.

An der Gültigkeit des Dreierschemas kann schon in diesem Stadium der Argumentation durchaus gezweifelt werden, es sei denn, der noch in Augenschein zu nehmende „Pluralismus" trage zur Plausibilität einer solchen Kategorisierung bei.

c. Der pluralistische Typ

Die pluralistische Theologie der Religionen, in der Tradition John Hicks auch pluralistische Option genannt, kommt, nachdem die bisher erwähnten Typen in der Wendung „Theologie der Religionen" den Bestandteil „... *der Religionen*" als einen Genitivus objectivus verstehen ließen, also als eine Denkbewegung von der Theologie her zur Beziehungsklärung gegenüber den nichtchristlichen Religionen, nahe an ein Verständnis im Sinne eines Genitivus subjectivus. Damit wäre eine Denkbewegung bezeichnet, die nicht mehr im strengen Sinne eine christlich-theologische Besinnung und Klärung darstellt, sondern eine Einnahme alteritärer Standpunkte aus der Vogelperspektive in der Absicht einer interreligiösen Metatheorie.

John Hick bezieht sich auf die Erkenntnistheorie Kants und spricht von dem einen uns verborgenen *Real*, das in unterschiedlichen Religionen mit je anderen Begriffen belegt und auf andere Weise erfahren werde. Diese Ausrichtung auf die Einheit von Wirklichkeit und Wert, die je unterschiedlich benannt wird (Gott, Brahman, Dharma u. a.), stellte sich seit dem geistesgeschichtlichen Umbruch durch die Ach-

---

21 Vgl. Kongregation für die Glaubenslehre, Erklärung Dominus Iesus. Über die Einzigkeit und die Heilsuniversalität Jesu Christi und der Kirche, 6.8.2000, Bonn, bes. Abschnitt 15
22 Vgl. Karl-Josef Kuschel, Übersicht über die theologischen Grundmodelle im 20. Jahrhundert: Zwischenbilanz und Zukunftsaufgaben, in: Ders. (Hg.), Christentum und nichtchristliche Religionen, Darmstadt 1994, 1–20, 17.
23 Vgl. Hans Küng, Projekt Weltethos, München 1990.

Einleitung

senzeit (die Zeit von ca. 800 bis 200 v. Chr.[24]) ein, bis zu welcher Religiosität im Modus der Selbstbezogenheit des Menschen vollzogen worden sei. Die je spezifischen theologischen Profilaussagen einer religiösen Tradition, z. B. die Aussage der Gottessohnschaft Jesu, bezeichnet Hick als Mythen, die die Funktion haben, Erfahrungen, die mit dem Real gemacht wurden, mitzuteilen und die so wahr sind, wie sie das Leben von Menschen verändern können. Es gibt keine privilegierte Erfahrung des Real, die einer Religion den Anspruch auf alleinige Wahrheit gewährte: In diesem Sinne versteht sich die Religionstheologie Hicks als ein dem religiösen Pluralismus entsprechender Entwurf, sie ist jedoch nach Ansicht von Kritikern[25] von ihrer Konstruktion des *Real* und seiner Konnotationen her weniger pluralistisch als vielmehr monistisch.[26] Dem Vorwurf, dass hier keine christlich-perspektivische Religionstheologie, sondern eine religionsphilosophische Metatheorie vorliege, hat der Hick-Schüler Perry Schmidt-Leukel allerdings bereits mit dem Untertitel seines Buchs „Gott ohne Grenzen" widersprochen: „Eine christliche und pluralistische Theologie der Religionen".[27]

Paul Knitter orientierte sich in seiner Religionstheologie zunächst ebenfalls an einer theozentrischen Ausrichtung und bezeichnete Gott als bereits in sich selbst pluralistisch, nämlich trinitarisch. In einer späteren Phase, in der er auf Kritik an der bisherigen pluralistischen Theologie reagierte (aus der auch der hier dokumentierte Text stammt), verbindet Knitter Befreiungstheologie und Religionstheologie und knüpft in seinem Entwurf religionstheologisches Denken an das Thema Leiden und gesellschaftliche Krise, richtet es also aus an einem gemeinsamen Thema der Weltverantwortung. Jesus Christus ist universaler Erlöser, jedoch nicht der einzige, er ist ganz Gott, jedoch nicht alleine: Dies folgt aus der pluralistischen Annahme einer gleichen

---

24 Den Gedanken der Achsenzeit übernimmt Hick von Karl Jaspers, der ihn in seinem Buch Vom Ursprung und Ziel der Geschichte, München ⁹1988 (Ersterscheinen 1949), insbesondere 76–86, entfaltet hat.
25 Vgl. u. a. Andreas Feldtkeller, Verlangt der gesellschaftliche Pluralismus nach einer „pluralistischen" Religionstheologie?, in: Evangelische Theologie Jg. 58 (1998), 445–460; ders., Interreligiöser Dialog und Pluralistische Religionstheologie – ein Traumpaar?, in: Ökumenische Rundschau Jg. 49 (2000), 273–285.
26 Vgl. insbesondere John Hick, Religion – Die menschlichen Antworten auf die Frage nach Leben und Tod, München 1996; ders., Gott und seine vielen Namen, Frankfurt/Main 2001.
27 Gütersloh 2005.

Einleitung

Gültigkeit aller Religionen. So findet sich bei Knitter der eine Bezugspunkt des gesellschaftlichen Leidens für alle Religionen, während es bei Hick das Real als Focus alles Religiösen ist.[28] Die pluralistischen Entwürfe lassen sich auch als inklusivistische Konzepte höherer Ordnung lesen, die gewisse Anklänge an die religiösen Integrationsvorschläge neohinduistischer Denker wie Swami Ramakrishna und Swami Vivekananda vom Ende des 19. Jahrhunderts aufweisen. Die pluralistischen Religionstheorien sind auf dem Hintergrund einer pluralen religiösen Situation entstanden und wollen hier das Gespräch erleichtern, indem die Akzeptanz des Anderen als gleichberechtigtem Gesprächspartner als hermeneutisches Grundmuster gefordert wird. Dies hat jedoch zum einen den Preis, die glaubende Identität in Absetzung zum anderen Glauben einer erheblichen komparativen Belastungsprobe auszusetzen. Zum anderen muss notgedrungen, und nicht nur in „pluralistischen" Konzepten, von einer Strukturähnlichkeit von Religionen und einer Kompatibilität von religiösen Begriffen und theologischen Denkmodulen ausgegangen werden, die nach religionswissenschaftlichen Einsichten nicht vorhanden sind. Hier offenbart sich ein vereinnahmendes Element, das inklusivistischen wie auch pluralistischen Konzepten eignet[29]: Selbst bei noch so großer (und lobenswerter!) Akzeptanz gegenüber den anderen Glaubenstraditionen stammen die Vorschläge zum Vergleich und zu Gesprächsmöglichkeiten zumeist aus dem christlich-theologischen Vokabular, selbst wenn zur Apologie des pluralistischen Modells auch ins Feld geführt wird, hier werde die christliche Selbstreferentialität gerade durchbrochen. Auch wenn Schmidt-Leukel mit großer Sorgfalt nachweist, dass das „pluralistische" Konzept Widerhall in vergleichbaren Vorschlägen aus den anderen Religionen finde und keineswegs nur einer christlich-internen Diskurskultur entstamme[30], können die von ihm referierten Konzepte und Vorschläge auch auf spezifische Dialogmilieus hinweisen und müssen nicht unbedingt dazu geeignet sein, die interreligiösen Begegnung mit jedem beliebigen Gesprächspartner zu erleichtern.

---

28 Vgl. auch die Analyse bei Christian Danz, Einführung in die Theologie der Religionen, Wien 2005, 174.
29 Darauf weist Danz a. a. O., mehrfach zu Recht hin, auch gegenüber einem von mir vor einigen Jahren vorgeschlagenen religionstheologischen Gedanken (U. Dehn, Der Geist und die Geister, in: Berliner Theologische Zeitschrift Jg. 19, 2002, 25–44).
30 So in Gott ohne Grenzen a. a. O..

Einleitung

Wie hilfreich sind Kategorisierungen?

Die Übergänge zwischen den Modellen und den Konzepten stellen sich bei näherem Hinsehen als fließend heraus, was verständlich macht, dass das Dreiermodell nicht überall akzeptiert und auch andere Kategorisierungen angeboten wurden. Paul Knitter hat vier Typen vorgeschlagen, die aber nicht weit von dem genannten Drei-Typen-Modell entfernt sind: 1. das *replacement model*, in dem eine wahre Religion andere verdrängt und ersetzt, 2. das *fulfillment model*, in dem eine Religion andere ihrer Vollendung zuführt und sie in sich aufnimmt, 3. das *mutuality model*, das von vielen wahren Religionen ausgeht, die zum Dialog aufgerufen sind, und 4. das *acceptance model*, in dem auch von vielen wahren Religionen ausgegangen wird und das es bei der Anerkennung dieser Pluralität belässt.[31] Schnell ist zu erkennen, dass Typ 1 dem Exklusivismus, Typ 2 dem Inklusivismus und Typ 3 und 4 dem Pluralismus der alten Kategorisierung nahe kommen.

Sicherlich kann Kategorisierungen dieser Art, auch wenn ihre deutliche Unterscheidbarkeit nicht gegeben ist, sobald die Modell-Ebene verlassen wird und man sich konkrete Entwürfe anschaut[32], ein heuristischer Wert zugesprochen werden, d. h. sie schlagen Schneisen in ein unübersichtlich gewordenes Gestrüpp von religionstheologischen Vorschlägen multilateraler wie auch bi- oder trilateraler Art, und sie helfen bei der Orientierung darüber, welche interreligiösen Beziehungen einander gedanklich nahe sind, welche sich warum aufeinander beziehen und warum sie zu welchen Schlüssen kommen. Dies muss aber noch nicht bedeuten, dass sie auch wissenschaftstheoretisch und logisch notwendig sind, wie Schmidt-Leukel für die Drei-Typen-Kategorisierung meint nachweisen zu können.

---

31 Vgl. Paul F. Knitter, Introducing Theologies of Religions, Maryknoll 2002.
32 Dies ist anzumerken im Unterschied zu Klaus Schäfers Einschätzung der Drei-Modelle-Kategorisierung in Christlicher Glaube im religiösen Pluralismus, in: Ders., Anstoß Mission – Impulse aus der Missionstheologie, Frankfurt/Main 2003, 159–175, 164.

Einleitung

Religionstheologie und Hermeneutik

Kehren wir zurück zu unserer Ausgangsfrage und der Grundlage dieses Handbuchs: Welchen Stellenwert haben theologische Entwürfe, die eine Relationierung von christlichem Glauben und anderen Religionen vornehmen, für den interreligiösen Dialog? Es hat sich der Eindruck eingestellt, dass kein Entwurf religionstheologischer Art vor einer Vereinnahmungsdynamik gefeit ist. Im Falle von Konzepten, die in der Wirkungsgeschichte als exklusivistisch betrachtet werden (Barth, Kraemer, Konzepte evangelikaler Provenienz), sind es Vereinnahmungen pejorativer Art, d. h. die Bestandsaufnahme dessen, dass aus christlicher Sicht unabdingbare theologische Gedankengänge oder Bekenntnisse in anderen Religionen unzureichend oder nicht auftauchen. In „inklusivistischen" oder „pluralistischen" Konzepten stehen positive Vereinnahmungen im Vordergrund. Gleichwohl lässt sich ein „Vereinnahmungsmechanismus" vermutlich im Prozess der interreligiösen Beziehungsaufnahme nicht vollständig vermeiden, da eine hermeneutische „Ersterfahrung" mit selbstreferentiellem Hintergrund allererst der Auslöser für die Bereitschaft zur Beschäftigung mit anderen Religionen und zum Dialog sein dürfte, so dass ein hermeneutischer Purismus nicht gefordert werden kann. Sei es die theologische Einsicht, dass Gottes Wirken auch in anderen Religionen wahrnehmbar ist, sei es der Versuch, vergleichbare Errettungs- oder Erlösungsvorstellungen zu eruieren – hier nimmt die theologische Beziehungsbemühung ihren Anfang. Ein kritischer Kontrolldiskurs, auch unter Inkaufnahme von „Verwundungen", wie Hans Jochen Margull sie (in seinem Text in diesem Band) theologisch formuliert hat, sollte zur regelmäßigen Gegenprüfung der vorauslaufenden Annahmen und zur Neugestaltung der Relationierungselemente führen. Anstelle einer ausformulierten Religionstheologie wären zwei Aufmerksamkeitsbereiche zu bedenken: Zum einen eine Wahrnehmungsschärfung, die sich, gespeist aus neueren hermeneutischen Einsichten[33], stets verdeut-

---

33 Einsichten dieser Art werden in der pädagogisch-hermeneutischen Denkrichtung des Konstruktivismus vertreten. Insbesondere der Kölner Pädagoge Kersten Reich hat in seinem Konzept des interaktionistischen Konstruktivismus (Die Ordnung der Blicke – Perspektiven des interaktionistischen Konstruktivismus, 2 Bde., Neuwied 1998) in den Gedanken der Konstruiertheit unserer Wahrnehmungswelt auch das Bedingungsfeld der Lebenswelten und der Interaktionen der wahrnehmenden Subjekte einbezogen.

Einleitung

licht, wie hoch die von den wahrnehmenden Subjekten konstruierten Anteile der Sicht des Anderen, Fremden sind und wie umfassend und vielfältig diese immer wieder durch neue Wahrnehmungsanstrengungen auf unterschiedlichen Ebenen ergänzt und korrigiert werden müssen. Unsere jeweiligen Lebenswelten[34], Beziehungen und Sozialisationszusammenhänge spielen eine beeinflussende Rolle bei dem Blick auf das andere. Unsere Wahrnehmungen auch des anders Religiösen beruhen immer auf einer spezifischen Lesung der Zeichensysteme religiöser Traditionen und religiös Handelnder, die nicht eindeutig sind, sondern von uns mit unterschiedlichen Assoziationen und Konnotationen versehen werden.[35]

Zum anderen ist eine Ethik des Dialogs zu beherzigen, die sich in Anlehnung an die Überlegungen z. B. Leonard Swidlers und Raimon Panikkars (in diesem Band) Regeln der Kommunikation unterwirft, die von Respekt geprägt sind und ein Gefälle der Teilnehmenden sowie Verstöße gegen Höflichkeitskonventionen nicht zulassen. Im Prinzip gilt, dass jedes Kommunikationsverhalten, das schädlich für menschliche Beziehungen wäre, auch im interreligiösen Dialog zu meiden ist, gerade auch dann, wenn es darum geht, Konflikte und Reibungsflächen zu thematisieren.

Im Verlauf des Dialogs bilden sich die Themen heraus, gegen die die unvermeidlich vorauslaufenden Vermutungen gegenzuprüfen wären und die zur vergleichenden Weiterarbeit anregen. Zugleich ist mit dieser Dynamik ein verstärkter und klärender Rückbezug auf den entsprechenden Bestandteil der eigenen (christlichen) Tradition verbunden, also eine im Dialog erworbene Profilschärfung. Dieses Verfahren, das dem Vorschlag einer „komparativen Theologie"[36] nahe kommt, kann mit wenig Theorieelementen auskommen und sollte mit seiner Zurückhaltung vereinnahmender Bestandteile in einer pluralen religiösen Situation für alle Gesprächspartner akzeptabel sein.

---

34 Vgl. Jürgen Habermas, Theorie des kommunikativen Handelns, Bd. 2: Zur Kritik der funktionalistischen Vernunft, Frankfurt/Main ⁴1987, 182–228 (Das Konzept der Lebenswelt und der hermeneutische Idealismus der verstehenden Soziologie).

35 Vgl. hierzu insbesondere Umberto Eco, Semiotik. Entwurf einer Theorie der Zeichen, München 1987.

36 Vgl. James L. Fredericks, A Universal Religious Experience? Comparative Theology as an Alternative to a Theology of Religions, in: Horizons Vol. 22 (1995), 67–87; Klaus von Stosch, Komparative Theologie – ein Ausweg aus dem Grunddilemma jeder Theologie der Religionen? in: Zeitschrift für Katholische Theologie Jg. 124 (2002), 294–311; vgl. auch die Kritik bei Danz, Einführung a. a. O.. 106f.

Einleitung

Wenngleich ich mich also dafür ausspreche, die Bedeutung religionstheologischer Konzepte für das Herangehen an den interreligiösen Dialog nicht zu hoch zu bewerten, halte ich die Auseinandersetzung mit diesen Konzepten und ihrer geistes- und theologiegeschichtlichen Herkunft im 20. Jahrhundert für unentbehrlich und für eine wesentliche Methode der Sensibilisierung für die Begegnung mit Menschen anderer religiöser Traditionen. Sie stellen die „Denkschule" des Dialogs dar, zugleich werden „Schülerinnen und Schüler" dieser Denkschule nicht umhin können, sich selbst Orientierung zu verschaffen, welchen Weg sie einschlagen wollen. Es muss nicht wie der Weg des Lullschen „Heiden" ein Irrweg durch einen tiefen undurchdringlichen Wald sein, sondern es steht eine Reihe von hermeneutischen Markierungen zur Verfügung, die die Suchenden auf ihrem Weg begleiten.

Ernst Troeltsch

Die Stellung des Christentums unter den Weltreligionen

Ernst Troeltsch, geb. 1865 in Haunstetten bei Augsburg, gest. 1923 in Berlin, war Zeit seines Lebens ein Wanderer zwischen Theologie, Philosophie und Soziologie, zwischen Politik und Kirche, aber auch zwischen Pfarramt und Universität. Zuerst als Professor für systematische Theologie, ab 1914 dann als Professor für Philosophie in Berlin wurde er einer der einflussreichsten protestantischen Gelehrten des Kulturprotestantismus, wenngleich diese Beschreibung sein Denken nur verkürzt beschreibt. Seine Theologie ist durch seinen frühen Tod nicht zu ihrem Abschluss gekommen, wie es auch der hier vorliegenden Text, der kurz vor seinem Tod entstand, zeigt. Er illustriert die wachsenden Zweifel Troeltsch' an einer Begründbarkeit des christlichen Absolutheitsanspruchs. Sein Bild des religiösen Autonomen zeichnet er nur in groben Strichen und ist daher sicherlich diskussionswürdig. Seine Thesen über die enge Verflochtenheit von Religion und Kultur haben energischen Widerspruch hervorgerufen. Nicht unerwähnt sollen Troeltsch' problematische Überlegungen zum Rassismus bleiben. Ob sein theologisches Konzept aus seiner kulturell-historischen Kontingenz herauszulösen und damit für den heutigen Diskurs anzuwenden ist, muss immer wieder neu entschieden werden. Troeltschens Maxime der Verständigung der Religionen untereinander war in der damaligen deutschen Theologie einmalig und hat sich als wegbereitend für alle späteren Auseinandersetzungen über eine Theologie der Religionen erwiesen.

Andreas Holzbauer

Die Stellung des Christentums unter den Weltreligionen

Seit langem war es mein lebhafter Wunsch, einmal das altberühmte Oxford zu sehen, das zu uns vor allem mit seinem mittelalterlichen Glanze herüberleuchtet und uns das Problem der Entstehung des Nominalismus und Empirismus aus der Scholastik darzubieten pflegt. Daß ich es nun aber von der Höhe eines Oxforder Lehrstuhles aus

Die Stellung des Christentums unter den Weltreligionen

würde betrachten können, das habe ich in meinen kühnsten Wünschen nicht angenommen. Ich danke diese hohe Ehre Professor Clement C. Webb und Ihrem freundlichen Interesse an meiner wissenschaftlichen Arbeit. Für diese Ehre, die ich voll empfinde, sage ich Ihnen und Herrn Webb meinen ehrerbietigsten Dank, und ich kann nur wünschen, Sie möchten heute die Weisheit und Gelehrsamkeit Ihres gewohnten Lehrers nicht vermissen.

Entsprechend dieser außergewöhnlichen Lage darf ich auch kein anderes Thema wählen, als dasjenige, welches Kern und Ausgangspunkt meiner wissenschaftlichen Arbeit enthält. Am klarsten ist dieser Kern erkennbar in meinem Büchlein über „Die Absolutheit des Christentums". Es schließt eine Reihe vorangegangener Studien ab und eröffnet die weiter ausgreifenden neuen geschichtsphilosophischen Arbeiten. Vor allem aber: es ist selbst der zentrale Punkt, zu dem bei mir ursprüngliche Interessen und Probleme der modernen geistigen Situation zusammenschossen. Als solchen hat es auch einer Ihrer Landsleute, Herr A. C. Bouquet, in seinem Buche „Is Christianity the Final Religion" erkannt und mich durch eine geistreiche Darstellung und Kritik tief verpflichtet. Ich möchte also in dieser Stunde den Sinn dieses Büchleins und die Fortentwicklung meiner weiteren Arbeit von ihm aus erläutern.

Der Sinn des Büchleins liegt, kurz gesagt, in einem tiefen Gefühl für den Zusammenstoß des historischen Denkens und der normativen Festsetzung von Wahrheiten und Werten. Das ist ein Problem, das mir schon in den frühesten Jugendjahren erwuchs. Ich genoß eine überwiegend humanistisch-historische Bildung, aus der sich ein reiches und breites historisches Studium und Interesse ergab in dem Sinne, wie wir in Deutschland in unseren besten Zeiten Geschichte und Menschendasein zu verstehen pflegten. Das heißt: in dem objektiven, kontemplativen Sinne, der über das historische Leben der großen Menschheit, so weit möglich, sich ausbreitet und ohne bestimmte praktische Zwecke nur an dem Reichtum, der Fülle und der Bewegtheit des menschlichen Daseins sich erbaut. Es scheint uns der Reichtum göttlichen Lebens und Wirkens zu sein, der sich in dieser historischen, unendlich verschiedenartigen Welt ausdrückt und der Seele des Betrachters seine eigene Weite und Größe dadurch einflößt. Aber gleich stark war ein anderes ebenso ursprüngliches Interesse, das an einer starken und zentralen religiösen Lebensposition, von der aus das eigene Leben erst ein Zentrum in allen praktischen Fragen und das

Denken über die Dinge dieser Welt ein Ziel und einen Halt gewinnt. Dieses Bedürfnis führte mich in Theologie und Philosophie, die ich mit einer gleichen Leidenschaft des inneren Bedürfnisses ergriff. Dieses beides aber stellte nun einen sehr scharfen Gegensatz und Konflikt dar. Auf der einen Seite die zerfließende Überfülle historischer Mannigfaltigkeiten und die kritisch-mißtrauische Haltung gegenüber den konventionellen Überlieferungen, aus denen die Kenntnis des Wirklich-Gewesenen in immer neuer Arbeit und immer nur annähernd gewonnen werden kann. Auf der anderen Seite die Zusammendrängung auf einen bestimmten praktischen Standort und die hingebende vertrauende Lebenshaltung, die sich der göttlichen Offenbarung und Forderung öffnet und beugt. Aus diesem Konflikt, der kein erdachter, sondern ein praktisch erlebter ist, entsprang im Grunde meine ganze wissenschaftliche Fragestellung.

Aber dieser Konflikt war kein rein persönliches und zufälliges Erlebnis. Er war vielmehr die persönliche Form, in der ein allgemeines in der Zeit und Entwicklung liegendes Lebensproblem der modernen Welt mir zum Bewußtsein kam. Ich weiß freilich, daß dieses Problem keineswegs überall in der europäisch-amerikanischen Kulturwelt so scharf empfunden wird. Insbesondere für England trifft das nicht ohne weiteres zu, wie das schon erwähnte Buch von Bouquet ausführt, noch weniger für das überhaupt sehr wenig historisch gestimmte Amerika. Aber im Grunde ist trotz alledem überall ein Gefühl dafür verbreitet, daß historische Kritik und historischer Universalismus den Sinn für einfache normative, sei es rationale oder traditionelle Werte erschüttert und gefährdet. Es ist in den angelsächsischen Ländern mehr die Ethnographie und vergleichende Religionsforschung, die dieses Gefühl erzeugt und zu denen die Forschungen einer exakten philologischen Kritik hinzukommen. Bei uns ist es mehr die Erforschung der europäischen Kulturwelt selber, die uns vor die Relativität und Beweglichkeit aller, auch der höchsten Kulturwerte stellt. Aber im einen wie im anderen Falle ist die Wirkung ziemlich ähnlich. Ob man mehr aus der Schule Herbert Spencers und des Evolutionismus oder mehr aus der Hegels, Rankes und der deutschen Romantik kommt, immer ist die Wirkung der Historie ein erschütterndes Bild der Mannigfaltigkeit und der inneren Bewegtheit aller historischen Gebilde. Insbesondere ist ja gerade die vergleichende Religionsgeschichte ein Werk der großen Kolonialvölker, vor allem der Engländer, und von da aus geht doch auch hier die relativierende Wirkung des historischen Denkens aus. So fehlt es ja auch hier nicht an Kritik gegenüber Bibel und Dogma und ist in dieser Hinsicht ein wachsendes Gefühl der Unsicherheit auch hier verbreitet. Der Unterschied des deutschen historischen Denkens ist demgegenüber im Grunde nur der, daß dieses zumeist rücksichtsloser in der Kritik gegenüber praktischen Interessen und Bedürfnissen der Gemeinschaft ist und daß es theoretisch von der Idee der Individualität beherrscht ist, statt von der soziologischer oder evolutionistischer Gesetze, die schließlich alle Linien in einem einheitlichen naturgemäßen Ziel münden lassen. Aber so groß diese Unterschiede sind, sie ändern doch nichts an der Hauptsache, an dem allgemeinen und grundsätzlichen Konflikt zwischen der kritischen Unsicherheit, der bewegten Mannigfaltigkeit und der vielfachen Gegensätze des Historischen mit dem Bedürfnis nach Sicherheit, Einheit und Ruhe, von dem die religiöse Idee erfüllt ist. Ob mehr in peripherischen kritischen Auseinandersetzungen oder mehr in grundsätzlichen Erschütterungen der Prinzipien bestehend, immer ist doch Ursache und Wirkung ziemlich die gleiche.

In diesem Konflikte nun prüfte ich in meiner „Absolutheit" die Mittel, mit denen sich die Theologie dieser Schwierigkeiten erwehren kann. Es ist also die Prüfung der Grundkonzeptionen aller Theologie überhaupt. Ich glaube hier zwei solche Konzeptionen feststellen zu können, die beide die absolute Geltung der christlichreligiösen Wahrheit gegenüber den Relativitäten der Geschichte begründen zu können meinen. Das erste die Theorie der Legitimierung des Christentums durch das Wunder. Dabei kommt heute nicht mehr in erster Linie das äußere Wunder in Betracht, das Naturwunder und die Durchbrechung der Naturgesetze, sondern das innere Wunder der Bekehrung und der Gewinnung eines höheren inneren Lebens durch den Zusammenhang mit Jesus und seiner Gemeinde. Hier tritt eine völlig andere Kausalität zu Tage als irgendwo sonst in der Welt. Das christliche Leben im Strom der Geschichte, umbrandet von den Stürmen und umschmeichelt von den Künsten des profanen Lebens, aber in Wahrheit ein andersartiger und fester Boden des Geschehens. Die Absolutheit des Christentums beruht auf der unmittelbar im Wunder kundwerdenden Absolutheit Gottes selbst, der außerhalb dieser Insel sich nur als causa remota, als Grund des Zusammenhangs alles Relativen, sich kundtut. Dadurch wird eine übernatürliche und eine natürliche Theologie möglich, von denen die erste sich auf die innere Wiedergeburt und Erfahrung, die zweite auf die äußeren Tatsachen und

Wirklichkeiten des Kosmos stützt. Es ist die innerliche und geistige Erwärmung und Vertiefung der alten Wunderapologetik, wie sie seit der Einwirkung des Methodismus und Pietismus sich durchgesetzt hat. Dem steht dann aber die zweite Grundkonzeption gegenüber, die ich als die evolutionistische bezeichnen möchte und deren wichtigster Vertreter Hegel gewesen ist. Darnach ist das Christentum nichts anderes als die vollendete Idee der Religion überhaupt, der in aller Religion enthaltene Grundtrieb zu Erlösung und geistiger Gottesgemeinschaft, der im Zusammenhang mit der allgemeinen Entwicklung des Geistes überall sinnliche, naturalistische und mythische Bindungen überwindet, bis er im Christentum zu voller Klarheit und Reinheit gelangt und sich mit der reinsten und geistigsten Philosophie, dem Platonismus, verbindet. Das Christentum ist nichts Partikulares, sondern etwas Universales. Es ist kein isoliertes Wunder, sondern die Blüte des geistigen Lebens überhaupt. Alle Religion ist Erlösung und Wiedergeburt, aber außerhalb des Christentums gebunden an unüberwindliche Schranken der Sinnlichkeit und der Selbstsucht. In den Propheten und Christus sprengt das göttliche Leben diese Entwicklungsschranken und flutet frei in die sehnsüchtige Welt hinaus, die darin die Lösung ihrer inneren Konflikte und das Ziel ihres Strebens erkennt. Hier ist die gesamte Religionsgeschichte und ihr vor aller Augen liegender Gang der völlig ausreichende Beweis des Christentums. Die geschichtliche Entwicklung ist kein Gegensatz zu ihm, sondern sie ist gerade als Ganzes und als Einheit die Veranschaulichung seiner abschließenden Größe und alles ergreifenden Macht. Die seine Entwicklung begleitenden Wunder gehören wie auch bei anderen Religionen, teils der mythisch verherrlichenden Tradition an, teils gehen sie aus den Erschütterungen des geistigen Lebens durch seinen Durchbruch hervor. Sie sind nicht seine Legitimation, sondern seine Begleitung und können darum ohne Sorge der historischen Kritik überlassen werden.

Beide Theorien glaubte ich nun aber als unhaltbar bezeichnen zu müssen. Die erste, weil das innere Wunder zwar eine starke seelische Erschütterung, aber kein Wunder im eigentlichen Sinn des Wortes ist. Soll der Platonische Eros auf natürlicher, die christliche Agape auf übernatürlicher Kausalität beruhen? Und wie will man das beweisen, wenn man es überhaupt annehmen will? Man könnte es doch nur, indem man wieder zu der Begleitung dieser äußeren Wunder seine Zuflucht nähme und nicht die Melodie selbst, sondern die Begleitung

Die Stellung des Christentums unter den Weltreligionen

zur Hauptsache machte. Dann aber steht man vor der Konkurrenz der außerchristlichen Wunder, vor der historischen Kritik und vor den Mühen der philosophischen Theorie des Wunders. Wendet man sich aber um dessen willen zur zweiten Theorie, so sind die Schwierigkeiten andere, aber nicht geringere. Die wirkliche Religionsgeschichte weiß nichts von dieser Gleichartigkeit aller Religion, von diesem naturgemäßen Aufstreben zum Christentum. Sie sieht zwischen den großen Weltreligionen und den heidnischen Nationalreligionen überall einen scharfen Bruch und unter den Weltreligionen wiederum unüberwindliche innere Gegensätze, die ihre endgültige Verschmelzung und Vereinigung im Christentum praktisch und theoretisch höchst unwahrscheinlich machen. Ferner ist die Idee des Christentums doch selber eine Abstraktion. Es ist keine Einheit, sondern in jedem Zeitalter etwas anderes und außerdem in viele Konfessionen zerspalten. Es kann also durchaus nicht als die endlich erreichte Einheit und Klarheit der religiösen Vernunft bezeichnet werden, sondern ist ein eigenes und selbständiges historisches Prinzip, das auch seinerseits sehr verschiedene Möglichkeiten und Triebe in sich enthält. Das führt schließlich auf das Letzte und die Hauptsache, die freilich in der außerdeutschen Wissenschaft nicht so stark empfunden zu werden pflegt wie bei uns: auf den alles Historische beherrschenden Begriff der Individualität. Das Historische ist nicht eine Trübung und Einschränkung von etwas Allgemeinem und überall Gleichem, aber auch keine beständige Mischung und Neuverbindung elementarer psychischer Kräfte, wobei sich eine allgemeine Richtung auf ein rationales oder naturgemäßes Endergebnis andeutete. Es ist vielmehr die unberechenbare und unvergleichbare Fülle immer neuer eigenartiger und darum individueller Tendenzen. Sie entstehen aus unbekannten Tiefen in originalen Durchbrüchen und in jedesmal besonderen Situationen. Sie wirken sich jede auf eigene Weise aus und reihen auch ihrerseits in ihrer Auswirkung immer neue individuelle Umformungen aneinander, bis ihre Kräfte versiegen oder sie als Stoff und Komponente in neue Bildungen eingehen. Das ist das allgemeine Gesetz der Geschichte, daß die göttliche Vernunft oder das göttliche Leben in der Geschichte sich in immer neuen und immer eigenartigen Individualisationen offenbart und eben deshalb überhaupt nicht auf Einheit und Allgemeinheit, sondern auf Steigerung jedes individuellen Lebenskreises zu seinen reinsten und höchsten Möglichkeiten in sich selbst abzielt. Dieses Gesetz vor allem macht es unmöglich, das Christentum als Einheit und Ziel der historischen Kräfte zu bezeichnen; es macht es insbesondere unmöglich, das Christentum selber als etwas anderes zu fassen denn als eine historische Individualität.

Das sind die historischen Gedanken, die der deutschen Romantik, der großen Gegenbewegung gegen allen Rationalismus und gegen alle hölzerne Wunderapologetik, entstammen. Hierin liegt innerhalb der großen gesamteuropäischen Bewegung der Romantik die besondere Art und Bedeutung der deutschen Romantik. Von ihr ist die ganze deutsche Historie und auch der beste Teil der deutschen Theologie des 19. Jahrhunderts ausgegangen. Hier liegt der letzte Kern des Problems. Darin liegt auch der Grund, weshalb es bei uns brennender geworden ist als anderswo, soweit man nicht etwa aus eigenem Antrieb oder unter deutschem Einfluß sich ähnlichen Gedanken ergeben hat.

Was aber ist dann zu tun? Auf diese Frage suchte ich in meinem Buche zu antworten. Ich hob zunächst hervor, daß allerdings die Rückkehr zu der alten Wunderapologetik nicht möglich sei. Hier haben nicht Theorien, sondern Dokumente, Entdeckungen und Funde entschieden, deren Gewicht sich niemand entziehen kann, der einen von der Philologie geschulten Wahrheitssinn oder auch nur schlichten, natürlichen Common Sense hat. Ich hob dann weiter hervor, daß die Idee des tatsächlich Allgemeinen uns hier nichts nützen könne. Es kommt nicht auf tatsächliche Allgemeinheit und Enthaltenheit des Christentums in aller Religion an, sondern auf Gültigkeit, die sehr wohl von einem einzelnen Punkte ausgehen kann. Daran spann ich dann meinen Gedankenzug weiter fort. Es ist sehr wohl möglich, daß in allen Religionen ein Element des Gültigen steckt, aber gemischt mit tausend individuellen und temporären Besonderheiten. Überall kann hier nur das Gültige durch Bruch und Kampf sich herauslösen und diese Herauslösung bleibt eine immer neue Aufgabe. Die Gültigkeit selber aber ist eine Einsicht, die nur persönlich aus innerer Erfahrung und reiner Gewissenhaftigkeit bejaht werden kann, die aber nicht eigentlich bewiesen werden kann, da ja der Beweis eines tatsächlich allgemeinen Vorhandenseins nichts hilft, auch wenn ein solches besser bewiesen werden könnte, als das in Wirklichkeit der Fall ist. Nur nachträglich und indirekt kann dann die praktische Fruchtbarkeit und Ausweitung auf alle Lebensfragen jene Einsicht bestätigen. In bezug auf das Christentum kann dann eine solche Einsicht von ihm nur durch persönliche Gewißheit und unmittelbaren Eindruck entstehen. Ihr allgemeingültiges Recht kann nur geglaubt und gefühlt

Die Stellung des Christentums unter den Weltreligionen

und dann nachträglich durch die wirkliche Lösbarkeit aller Lebensprobleme von ihm aus befestigt werden.

Nun stehen Gültigkeiten dieser Art immer auf der Nadelspitze persönlicher Überzeugungen. Es bleibt das Bedürfnis nach einer breiteren realen Fundierung. Eine solche glaubte ich zu finden in der Art, wie die Allgemeingültigkeit des Christentums sich instinktiv und unmittelbar ausdrückt in der Art seines Offenbarungsglaubens und seines Wahrheitsanspruches. Hier, meinte ich, müsse vor allem der Vergleich mit anderen Religionen einsetzen, deren Offenbarungsglaube und Universalitätsanspruch jedesmal ein ganz anderer als der des Christentums sei. Sie alle, wenn man an die großen Universalreligionen des Judentums, Islams und Parsismus, des Buddhismus und des Christentums, allenfalls noch an den Konfuzianismus denkt, beanspruchen Absolutheit, aber völlig naiv auf eine ganz verschiedene Weise, in der sich jedesmal die Verschiedenheit der inneren Struktur verrät. Es sind naive, nicht apologetisch konstruierte Absolutheiten und in der Verschiedenheit dieser naiven Absolutheiten verrät sich der verschiedene Grad der wirklich innerlich gemeinten und gewollten, aus dem religiösen Gedanken selber stammenden Absolutheit. Das schien mir fast der wichtigste Punkt in aller Religionsvergleichung zu sein, die intimste Probe auf das Wesen der zu vergleichenden dogmatischen Inhalte, die über die Art ihrer gefühlsmäßigen Wurzelung in der unmittelbar religiösen Erfahrung doch nur wenig aussagen. Ähnliche Gedanken hat der Holländer Abraham Kuenen in seinem vortrefflichen Buche über Nationalreligionen und Universalreligionen entwickelt. Stellte man die Untersuchung und Vergleichung auf diesen Punkt ein, dann ergab sich sofort, daß Judentum und Parsismus erklärte Nationalreligionen waren, am Boden ihrer Heimat und den Aufgaben ihrer besonderen kulturellen Lage haftend, bei den Juden geradezu grundsätzlich an die nationale Zugehörigkeit und die nationalen Hoffnungen gebunden. Aber auch der Islam ist im Grunde eine nationalarabische Religion, die kriegerisch die Prophetenschaft Mohammeds im Zusammenhang der arabischen Völkerwanderung ausbreitet und auch später, als sie weit über das Arabertum hinaus sich erstreckte, die Ungläubigen nicht bekehrte, sondern als Steuerobjekte konservierte. Und wo der Islam eine große Missionstätigkeit entfaltet, wie in Afrika und den malayischen Inseln, da erweist er sich als an gewisse Kulturvoraussetzungen gebunden, die ihn den Primitiven leichter zugänglich machen als das Christentum, die aber auch seine

Unablösbarkeit von realen Kulturverhältnissen bedeuten. Wo er schließlich persische oder indische Mystik, griechische und moderne Philosophie aufgenommen hat, da verliert er seinen genuinen Geist und wird erst recht ein Kennzeichen und eine Begründung nationaler Autonomie. Der Konfuzianismus und Buddhismus schließlich sind mehr Philosophien als Religionen und verdanken ihre Absolutheit mehr dem allgemeingültigen Wesen des Denkens als einer spezifisch religiösen Offenbarungsgewißheit, wobei der erstere grundsätzlich national und der zweite faktisch an die Lebensbedingungen der tropischen Länder gebunden ist. Dem gegenüber ist die naive Absolutheit des Christentums in allen Fällen eine ganz andersartige. Die nationale Gebundenheit ist grundsätzlich ausgeschlossen und diese Ausschließung spiegelt den rein humanen Charakter seiner religiösen Idee wider, die sich lediglich an die einfachsten, allgemeinsten, innerlichsten und persönlichsten Bedürfnisse des Menschen wendet. Ferner beruht sie in keiner Weise auf der menschlichen Denktätigkeit und mühsamen Gedankenarbeit, sondern auf einer überwältigenden Kundgebung Gottes in den großen Propheten und deren Innenleben. Sie ist darum Leben und nicht Denken, Kraft und nicht Gesellschaftsordnung. Der Selbsterschließung Gottes im Kern des Gewissens und nicht der Richtigkeit des Denkens und Beweisens verdankt sie ihre Allgemeingültigkeit. So ist also die naive Absolutheit des Christentums einzigartig wie seine Gottesidee selbst, das Korrelat seiner Idee einer inneren seelischen Offenbarung, die Lebensweckung und Lebenserhöhung, Überwindung der Hemmungen des Schuldgefühls und Brechung der sich auf sich selbst versteifenden Selbstsucht ist. Von da aus scheint der vom Inhalt seiner religiösen Idee ausgehende Absolutheitsanspruch bestätigt. Ihm kommt von allen Religionen die innerlichst, aus dem Wesen Gottes und des Menschen begründete Allgemeingültigkeit zu, und dann kann man das Maß von Gültigkeit, das in den anderen Religionen enthalten ist, ruhig sich selbst überlassen. Auch die Frage einer etwaigen Weiter- und Höherentwicklung der Religion können wir auf sich beruhen lassen. Genug, daß das Christentum selbst noch eine werdende und nach immer neuem Ausdruck strebende Religion ist. Wir können uns damit begnügen, daß ihm die höchste Gültigkeit zukommt in dem ganzen Umkreis, den wir übersehen können. Wir werden keine Juden, Parsi oder Mohammedaner, auch keine Konfuzianer und keine Buddhisten werden wollen, sondern werden darnach trachten, unser Christentum in immer neuen

Die Stellung des Christentums unter den Weltreligionen

Zusammenhang mit den sich wandelnden Umständen zu bringen und seinen rein menschlich-göttlichen Kern immer reiner heraus zuarbeiten. Es ist das Höchste und Innerlichste, was wir überhaupt kennen. Es hat die höchste Gültigkeit. Das mag genügen.

Das war vor etwa 20 Jahren das Ergebnis meines Buches, und ich habe davon praktisch heute nichts zurückzunehmen. Aber theoretisch habe ich heute doch manches abzuändern und diese Abänderungen sind auch nicht ganz ohne praktische Folgen.

Meine Bedenken liegen darin, daß der Konflikt zwischen dem Begriffe der Individualität, dessen Bedeutung für die Historie mir immer klarer und wichtiger geworden ist, mit dem der Höchstgeltung sich doch nicht so leicht vereinigen läßt. Weitere Untersuchungen, vor allem über die Geschichte des Christentums, wie ich sie in meinen Soziallehren niedergelegt habe, haben mir gezeigt, wie durch und durch individuell doch das historische Christentum selber ist und wie seine verschiedenen Perioden und Denominationen doch jedesmal in anderen Zeitumständen und Lebensbedingungen begründet sind. Es ist als Ganzes und im Einzelnen doch eine vollkommen historisch-individuelle und relative Erscheinung, so, wie es ist, nur möglich auf dem Boden der antiken Kultur und der romanisch-germanischen Völker. Das Ostchristentum der Jacobiten, Nestorianer, Armenier, Aethiopier ist ein völlig anderes. Ja, schon das russische ist eine Welt für sich. Das heißt aber: die Religion ist jedesmal von dem Boden und den geistigen, sozialen und nationalen Grundlagen abhängig, auf denen sie lebt. Auf der anderen Seite lehrte mich das Studium der nicht-christlichen Religionen immer deutlicher, daß ihre naive Absolutheit doch auch eine echte Absolutheit ist und vor allem der Buddhismus und Brahmanismus eine rein humane und innerliche Religiosität ist, die sich auf ihre Weise genau so auf innere Gewißheit und Hingabe berufen kann, aber freilich unter ganz anderen historischen, geographischen und sozialen Bedingungen ihre besondere, auf diesem Boden geforderte Form gewonnen hat. Vor allem aber verfolgte ich das Problem des Verhältnisses von historisch-individuellen Wirklichkeiten und geltenden Normen viel allgemeiner über das Gesamtgebiet der Historie in bezug auf politische, soziale, ethische, künstlerische und wissenschaftliche Ideenbildungen. Es sind Untersuchungen, die ich ganz jüngst abgeschlossen habe in einem neuen Buche „Der Historismus und seine Probleme". Da ergab sich denn die gleiche Schwierigkeit auf allen Gebieten, nicht bloß auf dem der Religion. Ja, sogar die Gültigkeiten der Wissenschaft und der Logik scheinen unter verschiedenen Himmeln und auf verschiedenen Böden bis in den tiefsten und innersten Grund hinein starke individuelle Unterschiede zu zeigen. Dasjenige, was wirklich in der Menschheit allgemein und absolut ist, ist trotz durchgängiger Verwandtschaft und Verstehensmöglichkeit doch im Grunde recht wenig, immer noch mehr auf dem materiellen Gebiete der Sinnlichkeit als auf dem ideellen der Kulturwerte.

Die Wirkung dieser Erkenntnisse auf den Gedankengang meines älteren Buches ist nun folgende.

Die Idee der Individualität des Europäertums und des mit ihm eng verbundenen Christentums tritt nun viel stärker in den Vordergrund, und die doch immer etwas rationalistische Idee der Geltung und der Höchstgeltung tritt stark zurück. Entscheidend sind die Tatsachen und der Gang des Schicksals. Die Tatsachen haben nun einmal Griechentum, Römertum und Nordeuropäer aufs engste mit dem Christentum zusammengeschweißt. Alle Gefühle und alles Denken sind mit christlichen Motiven und Voraussetzungen durchtränkt, wie umgekehrt all unser Christentum mit antiken und modernen Elementen des Europäertums unlösbar verbunden ist. Das Christentum ist aus einer jüdischen Sekte die Religion des gesamten Europäertums geworden. Es steht und fällt mit diesem, wie umgekehrt dieses völlig entorientalisiert, hellenisiert und europäisiert ist. Die europäische Idee der Persönlichkeit, ihres ewigen göttlichen Rechtes, des Fortschrittes zu einem höheren Reich des Geistes und Gottes, die ungeheure Energie der Ausbreitung und der Verbindung von Geistlichem und Weltlichem, unsere Sozialordnung, unsere Wissenschaft, unsere Kunst: all das steht bewußt und unbewußt, gern und ungern auf dem Boden dieses völlig entorientalisierten Christentums. Die Geltung des Christentums besteht vor allem darin, daß wir nur durch es geworden sind, was wir sind, und nur in ihm die religiösen Kräfte behalten, die wir brauchen. Ohne es verfallen wir in selbstmörderisches Titanentum oder in entnervende Spielerei oder in gemeine Roheit. Dabei behelfen wir uns mit den Widersprüchen zwischen seiner hohen Spiritualität und den praktischen Lebensbedürfnissen so gut oder schlecht als es geht, in immer neuen Anläufen, in immer neuen Zuwendungen und Abwendungen. Diese Spannung gehört mit zu unserem Wesen und weckt immer neue heroische Strebungen neben den furchtbarsten Lügen und Freveln. So sind wir, so werden wir bleiben, so lange wir sind. Wir können die Religion nicht entbehren, aber die einzige, die

Die Stellung des Christentums unter den Weltreligionen

wir vertragen können, ist das Christentum, weil es mit uns gewachsen ist und ein Teil unserer selbst ist.

Nun kann es selbstverständlich in diesen Dingen nicht bei der Brutalität der bloßen Tatsachen bleiben. Das Christentum könnte nicht die Religion einer so hochentwickelten Menschheitsgruppe sein, wenn es nicht eine gewaltige innere Kraft und Wahrheit hätte, wenn es nicht wirklich etwas von göttlichem Leben in sich enthielte. Davon gibt es bei dieser wie bei jeder anderen Theorie im Grunde die immer gleiche Evidenz einer tiefen inneren Erfahrung. Aus dieser Erfahrung ist zweifellos seine Geltung zu begründen, aber eben doch nur seine Geltung für uns. Es ist das uns zugewandte Antlitz Gottes, die Art, wie wir in unserer Lage Gottes Offenbarung empfinden und fühlen, für uns verpflichtend und uns erlösend, für uns absolut, da wir etwas anderes nicht haben und in dem, was wir haben, die göttliche Stimme vernehmen. Aber es ist dadurch nicht ausgeschlossen, daß andere Menschheitsgruppen im Zusammenhang völlig anderer kultureller Verhältnisse den Zusammenhang mit dem göttlichen Leben auf eine individuell ganz andere Weise empfinden und eine ebenso mit ihnen gewachsene Religion haben, von der sie sich nicht lösen können, so lange sie sind, was sie sind. Sie mögen mit voller Ehrlichkeit ihre eigene Absolutheit empfinden und ihr den von ihrer Religiosität aus geforderten Ausdruck geben. Natürlich wird man etwas Derartiges nur bei Völkern hoher und selbständiger geistiger Kultur annehmen, deren ganzes Geistesleben innerlich mit ihrer Religion in langer Arbeit verbunden worden ist, nicht bei religiös gespaltenen und schwachen Völkern oder bei dem monotonen und doch immer wechselnden Heidentum bloßen Geisterglaubens. Diese Gebiete werden ja auch langsam von den großen Religionen erobert, die ein echtes Absolutheitsgefühl haben. Unter den großen und geistigen Religionen aber bleiben die vom Schicksal geformten geistigen Grundhaltungen entscheidend. Will man sie einer Wertvergleichung unterziehen, so kann man nicht die Religionen für sich, sondern stets nur die ganzen Kultursysteme selbst vergleichen, zu denen die Religionen jedesmal als ihr unablösbares Ingrediens gehören. Wer also will hier wagen, wirklich entscheidende Wertvergleichungen zu machen. Das könnte nur Gott selbst, der diese Verschiedenheiten aus sich entlassen hat. Die verschiedenen Menschheitsgruppen können nur jede auf ihrem Gebiete nach möglichster Reinheit und Tiefe von ihren eigenen Maßstäben aus streben und die geistig und kulturell schwächeren überwältigen, bei denen dann aber doch die auf sie übertragene Religion der Stärkeren von neuem sich individualisieren wird.

Praktisch ist zunächst im Ganzen das Ergebnis dieser neuen Denkweise dasselbe, wie das meiner früheren und wie schließlich aller und jeder Theologie, die das Christentum festhält und nur begründen und deuten will. Im besonderen ergeben sich aber doch einige wichtige Konsequenzen.

Zuerst auf dem Gebiete der Mission. Die Mission ist stets geteilt gewesen zwischen einer Begleiterscheinung der politischen, militärischen und kommerziellen Ausdehnung der Staaten und Völker und dem freien Bekehrungswerk des gläubigen Enthusiasmus. Das erstere ist weltgeschichtlich ungeheuer wichtig, für unseren Zusammenhang aber bedeutungslos. Das zweite dagegen hängt mit der Idee der Absolutheit zusammen. Da ist nun aber zu sagen, daß nach allen bisherigen Ausführungen ein derartiges Missionswerk den großen philosophisch imprägnierten Weltreligionen ganz anders gegenübersteht, als dem rohen Heidentum der kleinen Stämme. Mit den Weltreligionen wird immer nur ein geistiges Ringen, wird allenfalls eine gewisse Berührung möglich sein, während jenes Heidentum durch die Berührung mit dem Europäertum überall moralisch und geistig zersetzt wird und daher einen Ersatz durch höhere Religion und Kultur verlangt. Hier gibt es Missionspflicht und Missionserfolg, wie übrigens an solcher Missionsarbeit ja auch gar nicht das Christentum allein beteiligt ist. Auch Islam und Buddhismus missionieren. Den großen Weltreligionen gegenüber aber wird man den Standpunkt einnehmen müssen, daß sie die ihren Kulturkreisen entsprechenden Gestaltungen des religiösen Bewußtseins sind und darauf angewiesen sind, aus eigenen inneren Trieben sich zu reinigen und zu vertiefen, wobei die Berührung mit dem Christentum uns wie ihnen in einer solchen inneren Entwicklung hilfreich sein mag. Die großen Religionen scheinen eben doch Festwerdungen der großen Rassengeister zu sein, ähnlich wie die Rassen selbst Festwerdungen der biologisch-anthropologischen Formen sind. Zwischen ihnen gibt es nicht Bekehrung und Verwandlung, sondern Ausgleich und Verständigung.

Die andere Konsequenz liegt auf dem Gebiete der inneren Entwicklung des Christentums selbst. Ist die ganze Grundanschauung richtig, dann hängt auch diese Entwicklung eng zusammen mit der ganzen geistigen und kulturellen Entwicklung des Europäertums selbst. Zwar ist das religiöse Bewußtsein, das Gott und dem Ewig-

Die Stellung des Christentums unter den Weltreligionen

Ruhenden zugewendet ist, der Rastlosigkeit und Veränderlichkeit der rein weltlichen Beziehungen weniger ausgesetzt und hat es sich demgemäß auch in den großen Denominationen niedergeschlagen, die aus den angegebenen inneren Gründen das konservativste Element des europäischen Daseins sind. Allein das Christentum wird trotzdem innerhalb der Kirchen selbst in die geistige Entwicklung hineingerissen und noch mehr außerhalb und oberhalb ihrer in der freien geistigen und literarischen Arbeit. Dazu hat es wie alle Universalreligionen und vielleicht mehr als alle anderen Trieb und Kraft einer beständigen Selbstreinigung und Selbstvertiefung, weil es auf den Geist angewiesen ist, der in alle Wahrheit führen soll und der seine Vollendung in der Zukunft des Gottesreiches sucht, auch weil es mit allen intellektuellen Mächten des Hellenentums von Anfang an amalgamiert ist. Unter diesen Umständen ist seine Entwicklung unberechenbar und zu immer neuen Individualisierungen befähigt. Gerade heute schlägt ihm eine neue weltgeschichtliche Stunde. Es muß mit einem neuen Naturbild, einem neuen sozialen Zustand und einer tiefen inneren Wandlung der geistigen Welt sich neu verbinden und muß der leidenden Welt einen neuen Frieden und eine neue Einheit bringen. Wie das geschehen könne, ist hier nicht zu sagen und ist auch in der Tat heute noch sehr wenig durchsichtig. Klar ist nur, daß es in einer kritischen Stunde seiner Weiterbildung steht und daß hier sehr gründliche und kühne Neuerungen nötig sind, die über alle bisherigen Denominationen hinausgehen. Ich bin in dieser Hinsicht immer radikaler und überkonfessioneller geworden, indem ich zugleich das eigentlich Religiöse immer selbständiger und eigentümlicher als eine autonome Macht des Lebens empfinde.

Soll es nun aber gar keinen gemeinsamen Zielpunkt geben, gar kein Absolutes in dem objektiven Sinn eines gemeinsamen höchsten Geistesgehaltes der Menschheit? Man wird das aus instinktiven Überzeugungen heraus nicht gerne zugeben, und man wird es vor allem bestreiten auf Grund der Tatsache der subjektiven Absolutheiten, die wir kennen gelernt haben. Sie sind doch nicht einfach Illusionen und Selbstverherrlichungen, sondern entspringen dem Drang nach objektiv absoluter Wahrheit und wirken sich in beständiger kritischer Selbstreinigung und in beständigem Höherstreben praktisch aus. Darauf habe ich schon dereinst in meinem Büchlein hingewiesen. Nur möchte ich jetzt noch schärfer als damals darauf hinweisen, daß dieser Zusammenschluß nicht in einer der historischen Religionen selbst schon liegen kann, sondern daß sie alle in eine gemeinsame Richtung deuten und alle aus innerem Antrieb in eine unbekannte letzte Höhe streben, wo allein erst die letzte Einheit und das Objektiv-Absolute liegen kann. Und wie so ein letztes gemeinsames Ziel im Unbekannten, Zukünftigen und vielleicht Jenseitigen liegt, so liegt ein gemeinsamer Grund in dem ans Licht und ins Bewußtsein drängenden göttlichen Geiste, der im endlichen eingeschlossen ist und aus dessen letzter Einheit mit dem endlichen Geiste die ganze vielfältige Bewegung erst hervorgeht. Zwischen beiden Polen aber, dem göttlichen Grund und dem göttlichen Ziel, liegt mit den individuellen Besonderheiten der Kultur- und Rassenkreise auch die Besonderheit ihrer großen zusammenfassenden Religionsbildungen. Sie können sich gegenseitig verstehen, wenn sie den allzu menschlichen Eigensinn und Gewaltgeist ablegen. Sie können sich berühren und nähern, wenn jede vom eigenen Boden aus in Höhe und Tiefe strebt und dabei mit dem gleichen Streben der anderen sich berührt. Ein ergreifendes Beispiel solcher Begegnung bietet das Buch von Canon Streeter „The Sadhu", dar. Aber soweit menschliches Auge in die Zukunft dringen kann, werden die großen Offenbarungen der verschiedenen Kulturkreise trotz einiger Verschiebungen an den Rändern geschieden bleiben und die Verschiedenheiten ihres Wertes werden sich niemals objektiv feststellen lassen, da die Voraussetzungen jeder Argumentation schon mit bestimmten Eigentümlichkeiten des jeweiligen Kulturkreises zusammenhängen. Die Idee der Persönlichkeit selber ist in Ost und West verschieden und daher können alle von diesem Boden der Persönlichkeitsidee ausgehenden Argumentationen hüben und drüben nur zu verschiedenen Ergebnissen führen. Einen anderen Boden aber, von dem Argumentationen über praktische Werte und Wahrheiten ausgehen könnten, gibt es nicht. Es ist jedesmal selbst schon eines mit den religiösen Grundhaltungen und von ihnen aus bestimmt.

Das ist das, was ich heute zu meinen früheren Theorien zu sagen habe. Ich hoffe, Sie fühlen, daß das kein Geist der Skepsis und der Unsicherheit ist. Eine Wahrheit, die in erster Linie Wahrheit für uns ist, ist darum doch Wahrheit und Leben. Und was wir täglich in der Liebe zu anderen Menschen erleben, daß sie Wesen für sich und mit eigenem Maßstab sind, das müssen wir auch in der Liebe zur Menschheit erleben können. Das schließt den Wetteifer nicht aus. Aber es muß vor allem ein Wetteifer um innere Reinigung und Klarheit sein. Suchen wir in jeder Gruppe selber nach dem Höchsten und Tiefsten, dann dürfen wir hoffen, uns zu begegnen. Das gilt von den Religionen im großen, das gilt von den einzelnen Denominationen, das gilt von den Individuen im Verkehr miteinander. Das göttliche Leben ist in unserer irdischen Erfahrung nicht ein Eines, sondern ein Vieles. Das Eine im Vielen zu ahnen, das aber ist das Wesen der Liebe.

Karl Barth

Kirchliche Dogmatik:
Religion als Unglaube; Die wahre Religion

Karl Barth (1886–1968), schweizerischer reformierter Theologe, gilt als der bedeutendste evangelische Theologe des 20. Jahrhunderts. Nach Professuren in Göttingen, Münster und Bonn lehrte er von 1935 bis 1962 in Basel und wandte sich mit seiner Theologie des Wortes Gottes gegen die liberale Theologie des 19. Jahrhunderts, die er durch seine Lehrer Adolf von Harnack und Wilhelm Hermann kennen gelernt hatte. Im Gegenüber zu einer vermittelnden Kulturtheologie sprach Barth von der souveränen Offenbarung Gottes in Jesus Christus, die der hermeneutische Schlüssel in der Beziehung Gott – Mensch ist. In dem berühmten Paragraphen 17 der Kirchlichen Dogmatik I/2 (1937) fasste er seine Kritik an der Fehlentwicklung des Christentums zusammen in dem Satz „Religion ist Unglaube". Da von der religiösen Struktur her die nichtchristliche religiöse Welt der von ihm kritisierten Denkstruktur des liberalen Christentums vergleichbar war, wurde seine Theologie interpretiert als scharfe Absage auch an die nichtchristlichen Religionen, zumal er die Offenbarung in Christus als einzige „wahre Religion" bezeichnete. In diesem Sinne ließ sich auch Hendrik Kraemer von ihm beeinflussen. Jedoch hatte Barth weder in KD I/2 noch in seiner späteren „Lichterlehre" die anderen Religionen als Kontrast zum Christentum vor Augen, sondern in erster Linie lag ihm an einer innerchristlichen Unterscheidung.

Ulrich Dehn

Religion als Unglaube

Eine theologische Würdigung der Religion und der Religionen wird sich gewiß vor allem durch eine große Behutsamkeit und Barmherzigkeit ihrer Beobachtung und ihrer Werturteile auszuzeichnen haben. Sie wird ja den Menschen als das Subjekt der Religion nicht gelöst von Gott, nicht in einem menschlichen An-sich sehen und verstehen und ernstnehmen, sondern als den Menschen, für den (ob er es weiß oder nicht) Jesus Christus geboren, gestorben und auferstanden ist, der (ob er schon gehört hat oder nicht) im Worte Gottes gemeint ist, der in Christus (wiederum ob er es weiß oder nicht) seinen Herrn hat. Als eine Lebensäußerung und Handlung dieses Menschen wird sie auch die Religion verstehen. Sie wird dadurch verhindert sein, dieser seiner Lebensäußerung und Handlung ein eigenes „Wesen", das sog. „Wesen der Religion", zuzuschreiben, um dann, messend mit diesem Maßstab, Menschliches gegen Menschliches abzuwägen und auszuspielen, „höhere" Religion von „niederer", „lebendige" von „zersetzter", „ponderable" von „nicht ponderabler" Religion zu unterscheiden. Sie wird das unterlassen – nicht aus Unachtsamkeit oder Gleichgültigkeit gegen die Mannigfaltigkeit, mit der wir es auch in diesem menschlichen Bereich zu tun haben. Auch nicht darum, weil eine vorläufige Bestimmung des „Wesens" der in diesem Bereich auftretenden Erscheinungen unmöglich oder an sich uninteressant wäre. Wohl aber darum, weil das, was von Gottes Offenbarung her über das Wesen der Religion allerdings zu erfahren ist, uns nicht erlaubt, von einer anderweitig gewonnenen, von einer immanenten Bestimmung des Wesens der Religion einen anderen als einen höchst beiläufigen Gebrauch zu machen. Und sodann darum nicht, weil dieses offenbarte Wesen der Religion sich nach seiner Form und seinem Inhalt nicht dazu eignet, innerhalb der religiösen Menschheit zwischen gut und böse, wahr und falsch zu unterscheiden. Nicht einmal die mit der Offenbarung allerdings gegebene Auszeichnung der Kirche als der Stätte der wahren Religion ist ja dahin zu verstehen, als wäre die christliche Religion als solche das erfüllte Wesen der menschlichen Religion und als wäre die christliche Religion darum die wahre, die den anderen Religionen grundsätzlich überlegene Religion. Man wird ja die Wahrheit der christlichen Religion nicht streng genug in Beziehung setzen können zu der Gnade der Offenbarung. Wir werden das noch besonders hervorzuheben haben: daß die Kirche durch Gnade von Gnade lebt und eben insofern die Stätte der wahren Religion ist. Ist dem aber so, dann wird sie sich ihres „Wesens" bzw. der Vollkommenheit, in der gerade sie das „Wesen" der Religion erfüllt, so wenig rühmen, wie sie das anderen Religionen zugestehen kann. Man wird also auch sie nicht auf Grund eines allgemeinen Begriffs des Wesens der Religion vor den anderen Religionen auszeichnen und von ihnen abheben können.

Für eine wirkliche theologische Betrachtung der Religion und der Religionen ist also das Problem „Nathans des Weisen" gegenstandslos. Christ, Jude und Muselmann als solche – und *Lessing* hat sie alle, mit Einschluß des Christen, nur als solche gesehen – haben nichts voreinander voraus und haben sich gegenseitig nichts vorzuwerfen. Auf dem Weg, den Nathan/Lessing ihnen zur Lösung des Konfliktes vorgeschlagen hat: „Es eifre jeder seiner unbestochnen, von Vorurteilen freien Liebe nach ..." werden sie freilich, theologisch d. h. von der Offenbarung her gesehen, nur immer noch tiefer in ihren Konflikt hineinkommen können. Denn eben daraus, daß jeder seiner Liebe nacheifert, die er gewiß immer für unbestochen und vorurteilsfrei halten wird, entsteht ja die Religion und der Konflikt der Religionen. Wo und wann hätten es die religiösen Menschen nicht im Grunde und im ganzen gut gemeint? Lessing dürfte wohl bei jenem „ewigen Evangelium" am Ende seiner „Erziehung des Menschengeschlechts" an nichts anderes als an den Anfang und Ausgangspunkt aller Religionsgeschichte gedacht haben. Darin ist ihm auch theologisch wohl recht zu geben, daß der Wettstreit der Religionen unter sich ein müßiger, ein unechter Streit ist. Er hat aber nicht gesehen, daß nach Überwindung des unechten Streites zwischen den verschiedenen Religionstümern mit Einschluß des christlichen der echte religiöse Streit dort eintreten könnte, wo – was nun freilich außerhalb der Möglichkeiten seines Tempelherrn oder gar seines Patriarchen zu liegen scheint – die Verkündigung der Gnade Gottes gegenüber allen Religionstümern als die Wahrheit der christlichen Religion auf den Plan gestellt wurde. Wo das Christentum – sei es denn als eine Religion unter anderen – das tut, da ist sein Selbstbewußtsein etwas anderes als religiöser Fanatismus, seine Mission etwas anderes als religiöse Propaganda, da ist es selbst in Gestalt eines Religionstums neben anderen etwas Anderes als ein Religionstum. Es wird aber in gründlichster Weise bei sich selbst sein müssen oder besser gesagt: Gottes Gnade wird sehr mächtig sein müssen, um den Christen gerade als Gnade wesentlich zu werden, wenn man das vom Christentum soll sagen können.

Eine wirklich theologische Betrachtung der Religion und der Religionen, wie sie gerade in der Kirche als der Stätte der christlichen Religion gefordert und auch möglich ist, wird sich also vor allem in der Übung einer ausgezeichneten Geduld gegenüber diesem Gegenstand von anderen Betrachtungsweisen abzuheben haben. Diese Geduld wird nun freilich nicht zu verwechseln sein mit der Mäßigung dessen, der zwar seine eigene Religion oder Religiosität hat und heimlich um sie eifert, der sich aber zu beherrschen weiß, weil er sich gesagt hat oder weil ihm gesagt wurde, daß sein Eigenes nun einmal nicht das Einzige, daß Fanatismus nun einmal keine gute Sache sei, sondern daß die Liebe das erste und das letzte Wort haben müsse. Sie wird nicht zu verwechseln sein mit dem weisen Abwarten des aufklärerischen Besserwissers – hierher würde doch auch der Typus der Hegelschen Religionsphilosophie gehören! – der die Fülle der Religionen im Lichte einer in der Geschichte sich allmählich entwickelnden Idee einer vollkommenen Religion gemächlich und des guten Endes gewiß betrachten zu können meint. Sie wird aber auch nicht zu verwechseln sein mit dem Relativismus und der Unbeteiligtheit einer historischen Skepsis, die nach Wahrheit und Unwahrheit auf dem Feld der religiösen Erscheinungen darum nicht fragt, weil sie Wahrheit nur noch in der Gestalt ihres eigenen Zweifels an aller Wahrheit erkennen zu sollen meint. Die Unzulänglichkeit aller dieser vermeintlichen „Geduld" zeigt sich darin, daß dabei der Gegenstand, die Religion und die Religionen und also der Mensch, gar nicht ernst genommen, sondern im Grunde souverän übersehen werden. Toleranz im Sinn jener Mäßigung oder jenes Besserwissens oder jener Skepsis ist faktisch die schlimmste Form von Intoleranz. Sondern die gegenüber der Religion und den Religionen zu übende Betrachtung wird, ausgerichtet auf die Geduld Christi, diejenige Geduld zu beweisen haben, die aus dem Wissen darum stammt, daß Gott den gottlosen Menschen samt seiner Religion aus Gnade versöhnt hat mit sich selber. Sie wird ihn, wie ein widerspenstiges Kind auf Mutterarmen, getragen sehen von dem, was trotz seines Widerstandes von Gott zu seinem Heil über ihn beschlossen und für ihn getan ist. Sie wird ihn also im einzelnen weder loben noch tadeln, sondern sie wird seine Situation verstehen – nicht ohne Schrecken vor dem finsteren Rätsel dieser Situation – aber nun dennoch in dieser ihrer Rätselhaftigkeit verstehen, nicht, weil sie in sich sinnvoll wäre, wohl aber darum, weil sie von außen, nämlich von Christus her, Sinn bekommt. Sie wird diesem Gegenstand gegenüber aber auch im ganzen nicht jenes falsch-sanftmütige oder hochmütige oder müde Lächeln einer ganz unangebrachten Nachsicht zeigen, sondern sie wird den Menschen verstehen als begriffen in einer Handlungsweise, die nur insofern als recht und heilig erkannt werden kann, als sie zuvor und gleichzeitig auch als ganz und gar unrecht und unheilig erkannt ist. Zu der so zu übenden Geduld und also zu theologischer Betrachtung der Religion wird selbstverständlich nur der willig und fähig sein, der sich samt seiner eigenen Religion mit dem Menschen, und zwar mit jedem Menschen gemeinsam zu beugen bereit ist in der Erkenntnis, daß er mit seiner eigenen Religion zuerst und vor allem Geduld, diese kräftige, tragende Geduld nötig hat. –

Wir beginnen mit dem Satz: Religion ist *Unglaube*; Religion ist eine Angelegenheit, man muß geradezu sagen: die Angelegenheit des *gottlosen* Menschen.

> Die eusserlichen groben stück sind noch gering gegen disem, das man leret, wie man soll frum werden mit wercken, und eyn Gottis dienst auffricht nach unser vernunfft. Denn da wirtt das unschuldige blutt am höhisten verunehret und gelestert. Die heyden haben viel grösser sund than an dem, das sie Sonn und Mond anbetten, wilchs sie fur den rechten Gottis dienst hiellten, denn sonst mit andern sunden. Darumb ist menschliche frumickeyt eyttel Gottis lesterung und die aller grösste sund, die eyn mensch thut. Also ist das wesen auch, da mit itzt die welt umbgehet, und das sie fur Gottis dienst und frumickeyt helt, ist fur Gott erger, denn keyn andere sund, als da ist pfaffen und münchen stand, und was fur der wellt gutt scheynet und doch on glawben ist. Darumb wer nicht durch das blutt von Got will gnad erlangen, dem ist besser, das er nymmer fur Gottis augen trette. Denn er ertzurnet nur die maiestet yhe mehr und mehr damit. (*Luther*, Pred. üb. 1Petr. 1,18 f., 1523, W. A. 12, 291, 33.)

Dieser Satz kann nach dem Vorangehenden nichts zu tun haben mit einem negativen Werturteil. Er enthält kein religionswissenschaftliches und auch kein religionsphilosophisches Urteil, das in irgendeinem negativen Vorurteil über das Wesen der Religion seinen Grund hätte. Er soll nicht nur irgendwelche andere mit ihrer Religion, sondern er soll auch und vor allem uns selbst als Angehörige der christlichen Religion treffen. Er formuliert das Urteil der göttlichen Offenbarung über alle Religion. Er kann darum wohl erklärt und erläutert, aber weder aus einem höheren Prinzip als eben aus der Offenbarung abgeleitet, noch an Hand einer Phänomenologie oder Geschichte der Religion bewiesen werden. Er bedeutet, gerade weil er nur das Urteil Gottes wiedergeben wollen kann, kein menschliches Absprechen über menschliche Werte, keine Bestreitung des Wahren, Guten und Schönen, das wir bei näherem Zusehen in fast allen Religionen entdecken können und das wir natürlich in unserer eigenen Religion, wenn wir ihr überzeugt anhängen, in besonders reichem Maß zu finden meinen. Wo es sich schlicht darum handelt, daß der Mensch von Gott angegriffen, von Gott verurteilt und gerichtet ist, da sind wir freilich in der Wurzel, im Herzen getroffen, da steht freilich das Ganze und Letzte unserer Existenz in Frage, da kann aber gerade darum die wehmütige oder auch wehleidige Klage über Verkennung relativer menschlicher Größe keinen Raum haben.

Da kann es sich, wie wir warnend hinzuzufügen nicht unterlassen wollen, auch nicht darum handeln, gegenüber der menschlichen Größe, wie sie uns gerade auf dem Feld der Religion so ergreifend begegnet, ein Barbar, ein christlicher Herostrat zu werden. Es hatte und hat freilich seine Notwendigkeit und seinen guten Sinn, wenn in Zeiten eines wachen christlichen Empfindens zum Schmerz aller Ästheten heidnische Tempel dem Erdboden gleichgemacht, Götter und Heiligenbilder zer-

Religion als Unglaube

stört, Glasmalereien entzweigeschlagen, Orgeln ausgeräumt wurden. Obschon der Humor es dann manchmal wollte, daß eben an Stelle dieser Tempel und eben aus ihren Säulen und Zieraten alsbald christliche Kirchen gebaut wurden und auf den Bildersturm nach einiger Zeit in anderer Form eine neue Bilderaufrichtung erfolgen mußte. Eben das zeigt aber, daß die Abwertung und Negation des Menschlichen im einzelnen wohl gelegentlich praktische, zeichenhafte, aber nie grundsätzliche und allgemeine Bedeutung haben kann. Und auch nicht haben darf! Wir können ja das göttliche Urteil: Religion ist Unglaube, nicht sozusagen ins Menschliche, in die Form bestimmter Abwertungen und Negationen übersetzen, sondern wir müssen es, auch wenn es je und je in Gestalt bestimmter Abwertungen und Negationen sichtbar zu machen ist, als *göttliches* Urteil über *alles* Menschliche stehen und gelten lassen. Ganz scharf und genau, wie es gemeint ist, werden es sogar nur diejenigen hören und verstehen können, die mit diesem Menschlichen als solchem durchaus nicht ohnehin fertig sind, denen es vielmehr etwas wert ist, die mindestens ahnend wissen, was es bedeutet, die Welt der Götter Griechenlands oder Indiens oder die Welt der Weisheit Chinas oder auch die Welt des römischen Katholizismus oder auch unsere eigene protestantische Glaubenswelt als solche in dem umfassenden Sinn jenes göttlichen Urteils wirklich preiszugeben. In diesem Sinn darf gerade das göttliche Urteil, das hier zu hören und anzunehmen ist, auch als ein Schutz gegen alle Verständnislosigkeit und Barbarei bezeichnet werden. Nicht zu einer wohlfeilen und kindischen Resignation gegenüber dem, was menschlich groß ist, ruft es uns auf, sondern zu einem männlichen Wissen um dessen wirkliche und letzte Grenze, die nicht wir ihm zu setzen haben, sondern die ihm gesetzt ist. Im Raum der Ehrfurcht vor Gott wird die Ehrfurcht vor menschlicher Größe immer ihre Stelle haben müssen: sie unterliegt Gottes, sie unterliegt nicht unserem Gericht.

Um zu verstehen, daß Religion wirklich Unglaube ist, müssen wir sie von der in der Heiligen Schrift bezeugten Offenbarung her sehen. Es sind zwei Momente, die hier entscheidende Klarheit schaffen dürften.

1. Die Offenbarung ist Gottes Selbstdarbietung und Selbstdarstellung. Die Offenbarung widerfährt dem Menschen unter Voraussetzung und in Bestätigung der Tatsache, daß die Versuche des Menschen, Gott von sich aus zu erkennen, zwar nicht auf Grund einer prinzipiellen, wohl aber auf Grund einer praktisch faktischen Notwendigkeit allgemein und gänzlich – umsonst sind. In der Offenbarung sagt Gott dem Menschen, daß er Gott und daß er als solcher sein, des Menschen, Herr ist. Sie sagt ihm damit etwas schlechterdings Neues, etwas, was er ohne Offenbarung nicht weiß und anderen und sich selbst nicht sagen kann. Daß er es könnte, ist wohl wahr, so gewiß ja die Offenbarung nur die Wahrheit ausspricht. Ist es wahr, daß Gott Gott und als solcher des Menschen Herr ist, dann ist auch das wahr, daß der Mensch mit ihm so dran ist, daß er ihn erkennen

könnte. Aber gerade diese Wahrheit ist für den Menschen nicht vorhanden, bevor sie ihm in der Offenbarung gesagt wird. Wenn er Gott wirklich erkennen kann, dann gründet dieses Können darin, daß er ihn wirklich erkennt, weil Gott sich ihm zu erkennen gegeben, weil Gott sich selbst ihm dargeboten und dargestellt hat. Dieses Können gründet also nicht darin – so wahr das ist – daß der Mensch ihn eigentlich erkennen könnte. Zwischen dem: „er könnte" und dem „er kann" liegt schlechthin scheidend das „er kann nicht", das durch die Offenbarung und nur durch die Offenbarung aufgehoben und in sein Gegenteil verwandelt ist. Die Wahrheit, daß Gott Gott und unser Herr ist und also auch dies, daß wir ihn als Gott und Herrn erkennen könnten – diese Wahrheit kann nur durch die Wahrheit selbst zu uns kommen. Dieses Zu-uns-Kommen der Wahrheit ist eben die Offenbarung. Sie trifft uns aber nicht in einem neutralen Zustand, sondern in einem Tun, das zu ihr als dem Zu-uns-Kommen der Wahrheit in einem ganz bestimmten, ja entschiedenen Verhältnis steht. Sie trifft uns nämlich als *religiöse* Menschen, d.h. sie trifft uns mitten in jenem Versuch, Gott von uns aus zu erkennen. Sie trifft uns also nicht in dem ihr entsprechenden Tun. Das der Offenbarung entsprechende Tun müßte ja der Glaube sein: die Anerkennung der Selbstdarbietung und Selbstdarstellung Gottes. Wir müßten es sehen, daß im Blick auf Gott all unser Tun umsonst ist auch in dem besten Leben, d.h. daß wir von uns aus nicht in der Lage sind, die Wahrheit zu ergreifen, Gott Gott und unseren Herrn sein zu lassen. Wir müßten also auf alle Versuche verzichten, diese Wahrheit nun doch ergreifen zu wollen. Wir müßten einzig und allein dazu bereit und entschlossen sein, die Wahrheit zu uns reden zu lassen und also von ihr ergriffen zu werden. Dazu sind wir aber gerade nicht bereit und entschlossen. Gerade der Mensch, zu dem die Wahrheit wirklich gekommen ist, wird zugestehen, daß er keineswegs bereit und entschlossen war, sie zu sich reden zu lassen. Gerade der Glaubende wird nicht sagen, daß er aus dem Glauben zum Glauben gekommen sei, sondern eben – aus dem Unglauben. Obwohl und indem doch die Haltung und das Tun, das er der Offenbarung entgegenbrachte und noch entgegenbringt, Religion ist. Aber eben die Religion des Menschen als solche wird durch die Offenbarung, wird im Glauben an die Offenbarung aufgedeckt als Widerstand gegen sie. Religion von der Offenbarung her gesehen wird sichtbar als das Unternehmen des Menschen, dem, was Gott in seiner Offenbarung tun will und tut, vorzugreifen, an die Stelle des göttlichen Werkes ein menschliches Gemächte zu schieben, will sagen: an die Stelle der göttlichen Wirklichkeit, die sich uns in der Offenbarung darbietet und darstellt, ein Bild von Gott, das der Mensch sich eigensinnig und eigenmächtig selbst entworfen hat.

Hominis ingenium perpetuam, ut ita loquar, esse idolorum fabricam ... Homo qualem intus concepit Deum, exprimere opere tentat. Mens igitur idolum gignit, manus parit (Calvin, *Instit*. I 11, 8).

„Eigensinnig und eigenmächtig" soll hier zunächst nur sagen: aus eigenen Mitteln, eigener menschlicher Einsicht und Willensbildung und Tatkraft. Die Gottesbilder, die auf der einmal betretenen Linie dieses Unternehmens geschaffen werden können, können unter sich sehr ver- schieden sein, ohne doch sachlich etwas anderes zu bedeuten.

Imagines Deus inter se non comparat, quasi alterum magis, alterum minus conveniat: sed absque exceptione repudiat simulachra omnia, picturas aliaque signa, quibus eum sibi propinquum fore putarunt superstitiosi (Calvin, *Instit*. I 11, 1). *In nihilum redigit quicquid divinitatis, propria opinione sibi fabricant homines* (ib.). Gottesbilder im Sinn dieses Unternehmens sind die letzten Prinzipien der verschiedenen philosophischen Systeme ebensowohl wie etwa der Inbegriff des Unheimlichen im Weltbild der animistischen Religionen, der ausgeprägte Gottesgedanke etwa des Islam ebenso wie das Fehlen eines einheitlichen Gottesbegriffs und Gottesbildes im Buddhismus oder in den atheistischen Geistesströmungen der Antike und der Neuzeit.

Das Gottesbild ist immer diejenige angeschaute oder gedachte Wirklichkeit, in der der Mensch jenseits oder auch in seiner eigenen Existenz ein Eigentliches, Letztes, Entscheidendes annimmt und behauptet, von dem her er wiederum sich selbst für gesetzt oder doch für bestimmt und bedingt hält. Von der Offenbarung her gesehen, ist die menschliche Religion schlecht und recht ein solches Annehmen und Behaupten und als solches ein ihr selbst, der Offenbarung, widersprechendes Tun. Widersprechend darum, weil die Wahrheit ja nur durch die Wahrheit zum Menschen kommen kann. Greift der Mensch von sich aus nach der Wahrheit, so greift er zum vornherein daneben. Er tut dann nicht das, was er tun müßte, wenn die Wahrheit zu ihm kommt. Er glaubt dann nämlich nicht. Würde er glauben, so würde er *hören*; in der Religion *redet* er aber. Würde er glauben, so würde er sich etwas *schenken* lassen; in der Religion aber *nimmt* er sich etwas. Würde er glauben, so würde er Gott selbst für Gott eintreten lassen; in der Religion aber wagt er jenes Greifen nach Gott. Weil sie dieses Greifen ist, darum ist die Religion Widerspruch gegen die Offenbarung, der konzentrierte Ausdruck des menschlichen Unglaubens, d. h.

die dem Glauben gerade entgegengesetzte Haltung und Handlung. Sie ist der ohnmächtige, aber auch trotzige, übermütige, aber auch hilflose Versuch, mittels dessen, was der Mensch wohl könnte aber nun gerade nicht kann, dasjenige zu schaffen, was er nur kann, weil und wenn Gott selbst es ihm schafft: Erkenntnis der Wahrheit, Erkenntnis Gottes. Dieser Versuch kann also nicht etwa dahin gedeutet werden, daß der Mensch in ihm mit Gottes Offenbarung harmonisch zusammenwirke, daß Religion etwa die ausgestreckte Hand sei, die dann von Gott in seiner Offenbarung gefüllt werde. Man kann auch von dem offenkundig vorliegenden religiösen Vermögen des Menschen nicht sagen: es sei sozusagen die allgemeine Form menschlicher Erkenntnis, die dann in Gestalt der Offenbarung und des Glaubens ihren eigentlichen und wahren Inhalt empfange. Sondern um einen ausschließenden Widerspruch geht es hier: in der Religion wehrt und verschließt sich der Mensch gegen die Offenbarung dadurch, daß er sich einen Ersatz für sie beschafft, daß er sich vorwegnimmt, was ihm in ihr von Gott gegeben werden soll.

Non apprehendunt (Deum) qualem se offert, sed qualem pro temeritate fabricati sunt, imaginantur (Calvin, *Instit.* I 4, 1).

Das Vermögen zu solchem Tun hat er wohl. Aber was er auf Grund dieses Vermögens erreicht und erlangt, das ist nimmermehr die Erkenntnis Gottes als Gott und Herr, und also nimmermehr die Wahrheit, sondern durchgehend und gänzlich eine Fiktion, die mit Gott selbst nicht nur wenig, sondern nichts zu tun hat, ein Gegengott, der erst als solcher erkannt werden und fallen muß, wenn die Wahrheit zu ihm kommt, der aber als solcher und als Fiktion nur erkannt werden kann, indem die Wahrheit zu ihm kommt.

Notitia Dei, qualis nunc hominibus restat, nihil aliud est, quam horrenda idolatriae et superstitionum omnium scaturigo (Calvin, Komm. zu Joh 3,6 C. R. 47, 57).

Die Offenbarung knüpft nicht an die schon vorhandene und betätigte Religion des Menschen, sondern sie widerspricht ihr, wie zuvor die Religion der Offenbarung widersprach, sie hebt sie auf, wie zuvor die Religion die Offenbarung aufhob. Wie denn auch der Glaube nicht anknüpfen kann an den Falschglauben, sondern ihm als Unglauben, als einem Akt des Widerspruchs widersprechen, ihn aufheben muß. [...]

Die wahre Religion

[...] Es darf wohl als eine geradezu providentielle Fügung bezeichnet werden, daß die, soweit ich sehe, genaueste, umfassendste und einleuchtendste „heidnische" Parallele zum Christentum, eine Religionsbildung im fernsten Osten in Parallelität nicht etwa zum römischen oder griechischen Katholizismus, sondern nun ausgerechnet gerade zu der *reformatorischen* Gestalt des Christentums steht und also das Christentum gerade in seiner Form als konsequente *Gnadenreligion* vor die Frage nach seiner Wahrheit stellt. Es handelt sich um zwei zusammenhängende buddhistische Bildungen im Japan des 12. und 13. Jahrhunderts (also zu Lebzeiten des Franz von Assisi, des Thomas von Aquino, des Dante): die *Jodo-Shin* („Sekte des reinen Landes", gestiftet von *Genku*-Honen) und die *Jodo-Shin-Shu* („Wahre Sekte des reinen Landes", gestiftet von Genkus Schüler *Shinran*) [Vgl. zum folgenden: K. *Florenz*, Die Japaner, in: *Chantepie de la Saussaye*, Lehrb. d. Rel.-Gesch.2 Bd. 1, 1925, S. 382 ff., und *Tiele-Söderblom*, Komp. d. Rel.-Gesch.6 S. 197 ff.]. – Der Ausgangspunkt dieser einen Wendepunkt in der japanischen Religionsgeschichte bildenden Bewegungen war *Genkus* Ansicht, daß die früheren Formen des japanischen Buddhismus, insbes. die Form der im 12. Jahrhundert blühenden Zen-Sekte mit ihrer Forderung einer Erlösung durch des Menschen eigene Kraft, nämlich durch seine Bemühung um eine höhere Sittlichkeit, um mystische Versenkung und kontemplatives Wissen als „Pfad der Heiligkeit" zwar ehrwürdig und an sich richtig, für die große Masse des Volkes aber ganz einfach zu schwer und also ungangbar sei. An seine Stelle wollte Genku eine wesentlich erleichterte Heilsmethode gestellt wissen. Die Gottheit, die er zu diesem Zweck in *den* Mittelpunkt rückte, war der seit dem 7. Jahrhundert – vielleicht nicht ohne Zusammenhang mit der nestorianischen Mission – in China und seit dem 8. Jahrhundert auch in Japan verkündigte *„Amida-Buddha"*, genannt das „Unendliche Licht" oder das „Unendliche Leben", der wenigstens im Volksglauben auch als höchster persönlicher Gott gedacht wurde. Dieser Amida, so wird gelehrt, ist Schöpfer und Herr eines Paradieses, eines *„reinen Landes (jodo)* im Westen". Dorthin nach dem Tode wiedergeboren zu werden, um von da aus ins Nirwana zu gelangen, ist das menschliche Lebensproblem. „Dort werden wir glückselig mit untergeschlagenen Beinen auf Lotosblumen sitzen und uns im Anschauen Amidas allmählich zur vollen Reife der Erkenntnis entwickeln, um schließlich zum Nirwana einzugehen" (Florenz, S. 387). Aber wie kommen wir zu dieser Wiedergeburt? Nicht durch eigene Kraft, antwortet Genku in scharfem Gegensatz zu den übrigen buddhistischen Sekten. Und nun knüpft er entscheidend an an einen aus der chinesischen Amidatradition übernommenen und von ihm als die „Urverheißung" aufs stärkste unterstrichenen Text, enthaltend ein *Gelübde* des Gottes Amida selber, laut welches er selber, Amida, die vollkommene Erleuchtung (die Buddhaschaft) nicht annehmen wolle, wenn nicht alle Lebewesen, die aufrichtigen Herzens an ihn glauben und ihn zehnmal mit dem Wunsch nach der Wiedergeburt in sein Land anrufen wurden, der Erfüllung dieses Wunsches teilhaftig werden sollten. Also, lehrte Genku, haben wir nicht auf unsere eigene Kraft, sondern auf die dieses anderen, des Amida, unser ganzes Vertrauen zu setzen. Wir haben die alleinige Bedingung, an die er die Erlangung des Heils geknüpft hat, zu erfüllen: wir haben an ihn, der mit allen, auch den Sündern, Erbarmen hat, zu *glauben*. Wir haben seinen *Namen* anzurufen, und indem wir dies tun, strömen alle seine guten Werke und verdienstlichen Akte in unseren Mund und werden zu unserem eigenen Besitz, so daß unser Verdienst wird, was Amidas Verdienst ist, und zwischen ihm und uns kein Unterschied mehr besteht. Man hat diese Anrufung so oft als immer mögliche zu vollziehen. Man hat insbesondere in der entscheidenden Stunde des Todes unter Anrufung dieses Namens dessen gewiß zu sein, daß Amida auch die größten Sünder nicht verwerfen, sondern ihnen mindestens einen Winkel in jenem die Vorstufe zum Nirwana bildenden Paradies zuweisen wird. Die die Anrufung Amidas zwar vollzogen, aber unter geheimem Zweifel vollzogen haben, werden für 500 Jahre im Kelche einer ebenfalls in einem Winkel des Paradieses befindlichen Lotosblume verschlossen. Und in besonders sinnvoller Weise ist für diejenigen, die es nicht fertig brachten, sich ganz auf den Glauben und also auf die Kraft dieser Anrufung zu verlassen, sondern die sich auch noch auf die Vollbringung sog. guter Werke und religiöser Praktiken stützen wollten, eine im äußersten Westen gelegene Stätte voll himmlischer Genüsse, Gesang, Tanz und Spiel als vorläufiger Unterkunftsort vorgesehen, bis auch sie aus diesem offenbar gerade für ihre Erziehung zweckmäßig eingerichteten Purgatorium in die Gefilde der höchsten Seligkeit eingehen dürfen. – Eben diese Lehre Genkus und der Jodo-Shin ist dann von *Shinran*, dem Gründer der Jodo-Shin-Shu, nach der Seite der Lehre wie der Praxis systematisch entfaltet und ins Grundsätzliche erhoben worden. Auch hier steht alles auf jener Urverheißung des barmherzigen Erlösers Amida und auf dem Glauben an ihn. Aber während Genku auch noch eine Verehrung anderer Buddhas neben Amida kannte, wird eine solche jetzt geradezu verboten. Sogar der Buddha-Gautama tritt als bloßer Verkündiger der Amidalehre jetzt ganz in den Hintergrund. Verdienstliche gute Werke, deren Möglichkeit Genku nicht ganz bestritten hatte, gibt es nach Shinran überhaupt nicht. Sondern auf den Glauben des Herzens kommt jetzt einfach alles an. Zu tief stecken wir ja in den fleischlichen Lüsten, als daß wir uns durch irgendwelche Selbstbetätigung dem verderblichen Kreislauf von Leben und Sterben entziehen könnten. Was dem Tun des Menschen zukommt, kann nur der Dank für die ohne jede Betätigung seinerseits von Amida gewährte Erlösung sein. Es verliert jetzt die Todesstunde jenen in der Jodo-Shu-Lehre so betonten kritischen Charakter und es verliert jetzt auch die Anrufung Amidas noch den letzten Rest des Charakters einer Leistung oder eines magischen Aktes, um ebenfalls ganz zu einem Zeichen von des Menschen Dankbarkeit zu werden. Genkus Satz: „Selbst Sünder sollen zum Leben eingehen; wieviel mehr muß es nicht erst den Guten möglich sein!" hat Shinran in bezeichnender Weise umgekehrt: „Wenn schon die Guten zum Leben eingehen, um wieviel mehr noch wird es so mit den Sündern sein!" Es kommt für die erlösende Bedeutung des Glaubens an Amida weder auf das Gefühl, noch auf die Freudigkeit des Herzens, noch auch nur auf die Stärke des Heilsverlangens an. Es gibt zwar Mittel, den Glauben zu erwecken und zu stärken. Man soll z. B. Gebrauch machen von der Möglichkeit, sich in der heiligen Lehre schulen zu lassen; man soll über ihren Sinn nachdenken; man soll mit religiös gesinnten Freunden Unterhaltungen darüber pflegen; man soll mit leiser Stimme das Amida-Gebet sprechen; man soll sich angesichts seiner ganzen Sündhaftigkeit an dem wunderbaren Gedanken stärken, daß man auf Grund der Urverheißung trotzdem nicht verworfen ist. Man muß

Die wahre Religion

aber auch wissen, daß eben der Glaube an diese Urverheißung schließlich selber eine Gabe des Gottes ist. Eben dieser Glaube ist nun aber auch der jedermanns, er ist – das war in der Welt des Buddhismus eine unerhörte Neuerung – ein auch den Frauen ohne weiteres offener Weg. Es ist nach dem allem verständlich, daß Jodo-Shin-Shu keine Bittgebete, keine magischen Formeln und Zauberhandlungen, keine Amulette, Wallfahrten, Bußen, Fasten oder sonstige Arten von Askese und also auch kein Mönchstum kennt. Kultobjekt in ihren reichen Tempeln ist allein ein Bild oder eine Statue des Amida. Ihre Priester haben keine heilsmittlerische Bedeutung; ihre Funktion ist die Belehrung der Gläubigen und die Pflege der kirchlichen Bräuche; sie tragen nur im Tempel Ornat, sie sind weder besonderen Speisegesetzen noch auch dem Zölibat unterworfen. Dafür wird auf ihre Betätigung durch Unterricht, Predigt und populäre Erbauungsliteratur großes Gewicht gelegt. Die Wirkung des Glaubens an Amida, auf die bei den Laien gedrungen wird, ist eine sittliche Lebensführung im Rahmen der Familie, des Berufs und des Staates. Sie sollen „sich selber in Zucht halten, in Eintracht mit den Anderen leben, Ordnung bewahren, den staatlichen Gesetzen gehorsam sein und als gute Staatsbürger für das Wohl des Staates sorgen" (Florenz, S. 397). Im Unterschied zu den anderen japanischen Sekten hat sich Jodo-Shin-Shu durch die Regierung niemals rechtlich oder finanziell unterstützen lassen, sondern ist von Anfang an eine völlig staatsfreie Kirche gewesen, die sich mit Vorliebe in den Großstädten betätigt hat. – Man wundert sich wirklich nicht, daß der hl. Franz Xavier, der 1549–51 als erster christlicher Missionar in Japan weilte, in Jodo-Shin-Shu ganz einfach die „lutherische Ketzerei" wiederzuerkennen meinte. Die damit gestellte Frage hat aber nicht nur historische, sondern sehr aktuelle Bedeutung, indem (nach Florenz, S. 398) noch heute fast die Hälfte der gesamten Bevölkerung Japans, jedenfalls ein starkes Drittel derselben, eben dieser Kirche angehört.

(Man hat in diesem Zusammenhang wohl auch an die indische *Bhakti*-Frömmigkeit erinnert. Aber diese Parallele ist, wenn man sie überhaupt als solche gelten lassen will, an Schlagkraft mit der japanischen doch gar nicht zu vergleichen. Bhakti ist der Akt schlechthinniger Hingabe und Ergebung, in welchem das eigene Wollen ganz in den Dienst eines anderen gestellt wird, und der sich dann wohl auch zu einem Akt persönlich herzlicher Neigung und Liebe steigern kann. Der hohe oder höchste Gott, dem Bhakti dargebracht wird, kann diesen oder jenen Namen und Charakter tragen. Es ist der Affekt der Liebe selbst und als solcher, der den Menschen erlöst, der ihn der Gegenliebe des Gottes teilhaftig macht, der ihn aber auch im Irdischen mitfühlend und barmherzig, uneigennützig, geduldig und ruhend in sich selbst werden läßt. Wir hören von einer gewissen Neutralisierung aller sonstigen Heilsmittel. Wir hören – ein nun doch etwas bescheidenes Seitenstück zur protestantischen Rechtfertigungslehre – von einer „Katzenregel", nach der die Seele alles Gott überlassen kann und sich selbst nicht zu bemühen braucht, weil Gott sie auf dieselbe Weise zum Heil führt, wie die Katze ihr Junges trägt – im Gegensatz zu einer „Affenregel", nach der das Verhältnis Gottes zur Seele charakterisiert wäre durch das Bild einer Äffin, an die sich ihr Junges, indem es von ihr getragen wird, immerhin festhalten muß. Schon die völlig unsichere Stellung und Rolle des Gottesbegriffs, aber auch der Ersatz des Begriffs des Glaubens durch den der Hingabe und Liebe und dazu das nach allen Seiten völlig Gestaltlose auch dieses Begriffs der Liebe zeigt, daß wir uns hier in einer völlig anderen Welt befinden als bei jener japanischen Gnadenreligion und vollends als im evangelischen Christentum. Es müßte schon eine sehr schlechte Abart modernen evangelischen Christentums sein, das sich in diesen Bhakti-Religionen verwandtschaftlich angesprochen fühlen sollte!)

Wenn ich die Existenz jenes in diesem Zusammenhang allein ernstlich in Betracht kommenden „japanischen Protestantismus" des Genku und des Shinran eine providentielle Fügung genannt habe, so meinte ich damit: daß wir, weit entfernt, uns durch jene frappante Parallelität hinsichtlich der Wahrheit des Christentums auch nur einen Augenblick stutzig machen zu lassen, dankbar dafür sein sollten, daß sie uns so überaus lehrreich vor Augen führt: die christliche Religion in ihrer geschichtlichen Gestalt, als Form der Lehre, des Lebens und der Ordnung als solche kann es nicht sein, der die Wahrheit an sich zu eigen ist – auch dann nicht, wenn diese Gestalt die reformatorische sein sollte. Ihre Gestalt, auch ihre reformatorische Gestalt, ist offenbar nicht als einwandfrei original nachzuweisen. Gewiß von Identität zwischen dem christlichen und jenem japanischen „Protestantismus" wird man besonnenerweise nicht reden wollen. Geradezu gleich pflegen sich ja zwei natürliche oder geschichtliche Gestalten nicht zu sein. Es lohnt sich also wohl, darauf zu achten: 1. daß der Ausgangspunkt der Jodo-Bewegung notorisch die populäre Frage nach einem leichteren und einfacheren Heilsweg gewesen ist; man wird aber weder von Luther noch von Calvin sagen können, daß auch sie gerade von daher gekommen seien. Man vermißt dementsprechend 2. unter den jodoistischen Ideen in Parallele zu den reformatorischen eine Lehre von einem Gesetz und dann auch von einer Heiligkeit, von einem Zorn des Amida: es scheint der Güte und Barmherzigkeit dieses Gottes alles Relief und damit der Erlösung des Menschen durch ihn alle Dramatik, jeder Charakter einer wirklichen Problemlösung zu fehlen. Es scheint darum 3. der jodoistischen Antithese zur kultisch-moralischen Werkgerechtigkeit auch jener Akzent eines Kampfes für die Ehre Gottes gegen die menschliche Eigenwilligkeit und Überheblichkeit zu fehlen, die ihm schon bei Paulus selbst und in der Reformation besonders bei Calvin das eigentliche Gewicht gibt: sie scheint dort ganz in einem seelsorgerlichen Anliegen begründet zu sein, das als solches für offenbar einwandfrei begründet gehalten wird. Es steht und fällt nämlich 4. der Jodoismus mit dem übrigen Buddhismus mit der inneren Kraft und Berechtigung des stürmischen menschlichen Wunsches nach einer Erlösung durch Auflösung, nach dem Eingang ins Nirwana, zu dem ja das allein durch den Glauben zu erreichende „reine Land" nur die Vorhalle bildet, nach der Buddhaschaft, zu deren Vollkommenheit auch der Gott Amida erst unterwegs ist. Dieses menschliche Wunschziel, und nicht Amida oder der Glaube an ihn ist in der Jodo-Religion die eigentlich regierende und bestimmende Macht, zu der sich Amida und der Glaube an ihn und das „reine Land", in das der Glaube den Eingang bildet, nur wie Mittel zum Zwecke verhalten. Es fehlt also, aus der Nähe besehen, nicht an bemerkenswerten immanenten Unterschieden zwischen diesem japanischen und dem christlichen „Protestantismus". Aber das Entscheidende kann mit dem Aufweis dieser Unterschiede – der sich wohl, aus noch größerer Nähe

Die wahre Religion

besehen, noch bereichern und vertiefen ließe – nicht gesagt sein. Mindestens mit einem etwas primitiv verstandenen christlichen Protestantismus, wie er doch vom 16. Jahrhundert bis heute im Bewußtsein Unzähliger als der wahre Protestantismus existiert hat, mindestens mit einer bestimmten Selbstauffassung und Selbstdarstellung insbesondere des Luthertums, die doch ein Stück weit auch die Luthers selbst gewesen ist, läßt sich der Jodoismus sehr wohl und ohne Gewaltsamkeit vergleichen. Man denkt unwillkürlich an die Zauberer des Pharao, Ex. 7, die mindestens die Wunder Aarons, der immerhin Mose Bruder war, auch zu tun vermochten: genügend ähnlich, um dem Pharao Anlaß zu geben, sein Herz zu verstocken. Es könnten doch bei so viel Entsprechungen schließlich auch jene Unterschiede vielleicht in einer noch weiteren – wer weiß, durch die Berührung mit dem Christentum angeregten! – immanenten Fortentwicklung des Jodoismus zu einer noch reineren Gestalt auch noch in Wegfall kommen und damit eine annähernd vollkommene Gleichheit mit dem christlichen Protestantismus, d.h. aber gerade mit der reinsten Form des Christentums als Gnadenreligion doch noch Ereignis werden. Aber selbst wenn dies nicht in Rechnung zu ziehen wäre, hätten wir allen Anlaß, in diesen Unterschieden wohl Symptome, aber auch nicht mehr als Symptome des wirklichen Unterschiedes zwischen der wahren und der falschen Religion zu sehen, Symptome, die als solche keine entscheidende und wirklich unterscheidende Kraft haben, die nicht etwa als solche die Wahrheit gegenüber der Lüge sind, sondern die das Siegel der Wahrheit erst anderswoher empfangen müßten, Symptome, die – wir müssen theoretisch damit rechnen – grundsätzlich auch fehlen könnten, ohne daß wir darum über den Unterschied zwischen Wahrheit und Lüge auch nur im geringsten zweifelhaft sein dürften. Die christlich-protestantische Gnadenreligion ist nicht darum die wahre Religion, weil sie eine Gnadenreligion ist. Wäre dem so, dann müßte dasselbe – wie man auch von jenen Unterschieden denken möge – billigerweise auch vom Jodoismus gelten, und mit etwas stumpfen Sinnen könnte man es dann wohl auch von der Bhakti-Religion sagen, und warum sollte dann dasselbe nicht auch gleich von einer Reihe von anderen Religionen gesagt werden, denen die Gnade unter allerlei Titeln und in allerlei Zusammenhängen auch keine ganz fremde Größe ist? Entscheidend über Wahrheit und Lüge ist wirklich nur Eines. Und darum ist die Existenz des Jodoismus eine providentielle Fügung zu nennen, weil er das mit relativ größter Dringlichkeit so deutlich macht, daß über Wahrheit und Lüge zwischen den Religionen nur Eines entscheidet. Dieses Eine ist *der Name Jesus Christus*. Es dürfte methodisch empfehlenswert sein, im Angesicht des Jodoismus, aber grundsätzlich auch im Angesicht aller anderen Religionen zunächst ganz und gar nur diesen Unterschied ins Auge zu fassen und alles Andere, was wir an Unterschieden zu kennen meinen, vorläufig zurückzustellen: nicht etwa nur in der vorsichtigen Erwägung heidnischer Entwicklungsmöglichkeiten, von denen unsere Unterscheidungslehren eines Tages überholt werden könnten, sondern in der klaren Einsicht, daß die Wahrheit der christlichen Religion tatsächlich in dem einen Namen Jesus Christus und sonst in gar nichts beschlossen ist. Wirklich in der ganzen formalen Simplizität dieses Namens als des Inbegriffs der göttlichen Offenbarungswirklichkeit, die ganz allein die Wahrheit unserer Religion ausmacht! Also nicht in ihrer mehr oder weniger ausgeprägten Struktur als Gnadenreligion, also nicht in der reformatorischen Lehre von der Erbsünde, von der stellvertretenden Genugtuung, von der Rechtfertigung allein durch den Glauben, von der Gabe des Heiligen Geistes und von der Dankbarkeit. Das alles können die Heiden, wie Figura zeigt, auch lehren und sogar in ihrer Weise leben und als Kirche darstellen, ohne darum weniger Heiden, arme, gänzlich verlorene Heiden zu sein. Unsre Erkenntnis und unser ihr leidlich entsprechend geordnetes Leben und Kirchentum als solches unterscheidet uns von ihnen nur insofern wirklich, als sie allenfalls Symptome derjenigen Gnade und Wahrheit sind, die ganz allein Jesus Christus selber und also für uns: der Name Jesus Christus ist – nur insofern, als sie schlechthin bedingt sind durch diesen einen und keinen andern Namen, und also schlechthin an ihn gebunden, durch ihn inhaltlich bestimmt, auf ihn hinzielend und durch ihn bestätigt und bewährt. Der christliche Protestantismus ist insofern die wahre Religion, als die Reformation Erinnerung war an die in diesem Namen beschlossene Gnade und Wahrheit und als eben diese Erinnerung in ihm wirksam ist. In dieser Erinnerung, die doch vielmehr ein Erinnertwerden war, formte er sich, wurde er geformt, und mit ihm wenigstens partiell auch das übrige Christentum: zu dem, was wir nun also sein Wesen als eine ausgesprochene Gnadenreligion nennen. In diesem Erinnertwerden kam es zur Rechtfertigungs- und zur Prädestinationslehre, zur evangelischen Lehre von der Kirche, von den Sakramenten, vom christlichen Leben und zu den sonstigen Eigentümlichkeiten, die ihn in mehr oder weniger deutlicher Weise in dieser Richtung auszeichnen mögen. Als Symptome, als Prädikate des Subjektes Jesus Christus – jetzt, im Rückblick mag nun auch von ihnen ernsthaft die Rede sein – bekamen, hatten und haben gewiß auch diese Symptome die Kraft der Wahrheit: die Kraft des *Bekenntnisses* und des *Zeugnisses* von der Wahrheit. Wie sollten sie nicht gefordert und dann auch geeignet sein, den Namen Jesu Christi und damit die Wahrheit der christlichen Religion zu verkündigen? Und jetzt: in dieser symptomatischen, in dieser Bekenntnis- und Zeugniskraft mögen dann auch wohl die nicht unbeachtlichen Unterschiede zwischen der christlichen und aller nichtchristlichen Gnadenreligion ernst und gewichtig werden, mögen wir der wohlbegründeten Überzeugung sein, daß auch hinsichtlich der beiderseitigen Struktur eine Verwechslungsmöglichkeit tatsächlich nicht vorliegt, daß es zu einer wirklichen Parallelität oder gar Deckung zwischen der Lehre und dem Leben einer der christlichen und denen einer nichtchristlichen Gnadenreligion (und wäre sie dies noch so konsequent!) tatsächlich auch in Zukunft nicht kommen wird, daß vielmehr irgendwelche symptomatischen Unterschiede hüben und drüben sicher sichtbar bleiben werden, an denen sich der eigentliche, der wesentliche Unterschied auch immer wieder klarmachen lassen wird. Diese Überzeugung wird aber nur dann eine wohlbegründete Überzeugung sein, wenn sie ausschließlich auf den Glauben an den einen und einzigen Jesus Christus begründet ist, weil allein von ihm aus jene relativen Unterschiede ihr relatives Licht haben und immer wieder empfangen können. Es wird sich also der eigentliche und wesentliche Unterschied der christlichen Religion gegenüber der nichtchristlichen und damit ihr Charakter als die Religion der Wahrheit gegenüber den Religionen der Lüge als solcher nur in dem Faktum, in dem Ereignis nachweisen lassen, daß die Kirche nach Anweisung der heiligen Schrift Jesus Christus und keinen anderen als die Gnade und die Wahrheit zu hören, zu verkündigen und zu glauben nicht müde, sondern immer wieder munter

Die wahre Religion

wird, und daß es ihm gefällt, sich nach seiner Verheißung zu diesem ihm dargebrachten Dienste zu bekennen und also im Bekenntnis und Zeugnis der Kirche sein eigener Bekenner und Zeuge zu sein. Es ist eben tatsächlich an dem, daß die Kirche schwach sein muß, um stark zu sein.

Daß es eine wahre Religion gibt, das ist Ereignis im Akt der Gnade Gottes in Jesus Christus, genauer: in der Ausgießung des Heiligen Geistes, noch genauer: in der Existenz der Kirche und der Kinder Gottes. Sofern die Kirche Gottes und die Kinder Gottes existieren, insofern gibt es mitten in der Welt menschlicher Religion wahre Religion, will sagen: eine Erkenntnis und Verehrung Gottes und ein ihr entsprechendes Handeln des Menschen, von denen nicht nur zu sagen ist, daß sie verkehrt, ein aus Lüge und Unrecht geborener Versuch mit untauglichen Mitteln sind, sondern von denen zu sagen ist: daß sie (in ihrer Verkehrtheit) tatsächlich zu ihrem Ziel kommen, daß hier (trotz der Lüge und des Unrechts, die auch hier geschehen, trotz der Untauglichkeit der auch hier angewandten Mittel) wirklich Gott erkannt und verehrt wird, wirklich ein Handeln des mit Gott versöhnten Menschen stattfindet. Die Kirche und die Kinder Gottes und also die Träger der wahren Religion leben von der Gnade Gottes, d. h. ihre Gotteserkenntnis, ihre Gottesverehrung, ihr Gottesdienst in Lehre, Kultus und Leben ist bestimmt durch die Einsicht von der allem menschlichen Denken, Wollen und Tun zuvorkommenden und alle menschliche Verkehrtheit zurechtbringenden freien Güte Gottes, die dem Menschen nur den Glauben und die Dankbarkeit übrigläßt und zuweist – auch diese nicht als sein Werk, sondern als ihre eigene Gabe – die sich aber eben dem glaubenden und dankbaren Menschen unter keinen Umständen versagen wird. Indem die Kirche und die Kinder Gottes unter dieser Ordnung leben, leben sie von Gottes Gnade. Aber daß sie das tun, das ist es nicht, was ihre Existenz als Kirche und Kinder Gottes begründet, und das ist es nicht, was nun gerade ihre Religion zur wahren Religion macht. Auf dieses ihr Tun als solches gesehen, erheben sie sich nämlich nicht entscheidend über das Niveau der allgemeinen Religionsgeschichte, sind sie der göttlichen Anklage auf Götzendienst und Werkgerechtigkeit nicht entzogen. Einmal darum nicht, weil ihr Leben von der Gnade jedenfalls in der Geschichte kaum anders denn als eine je und je eingeschaltete Hemmung gegenüber dem im übrigen auch in ihrem Bereich wirksamen Vollzug des Gesetzes aller Religion sichtbar wird: wäre wirklich das Denken, Wollen und Tun der Christen als solcher, die von Gnade leben, das Kriterium ihrer Existenz als Kirche und Kinder Gottes – mit welchem Mut könnte dann diese ihre Existenz als solche und die Wahrheit gerade ihrer Religion behauptet werden? Man kann das auf Grund dieses Kriteriums aber auch darum nicht behaupten, weil ein angebliches und zum Teil sehr stattliches angebliches Leben von Gnade, weil das Phänomen der Gnadenreligion auch auf den übrigen Feldern der Religionsgeschichte jedenfalls nicht einfach unbekannt ist, ohne daß wir doch, messend mit biblischen Maßstäben, deshalb Anlaß hätten, von Kirche und Kindschaft Gottes, von der Existenz wahrer Religion in diesen Bereichen zu reden. Entscheidend ist für die Existenz der Kirche und der Kinder Gottes und für die Wahrheit ihrer Religion etwas ganz anderes – entscheidend dann auch hinsichtlich ihres an sich so problematischen Lebens von der Gnade: dies nämlich, daß sie durch die Gnade Gottes von seiner Gnade leben. Das macht sie zu dem, was sie sind, das macht ihre Religion wahr, das hebt sie empor über das Niveau der allgemeinen Religionsgeschichte. [...]

Hendrik Kraemer

Die Stellung zu den nichtchristlichen Religionen

Hendrik Kraemer wurde 1888 in Amsterdam geboren und starb 1965. Nach seinem Missionars- und Indonesischstudium lebte er fünfzehn Jahre in Indonesien. Dort übersetzte er die Bibel und setzte sich für die Autonomie der indonesischen Kirchen ein. 1936 kehrte er in die Niederlande zurück und übernahm eine Professur für Religionsgeschichte und vergleichende Religionswissenschaften. Während der Besatzung der Niederlande durch die Nationalsozialisten geriet Hendrik Kraemer für ein Jahr in Haft, weil er gegen die Entlassung von „Nichtariern" aus dem öffentlichen Dienst protestiert hatte.

Nach Kriegsende wurde Kraemer der erste Direktor des Ökumenischen Instituts in Bossey in der Schweiz. Auch in den Niederlanden hatte Kraemer Einfluss auf die ökumenische Bewegung und auf die Bewegung zur Erneuerung der reformierten Kirche.

Für die Weltmissionskonferenz 1938 in Tambaram in Indien fertigte Kraemer seine einflussreiche Studie „The Christian Message in a Non-Christian World" an. Für ihn war Gottes Offenbarung im Christentum absolut einzigartig und nicht gleichzustellen mit anderen Religionen, da Christus eine radikale Umwertung der Werte gebracht habe. Dieser von ihm genannte „biblische Realismus" steht in sachlicher Nähe zu den Lehren Karl Barths und Emil Brunners.

In dem hier vorliegenden Text beschäftigt sich Kraemer mit der Stellung des Christentums zu den nichtchristlichen Religionen. Er sucht nach Gemeinsamkeiten zwischen den Religionen und setzt sich besonders mit dem religiösen Wahrheitsanspruch, der „das Herz alles wahren religiösen Lebens ist", auseinander.

Annika Paasman

Hendrik Kraemer

Die Stellung zu den nichtchristlichen Religionen

Die christliche Religion im wirklichen Sinne, d. h. die Offenbarung in Christo mit allem, was das an Glaube und Ethik einschließt, dreht sich um zwei Pole.

Der erste ist eine Gotteserkenntnis ganz besonderer Art, die alle andern Vorstellungen von Gott und dem Göttlichen umstürzt. Der in Christo geoffenbarte und tätige Gott ist der heilige, versöhnende Gott. Er ist der Gott, der in der Tat, als er die Welt und die Menschheit mit sich versöhnte, ebenso seine Heiligkeit wie seine Liebe offenbarte. Er steuerte einen neuen Kurs, um seine Herrschaft über die Menschen auf der Grundlage eines neuen Verhältnisses der „Liebe, in der keine Furcht ist", wieder herzustellen.

Der zweite Pol ist eine Kenntnis des Menschen besonderer Art, durchaus revolutionär im Vergleich mit jeder andern Anschauung vom Menschen. Der Mensch ist im Licht der Offenbarung in Christo Gottes Geschöpf, bestimmt, sein Kind und Mitarbeiter zu werden und darum von großem Werte und großen Eigenschaften. Aber seine Natur und Lage ist verderbt, weil er durch und durch egozentrisch ist, was die Bibel mit dem Willen erklärt, „wie Gott zu sein und zu wissen, was gut und böse ist", die Wurzel der Sünde und des Todes in der Welt. Dies, daß des Menschen Ursprung und Ziel in Gott wurzelt, und seine herrlichen, Gott gegebenen Eigenschaften, tun sich noch kund in den Wegen, auf welchen er das Leben zu meistern und zu regeln sucht, wie etwa in seinen Großtaten auf dem Felde der Kultur, in Kunst und Wissenschaft, im politischen, sozialen und wirtschaftlichen Leben. Die Sündenverderbnis, die alle seine Errungenschaften mit dem Willen zur Gottgleichheit durchdringt, hat zur Folge, daß in allen Dingen, sogar in den größten und erhabensten, in jedem Lebenskreise der Mensch dem Grundproblem, nämlich der Sündenverderbnis, auszuweichen sucht. Aber gleichzeitig versucht er, in seinen Ausflüchten dies Grundproblem – wenn auch erfolglos – durch seine eigenen Methoden zu überwinden und zu meistern. Deshalb liegt das menschliche Leben in allen seinen Erscheinungsformen, den verworfenen ebenso wie den erhabenen, unter dem Gericht Gottes und kann nur erlöst und grundsätzlich erneuert werden, wenn der Mensch dies Urteil Gottes und die darin kund werdende Liebe und Treue Gottes anerkennt. Die rückhaltlose Annahme und Anerkennung von Gottes

Die Stellung zu den nichtchristlicen Religionen

Urteil und Liebe seitens des Menschen heißt Glaube; das Leben, das sich auf dieser Art Glauben aufbaut, heißt das neue Leben im Geist.

Diese beiden Pole sind im vorigen Kapitel erörtert. Jetzt ist es unsere Aufgabe, von diesem Hintergrund aus unsere Stellung zu den nichtchristlichen Religionen zu bestimmen.

Das Problem dieser Haltung ist aus verschiedenen Gründen eines der größten und schwierigsten, das die christliche Kirche in der ganzen Welt und das die Mission heute zu bewältigen hat. Genau gesprochen, ist es ein Teil des Grundproblems, das uns in unserer ganzen Erörterung beschäftigt, nämlich der Beziehung der Kirche und der christlichen Religion zur Welt und ihren Lebenskreisen. Hinter diesem Grundproblem steht immer so oder so: Was denkst du vom Menschen, seiner Natur, seinen Möglichkeiten, seinen Errungenschaften? Es ist sehr wichtig, uns aus zwei Gründen daran zu erinnern.

Erstens: die nichtchristlichen Religionen sind nicht nur Reihen von spekulativen Ideen über das ewige Geschick des Menschen. Die isolierte Stellung der Religion in der modernen Welt als Ergebnis der säkularistischen Aufteilung der Lebengebiete drängt den Durchschnittsgeistern diese irrige Auffassung der Religion auf. Diese nichtchristlichen Religionen sind im Gegenteil allumfassende Systeme und Theorien des Lebens, die in einem religiösen Grunde wurzeln; sie umfassen deshalb gleichzeitig ein System der Kultur und Zivilisation und eine bestimmte Struktur der Gesellschaft und des Staates. Sich vom Standpunkt des christlichen Glaubens über unsere Stellung zu den nichtchristlichen Religionen auszusprechen, heißt deshalb notwendigerweise, uns über die Beziehung des christlichen Glaubens zu Kultur, Staat und Gesellschaft, kurz zur Welt und ihren Lebenskreisen auszusprechen.

Zweitens: die gewöhnlich befolgte Methode – der wir auch folgen werden – drückt bei der Erörterung der Stellung des Christentums zu den nichtchristlichen Religionen das ganze Problem in den Kategorien des Problems der allgemeinen Offenbarung und der natürlichen Theologie aus. Diese theologische Beschränkung des Problems ist durchaus nützlich, denn sie konzentriert das Nachdenken auf die theologischen Grundprobleme und erzielt daher eine größere Klarheit der Einsicht. Es sollte indessen beständig im Auge behalten werden, daß diese Erörterung eingebettet ist in das allumfassende Problem der christlichen Religion und der christlichen Kirche in ihrer Beziehung zur Welt. Der große Vorteil, der sich aus dem Festhalten an dieser beherrschenden Anschauung ergibt ist, daß das brennende Problem der Stellung zu den nichtchristlichen Religionen ein Beispiel des großen Problems ist, dem die christliche Kirche in der ganzen Welt in verschiedener Weise unausweichlich begegnet. In dem Zustand allgemeinen Überganges, der radikalen Neuprüfung der Kultur, der Struktur des Staates, der Gesellschaft, der wirtschaftlichen Ordnung, in der sich die Welt heute befindet, hat die Kirche ihre Stellung und Verpflichtung zu diesen Lebenskreisen, ihren derzeitigen Voraussetzungen, Ansprüchen, Bestrebungen und Werten neu zu formulieren.

Die Verwirrung, welche während der Jerusalemer Tagung des Internationalen Missionsrates 1928 die Diskussion über die Abhandlungen vom Wert der verschiedenen Religionen hinterließ, war durch die Tatsache verschuldet, daß der Wert dieser Religionen in einer zu isolierten Weise besprochen wurde und die Religionen dadurch nicht in ihrem angemessenen Rahmen erschienen. Die Fragen, die vom christlichen Standpunkt, d. h. vom Standpunkt der Offenbarung, hinter solchen Begriffen wie allgemeine Offenbarung und natürliche Religion liegen, können so ausgedrückt werden: Sind Natur, Vernunft und Geschichte im christlichen Sinn des Wortes Offenbarungsquellen? Wenn ja, was ist das Verhältnis der christlichen Offenbarung und ihren Schlußfolgerungen zu dem Gesamtergebnis menschlicher Selbstentfaltung, das in Philosophie, Religion, Kultur, Kunst und andern Lebensgebieten Platz hat? Ob die Antwort der christlichen Kirche in der Form eines entschlossenen Verzichtes auf die Welt, wie in den ersten Jahrhunderten, gegeben wird, oder wie im Mittelalter in einer Art Synthese gesucht wird, oder noch anders ausfällt, hängt ganz von den besonderen Umständen einer gegebenen Zeit ab, speziell welcher Aspekt ihrer Verpflichtung als einer Kirche, die nur in wirklicher Treue leben kann, zu einer bestimmten Zeit sich wirksam zeigen soll.

Dabei dürfen zwei Bedingungen nie aus den Augen verloren werden: Erstens muß daß Christentum unter allen Umständen und immer eingedenk sein, daß es sich auf das prophetische und apostolische Zeugnis von einer göttlichen, überweltlichen Lebensordnung gründet, welche über den ganzen Bereich des geschichtlichen menschlichen Lebens jeder Zeit hinausreicht und alles richtet auf Grund seiner ihm wesenseigenen Autorität.

Zweitens, ob es sich nun um eine Haltung der Resignation, der Reserve oder der innigen Beziehung handelt, immer hat sie wesentlich positiv zu sein, weil die Welt der Herrschaftsbereich Gottes bleibt, der

Die Stellung zu den nichtchristlicen Religionen

sie geschaffen hat. Er ließ nach ihrer Empörung nicht von der Welt ab, sondern hielt sie in einem neuen Beginn der Versöhnung fest. Es muß weiter auch eine positive Haltung sein, weil die christliche Kirche als Zeuge und Vertreter der neuen Heils- und Versöhnungsordnung zu dem Zweck von Gott in diese Welt gesetzt ist, um in und für diese Welt zu wirken. Jesus lehrte uns beten: „Dein Wille geschehe auf Erden wie im Himmel"; dies Gebet wird immer die Magna charta der Verpflichtung der Kirche sein, sich ernst und positiv mit dieser Welt und ihren Lebenskreisen, auch den nichtchristlichen Religionen, zu befassen.

Die beiden eben erwähnten Bedingungen zeigen klar das dialektische Verhältnis, in welchem das Christentum, wenn es seiner Natur und Sendung treu ist, zur Welt stehen sollte: es ist die Haltung eines schroffen „Ja" und zugleich eines schroffen „Nein" zur Welt: der *menschliche* und *gebrochene* Widerschein des göttlichen „Nein" und „Ja" des heiligen Gottes der Versöhnung, der die Welt unter seinem absoluten Gericht hielt und sie zugleich für seine Liebe in Anspruch nahm.

Dies sind die immerwiederkehrenden Bestandteile des Problems des Verhältnisses des Christentums zur Welt, die aber in jeder Geschichtsperiode ihren besonderen Ausdruck und Anwendung erfordern. Wenn wir uns jetzt dem großen Missionsproblem der Stellung zu den nichtchristlichen Religionen als einem Teil des allumfassenden Problems zuwenden, so müssen bei seiner Erörterung einige Erwägungen stets im Auge behalten werden. Der Grund, warum eine Aufklärung dieses Problems so bitter nötig ist, ist der, daß es sich bei der geistigen Atmosphäre der heutigen Welt für die christlichen Kirchen daheim und in den nichtchristlichen Ländern und für die Lebenskraft der Missionssache um eine Frage von Leben und Tod handelt. Die „jungen Kirchen" leben in einer zahlenmäßig überwältigend nichtchristlichen Welt und in einer nicht minder überwältigenden, nichtchristlichen Atmosphäre. Es ist nun einerseits für sie wichtig, zu wissen, wie sie sich zu den nichtchristlichen Religionen zu verhalten haben, damit sie eine Ausrichtung und eine Gewißheit bekommen und anderseits brauchen sie nicht nur ein klares Urteil über das religiöse Leben und Erbe ihrer eigenen Nation, sondern auch über die ganze kulturelle, soziale und politische Struktur und das Erbe des Volkes, von der sie physisch und geistig ein lebendiger Bestandteil sind. Jedenfalls wenn sie in die wirkliche Bedeutung der christlichen Religion eindringen und sich dessen, was sie für ihre Aufgabe an ihrer Umwelt bedeutet, bewußt werden wollen, brauchen sie Klarheit über ihre Haltung. Aber selbst wenn sie diesen Wunsch nicht fühlten, drängt der gegenwärtige Zustand der nichtchristlichen Welt mit ihrem sozialen, politischen und kulturellen Umsturz das Problem in seiner umfassenden Form ihnen auf.

Außerdem – und das bezieht sich nicht nur auf die jungen Kirchen, sondern ebenso auf die christliche Kirche im allgemeinen und auf das Missionsunternehmen als solchem, – verlangt das Problem der Stellung zu den nichtchristlichen Religionen, welche ja repräsentative und geballte Erscheinungsformen des Religiösen sind, in der modernen Welt, in der wir leben, eine ganz eigene Behandlung, und zwar von besonderem Ernst. Vor ein paar Jahrhunderten war es in der ganzen Welt wie selbstverständlich, daß man die unbestreitbare und unbestrit-tene Überlegenheit der eigenen Religion anerkannte. Die wachsende Berührung der verschiedenen Kulturen und Religionen miteinander und der gleichzeitige Aufstieg und die Entwicklung des wissenschaftlichen Studiums und des Vergleichs der Religionen hat diese Atmosphäre radikal verändert und jene Haltung unmöglich gemacht. Durch sorgfältige Forschung, durch die Bemühungen, eine Einsicht in die geschichtliche und psychologische Entwicklung der verschiedenen Religionen zu erhalten, haben wir eine genauere und umfassendere Kenntnis dieser Religionen als je zuvor. Erstaunliche Ähnlichkeiten und nicht minder erstaunliche Unähnlichkeiten sind an das Licht gekommen, und das Ergebnis ist gewesen, daß die Ungewißheit und Richtungslosigkeit auf religiösem Gebiete, die auch schon aus andern Quellen flossen, außerordentlich vermehrt sind. Die Frage: „Was ist Wahrheit in der Religion?" ist drängender und dunkler als je. Die Frage ist besonders dringlich für das Christentum, das als seine Quelle und Grundlage eine göttliche Offenbarung in Anspruch nimmt, die zugleich der Maßstab für alle Wahrheit und alle Religion sein soll. „Ich bin der Weg, die Wahrheit und das Leben; niemand kommt zum Vater denn durch mich" (Joh. 14,6). „Es ist in keinem andern Heil, ist auch kein anderer Name den Menschen zu ihrer Errettung gegeben" (Act. 4, 12). Diese Wahrheitsfrage ist für die Missionssache besonders dringlich, weil die Missionen unvermeidlich ihren Lebenstrieb verlieren, wenn diese Überzeugung schwach wird oder sich als unhaltbar entpuppt oder nur mit einem unsicheren Gewissen und einem verwirrten Intellekt festgehalten wird. Der psychologische,

Die Stellung zu den nichtchristlicen Religionen

kulturelle, soziale und moralische Wert des Christentums mag noch so reich und bedeutend sein; er mag vielleicht sogar noch reicher sein als durch geschichtliche Forschung und klares Denken erwiesen wird; aber diese Beweisführung bringt uns nur dahin, daß das Christentum ein außerordentlich wertvolles Aktivum ist im geschichtlichen menschlichen Leben und aller Wahrscheinlichkeit nach auch in Zukunft bleiben wird. Vom Standpunkt der Menschheitsgeschichte und der Kultur aus ist das sehr wichtig; aber es übersieht ganz den Wahrheitsanspruch, der das Herz alles wahren religiösen Lebens ist und speziell des Christentums als der Religion von Gottes einziger Inkarnation in Jesus Christus.

Das Werturteil fällt in keiner Weise mit dem Wahrheitsurteil zusammen. Die nichtchristlichen Religionen können ebensogut wie das Christentum eine höchstbedeutsame Leistung an psychologischen, kulturellen und andern Werten aufweisen, und es hängt von jemandes Lebensgrundsätzen ab, ob er diese nichtchristlichen Vorzüge höher einschätzt für die Menschheit als die christlichen. Die Schwäche des Werturteils in bezug auf das Problem letztlicher und autoritativer Wahrheit wird noch offenkundiger, wenn man der Tatsache eingedenk ist, daß vom Standpunkt relativer kultureller Werte Erdichtungen oder selbst Lügen außerordentlich wertvoll und erfolgreich gewesen sind. Wir lernen in dieser Hinsicht heute unvergeßliche Lektionen. Gelehrte, geistvolle, enthusiastische Verteidigungen des Christentums oder der Religion, die das Wahrheitsproblem wegen seiner Schwierigkeit umgehen und sich mit wichtigen Begründungen zweiten Ranges begnügen, sind Ausgeburten der Zweideutigkeit. Eine pragmatische Haltung bedeutet schließlich Zweifel und Agnostizismus und schließt den Verzicht auf das Wahrheitsproblem in sich. Am Ende schaut uns doch immer wieder das Wahrheitsproblem ernst ins Gesicht; denn des Menschen tiefste und edelste Instinkte weigern sich, das Zeichen seines göttlichen Ursprungs, nämlich den Durst und Hunger nach unvergänglicher Wahrheit, auszulöschen. Die nur subjektiv motivierte Überlegenheit religiöser Wahrheiten, Erfahrungen und Werte kann nie den Wahrheitsanspruch begründen oder die Missionsbewegung rechtfertigen und lebendig erhalten. Der allein mögliche Grund ist der Glaube, daß Gott in Jesus Christus *den* Weg, *die* Wahrheit und *das* Leben geoffenbart hat und das in aller Welt bekanntgemacht wissen will. Nur eine so begründete Missionsbewegung und Missionspflicht kann unerschüttert und unentmutigt bleiben, selbst wenn sie ohne sichtbare Erfolge ist, wie das zum Beispiel im Falle der Islam-Mission weithin zutrifft.

Und wie können wir diesen Glauben rechtfertigen? Die einzige beweiskräftige Antwort, die zugleich dem Charakter und der Natur des Glaubens entspricht, ist, daß das Ende ihm recht geben wird, wenn Gott seinen Weltzweck erfüllt. „Der Glaube ist eben eine gewisse Zuversicht dessen, das man *hoffet*, und der Beweis dessen, das man *nicht* sieht" (Hebr. 11,1). Einen vernünftigen Beweis für den Glauben zu fordern, heißt die Vernunft, d. h. den Menschen, zum Maßstab für den Glauben zu machen, und das endet in einem trügerischen Zirkel. Letzte Überzeugungen ruhen nie auf anerkannt durchsichtigen und vernunftsmäßigen Beweisen, weder in der Philosophie noch in der Religion, und das wird immer so bleiben. Sich einer bestimmten Welt- oder Lebensanschauung hingeben hat immer Wahl und Entscheidung bedeutet; es ist nicht ein vernunftsmäßiger Schritt in dem Sinn, daß er wie eine mathematische Wahrheit allgemein beweisbar wäre. Religion und Philosophie haben zu tun mit Sachen, die von Mathematik und Naturwissenschaft verschieden sind. Sie haben zu tun mit dem Menschen, seinen Wünschen, Leidenschaften und Bestrebungen, oder – um es angemessener auszudrücken – der liebende, hassende, begehrende, strebende Mensch sucht in Religion und Philosophie mit sich selbst fertig zu werden, und das erfordert in jedem Augenblick eine ethische und religiöse Wahl und Entscheidung. Des Christen letzter Glaubensgrund ist: „Sein Geist gibt Zeugnis unserem Geist, daß wir Gottes Kinder sind" (Röm 8,16); und dafür kann er sterben.

Es muß mit Nachdruck betont werden, daß die vergleichende Religionswissenschaft, die diese Verwirrung und Sorge gebracht hat und bringt, in vieler Hinsicht einen sehr heilsamen Einfluß auf das religiöse Leben und unsere Vorstellungen davon ausgeübt hat. Manche Früchte der großen humanistischen Bewegungen der letzten Jahrhunderte waren ein edles Ringen um die Wahrheitsfrage und hatten eine befreiende und erweiternde Wirkung auf den menschlichen Geist. So hat auch die vergleichende Religionswissenschaft in vieler Hinsicht die religiöse Einsicht wohltätig gereinigt. Das bleibt wahr trotz der vielen verkehrten Begriffe und Abirrungen, die sie als ein menschliches Unternehmen natürlich auch gezeigt hat. In Gottes Hand ist sie ein Mittel geworden, den erstaunlichen Reichtum des religiösen Lebens der Menschheit im guten und schlechten Sinne zu enthüllen:

– den Geist der Offenheit und Ehrlichkeit gegen fremdes religiöses Leben zu pflegen; – die unchristliche, intellektualistische und engherzige Anmaßung gegen andere Religionen zu unterhöhlen; – unsere Augen zu öffnen für die oft allzu menschlichen Elemente im Christentum, in seiner geschichtlichen Entwicklung und Wirklichkeit, die oft gerade so entehrend sind wie die schlechteren Elemente in andern Religionen; – und uns aufmerksam zu machen auf die Erstarrung des christlichen Glaubens und des kirchlichen Lebens, in welche die christliche Kirche ebenso leicht fällt als andere Religionen, wenn ihre ursprünglichen religiösen Antriebe erlahmen. Wer mit Hilfe der vergleichenden Religionswissenschaft gelernt hat, der empirischen Wirklichkeit der Christenheit – ich rede jetzt nicht von der christlichen Offenbarung und ihrer Wirklichkeit – vergleichsweise mit andern Religionen ehrlich ins Gesicht zu schauen, und verstanden hat, daß diese Christenheit als geschichtliche, religiöse Körperschaft durchaus menschlich ist, d. h. eine Verbindung erhabener, gemeiner und mittelmäßiger Elemente, der wird tief empfinden, daß es anstößig ist, so leichthin von der Überlegenheit des Christentums zu reden. Natürlich gibt es im Christentum viele Züge, in denen es in seiner geschichtlichen Gestaltung den andern Religionen überlegen ist; aber von andern Punkten kann das Gleiche in bezug auf die nichtchristlichen Religionen gesagt werden. Es ist jedoch in bezug auf das Christentum in seiner geschichtlichen und empirischen Wirklichkeit eine bemerkenswerte Tatsache, durch die sie sich von allen andern Religionen unterscheidet, daß Selbstkritik eines ihrer Hauptmerkmale ist, weil die Offenbarung in Christo, die sie bezeugt, die absolute Überlegenheit von Gottes heiligem Willen und Gericht über *alles* Leben, auch über das historische Christentum, proklamiert.

Das Überlegenheitsgefühl ist wesentlich ein kulturelles und durchaus kein religiöses Produkt, und bestimmt kein christliches. Ein Überlegenheitsgefühl kann nur aus dem starken Bewußtsein der Leistung aufwachsen. Der berühmte Religionsforscher Troeltsch, der den christlichen Anspruch auf letztliche, ausschließliche Wahrheit der Offenbarung in Jesus Christus ablehnte, aber trotzdem eine sogenannte relative Überlegenheit des Christentums behauptete, gab damit eigentlich seinem angeborenen Gefühl für die westliche kulturelle Überlegenheit Ausdruck. Es liegt kein Grund vor, daß nicht auch ein Hindu oder Chinese, der in seiner besonderen geistigen Atmosphäre aufgewachsen ist, nach einer vergleichenden Überschau der

Kulturen und Religionen der Welt das Recht hätte, mit Bezug auf seine Religion die gleiche relative Absolutheit zu beanspruchen.

Aber im Lichte der christlichen Offenbarung ist es unmöglich, nach den Maßstäben von ethischer oder religiöser Leistung zu denken; denn es ist das Herz des Evangeliums, daß wir von göttlicher Gnade und Vergebung leben, und daß Gott Jesus Christus für uns *gemacht* hat zur „Weisheit Gottes", zur Gerechtigkeit, Heiligung und Erlösung, damit „wer sich rühme, der rühme sich des Herrn" (1Kor 1,30 f.) und nicht irgend einer eigenen Leistung. Genau gesprochen ist für einen Christen das Überlegenheitsgefühl eine Verleugnung dessen, was Gott wollte und durch das Evangelium tat. Daß in der Christenheit und auf dem Missionsfelde so viele dem Gefühl der Überlegenheit zum Opfer fallen, ist ein Zeichen der intellektualistischen Verdrehung des Evangeliums, in die auch fromme Christen sich verirren können, wenn sie vergessen, daß „ein Christ sein" unter allen Umständen und immer heißt, ein Sünder zu sein, der Vergebung empfangen hat, und nie der „beatus possidens" einer fix und fertigen Wahrheit. In einer der Vorbereitungsschriften der Oxforder Konferenz macht R. Niebuhr die scharfsinnige Bemerkung, die hier zutrifft: „Das unwiderlegliche Symbol für den Dauercharakter der menschlichen Sünde ist die Tatsache, daß Theologien, die Demut und Buße predigen, trotzdem Ausdrucksformen menschlichen Stolzes sein können".

Drei Punkte von entscheidender Bedeutung sind klar geworden. Erstens: die Haltung gegen die nichtchristlichen Religionen muß gesehen werden im Zusammenhang des allgemeinen Problems der Beziehung des Christentums zur Welt und ihren Lebenskreisen. Unsere Haltung zu diesen Religionen zu bestimmen, bedeutet in Wirklichkeit, unsere Auffassung vom Menschen und seinen Fähigkeiten auszusprechen, und unsere Mitmenschen, ihre Bestrebungen, Leistungen und Verirrungen zu beurteilen.

Das stellt uns zweitens vor die Frage normativer Wahrheit. In beiden Fällen ist es klar, daß für einen Christen der einzige Maßstab nur die neue und unberechenbare Welt sein kann, die durch Gott in Jesus Christus, seinem Leben und Werk geoffenbart und wirklich gemacht und die nur dem Glauben zugänglich ist, d. h. die freie Zustimmung des Menschen zu „Gottes wunderbaren Taten". Christus als der letzte Maßstab ist die Krisis aller Religionen, der nichtchristlichen ebenso wie des empirischen Christentums. Das bedeutet, daß der fruchtbarste und berechtigtste Weg, alle Religionen zu zergliedern und abzuschätzen, der ist, sie im Lichte der Offenbarung Christi zu untersuchen.

Drittens bestehen der Charakter dieses Glaubens und die Natur der göttlichen Wahrheit der Offenbarung nicht in allgemeinen Ideen, sondern in Grundbedingungen und Beziehungen zwischen Gott, dem Menschen und der Welt. Gestärkt durch das befreiende Werk der vergleichenden Religionswissenschaft, schließt das jedes Überlegenheitsgefühl aus; es erfordert auch in bezug auf die Anhänger anderer Religionen die Anerkennung unseres gemeinsamen Menschseins, auch in bezug auf religiöse Leistungen und religiöse Mängel. Ein Missionar oder ein Christ, der auch nur den kleinsten Span religiöser Anmaßung hegt und sich seiner Überlegenheit als „Christ" oder als „Inhaber der Wahrheit" rühmt, betrübt den Geist Christi und verdunkelt seine Botschaft; denn es ist die Grundlage des christlichen Lebens, „sich in dem Herrn zu rühmen" und sich *seiner* Gnade dankbar und demütig zu freuen.

Wir müssen noch einen Schritt weiter gehen. Welche Antwort können wir vom Standpunkt der christlichen Offenbarung auf die Frage geben: Offenbart sich Gott im religiösen Leben, so wie es uns in den nichtchristlichen Religionen begegnet, und wenn – wie und wo?

Die Antwort ist schwieriger, als es scheint. Überschaut man die menschlichen Versuche, den ganzen Bereich des Lebens geistig zu erfassen, so muß man die deutliche Feststellung machen, daß alle Religionen, die höheren ebenso wie die sogenannten niedrigeren, mitsamt allen Philosophien und Weltanschauungen, verschiedene Versuche sind, die Ganzheit alles Seins zu erfassen; sie sind oft ergreifend in ihrer Erhabenheit, ebenso oft aber rührend oder abstoßend durch ihre Unwirksamkeit. Philosophie ist dieser Versuch zur Erfassung auf dem Wege des Wissens; Religion das gleiche Bemühen auf dem Wege des Herzens; Theologie, z. B. moslemische Theologie oder Ramanuja's Bhaktitheologie sind Versuche, die religiöse Auffassung des Seins in einem System zusammenhängenden Denkens zu spiegeln. Da diese allgemeine Bemühung um Erfassung der Totalität des Seins eine *menschliche* Bemühung ist, so ist es ganz natürlich, daß betreffs der Strebungen, Ideen, Einrichtungen, Symbole und Schauungen in den Religionen und Philosophien der Menschheit viel Gleichartigkeit ist, und zwar trotz der großen Verschiedenheiten, die durch Verschiedenheit der Umwelt, der geistigen Struktur und der geschichtlichen Entwicklung veranlaßt sind. Es gibt ein allgemeines religiöses Bewußtsein, das unter allen Menschen aller Zonen und Rassen in sehr verschiedener Form und Verkettung viele ähnliche Tatsachen und Symbole religiöser und ethischer Einsicht hervorbringt. Woher kommt die wohlbekannte Tatsache, daß, ob wir mit Leuten höherer oder niederer Religionen zusammenleben, wir unsere eigenen religiösen oder ethischen Strebungen und Einsichten wiedererkennen, und daß manches religiöse Handbuch, das bei den Anhängern der Religion, die es hervorgebracht hat, Ruhm und Autorität genießt, gleichzeitig von Anhängern anderer Religionen geschätzt wird? Man nehme zum Beispiel Tao Teh King, die Bhagavadgita, den Kural des Tiruvalluvar, Kempis' Nachfolge und manche moslemische Handbücher der Religion und Ethik. Eine andere wohlbekannte Tatsache ist, daß wieder und wieder Leute aufstehen, die aus diesen übereinstimmenden religiösen und ethischen Beweisstücken die „normale", „natürliche" Religion der Menschheit konstruieren. Dieser Versuch ist falsch, obgleich er in Anbetracht der erwähnten Ähnlichkeiten ganz begreiflich ist. Er verwechselt parallele, aber weit zerstreute, ungleich verteilte, verschieden gestufte und verschieden motivierte religiöse und ethische Begriffe mit einem, der Annahme nach, zusammenhängenden System, das von einigen Leitgedanken beherrscht wird, welche die Schöpfer dieser „natürlichen" Religion willkürlich hinzugefügt haben. Wissenschaftliche Untersuchung und kritisches Denken lehren beide, daß es eine „natürliche" Religion nicht gibt; es gibt nur eine allgemeine, religiöse Bewußtheit im Menschen, die viele Ähnlichkeiten hervorbringt. Und anderseits gibt es konkrete Religionen, jede mit ihrem eigenen Aufbau und Charakter.

Des Menschen gefährliche Lage ist, daß er ein Doppelwesen ist. Er ist göttlichen Ursprungs und ist durch Sünde verdorben und stets geneigt, seinen egoistischen und ungeordneten Willen gegen den göttlichen Willen durchzusetzen. Pascal hat das in seinen „Pensées" herrlich ausgedrückt: „Quelle chimère est-ce donc que l'homme! Quelle nouveauté! Quel monstre, quel chaos, quel sujet de contradiction, quel prodige! Juge de toutes choses, imbécile ver de terre, dépositaire du vrai, cloaque d'incertitude et d'erreur, gloire et rebut de l'univers". (Was für eine Schimäre ist der Mensch! Was für eine Neuigkeit, welches Ungeheuer, wie chaotisch, wie voll von Widersprüchen, was für ein Wunder! Richter aller Dinge, dummer Erdenwurm, Gefäß der Wahrheit, ein Haufe von Ungewißheit und Irrtum, Ruhm und Abschaum des Weltalls!) Diese grundsätzliche Disharmonie zeigt sich

Die Stellung zu den nichtchristlicen Religionen

auch in allen Lebensgebieten, in denen der Mensch sich bewegt und in seinen kulturellen und religiösen Errungenschaften. Sein göttlicher Ursprung und seine großen Gaben machen ihn zu einem Wesen, das das Leben in vielen Beziehungen meistert und ordnet, und das große Kulturen und Zivilisationen hervorbringt. Die Entwicklung und der Fortschritt, die in seiner Geschichte verfolgt werden können, sind eine Kundmachung des tiefen Dranges seiner glänzenden Fähigkeiten und seiner Bestimmung, die Erde und alles, was darin ist, sich zu unterwerfen und zu meistern (Gen. 1,28).

In der Sphäre des religiösen Bewußtseins glänzen des Menschen Möglichkeiten und Fähigkeiten in den erhabenen Religionen und ethischen Systemen, die er hervorgebracht hat und nach denen er zu leben sucht. Die nichtchristliche Welt der Vergangenheit und Gegenwart weist viele glänzende Beispiele auf. Aber seine Sünde und seine Unterwerfung unter böse und satanische Mächte verderben alle seine Schöpfungen und Leistungen, auch die erhabensten, in geradezu schändlicher Weise. Der Mystiker, der triumphierend seine wesentliche Einheit mit Gott oder dem Göttlichen erlebt, der sich selbst in heiterem Gleichmut als erhabenen Meister des Weltalls und des Schicksals weiß, und der in erstaunlichen Leistungen sittlicher Selbstzucht und geistiger Disziplin ein bezauberndes Beispiel erhabenen Menschentums ist, begeht auf diesem erhabenen Wege die Grundsünde der Menschheit, zu „sein wie Gott" (Gen. 3,5). Die glänzenden Ergebnisse menschlicher Meisterung der Gesetze der Natur und menschlichen Erfindergeistes werden die Werkzeuge zu den barbarischsten und monströsesten Verletzungen der elementaren Menschlichkeit. Die Welt der Entwicklung und des Fortschrittes ist gleichzeitig die Welt der Entartung, des Verfalles und der Zerstörung. Der Fluch des Todes, der Verderbnis, der dämonischen Selbstzerstörung, brütet stets über dieser glänzenden Welt des Menschen und der Natur. Darum hat das religiöse Bewußtsein des Menschen überall auch den abstoßendsten und verderblichsten Schmutz hervorgebracht, den pervertierte menschliche Phantasie und Lust zu erzeugen vermögen. Diese grundlegende und erschreckliche Disharmonie, diese dialektische Lage des Menschen wird von der christlichen Offenbarung, wie sie im biblischen Realismus enthalten ist, Sünde, Schuld, Verlorenheit ohne Hoffnung, außer durch Gott, genannt; keine andere Religion tut das in so unmißverständlichen und folgerichtigen Ausdrücken. Das allgemeine religiöse Bewußtsein der Menschheit spricht nie eine so klare

Sprache; denn es ist durch seine innewohnende Disharmonie verwirrt und geblendet.

Die christliche Offenbarung stellt sich entgegen all den vielen Versuchen, die Totalität des Seins zu begreifen. Sie betont, daß sie der Bericht von Gottes Selbstenthüllung und der neuschaffenden Offenbarung in Jesus Christus sei, welche das Sein zeigt, als sich drehend um die beiden Pole: göttliches Gericht und göttliche Errettung, und die göttliche Antwort gibt auf diese dämonische und schuldige Disharmonie von Mensch und Welt.

Karl Rahner

Das Christentum und die nichtchristlichen Religionen

Karl Rahner wurde 1904 in Freiburg i. Breisgau geboren. Als junger Mann trat er dem Jesuitenorden bei. Er studierte Philosophie und katholische Theologie an verschiedenen Ordenshochschulen. 1936 promovierte Rahner in Innsbruck, nachdem seine philosophische Promotion in Freiburg abgelehnt worden war. 1937 habilitierte er sich und war als Dozent und Professor u. a. in Innsbruck, Wien, München und Münster tätig. Als einer der wenigen Theologen durfte er während des Kalten Krieges auch in den damaligen Ostblock zu Vorträgen reisen. Karl Rahner war einer der bedeutendsten deutschsprachigen Theologen des 20 Jh.s Sein durch eine umfangreiche Publikationstätigkeit unterstrichener Einfluss besonders auf dem Gebiet der Fundamentaltheologie reichte weit über die Kreise der akademischen katholischen Theologie hinaus. Einige seiner bekanntesten Werke sind „Grundkurs des Glaubens" sowie „Hörer des Wortes", seine wichtigsten Aufsätze sind in den „Schriften zur Theologie" zusammengefasst. Stets war er dem Dialog zwischen den Fundamenten des Glaubens und den Menschen im modernen Zeitalter verpflichtet und leistete so einen wichtigen Beitrag zur Öffnung der röm.-kath. Kirche für das moderne Zeitalter. Am 2. Vatikanischen Konzil war er als offizieller Theologe beteiligt und bemühte sich darum, die Neuerungen durch das Konzil der Öffentlichkeit bekannt zu machen. 1984 starb Karl Rahner in Innsbruck.

Rahner setzte sich auch für die ökumenischen und interreligiösen Beziehungen seiner Kirche ein. In diesem Aufsatz aus seinen „Schriften zur Theologie" unternimmt er es, die Pluralität der Weltanschauungen und Religionen und den Geltungsanspruch des Christentums zusammen zu denken, indem die durch Christus erwirkte Gnade Gottes als eine Gnade gedacht ist, an der jeder Mensch unbewusst partizipiert. Jeder Mensch, egal welcher Religion, kann nach christlichem Glauben als „anonymer Christ" bezeichnet werden. Nichtchristliche Religionen führen die Menschen nicht von Christus fort, sondern bereiten sie in unvollkommener

Weise auf die Begegnung mit der durch die Kirche verbreiteten christlichen Botschaft vor.

Gwen Bryde/Janina Mandel

DAS CHRISTENTUM UND DIE NICHTCHRISTLICHEN RELIGIONEN[1]

[136] „Offener Katholizismus" bedeutet sowohl die Tatsache, daß der katholischen Kirche geschichtliche Mächte gegenüberstehen, die sie selbst nicht als rein „weltliche" und für sie gleichgültige auf sich beruhen lassen kann, sondern die für sie eine Bedeutung haben, die aber dennoch nicht in einem Verhältnis positiver Art des Friedens und gegenseitiger Bejahung zur Kirche stehen, als auch die Aufgabe, mit diesen Mächten in ein Verhältnis zu treten, das ihre Existenz begreift (soweit diese nicht einfach bejaht werden kann), das Ärgernis ihres Widerspruchs erträgt und überwindet und die Kirche so gestaltet, daß sie fähig ist, diesen Pluralismus, soweit er nicht sein soll, zu überwinden, indem sie sich selbst als die höhere Einheit dieses Gegensatzes begreift. Offener Katholizismus bedeutet somit ein bestimmtes Verhalten gegenüber dem heutigen Pluralismus weltanschaulicher Mächte. Dieser Pluralismus ist dabei offenbar nicht gemeint als eine bloße Tatsache, die man als unerklärlich einfach stehen läßt, sondern als eine Tatsache, die bedacht sein will und unbeschadet des Nichtseinsollenden, das sie teilweise an sich trägt, noch einmal von einem höheren Gesichtspunkt aus in das Ganze und Eine des christlichen Daseinsverständnisses eingeordnet werden soll. Zu den für das Christentum schwerwiegendsten und am schwersten einzuordnenden Momenten an diesem Pluralismus, in dem wir leben und mit dem wir als Christen fertig zu werden haben, gehört der Pluralismus der Religionen. Wir meinen hier nicht den Pluralismus der christlichen Konfessionen. Auch dieser Pluralismus ist eine Tatsache und eine Frage und Aufgabe an die Christen. Aber nicht mit ihm haben wir uns hier zu beschäftigen, sondern mit dem wenigstens in letzter Grundsätzlichkeit schwerwiegenderen Problem der Viel[-] [137] heit der Religio-

---

[1] Die folgenden Ausführungen sind die Niederschrift eines Vortrags, der in Eichstätt (Bayern) bei einer Tagung der „Abendländischen Akademie" am 28. 4. 1961 gehalten wurde. Es wurde nicht versucht, nachträglich diese Ausführungen zu erweitern, obwohl sehr vieles recht fragmentarisch bleibt.

Das Christentum und die nichtchristlichen Religionen

nen, die es auch noch in der Zeit des Christentums gibt und zwar immer noch nach einer zweitausendjährigen Geschichte und Mission dieses Christentums. Gewiß ist es richtig, daß diesen Religionen allen zusammen samt dem Christentum selber heute ein Feind gegenübersteht, den sie früher nicht hatten, die dezidierte Religionslosigkeit, die Verneinung der Religion überhaupt, eine Verneinung, die gewissermaßen mit der Inbrunst einer Religion, eines absoluten und heiligen Systems als der Grundlage und dem Maßstab allen weiteren Denkens auftritt, so paradox es klingen mag, die staatlich organisiert sich als *die* Religion der Zukunft vorstellt, als die dezidierte, absolute Profanität und Geheimnislosigkeit des menschlichen Daseins, so bleibt es doch eben wahr, daß gerade dieser Zustand der Bedrohtheit der Religion überhaupt eine seiner wichtigsten Waffen und Erfolgschancen in der Zerrissenheit der religiösen Menschheit hat. Und davon abgesehen: für das Christentum ist dieser religiöse Pluralismus eine größere Bedrohung und der Grund einer größeren Unruhe als für alle anderen Religionen. Denn keine andere, nicht einmal der Islam, setzt sich selbst so absolut als *die* Religion, als die eine und einzig gültige Offenbarung des einen, lebendigen Gottes wie das Christentum. Für es also muß der faktische, bleibende, immer noch neu virulente Pluralismus der Religionen nach einer zweitausendjährigen Geschichte das größte Ärgernis und die größte Anfechtung sein. Und diese Anfechtung ist heute auch für den einzelnen Christen bedrohlicher als je zuvor. Denn früher war die andere Religion praktisch auch die Religion eines anderen Kulturkreises, einer Geschichte, mit der man selbst nur ganz am Rande seiner eigenen Geschichte kommunizierte, war die Religion der auch in jeder anderen Hinsicht Fremden.‹ Kein Wunder also, daß man sich nicht wunderte, daß diese so Anderen und Fremden auch eine andere Religion hatten, kein Wunder, daß man nicht ernsthaft und im allgemeinen diese andere Religion als eine Frage an sich selbst oder gar als eine Möglichkeit für einen selbst betrachten konnte. Heute ist es anders. Es gibt kein in sich geschlossenes Abendland mehr, kein Abendland mehr, das sich einfach als den Mittelpunkt der Weltgeschichte und der Kultur betrachten könnte, dessen Religion also schon von daher, das heißt von einem Punkt, [138] der eigentlich nichts mit einer Glaubensentscheidung zu tun, sondern das Gewicht des profan Selbstverständlichen hat, als die selbstverständliche und einzig für einen Europäer in Frage kommende Form der Gottesverehrung erscheinen könnte. Heute ist jeder jedes anderen Menschen in der Welt

77

Nachbar und Nächster, und darum von der Kommunikation aller Lebenssituationen von planetarischer Art her bestimmt: Jede Religion, die in der Welt existiert, ist, wie alle kulturellen Möglichkeiten und Wirklichkeiten anderer Menschen, eine Frage und eine angebotene Möglichkeit für jeden Menschen. Und wie man die Kultur des anderen als eine Relativierung der eigenen konkret und existentiell fordernd erlebt, so ist es unwillkürlich auch mit den fremden Religionen. Sie sind ein Moment an der eigenen Daseinssituation geworden, nicht mehr bloß theoretisch, sondern konkret, und sie werden daher erlebt als In-Frage-Stellung des Absolutheitsanspruchs des eigenen Christentums. In der Frage des Fertigwerdens mit dem heutigen Pluralismus ist somit die Frage nach dem Verständnis und Bestehen des religiösen Pluralismus als eines Momentes in unserer unmittelbaren christlichen Existenz eine vordringliche Frage. Man könnte diese Frage von verschiedenen Seiten her anpacken. Hier soll nur versucht werden, einige Grundzüge einer katholisch-dogmatischen Interpretation der nichtchristlichen Religionen vorzutragen, die vielleicht geeignet sind, die Frage nach der christlichen Position gegenüber dem religiösen Pluralismus in der heutigen Welt einer Lösung näher zu führen. Da man leider nicht sagen kann, daß die katholische Theologie, wie sie konkret betrieben wird, in neuerer Zeit eine wirklich genügend große Aufmerksamkeit den hier zu stellenden Fragen geschenkt hat, kann auch nicht behauptet werden, daß das hier Gesagte als Gemeingut der katholischen Theologie vorgetragen werden könne. Das Gesagte hat also nur soviel Gewicht als die Gründe dafür, die wiederum nur eben angedeutet werden können. Wo den vorzulegenden Sätzen darüber hinaus ein größeres theologisches Gewicht zukommt, ergibt sich das aus dem Gesagten für den theologisch Gebildeten von selbst. Wenn wir sagen, es handle sich um Grundzüge einer *katholisch*-dogmatischen Interpretation der nichtchristlichen Religionen, so soll damit nicht angedeutet sein, [139] es gehe dabei notwendig auch um eine innerchristlich kontroverstheologische Theorie, sondern es soll nur gesagt sein, daß wir nicht eigens darauf eingehen können, ob die vorzutragenden Thesen auch die Hoffnung haben können, von der evangelischen Theologie angenommen zu werden. Wir sagen, es handle sich um eine dogmatische Interpretation, weil wir die Frage nicht als empirische Religionsgeschicht-ler, sondern vom Selbstverständnis des Christentums selbst aus, also als Dogmatiker stellen.

Das Christentum und die nichtchristlichen Religionen

1. These. Die erste These, die an den Anfang zu stellen ist, weil sie gewiß die Grundlage des theologischen Verständnisses der anderen Religionen im christlichen Glauben ist, lautet: Das Christentum versteht sich als die für alle Menschen bestimmte, absolute Religion, die keine andere als gleichberechtigt neben sich anerkennen kann. Dieser Satz ist für das Selbstverständnis des Christentums selbstverständlich und grundlegend. Er braucht hier weder bewiesen noch in seinem Sinn entfaltet zu werden. Wenn Religion als gültige und legitime für das Christentum zuerst und zuletzt nicht dasjenige Verhältnis des Menschen zu Gott ist, das der Mensch selbst autonom stiftet, nicht die Selbstinterpretation des menschlichen Daseins durch den Menschen, nicht die Reflexion und Objektivierung der Erfahrung ist, die er durch sich selbst mit sich macht, sondern die Tat Gottes an ihm, die freie Selbstoffenbarung in Selbstmitteilung Gottes an den Menschen, das Verhältnis, das Gott selbst zum Menschen hin von sich her stiftet und stiftend offenbart, wenn *dieses* Verhältnis Gottes zu allen Menschen grundlegend das eine und selbe ist, weil es auf der Inkarnation, dem Tod und der Auferstehung des einen fleischgewordenen Wortes Gottes beruht, wenn das Christentum die durch Gott selbst in seinem Wort vorgenommene Interpretation dieses in Christus für alle Menschen von Gott selbst gestifteten Verhältnisses Gottes zu den Menschen ist, dann kann nur das Christentum sich als die wahre und legitime Religion für alle Menschen schlechthin dort und dann anerkennen, wo und wann es in existentieller Mächtigkeit und fordernder Kraft in den Bereich einer anderen Religion eindringt und diese, sie an sich selbst messend, in Frage stellt. Seit es Christus gibt, seitdem er im Fleisch als das Wort Gottes in Absolutheit gekommen und die [140] Welt in seinem Tod und seiner Auferstehung real und nicht nur theoretisch mit Gott versöhnt, das heißt geeinigt hat, ist dieser Christus und seine bleibende geschichtliche Gegenwart in der Welt, Kirche genannt, *die* religio, die den Menschen an Gott bindet. Eine Bemerkung muß freilich schon zu dieser ersten These (die hier nicht näher entfaltet und begründet werden kann) gemacht werden. Mag dieses Christentum selbst auch seine Vorgeschichte haben, die dieses Christentum bis in den Anfang der Menschheitsgeschichte selbst – wenn auch in sehr wesentlich gestufter Weise – zurückführt, mag dieses Haben einer „Vorgeschichte" für die theoretische und existentielle Begründung seines Absolutheitsanspruches nach Ausweis des Neuen Testaments auch von viel größerer Bedeutung sein als es unsere heutige katholische Fundamentaltheologie weiß, so hat das Christentum als solches doch einen innergeschichtlichen Anfang; es war nicht immer, es hat begonnen. Es war wenigstens in seiner geschichtlich-greifbaren, kirchlich-soziologischen Verfassung, in dem reflexen Zu-sich-selbst-gekommen-Sein des Heilshandelns Gottes in Christus und auf ihn hin nicht schon immer und überall *der* Heilsweg der Menschen. Als eine geschichtliche Größe hat darum dieses Christentum einen zeitlich-räumlich punktförmigen Anfang in Jesus von Nazareth und in dem Heilsereignis des einmaligen Kreuzes und des leeren Grabes in Jerusalem. Damit ist aber gegeben, daß diese absolute Religion, auch dann, wenn sie anfängt, diese grundsätzlich für alle Menschen zu sein, auf einem geschichtlichen Weg zu den Menschen kommen muß, denen sie als deren legitime, sie anfordernde Religion gegenübertritt. Die Frage ist also diese (und sie ist bisher in der katholischen Theologie nicht klar genug und reflex genug durchdacht in echter Konfrontierung mit der Länge und Verwickeltheit echt menschlicher Zeit und Geschichte), ob dieser Zeitpunkt des existentiell realen Angefordertseins durch diese absolute Religion in ihrer geschichtlich greifbaren Verfaßtheit wirklich für alle Menschen uhrzeitlich im selben Moment eintritt oder ob dieses Eintreten dieses Momentes selbst wieder eine Geschichte hat und so uhrzeitlich nicht für alle Menschen, Kulturen und Geschichtsräume gleichzeitig ist.

Gewöhnlich betrachtet man den Beginn der objektiven Verpflichtung der christlichen [141] Botschaft für alle Menschen, also die Abschaffung der Gültigkeit der mosaischen Religion *und* aller anderen Religionen, die auch (wie wir später sehen werden) ein Moment der Gültigkeit und Gottgewolltheit an sich haben können, als in der apostolischen Zeit geschehend und faßt somit die Zeit zwischen diesem Beginn und der faktischen Annahme oder der persönlich schuldhaften Ablehnung des Christentums in einer nichtjüdischen Welt und Geschichte als die Spanne zwischen der schon geschehenen Promulgation des Gesetzes und der faktischen Kenntnisnahme durch den vom Gesetz Gemeinten. Ob diese Auffassung richtig ist, oder ob man da, wie wir meinen möchten, einer anderen Auffassung sein kann, also den Beginn des Christentums für die konkreten Geschichtsräume, Kulturen und Religionen auf den Zeitpunkt verlegen kann, in denen dieses Christentum innerhalb dieser Einzelgeschichte und Kultur geschichtlich eine reale Größe geworden ist, zu einem wirklichen geschichtlichen Moment dieser bestimmten Kultur, das ist nicht bloß eine müßige Gelehrtenfrage. Man schließt z. B. aus der üblichen Antwort im ersten Sinn, daß seit dem ersten Pfingstfest *überall* in der Welt die Taufe der unmündig sterbenden Kinder zum übernatürlichen Heil notwendig sei, obwohl sie das vorher nicht war. Auch für andere Fragen, z. B. für die Vermeidung noch unreifer Bekehrungen, für die Berechtigung und Wichtigkeit der „indirekten" Missionierung usw. könnte eine richtige und ausgewogene Lösung von großer Bedeutung sein. Man wird sich fragen müssen, ob man der angedeuteten ersten Auffassung angesichts einer zweitausendjährigen und noch weithin in den Anfängen stehenden Missionsgeschichte heute noch beipflichten kann, wenn doch z. B. selbst schon Suárezd, wenigstens hinsichtlich der *Juden* gesehen hat, daß die promulgatio und obligatio der christlichen Religion und nicht nur die divulgatio und notitia promulgationis in geschichtlicher Folge geschehen ist? Wir können hier diese Frage nicht eigentlich beantworten. Sie darf aber wenigstens als offene Frage angemeldet und praktisch die Richtigkeit der zweiten Theorie vorausgesetzt werden, weil nur sie der wirklichen Geschichtlichkeit des Christentums und der Heilsgeschichte entspricht. Und daraus ergibt sich nun ein nuancierteres Verständnis unserer ersten These: wir behaupten positiv [142] nur, daß das Christentum seiner Bestimmung nach die absolute und somit einzig für alle Menschen bestimmte Religion ist, lassen aber die Frage (wenigstens grundsätzlich) offen, in welchem genauen Zeitpunkt diese absolute Verpflichtetheit jedes Menschen und jeder Kultur auf das Christentum konkret eintritt auch im Sinn der *objektiven* Verpflichtung einer solchen Forderung. Immerhin, auch so bleibt die aufgestellte These noch erregend genug: wo immer der Mensch konkret in der echten Dringlichkeit und Schwere seiner konkreten Existenz vom Christentum betroffen wird, stellt sich nach dem Selbstverständnis des Christentums dieses als die einzig noch gültige Religion dieses Menschen dar, die für ihn von heilsmittelhafter, nicht nur gebothafter Notwendigkeit ist. Man beachte: es handelt sich um die Heilsnotwendigkeit einer *gesellschaftlichen* Größe. Ist diese auch das Christentum und nicht eine andere Religion, so wird man doch unbedenklich sagen dürfen, ja müssen, daß in dieser These implizit die andere enthalten ist, daß im konkreten Dasein des Menschen schlechthin eine gesellschaftliche Verfaßtheit der Religion zum Wesen der Religion selber gehört, daß man also Religion nur dann habe, wenn man sie in einer gesellschaftlichen Form hat, daß also somit der Mensch, dem geboten ist, Religion zu haben, angefordert ist, eine gesellschaftliche Form von Religion zu suchen und anzunehmen. Wir werden bald sehen, was diese Überlegung für die Beurteilung nichtchristlicher Religionen bedeutet.

Eines darf hier schließlich noch angemerkt werden: wenn das Entscheidende im *Begriff des Heidentums* und somit auch der nichtchristlichen, der heidnischen Religionen (dieses Wort als theologischer Begriff ohne alle Abwertung gemeint) nicht die faktische Ablehnung des Christentums ist, sondern das Fehlen einer genügenden geschichtlichen Begegnung mit dem Christentum von ausreichender geschichtlicher Mächtigkeit, die das Christentum wirklich real anwesend sein läßt unter diesem Heidentum und in der Geschichte des betreffenden Volkes, dann hört in diesem Sinn durch das jetzt geschehende Aufbrechen des Abendlandes in eine planetarische Weltgeschichte hinein, in der jedes Volk und jeder Kulturkreis zum inneren Moment jedes anderen Volkes und jedes anderen Kulturkreises wird, das Heidentum auf zu existieren [143] oder vielleicht besser gesagt: es kommt langsam in eine ganz neue Phase: wir haben die *eine* Weltgeschichte, in der als *einer* die Christen und die Nichtchristen (daß heißt Alt- und Neuheiden zusammen) in derselben Situation leben, sich dialogisch gegenüberstehen. Und so steht erst recht wieder die Frage nach dem christlichen theologischen Sinne der anderen Religionen auf.

2. These. Bis zu jenem Augenblick, in dem das Evangelium wirklich in die geschichtliche Situation eines bestimmten Menschen eintritt, enthält eine nichtchristliche Religion (auch außerhalb der mosaischen) nicht nur Elemente einer natürlichen Gotteserkenntnis, vermischt mit erbsündlicher und weiter darauf und daraus folgender menschlicher Depravation, sondern auch übernatürliche Momente aus der Gnade, die dem Menschen wegen Christus von Gott geschenkt wird, und sie kann von daher, ohne daß dadurch Irrtum und Depravation in ihr geleugnet werden, als, wenn auch in verschiedener Gestuftheit, *legitime* Religion anerkannt werden. Diese These bedarf einer weiter ausholenden Erklärung.

Zunächst muß der terminus ad quem beachtet werden, bis zu welchem hin diese Einschätzung der außerchristlichen Religionen gilt: es ist der Zeitpunkt, in dem das Christentum eine geschichtlich reale Größe für die Menschen dieser Religion wird. Ob dieser Zeitpunkt theologisch zusammenfällt mit den ersten Pfingsten oder selber für die einzelnen Völker und Religionen uhrzeitlich verschieden liegt, das mag auch hier in etwa noch offen bleiben. Wir haben jedoch die For-

Das Christentum und die nichtchristlichen Religionen

mulierung so gewählt, daß sie eher auf die uns richtiger scheinende Ansicht in dieser Frage hinweist, wobei freilich auch noch einmal die genaueren *Kriterien* des Eintritts dieses Zeitpunktes offenbleiben.

Die These selbst teilt sich in zwei Teile. Sie besagt zunächst, daß in den nichtchristlichen Religionen a priori durchaus übernatürlich-gnadenhafte Momente angenommen werden können. Wenden wir uns zunächst dieser Behauptung zu. Dieser Satz besagt natürlich in keiner Weise, daß alle die Momente polytheistischer Auffassung des Göttlichen und aller anderen religiösen, ethischen und metaphysischen Depravationen in den nichtchristlichen Religionen in Theorie und in Praxis übersehen oder [144] verharmlost werden sollen oder dürfen. All der Protest des Christentums gegen solche Momente, der die ganze Geschichte des Christentums und seiner Interpretation der nichtchristlichen Religionen vom Römerbrief an im Gefolge der alttestamentlichen Polemik gegen die Religion der „Heiden" begleitet, bleibt in dem darin eigentlich Gemeinten und Gesagten aufrechterhalten, bleibt ein Teil der Botschaft, die das Christentum und die Kirche diesen Völkern solcher Religionen zu sagen hat. Wir haben hier ferner nicht aposteriorische Religionsgeschichte zu treiben. Darum können wir auch nicht empirisch dieses Nichtseinsollende und Gottwidrige in diesen nichtchristlichen Religionen beschreiben und in seiner mannigfaltigen Art, Gestuftheit und Dosierung darstellen. Wir treiben ja Dogmatik, haben also nur die Möglichkeit, das allgemeine und unnuancierte Verdikt auf Nichtseinsollendheit der nichtchristlichen Religionen in dem Augenblick, wo sie real und geschichtsmächtig dem Christentum begegnen (und zunächst nur soll), zu wiederholen. Es ist aber klar, daß dieses Nein die sehr wesentlichen Unterschiede innerhalb der nichtchristlichen Religionen nicht leugnen will, zumal der fromme, gottgefällige Heide schon ein Thema des Alten Testaments ware und dieser gottgefällige Heide doch nicht einfach als schlechthin außerhalb jeder konkreten, gesellschaftlichen Religion lebend und seine eigene Religion autochthon konstruierend gedacht werden kann; so wie Paulus in der Areopagredef doch auch eine positive Sicht grundsätzlicher Art auf die heidnische Religion nicht einfach ausschließt. Entscheidend für den ersten Teil unserer These ist aber eine grundsätzliche theologische Erwägung. Sie beruht letztlich darauf (dabei sehen wir von gewissen genaueren Nuancierungen ab), daß wir den Glaubenssatz vom allgemeinen und ernsthaften Heilswillen Gottes allen Menschen gegenüber und zwar auch innerhalb der nachparadiesischen, erbsündlichen Heilsphase zu bekennen haben, wenn wir Christen sein wollen. Gewiß wissen wir, daß durch diesen Glaubenssatz über das *individuelle* Heil des Menschen als faktisch erreichtes noch nichts Sicheres gesagt ist. Aber Gott will das Heil aller. Und dieses so gewollte Heil ist das Heil Christi, ist das Heil der übernatürlichen, den Menschen vergöttlichenden Gnade, das Heil der visio beatifica, ist ein Heil, das wirklich all [145] den Menschen zugedacht ist, die zu Millionen und Abermillionen in vielleicht einer Million Jahren vor Christus lebten und auch seit Christus doch in Volksgeschichten, Kulturen und Epochen von größtem Umfang lebten, die dem Gesichtskreis der neutestamentlichen Menschen noch ganz entzogen waren. Wenn wir das Heil als ein spezifisch *christliches* begreifen, wenn es kein Heil an Christus vorbei gibt, wenn die übernatürliche Vergöttlichung des Menschen nach katholischer Lehre nie durch bloß den guten Willen des Menschen ersetzt werden kann, sondern als selber in diesem irdischen Leben gegebene notwendig ist, wenn aber anderseits dieses Heil Gott wirklich, wahrhaft und ernsthaft allen Menschen zugedacht hat, dann kann beides nicht anders vereint werden, als daß gesagt wird, daß jeder Mensch wahrhaft und wirklich dem Einfluß der göttlichen, übernatürlichen, eine innere Gemeinschaft mit Gott und eine Selbstmitteilung Gottes anbietenden Gnade ausgesetzt ist, mag er zu dieser Gnade im Modus der Annahme oder der Ablehnung stehen. Es hat keinen Sinn, grausam und ohne jede Hoffnung auf eine Annahme von seiten des heutigen Menschen angesichts der ungeheuerlichen Größe dieser außerchristlichen Heils- und Unheilsgeschichte anzunehmen, daß außerhalb des amtlichen und öffentlichen Christentums die Menschen ungefähr alle so böse und verstockt seien, daß das Angebot der übernatürlichen Gnade real doch meist nicht erfolgen müsse, weil die einzelnen Menschen sich im voraus zu einem solchen Angebot durch subjektiv schwere Verstöße gegen das natürliche Sittengesetz eines solchen Angebotes unwürdig gemacht hätten. Wenn man die Dinge genauer theologisch durchdenkt, kann man Natur und Gnade nicht wie zwei zeitlich hintereinander liegende Phasen im Leben des einzelnen ansehen. Es ist ferner unmöglich, zu denken, daß dieses Angebot der übernatürlichen vergöttlichenden Gnade an alle Menschen wegen des allgemeinen Heilswillens Gottes doch im allgemeinen meist, von relativ wenigen Ausnahmen abgesehen, durch die personale Schuld des einzelnen Menschen unwirksam bliebe. Denn wir haben vom Evangelium aus keinen wirklich durchschlagenden

Das Christentum und die nichtchristlichen Religionen

Grund, so pessimistisch vom Menschen zu denken, wir haben aber alle Ursache, wider alle bloß menschliche Erfahrung optimistisch von Gott und seinem [146] Heilswillen zu denken, der mächtiger ist als die sehr endliche Dummheit und Bosheit der Menschen, optimistisch, das heißt christlich wahrhaft hoffend und vertrauend von Gott zu denken, der gewiß das letzte Wort hat und der uns geoffenbart hat, daß er das machtvolle Wort der Versöhnung und Vergebung in die Welt hinein gesprochen hat, so wenig wir etwas Sicheres über das endgültige Los eines einzelnen Menschen innerhalb und außerhalb des amtlich verfaßten Christentums sagen können. Wenn es wahr ist, daß das ewige Wort Gottes um unseres Heiles willen und trotz unserer Schuld Fleisch geworden ist und den Tod der Sünde gestorben ist, dann hat der Christ nicht das Recht anzunehmen, daß das Schicksal der Welt im Nein des Menschen, auf das Ganze der Welt gesehen, doch seinen selben Gang geht, wie er gewesen wäre, wenn Christus nicht gekommen wäre. Christus und sein Heil ist nicht einfach eine von zwei Möglichkeiten, die der Freiheit des Menschen zur Auswahl angeboten sind, sondern die Tat Gottes, die die falsche Wahl des Menschen überholend aufsprengt und erlöst. In Christus gibt Gott nicht nur die *Möglichkeit* des Heiles, das doch selber vom Menschen gewirkt werden müßte, sondern das tatsächliche Heil selbst, sosehr es die – eben von Gott geschenkte – richtige Entscheidung der menschlichen Freiheit einschließt. Wo die Sünde schon war, ist die Gnade im Übermaß gekommen. Und darum haben wir alles Recht anzunehmen, daß die Gnade nicht nur auch außerhalb der christlichen Kirche angeboten ist, was zu leugnen jansenistischer Irrtum wäre, sondern auch wenigstens weithin zu einem Sieg in der von ihr selbst erwirkten freien Annahme durch die Menschen kommt. Daß das empirische Bild der Menschen, ihres Lebens, ihrer Religion und ihrer individuellen und allgemeinen Geschichte diesen Glaubensoptimismus, der die ganze Welt unter die Erlösung durch Christus gestellt weiß, nicht als unmöglich erweist,h müßte natürlich ausführlicher gezeigt werden, als es hier bei der Kürze der Zeit möglich ist. Aber wenn wir bedenken, daß das Theoretische und das Rituelle im Guten und im Bösen nur ein sehr inadäquater Ausdruck dessen sind, was der Mensch existentiell tatsächlich vollzieht, wenn wir bedenken, daß die Transzendenz des Menschen (auch die von der Gnade Gottes erhöhte und befreite) als die eine und selbe sich [147] unter den mannigfaltigsten Formen und Namen vollziehen kann, wenn wir einrechnen, daß der religiöse Mensch dort, wo er wirklich religiös handelt, auswählend und reflex kritisch sichtend sich der vielfältigen Formen des institutionell Religiösen bedient oder diese unreflex ausläßt, wenn wir bedenken, welche unausmeßbare Differenz auch noch im christlichen Bereich vermutlicherweise obwaltet zwischen dem objektiv Verkehrten im sittlichen Leben und dem, was davon wirklich subjektiv schwer schuldhaft realisiert wird, dann werden wir es nicht für unmöglich halten, daß im geistig-personalen Leben des einzelnen Menschen die Gnade am Werk ist und sogar angenommen wird, mag auch ein solches Leben auf den ersten Blick primitiv, unerleuchtet, dumpf und ins Irdische versunken erscheinen. Wir können einfach sagen: dort, wo und insofern im Leben des einzelnen Menschen eine sittliche Entscheidung vollzogen wird (und wo könnte dies in irgendeiner Form als schlechthin unmöglich – außer eben in pathologischen Fällen – erklärt werden?), ist diese sittliche Entscheidung so denkbar, daß sie auch den Begriff des übernatürlich erhöhten, glaubenden und so heilshaften Aktes verwirklicht und faktisch also mehr als bloß „natürliche Sittlichkeit" ist. Daß also im Leben aller Menschen, wenn man sie zunächst als einzelne betrachtet, gnadenhafte Einflüsse der eigentlich christlichen übernatürlichen Gnade denkbar sind und trotz dem sündigen Zustand der Menschen und ihrer scheinbaren Gottesferne auch als angenommene vorkommen können, das braucht und kann eigentlich gar nicht bezweifelt werden, wenn man im Ernst an den allgemeinen Heilswillen Gottes in Christus für alle Menschen glaubt.

Unsere zweite These aber geht weiter und sagt in ihrem zweiten Teil, daß von daher auch die konkreten Religionen der „vorchristlichen" Menschheit nicht einfach von vornherein als illegitim betrachtet werden müssen, sondern durchaus in der Heilsprovidenz Gottes einen positiven Sinn haben können. Selbstverständlich ist dieser Satz hinsichtlich der einzelnen Religionen, die wir hier nicht untersuchen können, in einem sehr variablen Sinn gemeint. Das heißt: die verschiedenen Religionen werden den Anspruch einer legitimen Religion nur in einem sehr verschiedenen Sinn und Grad erheben können. Aber eben diese Variabilität [148] ist im Begriff einer legitimen Religion gar nicht ausgeschlossen, wie wir gleich zu zeigen haben. Legitime Religion soll hier heißen: eine institutionelle Religion, deren „Benützung" durch den Menschen zu einer bestimmten Zeit im ganzen als positives Mittel der richtigen Beziehung zu Gott und so zur Erlangung des Heiles angesehen werden kann und so in Gottes Heilsplan positiv ein-

Das Christentum und die nichtchristlichen Religionen

kalkuliert ist. Daß es einen solchen Begriff und die damit gemeinte Wirklichkeit geben kann, auch dort, wo diese Religion in ihrer konkreten Gestalt viele Irrtümer theoretischer und praktischer Art aufweist, zeigt eine theologische Analyse der Struktur des Alten Bundes. Wir müssen hier zunächst bedenken, daß der Begriff einer Religion, die, weil von Gott in irgendeiner Weise gestiftet, auch darum schon die bleibende Norm der Scheidung zwischen Richtigem (Gottgewolltem) und Falschem im Religiösen als dauernde Institution und inneres Moment dieser Religion in sich trägt, nur im Neuen Testament, in der Kirche Christi als einer eschatologisch endgültigen und *darum* und nur darum „indefektiblen" und unfehlbaren Größe verwirklicht ist. So etwas gab es im Alten Testament nicht, obwohl es doch sicher als legitime Religion anerkannt werden muß. Es gab im Alten Bund als einer konkreten, geschichtlichen, religiösen Erscheinung, Richtiges, von Gott Gewolltes *und* Falsches, Irrtümliches, Fehlentwickeltes, Depraviertes. Es gab aber im Alten Bund keine bleibende, dauernde und institutionelle Instanz, die autoritativ und immer und sicher für das Gewissen des einzelnen scheiden konnte zwischen dem Gottgewollten und dem menschlich Depravierten in der konkreten Religion. Es gab die Propheten. Aber sie waren keine Dauerinstitution, sondern das immer wieder neu einsetzenmüssende Gewissen für das Volk, das gegen die Depravation der konkreten Religion protestiert und gerade so das Vorhandensein dieser Depravationen bestätigt. Die amtlichen, institutionellen Größen des Königtums und des Priestertums waren so wenig gegen diese gottwidrige Depravation gefeit, daß sie den Untergang der israelitischen Religion selber herbeiführen konnte. Da es aber auch Pseudopropheten gab und keine unfehlbare „institutionelle" Instanz zur Unterscheidung der echten und falschen Prophetie, darum war dem Gewissen des einzelnen Israeliten selbst letztlich allein überlassen, in der kon[-] [149] kreten Erscheinung der israelitischen Religion zu unterscheiden zwischen dem, was darin wahrer Gottesbund und was menschlich freie und so unter Umständen verfälschende Auslegung und Depravation dieser gottgestifteten Religion war. Es konnten für diese Unterscheidung der Geister objektive Kriterien vorhanden sein, aber ihre Handhabung konnte nicht einfach einer „kirchlichen" Instanz überlassen werden, nicht einmal in den entscheidenden Fragen, da auch in diesen die amtlichen Instanzen versagen konnten und schließlich endgültig versagt haben. Dieses Eine und Ganze in seiner letztlich der individuellen Entscheidung überlassenen Unterscheidung zwischen Gottgewolltem und Menschlich-Allzumenschlichem war die konkrete israelitische Religion. In der Heiligen Schrift haben wir zwar den amtlichen und gültigen Niederschlag dieser diakritischen Unterscheidung der Geister, die die alttestamentliche Religionsgeschichte bewegt haben. Da aber der Kanon der Schrift in einer unfehlbaren Grenzziehung auch wieder nur im Neuen Testament für das Alte Testament gegeben ist, so ist diese genaue und endgültige Unterscheidung des Legitimen und Illegitimen in der alttestamentlichen Religion wiederum nur vom Neuen Testament als der eschatologisch endgültigen Größe her möglich. Die nur auf eigenes Wagnis (letztlich) und tastend unterscheidbare Einheit der konkreten Religion des Alten Testaments war aber dennoch die von Gott gewollte, heilshaft für die Israeliten providentielle, die legitime Religion für sie. Wobei noch zu beachten ist, daß sie dies selber nur für die Israeliten und sonst niemanden sein wollte, da das Institut der stammesmäßig nichtjüdischen Religionsanhänger, das heißt der Proselyten, eine sehr späte Sache ist. Zum Begriff einer im obigen Sinn legitimen Religion kann es also nicht gehören, daß sie in ihrer konkreten Erscheinungsform frei sei von Depravation, von Irrtum und objektiv sittlich Verkehrtem oder daß in ihr eine eindeutige objektive und bleibende Instanz für das Gewissen des einzelnen vorhanden sei, die es dem einzelnen sicher ermöglicht, zwischen den Elementen des Gottgewollten und -gestifteten und den Elementen des bloß Menschlichen und Entarteten rein zu scheiden. Man muß sich also von dem Vorurteil frei machen, als dürften wir eine Religion außerhalb des Christentums vor das Dilemma stellen, entweder mit allem an ihr von [150] Gott zu stammen, seinem Willen und seiner positiven Vorsehung zu entsprechen oder einfach nur menschliches Gebilde zu sein. Ist der Mensch in diesen Religionen auch unter der göttlichen Gnade, und das zu leugnen ist gewiß völlig verkehrt, dann kann es nicht ausbleiben, daß sich diese übernatürliche Gnadenhaftigkeit des Menschen auch dort (wenn auch wahrhaftig nicht allein) bemerkbar macht und ein Gestaltungsmoment des konkreten Lebens wird, wo dieses Leben die Beziehung auf das Absolute thematisch macht, also in der Religion. Man kann zwar vielleicht theoretisch sagen, daß dort, wo eine bestimmte Religion ein Falsches, menschlich Depraviertes nicht nur in ihrer konkreten Erscheinungsform bei sich hat, sondern dieses zu einem ausdrücklich und reflex festgehaltenen, ausdrücklich als *Wesens*bestandteil erklärten Moment an sich macht, diese Religion in ihrem eigentlichsten und spezifischsten Wesen verkehrt sei und darum nicht mehr als legitime Religion, auch nicht im weitesten Sinn dieses Wortes, in Frage komme. Das mag rein begrifflich ganz richtig sein. Aber es ist doch zu fragen, ob und in welchen Religionen außerhalb des (hier sogar: katholischen) Christentums eine Instanz vorhanden sei, die das Falsche zum eigentlichen Wesensbestandteil erheben und so den Menschen vor die Alternative stellen könne, entweder dieses Depravierte als das Eigentlichste und Entscheidende anzunehmen oder aus dieser Religion gänzlich auszuscheiden. Selbst wenn man so etwas vielleicht vom Islam als solchem sagen könnte, wäre so etwas immer noch von den meisten Religionen zu verneinen. Und in jedem Fall wäre zu fragen, wie weit sich die „Anhänger" einer solchen Religion einer solchen Interpretation der betreffenden Religion faktisch anschließen. Wenn man ferner bedenkt, wie leicht im konkreten, ursprünglich religiösen Akt seine eigentliche Intention immer auf das eine und selbe Absolute geht, auch wenn es unter den verschieden-sten Namen auftritt, dann wird man nicht einmal sagen können, daß der theoretische Polytheismus, so beklagenswert und verwerflich er objektiv ist, immer und überall ein absolutes Hindernis dafür sein muß, daß in einer solchen Religion echte religiöse Akte, die sich auf den wahren einen Gott beziehen, vollzogen werden. Dies zumal, als schwer nachweisbar ist, daß das praktische religiöse [151] Leben der alten Israeliten, soweit es sich vulgär-theoretisch explizierte, immer mehr war als ein bloßer Henotheismus.

Nun ist weiter folgendes zu bedenken: der einzelne Mensch soll und muß die Möglichkeit haben, einer echten, ihn rettenden Gottesbeziehung in seinem Leben und zwar in allen Zeiten und Situationen der Menschheitsgeschichte teilhaftig zu sein. Sonst kann von einem ernsthaften und auch tatsächlich wirksam werdenden Heilswillen Gottes allen Menschen aller Zeiten und Zonen gegenüber nicht die Rede sein. Bei der sozialen Natur des Menschen, bei der in früheren Zeiten sogar noch viel radikaler bestehenden gesellschaftlichen Gebundenheit der Menschen ist es nun aber schlechthin undenkbar, daß der konkrete Mensch diese Gottesbeziehung, die er haben muß und die ihm von Gott her möglich gemacht wird und werden muß, soll er gerettet werden, konkret in einer absolut privaten Innerlichkeit und außerhalb der faktischen, sich ihm anbietenden Religion seiner Umwelt habe vollziehen können. Wenn der Mensch immer und überall ein homo religiosus sein mußte und konnte, damit er als solcher sich retten konnte, dann war er dieser homo religiosus in der konkreten Religion, in der „man" in seiner Zeit lebte und leben mußte, der er nicht entrinnen konnte, sosehr er im einzelnen kritisch und auswählend und die Akzente existentiell anders setzend als die offizielle Theorie dieser Religion dieser seiner Religion gegenüberstehen mochte und gegenüberstand. Kann aber der Mensch immer eine ihn rettende, positive Gottesbeziehung haben, mußte er sie immer haben, so hat er sie eben innerhalb *der* Religion gehabt, die faktisch ihm als Moment seines Daseinsraumes zu Gebote stand. Die Eingebettetheit der individuellen Religionsübung in eine gesellschaftliche, religiöse Ordnung gehört zu den Wesenszügen wahrer, konkreter Religion, wie wir schon vorhin sagten. Wollte man also dem außerchristlichen Menschen zumuten, er habe seine echte, ihn rettende Gottesbeziehung schlechthin außerhalb der ihm gesellschaftlich vorgegebenen Religion vollziehen müssen, dann würde eine solche Vorstellung aus Religion ein unfaßbar Innerliches, ein immer und überall nur indirekt Getanes, eine nur transzendentale Religion ohne jede kategoriale Greifbarkeit machen und würde das eben aufgestellte Prinzip der not[-] [152] wendigen Gesellschaftlichkeit jeder konkreten Religion aufheben, so daß dann auch das kirchliche Christentum die notwendige Voraussetzung allgemein menschlicher, naturrechtlicher Art für den Erweis seiner Notwendigkeit nicht mehr besäße. Und da zum Begriff der legitimen, dem Menschen positiv heilshaft von Gott zugedachten Religion gar nicht gehört, daß sie rein und in all ihren Elementen positiv von Gott gewollt ist, so kann eine solche Religion für den betreffenden Menschen als durchaus für ihn legitime Religion angesprochen werden. Das von Gott ihm heilschaffend Zugedachte erreichte ihn nach dem Willen und der Zulassung Gottes (in einem praktisch nicht mehr adäquat auflösbaren Ineinander) in der *konkreten* Religion seines konkreten Daseinsraumes, seiner geschichtlichen Bedingtheit, was ihm Recht und beschränkte Möglichkeit der Kritik und der Aufmerksamkeit auf religiöse Reformimpulse, die durch Gottes Vorsehung immer wieder innerhalb einer solchen Religion sich erhoben, nicht abnahm. Um das noch besser und einfacher zu verstehen, braucht man nur an die natürliche und gesellschaftlich verfaßte Sittlichkeit eines Volkes und einer Kultur zu denken. Diese ist nie rein, sie ist immer auch depraviert, wie Jesus sogar vom Alten Testament bestätigt. Sie kann darum immer auch vom einzelnen nach seinem Gewissen bestritten und korrigiert werden. Aber sie ist dennoch in ihrer Ganzheit *die*

Weise, in der dem einzelnen Menschen nach Gottes Willen das natürliche göttliche Sittengesetz entgegentritt und eine konkrete Macht im Dasein des einzelnen erhält, der nicht als privater Metaphysiker diese Tafeln des göttlichen Gesetzes auf eigene Faust neu konstruieren kann. Im Ganzen ist also die Sittlichkeit eines Volkes und einer Zeit (bei aller Korrigierbarkeit und -notwendigkeit) die legitime und konkrete Form des göttlichen Gesetzes, so daß erst im Neuen Testament allein die Institution für die Garantie der Reinheit dieser Erscheinungsform (mit den nötigen Vorbehalten) ein Moment an dieser Erscheinung selbst wird und nicht früher. Gibt es also *vor* diesem Moment legitime Anwesenheit des göttlichen Sittengesetzes und der Religion im Leben des Menschen, dann gibt es dies, ohne daß dafür ihre absolute Reinheit, das heißt ihr Bestehen aus bloß gottgewollten Momenten, zur Bedingung der Legitimität gemacht werden darf. In der Tat: [153] wenn jeder Mensch, der in diese Welt kommt, von der göttlichen Gnade verfolgt wird, wenn diese Gnade, auch als übernatürlich und heilshaft erhöhende, nach der besseren Theorie innerhalb der katholischen Theologie eine bewußtseinsverändernde Wirkung hat, auch wenn sie *als* solche nicht einfach direkt Gegenstand der unmittelbaren Reflexion sicherer Art sein kann,¡ dann kann es nicht sein, daß die konkreten Religionen in ihrem objektivierten Bestand einfach gar keine Spuren dieser Gnadenbetroffenheit aller Menschen an sich tragen. Diese mögen schwer unterscheidbar sein auch noch für den erhellten Blick des Christen. Aber vorhanden sein müssen sie. Und vielleicht haben wir nur zu schlecht und zu wenig liebevoll hingeblickt auf die nichtchristlichen Religionen, um sie wirklich zu sehen. Es geht jedenfalls nicht an, die nichtchristlichen Religionen nur zu betrachten als ein Konglomerat aus natürlicher theistischer Metaphysik und menschlich verkehrter Interpretation und Institutionalisierung dieser „natürlichen Religion". Die konkreten Religionen müssen Momente übernatürlicher, gnadenhafter Art an sich tragen und in *ihrer* Praxis konnte der vorchristliche Mensch (den es vermutlich bis auf unsere Tage gibt, wenn auch diese Tage heute allmählich aufhören) die Gnade Gottes erreichen.

Wenn wir sagen, es habe in der vorchristlichen Zeit auch außerhalb des Alten Testaments legitime Religionen gegeben, so ist damit nicht gesagt, daß diese in *allen* ihren Elementen legitim gewesen seien, was zu behaupten ja absurd wäre; es ist nicht gesagt, daß *jede* Religion legitim gewesen sei, weil ja innerhalb der geschichtlich konkreten

Situation der betreffenden Menschen eines bestimmten Volkes, einer Kultur, Geschichtsperiode usw. sich unter Umständen durchaus mehrere Formen, Systeme und Gestalten religiöser Art anboten, die den betreffenden Menschen vor die Entscheidung stellten, *welche* nach seinem Gewissen hic et nunc der im ganzen richtigere und so für ihn in concreto einzig erlaubte Weg des Gottfindens sei. Es ist mit dieser These nicht gesagt, daß die Legitimität des Alten Testaments von genau gleicher Art gewesen sei wie diejenige, die wir außerchristlichen Religionen in einem bestimmten Maß vindizieren, da im Alten Testament durch die Propheten, wenn auch nicht in einer bleibend institutionellen Weise, in der öffentlichen Heils[-] [154] geschichte für eine Unterscheidungsmöglichkeit zwischen Legitimem und Nichtlegitimem innerhalb der israelitischen Religionsgeschichte gesorgt war, was außerhalb ihrer nicht im gleichen Maße behauptet werden kann, womit freilich wiederum nicht gesagt ist, daß außerhalb des Alten Testaments in gar keiner Weise im Bereich des öffentlich Geschichtlichen und Institutionellen von einer göttlich gesteuerten Heilsgeschichte die Rede sein könne. Der Hauptunterschied zwischen einer solchen Heilsgeschichte und der des Alten Testaments wird vermutlich darin bestehen, daß das Neue Testament in seiner geschichtlichen Faktizität nun einmal im *Alten Testament seine* unmittelbare Vorgeschichte hat (die – nebenbei gesagt –, da von Abraham oder Moses an allein rechenbar, gegenüber der allgemeinen, vielleicht eine Million Jahre zählenden Heilsgeschichte verschwindend kurz ist) und darum *diese* kleine Spanne Heilsgeschichte diakritisch enthüllt in ihrem Gottgewollten und Gottwidrigen in einer Scheidung, die wir so in anderen Religionsgeschichten nicht durchführen können. Es ist mit dieser zweiten These in ihrem zweiten Teil aber ein Doppeltes in positiver Weise gesagt: Auch die außerchristlichen und außeralttestamentlichen Religionen enthalten durchaus Momente übernatürlichen Gnadeneinflusses, der sich auch in ihren Objektivationen geltend machen muß, und: in Anbetracht der Tatsache, daß der konkrete Mensch die ihm gebotene Gottbeziehung konkret nur in gesellschaftlich verfaßter Weise leben kann, muß er das Recht, ja die Pflicht gehabt haben, diese seine Gottbeziehung innerhalb der ihm in seiner geschichtlichen Situation gebotenen religionsgesellschaftlichen Wirklichkeiten zu leben.

3. These. Wenn die zweite These richtig ist, dann tritt das Christentum dem Menschen außerchristlicher Religionen nicht einfach als dem bloßen und schlechthinnigen Nichtchristen gegenüber, sondern als einem, der durchaus schon als ein anonymer Christ in dieser oder jener Hinsicht betrachtet werden kann und muß. Es wäre falsch, den Heiden zu sehen als einen Menschen, der bisher in keiner Weise von der Gnade und Wahrheit Gottes berührt war. Hat er aber die Gnade Gottes schon erfahren, hat er unter Umständen diese Gnade in der Annahme der Unabsehbarkeit und der ins Unendliche offenen Weite seines sterbenden Da[-] [155] seins schon angenommen als die unauslotbare letzte Entelechie seines Daseins, dann ist ihm, schon bevor das missionarische Wort von außen auf ihn auftrifft, in einem wahren Sinn schon Offenbarung geschehen, weil diese Gnade als apriorischer Horizont aller seiner geistigen Vollzüge zwar nicht gegenständlich gewußt, aber subjektiv mitbewußt ist. Und die Offenbarung, die von außen an ihn herantritt, ist dann nicht die Verkündigung des bisher schlechthin Nichtgewußten, so wie man einem bayrischen Kind in der Schule zum erstenmal mitteilt, daß es einen Kontinent Australien gibt, sondern ist die gegenständlich-begriffliche Aussage dessen, was dieser Mensch in der Tiefe seines geistigen Daseins schon vollzogen hat oder vollziehen konnte. Wir haben hier nicht die Möglichkeit, genauer diese fides implicita als dogmatisch möglich in dem sogenannten Heiden nachzuweisen. Es läßt sich hier nicht mehr als die These und die Andeutung der Richtung bieten, in der der Beweis dieser These gefunden werden könnte. Aber wenn es wahr ist, daß der Mensch, der Objekt des missionarischen Bemühens der Kirche wird, schon im voraus dazu ein Mensch ist oder sein kann, der sich auf sein Heil zubewegt und es unter Umständen findet, ohne daß er von der Verkündigung der Kirche erreicht wird, wenn es gleichzeitig wahr ist, daß dieses Heil, das ihn so erreicht, das Heil Christi ist, weil es ein anderes Heil nicht gibt, dann muß man nicht nur ein anonymer Theist, sondern auch ein anonymer Christ sein können. Und dann ist eben wahr, daß die Verkündigung des Evangeliums im letzten Verstand nicht einen absolut von Gott und Christus Verlassenen zu einem Christen, sondern einen anonymen Christen zu einem Menschen macht, der um dieses sein Christentum in der Tiefe seines begnadeten Wesens nun auch gegenständlich reflex und in einem gesellschaftlich verfaßten Bekenntnis, in Kirche, weiß. Damit ist nicht geleugnet, sondern mitgesagt, daß dieses ausdrückliche Zusichselberkommen seines zuvor anonymen Christentums selbst ein Stück des Werdens dieses Christentums selbst ist, eine von seinem Wesen her geforderte höhere Entwicklungsphase dieses Christentums und darum unter dem gleichen Gesolltsein von Gott her steht, wie alles am Heil. Man kann also aus dieser Auffassung in keiner Weise den Schluß ableiten, diese ausdrückliche Predigt des [156] Christentums sei überflüssig, weil der Mensch ja auch ohne sie schon anonym Christ sei. Ein solcher Schluß ist genau so und aus den gleichen Gründen falsch, wie wenn jemand aus der Tatsache, daß jemand im voraus zum Sakrament der Taufe oder Buße allein durch seine subjektiven Akte des Glaubens und der Reue gerechtfertigt sein kann, schließen wollte, die beiden Sa-kramente könne man sich schenken. Das reflexe Zusichselberkommen des vorher anonymen Christentums ist gefordert 1) aus der inkarnatorischen und gesellschaftlichen Struktur der Gnade und des Christentums, und 2) darum, weil seine deutlichere und reine reflexe Erfassung an sich auch wieder die größere Heilschance für den einzelnen Menschen bietet, als wenn er nur ein anonymer Christ wäre. Trifft aber die Botschaft der Kirche auf einen Menschen, der nur im Sinn eines anonymen, noch nicht zu sich selbst gekommenen Christentums ein „Nichtchrist" ist, dann muß die Mission dieser Tatsache Rechnung tragen und in ihrer Missionsstrategie und -taktik die nötigen Folgen ziehen. Man wird vermuten können, daß dies noch nicht immer in genügendem Maße geschehen ist. Was dies genauer heißt, kann hier nicht mehr entwickelt werden.

4. These. Wenn einerseits nicht gehofft werden kann, daß der religiöse Pluralismus in der konkreten Situation der Christen in absehbarer Zukunft verschwinden werde, wenn anderseits diese Nichtchristenheit vom Christen selbst dennoch durchaus als eine Christenheit anonymer Art aufgefaßt werden darf, der er zwar immer missionarisch entgegentritt als einer Welt, die zum ausdrücklichen Bewußtsein dessen gebracht werden soll, was ihr schon zuvor als göttliches Angebot oder darüber hinaus auch schon als unreflex und unausdrücklich angenommenes göttliches Gnadengeschenk gehört, dann wird sich die Kirche heute nicht so sehr als die exklusive Gemeinschaft der Heilsanwärter betrachten, sondern vielmehr als den geschichtlich greifbaren Vortrupp, als die geschichtlich und gesellschaftlich verfaßte Ausdrücklichkeit dessen, was der Christ als verborgene Wirklichkeit auch außerhalb der Sichtbarkeit der Kirche gegeben erhofft. Zunächst einmal: so sehr wir immer neu und immer unverdrossen für die Einigung der ganzen Menschheit in der einen Kirche Christi zu arbeiten, zu [157] leiden und zu beten haben, haben wir aus theologischen Grün-

Das Christentum und die nichtchristlichen Religionen

den und nicht nur aus profaner geschichtlicher Diagnose heraus doch zu erwarten, daß in absehbarer Zeit der religiöse Pluralismus in der Welt und in unserem eigenen geschichtlichen Daseinsraum nicht verschwinden wird. Wir wissen aus dem Evangelium, daß der Widerspruch zu Christus und zur Kirche bis zum Ende der Zeiten nicht verschwinden wird. Wir haben sogar eher eine Verschärfung dieses agonalen Daseins des Christentums zu erwarten. Wenn aber dieser Widerspruch zur Kirche sich nicht nur auf den rein privaten Bereich des einzelnen beschränken kann, sondern einen öffentlich-geschichtlichen Charakter haben muß, wenn dieser Widerspruch anwesend sein soll in einer Geschichte, die jetzt im Unterschied zu früher eine planetarische Einheit hat, dann kann der Widerspruch zur Kirche, der bleibt, nicht mehr lokal außerhalb einer bestimmten begrenzten Geschichtsregion, etwa des Abendlandes, angesiedelt sein. Er muß bei uns und überall sein. Und dies gehört zu dem, was der Christ erwarten muß und auszuhalten lernen muß. Die Kirche, die gleichzeitig die homogene Charakterisierung einer in sich homogenen Kultur, also die mittelalterliche Kirche ist, wird es nicht mehr geben, wenn anders die Geschichte aus der Phase ihrer planetarischen Einheit nicht mehr heraus- und zurückkann. In einer einheitlichen Weltgeschichte, in der jedes ein Moment für jeden ist, ist der „seinmüssende" Widerspruch öffentlicher Art gegen das Christentum ein Moment am Daseinsraum jeder Christenheit. Wenn aber dennoch diese Christenheit, die so immer ihren Widerspruch sich gegenüber hat und gar nicht ernstlich erwarten kann, daß dies jemals aufhört, dennoch an den allgemeinen Heilswillen Gottes glaubt, also glaubt, daß Gott auch noch dort mit seiner geheimen Gnade siegen kann, wo die Kirche nicht siegt, sondern wo ihr widersprochen wird, dann kann diese Kirche sich gerade nicht als *ein* dialektisches Moment an der ganzen Geschichte fühlen, sondern in ihrem Glauben hat sie ihren Widerspruch hoffend und liebend schon überwunden: die widersprechenden anderen sind bloß die, die noch nicht erkannt haben, was sie eigentlich doch schon sind oder sein können, sogar dann, wenn sie auf der Oberfläche des Daseins widersprechen; sie sind schon anonyme Christen, und die Kirche [158] ist nicht die Gemeinschaft derer, die besitzen, zum Unterschied von jenen, die Gottes Gnade entbehren, sondern die Gemeinschaft derer, die ausdrücklich bekennen können, was sie *und* die anderen zu sein hoffen. Es mag dem Nichtchristen anmaßend erscheinen, daß der Christ das Heile und geheiligt Geheilte in jedem Menschen als Frucht der Gnade seines Christus und als anonymes Christentum wertet und den Nichtchristen als einen noch nicht reflex zu sich selbst gekommenen Christen betrachtet. Aber auf diese „Anmaßung" kann der Christ nicht verzichten. Und sie ist eigentlich die Weise seiner größten Demut für sich und die Kirche. Denn sie läßt Gott nochmals größer sein als den Menschen und die Kirche. Die Kirche wird den Nichtchristen von morgen mit der Haltung entgegentreten, die Paulus aussprach, indem er sagte: Was ihr nicht kennt und doch verehrt (und doch *verehrt!*), das kündige ich euch (Apg 17,23). Von hier aus kann man tolerant, bescheiden und dennoch unerbittlich sein gegenüber allen nichtchristlichen Religionen.

Wolfhart Pannenberg

Erwägungen zu einer Theologie der Religionsgeschichte

Wolfhart Pannenberg, geb. 1928 in Stettin, studierte Philosophie und Theologie. Nach Professuren in Wuppertal und Mainz lehrte er seit 1968 in München. Mit seiner Programmschrift „Offenbarung als Geschichte" (1961) wurde er auch außerhalb der Grenzen Deutschlands bekannt. Die Wiederentdeckung der Geschichte als Medium der Offenbarung Gottes markierte einen deutlichen Neuansatz gegenüber der bis dato herrschenden Wort-Gottes-Theologie. Wichtig war Pannenberg der Dialog mit den modernen Sozial- und Naturwissenschaften, der durch die Werke „Wissenschaftstheorie und Theologie" (1973) und „Anthropologie in theologischer Perspektive" (1983) seinen Ausdruck fand. Wie der vorliegende Text deutlich macht, galt Pannenbergs Bemühen dem Anliegen, den christlichen Offenbarungsanspruch nicht nur theologisch, sondern allgemein wissenschaftlich zu fundieren. Seine christliche Binnenperspektive und seine v. a. im ökumenischen Dialog deutlich gewordene Reserviertheit nicht westlich geprägten Theologien gegenüber haben zur Kritik an seiner Konzeption herausgefordert. Einem Dialog der Religionen steht Pannenbergs Konzeption sicherlich quer, dennoch verweist er mit seinem Insistieren auf die Absolutheit der christlichen Offenbarung in einer Pluralität der Religionen auf ein in der Theologie der Religionen nicht genügend bearbeitetes Problem hin.

Andreas Holzbauer

Wolfhart Pannenberg

Erwägungen zu einer Theologie der Religionsgeschichte[1]

1. Theologie und Religionsgeschichte

In seiner letzten öffentlichen Vorlesung in Chicago hat Paul Tillich[2] eine neue Hinwendung der christlichen Theologie zur Religionsgeschichte gefordert, im Gegensatz zur supranaturalistischen Denkweise, die mit der Einzigkeit der christlichen Offenbarung schon anhebt und darum in geistige Isolierung führen muß, aber auch im Gegensatz zur Frage der Aufklärung nach einer natürlichen Theologie und Religion, die von der Geschichtlichkeit und geschichtlichen Besonderheit des Christentums wie auch der übrigen Religionen abstrahiert. Tillich hat damit nicht nur über die in Deutschland herrschende kerygmatische Theologie, sondern auch über seine eigene apologetische Theologie hinausgewiesen. Auch die letztere erschien ihm nun als immer noch zu sehr einem supranaturalistischen Ausgangspunkt verhaftet.

Das Programm einer religionsgeschichtlich orientierten Theologie[3] lenkt deutlich zu den Problemstellungen von Ernst Troeltsch zurück.

---

1 Dieser hier erstmals veröffentlichte Artikel stellt die überarbeitete Fassung eines im Oktober 1962 auf einer Zusammenkunft von Altorientalisten, Altphilologen, Althistorikern und Theologen in Berlepsch gehaltenen Vortrags dar.

2 P. Tillich, The Significance of the History of Religions for the Systematic Theologian, in: The Future of Religions, Chicago 1966, 80–94, deutsch in: Werk und Wirken Paul Tillichs, St 1967, 187–203.

3 Im Gegensatz zu Tillich gehört für G. Rosenkranz die „theoretische Auseinandersetzung des Christentums mit den nichtchristlichen Religionen ... einer vergangenen Zeit an" (Wege und Grenzen des religionswissenschaftlichen Erkennens, ZThK 52, 1955, 225–53, Zitat 244). Er stellt die „unter dem Gesetz des historischen Erkennens" sich vollziehende Arbeit des Religionswissenschaftlers dem „kerygmatischen Bekennen" des Theologen gegenüber (231). In der Optik des letzteren erscheinen die Religionen nur als „vergebliche Versuche" des Menschen, die „Passagen (Geburt, Mannbarkeit, Hochzeit, Tod) seines Lebens zu sichern, die Mühseligkeiten, Rätsel und Abstürze seines Daseins zu überwinden" (244). Wer wissen möchte, warum das Christentum von einer solchen Charakteristik ausgenommen wird, sucht vergeblich nach einer Begründung, will man nicht das „kerygmatische Bekennen" des Theologen für eine solche nehmen. Von einer derart soliden Grundlage aus werden dann die Bemühungen N. Söderbloms um eine religionsgeschichtliche Theologie (s. u. Anm. 19) ohne Umstände als „theologisch falsch(e)" abgewiesen. Weil sie allzusehr an die ehrwürdige patristische Lehre von den *logoi spermatikoi* anklingen (237, vgl. 253) und damit von der protestantischen Nachkriegsrechtgläubigkeit abweichen. Dagegen wußte Rosenkranz 1936 in seiner Schrift „Gibt es Offenbarung in der Religionsgeschichte?" Tillichs Bezugnahme auf die *logoi spermatikoi* durchaus positiv zu

Erwägungen zu einer Theologie der Religionsgeschichte

Von den beiden Systematikern, die Tillich als seine Lehrer ansah und deren Gedanken in seinem Werk zu wechselvoller Spannung sich verbanden – Martin Kähler und Ernst Troeltsch, – hat Troeltsch sich mit der letzten Wendung, die Tillichs Denken nahm, schließlich doch als derjenige erwiesen, der die wahrhaft fundamentalen Fragen und Aufgaben der Theologie im 20. Jh. formuliert hat[4]. Angesichts der Tatsache, daß die Theologen in ihrer Mehrzahl mit der „dialektischen" Reaktion diesen Aufgaben, für die schließlich keine unbegrenzte Zeit zur Verfügung stehen dürfte, den Rücken gekehrt haben, gewinnt die Wendung Tillichs zu den Fragen von Ernst Troeltsch den Sinn eines eindringlichen Omens. Je länger die Theologie auf einem kerygmatischen Ansatz, der keine Befragung des Kerygmas selbst auf seine Wahrheit mehr erlaubt, beharrt, je länger sie sich den drängenden Fragen an das Christentum als Religion unter Religionen, die Troeltsch als erster umfassend in den Blick gebracht hat, verweigert, desto größer muß die Verwüstung sein, die sie beim Erwachen aus ihren kerygmatischen Träumen vorfinden wird[5]. Die Diskussionen der letz-

---

würdigen (44). Überhaupt dürfte der damalige Versuch R.s, die Exklusivität des Christentums gegenüber andern Religionen mit seiner Stellung in der Religionsgeschichte als deren Erbe im Sinne von Hebr. 1,3 zu verbinden (43), gegenüber seiner späteren Position den Vorzug verdienen. R. hätte sich damals keineswegs zur Ablehnung der Barmer Thesen genötigt sehen müssen (so 43), wenn er sich nur darüber klar geworden wäre, daß der von ihm benutzte, leider in der Religionswissenschaft übliche, laxe Offenbarungsbegriff, der überall in der Religionsgeschichte göttliche Offenbarungen zu entdecken erlaubt, von dem exklusiv theologischen Offenbarungsbegriff des Barmer Bekenntnisses strukturell verschieden ist, daher diesen auch gar nicht ohne weiteres ausschließt.

4 Siehe auch das Urteil von E. Benz, Ideen zu einer Theologie der Religionsgeschichte, 1960, 39.
5 Theologische Ansprüche, daß das Christentum keine Religion sei, vielmehr die „Aufhebung" und „Überwindung" der Religionen (so jüngst noch U. Mann, Theologische Religionsphilosophie im Grundriß, 1961, 59 f.), dürften dem Atheisten als bloße Zweckbehauptungen gelten, die doch das Christentum der allgemeinen Religionskritik nicht zu entreißen vermögen. Und gegenüber den nichtchristlichen Religionen wird mit solcher souveränen Geste ein Streit als bereits entschieden erklärt, der von der Theologie gerade zu führen wäre, nämlich der Streit um den wahren Glauben. E. Benz hat in seinen „Ideen zu einer Theologie der Religionsgeschichte", 1960, 36 von der „erschreckenden Selbstisolierung" gesprochen, in die das Christentum durch die unbegründeten Ansprüche der dialektischen Theologie geraten sei, und von der inneren Schwierigkeit einer Position, die den Feuerbachschen Illusionismus zu Hilfe ruft, um sich die Konkurrenz der andern Religionen vom Halse zu schaffen, für die christliche aber – gegen die Feuerbachs Kritik sich hauptsächlich richtete – einen nichtreligiösen Status postuliert (37).

ten Jahre über einen christlichen Atheismus geben einen Vorgeschmack davon. Der seinerzeit Troeltsch vorgeworfene angebliche Ausverkauf christlicher Lehre könnte sich daneben wie konservative Besonnenheit ausnehmen. Die katholische Theologie versucht heute auf ihre Weise – d. h. von der Basis lehramtlicher Entscheidungen aus – dem Umstand Rechnung zu tragen, daß der christliche Glaube als eine Religion unter anderen existiert, wie immer er auch von diesen andern Religionen verschieden sein mag. Wenn nicht auch die evangelische Theologie sich wieder unbefangener und ohne dogmatische Vorbehalte dieser Tatsache stellt, dann muß die allgemeine Kritik am Phänomen der Religion die Glaubwürdigkeit auch der christlichen Botschaft immer weiter aushöhlen. Der christliche Glaube kann sich nun einmal nicht so leichthin, wie das heute begreiflicherweise als opportun erscheint, vom ganzen Bereich der Religion und der Religionen distanzieren. Daher muß, wo die geistige Auseinandersetzung mit der Religionskritik ausbleibt, dieses Versäumnis auf das Christentum selbst zurückschlagen.

Eine Rückkehr zu Troeltsch würde nun freilich auch den Rückfall in die Aporien seiner Position bedeuten, – Aporien, die die Gegenbewegung der kerygmatischen Theologie mit veranlaßt haben. Die religionsgeschichtliche Theologie, wie Troeltsch sie entwickelte, konnte der christlichen Offenbarung keine „absolute" oder endgültige Wahrheit mehr zuerkennen. Es ist nicht zu bezweifeln, daß Troeltsch die fundamentale christliche Überzeugung von der *Gegenwart* des Eschaton bei Jesus und im Urchristentum nicht ernst genug genommen hat. Mit dem Gedanken einer in Jesus geschehenen eschatologischen Offenbarung aber schien die Möglichkeit von Theologie überhaupt dahinzufallen. An dieser Stelle hatte die kerygmatische Reaktion sicherlich ihr Recht. Es fragt sich nur, ob sie mit ihrem Pochen auf den Anspruch des Offenbarungswortes über jenen Subjektivismus hinausgekommen ist, den Troeltsch als die Schwäche der Ritschlschule erkannt hatte und als deren „Anspruchstheologie" glossierte.

Als Beispiel einer kerygmatisch begründeten Inanspruchnahme der Religionsgeschichte sei Paul Althaus' Forderung nach einer Theologie der Religionsgeschichte erwähnt[6]. Sie wollte den „Anspruch" des Christentums auf „unbedingte Menschheitsgeltung" explizieren durch

---

6   P. Althaus, Mission und Religionsgeschichte, ZsyTh 5, 1928, 550–90, bes. 561 und 585 ff.

ein „missionarisches Verstehen" der fremden Religionen, im Gegenzug zur religionsgeschichtlichen Preisgabe des christlichen Absolutheitsanspruches und damit auch des missionarischen Zieles, „daß alle Welt christlich werde". Doch meinte Althaus, das „Recht der christlichen Sendungsgewißheit" lasse sich nicht durch „geschichtlichen Beweis" erhärten. Diese Erkenntnis werde vielmehr allein „der Entscheidung des Glaubens geschenkt" (585). Es ist daher nicht verwunderlich, daß Joachim Wach in einer solchen Theologie der Religionsgeschichte nur subjektive Deutung vom Glaubensstandpunkt einer bestimmten Religion aus erblicken konnte[7]. Wach konnte der christlichen Theologie das Recht zu einer „Deutung der religionswissenschaftlichen Tatsachen in ihrem Sinne" (484) durchaus zugestehen, betonte aber desto nachdrücklicher, daß derartige Deutungen objektiv unverbindlich bleiben. Solche intellektuelle Unverbindlichkeit eines nur subjektiv akzeptierten supranaturalen Standpunktes ist auch mit einer heilsgeschichtlichen Theologie der Religionen, wie sie heute von römisch-katholischen Theologen entwickelt wird, noch nicht überwunden[8], so große Vorzüge diese Betrachtungsweise sonst gegenüber älteren Auffassungen haben mag, da sie eine positive Würdigung fremder Religionen mit dem Gedanken der geschichtlichen Besonderheit und Endgültigkeit der christlichen Offenbarung zu verbinden gestattet. Die Endgültigkeit der christlichen Offenbarung kann nicht als supranaturale Voraussetzung einleuchten, sondern nur dann, wenn sie

---

7   J. Wach, Und die Religionsgeschichte? Eine Auseinandersetzung mit Paul Althaus, ZsyTh 6, 1929, 484–97.

8   Ein Beispiel dafür bietet H. R. Schlette, Die Religionen als Thema der Theologie. Überlegungen zu einer „Theologie der Religionen", 1963. Schlettes Position stützt sich auf K. Rahner, Das Christentum und die nichtchristlichen Religionen (1961), in: Schriften zur Theologie V, 1964, 136–58 (dazu Schlette 81). Wie Rahner, so hebt auch Schlette die Heilsgeschichte, an der sich seine Theologie der Religionen orientieren soll (31, vgl. 68 ff.), von der Zweideutigkeit der Profangeschichte ab, die „rein von sich her Heilsgeschichte nicht hervortreten und wirksam werden zu lassen" vermag (74). Obwohl an sich Heilsgeschichte und Profangeschichte „koextensiv" (72) seien, bedürfe es doch „des Zu-sich-selbst-Kommens des heilsgeschichtlichen Bewußtseins" (74) durch eine besondere Offenbarungsgeschichte, die als solche von der Profangeschichte her nicht zugänglich ist. Das damit eingeführte Element supranaturaler Deutung führt zu Schlettes bemerkenswertem Eingeständnis, „daß die Einführung theologischer Prinzipien die Objektivität im Sinne der ‚profanen' Religionsforschung verletzt" (64). Ein solcher Rückzug aus dem Ringen um allgemein verbindliche Wahrheit scheint mir weder selbstverständlich noch unvermeidlich zu sein. Er liefert die Aussagen des Theologen über fremde Religionen (und sogar über die eigene) zwangsläufig dem Vorwurf der Voreingenommenheit und sachlichen Irrelevanz aus.

sich im Rahmen eines unbefangenen Verständnisses des Gesamtprozesses der allgemeinen Religionsgeschichte ergibt[9]. Eine Theologie der Religionsgeschichte kann nur in dem Maße darauf rechnen, außerhalb der eigenen Glaubensgemeinschaft ernst genommen zu werden, wie sie sich auf die von Wach so genannten „religionswissenschaftlichen Tatsachen" zu berufen und mit diesen zu argumentieren vermag. Sie wird dann erwarten dürfen, daß ihre Argumente diskutiert werden, wie immer man zur subjektiven Glaubenshaltung des Theologen stehen mag. Entscheidend dafür ist, daß die Argumentation nicht etwa bestimmte christliche Glaubensüberzeugungen als ihren logischen Ausgangspunkt voraussetzt. In diesem Falle würden alle Argumente nur die Voreingenommenheit jener Glaubensperspektive artikulieren und sachlich irrelevant bleiben. Wo jedoch Argumente bestimmte Aspekte des strittigen Sachverhaltes in den Blick bringen, da wird – jedenfalls für die Sachdiskussion – die Frage zweitrangig, welcher subjektive Standpunkt den Horizont bestimmt, in welchem jener Aspekt als bedeutsam ins Auge sprang und zur Formulierung des Argumentes Anlaß gab. Es gilt mit Recht als unsachlich, wenn in solchen Fällen der Diskussionsgegner das ihm entgegengehaltene Argument nur als Ausdruck eines entgegengesetzten Standpunktes zurückweist, statt sich seinem sachlichen Gewicht zu stellen. So wäre eine Theologie der Religionsgeschichte denkbar, die ihre christliche Perspektive nicht verleugnet, aber ihre christlichen Voraussetzungen auch nicht als Argumente verwendet, sondern sich auf phänomenale Sachverhalte beruft. Ansätze zu einer solchen nüchternen Beschäftigung der Theologie mit der Religionsgeschichte gibt es heute vielfach, und vielleicht darf der Theologe erwarten, daß unter diesen Umständen auch der Religionswissenschaftler sein durch frühere Erfahrungen nur allzu berechtigtes Mißtrauen gegenüber der Argumentation der Theologie, wo sie in die religionswissenschaftliche Diskussion eingreift, überwindet.

Tillich hatte mit seiner Forderung nach einer neuen religionsgeschichtlichen Theologie offenbar eine derart den Phänomenen verpflichtete Forschung ohne Bindung an irgendwelche der kritischen

---

9   Ähnlich schreibt E. Benz: „Die echte Universalität einer Religion ist erst dort erreicht, wo sich diese Religion in ihrer Heilsbotschaft in einen positiven Zusammenhang mit der gesamten Menschheitsentwicklung, das heißt mit der Universalgeschichte der Menschheit und insbesondere mit der allgemeinen Religionsgeschichte von ihren frühesten Stufen an setzt" (Ideen zu einer Theologie der Religionsgeschichte, 1960, 49).

Prüfung entrückte Prämissen im Sinne. Seine methodischen Vorstellungen von der Durchführung einer solchen Forschung legten den Schwerpunkt auf den Strukturvergleich der verschiedenen Religionen. Es ist jedoch nicht abzusehen, wie auf diese Weise eine *Theologie* der Religionsgeschichte möglich sein soll, die nicht nur dem religiösen Verhalten der Menschen, sondern dem Erscheinen der göttlichen Wirklichkeit gewidmet ist, auf die jenes Verhalten sich richtet.

Darüberhinaus scheint es zweifelhaft, ob das von Tillich vorgeschlagene phänomenologische Verfahren mit seiner typisierenden Abstraktion vom Prozeß der Geschichte genügen kann, um die Besonderheit des Christentums in der Welt der Religionen zu erfassen. Es könnte doch sein, daß die religiöse Besonderheit des Christentums erst durch seine Funktion im Prozeß der Religionsgeschichte selbst in den Blick käme. Diesen Gesichtspunkt hat die moderne heilsgeschichtliche Theologie der Religionen auf katholischer Seite durchaus eindrucksvoll zur Geltung gebracht, trotz ihrer supranaturalistischen Orientierung. Daß eine Untersuchung der Funktion des Christentums im historischen Prozeß der Religionsgeschichte auch ohne supranaturale Voraussetzungen geeignet ist, die Eigentümlichkeit des Christentums im Kreise der übrigen Religionen zu erhellen, hat vor einigen Jahren van Leeuwen erwiesen[10]. Die phänomenologische Einstellung auf die vom historischen Prozeß ablösbaren Strukturzüge hingegen steht im Verdacht, die Dimension des geschichtlichen Werdens und Wandels der Religionen von vornherein methodisch zu verdecken. Diese methodische Problematik muß die besondere Aufmerksamkeit des Theologen erregen, der – auf der Linie heilsgeschichtlicher Denkweise – die eigentümlich religionsgeschichtliche Funktion des Christentums im geschichtlichen Prozeß selbst zu suchen geneigt ist. Es handelt sich hier jedoch um eine methodische Frage von allgemeiner Bedeutung, und als solche soll sie den Ausgangspunkt unserer weiteren Erwägungen bilden.

2. Phänomenologie und Geschichte der Religionen

Es mag mit dem noch jugendlichen Alter der modernen Religionswissenschaft zusammenhängen, daß die Absonderung von Unterdisziplinen und die wechselnde Akzentuierung von Richtungen des

---

10   Arend Th. van Leeuwen, Christianity in World History, The Meeting of the Faiths of East and West, 1964 (deutsch 1966).

Interesses und der Fragestellung noch vielfach zusammenfallen[11]. Unterscheidet man die systematische Bearbeitung der Informationen über fremde Religionen von deren Sammlung und vorläufiger Beschreibung, so läßt sich wohl sagen, daß die Stichworte Religionsphilosophie, Religionsgeschichte, Religionspsychologie, Religionssoziologie, Religionsphänomenologie nicht nur nebeneinander bestehende Disziplinen bezeichnen, sondern auch und ursprünglicher die wechselnden Perspektiven nennen, unter denen – in dieser Reihenfolge – die systematische Bearbeitung des religionskundlichen Materials seit dem vorigen Jahrhundert gestanden hat. Gegenwärtig bildet offenbar die Religionsphänomenologie die herrschende Methode der religionswissenschaftlichen Systematik. Das schließt nicht aus, daß daneben Religionspsychologie und Religionssoziologie fortbestehen, auch Religionsgeschichte im engeren Sinne der Erforschung und Darstellung des geschichtlichen Wandels einzelner Religionen oder religiöser Epochen, doch eher als Teildisziplinen und kaum noch als Methoden der grundlegenden systematischen Ordnung des religionswissenschaftlichen Materials. Besonders schwierig scheint die Situation der Religionsphilosophie heute zu sein. Hegels Religionsphilosophie konnte noch alle seither auseinandergetretenen Aspekte, Psychologie, Phänomenologie, Soziologie und Geschichte der Religion, zu einem Gesamtbild verbinden. Insbesondere war seine Religionsphilosophie noch unmittelbar eins mit seinem Entwurf der Religionsgeschichte. In der Folgezeit machte die empirische Kenntnis der fremden Religionen, die allerdings bereits von Hegel in für seine Zeit erstaunlichem Umfang verarbeitet worden war, gewaltige Fortschritte, das religionskundliche Material schwoll an, damit wuchsen die Anforderungen an die Differenziertheit seiner systematischen Ordnung. Doch der Evolutionsgedanke ermöglichte noch eine Zeitlang unterschiedliche Theorien der Religionsgeschichte im ganzen, die jeweils zugleich ein Gesamtverständnis der Religion, ihrer Ursprünge und ihrer höchsten Entfaltung, implizierten. Erst mit dem Verzicht auf Gesamtkonzeptionen des Verlaufs der Religionsgeschichte fielen Religionsgeschichte und Religionsphilosophie endgültig auseinander. Die letztere konzentrierte sich nunmehr auf die Eigenart und die Wahrheit der religiösen Erfahrung, – wobei ihr bald die Konkurrenz der Religionspsychologie und dann

---

11 Zum Folgenden vergleiche G. Mensching, Geschichte der Religionswissenschaft, 1948.

der Religionssoziologie erwuchs – während die Religionsgeschichte sich der Geschichte und Wechselwirkung einzelner Religionen zuwendete, wenn auch die Rahmenvorstellung, daß die verschiedenen Religionsformen Stufen eines Entwicklungsprozesses repräsentieren, noch länger erhalten blieb. Innerhalb der religionsgeschichtlichen Arbeit war jedoch schon längst eine bedeutsame Akzentverschiebung erfolgt durch das Aufkommen der sogenannten *vergleichenden* Religionsgeschichte. Diese hat, mit deutlich traditionskritischen Impulsen, die ältere religionsgeschichtliche Forschung innerhalb der Theologie nachhaltig bestimmt. Das besondere Interesse galt nun dem Auftreten ähnlicher Motive in verschiedenen Religionen, besonders natürlich in den biblischen Schriften einerseits, ihrer religiösen Umwelt andererseits, – „Parallelen", die geeignet waren, die dogmatische These von der Einzigartigkeit der biblischen Offenbarung zu korrigieren, wie es z. B. der um 1900 die Geister erregende Babel-Bibel-Streit mit seinen Diskussionen um die babylonische Parallele zur biblischen Schöpfungsgeschichte illustriert. Für solche vergleichende Religionsgeschichte behielt zwar die genetische Frage nach ursächlichen Zusammenhängen zwischen den aufgedeckten Parallelen entscheidendes Gewicht, aber andererseits bestand eine Tendenz, das Auftreten von Parallelen bereits als sicheres Indiz auch eines genetischen Zusammenhanges (z. B. zwischen persischen Urmensch-Vorstellungen und hellenistischer „Gnosis" und Mysterienfrömmigkeit, sowie zwischen dieser und neutestamentlichen „Parallelen") zu werten. Solcher vergleichenden Betrachtung schrumpfte somit das eigentlich religions*geschichtliche* Interesse, die Frage nach dem Werden der einzelnen Religionen, in eigenartiger Weise zusammen auf den Nachweis analoger Strukturen. Das hat ohne Zweifel jene Loslösung des Interesses an Vergleichen, an Strukturanalogien auch weit auseinanderliegender Religionen von der Frage nach ihrem Ort im geschichtlichen Werden dieser Religionen begünstigt, die dann als Religionsphänomenologie ans Licht trat. Die Religionsphänomenologie löst die Ausdrucksformen des religiösen Lebens aus ihren geschichtlichen Zusammenhängen heraus, behandelt diese als nebensächlich und ordnet ähnliche Formen religiöser Vorstellungen, kultischen Verhaltens, religiöser Institutionen aus verschiedensten Religionen zusammen zu einer Systematik der „Phänomene" religiösen Lebens überhaupt. Dabei können ohne Bedenken Asklepios, Apollon und Jesus als „Heilandsgestalten" nebeneinander genannt werden[12]. Ritterschlag und Beschneidung (213), Formulierungen aus den Upanischaden und aus katholischen Hirtenbriefen des 20. Jh.s (243) werden ebenso als ohne weiteres vergleichbare Phänomene behandelt wie der „Papst oder Dalai Lama" (242). Ähnlich kann Mircea Eliade sagen, als Beispiele dafür, daß sich „das Sakrale stets durch eine Sache hindurch manifestiert", seien „ein heiliger Stein, eine Inkarnation Vischnus, eine Jupiterstatue oder eine Epiphanie Jahwes … absolut gesehen, gleich bedeutend (oder illusorisch), schon deshalb, weil in allen diesen Fällen das Sakrale sich begrenzt und eingekörpert hat, indem es sich manifestierte. Überall in der Religionsgeschichte ist der paradoxe Vorgang der Verkörperung anzutreffen, der alle Arten von Hierophanien ermöglicht, von den elementarsten bis zur höchsten Inkarnation des Logos in Jesus Christus"[13]. Hier erhebt sich doch wohl die Frage, ob derartige Verallgemeinerungen nicht irreführend sind[14]. Bedeuten nicht die nebeneinander genannten Motive in ihrem jeweiligen spezifischen Kontext so Verschiedenes, daß für ihre geschichtliche Eigenart die durch die Zusammenordnung illustrierten Gemeinsamkeiten kaum von sachlichem Interesse sind[15]? Es bedürfte eines Kriteriums der Unterscheidung tieferer Gemeinsamkeiten, die auf eine innere Verwandtschaft der betreffenden Phänomene verweisen, von oberflächlichen Ähnlichkeiten, die für die Eigenart der als Beispiele angezogenen Phänomene nebensächlich oder ganz belanglos sind und nur zu leicht den Blick

---

12 G. van der Leeuw, Phänomenologie der Religion, 2. Aufl. 1956, 107. Weitere Seitennachweise im Text.

13 M. Eliade, Die Religionen und das Heilige. Elemente der Religionsgeschichte, dt. 1954, 51. Weitere Beispiele unten Anm. 20.

14 Man wird das Urteil von K. Koch ernstnehmen müssen, es lasse sich „kein größerer Gegensatz zur historischen Betrachtungsweise finden als diese Art von Phänomenologie, die aus den verschiedensten Zeiten und Ländern ein angeblich gemeinsames religiöses Gut herauspickt und zu einem Potpourri zusammenordnet" (Wort und Einheit des Schöpfergottes in Memphis und Jerusalem. Zur Einzigartigkeit Israels, in: ZThK 62, 1965, 286).

15 J. Wach, Vergleichende Religionsforschung (1958), 1962, 52 beruft sich zwar auf Diltheys Versicherung, die Typenunterscheidung solle „nur helfen, die Geschichte besser, und zwar vom Leben aus zu verstehen" (Dilthey, W 8, 100). Dennoch wird man der Zuversicht, daß solche Typologie dem Verständnis der Geschichte *in ihrer Geschichtlichkeit und Einmaligkeit* diene, mit Skepsis begegnen müssen. Nicht zufällig hat der späte Dilthey seine früheren Versuche einer im Sinne Schleiermachers aus dem Begriff des Lebens begründeten psychologischen Typologie hinter sich gelassen, weil er erkannte, daß sich im geschichtlichen Prozeß das menschliche Leben selbst, das sich in den geschichtlichen Erscheinungen ausdrückt, verwandelt.

für tiefeinschneidende Gegensätze mitten im scheinbar Gemeinsamen verstellen. Hier dürfte ein prinzipieller Mangel der religionsphänomenologischen Methode sichtbar werden: Je mehr sie von den historischen Besonderheiten ihres Materials abstrahiert, desto weniger vermag sie zwischen oberflächlichen und wesentlichen Gemeinsamkeiten *empirisch* zu scheiden. Als Kriterium einer Unterscheidung zwischen relevanten und irrelevanten Strukturzügen kann dann nur noch die Anthropologie des religiösen Verhaltens dienen, die die phänomenologische Systematik ausgesprochen oder unausgesprochen leitet[16]. Die Struktur des religiösen Lebens wird aber von den Religionsphänomenologen gewöhnlich nicht als geschichtlich wandelbar verstanden. Vielmehr werden religiöse Vorstellungen, Kultformen und Institutionen als Ausdrucksweisen „des" religiösen Lebens gedeutet. Das kann im günstigen Falle sehr differenziert geschehen, steht aber immer unter der Voraussetzung, daß „das" religiöse Leben in seinen wesentlichen Strukturzügen zu allen Zeiten gleich gewesen sei[17]. Unter dieser Voraussetzung kann die eigentliche Bedeutung der religiösen Phänomene schwerlich in ihrer geschichtlichen Besonderheit gesucht werden.

Die Beobachtung, daß religionsphänomenologische Betrachtung eine Anthropologie der religiösen Erfahrung impliziert, macht eine Erörterung ihres Verhältnisses zur Religionspsychologie erforderlich, die es ja thematisch mit der Struktur der religiösen Erfahrung zu tun hat[18]. Wie die Religionspsychologie, so will auch der Phänomenologe

---

16 Dazu gehören nicht nur die subjektiven Formen religiöser Akte, sondern auch die Weisen ihres Gegenstandsbezuges, wie die Unterscheidung von heilig und profan, die Ausgrenzung von heiligen Orten und Zeiten, die Kultformen, und schließlich auch die allgemeinen Formen der Gegenstandsintention des religiösen Verhaltens, also der Begriff der heiligen Macht (der sich für die Reflexion als Unendlichkeit bestimmt), sowie die durch die großen Konstanten menschlicher Welterfahrung vorgezeichneten Objektformen der Erscheinung der heiligen Macht (oder Mächte) im Medium endlicher Seinsgestalten: Berge, Himmel, Gestirne, Sturm und Regen, Vegetation, aber auch in sozialen Institutionen wie im Königtum.

17 So schon R. Otto, Vishnu-Narayana, 1917, 150, zit. bei G. Rosenkranz, ZThK 52, 1955, 232. Auch J. Wach hebt in seiner kritischen Stellungnahme zu A. Jespers' Beitrag in der Bertholetfestschrift ausdrücklich seine Übereinstimmung mit dessen Versuch hervor, „einen ‚Original-Typus' von Religion als unveränderliche Struktur religiöser Erfahrung zu beschreiben" (52).

18 Wie schwierig die Abgrenzung der Phänomenologie von der Psychologie auch in der Religionswissenschaft ursprünglich war, zeigt die Schrift von *R. Winkler,* Phänomenologie und Religion. Ein Beitrag zu den Prinzipienfragen der Religionsphilosophie,

die Subjektivität des religiösen Menschen verstehen, der in den Riten, Vorstellungen und Institutionen einer bestimmten Religion lebt. Nur geht der Phänomenologe einen anderen Weg zu diesem Ziel. Er beginnt nicht mit Selbstbeobachtung und Befragung anderer im Hinblick auf ihr subjektives religiöses Erleben und Fühlen, sondern geht von den viel besser zugänglichen äußerlichen Lebensformen und Vorstellungen aus, die als Ausdruck menschlichen Verhaltens gedeutet und so auf die in ihnen sich äußernde Intention hin befragbar werden. Diese Umkehrung der psychologischen Fragestellung – von den Äußerungen in die Innerlichkeit des Verhaltens zurückfragend, statt unmittelbar bei der Innerlichkeit anzusetzen, die die Formen religiösen Verhaltens beseelt – teilt die Religionsphänomenologie mit der phänomenologischen Methode überhaupt. Auf diesem Vorgehen beruht ihre immer wieder eindrucksvolle Fruchtbarkeit. Sie vermag noch in scheinbar skurrilen Riten und Vorstellungen fremder Religiosität einen Ausdruck von allgemein Menschlichem zu entdecken. Dabei sind allerdings bestimmte Annahmen zur Psychologie des religiösen Verhaltens immer schon vorausgesetzt. Insofern kann die Religionspsychologie nicht vollständig durch Phänomenologie abgelöst und ersetzt werden. Aber die empirische Kontrolle solcher Annahmen fällt weniger der Selbst- oder Fremdbeobachtung zu als vielmehr der Vielfalt der historischen Objektivationen des religiösen Verhaltens, die als Ausdruck der Intentionen religiöser Subjektivität gedeutet werden sollen. Die Vielfalt dieser Phänomene erfordert dabei eine weitgehende Differenzierung in der Interpretation der Formen religiösen Verhaltens und seiner Objektivationen.

So leistet die Religionsphänomenologie faktisch einen bedeutsamen Beitrag zu einer vorbereitenden Anthropologie der religiösen Erfahrung. Um *Anthropologie* handelt es sich, insofern die phänomenologische Untersuchung die religiösen Befunde als Ausdruck „des" religiösen Lebens deutet, also als Ausdruck eines menschlichen Verhaltens, wenn dessen Intention auch auf eine außer- oder übermenschliche Wirklichkeit zielt und sich in objektivierten Vorstellungen und institutionalisierten Verhal-

---

1921, bes. 13 ff. Winkler spricht von einer phänomenologisch-*religions*-psychologischen Methode (17 u. ö.), die er als Wesensschau von Sinnintentionen (20) von der Tatsachenforschung empirischer Psychologie abhebt, welche sich nur mit der psychischen Form statt mit den in den religiösen Akten intendierten Inhalten befasse (20 f.). Siehe auch J. Wach, Religionswissenschaft. Prolegomena zu ihrer Grundlegung, 1924, 193.

tensweisen niederschlägt. Zu der Gesamtaufgabe einer Anthropologie der religiösen Erfahrung leistet die Religionsphänomenologie nur einen *Beitrag*, weil sie die Grundkategorien zur Beschreibung des religiösen Verhaltens bereits als anderweitig gegeben voraussetzen muß. Das wird am sachgemäßesten in Kontakt mit der allgemeinen anthropologischen Forschung geschehen, und dadurch ist auch der Zusammenhang mit der Psychologie gegeben. Der Beitrag der Religionsphänomenologie zu einer An-thropologie der religiösen Erfahrung ist dadurch *bedeutsam*, daß im Hinblick auf die Vielfalt der Formen, in denen sich religiöses Verhalten objektiviert hat, eine weitgehende Differenziertheit der Kategorien zu seiner Beschreibung und zur Beschreibung der in den Religionen intendierten, zumeist als „göttlich" vorgestellten Wirklichkeit ausgearbeitet werden muß. Daher hat sich die Religionsphänomenologie große Verdienste um die Klärung und Kritik der in der Religionswissenschaft zu verwendenden Begrifflichkeit erworben. Dennoch kann es sich bei ihrer Arbeit auch im besten Falle nur um eine *vorbereitende* Anthropologie der religiösen Erfahrung handeln. Der Grund für die damit angedeutete Schranke phänomenologischer Methodik liegt darin, daß der Mensch geschichtliches Wesen ist und im Prozeß seiner Geschichte sich wandelt, wodurch alle Annahmen einer gleichbleibenden Struktur menschlichen Verhaltens problematisch werden. Alle Anthropologie, die sich der Geschichtlichkeit des Menschen in ihrem radikalen Sinn stellt, muß zuletzt ausmünden in die Interpretation der konkreten Geschichte menschlicher Individuen im Zusammenhang ihrer Gemeinschaften, samt deren Traditionen, Lebensformen und Erfahrungen, und im Ganzen der Menschheitsgeschichte. Denn erst historische Darstellung kommt dem konkreten Lebensvollzug der Menschen so nahe wie überhaupt möglich. Ihr gegenüber bleibt alle allgemeine Anthropologie, sei sie nun biologisch, psychologisch oder soziologisch orientiert, eine vorläufige Abstraktion, die zwar als erste Näherung für ein Verstehen menschlichen Verhaltens unumgänglich ist, die jedoch nur vorbereitenden Charakter haben kann und zum Moment einer Geschichtsdarstellung werden muß, wenn die Wissenschaft vom Menschen den konkreten Vollzug menschlichen Daseins erreichen will. Daher ist die Geschichtsschreibung zur Vollendung der anthropologischen Aufgabe, soweit sie überhaupt menschenmöglich ist, berufen. Und so muß auch die mit den Methoden der Phänomenologie auszuarbeitende Anthropologie der Religion durch die Darstellung und Interpretation der Religionsgeschichte vollendet werden. Eine phänomenologische Anthropologie der Religion, die der Geschichtlichkeit des Menschen voll Rechnung trüge, wäre von vornherein darauf anzulegen, daß erst die Religionsgeschichte die äußerste für ein methodisches Verstehen mögliche Annäherung an ein adäquates Verständnis der religiösen Erfahrung zu vollziehen vermag.

Daher wird eine Religionsphänomenologie, die mit der Annahme arbeitet, daß die Struktur religiöser Erfahrung und religiösen Verhaltens in den Grundzügen immer gleich sei, die geschichtlichen Unterschiede zwischen den einzelnen Religionen also keine wesentliche Bedeutung für die Struktur der religiösen Erfahrung selbst hätten, schon phänomenologisch zweifelhaft sein. Sie wird zwangsläufig zu gewaltsamen Verzeichnungen der Phänomene gelangen und zur Behauptung trügerischer Gemeinsamkeiten, die in der konkreten Intentionalität, die sich in den religiösen Phänomenen ausdrückt, nicht begründet sind. Ein Verständnis jener Phänomene und speziell der religiösen Texte wird man nur dann erreichen, wenn man sich nach den unerläßlichen vergleichenden Studien den geschichtlichen Besonderheiten dieser Phänomene auch in bezug auf anscheinend Gemeinsames im Rahmen ihres geschichtlichen Kontextes zuwendet[19]. Das ist bereits für die phänomenologische Ordnung der religionskundlichen Stoffe nötig[20], leitet aber darüberhinaus zur weiterge-

---

19 So hat N. Söderblom bekannt, er sei zunehmend skeptisch geworden gegenüber der Suche nach Analogien und Parallelen in den religionskundlichen Stoffen. Denn, „hier wie in jedem andern Umkreis der Wissenschaft treten bei einer fortgesetzten Untersuchung große Unterschiede zutage, die zuerst nur als unbedeutende Variationen erschienen waren, die aber für den sorgfältigen Beobachter sehr bald sich als wesentliche und ursprüngliche Merkmale erweisen" (Der lebendige Gott im Zeugnis der Religionsgeschichte, 1942, 311 f.).

20 Im Unterschied zu andern Religionsphänomenologen pflegt M. Eliade, besonders in seinem Buch „Die Religionen und das Heilige", 1954, seine Thesen über die Struktur religiöser Phänomene zunächst durch Material eines einzelnen religiösen Traditionskreises zu belegen, um erst danach denselben Aspekt im Bereich anderer Religionen oder Kulturkreise zu verfolgen. Dennoch gelangt auch er unter dem Zwang der typisierenden Fragestellung, die sich in seinem Falle an C. G. Jungs Lehre von den Archetypen anlehnt (86), dazu, zB Jahwe unter die Sturm-, Regen- und Befruchtungsgottheiten einzureihen (125 ff., vgl. zu diesem Typus 113 ff.), ohne daß seines Gegensatzes zu dem kurz zuvor erwähnten Baal (119 ff.) in diesem Zusammenhang auch nur gedacht würde. Und wenn das Kreuz Christi in der christlichen Kunst als Lebensbaum dargestellt werden konnte (334), so doch kaum wegen vegetationsmythischer Analogien zu Kräutern, die vom Tode auferwecken (333), sondern wegen des

Erwägungen zu einer Theologie der Religionsgeschichte

henden systematischen Aufgabe einer Darstellung der Religionsgeschichte über.

Für die Religionsgeschichte selbst bleibt jede Konzeption unzureichend, die die einzelnen Religionen als je in sich geschlossene, mehr oder weniger unveränderliche Typen behandelt und sie nur untereinander durch eine geschichtliche Abfolge verbunden sein läßt. So hat Hegel die Religionsgeschichte konstruiert. Seine Religionsphilosophie stellte jede der großen Religionen als einen bestimmten Typus der Religion überhaupt dar auf dem Wege ihres geschichtlichen Selbstwerdens von der Naturreligion zur Geistesreligion, in einem Prozeß stufenweiser Erhebung des Geistes über die Natur. Von einer Geschichte der einzelnen Religionen für sich war bei Hegel kaum die Rede. Die Forderung nach einer konsequent historischen Behandlung auch der einzelnen Religionen gehört erst der Wende vom 19. zum 20. Jh. an[21]. Im gegenwärtigen Verständnis religionsgeschichtlicher Arbeit hingegen steht diese Problematik im Vordergrund[22], sowie „die geschichtliche Abhängigkeit der Religionen voneinander und ihr Einwirken aufeinander", und dabei geht es „wesentlich nicht um Parallelen und Vergleiche, sondern um das Besondere und Einmalige". Nur auf diesem Wege kann eine Grundlage auch für sachgemäße Vergleiche verschiedener Religionen im ganzen gewonnen werden, etwa zwischen der Religion Israels und denen der altorientalischen Völker. Heutige Forschung versteht Israels Religion ja nicht mehr als irgendwann einmal fertig ans Licht der Welt getreten, sondern als Resultat eines geschichtlichen Werdeprozesses. Erst wenn die Religionen der Umwelt Israels nach denselben Grundsätzen in ihrem geschichtlichen Werden verstanden sind, lassen sich hier wirklich sachgemäße Vergleiche anstellen.

---

geschichtlichen Ereignisses der Auferweckung Jesu. Dabei dürfte diese kaum je als Wirkung der wunderkräftigen Macht des Kreuzesholzes aufgefaßt worden sein.

21 So sprach sich A. v. Harnack im Nachwort zu seinem Vortrag über „Die Aufgabe der theologischen Fakultäten und die allgemeine Religionsgeschichte", 1901, gegen die Forderung nach einer allgemeinen Religionsgeschichte aus, um der speziellen Erforschung einzelner Religionen den Vorzug zu geben (Reden und Aufsätze II, 1904, 183 ff.).

22 So W. Holsten in RGG V, 986–91, bes. 987 f. Die im Text zitierten Wendungen finden sich in Spalte 988. Auch G. Mensching sagt, nicht die Religion, sondern die einzelnen Religionen seien der eigentliche Gegenstand der Religionsgeschichte (Allgemeine Religionsgeschichte, 2. Aufl. 1948, 9).

3. Die Einheit der Religionsgeschichte

Einer Forschung, die sich auf das Werden und die Wandlungen der einzelnen Religionen konzentriert, müssen die herkömmlichen Versuche, die Einheit der Religionsgeschichte zu denken, als problematisch erscheinen. Es ist sicherlich kein Zufall, daß die im engeren Sinne religions*geschichtliche* Arbeit der letzten Jahrzehnte vorwiegend in Monographien zu einzelnen Religionen geleistet worden ist[23] oder sich mit konkreten Wechselbeziehungen zwischen bestimmten Religionen befaßt. Das ist aus verschiedenen Gründen verständlich, wenn man sich der eigentümlichen Schranken älterer Konzeptionen der Einheit der Religionsgeschichte erinnert.

Vor allem ist es nicht mehr ohne weiteres möglich, irgendeine Religion mit Hegel einer einzigen Stufe im Gesamtprozeß der religiösen Entwicklung der Menschheit zuzuordnen, wenn man der tiefgreifenden Wandlungen im Laufe der Geschichte einer und derselben Religion gewahr geworden ist. Keine Religion, deren geschichtliches Werden einmal in den Blick gekommen ist, läßt sich ohne Gewaltsamkeit auf einen einzigen „Typus" reduzieren, um diesen dann in eine nach irgendwelchen Gesichtspunkten angeordnete Typenreihe einzufügen, die als das tragende Gerüst der religiösen Entwicklung der Menschheit auszugeben wäre. Das Werden der Religionen hat sich in der Regel in einem Nebeneinander, manchmal in Wechselbeziehung, seltener als ein Nacheinander der Ablösung einer Religion durch eine andere vollzogen, aber auch dann nicht so, daß sich eine Abfolge von Religionstypen konstatieren ließe, wie Hegels Religionsphilosophie sie konstruiert hat als Stufenreihe eines Weges von der Naturreligion zur Geistesreligion oder, gemäß späterer Konzeption, vom primitiven Dämonenglauben zum Monotheismus.

Die Auffassung der Religionsgeschichte als einer alles religiöse Leben durchwaltenden „Entwicklung" von primitiven Anfängen zu höheren Formen polytheistischer Kulturreligionen und schließlich monotheistischer Religionen ist freilich nicht gebunden an die Konstruktion einer Typenreihe der Religionen. Der Entwicklungsgedanke kann anerkennen oder fordert sogar, daß auch in den Anfängen hochdifferenzierter „Kulturreligionen" sogenannte primitive Züge zu finden sind, so daß die Menschheitsentwicklung von Magie und animistischem Dämonenglauben zur Kulturreligion und zum Monothe-

---

23 Das hebt W. Holsten in RGG V, 990 hervor.

Erwägungen zu einer Theologie der Religionsgeschichte

ismus sich in der Entwicklung jeder einzelnen Religion dokumentiert, obwohl nicht jede Religion gleich weit auf diesem Wege fortgeschritten ist. Man trifft diese Sicht der Religionsgeschichte nicht mit dem Vorwurf des Fortschrittsoptimismus. Sie braucht sich den Erscheinungen des Verfalls und der Verrohung in der Religionsgeschichte nicht zu verschließen. Daß die Geschichte in ihrem faktischen Verlauf „trotz wiederholten Stillstandes und mannigfacher Rückbildungen einen großen stetigen Aufstieg, ein langsameres Sichentfalten höherer Formen und intensiveren Lebens, an dem auch das religiöse Leben teilnimmt" erkennen lasse[24], erscheint allerdings nach zwei Weltkriegen und angesichts der Möglichkeit einer nuklearen Katastrophe der Menschheit zweifelhafter zu sein als im Jahre 1904. Die Menschheitsgeschichte, als kontinuierliche Entwicklung gedacht, enthält kaum *in sich* die Garantie eines stetigen Fortschritts. Dennoch braucht nicht bestritten zu werden, daß das Bedürfnis nach umgreifender Einheit, die auch das Mannigfaltige erst als positiven Reichtum erfahren läßt, so tief in der Existenz der Menschen und in der Struktur seiner Vernunft verwurzelt ist, daß die Frage, inwieweit diese oder jene Religion universale Einheit der Wirklichkeitserfahrung zu stiften vermag, sehr wohl das Kriterium ihrer Relevanz, ihrer Heilsmacht – und so vielleicht doch auch ihrer Wahrheit – ins Spiel bringt. Man wird die abstrakte Gottesidee, die so gern der Aufklärung zugeschrieben wird, deshalb noch nicht für der religionswissenschaftlichen Weisheit letzten Schluß zu halten brauchen. Die integrative Kraft einer Religion ist nicht einfach an ihrem Gottesgedanken abzulesen. Sie äußert sich im Ganzen des religiösen Daseinsverständnisses, und ob (oder inwieweit) ein Gottesgedanke repräsentativ für eine Religion ist und als Gradmesser ihrer Heilsmacht und Wahrheit in Anspruch genommen werden kann, das hängt von seiner Stellung und Bedeutung innerhalb jenes Ganzen ab. Ein noch so universal gedachter Hochgott, der eine kraftlose Hintergrundsmacht bleibt, zur Welt der gegenwärtigen Erfahrung keinen oder nur geringen Bezug hat und das Antinomische und Widersinnige des Daseins nicht zu versöhnen vermag, ist sicher kein Indiz für eine besonders hohe Stufe der betreffenden Religion. Schon darum genügt es nicht, den Weg der Religionsgeschichte als

---

[24] W. Bousset, Das Wesen der Religion, dargestellt an ihrer Geschichte, 1904, 7. Siehe auch Tiele-Söderblom, Kompendium der Religionsgeschichte, 5. Aufl. 1920, 11.

einen Entwicklungsprozeß von chaotischem Dämonenglauben zum Monotheismus zu deuten.

Evolutionistische Konzeptionen solcher Art sind jedoch noch mit zwei speziellen Schwierigkeiten belastet, die zu wachsender Skepsis gegenüber der Möglichkeit ausgeführter evolutiver Gesamtdeutung der Religionsgeschichte geführt haben.

Erstens erfordert der Evolutionsgedanke, systematisch angewandt, eine Kenntnis des Anfangszustandes, von dem die Entwicklung ihren Ausgang genommen hat. Daher haben sich die Bemühungen um eine evolutive Gesamtdeutung der Religionsgeschichte besonders der Frage nach den Anfängen der Religionsgeschichte gewidmet, ob man diese nun mit dem Animismus im Totenglauben fand oder in der totemistischen Identifizierung des Jägers mit der Macht des Tieres oder endlich in der vielseitigeren Machterfahrung des melanesischen Managlaubens. Nun sind aber gerade die Anfänge in der Geschichte der verschiedenen Religionen am schwersten zu erhellen. Die Methode, Anschauungen und Gebräuche heutiger „primitiver" Völker als Zeugnisse für das religionsgeschichtliche Frühstadium der Menschheit überhaupt auszuwerten, bleibt zumindest sehr hypothetisch und bedarf für jeden Anwendungsfall der Erhärtung durch religiöse Texte der alten Kulturen. Vieles, was sich in heutigen „primitiven" Religionen findet, kann ja seinerseits ein Spätprodukt sein. So scheint es gewagt, das Verständnis der Religionsgeschichte im ganzen ausgerechnet auf Hypothesen über ihre am wenigsten zugänglichen Anfänge zu gründen.

Ist diese Schwierigkeit nur methodischer Art, so hat die zweite die Form einer empirischen Gegeninstanz gegen die evolutionistischen Konzeptionen, die das Auftreten universaler „monotheistischer" Gottheiten als Resultat der religionsgeschichtlichen Entwicklung betrachteten. Andrew Langs Entdeckung der sogenannten Hochgötter in primitiven Religionen (1887) gab Anlaß zu der von ihm konzipierten und später von W. Schmidt ausgebauten Umkehrung der evolutionistischen Betrachtung zur Theorie eines Urmonotheismus. Dieser umgestülpte Evolutionismus ist freilich kaum haltbar, weil – wie besonders N. Söderblom gezeigt hat – jene Urhebergestalten oft weder einzig, noch auch überhaupt eindeutig Götter sind[25] und auch als

---

25 N. Söderblom, Das Werden des Gottesglaubens, Untersuchungen über die Anfänge der Religion, 2. Aufl. 1926, 93–156, bes. 124.

Göttergestalten gewöhnlich nur als „Macht und Wille im Hintergrund"[26] erscheinen und das Feld der alltäglichen Wirklichkeit anderen, den Menschen gefährdenden oder ihm günstigen Mächten überlassen, auf die sich daher das kultische Verhalten konzentriert[27]. Dennoch lassen sich Hochgötter oder Urheber nicht auf andersartige Machterfahrungen oder auf animistische Vorstellungen zurückführen und widersetzen sich daher solchen evolutionistischen Theorien. Wie Söderblom betont hat, treten in primitiven Kulturen Urhebergestalten, Manaerfahrung und Tabufurcht, Geisterglaube und Verehrung von Naturwesen gleichzeitig auf[28], wie auch späterhin Hochgötter und Sondergottheiten nebeneinander verehrt werden. Die Wirklichkeit scheint schon für primitive Erfahrung *sowohl* durch Einheit *als auch* durch Vielfalt charakterisiert zu sein[29]. Ein einheitlicher Ursprung alles Daseienden und die Vielfalt gegenwärtig wirksamer Mächte schließen einander nicht aus. Welcher Aspekt der vorherrschende ist, läßt sich nicht allgemein entscheiden, sondern wechselt von Religion zu Religion, aber auch in der Geschichte der einzelnen Religionen.

Solche Erwägungen schließen sowohl die evolutionistische These aus, wonach der Monotheismus sich aus Managlauben und/oder Animismus entwickelt hätte, als auch die umgekehrte Konzeption des Urmonotheismus, der in einem Wissen von dem Einen Gott, das allem Abfall zur Vielgötterei schon vorausliegt, das durchgehend Gemeinsame und also den einheitlichen Ursprung aller Religionen sucht.

Trotz derartiger Schwierigkeiten ist die Frage nach der Religionsgeschichte als ganzer nicht überflüssig geworden, noch scheint sie schlechthin unlösbar zu sein. Sie ist nicht überflüssig, weil bloße Religionsphänomenologie mit ihren typologischen Abstraktionen die notwendige Zusammenschau des religionskundlichen Materials nicht befriedigend zu leisten vermag, da sie von den konkreten Wechselbeziehungen religiöser Traditionen gerade abstrahiert. Anderseits nötigt die Verflechtung und gegenseitige Beeinflussung des religiösen Verhal-

---

26 G. van der Leeuw, Phänomenologie der Religion, 2. Aufl. 1956, 171 ff.
27 Letzteres wird besonders betont von M. *Eliade*, Die Religionen und das Heilige, 1954, 67.
28 N. Söderblom, Das Werden des Gottesglaubens, 2. Aufl. 1926, 139.
29 Dabei ist zumindest in bestimmten Fällen auch die Alternative von Monotheismus oder Polytheismus nicht anwendbar, wie K. Koch für Ägypten gezeigt hat (KuD 8, 1962, 121).

tens und seiner Objektivationen dazu, den Blick über die Untersuchung einzelner Religionen hinaus auf weitere geschichtliche Zusammenhänge zu richten. So zwingt ja auch die Exegese biblischer Texte zur Frage nach ihren Beziehungen zur religiösen Umwelt[30]. Das Vorhandensein solcher Wechselbeziehungen zeigt nun aber zugleich auch die Möglichkeit konkreter, den Umkreis der einzelnen Religionen überschreitender religionsgeschichtlicher Untersuchungen, in denen solche Wechselbeziehungen nicht nur nebenbei berücksichtigt, sondern als geschichtlicher Prozeß thematisiert werden. Dieser religionsgeschichtliche Prozeß geht einher mit den geschichtlichen Konfrontationen der Völkerschaften und ihren durch Politik und Wirtschaft sich verdichtenden Beziehungen. Neben Kulten und Religionen, die über enge Stammesgrenzen hinaus keine Bedeutung haben, besonders bei schriftlosen Kulturen, steigen andere auf, deren Geschichte sich mit weiträumigen Staatenbildungen verknüpft, und endlich auch solche, die sich ablösen von den Schranken der politischen Gemeinwesen, in denen sie entstanden. Diese letzteren können selbst zur Grundlage neuer politischer Einheiten werden, ohne an deren Existenz gebunden zu sein. Ihre Anziehungskraft kann sich über Kontinente ausbreiten, wie es in Asien das Beispiel des Buddhismus zeigt, während im Westen mit dem Hellenismus ein besonders günstiges Klima für solche religiösen Bewegungen entstand, deren erfolgreichste die Mithrasreligion und schließlich das sie alle beerbende und ablösende Christentum gewesen sind.

Die Prozesse der Wechselwirkung und Integration in den Beziehungen zwischen Kulten, Mythen, einzelnen Göttergestalten und ganzen Religionen ließen sich als *synkretistisch* bezeichnen, wenn diesem Wort nicht heute – im Gegensatz zu seiner ursprünglichen Prägung bei Plutarch[31] – ein schlechter Geruch anhaftete. Doch vielleicht wurzelt der abwertende Sinn, den das Wort in der modernen Religionswissenschaft und in der klassischen Philologie hat, in einer schiefen Beurteilung des dadurch bezeichneten Phänomens selbst. In diesem Falle wäre es sinnvoll, das Wort beizubehalten und umzuwerten.

---

30 Die Tragweite dieses Sachverhalts ist neuerdings wieder mit Recht betont worden (K. Koch, Der Tod des Religionsstifters, in: KuD 8, 1962, 100–123, vgl. auch den oben Anm. 14 genannten Artikel von Koch). Daß solche Einsichten in der deutschen Theologie immer noch nicht wieder als selbstverständlich gelten können, hat F. Baumgärtel durch seine Kritik an Koch in KuD 9, 1963, 223–33 veranschaulicht.
31 Plutarch Moralia 490 B.

Als synkretistisch im engeren Sinne gilt die religiöse Welt des Hellenismus, in der die Reinheit der verschiedenen Religionstypen durch Vermischung verwischt scheint. Diese Charakteristik hellenistischer Religiosität setzt erstens voraus, daß in vorhellenistischer Zeit die dann vermischten Religionen (besonders die olympische) als reine Typen bestanden haben, und zweitens, daß solche Reinheit erstrebenswert, die Vermischung hingegen verwerflich ist. Beide Annahmen sind fragwürdig. In der Verbindung einer religiösen Tradition mit anderen kann sich, wenn sie sich darin als dominierendes Moment erhält, ihre Assimilations- und Integrationskraft äußern, während Reinheit Sterilität bedeuten kann. Tatsächlich dürften die vermeintlich reinen Eigenarten der verschiedenen Religionen zumeist, jedenfalls in allen höher differenzierten religiösen Kulturen, durch Verschmelzung ursprünglich heterogener Elemente entstanden sein. Das läßt sich besonders an der Geschichte der großen Göttergestalten studieren. Nicht zuletzt drängt sich der israelitische Gottesgedanke als Beispiel zur Illustration dieser Behauptung auf[32]. Mindestens drei oder vier verschiedene, zum Teil in sich wiederum differenzierte Traditionsströme sind zusammengewachsen zu der Gestalt, die wir aus dem Alten Testament als den Gott Israels kennen, nämlich der kenitische Jahwe vom Sinai – falls die Verbindung zwischen Jahwe und Sinai ursprünglich ist –, sodann der Gott des Auszugs, der vielleicht mit dem Gott des Sinai ursprünglich nicht identisch war, ferner die Vätergottheiten (der Gott Abrahams, Gott Israels, Gott Jakobs), sowie der Himmelsgott El (oder verschiedene Elgestalten), der dem Gott Israels wohl auch die Schöpferfunktion vermittelt hat. Die treibende Kraft zur Verschmelzung aller dieser Gestalten dürfte in der offenbar von Anfang an für Jahwe charakteristischen Ausschließlichkeit liegen. Sie konnte bei Begegnung mit andern Gottheiten nur entweder Identifizierung oder Kampf bedeuten, da der Weg zu einem Pluralismus einander ergänzender Gottheiten verschlossen war. Im Verhältnis zu El (oder einigen Elgestalten) wie zu den Vätergottheiten war Identifizierung möglich, unter Bedingungen, die sich heute nur vermuten lassen. Baal hingegen wurde leidenschaftlich bekämpft, aber nur die Usurpation bestimmter Funktionen Baals durch Jahwe scheint den Sieg ermöglicht zu haben. Das Werden der biblischen Gottesgestalt hat also durchaus die Form eines synkretistischen Prozesses, und Ähn-

---

32 Zum Folgenden siehe K. Koch in KuD 8, 1962, 107 ff.

liches ließe sich an der Geschichte des ägyptischen Amun und anderer ägyptischer Götter oder an der des babylonischen Marduk zeigen und auch an griechischen Göttern wie Apoll oder Zeus. Synkretistisch ist aber nicht nur die Geschichte der Göttergestalten, sondern überhaupt die Weise der Selbstbehauptung und Ausbreitung einer Religion. In dieser Perspektive erscheint die Religionsmischung des hellenistischen Zeitalters nur als Sonderfall einer allgemeinen Regel, und das Besondere ist wohl zumindest teilweise in der Ablösung religiöser Traditionen von politisch partikularen Wurzelböden zur Wanderschaft innerhalb der ganzen Oikumene Alexanders und der Diadochen und später des römischen Imperiums zu suchen. Das größte Beispiel synkretistischer Assimilationskraft aber bietet das Christentum. Dieses hat sich nicht nur mit der griechischen Philosophie verbunden, sondern auch die gesamte religiöse Überlieferung der Mittelmeerwelt beerbt – ein Vorgang, der im einzelnen noch viel zu wenig aufgehellt ist, der aber für die Überzeugungskraft des Christentums in der alten Welt entscheidend gewesen sein dürfte[33].

---

33   In diesem Sinne hat H. Gunkel mit Recht gesagt: „Das Christentum ist eine synkretistische Religion" („Zum religionsgeschichtlichen Verständnis des Neuen Testaments, 1903, 95). Diese Klassifizierung hat mancherlei Proteste ausgelöst, weil man sie als Gefährdung der Einzigartigkeit des Christentums verstand. So schrieb M. Reischle: „Nur da kann doch mit Recht von Synkretismus die Rede sein, wo die Elemente verschiedener Religionen als gleichberechtigt miteinander verbunden werden, nicht aber da, wo die Anschauungen einer früheren Religion noch irgendwie nachwirken oder einzelne Stücke aus verwandten oder bekämpften Religionen übernommen und einverleibt werden" (Theologie und Religionsgeschichte, 1904, 36). Dieses Urteil unterschätzte offensichtlich die Bedeutung hellenistischen Gutes für den formativen Prozeß der frühchristlichen Religionsgeschichte. Epiphaniegedanke, mysterienhaftes Sakramentsverständnis, platonisierende Gotteslehre sind keineswegs nur beiläufig übernommen worden zur Aussage eines von solchen Vorstellungen etwa ganz unabhängigen Inhalts, sondern bilden Elemente, die konstitutiv – oder mitkonstitutiv – wurden für das spezifisch christliche Offenbarungsverständnis selbst. Insofern behält das Wort vom synkretistischen Charakter des Christentums sein Recht. Eine Gleichberechtigung der verschiedenen religiösen Elemente ist jedoch mit diesem Begriff nicht behauptet (gegen Reischle). Vielmehr setzt die auf Plutarch zurückgehende Deutung des Wortes als Zusammenschluß des Verschiedenen, die auch durch das ältere Verb legitimiert ist, ein das Verschiedene integrierendes Prinzip voraus. Diese Funktion wurde in der hellenistischen Welt durch den philosophischen Logos als gemeinsamen Nenner der verschiedenen religiösen Vorstellungsweisen erfüllt, im Christentum hingegen durch die Person Jesu und das Heilsgeschehen seines Todes und seiner Auferweckung, also durch den in Jesus inkarnierten Logos. Diese letztere Formel drückt die universale Relevanz des durch Jesus Geschehenen aus, und ihr entspricht die unerschöpfliche Assimilations- und Regenerationskraft des Christen-

Erwägungen zu einer Theologie der Religionsgeschichte

In den geschichtlichen Wechselwirkungen zwischen den verschiedenen Religionen ist faktisch die Einheit der Religionsgeschichte hervorgetreten, oder besser: Dieser Prozeß ist heute noch im Gange als ein Wettstreit der Religionen um die Wirklichkeit, ein Wettstreit, der darin begründet ist, daß Religionen es mit dem Gesamtverständnis der Wirklichkeit zu tun haben. Nur so können sie die Ordnungen des Daseins begründen oder auf andere Weise dem Menschen Heil vermitteln. Dadurch aber geraten sie bei Berührung mit Verehrern anderer Götter in Gegensätze zu deren Religionen, die auf verschiedenen Wegen geschlichtet oder ausgetragen werden können: Durch Relativierung des universalen Anspruchs der eigenen wie der fremden Religion auf den jeweiligen Verehrerkreis[34], ferner durch interpretierende oder – unter entsprechenden politischen Bedingungen – auch kultische Verschmelzung und schließlich durch Verdrängung. Wo die Gegensätze ausgetragen werden, geht es in der Regel um die Frage, ob und in welchem Grade eine Göttergestalt samt ihrem Kultus und den diesen legitimierenden und seine Bedeutung propagierenden Mythen über den ursprünglichen, zumeist lokalen Verehrerkreis hinaus als machtvoller Ursprung der Wirklichkeit, so wie andere Gruppen oder Völker sie erfahren, zu überzeugen vermag. Die Antwort hängt ab von den konkreten Umständen der Situation, in der die Konfrontation der Kulte und Gottheiten stattfindet. Das mag zusammenhängen mit politischen Vorgängen, in denen ein Ort und mit ihm sein Lokalkult die Vorherrschaft in einem größeren politischen Bereich erringt, wie das mehrfach im alten Ägypten der Fall war. Auch ein Kulturgefälle kann eine Rolle spielen, wie bei der noch zu erwähnenden Geschichte Marduks. Doch entscheidend sind die Möglichkeiten zur Bewältigung neuaufkommender Situationen, die in der geschichtlich gewachsenen Gestalt einer bestimmten Gottheit, in ihrem Mythus und Kultus, schon angelegt sind und die Verknüpfung neuer Aspekte mit ihr erlauben. Bei aller besonderen Bedingtheit der jeweiligen geschichtli-

---

tums. Darin daß das Christentum in besonderem Maße synkretistisch ist, äußert sich also nicht etwa eine Schwäche, sondern die einzigartige Kraft des Christentums.

34 So erwartet beim Abschluß von Verträgen jeder vom andern Teil, daß er bei seinem eigenen Gott schwört. Einen Schritt weiter geht die Parallelisierung fremder Götter mit eigenen Gottheiten verwandten Charakters. Darin äußert sich über die Relativierung der Götter auf ihre Funktion hinaus ein Drang zu religiöser Vereinheitlichung, dessen systematische Ausbildung im Hellenismus nicht zufällig in Verbindung mit philosophischer Reflexion erfolgte.

chen Situation durch im heutigen Sinne außerreligiöse Motive – z. B. politischer oder kultureller Art – entscheidet sich das Wachstum oder Erstarren, Zurücktreten oder Verschwinden religiöser Motive, das Schicksal von Göttergestalten und ganzen Religionen, letztlich doch erst an ihrer religiösen Überzeugungskraft oder deren Fehlen, an der Wirklichkeitsmächtigkeit, die von ihnen ausgeht oder ausbleibt, bezogen auf den Erfahrungshorizont der jeweiligen geschichtlichen Situation. Es ist also immer die Frage zu stellen, wo in der Wirklichkeitserfahrung einer Gruppe, eines Volkes, der Anlaß zum Wandel seiner religiösen Vorstellungen und Riten liegt. Das bedeutet, wie gesagt, nicht, die religiösen Wandlungen aus anderweitigen, etwa sozialen oder politischen Veränderungen zu erklären. Für die Menschen der alten Kulturen sind ohnehin die Wandlungen in der sozialen und politischen Welt, wie auch Naturereignisse, zweifellos primär religiöse Ereignisse gewesen, sofern sich ihnen die Macht oder Ohnmacht ihrer Götter darin erwies. Ob Macht oder Ohnmacht – das dürfte jedoch nie einfach von den Ereignissen in ihrer auch uns zugänglichen profanen Bedeutung abhängig gewesen sein, nicht allein von Sieg oder Niederlage eines Volkes, vom Gedeihen oder Verfall seiner Lebensordnung, sondern entscheidend doch davon, ob das betreffende Geschehen sich so oder so als Machtwirkung der betreffenden Gottheit und so dann auch als Manifestation ihrer Gesinnung gegen ihre Kultgenossen in Anspruch nehmen ließ. Bei jeder religionsgeschichtlichen Wandlung ist daher nicht nur die Frage nach ihrem *Anlaß* in besonderen Erfahrungen, die das Verständnis der Wirklichkeit verändern, zu stellen, sondern auch die Frage nach den *Gründen* für die Bewältigung oder Nichtbewältigung der dadurch entstandenen Situation, – Gründen, die in der jeweiligen religiösen Tradition selbst zu suchen sind, in ihrer Fähigkeit, angesichts neuer Konstellationen neue Aspekte zu offenbaren.

Eine solche Fähigkeit scheint in besonders hohem Maße etwa dem oberägyptischen Amun eigen gewesen zu sein. Er konnte nicht nur im Mittleren Reich mit Re und Ptah verschmelzen, sondern erwies sich auch der Aton-Religion Amenophis IV überlegen, – doch wohl nicht nur wegen der sozialen Machtposition der Amunpriesterschaft, sondern auch, weil der neue Gott Aton kein so breites Spektrum von Eigenschaften besaß, um der Vielfältigkeit des ägyptischen Daseinsverständnisses zu entsprechen. So mag der Mangel eines einleuchtenden Bezuges zum Totengott Osiris zur Unterlegenheit Atons beigetra-

Erwägungen zu einer Theologie der Religionsgeschichte

gen haben. Amun hingegen konnte in der Spätzeit sogar mit Osiris verschmelzen. Und als Prinzip der alles durchdringenden Luft konnte Euseb ihn im 4. Jh. zur Vorstufe des christlichen Pneuma erklären.

Ein anderes Beispiel bietet die eigentümliche Anziehungskraft Marduks, die auch nach dem Untergang des altbabylonischen Reiches seine Selbstbehauptung ermöglichte. Es versteht sich gewiß nicht von selbst, daß ein Gott den Untergang der seine Verehrung ursprünglich tragenden Gesellschaft mit unvermindertem Ansehen überdauert. Ein ähnliches Phänomen ist das Überleben des Jahweglaubens nach der Vernichtung des Staates Juda durch die Babylonier 587. Doch während hier nur das jüdische Volk selbst – auf die vorausgegangene Unheilsprophetie zurückgreifend – trotz des Verlustes der alten Heilsgüter an seinem Gott festhielt, wurden im Falle Marduks sogar die assyrischen Eroberer von der Faszination seiner Gottheit überwunden, so daß die Bemühungen Sanheribs, ihn im Schöpfungsepos durch Assur zu verdrängen – so wie Marduk selbst dort den Platz des sumerischen Enlil eingenommen hatte – bei den Assyrern erfolglos blieben: ein eindrucksvolles Beispiel der Ausstrahlung einer alten Kultur auf ein junges Eroberervolk.

Ein weiteres Beispiel mag man im Siegeszug der Mithrasgestalt finden. Er scheint kaum denkbar ohne die Verbindung des persischen Kriegsgottes mit Erlösungsvorstellungen, die der Sehnsucht der hellenistischen Menschen und dann wieder der späten Kaiserzeit mit ihrem wirtschaftlichen und politischen Niedergang entgegenkamen. Der Ansatzpunkt zu solchen Erlösungsvorstellungen, die vermutlich von kleinasiatischen Magiern aus unbekanntem Anlaß ausgebildet wurden, fand sich jedenfalls in den vielfältigen kosmischen Beziehungen der Gestalt Mithras' als Gottheit des Nachthimmels *und* der Sonne, sowie in seinem Primäraspekt als Gott des Vertrages. Als solcher eignete sich Mithras zur Mittlergestalt.

Die Wechselwirkung der religiösen Traditionen, die sich im Fortgang solchen Wettstreites der Götter um die Wirklichkeit ergeben hat, ist nicht aus irgendwelchen Prinzipien zu deduzieren, sondern nur in ihrem faktischen Vollzug verstehend nachzudenken. Der Prozeß der Religionsgeschichte kann nicht a priori konstruiert oder auch nur periodisiert werden. Man wird nicht einmal eine prinzipielle Unterscheidung zwischen Volksreligionen und Universalreligionen zulassen dürfen, als ob es bis zu einer bestimmten Epoche der Geschichte nur

Volksreligionen, von da ab auch Universalreligionen gegeben hätte[35]. Religionen mit universaler Tendenz sind nicht erst seit dem Beginn des ersten Jahrtausends vor Christus entstanden. Schon die altsumerische Religion und Kultur scheint mindestens vorstellungsmäßig universalen Charakter gehabt zu haben, wenn auch ihre faktische Ausbreitung auf das südliche Zweistromland beschränkt blieb. Und der israelitische Universalismus, der als Beispiel der neuen universalen Religiosität in Anspruch genommen wird, hat seine Wurzel im zweiten Jahrtausend, einerseits in dem Himmels- und Schöpfergott El, andererseits – soweit er mit speziellen Jerusalemer Traditionen wie der Weltherrschaft zusammenhängt, die der 2. Psalm dem davidischen König zuspricht – im alten Ägypten. Volks- und Universalreligionen sind also, was die geistige Haltung angeht, nicht so einfach zu scheiden. Im Sinne tatsächlicher Ausbreitung aber läßt sich die Unterscheidung kaum von einer zeitlich so früh angesetzten „Achse" aus vollziehen. Die wirklich universale *Verbreitung* der aus israelitischem Erbe

---

35 So G. Mensching, Volksreligion und Weltreligion, 1938. Die beiden Hauptunterschiede, die Mensching herausgearbeitet hat, – daß Weltreligionen vom einzelnen ausgehen, nicht vom Volk, und daß die primäre Gegebenheit für sie das Unheil, nicht ein Heilszustand sei, – begründen keine strenge Disjunktion der beiden Typen, da sich beide Merkmale auch beim entgegengesetzten Typus finden lassen. Neuerdings hat Mensching (RGG V, 967) seine Unterscheidung von Volksreligion und Weltreligion als Gliederungsprinzip der Religionsgeschichte mit K. Jaspers' Versuch verbunden, die Einheit der Menschheitsgeschichte durch den Bezug auf eine „Achsenzeit" zu begründen (Ursprung und Ziel der Geschichte, 1949, 1 ff.). Diesem Versuch liegen, wie Jaspers selbst anmerkt (343), Beobachtungen Alfred Webers zugrunde (Kulturgeschichte als Kultursoziologie, 1935, 2. Aufl. 1950, 24). Danach fallen wichtige und für die Folgezeit bis heute grundlegende Veränderungen in der geistigen Haltung des Menschen in den vier wichtigsten Kulturkreisen der alten Welt – in Vorderasien, Griechenland, Indien und China – in den Jahrhunderten zwischen 900 und 500 v. Chr. zusammen. Das ist gewiß bemerkenswert. Doch daß hier eine „Schwelle" in der Entwicklung der Menschheit (ein Ausdruck von J. Cobb) überschritten wurde, rechtfertigt nicht die Systematisierung dieser Epoche zur „Achse" der Weltgeschichte. Dieser Schritt ist schon insofern problematisch, als Jaspers hier zugestandenermaßen die bisherige Achse christlichen Geschichtsverständnisses durch eine auch dem Nichtchristen zugängliche Konstruktion ersetzen will (a. a. O. 19). Es fragt sich, ob die Voraussetzungen für solche analoge Übertragung in diesem Falle wirklich gegeben sind. Der Zeitabschnitt, in welchem überall die Subjektivität des Individuums zum Durchbruch kommt, entbehrt der Einheitlichkeit, die für eine Achse der Geschichte zu erwarten wäre, und die Subjektivität des Menschen dürfte außerdem in sich selbst zu zweideutig sein, um als Achse der Geschichte gelten zu können.

hervorgegangenen Religionen Christentum und Islam fällt in ein späteres Jahrtausend.

Also auch hier läßt sich keine Handhabe zu einer prinzipiell begründeten Einteilung der Religionsgeschichte gewinnen. Es bleibt nur übrig, den faktischen Weg der Auseinandersetzungen, der Abspaltung, des Wachstums oder Niedergangs, der Verschmelzung oder Ablösung der einzelnen Religionen in ihrem Verhältnis zueinander zu verfolgen. Läßt sich in diesen Wechselbeziehungen irgendeine Einheit entdecken, die es erlauben würde, von einer gemeinsamen Geschichte der Religionen zu sprechen?

So wenig wie die Menschheit bilden ihre Religionen eine Einheit von Anbeginn. Vielmehr scheint eine Mannigfaltigkeit von Ausgangspunkten religiöser Traditionen bei den verschiedenen Stämmen und Völkerschaften vorzuliegen. Diese unabhängig voneinander entstandenen religiösen Traditionen hatten allerdings in anderem Sinne schon früh universalen Charakter, nämlich als universale Sinndeutungen des Daseins. Solcher intendierten Universalität steht der faktische Pluralismus der religiösen Ursprünge entgegen. Aber dieser Widerstreit wird bewußt nur im Maße des Verkehrs, der sich zwischen den einzelnen Gruppen entwickelt. Erst durch die Konkurrenz der verschiedenen Religionen, die aus einer unter geeigneten Bedingungen erfolgenden Kollision ihrer universalen Sinnintentionen hervorgeht und die mit den Anläufen zur politischen und oekonomischen Integration der Menschen Hand in Hand geht, erwächst eine gemeinsame Geschichte der Religionen. Von einem globalen Prozeß religiöser Integration läßt sich überhaupt erst im Hinblick auf die christliche Missionsgeschichte und auf die islamischen Eroberungen sprechen. Insbesondere die christliche Missionstätigkeit, die in den letzten Jahrhunderten eng mit der Ausbreitung abendländischer Zivilisation und Technik einherging, hat die verschiedenen, mehr oder weniger isoliert für sich bestehenden religiösen Überlieferungskreise einbezogen in eine Weltgeschichte der Religion. Die darin sich vollziehende Vereinheitlichung der religiösen Traditionen der Menschheit tritt nicht erst mit der Verdrängung anderer Religionen durch das Christentum in Erscheinung. Vielmehr hat schon das bloße In-Beziehung-Treten der verschiedenen Religionen, das vornehmlich durch die christliche Mission vermittelt worden ist, eine allerdings spannungsvolle Einheit der religiösen Weltsituation hervorgebracht. Und gerade dadurch sind Konflikt und Auseinandersetzung der verschiedenen Religionen untereinander unausweichlich geworden, weil sich die religiösen Traditionen nun weniger leicht gegeneinander abkapseln lassen. Die unausweichlichen religiösen Konflikte werden zur Zeit nur überdeckt durch eine Tendenz zur Relativierung aller religiösen Glaubensweisen infolge eines säkularen Daseinsverständnisses. Aber dieses säkulare Daseinsverständnis, das in unserem Jahrhundert eine unerhörte Angleichung der verschiedensten Kulturkreise bewirkt, ist selbst wieder ein Produkt des Christentums. So ist das Christentum durch seinen Drang zu universaler Mission zum Ferment der Entstehung einer religiösen Gesamtsituation der ganzen Menschheit geworden. Und erst daraufhin läßt sich von einer allgemeinen Religionsgeschichte der Menschheit sprechen. Die Einheit der Religionsgeschichte ist also nicht an ihren Anfängen, sondern eher an ihrem Ende zu suchen. Gegenwärtig hat sie nur die Gestalt der spannungsvollen Einheit einer religiösen Gesamtsituation der Menschheit, die durch konkurrierende religiöse Ansprüche gekennzeichnet ist. Aber das Ringen der religiösen Überlieferungen miteinander weist über die Gegenwart hinaus auf eine andere religiöse Einheit, die in solchem Ringen Gestalt annehmen will. In immer nur partikularer Form hat solche Einheit auch in der bisherigen Geschichte der Religionen Gestalt gewonnen. Die Anlässe und Motive, die jeweils dazu beitrugen, zu untersuchen, erscheint als die vornehmste Aufgabe einer religionsgeschichtlichen Forschung, die die Einheit der Religionsgeschichte nicht einfach als gegeben voraussetzt – was eine Fiktion wäre – sondern ihr Werden in den geschichtlichen Prozessen selbst erfragt.

Dabei ist die Geschichte des Christentums wegen seines spezifischen Beitrags zur Entstehung einer religiösen Weltsituation religionsgeschichtlich von besonderem Interesse. Die Entstehung des Christentums als Religion setzt bereits die religiöse und kulturelle Vereinheitlichung des antiken Mittelmeerraumes durch den Hellenismus voraus. Das Christentum hat, wie im einzelnen zu zeigen wäre, das Erbe dieser ganzen, in sich so vielfältigen Kultur- und Religionswelt angetreten. Der Prozeß des Zusammenwachsens der alten Mittelmeerkulturen geht also dem Aufstieg des Christentums zur Weltreligion sachlich wie zeitlich voran und bildet in diesem doppelten Sinne seinen geschichtlichen Boden.

Damit ergibt sich der Einsatzpunkt für eine Darstellung der Einheit der Religionsgeschichte als einer aus den Prozessen geschichtlicher Wechselbeziehungen der verschiedenen Religionen erst hervorgehenden Einheit. Der Einsatz für eine solche Darstellung braucht nicht bei irgendwelchen schwer zu erhellenden Anfängen der Religion überhaupt genommen zu werden. Der Weg zur religiösen Einheit der Menschheit hat viele Ansatzpunkte, aber der zentrale Integrationsprozeß beginnt im vergleichsweise hellen Licht geschichtlicher Kenntnis, bei den Religionen der alten Mittelmeerwelt und des Nahen Ostens, bei den Ägyptern und im Zweistromland, bei den Persern und ihren indischen Verwandten, die dann für lange Zeit ihrem besonderen Weg folgten. In der Geschichte Israels und dann der Griechen zeigen sich mit besonderer Intensität die Überschneidungen und das Zusammenwachsen der verschiedensten religiösen Überlieferungen, – erst recht im Urchristentum, in dem jüdisches und griechisches Erbe sich verbanden, und in der Ausbreitung des Christentums über die antike, vom Hellenismus durchtränkte Religionswelt. Der religiöse Integrationsprozeß wurde zunächst unterbrochen durch die Entstehung des Islam am Rande der christlich geprägten Ökumene, um dann jedoch in dessen Entwicklung in mancher Hinsicht eine Parallele zu erhalten. Er setzte sich fort im Ausgreifen der christlichen Missionsbewegung über den hellenistischen Bereich hinaus, besonders durch die Hinwendung der slawischen und der germanischen Völker zum christlichen Glauben, dann durch die Kolonisierung Amerikas und schließlich durch die Begegnung mit den Religionen des Fernen Ostens und der schriftlosen Kulturen Afrikas und Australiens, die jeweils mit ihrer eigenen Geschichte einmünden in die durch die christliche Mission vermittelte Weltgeschichte der Religion. In diesem Jahrhundert endlich ist die Ausbreitung der säkularen Kultur des Abendlandes dabei, die traditionellen Formen christlicher Mission selbst zu verändern, nachdem diese zwar nicht die Bekehrung der Menschheit, wohl aber in anderem Sinne eine religiöse Gesamtsituation herbeigeführt hat, die durch die Konfrontation aller religiösen Traditionen der Menschheit mit der christlichen Mission einerseits, mit der säkularisierten Daseinsform der Industriegesellschaft andererseits gekennzeichnet ist.

Auf solche Weise läßt sich verfolgen, wie in der besonderen Geschichte der Religionen die Einheit der Religionsgeschichte Gestalt gewinnt und darin – das wird noch zu zeigen sein – die Einheit der göttlichen Wirklichkeit selbst, auf deren Erscheinen die Religionen bezogen sind, wirksam ist. Dieser Weg einer in immer neuen Anläufen, wenn auch nicht ohne Unterbrechungen, Rückschläge und neue Spaltungen, fortschreitenden religiösen Integration der Menschheit ist möglich, weil schon von den Anfängen her die verschiedenen Völker ihre Götter als die Gesamtwirklichkeit bestimmende Mächte verstanden. Nur darum kann zwischen den Religionen der Streit um das Wesen der Wirklichkeit entstehen, dessen Resultat die fortschreitende, wenn auch in der Pluralität religiöser Perspektiven unterschiedlich artikulierte Vereinheitlichung der Religionsgeschichte ist.

4. Der Wirklichkeitsbezug religiöser Erfahrung und seine Bedeutung für das Verständnis der Religionsgeschichte

Die Beobachtung des Werdens und Wandels der Religionen in ihren wechselseitigen Beziehungen zueinander vermag keine Antwort auf die Frage zu geben, welche spezifisch religiöse Wahrheit den Mythen und Riten der Religionen eignet, wenn sie nicht ein Urteil über den Wirklichkeitsbezug religiöser Erfahrung schon voraussetzt. Die religionsgeschichtliche Forschung hat zumeist versucht, sich von dem Für und Wider derartiger Urteile – nicht nur über den Wahrheitsanspruch dieser oder jener bestimmten Religion, sondern auch über die Wahrheit irgendwelcher religiöser Erfahrung überhaupt – zu dispensieren und die religiösen Phänomene nur als Ausdruck menschlichen Verhaltens zu deuten[36]. Es fragt sich jedoch, ob solche Abstinenz es erlaubt, die Prozesse der *Verwandlung* religiöser Vorstellungen und Lebensformen angemessen zu beschreiben, nämlich als motiviert durch religiöse Erschütterungen, die nicht einfach identisch sind mit politischen oder sozialen Veränderungen, und durch Erfahrungen von spezifisch religiöser Überzeugungskraft, die sich in neuen religiösen Formen niedergeschlagen haben. Da solche Wandlungsprozesse im religiösen Bewußtsein meist verdrängt wurden, ist der Religionswissenschaftler bei ihrer Beschreibung auf seine eigenen Kategorien zurückgeworfen, kann er sich nicht damit begnügen, die Überzeu-

---

36 So sagt selbst N. Söderblom: „Die allgemeine Religionsgeschichte läßt die Frage über die Offenbarung offen. Wer sie betreibt, kann von der Überzeugung beseelt sein, daß hinter den Erscheinungen der Religion eine übernatürliche Wirklichkeit liegt. Oder er kann den für die Religion grundlegenden Glauben an das Geistige leugnen. Oder er kann gegenüber der Offenbarung fragend und ungewiß bleiben, vielleicht gewiß nur hinsichtlich der Unmöglichkeit, darüber etwas zu wissen. Oder ihm kann das Interesse an der Frage nach der Wahrheit der Religion abgehen" (Der lebendige Gott im Zeugnis der Religionsgeschichte, 1942, 372). Dabei war Söderbloms persönliche Perspektive durchaus von der Annahme gestufter Offenbarungen in allen religiösen Phänomenen bestimmt. Siehe dazu G. Rosenkranz in ZThK 52, 1955, 235 ff.

gungen anderer wiederzugeben. Seine Beschreibung des geschichtlichen Übergangs religiöser Wandlungen bleibt aber unbefriedigend, wenn sie dem religiösen Charakter der Phänomene, die Anfangs- und Endpunkt eines solchen Prozesses bilden, inkommensurabel ist, wenn also religiöse Wandlungen nur durch politische oder soziale Veränderungen verständlich gemacht werden sollen. Daher läßt sich die Frage nach dem spezifischen Wirklichkeitsbezug[37] religiöser Phänomene für ein Verständnis religiöser Wandlungen weniger leicht ausklammern als bei der bloßen phänomenologischen Analyse der Verhaltensformen und Vorstellungen, die als Glaubensausdruck anderer Menschen entwickelt und intendiert wurden. Mindestens hypothetisch müssen bei der Beschreibung religiöser Wandlungen als religiöser Vorgänge Annahmen über die Eigenart und den Wirklichkeitsbezug religiöser Erfahrungen eingeführt werden.

Die Frage nach dem Wahrheitsgehalt religiöser Erfahrungen, sofern sie sich von Widerfahrnissen übermenschlicher und durch die vordergründigen Aspekte des Naturgeschehens nicht erschöpfend verstandener Mächte herleiten, kann hier nicht in vollem Umfang aufgerollt werden. Im Zusammenhang der Darlegungen hier muß es genügen, daß die Frage angeschnitten wird, ob der Wirklichkeitsbezug religiöser Erfahrungen durch eine Analyse dieser Erfahrungen selbst entschieden werden kann, oder ob das Urteil darüber von anderen Gesichtspunkten abhängt.

---

37 Diesen Ausdruck ziehe ich der Rede von der Wahrheit „der" Religion vor (dazu vgl. das dritte Buch von H. Scholz, Religionsphilosophie, 1921, 331–443: Die Wahrheit der Religion). Zwar läßt sich an jede Religion oder – im eingeschränkten Sinne von Wahrheit als Urteilswahrheit (Scholz 333 ff.) – an alle religiösen Behauptungen die Frage nach ihrer Wahrheit richten, aber wenn von der Wahrheit „der" Religion die Rede ist, muß sofort gefragt werden, *welche* Religion denn gemeint ist: Da die Ansprüche der verschiedenen Religionen miteinander streiten, können sie nicht alle zugleich „wahr" sein. Wahrheit schlechthin kann also, wenn überhaupt, nur einer bestimmten Religion zukommen. Das braucht nicht jeden Wahrheits*gehalt* anderer Religionen auszuschließen, und es braucht vor allem nicht auszuschließen, daß andere Religionen – in vielleicht unzureichender oder verkehrter Weise – auf dieselbe Wirklichkeit *bezogen* sind, mit der es die etwa als „wahr" anzuerkennenden religiösen Behauptungen zu tun haben. Wo es darum geht, daß alle Religionen, ungeachtet ihrer Unterschiede und Gegensätze, keine bloßen Phantasieprodukte sind, sondern mit einer übermenschlichen und überweltlichen Wirklichkeit zu tun haben, sollte daher lieber vom *Wirklichkeitsbezug* der in ihnen zum Ausdruck gekommenen Erfahrungen oder vom *Wahrheitsgehalt* ihrer Behauptungen gesprochen werden, statt rundweg von ihrer „Wahrheit".

Man glaubte eine Zeitlang, das durch L. Feuerbachs Illusionstheorie aufgeworfene Problem, ob den religiösen Phänomenen überhaupt irgendeine eigene, außermenschliche Wirklichkeit zugrundeliegt oder ob sie als bloße Projektionen subjektiver Zustände des Menschen anzusehen sind, durch ein tieferes psychologisches Verständnis des religiösen Bewußtseins oder der religiösen Erfahrung entscheiden zu können. In diesem Sinne stellte auch *Ernst Troeltsch* fest, es sei „in der Analyse des religiösen Bedürfnisses immer ein Objektives mitgesetzt, von dem es ausgeht". Die darin dokumentierte Ahnung eines Unendlichen, Absoluten aber sei „nicht von uns der Wirklichkeit entnommen und von der Phantasie dem Wunsch geliehen, sondern ist ein unwillkürliches in allem religiösen Gefühl mitgesetztes Urdatum des Bewußtseins"[38]. Als bloße psychologische Beschreibung wird dieses Argument der Projektionstheorie Feuerbachs kaum wirksam begegnen können, ebensowenig wie die Berufung von William James auf die Überzeugungskraft der Realitätsgefühle in den Vorgängen religiöser Erfahrung[39]. Ein noch so intensives Realitätsgefühl kann durchaus im Irrtum sein, und ebenso gibt es zweifellos auch unwillkürliche Illusionen, wenn es nicht vielmehr sogar zum Wesen von Illusionen gehört, daß sie unwillkürlich sind. Auch der Hinweis, daß die Götter der Religionen nicht nur, wie der frühe Feuerbach behauptet hatte, Verkörperung menschlicher Wünsche sind, da vielmehr die Furcht vor unbekannten Mächten zu den Grundzügen religiöser Erfahrung gehört und namentlich in „primitiven" Religionen stark hervortritt[40],

---

38 E. Troeltsch, Die Selbständigkeit der Religion, ZThK 5, 1895, 406. Zum Argument der Unwillkürlichkeit bes. 408 ff., aber auch den ganzen 400 beginnenden Argumentationsgang. Troeltsch selbst nennt Ed. Zellers Abhandlung über „Ursprung und Wesen der Religion" (1884) als Quelle seiner Auseinandersetzung mit Feuerbach (410). Von der Religionspsychologie, die er allerdings nicht von einer religiösen Anthropologie unterscheidet, sondern deren Aufgabe er geradezu darin sieht, „den Ort, den Ursprung und die Bedeutung der Religion im menschlichen Bewußtsein" festzustellen, erwartet Troeltsch, daß sie beibringe, „was über die Wahrheitsfrage der Religion überhaupt ausgemacht werden kann" (370).

39 W. James, Die religiöse Erfahrung in ihrer Mannigfaltigkeit, deutsch von Wobbermin 1907, 68 ff. Vgl. auch die Argumentation von H. Scholz, Religionsphilosophie, 1921, 131 f., daß Religion nicht auf Bedürfnissen, sondern auf dem „Erlebnis" des Göttlichen beruhe.

40 W. Bousset, Das Wesen der Religion, 1904, 15 f. Man denke auch an R. Ottos Beschreibung des *mysterium tremendum* in: Das Heilige, 23. Aufl. 1936, 12 ff. Gegen Schleiermacher sagt Otto mit Recht, daß nicht das Gefühl der Abhängigkeit das erste in der Religion sei, daß sie vielmehr „*zuerst* und *unmittelbar* auf ein *Objekt außer mir*

Erwägungen zu einer Theologie der Religionsgeschichte

kann – wie Troeltsch gesehen hat[41] – die Illusionstheorie nicht entkräften. Daß religiöse Subjektivität selbst die Vorgegebenheit des ihr erscheinenden Heiligen intendiert, läßt sich zwar nicht leugnen, aber das schließt nicht aus, daß die Subjektivität hier wie gelegentlich auch sonst sich täuscht über das, was tatsächlich vorgeht. Eine Entscheidung dieser Frage läßt sich nicht durch psychologische Beschreibung erreichen, da das Problem gerade darin besteht, ob die so beschriebene seelische Intention nicht ihrerseits auf einer Täuschung beruht. Die Entscheidung dieser Frage hängt zumindest teilweise von der Auffassung der anthropologischen Grundstrukturen des menschlichen Verhaltens ab, die in den psychologisch zu beobachtenden Verhaltensweisen zwar in Erscheinung treten, aber auch durch sie verdeckt werden können. Auf dieser Ebene hat denn auch Feuerbach argumentiert. Seine These besagt, daß die fundamentale Struktur menschlichen Verhaltens die religiöse Illusion erzeuge. Solcher Argumentation läßt sich nicht durch psychologische Beobachtungen, sondern nur auf derselben Ebene, auf der Ebene anthropologischer Strukturaussagen begegnen. Im Grunde war Troeltschs frühe Skizze einer Religionspsychologie auch darauf zugeschnitten. Ihrer ganzen Anlage nach ist sie eher Geistesphilosophie, mehr metaphysische als empirisch beschreibende Psychologie. Aber Troeltsch vermengte noch beides. Erst einige Jahre später trennte er die anthropologische Frage nach der Struktur des menschlichen Geistes von der Psychologie, die nun auf Beobachtung und Phänomenanalyse beschränkt wurde[42].

Wir brauchen hier nicht näher auf die Probleme einzugehen, die dadurch aufgeworfen wurden, daß die nun von psychologischer Ana-

---

geht" (10, Hervorhebungen von Otto). Und diese Priorität „eines *objektiv* gegebenen Numinosen" (11) in der religiösen Erfahrung äußert sich fundamental im „Gefühl einer ‚schlechthinnigen Überlegenheit (auch Unnahbarkeit)' seiner", das im Abhängigkeitsgefühl schon vorausgesetzt ist (ebd) und dem das Numinose eben als *mysterium tremendum* gegeben ist.

41 ZThK 5, 1895, 407 bemerkt Troeltsch mit Recht, daß die von Karl Chr. Holsten (1886) betonte Priorität der Furcht vor den Wunschgefühlen in der religiösen Erfahrung zwar die reine Wunschtheorie, aber „noch nicht ohne weiteres" auch den Illusionismus widerlege. Im „Wesen der Religion" habe Feuerbach der Furcht vor den Naturgewalten als Wurzel der Religion durchaus Rechnung getragen. Nur meinte er, daß im Laufe der Entwicklung „die erstarkte Sehnsucht die Schreckensgötter in freundliche Erfüller menschlicher Wünsche verwandelt habe" (408).

42 In der Schrift „Psychologie und Erkenntnistheorie in der Religionswissenschaft" 1905 schreibt Troeltsch ausdrücklich, daß die Psychologie nicht zuständig sei für die Frage nach dem Wahrheitsgehalt der Religion (17 f.).

lyse unterschiedene Frage nach der fundamentalen anthropologischen Struktur des religiösen Verhaltens zunächst in der unglücklichen Form von Theorien eines „religiösen Apriori"[43] auftrat. Um dem sachlichen Interesse dieser Theorien gerecht zu werden, muß man sehen, daß sie nicht lediglich eine Huldigung an den neukantischen Zeitgeist bedeuteten, sondern in diesem Gewande den Versuch unternahmen, das religiöse Leben als ein notwendiges Element in der Struktur des menschlichen Daseins nachzuweisen, so daß die religiösen Phänomene nicht länger als Produkt einer Selbsttäuschung des Menschen, der versehentlich sein eigenes für ein fremdes Wesen nimmt, abgetan werden können. So verstanden und aus ihrer kantianischen Terminologie befreit, sind jene Bemühungen auch für die gegenwärtige anthropologische Diskussion noch aktuell[44].

Indessen hat auch das anthropologische Argument, wo es um die in religiösen Erfahrungen wahrgenommene Wirklichkeit und so um die Wahrheit religiöser Behauptungen geht, seine Schranken. Zwar kann nur im Rahmen anthropologischer Diskussion über eine Hypothese wie die Feuerbachs entschieden werden, derzufolge es – jeden-

---

[43] Diese zuerst von E. Troeltsch 1905 (vgl. vorige Anm.) entwickelte Theorie wurde von R. Otto und – teilweise kritisch gegen beide – zuletzt von A. Nygren (Die Gültigkeit der religiösen Erfahrung, 1922) weitergebildet. Zur weiteren Entwicklung der Gedanken Nygrens siehe B. S. Erling, Nature and History. A Study in Theological Methodology, Lund 1960. – Unglücklich ist am Begriff des religiösen Apriori weniger die vermeintliche, seinerzeit vieldiskutierte Aporie, wie man von einer rationalen Transzendentalstruktur der doch irrationalen religiösen Erfahrung sprechen könne. Alle Erfahrung schließt vor- oder nichtrationale Elemente ein, und ihre durchgängige Rationalisierung geschieht gewöhnlich erst durch Reflexion. Aber unglücklich ist der Gedanke einer apriorischen Struktur der religiösen Erfahrung, weil er den Charakter solcher Erfahrung als Kundgabe göttlicher Wirklichkeit an den Menschen verfehlen muß. Wenn religiöse Erfahrung in einem apriorischen Vermögen des menschlichen Geistes begründet wäre, so wäre sie dessen Schöpfung. Der menschliche Geist würde Gott seine Gesetze vorschreiben, so wie es der Verstand nach Kant mit der Natur tut. Religiöse Erfahrung versteht sich jedoch im Gegenteil als Hinnahme göttlichen Erscheinens, über das der Mensch nicht verfügt, das daher nicht nur in seinem Daß, sondern auch in seinem Inhalt und in seiner Form Erweis göttlicher Huld ist. Wie dies zusammenbestehen kann mit der seit Kant herrschenden Einsicht in die durchgängige Spontaneität aller Akte unserer Subjektivität, mag ein ernstes Problem bilden. Es ist jedenfalls nicht durch analogisierende Anwendung des kantianischen Apriorismus auf das Heilige zu lösen, als ob dieses ein Erfahrungsbereich nach Art der Welterkenntnis wäre. An dieser Stelle war der Protest der dialektischen Theologie (K. Barth, Die christliche Dogmatik im Entwurf, 1927, 52 f.) einmal berechtigt.

[44] Siehe dazu und zum Folgenden den Artikel „Die Frage nach Gott", hier 361–86.

Erwägungen zu einer Theologie der Religionsgeschichte

falls unter bestimmten gesellschaftlichen Bedingungen (wenn man der marxistischen Weiterbildung folgt) – zur Struktur des menschlichen Daseins gehört, illusionäre Objektivationen zu produzieren, die den religiösen Phänomenen, wie die Religionskunde sie zusammenstellt, entsprechen. Könnte diese oder eine ähnliche Hypothese, wie die Freuds, sich anthropologisch gegen alle Kritik behaupten, so fiele für den neuzeitlichen Menschen, dem göttliche Mächte nicht mehr als unmittelbar in der Natur vorfindlich gelten können, die Glaubwürdigkeit aller derartigen Behauptungen – auch wenn sie sich als „nichtreligiös" deklarieren – dahin. Für die atheistische Religionskritik ist daher das anthropologische Argument entscheidend. Nicht so einfach ist die Situation für die Gegenseite, für die religiöse – oder auch „nichtreligiöse" – Behauptung göttlicher Wirklichkeit. Zwar ist auch hier die anthropologische Thematik unerläßlich. Im Ernste von Gott oder göttlichen Mächten oder auch nur von einer Dimension des Heiligen zu sprechen, kann allein unter der Bedingung als intellektuell redlich gelten, daß Hypothesen à la Feuerbach anthropologisch nicht das letzte Wort behalten. Darüberhinaus können derartige Behauptungen nur dann allgemeine Relevanz beanspruchen, wenn sie sich auch positiv als glaubwürdig dartun lassen[45]. Glaubwürdigkeit können religiöse wie sonstige Behauptungen aber nur gewinnen durch einen positiven Bezug zur sonstigen Wirklichkeitserfahrung. Nun führt für den modernen, in seinem Verhältnis zur Natur durch die neuzeitliche Naturwissenschaft bestimmten Menschen kein direkter Weg mehr von den Fakten der Natur zum Gedanken Gottes. Mag auch der Bezug zur Welt für religiöse Behauptungen unumgänglich sein, sogar für ihre Glaubwürdigkeit, so kann die Welt doch nicht den Ausgangspunkt für deren Begründung bilden. Ein solcher ist allenfalls in der Anthropologie gegeben, wenn sich zeigen läßt, daß der Gedanke Gottes oder – unpersönlich – eines das eigene und alles endliche Dasein übersteigenden, geheimnisvollen Grundes alles Wirklichen in der über alles Endliche ausgreifenden Bewegung des menschlichen Daseins so impliziert ist, daß der Mensch sich angewiesen findet auf dieses sein eigenes Dasein übersteigende Geheimnis, so daß er nur von ihm begründeterweise die Erfüllung seines Daseins erhoffen kann[46]. Doch

---

45 Wie Augustinus schrieb: Nullus quippe credit aliquid, nisi prius cogitaverit esse credendum (De praed. sanct. 2, 5).

46 Siehe dazu die anthropologisch begründete Religionsphilosophie Max Schelers, die den Bezug des Menschen zu Gott in ihrer mittleren Phase personalistisch, später

solange es sich dabei nur um Aussagen über die Struktur des menschlichen Daseins handelt, bleibt die Frage nach der in sich bestehenden Wirklichkeit Gottes oder göttlicher Mächte immer noch offen.

Der entscheidende Schritt geschieht darum erst mit der Erwägung, daß die Abstraktion anthropologischer Strukturaussagen aufgehoben werden kann: Wenn es wirklich zur Struktur seines Daseins gehört, ein seine Endlichkeit übersteigendes Geheimnis der Wirklichkeit vorauszusetzen und sich auf dieses als Erfüllung seines eigenen Seins zu beziehen, dann lebt der Mensch faktisch immer schon im Umgang mit dieser Wirklichkeit[47]. Und zwar geht er mit ihr um

---

unpersönlich gedacht hat, und ihr Weiterwirken in der katholischen Religionsphilosophie. Noch der späte Scheler sprach von einer unzerreißbaren Struktureinheit von Welt-, Selbst- und Gottesbewußtsein: „... genau in demselben Augenblicke, da das weltoffene Verhalten und die nie ruhende Sucht entstand, grenzenlos in die entdeckte Weltsphäre vorzudringen und sich bei keiner Gegebenheit zu beruhigen ..., in eben demselben Augenblicke mußte der Mensch auch sein Zentrum irgendwie außerhalb und jenseits der Welt verankern" (Die Stellung des Menschen im Kosmos (1928), 2. Aufl. 1947, 82). Die Fortwirkung Schelers in der katholischen Religionsphilosophie hat H. Fries, Die katholische Religionsphilosophie der Gegenwart, 1949, dargestellt. Neben Rosenmöller und Wust ragt hier besonders die religionsphilosophische Arbeit Karl Rahners hervor. In seiner religionsphilosophischen Grundlegung „Hörer des Wortes", 1941, legte Rahner vom Phänomen des Vorgriffs eines jeden Urteils auf allgemeine Wahrheit (75 ff.) her dar, daß „der endliche Geist kraft seiner Transzendenz sich im Verweis auf den Absoluten gegründet erfährt" (2. Aufl. 1963, 111) und diesem absoluten Sein als einer Person gegenüberstehe (112). Später hat Rahner zurückhaltender von dem in der „Transzendenz des endlichen Geistes auf das absolute Sein" anwesenden heiligen Geheimnis gesprochen (so Schriften zur Theologie IV, 1961, 68 ff.). In spezifischer Weise, nämlich bezogen auf das Phänomen der Sprache als Medium der Wirklichkeitserfahrung, hat auch G. Ebeling jüngst das Wort Gott auf „das Geheimnis der Wirklichkeit" bezogen (Gott und Wort, 1966, 61).

47   Das wäre näher zu erläutern dadurch, daß der Mensch als exzentrisches Wesen immer schon ein Verhältnis zu sich selbst hat, zur Ganzheit seines (seine Welt einschließenden) Daseins und damit auch zu dem das Dasein als (unvorhandenes, aber antizipiertes) Ganzes konstituierenden Grunde. Das macht erst verständlich, daß der Mensch das in der Struktur seines Daseins vorausgesetzte göttliche Geheimnis nicht nur bewußtlos voraussetzt, sondern sich mit ihm konfrontiert findet und immer schon im Umgang mit ihm lebt. – Der Begriff des *Umgangs* geht über Rahners Ausführungen in „Hörer des Wortes" hinaus, daß der Mensch „schon immer der Horcher auf eine mögliche Offenbarung Gottes" sei (115, vgl. 112, 184, 185 ff.), mit einer solchen rechnen müsse (116). Weil Rahner seine anthropologischen Strukturanalysen hier nur auf das Ereignis der einen, in ihrer wahren Gestalt christlichen Offenbarung hin entwirft, die nicht im Zusammenhang eines geschichtlichen Prozesses gedacht wird, sondern „punktförmig auf die menschliche Geschichte in ihrer raumzeitlichen Erstreckung auftreffen" soll (194), wird die Geschichte des tatsächlichen Umgangs der Menschen mit jenem Geheimnis, sofern sie sich immer schon in irgendeiner Form als von ihm

nicht wie mit einem Gegenstand seines Verhaltens *neben* anderen, sondern in aller Erfahrung endlicher Wirklichkeit greift er zugleich in irgendeiner Form über deren Endlichkeit hinaus und ist so des unendlichen Geheimnisses gewärtig, das in ihr anwest. Und gesetzt, daß es dem Menschen in seiner Angewiesenheit auf jenes Geheimnis wesentlich um die Ganzheit seines eigenen Daseins und darum um allgemeine Wahrheit, die alle Menschen verbindet, sowie um die Einheit der Welt und um die Übereinstimmung seines Daseins mit ihr geht, so wird jenes Geheimnis ihm besonders entgegentreten in Ereignissen, die einen weiteren Umkreis seiner Daseinserfahrung erhellen, und zwar wird es ihm begegnen als Macht über zumindest einen *Aspekt* seines Daseins und seiner Welt im ganzen.

In solchem tatsächlichem *Umgang* der Menschen mit dem Geheimnis des Seins, auf das die Struktur ihres Daseins sie verweist, muß sich dessen *Wirklichkeit* erweisen. In diesem Sinne kann die Wirklichkeit Gottes oder göttlicher Mächte sich nur durch ihr *Widerfahrnis* erweisen, indem sie sich nämlich als machtvoll erweist im Horizont der jeweiligen Daseinserfahrung. Das ist das Wahrheitsmoment der Position, die die Wahrheit religiöser Erlebnisse auf deren Selbstevidenz gründen möchte. Aber das religiöse Erlebnis hat solche Selbstevidenz nicht als vereinzeltes Ereignis, sondern durch seinen Bezug auf das Ganze der jeweiligen Daseinserfahrung. Weil sie als Mächte über das ganze Dasein der Menschen mit Einschluß ihrer Welt erfahren wur-

---

her konstituiert erfahren haben (wenn anders das die Struktur menschlichen Daseins ist), übergangen, und dadurch behält die als punktförmig anvisierte Offenbarung den Anschein eines supranaturalen Ausnahmeereignisses ohne Kontinuität mit dem Prozeß sonstiger Geschichte. Rahner hat später (bes. in Schriften zur Theologie V, 1964, 115–58, 183 ff.) die Christusoffenbarung deutlicher in einen Prozeß der Menschheitsgeschichte als Heilsgeschichte einbezogen. Er hat sogar den nichtchristlichen Religionen eine der christlichen Offenbarung analoge Bedeutung als Heilsvermittlung für den vorchristlichen Menschen zugeschrieben (V, 151 ff.). Dennoch fehlt die Reflexion auf die *Vermittlungsfunktion* der Menschheitsgeschichte und insbesondere der Religionsgeschichte für die Christusoffenbarung selbst. Damit dürfte zusammenhängen, daß die Heilsgeschichte im engeren („amtlichen") Sinne erst durch eine hinzutretende, besonders geoffenbarte göttliche Deutung konstituiert wird (V, 125 f.) und so ein diastatisches Moment im Verhältnis von Heilsgeschichte und Weltgeschichte bestehen bleibt. Ist die Geschichte der Menschen außerhalb jener amtlichen Deutung überhaupt anders denn als Ausdruck der transzendentalen Disposition des Menschen für Gott gesehen? Ist sie als ein Prozeß des Umgangs mit diesem Gott im Blick, in welchem dann auch Verkehrung seines Erscheinens stattfindet und das Scheitern solcher Verkehrung?

den, darum konnten die Götter der Religionen dem Menschen gegenübertreten als von ihm selbst verschiedene Wirklichkeiten.

Was bedeutet es, daß Götter oder Gott ihre Wirklichkeit erweisen durch das Widerfahrnis ihrer Macht über das Dasein der Menschen in der Welt? Diese Feststellung hat einen durchaus unmythologischen Sinn. Wo der von früheren Generationen überlieferte oder aus eigener früherer Erfahrung erinnerte oder auch noch nie so gedachte Gott – oder auch das unpersönliche, verborgene Geheimnis des Daseins – plötzlich relevant wird für die Erfahrung der Daseinswirklichkeit in konkreter Situation, da ereignet sich ein Widerfahrnis *der* Wirklichkeit, auf die die religiöse Sprache und implizit alles menschliche Verhalten sich beziehen im transzendierenden Vorgriff über sich selbst und alles Endliche hinaus – christlich gesprochen, ein Handeln Gottes.

Wenn nun die Frage nach der Wirklichkeit, die im Vorgriff des Menschen auf Wahrheit über alle Endlichkeit hinaus vorausgesetzt und von religiösen Erfahrungen bezeugt ist, sich nur durch das Ereignis ihres machtvollen Widerfahrnisses beantworten läßt, dann wird die Frage nach der Wahrheit religiöser Behauptungen der Wirklichkeit göttlicher Mächte in überraschender Weise an die Religionsgeschichte verwiesen. Widerfahrnisse göttlicher Wirklichkeit sind geschichtliche Ereignisse, zunächst im Hinblick auf den Akt ihres Widerfahrens. Als machtvolle Ereignisse erhellen sie – oder die in ihnen erfahrene Macht – die Daseinserfahrung der Menschen, denen solche Widerfahrnisse begegnen. Weil nun die Daseinserfahrung der Menschen – ihr Bild von der Natur und ihre geschichtliche Welt – fortgesetzter Veränderung unterliegt, so behält auch das einmal erlebte Widerfahrnis göttlicher Wirklichkeit nicht automatisch seine Macht über die Menschen. Es verblaßt – wobei mit seinem Versinken in der Vergangenheit auch seine Göttlichkeit zweifelhaft werden kann – oder es findet eine Fortsetzung in neuen Widerfahrnissen. Auch in diesem Sinne ist das einzelne Widerfahrnis göttlicher Wirklichkeit geschichtlich. Es wird als einzelnes zum Glied einer Reihe anderer solcher Widerfahrnisse. In der Abfolge solcher Ereignisse steht mit der Eigenart auch die Wirklichkeit des göttlichen Geheimnisses, auf das der Mensch in der transzendierenden Bewegung seines Daseins verwiesen ist, immer wieder auf dem Spiele. Insofern läßt sich die Frage nach dem *Dasein* eines Gottes von der nach seiner machtvollen *Erscheinung* und nach seiner *Offenbarung* – als seiner endgültigen Erscheinung – nicht trennen.

Die Geschichtlichkeit des Erscheinens der göttlichen Wirklichkeit, die ihre früheren Erscheinungen keineswegs immer bestätigt, sondern oft dementiert, läßt sich aus ihrer Unendlichkeit und in Korrespondenz zur Geschichtlichkeit des menschlichen Daseins verstehen[48]. Der göttlichen Unendlichkeit, die der Mensch in seiner Transzendenz über die Welt (als Inbegriff des Endlichen) voraussetzt, entspricht ein unabschließbarer Weg der religiösen Erkenntnis[49], weil jeder einzelne ihrer Schritte sich wieder als endlich erweist, wie immer auch die allgemeine Wahrheit, die den endlichen Erscheinungen gegenübergestellt wird, formuliert sein mag. Und doch *erscheint* jenes unendliche Geheimnis auf den Stufen dieses Weges. Jede neue Stufe, solange ihre Schranke noch verhüllt ist, erhebt sich als Erscheinung des allumfassenden, unendlichen Geheimnisses. Darum ist die Zeit die Bedingung und das Maß der Erscheinung des Unendlichen im Endlichen, weil der Unterschied der Zukunft von der Gegenwart die Schranke des Gegenwärtigen verhüllt und diese im vollen Schein des Unendlichen erstrahlen läßt, solange ihre Zeit währt. Die in der jeweiligen Erfahrung der Wirklichkeit im Hinblick auf ihre Ganzheit – als Welt – begegnende Macht, die als die einende Einheit jenes Ganzen in Erscheinung tritt, ist die Wirklichkeit, mit der es die Religionen zu tun haben und die – wenn sie sich personhaft manifestiert – allein „Gott" heißen darf[50]. Aber wie die Welt und das Leben des Menschen in ihrer Zeitlichkeit noch unabgeschlossen sind, so erscheint das Ganze der endlichen Wirklichkeit in jedem Zeitpunkt – vorlaufend

---

48 Auch dieser Zusammenhang ist von K. Rahner gesehen worden, indem er die Geschichte des Menschen, die mit seiner Transzendenz auf das absolute Sein hin gegeben ist, als den „Ort" einer möglichen Offenbarung kennzeichnet (Hörer des Wortes, 143). „Der Mensch ist ein geschichtliches Wesen. Und dies in und wegen seiner transzendenten, auf Gott und so auf eine mögliche Offenbarung ausgerichteten Offenheit für Sein überhaupt" (198). Zu vermissen ist wiederum nur der prozessuale Charakter dieser Geschichte, als einer Abfolge von Erscheinungen jenes Seins, für das der Mensch offen ist. Kein Wesen kann in einer leeren Offenheit beharren, sondern lebt von der Erscheinung dessen, wofür es offen ist.

49 Das hat schon Gregor von Nyssa als Konsequenz der Unendlichkeit Gottes erkannt. Vgl. E. Mühlenberg, Die Unendlichkeit Gottes bei Gregor von Nyssa, 1966, 152 ff., 158 ff.

50 So heißt es in Luthers Großem Katechismus, in der Erläuterung zum 1. Artikel: „Außer diesem einigen halte ich nichts für Gott, denn (!) sonst keiner ist, der Himmel und Erde schaffen künnde."

– anders. Und so erscheint die einende Einheit dieses Ganzen anders. Wäre es nicht so, dann wäre Gott nicht unendlich, d. h. er wäre nicht Gott, und die Verwiesenheit des Menschen auf ihn wäre nicht unendliche Angewiesenheit, in der seine Bestimmung ihm immer wieder zur offenen Frage werden kann, die darum auch den Raum seiner möglichen Freiheit offenhält. Nur in der Weise einer Geschichte kann die Bestimmung des Menschen zur Gemeinschaft mit dem unendlichen Gott Gestalt werden.

Der Weg dieser Geschichte ist nicht nur durch Mangel gekennzeichnet, durch das Ausstehen des Zieles, sondern das Ziel, das göttliche Geheimnis und die Bestimmung des Menschen zu einem Leben in der Gegenwart Gottes kommt in den Stadien des Weges zur Erscheinung, obzwar nur in vorläufiger Gestalt. Er ist nicht vollendet, das Ziel scheint oft ganz unerreichbar fern, und doch kennt die Geschichte vorläufige Verwirklichungen. Das ist charakteristisch für die Verheißungsgeschichte Israels mit ihren vorläufigen Erfüllungen, die zum Unterpfand einer größeren Hoffnung wurden. Aber die Gegenwart des göttlichen Geheimnisses in vorläufigen Erfüllungen wird in jedem menschlichen Leben erfahren. Sie charakterisiert auch die Religionsgeschichte, allerdings in anderer Weise als die Verheißungsgeschichte Israels, weil im Unterschied zu den Verheißungen Israels die Mythen der Religionen nicht in sich als vorläufig, als Durchgangsstufen zu einer größeren Zukunft bestimmt sind, sondern dem Urzeitlichen zugewandt und so gegen die Zukunft ihrer eigenen Verwandlung verschlossen sind[51].

Mit dieser temporalen Verschlossenheit hängt die Fixierung des göttlichen Geheimnisses auf ein bestimmtes endliches Medium seines

---

51 Allerdings ist auch im Verheißungsglauben Israels die Offenheit für die Zukunft Gottes noch eingeschränkt. Verheißung impliziert zwar strukturell ihre eigene Vorläufigkeit gegenüber der angekündigten Zukunft, aber die Vorläufigkeit auch der Form und des Inhaltes der Verheißungen gegenüber der Zukunft, auf die sie vorausweisen, scheint den Israeliten keineswegs immer bewußt gewesen zu sein. Offensichtlich wurden die Verheißungen weithin als Maß der Zukunft genommen, statt als Hinweise auf sie. So wandten die großen Propheten sich gegen die Sicherheit, mit der ihre Zeitgenossen angesichts der Zion- und Davidverheißungen in die Zukunft blickten. Doch gerade der auch von der Prophetie weithin geteilte Wortglaube, der die angekündigte Zukunft durch das Verheißungswort selbst *bewirkt* glaubt, stand der Erkenntnis im Wege, daß die Verheißung nur vorläufiger Hinweis auf die angekündigte Zukunft war. Dennoch hat das Verheißungswort – und mit ihm das Drohwort – die Erfahrung der Differenz zwischen Gegenwart und Zukunft, damit auch die Erfahrung der Vorläufigkeit des Gegenwärtigen und so seiner Geschichtlichkeit eröffnet.

Erwägungen zu einer Theologie der Religionsgeschichte

Erscheinens zusammen. Aus dem in Berg, Sonne, Wind und weiser Regierung anwesenden göttlichen Geheimnis wird der Berggott, der Sonnen- oder Windgott, der Königsgott oder Gott der Weisheit. Mit der Verendlichung des göttlichen Geheimnisses tritt die Aufsplitterung der göttlichen Macht in viele Mächte ein, wenn auch das Bewußtsein selten ganz verloren geht, daß es in jeder dieser Mächte um das eine, alles bestimmende göttliche Geheimnis geht, oder jedenfalls um einen seiner Aspekte. Nur dadurch wird verständlich, daß jede solche Göttergestalt die Tendenz hat, andere Erscheinungsformen an sich zu ziehen und so möglichst universal und vielseitig zu werden. Doch diese Tendenz ist wieder beschränkt durch die nur begrenzte Repräsentationsfähigkeit jedes endlichen Mediums für das eine göttliche Geheimnis. Dessen doppelte Verendlichung, durch Fixierung an ein endliches Medium und durch die Spaltung in eine Vielzahl von göttlichen Mächten[52], bildet die Voraussetzung für die Scheidung des Profanen von dem auf besondere Zeiten und Orte eingegrenzten Sakralen. Dadurch wird erst das Bemühen um Sicherung des Profanen mit Hilfe der sakralen Macht freigesetzt, jenes von der dialektischen Theologie so einseitig zum Kennzeichen der Religion erklärte Verfügen über die göttliche Macht, das den Intentionen des Kultus, dieser Macht zu dienen, ganz zuwiderläuft und doch das kultische Verhalten durchdringt wegen der dialektischen Natur der Hingabe, die zugleich Selbstbehauptung ist.

Es zeigte sich, daß die Verendlichung der göttlichen Macht und das dadurch ermöglichte Verfügen über sie – das nur in magischen Praktiken ausdrücklich intendiert wird – durch die temporale Verschlossenheit der Religionen gegen die Zukunft ihrer eigenen Verwandlung bedingt ist, die sich darin äußert, daß der Mythos die Epiphanie des göttlichen Geheimnisses als Erscheinung des urzeitlich Vollendeten denkt. Durch die kultische Beschwörung der Urzeit, von der die Mythen berichten, sichern sich die Menschen gegen die dunkle

---

52 Die Verendlichung erfolgt nicht primär durch das Götterbild, das vielmehr die in den primären Manifestationen der göttlichen Macht verborgene Eigengestalt derselben sichtbar machen will. Götterbilder zeigen ein Bewußtsein davon an, daß die göttliche Macht in ihrem normalen Erscheinungsmedium nicht als sie selbst offenbar ist, also in ihm nicht aufgeht. Das läuft der Verendlichung der göttlichen Macht durch Fixierung auf ein bestimmtes Erscheinungsmedium geradezu entgegen. Erst wenn das gesehen wird, ist es berechtigt darauf hinzuweisen, daß das Kultbild eine neue Verendlichung, nun auch der verborgenen Eigengestalt des Gottes, bedeutet.

Macht der Zukunft, wie Eliade gezeigt hat[53]. Dabei ist der Mythos die Urgestalt dessen, was heute als Tradition – als gründende Tradition – beschworen wird, und noch heutige Traditionen neigen dazu, sich mit den mythischen Zügen des Urbildlichen auszustatten. Doch wer vom Urbildlichen her lebt und für die Gegenwart nur ihre optimale Teilhabe an der urbildlichen Wirklichkeit erstrebt, lebt ungeschichtlich, und insofern verschlossen sich die archaischen Völker der geschichtlichen Zukunft. Aber faktisch und gegen ihr eigenes Wollen stehen alle Religionen in einem Geschichtsprozeß, der die angeblich urzeitlichen Gehalte ihrer Mythen nicht als urbildlich bestehen läßt, sondern verwandelt und sie so in ihrer Vorläufigkeit enthüllt[54]. Die Religionsgeschichte, so wie sie dem Historiker nachträglich sichtbar wird, vollzieht bereits die Kritik der Religionen, weil sie zeigt, wie das am Urbildlichen hängende Bewußtsein durch sein tatsächliches Verhalten sich selbst widerlegt. In der Iteration immer erneuter kritischer Revision jeder ihrer Stufen ist die Religionsgeschichte der unendliche Weg, auf dem die unendliche Bestimmung des Menschen für den unendlichen Gott der ihr gemäßen Verwirklichung entgegengeht, in dem sie sogar zur Erscheinung kommt – entgegen dem Selbstbewußtsein der Religionen. Dieser Satz läßt sich freilich nur halten unter der Voraussetzung der Wirklichkeit des unendlichen Gottes. Wenn jedes Reden von Gott, nicht nur in anthropomorphisierender Verendlichung, sondern auch im Sinne des unendlichen göttlichen Geheimnisses verfehlt wäre, dann wäre es auch sinnlos, die Religionsgeschichte als das Zur-Erscheinung-Kommen der Bestimmung des Menschen für diesen Gott zu denken. Das zu tun, setzt daher die Erscheinung – und zwar die *definitive* Erscheinung, das ist die Offenbarung – der göttlichen Wirklichkeit als unendlicher voraus. Es mag scheinen, daß der bloße Gedanke einer definitiven Erscheinung Gottes in der Endlichkeit bereits in hoffnungslosen Widerspruch mit der vorhin betonten Geschichtlichkeit auch der religiösen Erfahrung und ihrer Unabschließbarkeit verstrickt wäre. Aber in Wahrheit ist gerade die Erschei-

---

53 M. Eliade, Der Mythos der ewigen Wiederkehr, 1953, bes. 125 ff., 137 ff.
54 Solche Enthüllung findet allerdings erst für den Blick des Historikers statt, weil Kultgemeinschaften in der Regel, solange sie an ihren Göttern und Mythen festhalten, jede Verwandlung verdrängen und die neuerworbenen Züge einer Gottheit in die Urzeit des Mythos zurückprojizieren. So wurden sogar in Israel später ausgebildete Rechtsüberzeugungen zurückprojiziert in die Situation der Offenbarung des Gottesrechtes am Sinai.

nung der göttlichen Wirklichkeit *als* unendliche – wenn sie in der Endlichkeit stattfinden kann – die einzige, die definitiven Charakter hätte, weil sie die Offenheit der Zukunft, die Unabschließbarkeit der Geschichte der Menschheit *auch sogar hinsichtlich ihrer Gotteserkenntnis* nicht verstellen, sondern vielmehr *eröffnen* würde.

Ich kehre hier noch einmal zur Frage des Wirklichkeitsbezuges religiöser Erfahrungen zurück. Es hat sich ergeben, daß diese Frage nicht durch bloße psychologische Untersuchung entschieden werden kann. Sie ist auch noch nicht von der formalen Struktur des menschlichen Daseins her entscheidbar, sondern erst im *Umgang* der Menschen mit dem sie übersteigenden Geheimnis, das in der Struktur ihres Daseins immer schon vorausgesetzt ist und das im Lebensvollzug erweisen wird, ob es trägt oder nicht, machtvoll oder ohnmächtig, Wirklichkeit oder Nichts ist. Die Wirklichkeit der Götter – und Gottes – steht selbst auf dem Spiel im Prozeß der Religionsgeschichte, in welchem Götter stürzen und neu entstehen. Eine Deutung religiöser Erfahrungen und Vorstellungen wird ihnen daher nur unter der Bedingung gerecht werden können, daß sie das religiöse Leben einerseits nicht als bloßes Epiphänomen profaner – psychischer oder sozialer – Vorgänge deutet und andererseits nicht als Äußerung einer unabhängig von der Geschichte ihres Erscheinens vorhandenen Gottheit. Das religiöse Geschehen bewegt sich zwischen diesen Alternativen, weil die Wirklichkeit der Götter selbst gefährdet oder gar strittig ist in der Geschichte der Religionen. Als Argumente in diesem Streit sind die einzelnen religiösen Erscheinungen zu verstehen, als Argumente – mehr oder minder kraftvoll – für die Wirklichkeit und Macht des göttlichen Geheimnisses. Das gilt nun nicht nur für das einzelne religiöse Widerfahrnis[55], sondern auch für die religiösen Wandlungen. Auch die Wandlungen der religiösen Vorstellungen, Riten und Institutionen im Verlauf ihrer Geschichte – etwa die Wandlungen einer Göttergestalt oder eines Kults – dürfen nicht lediglich als Funktion politischer oder sozialer Umwälzungen gesehen werden. Gerade die Wandlungen der religiösen Phänomene werden nur verständlich als Ausdruck des im Dasein der Menschen – in welcher Gestalt auch immer – vorausgesetzten göttlichen Geheimnisses *in seiner Strittigkeit*.

---

55 Dieser Ausdruck ist stets im Sinne der Präsenz des umgreifenden Geheimnisses des Daseins in einer besonderen Begebenheit oder auch in einer dauerhaften Gegebenheit zu verstehen, nicht etwa auf eine besondere, gewöhnlichen Sterblichen nicht mitteilbare Gabe zum Gespensterseehen zu beziehen.

Natürlich spielen dabei auch politische oder soziale Veränderungen eine große Rolle, da es ja im religiösen Leben um das Verständnis der Wirklichkeit im Ganzen und hinsichtlich der Ermöglichung ihrer Ganzheit geht. Und für das Ganze menschlicher Daseinserfahrung sind politische und soziale Verhältnisse und Veränderungen natürlich von erheblicher Bedeutung[56]. Aber sie sind nicht ohne weiteres selbst jenes Ganze. Sie mögen *Anlaß* zu religiösen Wandlungen geben, – den sie übrigens als bloße profane Sachverhalte nie geben könnten. Politische und soziale Veränderungen dürften aber kaum jemals automatisch religiöse Veränderungen bewirken, sondern bedeuten eine Herausforderung, deren Bewältigung oder Nichtbewältigung Sache der inneren Kraft, des Inhaltsreichtums und der Anpassungsfähigkeit der jeweiligen religiösen Überlieferung selbst bleibt.

Aus solchen Erwägungen ergibt sich, daß die Religionsgeschichte nicht zureichend verstanden ist, wo sie nur als Geschichte der Vorstellungen und des Verhaltens bestimmter Menschen und Gruppen gilt, die ihrerseits durch rein profane Kategorien beschrieben werden. Sachgemäßer ist die Religionsgeschichte als Geschichte des Erscheinens des in der Struktur des menschlichen Daseins vorausgesetzten göttlichen Geheimnisses zu verstehen, dessen Wirklichkeit und Eigenart aber im Prozeß dieser Geschichte selbst auf dem Spiele stehen.

Es ist deutlich, daß diese Betrachtungsweise keine dogmatische Behauptung der Wirklichkeit Gottes erfordert. Handelt es sich trotzdem um eine *Theologie* der Religionsgeschichte? Sicherlich nicht im Sinne der Herleitung irgendwelcher Sätze über die Religionsgeschichte von einem diskussionslos vorausgesetzten Glaubensstandpunkt. Aber Theologie der Religionsgeschichte ist insofern ein angemessener Ausdruck für die hier nur vorbereitete Betrachtungsweise, als die Wirklichkeit Gottes (oder der Götter) für sie gerade der Gegenstand ihrer Beschäftigung mit der Religionsgeschichte ist.

Darüberhinaus läßt sich die christliche Perspektive einer solchen Theologie der Religionsgeschichte nicht verleugnen. Das besagt wie-

---

56 Insofern bilden Gesellschaft und Staat keine im üblichen Sinne profanen Daseinssphären, als ob sie gar nichts zu tun hätten mit der religiösen Thematik. Damit soll nicht einer angeblich theokratischen „Heiligung" dieser Lebensbereiche das Wort geredet sein. Es ließe sich zeigen, daß es zur Offenbarung des unendlichen Gottes durch Jesus Christus gehört, daß der Gegensatz von Heilig und Profan selbst negiert wird, da gerade die Heiligung der Welt für diesen Gott nur durch ihre – recht zu verstehende – Entlassung in ihre Säkularität geschehen kann.

Erwägungen zu einer Theologie der Religionsgeschichte

derum nicht, daß eine solche Betrachtungsweise es nötig hätte, mit einem Glaubensstandpunkt zu argumentieren, statt sich auf die jeweiligen religionsgeschichtlichen Phänomene zu berufen. Wohl aber kommt der Einfall, die Religionsgeschichte als Erscheinungsgeschichte des göttlichen Geheimnisses zu verstehen, nicht von ungefähr. Wenn diese Perspektive der Sachlogik der religionsgeschichtlichen Phänomene, wie ich hoffe, näher kommt als andere, so *ergibt* sie sich doch nicht aus ihnen, sondern erst die Perspektive läßt die Phänomene entdecken. Und auf ihren eigenen *Begriff* bringen[57] läßt sie sich wohl kaum ohne Bezugnahme auf den Gott der Bibel und seine eschatologische Offenbarung in Jesus Christus. Denn, wenn die religiösen Wandlungsvorgänge selbst als göttliche Erscheinungsgeschichte gedacht werden sollen, dann bedarf es ja eines Gottesverständnisses, das jenseits der Gedankenkreise fast aller der in ihren Wandlungen untersuchten Religionen liegt, sofern diese gerade für den Vorgang ihrer eigenen Verwandlung verschlossen sind. Wenn es einer Religion, die sich auf Urbildliches, Urzeitliches richtet, unmöglich ist, die Wandlungen ihrer Inhalte anzuerkennen, dann erfordert das Verstehen solcher Wandlungen offenbar einen Blickpunkt, der jenseits dieses Bannkreises liegt.

Im Unterschied zu andern Völkern und ihren Religionen hat nun Israel im Lichte seiner besonderen Gotteserfahrung die Daseinswirklichkeit als Geschichte auf ein noch nicht erschienenes Ziel hin verstehen gelernt. Die radikale Umorientierung, die in dieser Erkenntnis liegt, ist selbst erst durch einen schmerzhaften Prozeß geschichtlicher Erfahrung angebahnt worden. Verließ sich das Israel der frühen Königszeit noch auf die in der Vergangenheit geschaffenen Heilsfakten, denen es die Grundlagen seines staatlichen Eigendaseins verdankte – die Gabe des Landes und die Erwählung des Zion mit dem davidischen Königtum, – so wurden durch den Verlust dieser Heilsgüter seine Hoffnungen ganz auf ein zukünftiges, endgültiges Heilshandeln Jahwes gelenkt und damit die Weltgeschichte als der Weg durch das gegenwärtige Elend zu jenem noch nicht erschienenen Heil gedeutet, als die Weise, wie der Gott des künftigen Heils auch der Gegenwart schon mächtig ist. Doch immer noch suchte Israel die grundlegende Offenbarung seines Gottes in Ereignissen der Vergan-

---

57 Anders ausgedrückt, es geht um die (möglichst vollständige) Reflexion auf ihre logischen Voraussetzungen.

genheit, in der Gesetzgebung vom Sinai, nicht in der Zukunft seiner Herrschaft. Erst Jesus kehrte dieses Verhältnis um und setzte sich über die religiösen Traditionen seines Volkes hinweg, wo es um der kommenden Herrschaft Gottes willen nötig schien. Diese wurde nun nicht mehr als die vollständige Durchsetzung tradierter Heilssetzungen und Normen erwartet, als die endgültige Verwirklichung alles dessen, was in der Erwählung des Zion beschlossen war, oder als Vollstreckung des Geschickes der Menschen entsprechend ihrem Verhalten zum überlieferten Gottesgesetz. So verstanden wäre das Kommen Gottes nur die volle Realisierung eines schon anderweitig gegebenen Prinzips. So wäre nicht aus dem Kommen Gottes selbst verstanden, wer oder was er ist. Diese Wendung aber vollzog die Botschaft Jesu, so daß nun das Vertrauen auf den kommenden Gott allein über Heil und Unheil des einzelnen entscheiden sollte, ohne Rücksicht darauf, wie sein Verhalten von sonstigen Traditionen Israels her erscheinen mag. Gewiß meinte Jesus, wenn er von „Gott" sprach, den Gott Israels. Aber er dachte Gottes Zukunft nicht, wie die Gesetzesfrommen, als festgelegt durch die religiösen Traditionen des Volkes. Vielmehr zwang ihn umgekehrt diese Zukunft zur Kritik am Bestehenden und Tradierten und wurde ihm zum Bestimmungsgrund des gegenwärtigen Lebens als eines Lebens in Liebe. Damit aber ist der Gott des kommenden Reiches nicht nur als Urheber geschichtlicher Veränderung verstanden – wie es schon im alten Israel der Fall war – sondern auch als die Macht zur Verwandlung seiner eigenen früheren Manifestationen. Als die Macht der aus ihrer Zukünftigkeit, aus ihrem Kommen gedachten Zukunft kann er durch keine andere Zukunft, durch keine neue Gotteserfahrung mehr überholt werden, sondern sich in neuen Widerfahrnissen des göttlichen Geheimnisses nur noch als in neuen Erscheinungsformen seiner selbst manifestieren. Daher ist in dem Gott des kommenden Reiches, den Jesus verkündete, das göttliche Geheimnis in seiner Unerschöpflichkeit offenbar. Und doch ist es der Gegenwart mächtig. Seine Unendlichkeit macht es nicht zum unbestimmten und ohnmächtigen Hintergrund des Gegenwärtigen, sondern erscheint in den Wandlungen der Geschichte dadurch, daß die bestehenden religiösen Lebensformen wieder zerbrochen und durch neue ersetzt worden sind. Und nur darum ist Jesus der *Offenbarer* des unendlichen Gottes, weil er von seiner eigenen Person wegwies auf die kommende Gottesherrschaft. Er band den unendlichen Gott nicht an seine eigene endliche Person, sondern brachte diese zum Opfer im

Gehorsam gegen seine Sendung. Das Christentum hat freilich den Schein der Vergottung Jesu, und damit einer neuen Verendlichung des unendlichen Gottes, nicht immer vermieden, obwohl das christologische Dogma der Kirche dieser Gefahr durch die Unterscheidung von göttlicher und menschlicher „Natur" in Jesus entgegengetreten ist. Die Geschichte des Christentums ist belastet durch eine Vielzahl von dogmatischen Verendlichungen, die die Vorläufigkeit und geschichtliche Wandelbarkeit aller Formen des christlichen Lebens und Denkens aus dem Blick verlieren ließen und insbesondere der hierarchischen Struktur der Kirche und ihrem Dogma eine falsche Endgültigkeit sichern wollten, die ihre wahre Endgültigkeit – die in der durch Jesus ermöglichten geschichtlichen Offenheit liegt – verstellte. Dennoch hat im Ursprung der christlichen Überlieferung, der zugleich ihr Maß bleibt, mit Jesu Botschaft vom Kommen Gottes und mit dem Vorschein des göttlichen Geheimnisses in seiner Auferstehung von den Toten, das kritische Moment der geschichtlichen Verwandlung im Lichte noch offener eschatologischer Zukunft Eingang gefunden in die Substanz der christlichen Religion selbst.

Als die Macht der Zukunft ist der von Jesus verkündete Gott der kommenden Gottesherrschaft allen späteren Epochen der Geschichte der Kirche und der außerchristlichen Religionen schon voraus. Von daher stellt sich die Religionsgeschichte auch über die Zeit des Auftretens Jesu hinaus als Erscheinungsgeschichte des Gottes dar, der sich durch Jesus offenbart hat.

Aber auch im Rückblick von Jesus her läßt sich die Religionsgeschichte als Erscheinungsgeschichte des durch ihn offenbaren Gottes verstehen. Die fremden Religionen können nicht zureichend als bloße Erdichtungen der dem wahren Gott widerstrebenden Menschen gedeutet werden. Sie haben es letztlich mit derselben göttlichen Wirklichkeit zu tun wie die Botschaft Jesu. Freilich lassen die Religionen in der Tat ein eigentümliches Widerstreben der Menschen gegen die Unendlichkeit (Nichtendlichkeit) des göttlichen Geheimnisses beobachten. Daraus resultieren Formen religiöser Verendlichung in Gottesvorstellung und Kult, die sich durchaus mit Paulus als ein Vertauschen des Unendlichen mit der Gestalt des Endlichen beschreiben lassen. Der tiefste Grund dafür dürfte wiederum in der Temporalität des religiösen Verhaltens zu suchen sein. Die außerchristlichen Religionen nahmen das Erscheinen des göttlichen Geheimnisses nur in gebrochener Weise wahr, weil sie sich ihren eigenen Wandlungen, ihrer eigenen Geschichte verschlossen. Insofern der Prozeß religiöser Veränderungen – den der Religionshistoriker beschreibt – sich hinter dem Rücken der Religionen vollzieht, exemplifizieren sie in immer neuer Weise die Fixierung des unendlichen Gottes auf das endliche Medium seiner jeweiligen Erscheinung, eine Fixierung, gegen die sich die Unendlichkeit Gottes durch jenen Wandlungsprozeß durchsetzt.

Religionsgeschichtliche Forschung, die die jeweilige Erscheinung des im menschlichen Dasein vorausgesetzten göttlichen Geheimnisses als eines strittigen in den religiösen Lebensformen und ihren Wandlungen untersucht, braucht keineswegs dogmatisch mit der zuletzt erörterten Stellung des Christentums in der Religionsgeschichte zu argumentieren. Diese ist vielmehr ihrerseits durch religionsgeschichtliche Untersuchung der angegebenen Art zu bestimmen und zu prüfen. Führt solche Untersuchung zu Resultaten, die den obigen Andeutungen ähnlich sind, so wird sich dadurch freilich – *von der Untersuchung des Christentums als religionsgeschichtlichen Phänomens her*, ohne zusätzliche, supranaturale Prinzipien, – die Religionsgeschichte ungefähr in der angegebenen Weise darstellen. Das zu explizieren, wird jedoch nur da nötig, wo das Christentum und seine Stellung in der Religionsgeschichte selbst Thema der Untersuchung wird. Die Untersuchung außerchristlicher Religionen im Sinne der hier vorgeschlagenen Methodik braucht ihre Aussagen keineswegs von der christlichen Offenbarung herzuleiten. Allerdings sollte religionsgeschichtliche Forschung sich auch nicht der eigenen historischen Relativität verschließen, daß nämlich ihre geschichtliche Fragestellung bedingt ist durch die Entdeckung der Geschichtlichkeit des Daseins im jüdischen und christlichen Geschichtsdenken. Darüber hinaus wird sich die religionsgeschichtliche Erforschung der außerchristlichen Religionen nicht schon aus Gründen religionsgeschichtlicher Methodik gegen die *Möglichkeit* sträuben dürfen, daß die Untersuchung der Botschaft und Geschichte Jesu mit den Mitteln derselben Methodik zu dem Ergebnis führen könnte, daß hier die in der Geschichte der Religionen – auch des Christentums selbst – immer wieder strittige Wirklichkeit der göttlichen Macht in ihrer Unendlichkeit, die in den Wandlungen der Religionsgeschichte sich manifestiert, definitiv erschienen, offenbar geworden ist[58]. Die Möglichkeit eines solchen Befundes, die natürlich

---

58 Dabei ist diese Möglichkeit für die hier erörterte religionsgeschichtliche Frageweise keineswegs nebensächlich, da ja – wie oben 288 erwähnt – die Wirklichkeit des gött-

methodisch auch bei der Untersuchung außerchristlicher Religionen nicht grundsätzlich ausgeschlossen werden dürfte, wäre *nicht* nur als subjektive *Deutung* – die zum Faktischen der religiösen Phänomene äußerlich und beliebig hinzuträte – zuzulassen, sondern als mögliches Resultat der Untersuchung der Botschaft und Geschichte Jesu auf die in ihr geschehene Erscheinung des göttlichen Geheimnisses hin, wobei sich die Untersuchung streng an dieselben methodischen Regeln zu halten hat wie die irgendeines außerchristlichen religiösen Phänomens. Doch solche Offenheit der hier erwogenen religionsgeschichtlichen Methodik für die Frage nach der Stellung des Christentums in der Religionsgeschichte bedeutet nicht, daß – gesetzt den Fall, die Untersuchung der Botschaft und Geschichte Jesu komme tatsächlich zu derartigen Ergebnissen, – die Darstellung der außerchristlichen Religionen dann etwa von vornherein mit einer christlichen Optik arbeiten müßte. Im Gegenteil, ein unvermitteltes Geltendmachen der faktischen, aber erst im Nachhinein – oft erst im Blick auf den Zusammenhang der Religionsgeschichte im ganzen – festzustellenden Beziehung einer Religion zum Christentum würde der spezifischen Situation jener andern Religion und ihrer Beziehung zum göttlichen Geheimnis gar nicht gerecht werden können. Ihre Unmittelbarkeit zum göttlichen Geheimnis zu respektieren, ist auch von der christlichen Offenbarung her geboten: Es entspricht der Art, wie Jesus mit seiner Botschaft von sich selbst wegwies auf den Gott, den er verkündete[59]. In Übereinstimmung damit sollte der charakteristische Beitrag christlicher Theologie zur Religionswissenschaft nicht in irgendeiner dogmatischen Deutung von einem christlichen Standort aus bestehen, sondern vielmehr darin, einer unvoreingenommenen Aufgeschlossenheit für das Erscheinen des göttlichen Geheimnisses *und* für seine Strittigkeit in der Geschichte der Religionen Raum zu schaffen. Solche Aufgeschlossenheit wird sich freihalten von der Selbstverständlichkeit, mit der gemeinhin ein irreligiöses Wirklichkeitsverständnis

---

lichen Geheimnisses, also die seine Strittigkeit überwindende, wenn auch noch nicht völlig beseitigende, definitive Erscheinung derselben, es erst sinnvoll macht, ernsthaft nach der Erscheinung göttlicher Wirklichkeit in den religiösen Erfahrungen und Wandlungen auf dem weiten Felde der Religionsgeschichte zu fragen.

59 Hier sei nochmals daran erinnert, daß diese Geste Jesu – und die ihr entsprechende Aufopferung seines individuellen Daseins für seine Sendung – eine entscheidende Bedingung für das Offenbarwerden des unendlichen Gottes durch ihn ist. Siehe meine Grundzüge der Christologie, 2. Aufl. 1966, 258 ff. und 345–49.

in vermeintlich standpunktfreier Objektivität die Wahrheitsansprüche der Religionen als Sache subjektiver Glaubenspositionen qualifiziert und nur als solche registriert. Sie wird sich aber auch freihalten davon, nur subjektiv mit dem Wahrheitsanspruch irgendeiner Religion zu sympathisieren. Stattdessen ist in jedem Falle zu prüfen, inwieweit die einem religiösen Phänomen zugrundeliegende, in ihm zum Ausdruck kommende Erfahrung des göttlichen Geheimnisses die Daseinswirklichkeit, wie sie *damals* erfahren wurde und wie sie sich *heutiger* Erfahrung darstellt, zu erhellen vermag und damit ihren Anspruch bewährt, einen Zugang zum göttlichen Geheimnis selbst zu eröffnen.

Paul Tillich

Die Bedeutung der Religionsgeschichte für den systematischen Theologen

Paul Tillich, geb. 1886 in Starzeddel (im heutigen Polen), gest. 1965 in Chicago, studierte Philosophie und Theologie und nahm danach als freiwilliger Feldprediger am 1. Weltkrieg teil. Die dort erlebten Grauen erschütterten seine nationalprotestantischen Überzeugungen. Er wandte sich dem religiösen Sozialismus zu und war als Professor für Philosophie und Soziologie nicht nur in der Theologie einflussreich. Der Machtantritt der Nazis machte für Tillich ein Bleiben in Deutschland unmöglich. In den USA lehrte er am Union Theological Seminary in New York und an der Berkeley University. Seine Theologie ist als ein Versuch zu beschreiben, den Zusammenhang zwischen Theologie und Kultur neu zu formulieren. Er selbst charakterisierte sein Denken mit dem Begriff der Grenze, die bei ihm zwischen Heteronomie und Autonomie, Religion und Kultur, Luthertum und Sozialismus, Heimat und Fremde verlaufe. In diesem Sinn ist auch der vorliegende Text zu lesen, der so verstanden als eine Auslotung der Grenzen zwischen Theologie, Religionsgeschichte und Philosophie gedeutet werden kann. Dessen Abstraktheit bzw. seine implizite Beschreibung einer Metareligion machen es mitunter schwierig, ihn mit den konkreten Herausforderungen einer Theologie der Religionen in Verbindung zu bringen.

Andreas Holzbauer

Die Bedeutung der Religionsgeschichte für den systematischen Theologen

I.

In diesem Vortrag möchte ich drei Punkte von grundsätzlicher Bedeutung erörtern. Der erste betrifft *zwei grundsätzliche Entscheidungen*. Ein Theologe, der das Thema „Die Bedeutung der Religionsgeschichte für den systematischen Theologen" wählt und sein Thema ernst nimmt, hat bereits, implizit oder explizit, zwei grundsätzliche Entscheidungen getroffen: Einerseits hat er sich von einer Theologie getrennt, die alle Religionen mit Ausnahme der eigenen verwirft. Andererseits hat er, wenn er sein Thema positiv auffaßt, das Paradox einer „Religion der Nicht-Religion" verworfen oder die Theologie ohne *theos*, die man auch „säkularisierte Theologie" nennen kann.

Beide Richtungen haben eine lange Geschichte. Die erstere ist in unserem Jahrhundert von Karl Barth erneuert worden; die letztere wird heute am deutlichsten von der Gott-ist-tot-Theologie vertreten. In der ersten Haltung gilt die eigene Religion entweder als *vera religio*, als die wahre Religion, der gegenüber alle anderen Religionen *religiones falsae*, falsche Religionen, sind, oder die eigene Religion ist, wie man heute sagt, Offenbarung, während die anderen Religionen nur vergebliche Versuche sind, Gott zu erreichen. Ein vergeblicher Versuch, Gott zu erreichen – das wird zur Definition aller Religionen.

Von diesem Standpunkt aus ist es sinnlos, die konkreten Unterschiede der Religionen zu untersuchen. Ich denke an die Ängstlichkeit, mit der z. B. Emil Brunner solche Untersuchungen unternahm, und an die theologische Isolierung von Religionshistorikern wie Rudolf Otto und an die ähnliche Lage, in der sich heute ein Mann wie Friedrich Heiler befindet. Ich denke ferner an die bittern Angriffe auf Schleiermacher, weil er den Begriff Religion auf das Christentum anwandte, und ich erinnere mich an die Angriffe, die man gegen mich richtete, als ich vor 40 Jahren in Marburg zum ersten Mal ein Seminar über Schleiermacher hielt. Das wurde zu jener Zeit für ein Verbrechen gehalten.

Die Ablehnung der Orthodoxie, der alten wie der neuen, gründet sich auf folgende systematische Voraussetzungen: erstens muß man annehmen, daß Offenbarungserfahrungen universell menschlich sind. Die Religionen beruhen auf etwas, was dem Menschen zu allen Zeiten und überall gegeben ist, nämlich auf Offenbarungen, die immer erlösende Macht haben. In allen Religionen gibt es offenbarende und erlösende Mächte. „Gott hat uns nicht ohne Zeugnis von sich gelassen." Die zweite Voraussetzung ist die Annahme, daß der Mensch Offenbarungen empfängt, indem er sie der menschlichen Situation, seinen biologischen, psychologischen und soziologischen Grenzen anpaßt. Indem er Offenbarungen annimmt, entstellt er sie; er kehrt das Verhältnis von Gott und Mensch so um, daß er Gott zum Mittel und den Menschen zum Zweck macht.[1] Die dritte Voraussetzung ist die Annahme,

---

1 Hier folgt die Übersetzung dem Manuskript.

Die Bedeutung der Religionsgeschichte für den systematischen Theologen

daß es im Laufe der menschlichen Geschichte nicht nur partikulare Offenbarungserlebnisse gibt, sondern auch einen Offenbarungsprozeß, in dem die Ergebnisse der Aneignung und die Entstellungen der Offenbarung einer Kritik unterworfen werden. Diese Kritik erscheint in drei Formen, als mystische, als prophetische und als profane Kritik. Die vierte Voraussetzung ist die Annahme, daß es ein zentrales Ereignis in der Geschichte der Religionen geben kann – und ich betone das *kann* –, das die positiven Elemente der verschiedenen Entwicklungen in der Religionsgeschichte in sich vereinigt und eine konkrete Theologie mit universalistischem Anspruch möglich macht. Es gibt noch eine fünfte Voraussetzung: die Geschichte der Religionen läuft ihrem Wesen nach nicht *neben* der Geschichte der Kultur einher. Das Heilige liegt nicht außerhalb des Profanen, sondern in seiner Tiefe; es ist der schöpferische Grund des Profanen und zugleich die Kritik an ihm. Aber es kann dies nur sein, wenn es zugleich eine Kritik an sich selbst enthält, eine Kritik, die sich des Profanen als eines Mittels der Selbst-Kritik bedient. Nur wenn der Theologe diese fünf Voraussetzungen annimmt, kann er ernsthaft und rückhaltlos die Bedeutung der Religionsgeschichte für die Theologie gegen diejenigen verteidigen, die sie im Namen eines neuen oder eines alten orthodoxen Absolutismus verwerfen.

Andererseits muß sich der Theologe, der die Bedeutung der Religionsgeschichte anerkennt, gegen die Theologie ohne Gott wenden. Auch die ausschließliche Geltung des Profanen muß er verwerfen oder die Idee, daß das Heilige sozusagen vollständig im Profanen aufgegangen sei. Durch die letzte der fünf Voraussetzungen, die sich auf das Verhältnis von Heiligem und Profanem bezieht, ist die Bedrohung durch die Verkündigung, „daß Gott tot ist", bereits verringert. Die Religion muß das Profane als Mittel der Selbstkritik gebrauchen. Aber die entscheidende Frage ist: Warum überhaupt Religion, Religion im Sinne eines Bereichs von Symbolen, Riten und Institutionen? Sind diese für einen Theologen, der die Idee von Gott ablehnt, nicht ebenso bedeutungslos wie die Geschichte der Magie oder der Astrologie?

Um die Theologie gegen den Angriff von dieser Seite zu verteidigen, muß der Theologe eine grundsätzliche Voraussetzung machen: er muß annehmen, daß die Religion als Struktur von Symbolen der Erkenntnis und des Handelns, d. h. als Mythen und Riten innerhalb einer Gesellschaftsgruppe eine dauernde Notwendigkeit selbst für eine äußerst säkularisierte Kultur und eine weitgehend entmythologisierte Theologie ist. Ich leite diese Notwendigkeit von der Tatsache ab, daß der göttliche Geist der Verkörperung bedarf, um wirklich und wirksam zu werden. Man kann zwar sagen, daß das Heilige, das Unbedingte oder das Wort Gottes dem Bereiche des Profanen immanent sei – ich selbst habe das unzählige Male gesagt –, aber um im Profanen immanent sein zu können, muß das Heilige zumindest die Möglichkeit haben, auch außerhalb des Profanen zu sein. Das heißt, es muß ein Unterschied bestehen zwischen dem, was in etwas immanent ist, und dem, worin es immanent ist. Die Manifestationen der beiden müssen irgendwie unterscheidbar sein. Unsere Frage ist also: *Wodurch unterscheidet sich das bloß Profane von demjenigen Profanen, das Gegenstand einer säkularisierten Theologie wäre?* Um ein konkretes Beispiel zu geben: Die Reformatoren waren im Recht, wenn sie behaupteten, daß jeder Tag ein Tag des Herrn sei. Aber um diese Behauptung machen zu können, mußte es erst einen Tag des Herrn geben, und zwar nicht nur einmal in der Vergangenheit, sondern es muß ihn immer wieder geben als Gegengewicht gegen das Übergewicht des Profanen. Aus diesem Grund ist es notwendig, von Gott zu sprechen, wenn auch nicht notwendigerweise auf die traditionelle Art. Damit ist eine positive Bewertung der Religionsgeschichte ermöglicht.

Wir müssen als Theologen also zwei Widerstände gegen eine unvoreingenommene Beurteilung der Religionsgeschichte überwinden: die orthodox-exklusive und die säkular-ablehnende Haltung. Der bloße Begriff „Religion" stellt den systematischen Theologen vor eine Unzahl von Problemen, und diese werden noch dadurch vermehrt, daß die beiden Gegner, obwohl sie von entgegengesetzten Seiten kommen, ein Bündnis eingehen können. Das ist in der Vergangenheit geschehen und geschieht heute wieder. Beide Seiten neigen dazu, das Christentum auf die Person Jesu von Nazareth zu reduzieren. Die Neuorthodoxen tun dies, indem sie ihn zu dem ausschließlichen Ort machen, an dem sich das Wort Gottes offenbart. Die Theologen des Säkularismus tun das Gleiche, indem sie ihn zu dem einzigen Vertreter eines theologisch relevanten Säkularismus machen. Dies Letztere ist aber nur möglich, wenn Jesu Gestalt und Botschaft selbst radikal an Bedeutung einbüßen und von ihnen nichts übrig bleibt als eine ethische, besonders eine sozial-ethische, Lehre. In diesem Fall wird die Geschichte der Religion, selbst der jüdischen und der christlichen, überflüssig. Deshalb müssen wir, wenn wir Wert und Sinn der Religionsgeschichte verstehen wollen, das Bündnis der auf die Gestalt Jesu konzentrierten, sonst aber gegensätzlichen Richtungen der Orthodoxie und der säkularisierten Theologie zerbrechen.

II.

Jetzt komme ich zu meinem zweiten Punkt, einer *Theologie der Religionsgeschichte*. Traditionell beschränkt sich die Religionsgeschichte auf die Geschichte der Offenbarung, wie sie im Alten und Neuen Testament erzählt wird, und dehnt sich auf die Geschichte der Kirchen aus, die die geistige Lenkung der Menschheit fortsetzen. Die übrigen Religionen unterscheiden sich nach dieser Auffassung nicht wesensmäßig voneinander. Sie sind alle Pervertierungen einer Art von ursprünglicher Offenbarung ohne besondere Offenbarungserfahrungen, die für die christliche Theologie bedeutsam wären. Es sind heidnische Religionen, Nationalreligionen, aber keine Vermittler von Offenbarung und Erlösung. Praktisch hat sich dieses Prinzip jedoch niemals völlig durchgesetzt. Juden wie Christen wurden von den Religionen der Völker, die sie unterwarfen oder von denen sie unterworfen wurden, beeinflußt. Diese Religionen haben zuweilen das Judentum oder das Christentum fast völlig zu ersticken gedroht, was zu heftigen Reaktionen innerhalb dieser beiden Religionen geführt hat. Deshalb brauchen wir eine „Theologie der Religionsgeschichte", in der die positive Bewertung der universalen Offenbarung der kritischen das Gleichgewicht hält, denn beide sind nötig. Eine solche „Theologie der Religionsgeschichte" kann dem systematischen Theologen dazu verhelfen, die Gegenwart und unseren eigenen Platz in der Geschichte zu verstehen, sowohl im Hinblick auf das Einmalige des Christentums wie auf seinen universalen Anspruch.

Wenn ich heute auf meine eigene Studienzeit und die folgenden Jahre zurückblicke, bin ich noch immer dankbar für das, was ich aus der sogenannten religionsgeschichtlichen Schule in biblischen und kirchengeschichtlichen Studien gewonnen habe. Sie machte mir klar, in welchem Maße die biblische Tradition mit der vorderasiatischen und der Mittelmeer-Tradition verbunden war. Ich erinnere mich daran, wie befreiend es war, die universal menschlichen Motive, die uns in der Schöpfungsgeschichte, dem hellenistischen Existentialismus und der persischen Eschatologie begegnen, in den späteren Teilen des Alten Testaments und im Neuen Testament wiederzufinden. Jene Religionen hatten Symbole für die Erlösergestalten und das Drama der

Erlösung geschaffen, die später das Bild von Jesu Person und Werk im Neuen Testament bestimmten. Diese Dinge waren nicht vom Himmel gefallen, sondern waren durch eine lange Offenbarungsgeschichte vorbereitet worden, bis sie schließlich in dem *kairos*, der rechten, der erfüllten Zeit, das Erscheinen Jesu als des Christus möglich machten. Diese Einflüsse beeinträchtigten weder die Einzigartigkeit der prophetischen Angriffe auf die Religion im Alten Testament, noch die einmalige Macht der Erscheinung Jesu im Neuen Testament. Zu diesen Erkenntnissen kam später bei mir wie bei vielen Theologen eine weitere: wir lernten die Bedeutung auch der Religionen kennen, die der biblischen Tradition ferner stehen.

Das erste Problem, dem eine theologische Betrachtung der Geschichte Israels und der christlichen Kirche begegnet, ist das Problem der Heilsgeschichte. Die Heilsgeschichte vollzieht sich innerhalb der Weltgeschichte und tritt in großen Augenblicken, in *kairoi*, zutage wie den verschiedenen Reformationsversuchen innerhalb der Kirchengeschichte. Religionsgeschichte darf jedoch nicht mit Heils- oder Offenbarungsgeschichte verwechselt werden; vielmehr müssen wir, wenn wir Religionsgeschichte ernst nehmen, fragen, ob es innerhalb der allgemeinen Religionsgeschichte *kairoi* gibt. Man hat versucht, solche *kairoi* zu finden. In der Zeit der Aufklärung im 18. Jahrhundert hat man alle Entwicklungen als Vorbereitung für den großen *kairos* verstanden, für den Augenblick, in welchem die menschliche Vernunft ihre Reife erreicht. Diese reife Vernunft hat noch religiöse Elemente in sich: Gott, Freiheit, Unsterblichkeit. Kant hat diese Ideen in seinem berühmten Werk „Die Religion innerhalb der Grenzen der bloßen Vernunft" entwickelt. Ein ähnlicher Versuch war die romantische Geschichtsdeutung, die zu Hegels bekanntem System führte. Nach seiner Auffassung schreitet die Religionsgeschichte, gemäß philosophischer Kategorien, die aller Wirklichkeit ihre Struktur verleihen, fort. Das Christentum ist die höchste und letzte Stufe, „die geoffenbarte Religion". Aber dieses Christentum ist philosophisch entmythologisiert. Es ist eine Verbindung der Kantischen Philosophie mit der Botschaft des Neuen Testaments.

Alle früheren Religionen sind nach Hegels Auffassung der Religionsgeschichte „aufgehoben". Das bedeutet, daß das Vergangene als solches in der Religionsgeschichte seinen Sinn verloren hat; es besteht nur noch als ein Element in der späteren Entwicklung. Das heißt beispielsweise, daß für Hegel die indischen Religionen längst

Die Bedeutung der Religionsgeschichte für den systematischen Theologen

abgestorben sind und keine Bedeutung mehr für die Gegenwart haben; sie gehören einer älteren Stufe der Entwicklung an. Hegels Versuch einer Theologie der Religionsgeschichte führte zu einer Erfahrungstheologie, wie sie vor dreißig Jahren in Amerika weit verbreitet war. Sie beruhte auf dem Gedanken, daß man sich neuen religiösen Erfahrungen in der Zukunft offen halten müsse. Heutzutage vertreten Männer wie Toynbee diese Richtung; vielleicht suchen sie nach etwas in der religiösen Erfahrung, das zu einer Vereinigung der großen Religionen führen kann. Auf jeden Fall ist es eine nach-christliche Ära, auf die ihre religionsgeschichtlichen Spekulationen vorbereiten.

In diesem Zusammenhang muß ich Teilhard de Chardin erwähnen, der von der Entwicklung eines universalen, auf das Göttliche gerichteten Bewußtseins spricht, das im Grunde christlich ist. Das Christentum enthält nach ihm alle geistigen Elemente der Zukunft in sich. Diese Auffassung der Religionsgeschichte finde ich nicht befriedigend. Auch mit meiner eigenen bin ich nicht zufrieden, aber ich will sie trotzdem darlegen in der Hoffnung, Sie dadurch anzuregen, selbst über die Religionsgeschichte nachzudenken.

Meine eigene Methode ist dynamisch-typologisch: Es gibt keine endlos fortschreitende Entwicklung, sondern es gibt Elemente, die in jeder Erfahrung des Heiligen vorhanden sind. Diejenigen Elemente, die in einer Religion vorherrschen, bestimmen den besonderen Typ dieser Religion. Dieses Problem müßte man tiefer ergründen; hier kann ich nur das Schema einer Typologie entwerfen. Die universale Grundlage der Religion ist die Erfahrung des Heiligen innerhalb des Endlichen. Das Heilige erscheint universell in allem Endlichen und Partikularen, und es erscheint jeweils auf besondere Art. Dies kann man die sakramentale Grundlage aller Religionen nennen – das Heilige, das im Hier und Jetzt gesehen, gehört, erfaßt werden kann trotz seines ekstatisch-mystischen Charakters. Reste dieses Elementes sind in den Sakramenten der Hochreligionen erhalten, und ohne sie würde eine religiöse Gemeinschaft zu einem Verein mit rein moralischem Anliegen werden, wozu tatsächlich ein großer Teil des Protestantismus geworden ist, weil er seine sakramentale Grundlage verloren hat.

Ein zweites Element der Religion ist der kritische Widerstand gegen die Dämonisierung des Sakramentalen, die das Heilige in ein Objekt verwandelt, über das man verfügen kann. Dieses Element ist in verschiedenen kritischen Bewegungen verkörpert. Die erste von ihnen ist die mystische Bewegung, in der die Unzufriedenheit mit den konkreten Erscheinungsformen des Heiligen, des Unbedingten, zum Ausdruck kommt. Man sucht, diese Formen zu transzendieren auf das Eine hin, das jenseits des Vielfältigen liegt: das Heilige als das Unbedingte liegt jenseits aller seiner Verkörperungen. Diese haben zwar ihre Berechtigung, sie werden nicht verneint, aber es wird ihnen nur sekundäre Bedeutung zuerkannt. Um das Höchste, das Unbedingt-Eine zu erreichen, muß man über sie hinausgehen. Das Partikulare wird in dieser Haltung um des Unbedingten-Einen willen negiert und das Konkrete wird entwertet.

Das dritte Element in der religiösen Erfahrung ist das Element des Sollens, das moralische oder prophetische Element. Auch in ihm wird das Sakramentale wegen seiner dämonischen Konsequenzen kritisiert, die sich z. B. in der Leugnung der Gerechtigkeit im Namen der Heiligkeit zeigen. Hierum geht der gesamte Kampf der jüdischen Propheten gegen die sakramentale Religion. Bei Amos und Hosea führt dieser Kampf gelegentlich so weit, daß sie den ganzen Kult ablehnen. Diese Kritik an der sakramentalen Grundlage ist entscheidend für die jüdische Religion und bildet ein Element innerhalb der christlichen Religion. Aber auch bei diesem Element würde ich sagen, daß es ohne Verbindung mit dem sakramentalen und dem mystischen Element moralistisch und schließlich profan wird.

Ich möchte die Einheit dieser drei Elemente in einer Religion die *Religion des konkreten Geistes* nennen, allerdings mit Vorbehalt, aber ich weiß keine bessere Bezeichnung. Dann könnte man vielleicht sagen, daß das *telos*, – d. h. das innere Ziel eines Wesens (so wie das *telos* der Eichel ist, ein Eichbaum zu werden) – daß das *telos* der Religionsgeschichte eine *Religion des konkreten Geistes* ist. Wir können diese *Religion des konkreten Geistes* mit keiner der wirklichen Religionen identifizieren, auch nicht mit dem Christentum als Religion. Aber als protestantischer Theologe wage ich zu behaupten, daß es keinen höheren Ausdruck für das gibt, was ich die Synthese dieser drei Elemente nenne, als Paulus' Lehre vom Geist. In ihr sind die beiden fundamentalen Elemente der Religion, das ekstatische und das rationale, vereinigt.[2] Hier ist Ekstase, aber die höchste Schöpfung der Ekstase ist

---

2   Diese Stelle ist nicht ohne weiteres verständlich. Die Elemente des Ekstatischen und Rationalen haben nichts mit den vorher genannten Elementen zu tun, die die Religionstypen bestimmen. Ekstase ist nach Tillich die Ergriffenheit durch den göttlichen Geist und als solche Teil der religiösen Erfahrung. Sie kann jedoch die rationalen Strukturen des menschlichen Geistes und seiner Schöpfungen zerstören und Chaos

Die Bedeutung der Religionsgeschichte für den systematischen Theologen

Liebe im Sinne von Agape. Ihre andere Schöpfung ist *gnosis*, die Erkenntnis Gottes. *Gnosis* aber ist Erkenntnis und nicht Auflösung oder Chaos.

Die positive oder negative Beziehung dieser Elemente[3] zueinander gibt der Religionsgeschichte ihren dynamischen Charakter. Das innere *telos*, von dem ich sprach, die *Religion des konkreten Geistes*, ist sozusagen das, worauf sich die Religionsgeschichte zubewegt. Aber wir dürfen die Synthese nicht nur als zukünftige Erwartung begreifen; sie manifestiert sich zu allen Zeiten, sowohl in dem Kampf gegen den dämonischen Anspruch der sakramentalen Grundlage wie in dem Kampf gegen die profanisierende Entstellung der sakramentalen Grundlage durch ihre Kritiker. Sie tritt fragmentarisch immer wieder in den großen Augenblicken der Religionsgeschichte in Erscheinung. Darum müssen wir einerseits die Religionsgeschichte in uns aufnehmen und auf diese Art die vergangenen Religionen aufheben. Andererseits müssen wir erkennen, daß wir in einer echten lebendigen Tradition stehen, die aus den Augenblicken besteht, in denen die große Synthese Wirklichkeit geworden ist. In diesem Sinne können wir die gesamte Religionsgeschichte als einen Kampf für die *Religion des konkreten Geistes* betrachten, als einen Kampf Gottes gegen die Religion innerhalb der Religion. Dieser Ausdruck „der Kampf Gottes gegen die Religion innerhalb der Religion" kann als Schlüssel zum Verständnis der äußerst chaotisch erscheinenden Religionsgeschichte dienen.

Als Christen sehen wir in der Erscheinung Jesu als des Christus den entscheidenden Sieg in diesem Kampf. Es gibt ein altes Symbol für den Christus, *„Christus Victor"*, das in dieser Deutung der Religionsgeschichte wieder verwandt werden kann. Schon im Neuen Testament ist es mit dem Sieg über die dämonischen Mächte und die astrologischen Kräfte verbunden. Es deutet auf den Sieg am Kreuz hin als die Überwindung aller dämonischen Ansprüche. Ich glaube, daß wir von hier aus den Weg zu einer Christologie finden können, die uns aus den vielen Sackgassen herausführt, in die das christologische Dogma die christlichen Kirchen von Anfang an verfangen hatte. Jetzt

---

schaffen. Deshalb muß ihr durch rationale Elemente das Gleichgewicht gehalten werden, wie Tillich ein paar Seiten später zeigt. In *agape* und *gnosis* ist das ekstatische Element mit dem rationalen (der ethischen Forderung in der *agape*, der Erkenntnis in der *gnosis*) völlig vereint. Vgl. Systematische Theologie III, 137–144.

3   Hier sind wieder die Elemente des Sakramentalen, des Mystischen und des Prophetischen gemeint.

sehen wir, daß die kritischen Momente in der Religionsgeschichte, die *kairoi*, eine Fortsetzung in anderen *kairoi* haben können, in denen die Religion des konkreten Geistes sich fragmentarisch hier und jetzt verwirklichen kann. Für uns als Christen ist das Kriterium das Ereignis des Kreuzes: was in ihm symbolisch geschah, geschah und geschieht fragmentarisch auch an anderen Orten und zu anderen Zeiten und wird wieder in der Zukunft geschehen, wenn auch nicht in geschichtlicher oder empirischer Verbindung mit dem Kreuz.

Nun komme ich zu einer Frage, die im Mittelpunkt dieser Konferenz stand, nämlich der Frage, wie die Dynamik der Religionsgeschichte sich auf das Verhältnis von Heiligem und Profanem auswirkt. Das Heilige ist nicht nur der Dämonisierung ausgesetzt und dem Kampf Gottes gegen die Religion als dem Kampf gegen die der Religion innewohnende Gefahr der Dämonisierung – das Heilige ist auch in Gefahr der Profanisierung. Und beide, Dämonisierung und Profanisierung, sind insofern miteinander verknüpft, als Profanisierung oder Säkularisierung die dritte und radikalste Form der Entdämonisierung ist. Sie kennen die Bedeutung des Wortes profan: „vor den Toren des Heiligtums", und des Begriffs säkular: „zu der Welt gehörig". In der Säkularisierung wird die ekstatisch-mystische Sphäre des Heiligen für die Welt gewöhnlicher rationaler Strukturen aufgegeben. Dagegen anzukämpfen im Namen der Heiligkeit des Lebens und die Menschen im Heiligtum zu halten, wäre einfach, wenn das Säkulare nicht eine kritische religiöse Funktion hätte. Das Problem ist so schwierig, weil das Säkulare das Rationale ist und das Rationale die Irrationalität des Heiligen der Kritik unterwerfen und seine Dämonisierung richten muß.

Die rationale Struktur, von der ich spreche, enthält die Strukturen der Moralität, des Rechts, der Erkenntnis und der Kunst. Die Weihe, die das Heilige dem Leben gibt, bedeutet zugleich die Beherrschung des Lebens durch ekstatische Formen des Heiligen und die Unterdrückung des dem Menschen innewohnenden Verlangens nach dem Guten, nach Gerechtigkeit, Wahrheit und Schönheit. In dieser Hinsicht ist Säkularisierung eine Befreiung, und sowohl die Propheten wie die Mystiker waren in diesem Sinne Vorläufer der Säkularisierung. Das Heilige wurde allmählich zum moralisch Guten, dem philosophisch und später dem wissenschaftlich Wahren oder dem künstlerisch Ausdrucksvollen. Aber an diesem Punkt macht sich eine tiefe Dialektik bemerkbar: Das Säkulare, das im Recht ist, wenn es sich gegen die

Beherrschung durch das Heilige zur Wehr setzt, wird seines Sinnes entleert und wird zum Opfer dessen, was ich die Quasi-Religionen genannt habe. Und diese Quasi-Religionen wirken sich als ebenso begrückend aus wie die dämonischen Elemente innerhalb der Religion. Sie sind sogar noch schlimmer, wie sich in unserer Zeit gezeigt hat, denn sie sind ohne die Tiefe und den Reichtum echter religiöser Traditionen.

Hier tritt ein anderes *telos* oder inneres Ziel der Religionsgeschichte in Erscheinung. Ich nenne es Theonomie, von *theos* = Gott und *nomos* = Gesetz abgeleitet. Wenn die autonomen Kräfte der Erkenntnis, der Kunst, des Rechts und der Moralität auf den letzten Sinn des Lebens hinweisen, dann haben wir Theonomie. Dann werden diese Kräfte nicht von dem Heiligen beherrscht, sondern weisen in ihrem inneren Wesen auf das Heilige, das Unbedingte, hin. In der Wirklichkeit jedoch spielt sich ein Kampf ab zwischen der Heiligung des Lebens, die heteronome Formen annimmt, und der Selbstverwirklichung aller kulturellen Funktionen, die autonom werden und ihren Sinngehalt verlieren.

Theonomie erscheint in dem, was ich die Religion des konkreten Geistes genannt habe, fragmentarisch, aber niemals vollkommen. Ihre Erfüllung ist eschatologisch, ihre Erwartung liegt jenseits der Zeit, im Ewigen. Dieses theonome Element in der Beziehung zwischen dem Heiligen und dem Säkularen oder Profanen ist ein Element in der Struktur der *Religion des konkreten Geistes*. In ihm gibt es Fortschritt wie in jeder Tätigkeit (selbst einen Vortrag halten ist auf Fortschritt in irgendeiner Richtung angelegt), aber es darf nicht im Sinne des Fortschrittsglaubens verstanden werden;[4] es ist nicht auf Erfüllung in der Zeit gerichtet. In diesem Punkt denke ich anders als Teilhard de Chardin, dem ich mich in vielen anderen Punkten nahe fühle.

III.

Meine dritte und letzte Betrachtung gilt der *Interpretation der theologischen Tradition im Lichte religiöser Phänomene*. Lassen Sie mich mit einer Behauptung beginnen, die ein großer Theologe von der Universität Berlin, Adolf von Harnack, einmal gemacht hat. Er sagte, daß die Geschichte des Christentums alle Elemente der Religionsge-

---

[4] Tillich unterscheidet zwischen Begriff und Idee des Fortschritts; vgl. dazu „Wert und Grenzen der Fortschrittsidee" in diesem Band, S. 119 ff.

schichte umfasse. Das war eine richtige Einsicht, aber er selbst zog nicht die nötigen Folgerungen aus ihr. Er sah nicht, daß sie eine weitaus positivere Beziehung zwischen der gesamten Religionsgeschichte und der Geschichte der christlichen Kirchen erfordere, als es seine eigene konstruktive Theologie war, die er auf eine Art bürgerliche, individualistische, moralistische Theologie eingeengt hatte.

An diesem Punkt möchte ich den Dank meines Freundes Professor Eliade erwidern für seine Zusammenarbeit mit mir in zwei Jahren gemeinsamer Seminare, in denen jede einzelne christliche Lehre und jeder einzelne christliche Ritus für mich eine neue, tiefere Bedeutung gewonnen hat. Und als Erklärung, aber auch als Selbst-Anklage, muß ich erwähnen, daß meine *Systematische Theologie* entstanden war, bevor diese Seminare stattfanden, und einer anderen Absicht diente, nämlich der apologetischen Aussprache gegen das Säkulare und mit dem Säkularen. Ihr Zweck war, Fragen zu beantworten, die sich aus der wissenschaftlichen und philosophischen Kritik am Christentum ergaben. Aber vielleicht ist eine längere und intensivere gegenseitige Durchdringung von systematischer Theologie und Religionsgeschichte nötig. Unter ihrem Einfluß könnte sich die Struktur des religiösen Denkens im Zusammenhang mit einer neuen fragmentarischen Manifestation der Theonomie oder einer *Religion des konkreten Geistes* entwickeln. Das ist meine Hoffnung für die Zukunft der Theologie.

Um diese Möglichkeit zu sehen, muß man auf das Beispiel achten, das die religionsgeschichtliche Methode dem systematischen Theologen dadurch gibt, daß sie die Bedeutung des Partikularen hervorhebt. Das zeigt sich in Form einer doppelten Negation, nämlich der Negation einer übernatürlichen Theologie und der Negation einer natürlichen Theologie. In der übernatürlichen Theologie hat die protestantische Orthodoxie die Idee von Gott systematisch entwickelt. Sie nahm ihren Gottesbegriff aus Dokumenten der Offenbarung, von denen sie annahm, daß sie inspiriert, aber nicht durch die Geschichte vorbereitet waren. Solche Dokumente waren für die protestantische Orthodoxie die Bibel und für den Islam der Koran. Aus diesen heiligen Schriften entwickelte die Kirche dann ihre Lehren, gewöhnlich auf dem Wege über dogmatische Kontroversen, faßte sie in Glaubensartikeln oder offiziellen Lehrbüchern zusammen und erklärte sie theologisch mit Hilfe der Philosophie. Bei alledem blickte sie nicht über den Kreis dessen hinaus, was ihr durch die Offenbarung, d. h. die eigene Religion oder den eigenen Glauben, gegeben war. Neben dieser in allen

Die Bedeutung der Religionsgeschichte für den systematischen Theologen

christlichen Kirchen vorherrschenden Methode steht die der natürlichen Theologie, die ihre religiösen Begriffe aus der philosophischen Analyse der Wirklichkeit, besonders aus der Analyse der Struktur des menschlichen Geistes ableitet. Die so gewonnenen Begriffe, wie der von Gott, können dann zu traditionellen Lehren in Beziehung gesetzt werden, müssen es aber nicht.

Der Religionshistoriker verfährt dagegen folgendermaßen: Erstens verwendet auch er das traditionelle Material, und zwar in der Form, in der es diejenigen, die theologisch arbeiten, existentiell verstehen. Da der Religionshistoriker aber theologisch-wissenschaftlich arbeitet, muß er die Objektivität wahren, die zur Beobachtung der Wirklichkeit erforderlich ist. Zweitens übernimmt er von der natürlichen Theologie die Methode der Analyse des menschlichen Geistes und der Wirklichkeit und zeigt, an welcher Stelle – sowohl in uns selbst wie in unserer Welt – die religiöse Frage entsteht, wie z. B. in der Erfahrung der Endlichkeit, in der Suche nach dem Sinn unseres Lebens, in der Erfahrung des Heiligen als Heiliges usw. Als drittes bietet der Religionshistoriker eine Phänomenologie der Religion, indem er die Phänomene, die in der Religionsgeschichte hervortreten, die Symbole, die Riten, die Ideen und die verschiedenen Handlungen beschreibt. Viertens weist er auf die Beziehung dieser Phänomene zu den traditionellen Begriffen hin – ihre Verwandtschaft, ihre Unterschiede und ihre Widersprüche – und auf die Probleme, die sich daraus ergeben. Als fünftes und letztes stellt der Religionshistoriker die neu interpretierten Begriffe in den Rahmen der religionsgeschichtlichen Entwicklung und der profanen Geschichte und setzt sie in Beziehung zu unserer gegenwärtigen religiösen Lage und unserer kulturellen Situation. In diese fünf Stufen der religionsgeschichtlichen Methode sind auch Elemente der älteren traditionellen Theologie aufgenommen, aber sie sind im Zusammenhang mit der Geschichte der Menschheit und mit den menschlichen Erfahrungen gesehen, wie sie in den großen Symbolen der Religionsgeschichte Ausdruck gefunden haben.

Das methodische Verfahren, in dem die Religionsgeschichte die religiösen Begriffe in ihrem historischen Zusammenhang zeigt und in Beziehung zur Gegenwart stellt, hat den Vorteil, daß es uns eine neue Wahrheit der religiösen Symbole enthüllt: Wir sehen sie jetzt in ihrer Beziehung zu dem gesellschaftlichen Boden, auf dem sie gewachsen sind und in den wir sie heute wieder einpflanzen müssen. Dies ist von außerordentlicher Bedeutung, denn religiöse Symbole fallen nicht vom

Himmel; sie wurzeln in der Totalität menschlicher Erfahrungen, die der umgebenden Welt, der gesellschaftlichen wie der politischen, eingeschlossen. Aber sie wurzeln nicht nur in ihr, sie sind auch Ausdruck des Protestes gegen sie. Beides müssen wir beachten, wenn wir Symbole gebrauchen und wieder einführen wollen.

Ein weiteres Ergebnis dieser Methode ist, daß wir uns heute der religiösen Symbolik als Ausdrucksmittel für die Lehre vom Menschen bedienen können, als Sprache der Anthropologie, wenn wir dieses Wort nicht im Sinne einer empirischen Wissenschaft, sondern als Lehre vom Wesen des Menschen verstehen. Die religiösen Symbole sagen etwas über das Selbstverständnis des Menschen, das Verständnis seiner eigentlichen Natur, aus. Die Betonung der Sündhaftigkeit des Menschen im Christentum und das Fehlen dieses Begriffs im Islam ist ein gutes Beispiel für das, was ich meine. Es zeigt den fundamentalen Unterschied in dem Selbstverständnis des Menschen zwischen zwei großen Religionen und Kulturen. Auf diese Art können wir tiefere Einsicht in die Natur des Menschen gewinnen als mit Hilfe irgendeiner empirischen Psychologie.

Als letztes müssen wir nun fragen: Was bedeutet dies alles für die Beziehung des Theologen zu seiner Religion? Seine Theologie bleibt in ihren Erfahrungsgrundlagen verwurzelt; ohne sie ist keine Theologie möglich. Aber diese fundamentalen Erfahrungen versucht der Theologe in universal gültige Aussagen zu fassen. Diese Universalität besteht jedoch nicht in einer alles umfassenden Abstraktion – diese würde die Religion selbst zerstören –, sondern sie liegt in der Tiefe einer jeden konkreten Religion sowie in der geistigen Freiheit, die Freiheit sowohl *von* der Religion wie auch *für* die Religion ist.[5]

---

5   Tillich hat in seiner Rede von *„spiritual freedom both from one's foundation and for one's foundation"* gesprochen. Und so lautet die Stelle auch in der amerikanischen Ausgabe. Im Manuskript heißt es: *„freedom both from itself and for itself"*. Beim Vortrag muß Tillich erkannt haben, daß dieser Ausdruck zu vage ist und hat ihn mit *„one's own foundation"* ersetzt. Da mit dem „eigenen Fundament" die eigene Religion gemeint ist, hat die Übersetzung hier das Wort „Religion" eingesetzt und so die Bedeutung des Satzes deutlicher gemacht. Daß die Bekanntschaft mit anderen Religionen befreiend wirkt, hatte Tillich auch bei seinen Gesprächen mit Vertretern des Buddhismus in Japan erfahren. Am Ende der Vorträge, die aus diesen Erfahrungen hervorgegangen sind, heißt es, ähnlich wie in der Chicagoer Rede: „In der Tiefe jeder lebenden Religion gibt es einen Punkt, an dem die Religion als solche ihre Wichtigkeit verliert und das, worauf sie hinweist, durch ihre Partikularität hindurchbricht, geistige Freiheit schafft und mit ihr eine Vision des Göttlichen, das in allen Formen des Lebens und der Kultur gegenwärtig ist." (GW V, 98)

Georges Khodr

Das Christentum in einer pluralistischen Welt – das Werk des Heiligen Geistes

Geboren 1923 in Tripolis im Libanon, ist Georges Khodr der Metropolit des Mount Lebanon, einer Diözese des Griechisch–Orthodoxen Patriarchats von Antiochien. Als Student war Khodr Mitbegründer der Orthodoxen Jugendbewegung, einer spirituellen und sozialen Erneuerungsbewegung. Er engagiert sich schon seit vielen Jahren im interreligiösen Dialog, besonders mit dem Islam und in der ökumenischen Bewegung im Nahen Osten. Dieser Artikel ist der Text einer Rede, die er 1971 bei der Sitzung des Zentralausschusses des ÖRK in Addis Abeba, Äthiopien hielt.
In seinem Ansatz, der aus der reichen Tradition der östlichen Kirchenväter wie Justin, Clemens von Alexandrien und Origenes schöpft, kritisiert Khodr die Dominanz einer Theologie der Heilsgeschichte im Westen, die zu einer negativen Bewertung anderer Religionen leite. Daher lädt er zum Verständnis der Ökonomie des Heiligen Geistes als Geheimnis ein. Theologie der Religionen bedeutet für Khodr, die Spuren Christi in den Religionen zu entdecken, im Glauben daran, dass der Heilige Geist auch Nichtchristen auf Christus hinweist und dass er nicht an das Handeln der Kirche gebunden ist.
Khodrs Interesse, der Heilsgeschichte ein „zeitloses" Konzept wie das Wirken des Heiligen Geistes gegenüberzustellen, kann im Zusammenhang mit der damaligen ökumenischen Diskussion zur Israel/Palästina-Frage gelesen werden. Khodr, ein pro-palästinensisch und Israel-kritisch eingestellter Kirchenmann, wehrt sich gegen jede wahrgenommene Heilsexklusivität, ob zugunsten des „Neuen Israels" oder des „Israels nach dem Fleische". Seine Theologie allein politisch zu interpretieren wäre aber zu kurz gegriffen und ein Zeichen von mangelndem Verständnis gegenüber den theologischen Traditionen der Ostkirche.

Gwen Bryde

Georges Khodr

Das Christentum in einer pluralistischen Welt – das Werk des Heiligen Geistes

Seit dem Ende des Ersten Weltkrieges haben die Menschen ein Gefühl für die Einheit der Welt bekommen. Seit dem Zweiten Weltkrieg sehen sie sich dem Phänomen der Planetarisierung gegenüber, für das die Verschiedenheit der Religionen ein Haupthindernis darstellt. Aber da Einheit in wachsendem Maße notwendig wird, wird auch der Dialog immer stärker erforderlich. Nur so kann ein de-facto-Synkretismus vermieden werden, der als unvermeidliche Folge einer Renaissance der Religionen mit ihrem gemeinsamen Streben nach Universalität erwachsen würde. Angesichts dieses Wiederauflebens und einer Pluralität, die dem Evangelium nicht zu weichen scheint, bleibt die Frage, ob das Christentum seinem Wesen nach andere Religionen so völlig ausschließt, wie es bisher weltweit verkündet worden ist.

Diese Frage hat nicht nur für die christliche Mission, sondern auch für den Weltfrieden Bedeutung. Doch ist dies nicht nur eine praktische Frage. Hier geht es vielmehr um das Wesen der Wahrheit selbst. Unser geistliches Leben ist völlig verschieden, je nachdem ob wir die Wahrheit Christi auf die geschichtlich gewordene Kirche begrenzt oder aber als unbegrenzt und in aller Welt verstreut annehmen. Die Liebe wird anders gelebt, ihr Inhalt ist ein anderer, je nachdem ob das Christentum exklusiv oder inklusiv ist. Das Problem, wie es sich uns stellt, ist nicht rein theologischer Art. Es erstreckt sich auch auf die Religionsphänomenologie, die vergleichende Religionswissenschaft, die Religionspsychologie und -soziologie. Diese Disziplinen bringen einen gewissen legalistischen Dogmatismus ins Wanken, der lange in christlichen Ländern vorgeherrscht hat, erhalten durch die Unwissenheit von Theologen über andere Religionen. Es ist vor allem die Echtheit des geistlichen Lebens Nichtgetaufter, die uns vor die Frage nach der Anwesenheit Christi in ihrem Leben stellt. Es ist deshalb absolut unbegreiflich, daß Theologen sich gebührend mit dem Verhältnis des Christentums zu anderen Religionen befassen, ohne die außerchristlichen Gegebenheiten kritisch und schöpferisch in ihre theologischen Reflexionen integrieren zu können. Theologie muß ein ständiger wechselseitiger Austausch zwischen biblischer Offenbarung und Leben sein, wenn sie nicht inhaltslos werden will. Wenn darüber hinaus Gehorsam gegen den Herrn uns dazu treibt, seinen Spuren zu folgen, wo immer sie zu finden sind, dann sind wir verpflichtet, das glaubwürdige geistliche Leben der Nichtgetauften zu erforschen. Damit stellen wir die Frage nach der Anwesenheit Christi außerhalb der christlichen Geschichte. Die beeindruckende (evangeliumsgemäße) Qualität vieler Nichtchristen zwingt uns, eine Ekklesiologie und Missiologie zu schaffen, in welchen dem Heiligen Geist der führende Platz eingeräumt wird.

Wir sollten uns einmal die Apostelgeschichte, jenes erste ekklesiologische Buch, anschauen, um die Stellung der Nichtchristen zu verstehen. In der Erzählung von Kornelius entdecken wir die Bedeutung der Aussage, „sondern in jeglichem Volk, wer ihn fürchtet und recht tut, der ist ihm angenehm" (Apg 10,35). Gott hat „in den vergangenen Zeiten alle Heiden gehen lassen ihre eigenen Wege" (Apg 14,16), „doch hat er sich selbst nicht unbezeugt gelassen" (Apg 14,17). Unter den Völkern gibt es eine Sehnsucht nach dem unbekannten Gott (17,23), ein Suchen nach dem nahen Gott, in dem wir „leben, weben, und sind" (17,28). Aber die Offenheit der heidnischen Welt verleiht ihr noch keinen theologischen Status, denn die Götzen sind nicht Götter (19,26). Paulus sagt kategorisch: es gibt keinen Götzen in der Welt (1Kor 8,4). In der Offenbarung des Johannes – einem hervorragend ekklesiologischen Buch – wird Heidentum mit Lüge gleichgesetzt (21,5 und 22,15). Das Neue Testament bringt uns hier nichts Neues gegenüber dem Alten Testament, wo Propheten das Heidentum als ein Greuel behandelten. Doch nach der Auffassung des Apostels, wie sie auf dem Areopag zum Ausdruck kommt, beten die Athener den wahren Gott an, ohne ihn als Schöpfer zu kennen. Sein Gesicht war ihnen nicht enthüllt worden. Mit anderen Worten, sie waren Christen, die sich ihres Christseins nicht bewußt waren. Paulus gab ihrem Gott einen Namen. Der Name samt seinen Attributen ist die Offenbarung Gottes. Wir finden hier den Ansatz zu einer positiven Einstellung zum heidnischen Bereich, die Hand in Hand geht mit dessen völliger Ablehnung, die vom Judentum vererbt wurde. Aus diesem Grunde haben die christlichen Apologeten von Anfang an zwei verschiedene Einstellungen. Im ersten Fall werden die Götter mit hölzernen oder steinernen Bildern, von Menschenhand gemacht, identifiziert. Sie erscheinen als Dämonen, die gegen den Herrn kämpfen. Die zweite Einstellung ist mehr umfassender Art. Jedoch verhärtet sich der abwehrende oder aggressive Ansatz christlicher Apologeten in dem Maße, in dem die Dogmatik zum offiziellen Bestandteil der Lehre wird, in dem Kirche und Christentum in Byzanz wie im Westen identifizierbar werden und in dem der Kampf gegen die Häresien eine Zurückweisung des Irrtums mit sich bringt, die in den Herzen der Apologeten aller Epochen mit Haß gemischt ist. Darüber hinaus fand der Mangel an Toleranz der Christen untereinander sein Echo im christlichen Denken über die nichtchristlichen Religionen. Der andere mußte entweder gerettet oder umgebracht werden. Ein befremdlicher Begriff einer der Liebe entfremdeten Wahrheit!

Auf der anderen Seite versuchte eine andere Art von Apologeten die Verkündigung an die Athener fortzusetzen. Wir können den Faden aufnehmen bei Justin und seiner wohlbekannten Vorstellung vom Logos Spermatikos, vorhanden bereits vor der Inkarnation. Alle, die dem Logos gemäß gelebt haben, sind Christen. Diese Schule der Apologeten und Kirchenväter hält fest, daß es keine Wahrheit gibt unabhängig von Gottes direktem Handeln. Clemens von Alexandrien, den man als den Repräsentanten dieser Strömung ansehen könnte, schildert die Menschheit als eine von Gott geliebte Einheit. Er beruft sich vor allem auf Hebräer 1,1 und sagt, der Herr habe „zu verschiedenen Malen und auf verschiedene Weise" zur ganzen Menschheit und nicht nur zu Israel gesprochen. Diese Menschheit ist Gegenstand einer Erziehung (wir sollten uns daran erinnern, daß für Paulus der Erzieher das Gesetz war, und der Schüler war Israel). Es handelt sich hier nicht um ein natürliches oder rationales Gesetz, denn „der Logos Gottes ... hat unserer Welt durch den Heiligen Geist eine Ordnung gegeben und besonders dem Mikrokosmos Mensch" (Protreptikos 1,5). Bei dieser göttlichen Heimsuchung besitzt die Philosophie ein besonderes Privileg. Der Doktor von Alexandrien zögert nicht nur nicht, darin eine Schwelle zu einer christusgemäßen Philosophie zu sehen, sondern er lehrt ausdrücklich, sie sei „den Griechen als ihr eigenes Testament gegeben worden" (Stromata V. 28/3). Nichtgriechische wie griechische Philosophien sind verstreute Fragmente des einen Ganzen, welches das *Wort* ist.

Origines betonte die Bedeutung der Philosophie als der Erkenntnis des wahren Gottes. Seiner Meinung nach unterscheidet sich eine Anzahl christlicher Lehren nicht von den Lehren der Griechen. Doch haben die letzteren nicht die gleiche Wirkung oder die gleiche Kraft. Das Neue im Beitrag des Origines liegt darin, daß er die Spuren des Göttlichen in heidnischen Religionen wie in der griechischen Mythologie sieht. Die Kirchenväter respektieren die Weisheit des Altertums trotz eines eindeutig diskriminierenden Geistes. Gregor von Nazianz

Das Christentum in einer pluralistischen Welt – das Werk des Heiligen Geistes

ist für den Ausspruch bekannt, eine Anzahl von Philosophen wie Plato und Aristoteles „hätten eine flüchtigen Blick des Heiligen Geistes erhascht" (Orat. 31, 5; P. G. 36, 137 BC). Trotz seiner scharfen Kritik am Götzendienst zögert er nicht zu sagen, er sehe im religiösen Leben der Menschheit „die Hand Gottes, die den Menschen zum wahren Gott leitet". Wir wollen nicht die Liste der Kirchenväter ungebührlich verlängern, sondern nur noch Augustinus erwähnen, der meinte, daß seit Beginn der menschlichen Geschichte – innerhalb wie außerhalb Israels – Menschen anzutreffen waren, die am Mysterium des Heils teilhatten. Was ihnen bekannt war, sei in der Tat die christliche Religion gewesen, ohne daß sie ihnen als solche offenbart worden wäre. Dieser ganze Trend im patristischen Denken könnte vielleicht in dem folgenden Satz des Irenäus zusammengefaßt werden: „Es gibt nur einen Gott, der vom Anfang bis zum Ende der Menschheit durch verschiedenes Heilshandeln zu Hilfe kommt" (Adv. Haer. III, 12, 13).

Es würde den Rahmen dieses Referats sprengen, wenn man auch nur kurz die Geschichte christlichen Denkens über andere Religionen skizzieren wollte. Der Hinweis mag genügen, daß im griechischsprachigen byzantinischen Osten nach Johannes Damascenus die Einstellung zum Islam recht negativ war. Auch der Westen war mit wenigen Ausnahmen wie Abaelard und Nikolaus Cusanus negativ eingestellt.

Offenbar ist eine Ekklesiologie, die an eine existentiell erfahrene Geschichte wie an ein bestimmtes Geschichtsbild gebunden ist, für die negative Beurteilung anderer Religionen verantwortlich. Sicherlich geht die theologische Aussage, daß die Ungläubigen umgebracht werden müssen – eine Theologie, die auf Thomas von Aquin gründet und zuerst von Bernhard von Clairveaux gepredigt worden ist –, Hand in Hand mit den Kreuzzügen, die sowohl die scharfe Trennung zwischen Christentum und Islam als auch die zwischen dem christlichen Osten und dem christlichen Westen vertieft haben. Auch sollten wir festhalten, in welchem Ausmaß die arabisch-byzantinischen Kriege zur Definition von *oikoumene* als mit der Kirche im Osten räumlich zusammenfallend beigetragen haben. Mit anderen Worten, wegen der bewaffneten Kämpfe des lateinischen wie des byzantinischen mittelalterlichen Christentums wurde die Ekklesiologie zu einer historischen Ekklesiologie, d. h., die Kirche hat die soziologische Gestalt christlicher Nationen angenommen. Die christliche Welt im Westen wie im Osten wurde gleichgesetzt mit einem Ort, wo Frieden, Licht und Erkenntnis wohnen. Die nichtchristliche Welt war die von Krieg und

Finsternis. Das war eine wörtliche Übertragung muslimischer Terminologie über den Unterschied zwischen *dar el Islam* und *dar el Kufr*, dem Bereich des Islam und dem der Ungläubigen. Es war also die Vorstellung der Kirche als einem *Umma*, einer soziologisch und zahlenmäßig bestimmten Gemeinschaft. Diesen Raum außerhalb der Kirche galt es zu retten. Ungläubige, Häretiker und Schismatiker mußten durch missionarische Aktivität, durch Proselytismus oder durch kulturellen Kolonialismus – wo Verfolgung und Krieg als Mittel unakzeptabel waren – in die Kirche zurückgebracht werden, damit es nur „eine Herde und einen Hirten" gibt. Die etablierte und institutionalisierte Kirche ist das Zentrum der Welt. Die Geschichte der christlichen Welt ist die Geschichte par excellence. Die Erfahrung des Westens ist der Typos der Geschichte. Die übrige Welt bleibt infrahistorisch, bis sie die westliche Erfahrung übernimmt, die außerdem durch eine unnachsichtige Logik und einen technischen Determinismus die Welt wird beherrschen müssen. Diese Geschichtsphilosophie wird eine Mentalität und ein Verhaltensmuster bestimmen, die unausweichlich das theologische Denken prägen. Darum werden die Religionen der unterentwickelten Länder, die nicht gebührend von der Dynamik einer schöpferischen Zivilisation beeinflußt worden sind, wie der Hinduismus, Buddhismus, Islam, ja selbst die christliche Orthodoxie, und die einer historisch niedrigeren Zeit angehören, ein höheres Stadium erreichen müssen, um durch Übernahme eines Christentums des hierarchisch höheren Typus historisiert zu werden. Die übrige Welt sollte in das Zeitkontinuum der Kirche durch das Heil eintreten, das auf der universalen Ausbreitung des christlichen Lebens basiert, das seinerseits in der Autorität des Westens begründet ist. Diese Vorstellung beruht auf dem Gedanken der Heilsgeschichte, der im Protestantismus des letzten Jahrhunderts hervorgebracht und vom gesamten westlichen Christentum seit dem letzten Weltkrieg übernommen wurde. Die Abfolge der Heilsereignisse ist zu sehr betont worden. Christus erscheint so als das Ende des Alten Bundes und das Ende der menschlichen Geschichte. Die eschatologische Dimension des Glaubens und Lebens der Kirche hat so die Tendenz zu verkümmern. Gott ist in der Tat innerhalb der Geschichte, aber man vergißt, daß das göttliche Ereignis eine Entfaltung des Mysteriums ist. Wir werden später darauf zurückkommen. Hier möchte ich betonen, daß diese lineare Geschichtsanschauung mit einem monolithischen ekklesiologischen Ansatz verbunden ist, der in berechtigter Ablehnung der griechisch-asiatischen Idee von der zyklischen Wiederkehr aller Dinge die Vorstellung von einer die Geschichte transzendierenden Ewigkeit und folglich einen Kirchenbegriff verwirft, bei dem Christus „nicht nur chronologisch, sondern vor allem ontologisch" verstanden wird.

Ganz selbstverständlich ergibt sich aus dieser Ekklesiologie und dieser linearen Heilsvorstellung ein klar definierter missionarischer Ansatz. Die Kirche hat so beinahe ausschließlich entweder einer karitativen oder humanitären Aktion zu dienen, oder sie ist da zur konfessionellen und soziologischen Rückgewinnung jener, die noch außerhalb des Leibes der Kirche sind. Wahrheit liegt innerhalb der Grenzen dieses Leibes, Irrtum außerhalb. Nun kann aber das Heilmittel für all dies nicht in der Anwendung neuer Methoden, in der Weihe farbiger Bischöfe oder in der Assimilierung der Sitten eines Volkes und seiner Folklore liegen. In seiner Wirkung bleibt dies alles eine verfeinerte Form von geistlichem Imperialismus. Was hier in Frage gestellt wird, ist die Missionstheologie selbst. Eine Tradition, die von diesem Ansatz völlig unabhängig war, ist die Missionstradition der nestorianischen Kirche. Sie versuchte in einer beinahe einmaligen Weise die geistige Entwicklung der Religionen zu fördern, denen sie begegnete, und sie von innen heraus zu „verbessern" (den Buddhismus in Tibet und China), ohne sie zu „verfremden". Die Mission übernimmt geistig die gesamte Schöpfung. In der persischen Kirche von Mesopotamien finden wir das kühnste Bestreben, für den Islam offen zu sein. Der prophetische Charakter Mohammeds wird in nestorianischen Texten im Zusammenhang einer eingehenden Analyse der muslimischen Botschaft definiert. Doch gibt es da keine Verkürzung der selbstverständlichen Zentralbedeutung oder der ontologischen Einmaligkeit Jesu Christi.

Das Ganze läuft auf folgendes hinaus: Die zeitgenössische Theologie sollte über den Gedanken einer Heilsgeschichte hinausgehen, um die Bedeutung der *oikonomia* noch einmal neu herauszufinden. Die Ökonomie, das Heilswirken Christi, ist nicht auf seine historische Entfaltung begrenzt, vielmehr läßt sie uns am Leben Gottes teilnehmen. Von daher kommt unser Hinweis auf die Ewigkeit und auf das Handeln des Heiligen Geistes. Genau die Vorstellung eines Heilswirkens ist eine Vorstellung des Mysteriums. Und wenn wir sagen Mysterium, dann weisen wir auf die Kraft hin, die in dem Ereignis steckt. Wir weisen auch auf die Freiheit Gottes hin, der nicht an irgendein Ereignis in seiner Vorsehung und in seinem erlösenden Handeln gebunden ist. Die Kirche ist das Instrument des Mysteriums der Errettung der Völker. Sie ist das Zeichen der göttlichen Liebe zu allen Menschen. Sie steht der Welt nicht als getrennt von ihr gegenüber, sondern als Teil von ihr. Die Kirche ist der wahre Lebensatem der Menschheit, das Bild der kommenden Menschheit, kraft des Lichtes, das sie empfangen hat. Sie ist das Leben der Menschheit, selbst wenn die Menschheit dessen nicht gewahr wird. Sie ist der „Kosmos des Kosmos", wie Origines sagt. Wenn der Sohn, um den Gedanken des Origines aufzunehmen, der „Kosmos der Kirche" ist, dann wird uns klar, daß es die Funktion der Kirche ist, im Lichte des Mysteriums, dessen Zeichen sie ist, all die anderen Zeichen zu lesen, die Gott zu verschiedenen Zeiten auch in den Religionen aufgerichtet hat, um der Welt der Religionen den in ihr verborgenen Gott aufzuzeigen im Blick auf die endgültige und konkrete Entfaltung des Mysteriums.

Die obenerwähnte Ökonomie ist nicht neu. Sie beginnt mit der Schöpfung als der Offenbarung der *Kenosis* Gottes. Der Kosmos trägt das Siegel Gottes, genau wie Jakob nach seinem Kampf mit dem Engel. In jener Welt, die dem Gesetz vorausgeht, schließt Gott einen Bund mit Noah. Hier beginnt der Dialog mit der gesamten Menschheit als Fortsetzung des ersten Dialoges in der Schöpfung. Wir stehen hier vor einem kosmischen Bund, der unabhängig von dem Bund mit Abraham weitergeht. In diesem Bund leben die Menschen, die das *Wort* nicht kennen, das an den Vater aller Glaubenden gerichtet wurde. Die Schrift sagt, die Engel wachten über ihnen. In seinen Worten über diese Engel der Völker sagt Origines: sie seien es gewesen, die den Hirten die Botschaft von der Geburt des Heilands gebracht und so ihren Auftrag erfüllt hätten. Dies können wir bejahen, jedoch in dem Sinne, daß der Heiland selbst diesen Bund Noahs mit einer Heilsbedeutung erfüllt. Er selbst ist der wahre Bund zwischen Gott und dem Kosmos geworden. Der messianische Archetypus ist vorausgeschaut in der alttestamentlichen Figur, die sein „vorausgeworfener Schatten" ist.

Mit Abrahams Erwählung wird die Erwählung der Völker der Erde deutlicher. Bereits in ihm sind sie Gegenstand dieser Erwählung. Abraham unternimmt den ersten Exodus, indem er sein Land verläßt. Der zweite Exodus wird der sein, bei dem das Volk durch die Wüste nach Kanaan zieht bis zu dem Tag, wo Jesus wie ein Fremder ans Kreuz geschlagen wird. Hierdurch lebt Israel sinnbildlich das Mysterium des Heilshandelns. Das aus den Fluten während seiner Reise ins

Das Christentum in einer pluralistischen Welt – das Werk des Heiligen Geistes

gelobte Land gerettete Israel stellt die gerettete Menschheit dar. Als solches ist es das Bild der durch Christus geretteten Kirche. Die Erwählung ist insofern besonders, als von ihr das Heilshandeln des Mysteriums für die ganze Menschheit ausgeht. Israel ist sinnbildlich gerettet als der Typos und der Vertreter der Menschheit. Im Alten Testament wird darüber hinaus offenkundig, daß die Ereignisse seiner Rettung die Antitypen der Rettung im Exodus sind. Für den Hebräer liegt hier viel weniger eine lineare Folge von Heilsereignissen vor als vielmehr ein typologisches Faktum, nachgebildet durch andere Fakten. Das einzig Kontinuierliche ist Gottes Treue sich selbst gegenüber. Israel als Ort der Offenbarung des Wortes und als ein Volk, gestaltet durch seinen Gehorsam gegen das Wort, und nur dadurch, ist solidarisch mit allen anderen Völkern, die Gottes Heimsuchungen „zu verschiedenen Malen und in verschiedener Weise" erfahren haben und zu deren Vätern und Propheten, die von den Kirchenvätern als die Gerechten und die Heiligen aus den Heiden betrachtet wurden, Gott gesprochen hat. Hier geht es darum, daß die Geschichte von Abraham, Moses und David von göttlicher Gegenwart voll war. Die Abfolge der Ereignisse ist von geringer Bedeutung. Die Autoren des Alten Testaments waren, wie Matthäus in seiner Genealogie, hauptsächlich an den geistlich bedeutsamen Fakten interessiert, die zu der erhofften oder geoffenbarten messianischen Wirklichkeit in Beziehung standen.

Dieser Hinweisbezug auf Christus ist auch außerhalb Israels in dem Maße anwendbar, wie die Völker ihre eigenen Urbilder der Realität Christi haben, es seien Personen oder Botschaften gewesen. Es hat wenig zu sagen, ob eine Religion ihrem Wesen nach geschichtlich ist oder nicht. Es ist kaum von Bedeutung, ob diese oder jene Religion sich selbst als unvereinbar mit dem Evangelium betrachtet. Christus ist überall, verborgen im Mysterium seiner Niedrigkeit. Jede Interpretation von Religionen ist eine Interpretation auf Christus hin. Es ist allein Christus, der als Licht empfangen wird, wenn die Gnade bei einem Brahmanen, einem Buddhisten oder einem Muslim über dem Lesen ihrer eigenen Schriften einkehrt. Wer immer als Märtyrer stirbt, verfolgt wegen einer Sache, die er für gerecht hält, stirbt in Gemeinschaft mit Christus. Alle Mystiker des Islam, die als Zeugen einer sich aufopfernden Liebe gelebt haben, lebten die johanneische *agape* in ihrer Einzigartigkeit. Denn wenn der Baum an seinen Früchten erkannt wird, dann empfangen zweifellos die Armen, die Menschen aller Völker, die im Schatten leben und sich ernsthaft nach Gott sehnen, den Frieden, den Gott denen gibt, die er liebt (Luk. 2,14).

Dieses Heil außerhalb Israels „dem Fleische nach" und außerhalb der geschichtlich gewordenen Kirche ist die Folge der Auferstehung, die alles mit der Fülle Christi erfüllt. Die Ankunft Christi, in welchem „alle Dinge ihren Bestand haben" (Kol. 1,17), hat die ganze Menschheit zu ihrer wahren Existenz gebracht und bewirkt geistliche Aufbrüche, Heilsvorgänge, die die Obhut für die Seelen der Menschen übernehmen können, bis daß Er kommt. Die Kirche behält ihre umfassende Mittlerrolle. Aber Gottes Freiheit ist von der Art, daß er sich Propheten erwecken kann außerhalb der soziologischen Grenzen des Neuen Israel, genau wie er sie außerhalb der Grenzen des Alten Israel berufen hat. Aber diese Berufungen zu Prophetie und Weisheit außerhalb des Heiligtums besitzen eine geheime Verbindung zur Kraft des Auferstandenen und widersprechen der Einmaligkeit des Heilsgeschehens in Christus in keiner Weise. Die Fülle Christi mag in der Geschichte durch die Sünde der Menschen verhüllt sein. Es kann sein, daß die Kirche nicht als Träger der Macht und Herrlichkeit ihres Herrn angesehen wird. Nur allzuoft sieht man hier keinen Hinweis auf das Reich Gottes. Aber Gott kann dem Zeugen erwecken, dem es nicht gegeben ist, die erregende Epiphanie Christi in seinem Antlitz zu sehen, das durch unsere Schuld von Blut überströmt ist, und in seinem Rock, der durch unsere Spaltungen zerrissen ist; er kann vor ihm eine Macht erstehen lassen, die weit größer ist, als uns die außerbiblischen Botschaften als solche anzunehmen erlauben würden. Wahre Fülle wird jedoch erst im zweiten Kommen erlebt. Auf das Ende, auf den letztgültigen Sinn aller Dinge hin verwirklicht sich das Heilsgeschehen. Das Heilshandeln Christi ist unverständlich ohne das Heilshandeln des Geistes.

„Und es soll geschehen in den letzten Tagen, spricht Gott, da will ich ausgießen von meinem Geist auf alles Fleisch" (Apg 2,17). Dies muß von Anfang an als ein Pfingsten mit universalem Charakter verstanden werden. Und wirklich lesen wir in der Apostelgeschichte, daß „auch auf die Heiden die Gabe des Heiligen Geistes ausgegossen ward" (10,45). Der Geist ist überall gegenwärtig und erfüllt alles in einem Heilshandeln, daß von dem des Sohnes unterschieden ist. Das Wort und der Geist werden von Irenäus die „beiden Hände des Vaters" genannt. Das unterstreicht nicht nur ihre hypostatische Unabhängigkeit, sondern räumt ein, daß das Erscheinen des Heiligen Geistes in der Welt nicht dem Sohn subordiniert ist, daß es nicht eine reine Funktion des *Wortes* ist. „Pfingsten", sagt Lossky, „ist nicht eine ‚Fortsetzung' der Inkarnation, es ist ihr Nachspiel, ihre Konsequenz ... Die Schöpfung ist zum Empfang des Heiligen Geistes befähigt worden."[1] Zwischen diesen beiden Heilsökonomien besteht eine Gegenseitigkeit und ein gegenseitiger Dienst. Der Geist ist ein anderer Tröster. Er gestaltet Christus in uns. Und seit Pfingsten macht er Christus gegenwärtig. Er verinnerlicht Christus hier und dort, wie Irenäus sagt: „Wo der Geist ist, da ist auch die Kirche."[2] Der Geist handelt durch seine Wirkungskräfte seiner eigenen Ökonomie gemäß. Von diesem Gesichtspunkt aus könnten wir die nichtchristlichen Religionen als Bereiche werten, wo seine Inspiration am Werk ist.

Welche der Geist besucht, die sind das Volk Gottes. Die Kirche bildet die Erstlingsgabe dieser zum Heil berufenen Menschheit. „In Christus werden alle lebendig gemacht werden" (1 Kor 15,22), wegen dieser Gemeinschaft, welche die Kirche ist. Gegenwärtig ist die Kirche das Sakrament dieser künftigen Einheit, die von den Getauften in Gemeinschaft mit denen gebildet wird, die vom Bräutigam der Kirche getauft sein werden, wie es Nikolaus Kabasilas wunderbar gesagt hat. Und wenn wir heute den Leib Christi empfangen, sind wir mit all jenen vereinigt, die der Herr in seiner lebendigmachenden Liebe umfängt. Sie alle sind im eucharistischen Kelch und harren auf die Zeit, wenn sie den einen herrlichen Leib des Heilandes bei der Parusie bilden, wo alle bloßen Zeichen verschwinden vor dem „Thron Gottes und des Lammes" (Offb. 22,3).

Wenn die Grundlagen dieser Theologie akzeptiert werden, wie beschreiben wir dann die christliche Mission und die konkrete Einstellung einer christlichen Gemeinschaft gegenüber einer nichtchristlichen Gemeinschaft?

1. Große Friedfertigkeit und Geduld zeichnen den Gläubigen aus, der weiß, daß die großen Religionen in Gottes Plan Schulen göttlicher Gnade sind. Das ruft Gehorsam hervor gegenüber dem vom Heiligen Geist verwirklichten Plan, ein Warten auf das Kommen des Herrn, ein Verlangen nach dem ewigen Passahmahl und eine geheimnisvolle Gemeinschaft mit allen Menschen in der Ökonomie des Mysteriums,

---

[1] Vladimir Lossky, Théologie mystique de l'Eglise d'Orient. Aubier, Paris, 1944, p. 156.
[2] Adv. haer. III, 24, P. G. t. 7, col. 966 C.

durch die wir allmählich auf die letzte Vollendung, die Sammlung aller Dinge in Christus, zugehen.

2. Es gibt eine universale religiöse Gemeinschaft, die unsere christliche Erfahrung bereichern kann, wenn wir von dem Gebrauch machen, was sie uns anbietet. Hier geht es weniger um die historisch und wörtlich objektive Bedeutung der nichtchristlichen Schriften, sondern um das christusgemäße Lesen der Schriften. Genau wie der hebräische Buchstabe ohne den Heiligen Geist die Offenbarung vor uns verhüllen kann – Christus ist der einzige Schlüssel zum Alten Testament –, können wir andere Religionen entweder mit einem rein kritischen Geist und kaltem Wissenschaftsdenken als Geschichte und Soziologie rekonstruieren oder die in ihnen enthaltene Wahrheit dem Wehen des Geistes gemäß herausarbeiten.

3. Innerhalb dieser Religionen gelangen einzelne bevorzugte Menschen über die Geheimnisse ihres eigenen Glaubens hinaus, genau wie das geistliche Leben über das Gesetz hinaus gelangt, obschon hier und da Gesetzlichkeit herrscht. Wir sollten die tiefen Absichten der vom Geist erfüllten Menschen aus den Symbolen und historischen Formen herauslesen und ihre Erfassung des Göttlichen zum Gegenstand unserer christlichen Hoffnung in Beziehung setzen. D. h., wir sollten die apophatische Methode nicht nur im christlichen Bereich gebrauchen, um von Gott zu reden – denn jeder Begriff ist Götzenbild –, sondern diese Methode auch anwenden, wenn wir von Gott sprechen, so wie er durch die Schriften der nichtchristlichen Religionen erscheint. Während wir uns darum bemühen, den Menschen aus einer anderen Glaubensgemeinschaft zu verstehen, sollte es uns nicht nur um ein beschreibendes Wissen über ihn gehen, um ihn als Bild seiner eigenen Einmaligkeit zu erfassen, sondern wir sollten ihn als Quelle eigener Auferbauung und als Ort der Epiphanie behandeln.

4. Gemeinschaft ist die notwendige Voraussetzung für Kommunikation. Darum ist vom christlichen Standpunkt aus kein Umgang ohne eine Bekehrung möglich, die allen konfessionellen Stolz und alle Überlegenheitsgefühle kulturellen oder historischen Ursprungs verbannt. Diese Demut muß eine christusförmige Erfüllung durch den anderen finden. Eine christliche Gemeinschaft, gereinigt durch das Feuer des Geistes, Gott geheiligt, arm um Gottes willen, kann sich in evangeliumsgemäßer Zerbrechlichkeit darbieten, um in der gleichen Einfalt zu empfangen und zu geben. Sie sollte die Herausforderung als eine brüderliche Ermahnung annehmen und die mutige Abweisung

der Lüge entdecken, die die christliche Geschichte nicht anprangern wollte oder nicht anzuprangern verstand, selbst wenn solche Abweisungen in die Form des Unglaubens gekleidet sind.

5. In diesem Geist wird Kommunikation möglich sein. Christus wird auf der Basis seiner Erniedrigung, seiner historischen Realität und seiner Worte dargetan. Es geht hier nicht so sehr um die Hinzufügung weiterer Menschen zur Kirche. Sie werden von selbst hereinkommen, wenn sie beginnen, sich wie im Vaterhaus zu fühlen. Die vorliegende Aufgabe besteht darin, alle Werte Christi in anderen Religionen herauszufinden, ihnen Christus als ihr Bindeglied zu zeigen und seine Liebe als ihre Erfüllung. Wahre Mission spottet der Mission. Es ist unsere einzige Aufgabe, den Fußtapfen Christi zu folgen, wie sie schattenhaft in anderen Religionen wahrzunehmen sind.

„Des Nachts auf meinem Lager suchte ich, den meine Seele liebt. Ich suchte; aber ich fand ihn nicht. Ich will aufstehen und in der Stadt umhergehen auf den Gassen und Straßen und suchen, den meine Seele liebt. Ich suchte; aber ich fand ihn nicht. Es fanden mich die Wächter, die in der Stadt umhergehen: ‚Habt Ihr nicht gesehen, den meine Seele liebt'" (Hohes Lied 3,1–3).

Das Zeugnis in einer nichtchristlichen Welt wird dem einen Namen geben, den andere als den Geliebten erkannt haben. Wenn sie Freunde des Bräutigams geworden sind, wird es leicht sein, ihm einen Namen zu geben. Das ganze missionarische Handeln der Kirche wird darin bestehen, Christus zu wecken, der in der Nacht der Religionen schläft. Allein der Herr weiß, ob die Menschen ein glaubwürdiges herrliches Passahmahl gemeinsam feiern, bevor das himmlische Jerusalem herniederfährt. Jetzt wissen wir nur, daß Christi Glanz auf unseren Gesichtern die Verheißung unserer endgültigen Versöhnung ist.

Hans Jochen Margull

Verwundbarkeit. Bemerkungen zum Dialog

Hans Jochen Margull (1925–1982) war ein evangelischer Theologe, der sich zunächst Fragen der Missions-, dann der Ökumene- und schließlich der Religionswissenschaft widmete. Seit 1961 wirkte er im Ökumenischen Rat der Kirchen (ÖRK) mit. 1971 wurde er dort Vorsitzender der neu gebildeten Dialogabteilung. In den 1970er Jahren galt sein Engagement besonders der zunehmend erkannten Bedeutung eines Dialogs der Religionen. Er trug wesentlich dazu bei, dass diesem Anliegen ein größerer Raum innerhalb des ÖRK eingeräumt wurde. Ab 1967 übernahm er den Lehrstuhl für Missionswissenschaft und ökumenische Beziehungen der Kirchen an der Universität Hamburg.
Uns liegt keine systematische Theologie Margulls vor. Dies ist gerade auf die Eigenart seines theologischen Denkens zurückzuführen, das sich durch Erfahrungsbezogenheit und behutsames Fragen auszeichnete und in einem Systematisieren die Gefahr von Erstarrung und Absolutsetzung sah. Seine Sorge vor absoluten Wahrheitsansprüchen wird im Zusammenhang mit seiner Biographie verständlich. Margull wurde 1943 als 18-Jähriger zur Marine eingezogen und fasste angesichts der eigenen Verstrickung in Leid und Schuld den Entschluss, Theologie zu studieren.
Im interreligiösen Dialog war für Margull die Erfahrung von Verwundbarkeit eine zentrale Kategorie. Hiervon gibt der vorliegende Text Zeugnis. Ausgehend von der christlichen Erkenntnis, dass Gott selbst sich im Dialog mit den Menschen in Jesus verwundbar machte, stellt er in Frage, dass eine Absolutsetzung der eigenen theologischen Position im Dialog dem Wesen Gottes gerecht wird.

Tobias Niwiński

Verwundbarkeit
Bemerkungen zum Dialog

[410] Die hier unterbreitete Darlegung einiger im Stichwort der Verwundbarkeit gesammelter Aspekte zur Dialogproblematik weicht in ihrem persönlichen Ansatz und von daher auch in ihrer Kürze von Form und Inhalt bewährter theologischer Ausführung ab. Das mag an der Eigenart des Verfassers liegen, ist aber eher durch den Gegenstand oder vielmehr den Vorgang oder genauer die Vorgänge des Dialoges bestimmt, die sich noch einer systematischen Erschließung entziehen oder gar überhaupt nicht jenem systematischen Zugriff zur Verfügung stehen, der der unsrige, christliche, abendländische, reformatorische, im Dialog folglich nur der partikulare und diesem gegenüber also nur ein ungenügender, unbewährter ist. Verwundbarkeit als Dialogerfahrung kommt dem christlichen Theologen schon einmal als die Verwundbarkeit nicht nur seiner Theologie entgegen, mit der er, wenn er es überhaupt wagt oder wagen zu können meint, in einen Dialog eintritt, sondern auch und besonders schmerzhaft in der Verwundbarkeit der Theologie, in der er dann einen Dialog verstehen und unter dem Gesetz dieser Theologie den Dialog auf den Begriff bringen will. Verwundet wird der universale Anspruch und vorerst auch die universale Intention seiner Theologie. Wie Wolfhart Pannenberg[1] in vergleichbarer Erfahrung gesehen hat, ist Theologie nur „Theologie der christlichen Überlieferung", mithin eine „Spezialtheologie", jeweils einzuordnen, nicht übergeordnet.

Verwundbarkeit als Stichwort einer Erörterung von Dialog und Dialogsproblematik mag über Gebühr als willkürlich erscheinen, zumal dieses wie jedes herausgehobene Stichwort zu bedaulicher Selektivität und somit zu einer schwer vertretbaren Begrenzung der Material- und Informationsbreite führt. Willkürlichkeit besteht in der Tat darin, daß ich in den Vorarbeiten zu diesem Beitrag über die sich häufenden und sich steigernden Angriffe gegen das Dialogprogramm des Ökumenischen Rates der Kirchen, mit dem ich befaßt bin, sowie über manche zunehmende Bezweiflung der Integrität und Solidität der im Dialogversuch lebenden Christen nicht leicht hinweggekommen bin und darin – wobei man dann das eben Empfundene und Gesagte gleich wieder vergessen kann – der Verwundungen ansichtig [411]wurde, die mit dem Dialog offenbar erlitten werden.

---
1 W. Pannenberg, Wissenschaftstheorie und Theologie, 1973, 324, 328.

Verwundet ist nicht nur der Angegriffene; der Angreifer greift aufgrund der Wunde an, die „der Dialog" „der Mission" schlägt. Weit wichtiger ist jedoch die Erinnerung an Einladungen zum Dialog, die etwa von Hindus, Buddhisten oder Muslimen nicht nur mit dem Vermerk der Zwecklosigkeit eines Dialoges mit den Christen, sondern vor allem mit der Begründung abgelehnt wurden, daß auch ein Dialog nur noch die Wunde wieder aufreißen oder vertiefen würde, die ihnen und ihrer Gemeinschaft durch die christliche Mission zugefügt worden sei. In diesem Zusammenhang muß man an die nicht gelinden Vorhaltungen denken, die in interreligiösen Dialogen den Christen allgemein und denen aus dem Westen im besonderen zu jenen Punkten in der Geschichte westlich-christlicher Mission gemacht werden, bei denen Theorie und Praxis der Expansion eindeutig gegen das menschheitliche Desiderat der Kommunikation verstoßen haben. An solchen Stellen hat sich dann unter den christlichen Dialogpartnern im Versuch der Bewältigung einer anfänglichen Defensivität die Frage nach dem Maß ihrer persönlichen Verwundbarkeit im Sinne ihrer Leidensfähigkeit gestellt. Verwundbarkeit will also gewissermaßen dialektisch verstanden werden: Jeder und jedes ist verwundbar, aber entscheidend ist, ob und wieweit Verwundbarkeit ausgehalten werden und ihr darin ein Sinn zukommen kann. Ausschlag-gebend für das hier hervorgehobene Stichwort der Verwundbarkeit war jedoch, daß bei meinem abermaligen Einkreisungsversuch der christlichen Frage des Dialoges der besonders von Kenneth Cragg immer wieder in den Dialog eingebrachte neuartige Hinweis auf die Verwundbarkeit Gottes sich in dem Mittelpunkt hielt, in dem er stand. Darüber wird noch gesprochen werden müssen, hier genügt die Versicherung, daß unser Stichwort am Ende nicht willkürlich ist.

Natürlich markiert Verwundbarkeit nicht das Auffällige am Dialog und auch (noch) nicht dessen geschichtliche Bedeutung. Auffällig sind vielmehr die Schnelligkeit, mit der er entlang der sich windenden Grenzen zwischen Religionen, Kulturen und Ideologien (lassen wir's fürs erste bei dieser Benennung) aufkam, die Globalität, die er erreichen konnte, die Neuartigkeit, die an ihm empfunden wurde.

Um dies zu sehen, braucht man z. B. die wichtigsten Titel der Dialogbibliographie nur einmal chronologisch zu ordnen. 1950 erschien Martin Bubers Arbeit „Zwei Glaubensweisen", mit welcher der Titel seiner Schrift „Dialogisches Leben" nicht ohne dessen konkretisierende Verengung geradezu als Schlagwort aufgenommen wurde. Um die gleiche Zeit begannen einige jener christlich-jüdischen Gespräche, die etwa auf dem Berliner Kirchentag 1961 kirchlich-öffentlich wurden. 1956 legte Jacques Albert Cuttat seine Proposition zur „Begegnung der Religionen" vor, 1965 (dt. 1967) gefolgt von seinem Entwurf „Asiatische Gottheit - Christlicher Gott". Im gleichen Jahr 1956 erhielt der sich im Kreise Cuttat zeigende christlich-hinduistische Dialog eine kirchlich nachhaltige Abstützung in dem Bericht der [412]beiden Patres Jules Monchanin und Dom Le Saux über ihre indigenistisch-dialogische Existenz als „Eremiten von Saccidânanda" (dt. 1962), später u. a. in Le Saux' Buch „La rencontre de l'hindouisme et du christianisme" (1966, englisch 1969). Parallel dazu kamen 1966 Bede Griffiths' Essays zu einem hinduistisch-christlichen Dialog unter dem Titel „Christian Ashrams" heraus und 1968 Klaus Klostermaiers eindrucksvolles Tagebuch „Christ und Hindu in Vrindaban". In der zweiten Hälfte der fünfziger Jahre bereitete sich in dem von P.D. Devanandan und M.M. Thomas geleiteten Christian Institute for the Study of Religion and Society in Bangalore, also auch auf protestantischer Seite, der christlich-hinduistische Dialog vor, den Devanandan in seiner Rede vor der Vollversammlung des Ökumenischen Rates der Kirchen 1961 in New Delhi mit dem Verweis auf „the understanding concern which is increasingly characteristic of Christian witness in our day" vorsichtig andeutete. 1964 erschienen posthum einige seiner Schriften unter dem Titel „Preparation for Dialogue", wobei sich im Untertitel der nicht unwichtige Vermerk über die Situation in einem neuen, will sagen, nachkolonialen Indien findet. Wiederum 1956 konnte man in Kenneth Craggs Studie „The Call of the Minaret" unter Ausleuchtung einer christlichen Vorbereitung die Einladung und auch schon einen bisher nicht überbotenen Schritt zum christlich-muslimischen Dialog erkennen. 1958, übrigens in dem Jahr, in dem die 3. Auflage der RGG Dialog nur „als geistliche musikalische Gattung" vorführte, hielt Hendrik Kraemer in Princeton die Stone Lectures, die zwei Jahre später einer erstaunenden Missions- und Religionswissenschaft unter dem Titel „World Cultures and World Religions: The Coming Dialogue" zur Kenntnis gebracht wurden. Erneut 1958 erschien Josef Hromadkas „Evangelium für Atheisten", 1965 „An der Schwelle des Dialogs zwischen Christen und Marxisten". In Roger Garaudys Schrift „Vom Bannfluch zum Dialog" (1965) kam dazu in prinzipieller Hinsicht ein Echo. Ein christlich-marxistischer Dialog war in Versuch genommen worden. Gerade vor 1962 war Paul

Tillich in Japan, wobei sich auf der Basis einiger natürlich schon bestehender lokaler Kontakte ein christlich-buddhistischer Dialog ergab, über den er in seiner Auslassung „Das Christentum und die Weltreligionen" (dt. 1964) reflektierte. Um die gleiche Zeit nahmen christliche Studienzentren und Gruppen in Hongkong, Laos, Ceylon usw. die ersten Gespräche mit Buddhisten auf. Von 1962 an konnten aus Karl Rahners fundamentaltheologischen Überlegungen „Das Christentum und die nichtchristlichen Religionen" starke Impulse für den Dialog entnommen werden. 1963 sorgte Wilfred Cantwell Smith in seinem Buch „The Meaning and End of Religion" für eine Thematisierung der in den beginnenden Dialogen schon entdeckten Tatsache, daß die Religionsgeschichte nicht abgeschlossen ist.

Fast synchron und also erstaunlich schnell kam es zu kirchlichen Entscheidungen. 1964 erklärte Papst Paul VI. in der Enzyklika „Ecclesiam suam" die Dialogbereitschaft der römisch-katholischen Kirche, 1965 [413]wurde die Erklärung des II. Vatikanischen Konzils über das Verhältnis der Kirche zu den nichtchristlichen Religionen promulgiert, die vatikanischen Sekretariate „für die Nichtchristen" und „für die Nichtglaubenden" wurden eingerichtet. Auf Seiten des Ökumenischen Rates der Kirchen wurde die 1955 noch unter dem Titel „Das Wort Gottes und der moderne nicht-christliche Glaube" begonnene Studie als nicht mehr abschließbar empfunden, 1967 kam es zu einer ersten Dialogerklärung, 1969 zu einer ersten christlich-muslimischen Zusammenkunft über das Nahostproblem in Cartigny/Genf, 1970 in Ajaltoun/Beirut zu einem ersten und gewiß bahnbrechenden multilateralen Dialog zwischen Hindus, Buddhisten, Christen und Muslimen, 1971 zur Einrichtung der Abteilung „Dialog mit Menschen anderer Religionen und Ideologien".

Also höchstens zwanzig, praktisch viel weniger, sagen wir symbolisch sieben Jahre; eine rasche und erstaunliche menschheits- und religionsgeschichtliche Veränderung. Die Veranlassungen waren im einzelnen verschieden, die Motivationen höchst unterschiedlich, theologische Begründungen auf christlicher Seite mehr zufällig, wenn an einigen Stellen nicht gar willkürlich, Zielansprachen schienen meist zu genügen, der Vorsatz der Notwendigkeit erbrachte an vielen, aber natürlich nicht an allen Stellen auch die Möglichkeit des Dialogs. Es war und ist, so wird man sagen können, ein katarakthafter Vorgang. Er begab sich an den Katarakten der gegenwärtigen Menschheitsgeschichte.

Verwundbarkeit. Bemerkungen zum Dialog

Verwundbarkeit? Jedoch an diesen Katarakten entstanden die Wunden dieser Geschichte. Um die gröbsten zu nennen: Der Genozid an der europäischen Judenheit, der Antisemitismus in der Christenheit, die Ausrottungsmentalität zwischen Kommunismus und Christentum, der westliche Imperialismus, die Geringschätzung, wenn nicht Verachtung der nichtchristlichen Traditionen, die globale Friedensbedrohung. Sünde und Gericht wenigstens für die Christen. Dialoge entstanden an diesen Wunden, mit diesen Wunden, zur Verbindung der Wunden, zur Verhinderung weiterer Wunden.

„Verbindung der Wunden" ist mehrdeutig. Natürlich ist zunächst deren Behandlung gemeint samt der Behebung ihrer Ursachen. Entdeckt werden kann aber auch, daß Wunden verbinden, entweder dadurch, daß man sie sich gegenseitig zugefügt hat oder daß man sie, wie auch immer verursacht, plötzlich sowohl an sich als auch an anderen sieht. Bei letzterer Verbindung wird der Gedanke eines gemeinsamen Handelns etwa in einer Allianz der Religionen gegen irreligiöse Kräfte der Moderne oder der theistischen Religionen gegen den Atheismus naheliegen, wie er denn in den weltweiten Dialogen vor allem von Muslimen auch regelmäßig vorgetragen worden ist. Ich will nicht verschweigen, daß wir dieses Ansinnen bisher nur aus einem, nicht aber auch aus dem zweiten und wichtigeren Grund abgelehnt haben. Wir haben von christlicher und genauer kirchlicher Seite gesagt, daß wir um der Integrität, aber auch wegen des besonderen Verhältnisses [414]des Christentums zur Moderne für eine Koalierung nicht in Frage kommen; wir haben noch nicht gesagt, daß wir es uns nicht und auch besonders nicht den Muslimen gestatten dürfen, die Verwundbarkeit des Glaubens zu vermeiden, zu vermindern, zu übersehen. Freilich hat Kenneth Cragg zu bedenken gegeben, daß eine Aktion aus der Klage über den Schwund an Religion irreligiös sei, womit schließlich auch verstanden werden müsse, daß selbst die Ablehnung Gottes noch unter seiner Macht und Gnade stattfinde[2]. Aber ist dies schon eine genügend deutliche Rede eben über die Verwundbarkeit des Glaubens und die Verwundbarkeit Gottes, über die Verwundbarkeit der Religion(en) und des Menschen - deutlich genug für eine genuine, heilende, rettende, befreiende Verbindung?

---

2 In S.J. Samartha (Hg.), Dialogue between Men of Living Faiths. Papers presented at a Consultation held at Ajaltoun, Lebanon, March 1970, Geneva 1971,103.

Mancher Dialog ist in der Behandlung der sich gegenseitig geschlagenen Wunden über die freilich schon große Übereinkunft zu grundsätzlicher Respektierung und weiterer Konsulta-tion nicht hinausgekommen. Die meisten jedoch durchstießen bald die unmittelbar anliegende Sensibilisierungsproblematik mit der Frage nach den Wunden, die schon und eben äußerst nachhaltig an den tiefen religiösen und sozialen Scheidepunkten der Menschheitsgeschichte entstanden sind. Die Frage betrifft im wesentlichen Judentum, Christentum und Islam, sie ist ebenso stark und bis heute relevant zwischen Hinduismus und Buddhismus, sie liegt direkt zutage in der Verbindung von Christentum und Marxismus. Natürlich ist dabei an einigen Stellen ebenso stark wie nach der geschichtlichen Wirkungseinheit von Marxismus und Christentum nach der Einheit der Religionsgeschichte mit dem Ziel ihrer Erkenntnis und ihrer virtuellen Darstellung gefragt worden. Wie etwa das Beispiel Cuttats zeigt, war damit ein Problem thematisiert, demgegenüber der übliche primitive Synkretismusverdacht obsolet ist.[3] Breiter jedoch war in diesem Zusammenhang, wenn nicht erstaunlicherweise gar erst die Entdeckung, dann doch die Ergreifung der Religionsgeschichte, und zwar nicht nur hinsichtlich ihrer höchst komplizierten und weitfächrigen Daten, sondern vor allem ihrer gerade an und mit den Wundstellen verdrängten, nun aber aufzuarbeitenden Probleme. Die Religionsgeschichte wurde damit praktisch und so auch dynamisch, gleichfalls aber, da sie ja in ihrem Lauf und folglich auch in ihrem Weiterlauf (für manche wie ein Dieb) gesehen worden war, gefährlich. So etwas wie ein Syndrom muß erwartet werden. Zunächst wird eine noch nicht abgeschlossene Religionsgeschichte die bestehenden religiösen Systeme, Körperschaften und Gemeinschaften verwunden. Schon zeigt sich die kulturelle Zirkulation in der gegenwärtigen Menschheitsgeschichte, die durch Richard Friedli zum Thema einer Theologie der Religionen gemacht worden [415]ist[4], daß durch die zunehmende Begegnung und das adaptionsfördernde Zusammenleben von Menschen aus verschiedenen Kulturen und also religiösen Traditionen sowie mit dem rapid steigenden Austausch von Informationen über alle alten Grenzen hinweg

---

3   Ebenso obsolet ist natürlich die Vorstellung von einer „Welteinheitsreligion".
4   R. Friedli, Fremdheit als Heimat. Auf der Suche nach einem Kriterium für den Dialog zwischen den Religionen, Freiburg/Schweiz 1974. Kulturelle Zirkulation ist eine „gesellschaftliche Dynamik, die in allen Bereichen menschlicher Existenz zu einer Energiesteigerung führt" (aaO. 27).

Verwundbarkeit. Bemerkungen zum Dialog

bisherige religiöse Sicherungen gesprengt und in der Suche nach weiterer Sinngebung und Geborgenheit auch neue religiöse Selbstverständnisse und Formen gefunden werden. Dabei wird sich wohl die von Wilfred Cantwell Smith besonders akzentuierte und vorweggenommene Mentalität durchsetzen, an den Begegnungspunkten nicht mehr nach der in den Systemen überlieferten und gesicherten Wahrheit, sondern vielmehr danach zu fragen, ob und wieweit der Glaube einer Person oder eine persönliche Sinngebung hier und jetzt wahr ist.[5] Darüber hinaus sind die Wunden schon erkennbar, die hier stärker, dort weniger durch die Historisierung und Anthropologisierung des neuzeitlichen Denkens entstehen. Religionen bleiben verwundbar.

Eine der Verwundbarkeiten des Christentums zeigte sich mit dem Ende der westlich-christlichen Mission. Ein katarakthafter Vorgang für die Christenheit, von wenigen bisher verstanden, von einer sich sammelnden Zahl von Christen gerade in unseren Tagen nicht akzeptiert, ein Urteil jedoch, das in christlicher Geschichtlichkeit angenommen werden muß. Zum Urteil gehört der Spruch gegen die politisch und kulturell abgestützt Propagierung der Absolutheit des Christentums, nicht jedoch, wie in unseren Dialogen schnell und klar festgestellt werden konnte, die Inkriminierung der in der Subjektivität jeder, also nicht nur der christlichen Glaubensentscheidung liegenden Absolutheit. Mir selber sind zwar die äußeren Gründe zugänglich, der innere Grund dafür aber nicht einsichtig, wie eine Mission, die sich der Aufklärung abtrotzte, ausgerechnet das Hegelsche Philosophem der Absolutheit zu konsumieren begehrte. Sollte es nur geborgt worden sein, so wie die westlich-christliche Mission in gewisser Weise den Kolonialismus borgte (und dieser die nun zurückliegende Mission), so wäre der Verlust sicher leicht verschmerzlich. Im Urteil kann darüber hinaus auch gelesen werden, daß der dieser Mission oft militant eignende Glaube, das Evangelium sei nicht nur Gegensatz, sondern auch Aufhebung aller Religionen, wohl gelegentlich individuell, nicht aber universal kommunikabel ist. Damit ist auch im Dialog nichts gegen die Würde dieses Glaubens, wohl aber das Notwendige gegen seine Ideologisierung gesagt.

---

5   W.C. Smith, Questions of Religious Truth, London 1967, 65ff: „Can Religions be True or False?"

Da die westlich-christliche Mission in der evangelikalen Zeugnisgemeinschaft wieder geltend gemacht wird, kann von ihrem freilich geschichtlich wirksamen Ende nur in prinzipieller Weise gesprochen [416]werden. Dabei muß, was offenbar mühsam und verunsichernd ist, die Unterscheidung zwischen christlicher Mission, die in einer zweitausendjährigen Geschichte ihre Vielförmigkeit gezeigt hat und jetzt einen neuen Ausdruck sucht, und der bestimmten, singulären westlich-christlichen Mission vor allem des 19. Jahrhunderts nachdrücklich beachtet werden. Christliche Mission heißt eben nicht pauschal und auf alle Zeiten hin westlich-christliche Mission, westlich-christliche Mission ist nicht schlechthin die Norm der Mission. Das Ende der westlich-christlichen Mission (nicht der Mission überhaupt!) hat sich in einer Weise in China, in anderer Weise am Selbständigkeits-, Präsenz- und Zeugnisbewußtsein der aus ihr hervorgegangenen überseeischen Kirchen ergeben, in schließlicher Weise an ihrer natürlich nur schwer akzeptierbaren religionsgeschichtlichen Infragestellung. Summarisch ist zu sagen, daß das Resultat ihres kühnen, von einer hohen Glaubenssubjektivität getragenen, aber doch immerhin expansionistischen Versuches, die nichtchristlichen Religionen zu überwinden und damit die Religionsgeschichte christlich-missionarisch abzuschließen, wider alle westliche Erwartung nicht gelungen ist. Auch wird eine Unifizierung der Religionsgeschichte im Christentum, wenn man sich hierfür an Verheißungen und Erwartungen der neutestamentlichen Botschaft hält, nie unter den vollständigen Abbrüchen nichtchristlicher Traditionen möglich sein, wie sie der bisherigen Missionsfrömmigkeit vor Augen gestanden haben. Jedenfalls haben wir es jetzt nicht mit einem Abschluß der Religionsgeschichte, vielmehr mit ihrer Intensivierung z. B. im Phänomen der Renaissance einiger nichtchristlicher Religionen zu tun, welchselbige Renaissance ohne die Bedrängnisse seitens der westlich-christlichen Mission nicht erklärbar ist. Folglich haben sich an einem solchen Ende vor allem Christen in den Missionsgebieten der Wirklichkeit der Religionen in ihren tief- und weitreichenden sozialen Zusammenhängen stellen müssen, womit sie einmal im Beweis, Verwundbarkeit sinngebend ertragen zu können, das Andauern der Religionsgeschichte verifizierten, zum anderen aber als Menschen christlichen Glaubens diese Religionsgeschichte im Dialog auf die eben nicht verfügbare Zukunft hin offenhalten wollten. Insofern ist der gegenwärtige Dialog ihre gegen-

Verwundbarkeit. Bemerkungen zum Dialog

wärtige christliche Mission.[6] Das Evangelium ist nicht ein Zitat, schon gar nicht ein einziges großes Zitat.

Wie kann diese Mission aussehen? Kenneth Cragg, dessen Hinweis auf die Verwundbarkeit Gottes oben erwähnt wurde, fand diesen geistlichen Ausdruck in seinem Bemühen, die christentumsgeschichtliche[417] und nun auch herausfordernd die religions- oder jetzt besser glaubensgeschichtliche Bedeutung der Kreuzestheologie in den Dialog mit Muslimen einzuführen. Von der Mitte des christlichen Glaubens aus versuchte er, durch den im Kreuz Jesu liegenden Scheidepunkt zwischen Islam und Christentum in die Mitte islamischen Glaubens, also zur Gotteslehre vorzustoßen. Natürlich kannte er die mannigfaltigen apologetischen Gründe, die in der islamischen Theologie (wir entschließen uns, sie so zu nennen) zur Erklärung der Tatsache herausgearbeitet worden sind, daß zwischen Gottes machtvollem Anspruch auf alle Menschen, demonstriert durch die endgültige Autorität des Islam, und der Ablehnung dieses Anspruches bei der Mehrheit der Menschheit ein Problem liegt. Dennoch meinte er, dieses Problem aktualisieren und über eine Ahnung der gerade die Gegenwart durchziehenden Tragik die Gottesfrage unter den Büchern und Gewohnheiten ihrer Beantwortung noch einmal hervorholen zu können. Dabei entwickelte er die in der Tat kühne Frage, ob Gottes (Allahs) Größe am Ende nicht auch Verwundbarkeit und somit dann die Kreuzigung seines Propheten Jesus einschließen könne.[7] Ob solcher Dialog Erfolg hat, kann hier noch uninteressant bleiben, wichtig ist der Anriß der dialogischen Exploration an den zentralen Stellen einer anderen Tradition, noch wichtiger ist der Hinweis auf den Versuch, mit dem Dialogpartner gerade deren schwierige oder potentiell leidvolle Probleme durchzusprechen. Während des arabisch-israelischen Oktoberkrieges 1973 schrieb Kenneth Cragg eine Überlegung über die sowohl im Judentum als auch im Islam ungebrochen und unbefragt, endgültig und in einem perplexen Nebeneinander erwar-

---

6   Er ist also ihre Mission, nicht dient er, wie unter dem überhängigen Selbstverständnis westlich-christlicher Mission oft und den Dialog denaturierend gesagt wird, als ein Mittel der Mission (welcher und welchen Zieles?). Weiter wird um Beachtung dafür gebeten, daß die einlinige Formulierung meines Arguments nicht unabhängig von einer „missionstheologischen" Polemik gegen den Dialog ist. Über die teure Frage der Taufe möchte ich erst handeln, wenn sie einigermaßen quantitätsunabhängig erörtert werden kann.

7   Vgl. u. a. K. Cragg, The Call of the Minaret, 1956.

tete Vindizierung der je eigenen, also der jüdischen und der islamischen Geschichte.[8] Gäbe es, so fragte er, im Islam islamische Gründe, durch deren Hervorhebung und Wiederentdeckung jedenfalls das Problem angeleuchtet werden könne, das sich der Islam damit selber und auch der Menschheit in einer doch möglicherweise nicht erwartungsgemäß verlaufenden weiteren Geschichte stellt? Wären Punkte oder Schichten zu finden, in denen ein als Erwartung definierter und in der Beanspruchung Gottes petrifizierter Glaube doch noch als Glaube und mithin als Befreiung von jeder Art Zwangsläufigkeit, also auch einer gewünschten, erspürt werden kann? Im Wagnis einer Hilfe geht Cragg auf eine moderne muslimische Interpretation von „shirk" (Gott Gefährten zugesellen, Beigesellung) zu, nach der „shirk" auch die Verabsolutierung einer Nation, einer Klasse oder eines Systems sein kann. Danach verweist er auf Sure 49,13, wo von der Ankunft einiger Wüstenaraber berichtet wird, die sagten: Wir sind zum Glauben gekommen (amanna), worauf Mohammed angewiesen wird, ihnen zu antworten: Ihr seid nicht zum Glauben gekommen, ihr solltet sagen: Wir haben uns gefügt (aslamna). Denn der Glaube ist noch nicht in [418]eure Herzen gekommen. „This significant distinction plainly involves the fact that islam politically could and did happen without islam religiously, and that the disparity (or contradiction) should be detected and repaired." Soweit also ein Beispiel.

Eine Kurzformel für das Ethos des Dialoges ist, daß der eine danach strebt, den anderen so zu verstehen, wie er sich selber versteht. An diesem Ethos hat auch der Dialog seine Verwundbarkeit. Um zunächst überhaupt einmal inmitten der unwegsamen hermeneutischen Landschaft den einen oder den anderen Punkt zur Frage nach der Ermöglichung der Aufgabe zu markieren, sind gewisse Gemeinsamkeiten postuliert worden. So wird von der gemeinsamen Offenbarungsgeschichte des Judentums, Christentums und Islams gesprochen. Immerhin wird diese natürlich höchst fragile Gemeinsamkeit in einem multilateralen Dialog unter Anwesenheit von nicht-theistischen Hindus, von Buddhisten oder auch von Marxisten dadurch zeitweise wirklich, daß Juden, Christen und Muslime unter sich und den anderen Dialogpartnern gegenüber gemeinsam von Gott sprechen können. Zwischen den „Hemisphären" indischer Religionen oder asiatisch-östlicher Reli-

---

8   K. Cragg, The Qur'an and the Contemporary Middle East, Journal of Ecumenical Studies 11, 1974, 1–12, Zit.S.5.

giosität auf der einen und den monotheistischen Religionen oder dem Christentum als gegebenem Fall auf der anderen Seite ist im Kreis um Cuttat und von diesem unter Aufnahme buddhistischer Zustimmungen eine, wie ich es jetzt nennen möchte, gemeinsame Spiritualitätsgeschichte erhoben worden. Das gelang im Entschluß zu „interreligiöser Epoche"[9], bei der die zutage liegende und unüberbrückbar erscheinende Gegensätzlichkeit zunächst und auf weite Strecken hin in Klammer gesetzt und dadurch der Blick für Gemeinsamkeiten frei gemacht wurde, wonach die Klammer wieder geöffnet werden konnte, nicht aber zur erneuten Feststellung der nun sekundär werdenden Gegensätzlichkeit, vielmehr zur Entdeckung der „einholend aufnehmenden Kraft jeder der beiden spirituellen Typen im Hinblick auf den anderen". Für Christentum und Marxismus wird man im Zuge dieser Art von Konvergenzsuche etwa in der Anlehnung an Milan Machovec von einer gemeinsamen Zukunfts- und Veränderungsgeschichte sprechen können.[10] Jüngst ist darüber hinaus in einem Dialog zwischen Christen und Menschen „primaler", besonders afrikanischer Religiosität die Gemeinsamkeit in der Frage nach der Ganzheit des Lebens stipuliert worden. Es zeigt den tatsächlichen Dialog, jedenfalls wie ich ihn kenne, wenn ich die Erörterung dieser Bemühungen hier [419]gleich abbreche, so wie sie eben eine Dialogkonferenz in dem Moment abbricht, in dem sie sich in der Brutalität allgemeiner Wirklichkeit und ihrer jeweiligen gegenwärtigen Zusammensetzung vor den Erweis solcher Gemeinsamkeiten gestellt sieht. Die Praxis wartet nicht. In einem interreligiösen Dialog, der ja nicht nur Lehren, Kulturen und Geschichte zu diskutieren, sondern sich, da es um Religion geht, gleicherweise, wenn nicht betont, spirituellen und/oder gottesdienstlichen Handlungen stellen muß, kommt die Krise in der Stunde des kühnen Versuches nicht erst gemeinsamer Übung, sondern schon

---

9 J.A. Cuttat, Asiatische Gottheit – Christlicher Gott. Die Spiritualität der beiden Hemisphären, o. J., 17f: „Im Unterschied zur phänomenologischen trachtet die interreligiöse Epoche von vornherein danach, die Klammer wieder zu öffnen, sobald das eigene Antlitz, das Wesen (eidos) der anderen Religion oder Spiritualität so objektiv als möglich ins Licht gerückt ist."

10 M. Machovec, Jesus für Atheisten, 1972. Dort auch eine beachtliche Dialogmotivation, aaO. 30: „Der Verfasser ist überzeugt, daß der Marxismus des 20. Jahrhunderts nur dann wirklich mit sich selbst identisch ist, wenn er den Mut findet, sich diesem befruchtenden Dialog mit den Kernproblemen der ganzen dreitausendjährigen abendländischen Überlieferung radikal zu öffnen."

gemeinsamer Erörterung von „Spiritualität". Im Dialog von Colombo[11] mußten wir uns eingestehen, daß von uns eine universal akzeptierbare Grundlage für ein gemeinsames Verständnis von Spiritualität nicht erarbeitbar, ja daß an diesem Punkt überhaupt die Möglichkeit jeglicher interreligiöser Gemeinsamkeit fraglich geworden sei. Der Dialog führte zum Schweigen, zum gemeinsamen Schweigen – wohin er nach Durchsicht schon seiner früheren Geschichte, wie Kurt Goldammer gezeigt hat, „normalerweise führen muß"[12].

Nun kann Dialog unter der Vertiefung seines Verständnisses, wie es nicht nur in der Mystik möglich und z. B. in gegenwärtigen indischen Dialogen als zunächst erstrebenswert erscheint, im gemeinsamen Schweigen gegenüber getrenntem Reden seinen Sinn finden. Aber selbst darin dürfte keinesfalls die andere Verwundbarkeit des Dialoges ausgeschlossen sein, die im Monolog besteht. Sie ist im gemeinsamen Schweigen ebenso gegeben wie im gemeinsamen Reden, weshalb auch hier die Gemeinsamkeit nur vermeintlich sein kann. Selbst Craggs Dialog ist verwundbar, entweder dadurch, daß er sich mit der Argumentationsverfehlung oder der Ablehnung seines Kommunikationsangebotes zum Monolog zurückkrümmt, oder weil entdeckbar werden kann, daß sein Glaube der Verwundbarkeit Gottes aus einer monologischen Tradition stammt. Gibt es aber tatsächlich dialogische Traditionen?

Die christliche ist eine solche gewiß nicht. Die Dialoge der Alten Kirche waren tatsächlich Monologe. Im „De pace fidei" des Nicolaus von Cues mag die Schwere des Monologes einmal überhoben worden sein, jedoch selbst in den gegenwärtigen Dialogerklärungen des II. Vatikanischen Konzils und des Ökumenischen Rates der Kirchen ist das erste Wort „Kirche" oder „Herrschaft Christi"[13]. Ein Rückgriff auf die biblische Überlieferung, den man gern mit der zum Dialogproblem (vor allem angesichts des Missionsbefehles) noch mangelnden Hilfe der Exegeten unternehmen würde, erbringt fürs erste und nur indirekt [420]die Anhaltspunkte von Jes 53,5 und Phil 2,7: Wunden,

---

11 Vgl. H.J. Margull, Der Dialog von Colombo (Oktoberheft 1974 der Ökumenischen Rundschau).
12 K. Goldammer, Zur Idee des Dialogs und des dialogischen Denkens in den interkonfessionellen und interreligiösen Beziehungen und Erwägungen, in: J. Lell (Hg.), Erneuerung der Einen Kirche (Festschrift H. Bornkamm), 1966, 80.
13 Gaudium et Spes, Nr. 92.- H.J. Margull/S. J. Samartha (Hg.), Dialog mit anderen Religionen. Material aus der ökumenischen Bewegung, 1972, 43.

Knechtsgestalt. Von Philipper 2 aus und mit etwas Buberschem Material wird in einigen theologischen Verständnis- oder vielleicht nur Abstützungsversuchen besonders in orthodoxer, katholischer oder anglikanischer Mentalität die Inkarnationslehre fundamental auf einen Dialog zwischen Gott und Menschen hin ausgezogen. Zu diesem vorläufigen Abstraktum wird aber wohl die Frage nach den vollen Implikationen des Glaubens an den Gott kommen müssen, der sich nicht überhaupt, sondern in der Knechtsgestalt „dialogisch" kundtut, also in der Knechtsgestalt verwundbar wurde (ist, sein wollte?). Dabei wird man jetzt nur noch auf eine kurze Strecke hin die christlich-theologischen Probleme religionsgeschichtlich anwenden können, wird sich vielmehr unter der im Dialog erbetenen Verantwortung einüben müssen, akzentuiert gegenwärtige religionsgeschichtliche (oder sozial- und geistesgeschichtliche) Probleme theologisch zu übersetzen. Noch hat sich nicht jedes Knie vor ihm gebeugt und jede Zunge ihn bekannt, weiterhin hat er verschiedene Namen, die Entscheidung zur Namenslosigkeit erscheint stärker zu werden als zu seiner Namensnennung. Das Christentum ist enorm verwundbar. Real bleibt das Kreuz, bleiben die Wunden. Was darüber ist, ist für Hindus, Buddhisten, Juden, Muslime, Marxisten etc. nur ein Zitat, oft ein einziges großes Zitat. Auch das Kreuz kann mißverstanden werden, absoluti-stisch bei uns, relativistisch bei anderen. Jesus kann Avatar sein, Bodhisattva, (kreuzloser) Prophet, Herr, Arzt, Mensch, Bruder. Er war, und er ist verwundbar. Er zeigt, was ist und sein wird. Fast möchte man in buddhistischer Form sagen: Alles ist verwundbar. Aber man muß doch wohl mehr sagen, jedenfalls in einer Frage: Ist die Unverwundbarkeit, ist ein Unverwundbarer am Ende ein Götze?

Raimon Panikkar

Die Spielregeln der religiösen Begegnung

Raimon Panikkar (geb. 1918 in Barcelona) ist katholischer Priester und promovierter Theologe, Philosoph und Naturwissenschaftler. Als Sohn einer katholischen Katalanin und eines indischen Hindus beschäftigte er sich insbesondere mit dem hinduistisch-christlichen Dialog. Panikkar setzt sich für eine Hermeneutik ein, die gewährleistet, dass sich die Interpretierten in der Interpretation wieder erkennen können. Dafür sind das „Prinzip der Homogenität" (inneres Selbstverständnis) und das dialogische Prinzip (Offenlegung unberechtigter Voraussetzungen) zu koordinieren. Eine gelingende religiöse Begegnung muss jede Apologetik und geographisch-kulturellen Provinzialismus hinter sich lassen. Sie befasst sich interdisziplinär und interpersonal mit dem, worauf die Kernbegriffe der jeweiligen Religion verweisen und was ähnliche Rollen in den verschiedenen kulturellen Umgebungen spielt („Homöomorphismus"). Während Theologien von einer gegebenen Grundlage ausgehen, ist für die religiöse Begegnung alles (Ereignis, Methode, Sprache) neu. Nach vorn gerichtet, aber ohne bestimmte Absicht wird sie zum „heiligen Akt" neuer Lebendigkeit.

Luise Albers

Die Spielregeln der religiösen Begegnung

sastra-yonitvat
Die heilige Überlieferung als Quelle (des Wissens)
BS I,1.3*

Die Begegnung der Religionen ist heute zu einer unausweichlichen Tatsache geworden. Ich möchte einen Grundsatz formulieren, der sie bestimmen sollte, aus dem sodann einige Folgerungen zu ziehen sind.

---

* „Brahman ist der *yoni* der Sastras", sagt Sankara in seinem Kommentar. Die Großen Schriften, die menschlichen Überlieferungen sind der Schoß des Wissens, aber auch *brahman* ist dessen Quelle – nicht in einem Circulus vitiosus, sondern als Kreislauf des Lebens selber.

Die Spielregeln der religiösen Begegnung

Der Grundsatz lautet: *Die religiöse Begegnung muß eine wahrhaft religiöse sein.* Alles andere bleibt unzureichend.

Die Folgerungen, die sich (unter anderem) daraus ergeben, sind:

1. Sie muß frei von jeder besonderen Apologetik sein

Näherte sich ein Christ oder Buddhist oder Anhänger welcher Religion auch immer einem Andersgläubigen in der vorgefaßten Absicht, seine Religion mit allen (zweifellos aufrichtig und ehrlich gemeinten) Mitteln zu verteidigen, würden wir vielleicht Zeugen einer wertvollen Verteidigung dieser Religion und anregender Diskussionen werden, nicht aber eines religiösen Gespräches, einer echten Begegnung und noch viel weniger einer gegenseitigen Bereicherung und Befruchtung. Man muß seine eigenen Überzeugungen und Bekenntnisse nicht aufgeben, natürlich nicht, aber jede Apologetik muß außen vor bleiben, wollen wir wirklich, daß es zu einer echten Begegnung zwischen Personen, zwischen Menschen verschiedener Religionen kommt. Unter Apologetik verstehe ich jenen Teil der wissenschaftlichen Beschäftigung mit einer bestimmten Religion, der versucht, die Wahrheit und den Wert dieser Religion unter Beweis zu stellen. Apologetik in diesem Sinne hat ihre Aufgabe und ihren Platz, aber nicht innerhalb der religiösen Begegnung.

2. Sie muß frei von jeder allgemeinen Apologetik sein

Ich verstehe sehr wohl die Ängste des heutigen religiösen Menschen angesichts der Welle des „Nichtreligiösen" und sogar „Irreligiösen" in unserer Zeit. Dennoch hielte ich es für falsch, diesen Ängsten dadurch zum Opfer zu fallen, daß man eine Art religiöse Liga – um nicht zu sagen einen Kreuzzug – der „Frommen", der religiösen Menschen aller Konfessionen, der Verteidiger der „heiligen Rechte" der Religion ins Leben ruft.

Würde eine Mißachtung der ersten Folgerung den Mangel an Vertrauen in unserem Gesprächspartner ans Licht bringen und bedeuten, daß er falsch liegt und ich ihn „bekehren" muß, so zeigt die Mißachtung der zweiten Folgerung einen Mangel an Vertrauen in die Wahrheit der Religion selbst und bedeutet eine undifferenzierte Anklage an die Adresse des „modernen" Menschen. Die Haltung, die nach einer gemeinsamen Front zur Verteidigung der Religion oder gegen den Unglauben ruft, mag verständlich sein, aber sie ist keine religiöse

Haltung – sie entspricht nicht mehr dem Entwicklungsgrad des heutigen religiösen Bewußtseins.

3. Man muß der Herausforderung der Konversion ins Auge sehen

Soll die Begegnung eine echte religiöse sein, muß sie vor allem der Wahrheit treu und für die Wirklichkeit offen bleiben. Die echte religiöse Geisteshaltung weiß sich nicht nur der Vergangenheit verpflichtet, sondern auch der Gegenwart. Ein religiöser Mensch ist weder ein Fanatiker noch einer, der immer oder auf alles eine Antwort hat. Auch er ist auf der Suche, ein Pilger, der seinen Weg zu finden hat, der auf keiner Karte verzeichnet ist: Die vor ihm liegende Spur ist noch jungfräulich und unberührt. Der religiöse Mensch erlebt jeden Augenblick neu und ist um so mehr erfreut, wenn er darin das erregende Schöne einer persönlichen Entdeckung und zugleich die Tiefen eines bleibenden Schatzes findet, den seine Glaubensvorfahren an ihn weitergegeben haben.

Und dennoch: Das neue Feld der religiösen Begegnung zu betreten stellt immer ein Wagnis und eine Herausforderung dar. Der religiöse Mensch betritt die Arena ohne Vorurteile und vorgefaßte Lösungen. Er ist sich voll im klaren darüber, daß er möglicherweise bestimmte Teile seines Glaubensbekenntnisses oder gar eine bestimmte Religion überhaupt aufgeben oder verlieren wird. Er vertraut auf die Wahrheit. Er geht unbewaffnet hinein, bereit, selber ein anderer zu werden. Vielleicht wird er sein Leben verlieren – vielleicht wird er auch neu geboren werden.

4. Die historische Dimension ist notwendig, reicht allein aber nicht aus

Religion ist keine bloße *Privatsache*, nicht nur ein vertikaler „Draht" nach oben, zum Absoluten, sondern zugleich ein Band, das uns mit der ganzen Menschheit verbindet. Religion ist nicht denkbar ohne Tradition, ohne geschichtliche Dimension. Bei der religiösen Begegnung handelt es sich nicht einfach um ein Treffen von zwei oder mehr religiös veranlagten Leuten in ihrer Eigenschaft als streng privat verstandene Individuen, ohne Rücksicht auf die jeweilige religiöse Überlieferung, in der sie stehen. Wer in echtem Sinne religiös ist, trägt in eins die Last der Überlieferung und das reiche Erbe seiner Vorfahren

Die Spielregeln der religiösen Begegnung

mit sich. Aber er ist gleichsam kein offizieller Repräsentant, der im Namen anderer oder aus bloßem Hörensagen spricht: Er ist lebendiges Glied einer Gemeinschaft, ein Glaubender innerhalb einer lebendigen religiösen Tradition.

Die religiöse Begegnung muß sich mit der historischen Dimension auseinandersetzen, aber sie darf dabei nicht stehenbleiben. Es handelt sich nicht um ein Treffen von Historikern, schon gar nicht von Archäologen, sondern um ein lebendiges Gespräch, einen Ort, an dem schöpferisches Denken und das phantasievolle Entwerfen neuer Wege gefragt sind, die nicht mit der Vergangenheit brechen, sondern sie fortführen und erweitern.

Man wird das kaum als Geringschätzung oder Herabsetzung historischer Betrachtungen und Überlegungen mißverstehen können; mir kommt es ganz im Gegenteil sehr auf ein Verstehen der in Frage kommenden Überlieferungen an, das tief und weit zugleich ist. Ersteres bedeutet, daß wir nicht nur mit der jahrhundertealten Tradition, sondern auch mit der gegenwärtigen Lage der besonderen Religion, um die es geht, vertraut sein müssen. Nehmen wir als Beispiel das Bündel von Religionen, das unter dem Namen „Hinduismus" bekannt ist. Ich möchte behaupten, daß ein tiefes Verstehen dieser Tradition ihre Entwicklung bis auf den heutigen Tag nicht übersehen darf, es sei denn, wir wollten uns mit einer willkürlichen und schiefen Auslegung begnügen. Ein Gelehrter darf sich in der Tat darauf beschränken, zum Beispiel die Veden zu studieren, aber jemand, der sich in einer echten religiösen Begegnung engagiert, wird es kaum rechtfertigen können, wenn er sein Verständnis des Hinduismus allein auf Sayana's Auslegung der Veden gründet, unter gänzlicher Vernachlässigung der Interpretationen eines sagen wir Dayananda oder Aurobindo (es geht jetzt nicht um die jeweiligen Verdienste dieser Auslegungen). Ähnlich darf sich kein moderner Christ mit der Bibelauslegung eines Hieronymus oder mit ihrem mittelalterlichen Verständnis begnügen.

Worum es mir geht, ist folgendes: Keine Untersuchung einer Idee, eines kulturellen Grundmusters oder einer religiösen Überlieferung wird ihrem Thema angemessen sein können, solange sie nicht alle seine Möglichkeiten mit in Betracht zieht, so wie kein Botaniker beanspruchen kann, ein Samenkorn zu kennen, solange er nicht die Pflanze, die aus ihm hervorgeht, genauestens untersucht hat. Zudem bleibt in unserem Fall die Bewegung des Verstehens dynamisch und wechselseitig. Deshalb meine ich nicht nur, daß jede Untersuchung des Wesens zum Beispiel des *dharma* unvollständig bleibt, solange sie nicht das heutige Verständnis dieses Begriffes mit einbezieht, sondern daß auch schon der alte Begriff wahrscheinlich nur halb verstanden wird, wenn die Entwicklung bis in die heutige Zeit außer acht gelassen wird. Das bedeutet auch, daß jemand, der den Begriff des *dharma* verstehen möchte, ob im alten oder im modernen Indien, nicht *in vacuo* zu seinem Ziel kommen kann: Die Worte, die er gebraucht, sind kulturell bereits beladen mit bestimmten Werten, Deutungen oder Sinnzusammenhängen.

Außerdem müssen die Überlieferungen in einem größeren Zusammenhang betrachtet werden, der die Grenzen eines geographischen oder kulturellen Provinzialismus hinter sich gelassen hat. Wollen wir – um bei unserem Beispiel zu bleiben – die Hinduüberlieferung angemessen verstehen, dürfen wir uns nicht auf den indischen Subkontinent beschränken: Die Wirkung, die der Buddhismus in Ost- und Zentralasien hervorgerufen hat, ist so bekannt, daß ich sie hier nur zu erwähnen brauche; das Ramayana und das Mahabharata gehören zu den prägenden Kräften in vielen Ländern südlich von Burma; Siva wird in Indonesien verehrt. Ein Verfolgen und Nachzeichnen dieser Einflußsphären und -wege ist keine bloß akademische Nebenbeschäftigung, sondern dient dazu, das Bild zu vervollständigen, das wir uns aufgrund der einheimischen Quellen machen können. Mehr noch, wir dürfen unsere Aufmerksamkeit nicht auf kulturelle Einflüsse und Kontakte der Vergangenheit beschränken und dabei die Vielzahl heutiger Beispiele übersehen. So manche indische Wertvorstellung erfährt heute an den Küsten Kaliforniens oder an den Universitäten quer durch Europa eine neue Bestätigung. Ob eine derartige Klimaveränderung den ursprünglichen Wert zerstört oder eher vertieft, ist eine andere Frage; die Einflußnahme ist jedenfalls unverkennbar. Umgekehrt haben westliche Werte – ob zum Guten oder zum Schlechten, bleibe dahingestellt – nicht nur in den großen Städten, sondern auch in den entferntesten Dörfern Indiens eine weite Verbreitung gefunden. Darf angesichts dieser Entwicklungen unser Verständnis der indischen Religionen in einem gelehrten Elfenbeinturm eingesperrt bleiben, dessen Zugbrücke bereits hochgezogen worden ist, als die ersten Muslime nach Indien kamen? Das Phänomen der Rückkoppelung läßt sich nicht nur in bezug auf die weltweite Verbreitung technischer Errungenschaften beobachten; popularisierte Ideen aus allen Kontinenten verbreiten sich heute buchstäblich mit Lichtgeschwindigkeit über die Erde, bis in die entlegensten Winkel des Planeten und bis in die tiefsten Tiefen der menschlichen Psyche. Ohne die Bedeutung der historischen Dimension herabsetzen zu wollen: Bei der religiösen Begegnung steht nicht die „Religionsgeschichte" oder die „vergleichende Religionswissenschaft" auf dem Spiel, sondern der lebendige und fordernde Glaube. Glaube aber ist Leben, und Leben läßt sich nicht auf eine Nachahmung des Vergangen oder eine bloße Neuauslegung desselben beschränken. Die religiöse Begegnung ist ein religiöses Ereignis.

5. Es handelt sich nicht um einen Philosophenkongreß

Es erübrigt sich zu betonen, daß ohne eine gewisses Maß an philosophischem Verständnis keine Begegnung möglich ist, und doch handelt es sich beim religiösen Gespräch nicht einfach um ein Treffen von Philosophen, die über intellektuelle Probleme miteinander diskutieren wollen. Religionen sind mehr als Lehren. Innerhalb einer Religion kann es sogar eine Pluralität von Lehrmeinungen geben. Eine Religion auf ein bestimmtes Lehrsystem festzunageln ist der Tod der Religion. Keine besondere Lehrmeinung *als solche* darf als einzigartiger und unersetzbarer Ausdruck einer Religion betrachtet werden. Vielleicht stellt die *Leugnung* einer bestimmten Lehrmeinung, ohne daß sie durch eine andere ersetzt oder überwunden wird, in der Tat eine Häresie dar, aber keine Religion wird sich mit *bloßer* Orthodoxie unter Mißachtung jeglicher Orthopraxis zufrieden geben. Sicher, Schöpfung, Gott, *nirvana* und ähnliches sind wichtige Begriffe, aber worum es in der Religion wie in der religiösen Auseinandersetzung eigentlich geht, ist etwas anderes: das wahre und wirkliche „etwas", auf das diese und andere Begriffe verweisen. Ich teile vielleicht mit meinem muslimischen Partner denselben Gedanken der Transzendenz Gottes, und er ist vielleicht derselben Meinung wie sein buddhistischer Partner, was das Gesetz des *karma* angeht, und doch fühlt sich keiner von uns gedrängt, seine Religion zu wechseln.

Natürlich muß ich verstehen können, was der andere sagt, das heißt, was er eigentlich sagen will, und das setzt ein neues Verständnis dessen voraus, was Auslegung und Interpretation eigentlich meinen. Die goldene Regel jeder Hermeneutik lautet, daß das Interpretierte in der Lage sein muß, sich in der Interpretation wiederzuerkennen. Mit anderen Worten, jede Auslegung einer Tradition, die von außen an sie herantritt, muß zumindest phänomenologisch mit einer Auslegung von innen her zur Deckung zu bringen sein, das heißt mit der Sichtweise des Gläubigen selbst. Einen *murtipujaka* als Götzenanbeter zu bezeichnen, wobei man das Wort Götze versteht, wie es gewöhnlich im jüdisch-christlich-islamischen Zusammenhang verstanden wird, statt mit dem zu beginnen, was der andere selber von sich sagt, stellt zum Beispiel eine unerlaubte Verletzung dieser Regel dar. Der *murti*-Begriff wird durch einen größeren philosophischen und religiösen Zusammenhang gestützt, dem man nicht einfach fremde Kategorien überstülpen darf. Obwohl das Problem ungeheuer bleibt, liegt eine der positivsten Errungenschaften unserer Zeit darin, daß wir erkannt haben, daß es keine unveränderlichen Kategorien gibt, die als absolute Unterscheidungsmerkmale und Urteilskriterien auf alles, was es unter der Sonne gibt, anwendbar wären.

Ich möchte zwei Prinzipien, die jeder gesunden hermeneutischen Methode zugrundeliegen, und den kritischen Weg, auf dem beide miteinander zu vereinbaren sind, kurz erläutern.

Das *Prinzip der Homogenität*: Einer alten im Osten wie im Westen anerkannten Überzeugung gemäß kann Gleiches nur von Gleichem erkannt werden. Mit anderen Worten, ein Begriff oder eine Idee läßt sich nur innerhalb eines homogenen Zusammenhangs angemessen verstehen und bewerten. Jeder kulturelle Wert ist von einer besonderen Sphäre umgeben, innerhalb derer er überhaupt nur in vollem Sinne zur Geltung kommt; jede unberechtigte Extrapolation kann hier nur zu Verwirrung und Mißverständnis fuhren. Nichts schadet auf diesem Gebiet mehr als übereilte Synthesen oder oberflächliche Gleichsetzungen. Hier ist der Ort und die große Bedeutung, die der Theologie in ihrer traditionellen Gestalt zukommen. Sie hütet das innere Selbstverständnis jeder Religion, ihr Bild von sich selbst als gelebtem Glauben. Ohne diese vorausgehende Arbeit wäre eine fruchtbare religiöse Begegnung gar nicht möglich.

Das *dialogische Prinzip*: Eine ausschließliche oder strikte Anwendung des Prinzips der Homogenität würde jeden kritischen Zugang von vornherein unterbinden und keinerlei Fortschritt auf dem Weg des gegenseitigen Verstehens erlauben. Ich kann vielleicht die Weltsicht verstehen, die der religiösen Praxis anderer – Menschenopfer zum Beispiel – zugrundeliegt, aber ich werde sie dennoch für unreif, falsch oder sogar barbarisch halten. Warum? Möglicherweise habe ich mir andere Bewußtseinsformen oder ein anderes Verstehensprinzip angeeignet, das mich die Unangemessenheit bestimmter Vorstellungen (der Notwendigkeit von Menschenopfern zum Beispiel) erkennen läßt. Ich bin zu einer Weltsicht gelangt, die es mir ermöglicht, eine andere kritisch zu beurteilen. Vielleicht bin ich jetzt in der Lage, Unstimmigkeiten oder unhaltbare Annahmen offenzulegen. Bei diesem Prozeß ist bereits das dialogische Prinzip am Werk. Nur auf dem Wege des inneren oder äußeren Dialogs und Gesprächs werden wir uns unserer unkritisch übernommenen oder unberechtigten Voraussetzungen bewußt. Das Gespräch hält nicht nur nach neuen Informationsquellen Ausschau, sondern führt zu einem tieferen Verstehen des fremden wie des eigenen Seins. Wir alle lernen dabei, erhellende Kritik anzunehmen, auch wenn sie von fernen Küsten zu uns herüberkommt.

Ko-ordination: Für sich genommen bleibt jedes Prinzip unbefriedigend und unfruchtbar; zusammen genommen ermöglichen sie ein kulturübergreifendes Verstehen, das treffend und kritisch zugleich ist. Wer sich mit indischen Traditionen auseinandersetzt, von welchem Hintergrund aus auch immer, ist überzeugt, daß er dabei die methodischen Prinzipien des modernen kritischen Gelehrten nicht über Bord werfen darf. Gleichzeitig weiß er sehr wohl, daß weder wissenschaftliche noch westliche Kategorien allein als absoluter Standard anzusetzen oder ausnahmslos überall anzuwenden sind. Diese doppelte Einsicht führt dazu, beide Prinzipien gemeinsam zur Anwendung zu bringen. Es ist hier nicht möglich, genaue Richtlinien für eine derartige Koordination zu entwickeln. Es muß genügen zu sagen, daß die Anstrengungen in dieser Richtung wahrhaft interdisziplinär und interpersonal sein müssen, wobei nicht nur die überlieferten Gebiete der „akademischen Welt" in Betracht zu ziehen sind, sondern vor allem auch die Menschen, deren Religionen im Blickfeld stehen. Keine Aussage wird treffend und sinnvoll sein können, solange sie nicht studiert, verstanden und gewissermaßen verifiziert werden kann – von allen, die davon betroffen sind, nicht nur im Schlagabtausch der *literati*.

In der Tat ist eine philosophische Klärung und Erhellung der Probleme heute von besonderer Wichtigkeit, denn im großen und ganzen haben sich die Religionen bisher in begrenzten, abgeschlossenen Gebieten entwickelt und waren von daher schnell geneigt, ein bestimmtes System philosophischer Lehren – weil es sich als besonders nützlich erwies, die religiöse Botschaft zu vermitteln – für den

Kern der Religion zu halten. Die gegenseitige Bereicherung der echten Begegnung und die daraus erwachsende Befreiung wird möglicherweise groß sein.

6. Es handelt sich nicht nur um ein theologisches Symposium

Als echtes Wagnis ist die religiöse Begegnung von einer Art prophetischem Charismas erfüllt; sie erschöpft sich nicht in dem Bemühen, dem Außenstehenden meinen Standpunkt klarzumachen. Allerdings beansprucht zumindest nach der Auffassung nicht nur einer Schule auch die Theologie, eine charismatische Vertiefung des Sinns und Verstehens einer Offenbarung oder Religion zu sein. Im allgemeinen sind die Theologen jedoch mehr damit beschäftigt, gegebene Begriffe und Vorstellungen zu klären, statt neue, vor ihnen liegende Aufgaben zu erschließen. Offensichtlich kann auf das hermeneutische Handwerk nicht verzichtet werden; noch wichtiger aber ist, sich erst einmal darüber klarzuwerden, was denn eigentlich hermeneutisch erschlossen werden soll, bevor man sich daran macht, eine (mehr oder weniger einleuchtende) Erklärung zu geben. Die Theologie mag die Werkzeuge bereitstellen, die ein gegenseitiges Verstehen ermöglichen, sie darf aber nicht vergessen, daß die heute geforderte religiöse Begegnung ein neuartiges Problem darstellt: Die von den Theologen bereitgestellten Mittel und Werkzeuge werden der neuen Aufgabe nur gewachsen sein, wenn sie in der Begegnung selber gereinigt, abgeklopft und neu geschmiedet werden.

Als Beispiel für das, was wir in Zukunft brauchen, möge hier der Begriff des Homöomorphismus dienen. Darunter ist mehr zu verstehen als ein bloßes Vergleichen von Gedanken einer Überlieferung mit denen einer anderen. Ich möchte diesen Begriff als Korrelation zwischen Punkten verschiedener Systeme verstanden wissen, so daß einem Punkt im ersten System ein Punkt im zweiten System entspricht. Diese Methode setzt nicht voraus, daß das eine System (logisch, moralisch oder wie auch immer) besser als das andere ist oder daß die beiden Punkte austauschbar sind: Man kann nicht gleichsam einen Punkt aus dem einen System herausnehmen und in ein anderes verpflanzen, die Methode entdeckt und erschließt nur mögliche homöomorphische Entsprechungen.

Eine homöomorphische Entsprechung ist nicht dasselbe wie eine Analogie, obwohl beide miteinander verwandt sind. Homöomorphismus bedeutet nicht, daß zwei Begriffe analog sind, das heißt zum Teil dasselbe meinen, zum Teil etwas anderes, denn das setzt voraus, daß beide an einem „tertium quid" teilhaben, das die Grundlage für die Analogie abgibt. Homöomorphismus meint eher, daß die Begriffe gleichartige, gleichwertige Rollen spielen, daß sie entsprechende Plätze in ihrem jeweiligen System ausfüllen. Homöomorphismus ist, könnte man vielleicht sagen, eine Art existentialfunktionaler Analogie.

Ein Beispiel möge verdeutlichen, was ich meine:

Es ist ganz offensichtlich falsch, die upanishadische *Brahman*-Idee mit der biblischen *Jahwe*-Auffassung gleichzusetzen. Dennoch bleibt es ebenso unbefriedigend zu sagen, beide Begriffe hätten überhaupt nichts miteinander zu tun. Sicher, der Zusammenhang, in dem sie stehen, und die inhaltlichen Ausprägungen, die ihnen gegeben werden, sind gänzlich verschieden. Sie lassen sich nicht ineinander übersetzen, es gibt keinerlei direkte Verwandtschaft zwischen beiden. Dennoch sind beide homolog, sie spielen ähnliche Rollen, wenn auch in verschiedenen kulturellen Umgebungen. Beide beziehen sich auf einen höchsten Wert und ein Absolutes. Andererseits dürfen wir wohl kaum sagen, *Brahman* sei die Vorsehung oder auch nur transzendent oder *Jahwe* sei alldurchdringend, ohne Eigenschaften usw. Dennoch läßt sich sagen, daß beide homologe Funktionen innerhalb ihrer jeweiligen Kultur erfüllen.

Oder um ein anderes Beispiel zu geben: Eine Untersuchung des überlieferten indischen *Karma*-Begriffes und des modernen westlichen Verständnisses der Geschichtlichkeit könnte unter Anwendung unseres Prinzips eine gemeinsame homologe Rolle offenlegen. Beides steht für jenen zeitlichen Bestandteil des menschlichen Wesens, der das Individuelle transzendiert[1]. Noch interessanter wäre vielleicht ein Überdenken der homologen Rolle der indischen Idee des Isvara (Herr) und der westlichen Christusvorstellung[2].

Welche Gestalt sie auch annehmen wird und mit welchen Inhalten sie sich auch befassen wird, ich bin überzeugt, daß aus der echten Begegnung zwischen aufrichtigen, erleuchteten, glaubenden Anhängern verschiedener religiöser Überlieferungen eine neue Theologie

---

1 Vgl. *R. Panikkar*, Myth, Faith and Hermeneutics (New York: Paulist Press, 1978), Kapitel XIV.
2 Vgl. *R. Panikkar*, The Unknown Christ of Hinduism (Bangalore, Asian Trading Corporation, durchgesehene und erweiterte Auflage 1983), S. 148–162.

(lassen wir einmal die Tatsache außer acht, daß der Begriff als solcher einem Buddhisten gar nichts sagt) hervorgehen wird.

Doch die religiöse Begegnung selbst erschöpft sich nicht in einer theologischen Reflexion. Theologien – im weitesten Sinne des Wortes – gehen von einer gegebenen Grundlage aus: Sie bemühen sich um die Verstehbarkeit einer gegebenen religiösen Überlieferung, im allgemeinen innerhalb dieser Überlieferung selbst (*fides quaerens intellectum*). In unserem Fall gibt es aber keine derartige Grundlage, kein Bekenntnis, das als gemeinsamer Ausgangspunkt dienen könnte. Es gibt weder ein gemeinsam Gegebenes noch eine von allen anerkannte Grundlage, weder eine Offenbarung noch ein für alle gleichermaßen bedeutsames Ereignis noch gar eine gemeinsame Tradition. Sowohl der Gegenstand der Untersuchung als auch ihre Methode sind erst in der Begegnung selber auszumachen. Es gibt am Anfang nicht einmal eine gemeinsame Sprache. Mangelt es an diesem radikalen Verständnis der Begegnung der Religionen, kommt sie nicht über die Bedeutung eines kulturellen Ereignisses mit gewissem Unterhaltungswert hinaus.

7. Sie beschränkt sich nicht auf kirchliche Bemühungen im engeren Sinne

Sicher, das Gespräch zwischen den Religionen kann auf verschiedenen Ebenen stattfinden. Es wird jede dieser Ebenen ihre Besonderheiten haben. Die Begegnung der offiziellen Vertreter der organisierten religiösen Gruppen der Welt gehört heute zu den unausweichlichen Pflichten kirchlichen Lebens. Doch worum es bei diesem Treffen geht, ist nicht dasselbe wie das, worum es in Gesprächen geht, die sich bemühen, die tiefstmögliche religiöse Ebene zu erreichen. Kirchliche Würdenträger sind verpflichtet, die Tradition zu wahren; sie müssen die große Zahl der Gläubigen im Auge behalten, die zu ihrer religiösen Gemeinschaft gehören und für die sie Verantwortung tragen. Sie werden vor allem mit unmittelbar anstehenden praktischen Fragen und Problemen konfrontiert, sie müssen Wege finden, einander zu tolerieren, miteinander zusammenzuarbeiten, einander zu verstehen. Im allgemeinen werden sie sich aber nicht auf neue Wege, Antworten und Lösungen einlassen dürfen. Ihre Aufgabe ist es, bereits erprobte, fruchtbare Wege gutzuheißen und für ihre Umsetzung in die Praxis zu sorgen. Doch wo ist der Ort solcher Erprobung, und wie soll sie geschehen? Die religiöse Begegnung, um die es uns hier geht, wird sicher der Begegnung auf kirchlich-offizieller Ebene den Weg bereiten können und umgekehrt, aber beide müssen unterschieden und auseinandergehalten werden.

8. Es handelt sich um eine religiöse Begegnung in Glaube, Hoffnung und Liebe

Das Wort *religiös* steht hier nicht für eine bloß äußerliche Frömmigkeit oder Bindung an eine Religionsgemeinschaft. Es zielt auf die Integrität und Ganzheit der Personen, die am Gespräch teilnehmen. Mit anderen Worten, es meint nicht ausschließlich „religiöse" Ideen oder Ideale, als ob es in der Begegnung nur um lehrmäßige Streitfragen von gemeinsamem Interesse ginge. Wir erörtern im Gespräch auch *uns selber*, wir sitzen nicht nur am Verhandlungstisch, sondern sind selber mit allem, was wir sind, Gegenstand der Verhandlung, wie in der dritten Spielregel bereits angedeutet.

Das bedeutet, daß die echte religiöse Begegnung niemals völlig objektivierbar ist. Nicht objektivierte Bekenntnisse sind Gegenstand des Gespräches, sondern wir, die Glaubenden und Bekennenden selber. Deshalb reicht der logische Grundsatz des (Nicht-)Widerspruchs allein nicht aus (so notwendig er ist), um als Leitprinzip des ganzen Treffens zu dienen. Ich bekenne mich vielleicht dazu, daß die Lehre X die bestmögliche Weise ist, eine bestimmte Wahrheit oder gleichsam das Geheimnis selber in Worte zu fassen. Du bekennst dich vielleicht dazu, daß es die Lehre Y ist, die dieser Anforderung am besten genügt. X und Y sind dabei durchaus verschieden, ein Kompromiß ist weit und breit nicht in Sicht. Es wäre ein Widerspruch in sich, wollte man jemand glauben machen, innerhalb des vorausgesetzten Zusammenhanges seien X und Y gleichermaßen möglich und wahr. Aber keinen Widerspruch gibt es angesichts der Tatsache, daß du dich zu Y bekennst und ich mich zu X. Bei A mit dem Bekenntnis zu X und B mit dem Bekenntnis zu Y handelt es sich nur um einander entgegengesetzte Situationen, die dennoch miteinander kommunizieren und die gemeinsame Auseinandersetzung fortsetzen können.

Ich darf das Gemeinte vielleicht mit Hilfe christlicher Begriffe verdeutlichen und bitte deshalb um Entschuldigung, doch ich denke, gerade diese Begriffe haben eine über das Christliche hinausgehende universalere Bedeutung.

Mit *Glaube* meine ich eine Haltung, die die nackten Tatsachen ebenso transzendiert wie die dogmatischen Formulierungen der verschiedenen Konfessionen; eine Haltung, die ein Verstehen ermöglicht, auch wenn Worte und Begriffe einander widersprechen, weil sie dies gleichsam durchdringt und bis in die Tiefe jenes Bereiches vorstößt, der der religiöse Bereich schlechthin ist. Wir erörtern nicht Systeme, sondern Wirklichkeiten und die Weisen, wie sich diese Wirklichkeiten zeigen und kundtun, damit sie auch unserem Gesprächspartner verständlich werden.

Unter *Hoffnung* verstehe ich jene Haltung, die wider alle Hoffnung hoffend in der Lage ist, nicht nur die anfänglichen menschlichen Hindernisse, unsere Schwächen und unbewußten Bindungen, sondern auch alle Spielarten einer rein profanen Einstellung zu überwinden und bis zur Herzmitte des Gespräches vorzustoßen, gleichsam von oben gedrängt, einen heiligen Dienst zu vollziehen.

Mit *Liebe* schließlich meine ich jenen Impuls, jene Kraft, die uns die Nähe unserer Mitmenschen suchen und uns in ihnen entdecken läßt, was uns fehlt. Natürlich will echte Liebe nicht um jeden Preis als Sieger aus der Begegnung hervorgehen. Sie sehnt sich nach der gemeinsamen Erkenntnis der Wahrheit, ohne die Unterschiede einfach wegzuwischen oder auch nur die Verschiedenheit der Melodien in der einen und einzigen polyphonen Symphonie zu dämpfen.

9. Einige praktische Hinweise

Was bedeuten diese Regeln nun für die Praxis? Was ich dazu im Laufe meiner Erfahrung gesammelt habe, läßt sich etwa wie folgt zusammenfassen:

Es muß auf beiden Seiten eine *gleichwertige Vorbereitung* auf die Begegnung geben – sowohl eine kulturelle als auch eine theologische Vorbereitung. Jedes Gespräch – das religiöse inbegriffen – wird wesentlich von der kulturellen Umgebung der Gesprächspartner beeinflußt. Diese kulturellen Unterschiede zu übersehen, die oft Ursache unterschiedlicher religiöser Bekenntnisse sind, beschwört unvermeidlich Mißverständnisse herauf. Erste Aufgabe des Gespräches ist es, den Grund zu bereiten und den Ort abzustecken, auf dem und an dem das Gespräch erst eigentlich stattfinden kann.

Es muß ein echtes *gegenseitiges Vertrauen* zwischen allen an der Begegnung Beteiligten geben, was nur möglich ist, wenn alle Karten auf dem Tisch liegen, das heißt, wenn keiner der Partner seine persönlichen Überzeugungen „einklammert".

Die verschiedenen *strittigen Punkte* (theologischer, praktischer, institutioneller usw. Art) müssen sorgfältig auseinandergehalten werden, sonst bleibt die Verwirrung nicht aus.

10. Ein christliches Beispiel

Christus ist der Herr, aber der Herr ist weder Jesus allein, noch erschöpft mein Verständnis die ganze Bedeutung des Wortes.

Die Kirche als gesellschaftliche Seite der Religion ist (per Definition) der Organismus des Heils; aber die Kirche in diesem Sinne fällt nicht mit der sichtbaren christlichen Kirche zusammen.

Das Christentum ist die sozio-religiöse Struktur des Christlichen und als solches eine Religion wie jede andere. Es muß als solches auch für sich genommen und ohne besondere Vorrechte beurteilt werden.

Gott will, daß alle Menschen das Heil finden. Heil steht hier für das Ende, das Ziel, die Bestimmung oder das Schicksal des Menschen, was auch immer darunter verstanden wird.

Es gibt kein Heil und keine Erlösung ohne Glauben, aber dieser ist kein Privileg der Christen noch irgendeiner besonderen Gruppe.

Die Mittel zum Heil sind in jeder echten (alten oder neuen) Religion zu finden, denn der Mensch folgt einer besonderen Religion, weil er glaubt, daß er in ihr und durch sie die letzte und höchste Erfüllung seines Lebens finden und erreichen kann.

Christus ist der einzige Mittler, aber er gehört nicht den Christen allein, sondern ist in Wirklichkeit in jeder echten Religion, wie auch immer sie heißen oder aussehen mag, gegenwärtig und wirksam. Christus ist das Symbol des immer transzendenten und zugleich immer menschlich-immanenten Geheimnisses, das die Christen bei diesem Namen nennen. Diese Prinzipien müssen nun ähnlichen humanistischen, buddhistischen und anderen Grundaussagen gegenübergestellt werden, um uns in die Lage zu versetzen, Übereinstimmungen und Gegensätze mit der geforderten Gründlichkeit und Genauigkeit aufzuzeigen. Die christlichen Prinzipien sind dabei nicht von vornherein als einzig gultige Paradigmen zu sehen, als ginge es nur um die Frage, wie sich anderswo mögliche ihnen gleichkommende Aussagen finden lassen. Fair ist der Weg des Gespräches nur, wenn man von allen möglichen Ausgangspunkten zugleich ausgeht und die echten Begegnungen, zu denen es im Laufe des Weges kommt, bezeugt.

11. Zusammenfassung

Die religiöse Begegnung ist ein religiöser und also heiliger Akt, den wir – getragen von der Wahrheit und der Treue zu den „drei Welten" – ohne bestimmtes Ziel oder besondere Absicht vollziehen. In diesem schöpferischen Akt zeigt sich die je neue Lebendigkeit der Religion selbst.

John Hick

Auf dem Weg zu einer Philosophie des religiösen Pluralismus

Der 1922 in Scarborough/Yorkshire geborene Theologe und Religionsphilosoph John Hick gehört zu den wohl bekanntesten Wegbereitern der pluralistischen Religionstheologie. Als Professor lehrte der 1953 ordinierte presbyterianische Geistliche u. a. an der Birmingham University und an der Claremont Graduate University in Kalifornien und beschäftigte sich eingehend mit der buddhistischen Spiritualität. 1982 legte er mit „God has many names" sein religionsphilosophisches Modell vor, das großes Aufsehen in der Fachwelt erregte. Im Zentrum von Hicks Modell stehen weder die Offenbarung Gottes in Jesus Christus noch die christliche Heils- und Kirchengeschichte, sondern einzig und allein die „letzte göttliche Realität", die, so Hick, viele Namen haben kann und auch „das Absolute", „das Tao" usw. genannt werden kann. Nach Hick beruht die Pluralität der Religionen der Welt darauf, dass die menschliche Erfahrung keinen unmittelbaren Zugang zur göttlichen Realität hat. Innerhalb der Menschheitsgeschichte wurde Gott mit den verschiedensten Namen versehen und je nach Geschichte und Kultur unterschiedlich verehrt und beschrieben. Schon im 1957 erschienenen „Faith and Knowledge" bestritt Hick ein nach seinen Worten voluntaristisches Verständnis des Glaubens zugunsten einer erkenntnistheoretischen Interpretation. Es gibt nach Hicks pluralistischem Modell nicht die eine, wahre Religion, sondern viele Religionen, die alle auf ihre Weise auf wahre religiöse Erfahrungen Antwort geben. Egal ob Christentum oder Islam, Buddhismus oder Judentum – jede religiöse Idee stellt letztendlich einen Weg zum Heil dar. Aus diesem Grund sollte auch keine Religion den Anspruch erheben, die einzig wahre zu sein.

Anja Frank

John Hick

Auf dem Weg zu einer Philosophie des religiösen Pluralismus

Die Tatsache des religiösen Pluralismus stellt phänomenologisch betrachtet bzw. im Sinne einer bloßen Beschreibung kein philosophisches Problem dar. Es gibt einfach viele verschiedene Traditionen religiösen Lebens und Denkens. Ihre jeweilige Geschichte sowie ihren Einfluss aufeinander und auf andere Aspekte der Menschheitsgeschichte hat man in den letzten ca. 150 Jahren zunehmend detaillierter erforscht. Das Wissen über das religiöse Leben der Menschheit ist inzwischen so umfangreich, dass es ein einzelner Mensch bei weitem nicht mehr vollständig erfassen kann. Somit steht uns heute eine faszinierende Fülle an Informationen zur Verfügung: über religiöse Praktiken und Glaubensüberzeugungen, über Formen von Kult und Ethik, über Bekenntnisse und Theologien, Mythen, Dichtkunst, Musik und Architektur, über Zeugnisse religiöser und mystischer Erfahrungen und über die Beziehungen all dieser Aspekte untereinander. Sofern man dies alles lediglich als historische Tatsache betrachtet, stellt nichts davon so etwas wie ein *Problem des religiösen Pluralismus* dar. Ein Problem entsteht erst dann, wenn das ins Spiel kommt, was man als die religiöse Grundüberzeugung bezeichnen könnte.

Unter der religiösen Grundüberzeugung verstehe ich die Überzeugung, dass religiöse Erfahrung und Glaube die Antwort des Menschen auf eine Realität oder Realitäten von transzendenter, göttlicher Art darstellen. Mit anderen Worten: die Überzeugung, dass Religion nicht vollständig Illusion und Selbsttäuschung ist. Die zentrale Frage der Religionsphilosophie besteht darin, ob diese Überzeugung gerechtfertigt ist und, falls ja, wie sich ihre Berechtigung aufzeigen lässt. An anderer Stelle habe ich mich, wie so viele andere auch, mit dieser Frage auseinandergesetzt. Im Rahmen dieses Kapitels möchte ich mich jedoch mit einem weitergehenden Problem befassen, das sich dann stellt, wenn man die religiöse Grundüberzeugung akzeptiert.

Dabei kann man diese Überzeugung wirklich teilen (so wie ich es tue) oder aber einfach nur an der Frage interessiert sein, was der religiöser Pluralismus für den religiösen Glauben bedeutet. Was immer unser Hintergrund auch sein mag, ich schlage vor, dass wir zum Zweck der gegenwärtigen Diskussion von der Hypothese ausgehen, die religiöse Grundüberzeugung sei wahr, und dass wir uns die Frage

Auf dem Weg zu einer Philosophie des religiösen Pluralismus

stellen, wie auf dieser Basis die Tatsache des religiösen Pluralismus zu verstehen ist.

Normalerweise findet sich die religiöse Grundüberzeugung in der Form, dass für eine bestimmte Religion beansprucht wird, sie sei eine gültige Antwort auf das Göttliche, und die von ihr implizierten Glaubensüberzeugungen seien wahre Aussagen über das Wesen der Wirklichkeit. Das Problem des religiösen Pluralismus folgt aus dem Umstand, dass es zahlreiche solcher Ansprüche gibt. Betrachtet man diese Vielfalt von Heilsbotschaften, dann scheint es naheliegend, dass sie nicht allesamt wahr sein können. Ist es dann nicht aber eher wahrscheinlich, dass sie alle falsch sind? Dies ist das Problem, das sich ergibt, wenn man die Tatsache des religiösen Pluralismus mit der religiösen Grundüberzeugung verbindet.

Wenn wir die religiöse Grundüberzeugung akzeptieren, dann zwingt uns dies nicht automatisch dazu, jede religiöse Erfahrung als schlechthin wahrhaftig oder jeden religiösen Glauben als schlechthin wahr anzusehen. Im Gegenteil, unsere menschliche Natur und unsere Lebensumstände könnten durchaus auf ihre spezifische Weise die religiöse Erkenntnis beeinflussen, so dass es bei der menschlichen Gotteserkenntnis aufgrund des ganzen Spektrums an individuellen und sozialen Mentalitäten einschließlich ihrer kulturellen Ausprägungen zu einer entsprechenden Vielfalt von Wahrnehmungen oder möglicherweise auch von partiellen Verzerrungen kommt. Aber dabei gehen wir immer noch davon aus, dass Religion im Prinzip eine Antwort oder besser ein Spektrum von Antworten auf eine Realität darstellt und nicht bloß reine Projektion oder Illusion ist – selbst wenn diese Antworten mehr oder weniger inadäquat sind.

Selbstverständlich muss diese Ausgangsannahme, solange keine stichhaltigen Gegenargumente vorliegen, für alle Religionen gelten und nicht nur für irgendeine bevorzugte Religion. Als Christ kann ich daher das Problem des religiösen Pluralismus nicht dadurch lösen, dass ich allein meine eigene Religion als eine Antwort auf die göttliche Realität betrachte, alle anderen jedoch ausschließlich als menschliche Projektionen. Ich kann nicht, mit Karl Barth, sagen, dass „die christliche Religion (...) darum die wahre Religion (ist), weil es dem Gott, der in dieser Sache allein der Richter sein kann, gefallen hat, nun gerade sie als die wahre Religion zu bejahen", so dass „sie und nur sie den Auftrag und die Vollmacht zur Mission (hat), d. h. dazu, sich der Welt aller Religionen als die eine wahre Religion gegenüberzustellen, sie mit unbedingtem Selbstvertrauen zur Umkehr von ihren Wegen, zum Einlenken auf den christlichen Weg einzuladen und aufzufordern" (*Kirchliche Dogmatik*, I/2, 384 u. 392). Solch eine sublime Bigotterie wäre nur demjenigen möglich, der sich für das umfassendere religiöse Leben der Menschheit entweder nicht wirklich interessiert oder dieses nicht wirklich wahrnimmt. Wird man nämlich zum Zeugen der Gottesverehrung in den großen Weltreligionen, einschließlich des Christentums, dann ist es evident, dass sich in jeder von ihnen etwas Ähnliches vollzieht: Die Aufmerksamkeit des Verehrers wird auf eine (mutmaßlich) höhere, transzendente Wirklichkeit gerichtet, die für den Menschen das höchste Gut darstellt. Es mag eindeutige und überzeugende Kriterien geben, nach denen einige Formen von Religion gegenüber anderen als „besser" oder „höher" angesehen werden können. Aber wenn wir uns auf die großen Weltreligionen beschränken, dann wäre das einzige Kriterium, mittels dessen sich irgendeine unter ihnen als die allein wahre Religion und alle anderen als falsche Religionen erweisen ließen, die eigene dogmatische Behauptung, das dies eben so ist – eine Behauptung, die diese Religion während gewisser chauvinistischer Phasen ihrer Existenz aufgestellt hat.

Versucht man den Pluralismus in der Welt der Religionen zu verstehen, dann stellt sich gleich zu Beginn ein terminologisches Problem, für das es anscheinend keine zufriedenstellende Lösung gibt. Wie sollen wir jene postulierte transzendente Realität benennen, von der wir annehmen, dass Religion die Antwort des Menschen auf sie darstellt? Anfangs neigt man vermutlich dazu, das Wort „Gott" als zu theistisch abzulehnen, denn das Spektrum der Religionen umfasst ja neben den theistischen auch bedeutsame nicht-theistische Traditionen. So wird man vielleicht Bezeichnungen in Betracht ziehen wie das „Transzendente", das „Göttliche", der „Dharma", das „Absolute", das „Tao", das „Sein selbst", „Brahman" oder „die letzte göttliche Realität". Ein völlig neutraler oder traditionsübergreifender Begriff steht uns jedoch nicht zur Verfügung. Man ist daher gezwungen, einen Begriff zu verwenden, der einer bestimmten Tradition entstammt, muss diesen dann aber auf eine Weise gebrauchen (oder bewusst missbrauchen), die über die Grenzen dieser Tradition hinausgeht. Als Christ wähle ich somit das Wort „Gott", werde es allerdings nicht in einem rein theistischen Sinn verwenden. Freilich besteht dabei die Gefahr, dass der Verfasser oder der Leser irgendwann unbemerkt nur noch an die Standardverwendung dieses Begriffes denkt. Beide sollten auf diese

Auf dem Weg zu einer Philosophie des religiösen Pluralismus

Gefahr achten. Wenn ich also im Folgenden von „Gott" spreche, dann unter dem wichtigen Vorbehalt, dass es im Moment noch offen ist, ob und, wenn ja, in welchem Sinn Gott ein personaler Gott ist. Später werden wir dann zu der, wie ich glaube, notwendigen Unterscheidung zwischen Gott und Gott, wie Menschen ihn sich vorstellen und erfahren, gelangen. Gott ist weder eine Person noch eine Sache, sondern ist die transzendente Wirklichkeit, die von verschiedenen menschlichen Mentalitäten sowohl auf personale als auch auf nicht-personale Weise vorgestellt und erfahren wird.

Die grundsätzliche Unterscheidung zwischen der Gottheit, wie sie in ihren eigenen unendlichen Tiefen jenseits menschlicher Erfahrung und menschlichen Begreifens ist, und der Gottheit, wie sie auf endliche Weise von der Menschheit erfahren wird, ist alt und weit verbreitet. Ihre vielleicht deutlichste Form findet sich in der hinduistischen Unterscheidung zwischen *nirguna-brahman*, dem Brahman ohne Eigenschaften, also jenseits der Reichweite menschlicher Sprache, und *saguna-brahman*, dem Brahman mit Eigenschaften, das in der religiösen Erfahrung des Menschen als Ishvara, das heißt als der personale Schöpfer und Lenker des Universums, gekannt wird. Im Westen unterschied der christliche Mystiker Meister Eckhart zwischen Gottheit (*Deitas*) und Gott (*Deus*). In einer vergleichenden Studie über Eckhart und Shankara bemerkte Rudolf Otto hierzu: „Darin liegt die erstaunlichste Analogie zwischen Eckhart und Shankara: Hoch über Gott und dem persönlichen Herrn steht die „Gottheit", deren Beziehung zu Gott nahezu identisch ist mit der des Brahman zu Ishvara" (*Mysticism East and West*, 14). Die taoistische Schrift *Tao Te King* bekräftigt gleich zu Beginn: „Das Tao, das enthüllt werden kann, ist nicht das ewige Tao". Die jüdisch-kabbalistischen Mystiker unterscheiden zwischen En Soph, der absoluten göttlichen Realität jenseits menschlicher Beschreibung, und dem Gott der Bibel. Und bei den Sufis scheint Al Haqq, das Wirkliche, ein ähnliches Konzept zu sein, insofern es als unergründliche Gottheit der Vorstellung von Allah als Person unterlegt ist. In jüngerer Zeit hat Paul Tillich vom „Gott über dem Gott des Theismus" gesprochen (*The Courage to Be*, New Haven 1952, 190) und gesagt, dass „Gott das Symbol von Gott ist" (*The Dynamics of Faith*, New York 1957, 46). Whitehead und die seinem Denken folgenden Prozess-Theologen unterscheiden zwischen der Urnatur Gottes (*primordial nature*) und seiner Folgenatur (*consequent nature*), wobei die „Urnatur" sein Wesen in sich selbst bezeichnet und die „Folgenatur" durch seine Einbeziehung in die Welt und seine Reaktion auf sie konstituiert wird. Gordon Kaufmann hat unlängst zwischen dem „realen Gott" und dem „verfügbaren Gott" unterschieden, wobei es sich bei ersterem um ein „völlig unerkennbares X" handelt und bei letzterem um eine „im wesentlichen mentale oder imaginäre Konstruktion" (*God the Problem*, 1972, 86). Eine traditionelle christliche Form der Unterscheidung ist die zwischen Gott in sich selbst, in seinem unendlichen aus sich selbst heraus existierenden Sein jenseits dessen, was der menschliche Geist zu erfassen vermag, und Gott im Verhältnis zur Menschheit, geoffenbart als Schöpfer und Erlöser. In der ein oder anderen Form scheint eine solche Unterscheidung für jede Auffassung unausweichlich zu sein, die sich weigert, Gott auf ein endliches Wesen zu reduzieren, auf ein Wesen, das für den menschlichen Geist vollständig erkennbar in menschlichen Begriffen definierbar wäre. Der unendliche Gott muss die Reichweite unseres Erkennens und Begreifens übersteigen und reines Mysterium bleiben; in dieser grenzenlosen Transzendenz ist er *nirguna*, die höchste Gottheit, der Gott über dem Gott des Theismus.

Es gibt meines Erachtens drei Haupttypen religiöser Erfahrung. Der am weitesten verbreitete Typ ist die Erfahrung Gottes als die Gegenwart und der Wille einer Person, der man in einer Ich-Du-Beziehung begegnet. Diese Erfahrung ist das Herzstück theistischer Religiosität sowohl in den östlichen als auch in den westlichen Traditionen. Der zweite Typ religiöser Erfahrung ist die Naturmystik oder kosmische Mystik, in der die gesamte Welt oder das gesamte Universum als Manifestation oder als Medium göttlicher Realität erfahren wird, wie etwa in Wordsworths berühmten Zeilen:

„Und ich fühlte
eine Gegenwart, die mich verwirrte mit der Freude
erhabener Gedanken; ein sublimes Gefühl
von etwas, das viel tiefer verwoben ist,
das wohnt im Licht untergehender Sonnen,
im Rund des Ozeans und in lebendiger Luft,
im blauen Himmel, und im Geist des Menschen:
Eine Bewegung und ein Geist, der alles treibt,
was denkt und alles, was gedacht wird,
und sich durch alle Dinge schwingt."

In solchen Erfahrungen wird Gott weder als personale noch als nichtpersonale Wirklichkeit erlebt, sondern als etwas, das mehr ist als Person – als etwas Lebendiges, als die letzte Quelle aller Werte, aber als etwas, das letztlich die Vorstellung einer mir beggnenden Person übersteigt, gleich wie gewaltig man sich diese auch denkt. Beim dritten Typ der religiösen Erfahrung geht das erfahrende Selbst zeitweise in der göttlichen Realität auf und wird eins mit dem Einen. Da Personalität ihrem Wesen nach interpersonal ist, jemand also nur in Beziehung zu anderen Personen eine Person ist, gibt es in diesem einenden Moment keine personale Existenz und keine personale Begegnung. Dies ist vielleicht der mystische Zustand *par excellence*, der anscheinend von einigen erfahren, jedoch von niemandem beschrieben wurde, da er jenseits der Reichweite menschlicher Sprache liegt.

Bei allen drei Typen handelt es sich um endliche Erfahrungen endlicher Geschöpfe. (Das gilt auch für die mystische Einheitserfahrung. Denn wenn sich der Erfahrende aus ihr erhebt, ist er immer noch ein endliches Individuum und versucht, über das, was ihm widerfahren ist, zu sprechen.) Wenn wir nun im Einklang mit den großen religiösen Traditionen annehmen, dass Gott unendlich ist, dann kann es sich bei diesen Formen religiöser Erfahrung nicht um Erfahrungen der Unendlichkeit Gottes handeln – denn diese könnte von keiner endlichen Erfahrung jemals umfasst werden –, sondern vielmehr um Erfahrungen Gottes, wie dieser auf endliche Weise dem Bewusstsein konkreter Menschen präsent ist. Wenn wir die Vielfalt solcher Erfahrungen verstehen wollen, dann müssen wir in Betracht ziehen, dass unser menschlicher Geist zu all unseren Erkenntnissen über das, was uns umgibt, sei es nun etwas Göttliches oder etwas Natürliches, einen Beitrag leistet. Ich möchte nun zeigen, dass diese unterschiedlichen Formen religiöser Erkenntnis einander nicht notwendigerweise widersprechen, so dass die Gültigkeit der einen die Ungültigkeit der anderen implizieren müsste, sondern dass sie sich besser als unterschiedliche phänomenale Erfahrungen des einen göttlichen Noumenons verstehen lassen oder, in einer anderen Sprache ausgedrückt, als unterschiedliche empirische Transformationen desselben transzendenten Informations-Inputs.

Auf die nicht-personalen Formen religiöser Erkenntnis werde ich später zurückkommen. Zunächst möchte ich mich mit der Idee jenes göttlichen Phänomens befassen, wie wir es im theistischen Typ religiöser Erfahrung antreffen.

Wollte man all die vielen Götter auflisten, deren Namen wir aus der Literatur und den Traditionen Indiens (wie Rudra, Agni, Mitra,

Indra, Varuna), des Nahen Ostens (wie Osiris, Isis, Horus, Ra, Jahwe), des südlichen Europa (wie Jupiter, Apollo, Dionysos, Poseidon), des nördlichen Europa (wie Odin, Thor, Baldr [Baldur], Vali, Wodan), Afrikas (wie Nabongo, Luhanga, Nyame, Lesa, Ruhanga), des amerikanischen Kontinents, Australiens und Ozeaniens, des nördlichen Asiens und der restlichen Welt kennen, würde die Liste vermutlich ähnlich viele Seiten füllen wie das Telefonbuch einer Großstadt. Was sollen wir über all diese Götter sagen? Sollen wir sagen, dass sie alle existieren? Was würde es bedeuten von einem der genannten Götter, beispielsweise von Baldr (Baldur) mit den ihm eigenen Merkmalen, zu sagen, dass er existiert? Meines Erachtens würde es zumindest bedeuten, dass es neben all den Millionen von Menschen ein weiteres bewusstes Wesen gibt, das auf diesen Namen antwortet. Müssen wir demnach also sagen, dass es für jeden Namen in unserer Liste von Göttern ein weiteres Bewusstsein gibt, das all jene Eigenschaften besitzt, wie sie durch das jeweilige Bild dieser bestimmten Gottheit beschrieben werden? In den meisten Fällen wäre dies theoretisch möglich, da es sich bei diesen Göttern zumeist um explizit oder implizit endliche Wesen handelt, deren Macht und deren Einflussbereiche wenigstens grob bekannt sind. Es wäre daher ohne inneren Widerspruch möglich, dass viele von ihnen nebeneinander existieren könnten. Aber alle Gottheiten der monotheistischen Religionen werden jeweils als der einzige Gott betrachtet, so dass diese Vorstellung nur auf eine unter diesen Gottheiten zutreffen kann. Somit scheidet offenkundig die Möglichkeit aus, zu sagen, dass alle genannten Gottheiten – insbesondere die bedeutendsten unter ihnen – existieren, jedenfalls nicht in einem einfachen und unmittelbaren Sinn. Nachdem wir nun aber die religiöse Grundüberzeugung von der Realität des Göttlichen akzeptiert haben, können wir auch nicht sagen, dass sie einfach allesamt nicht existieren und die ganze vorgebliche Erkenntnis des Menschen über göttliche Wesen und Mächte in Wahrheit eine Illusion darstellt. Wie bereits gezeigt, können wir uns ebenso wenig in die Behauptung flüchten, dass der Gott der eigenen Religion der wahre ist, während all die anderen entweder Illusionen oder vielleicht nicht-göttliche dämonische Wesen sind. Untersuchen wir also demgegenüber die Möglichkeit, dass es sich bei dem unmittelbaren Objekt der theistischen religiösen Erkenntnis um etwas handelt, was ich als „Bild" Gottes bezeichnen möchte, und dass die Pluralität dieser Bilder durch die unterschiedliche Art und Weise entsteht, auf die sich die göttliche

Auf dem Weg zu einer Philosophie des religiösen Pluralismus

Wirklichkeit dem menschlichen Bewusstsein in seinen unterschiedlichen Lebensumständen eingeprägt hat.

Dazu müssen wir zunächst jedoch die Unterscheidung zwischen Gott und unseren menschlichen Bildern von Gott begründen. Innerhalb der jüdisch-christlichen Tradition lässt sich die Notwendigkeit einer solchen Unterscheidung dann erkennen, wenn wir uns fragen, ob Gott wirklich männlich, im Unterschied zu weiblich, ist, oder ob Gott im Gegensatz dazu die Geschlechterdifferenzierung transzendiert, jedoch innerhalb patriarchalischer Gesellschaften üblicherweise als männlich verstanden wurde. Ich glaube, dass heute die meisten von uns die letztere Antwort geben werden. Obwohl in der Bibel auf Gott durchweg mit „Er" Bezug genommen und „Er" metaphorisch als König, Vater, Krieger, Hirte usw. beschrieben wird, ist Gott in Wirklichkeit dennoch mit Sicherheit nicht so etwas wie ein großer oder gar unendlicher Mann im Unterschied zu einer Frau. Vielmehr kann von Gott gleichermaßen angemessen in männlichen wie in weiblichen Begriffen gedacht werden. In dieser Hinsicht ist die devotionale Sprache Indiens, in der Gott als Mutter wie auch als Vater angeredet wird, der ausschließlich maskulinen Sprache der semitischen Bekenntnisse vielfach vorzuziehen. Der Punkt, um den es mir im Moment jedoch geht, ist folgender: Wenn Gott nicht wirklich männlich im Unterschied zu weiblich ist, man sich ihn aber dennoch in vielen religiösen Traditionen so vorstellt, dann zwingt uns dies, zwischen Gott und unseren menschlichen Bildern von Gott zu unterscheiden – in diesem Fall zwischen Gott und unseren spezifisch maskulinen Bildern von ihm.

Aber was meinen wir nun genau mit einem „Bild" von Gott? Eine teilweise Analogie finden wir in den unterschiedlichen Eindrücken, die ein und dasselbe Individuum im Denken verschiedener Historiker hinterlässt. Nehmen wir eine Persönlichkeit X, die in der Vergangenheit lebte und zu der wir deshalb keinen unmittelbaren Zugang haben. Von ihr sind zwar gewisse hervorstechende Fakten bekannt, doch sind diese so geartet, dass jeder konkrete Eindruck des Charakters von X zu einem großen Teil auf die konstruktive Vorstellungskraft des Historikers zurückgeht. Jeder dieser Eindrücke oder, wie ich es bezeichnen werde, jedes dieser Bilder stellt eine Interpretation der zur Verfügung stehenden Daten dar. Bei Schriftstellern verschiedener aufeinanderfolgender Epochen mit ihren je anderen kulturellen Hintergründen können so ganz unterschiedliche Bilder von X entstehen, seien es nun eher populäre, häufig übermäßig vereinfachte Bilder und Karikaturen oder aber eher wissenschaftliche Bilder. Es gibt eine Anzahl berühmter historischer Gestalten, auf die all dies zutrifft – z. B. Maria Stuart, Kaiser Karl I., Napoleon, Abraham Lincoln, Mahatma Gandhi, Stalin, der Vorsitzende Mao, usw. In diesen Fällen ist es unerlässlich, zwischen dem historischen Individuum *an sich* und den Bildern zu unterscheiden, durch die er oder sie während späterer Zeiten ins Bewusstsein der Menschen tritt. Selbstverständlich handelt es sich hier lediglich um eine partielle Analogie. Ich will keineswegs sagen, dass Gott in der Vergangenheit existierte, heute jedoch nicht mehr existiert. Die Analogie bezieht sich vielmehr auf die variierenden Bilder, durch die wir eine historische Gestalt wahrnehmen. Ein solches Bild enthält Daten, die durch die Vorstellungskraft und selektive Aufmerksamkeit des Historikers konkrete Formen angenommen haben. Und je mehr uns eine Gestalt fesselt, weil sie unsere eigenen elementaren Anliegen berührt – z. B. unsere Sorge um Gerechtigkeit oder Freiheit –, desto größer ist tendenziell unser subjektiver Beitrag zu dem Bild, das wir uns von ihm oder ihr machen. Wenn es nun um Gestalten geht, die für unser religiöses Leben wichtig sind, und die uns helfen, unserem Leben eine grundlegende Orientierung zu geben, dann wird der subjektive Beitrag in der Regel noch bedeutender. Da ein Heiliger, ein Messias, Avatar, Bodhisattva, Arahant, spiritueller Meister oder Guru ein spirituelles Bedürfnis in uns trifft und somit in unserem Leben heilstiftende Macht besitzt, betont unser Bild von solch einer Person natürlicherweise Aspekte wie Heiligkeit, Güte, Weisheit und besondere Kräfte. Zudem besitzt dieses Bild die Tendenz, sich in dem Maße auszuweiten, in dem sich die religiöse Tradition, in die es eingebettet ist, entwickelt. Diese Heiligenbilder – ich meine damit die persönlichen Eindrücke, die die Heiligen hinterlassen, nicht ihre physischen Abbildungen – stellen bereits eine größere Analogie zu unseren Gottesbildern dar. Innerhalb des Christentums liefert die katholische Spiritualität hierfür besonders viele Beispiele. Der Gläubige wendet sich häufig an einen bestimmten Heiligen oder an Maria, die Mutter Jesu, indem er ihn oder sie bittet, irgendein Wunder zu vollbringen oder für sie bei Gott, dem Vater, Fürsprache einzulegen. Was Maria betrifft, so werden innerhalb gewisser Gemeinschaften sogar ganz spezifische lokale Varianten gepflegt. Beispielsweise gibt es die Heilige Maria von Lourdes, die Bernadette Soubirou als jungem Mädchen im Jahre 1858 achtzehnmal erschien und bei verschiedenen Gelegenheiten mit ihr sprach, wodurch eine Pilger- und Heilungsstätte entstand, zu der jedes Jahr viele tausend Menschen kommen. In Portugal gibt es die Heilige Maria von Fatima, die das Ende des Ersten Weltkrieges vorhersagte und Prophezeiungen über die Entwicklungen in Russland sowie über einen weiteren Krieg machte. Ferner gibt es die Heilige Maria von Walsingham und in vielen Ländern weitere ortsgebundene wundertätige Versionen von Maria. Wenn wir annehmen, dass die Jungfrau Maria eine lebendige, tatsächlich existierende Person ist, die zwar in den Himmel aufgefahren ist, aber dennoch aktiv an den Belangen lebender Männer und Frauen beteiligt ist, dann müssen wir zwischen Maria selbst und einer Vielfalt von teilweise recht verschiedenen menschlichen Bildern, die wir von ihr haben, unterscheiden. Aus der Tatsache ihrer Pluralität folgt jedoch nicht notwendigerweise, dass diese Bilder alle falsch sind. Die Alternative wäre, dass sie aus echten Begegnungen mit Maria resultieren, während derer legitimerweise unterschiedliche Bilder von ihr geformt wurden, weil sie den unterschiedlichen Bedürfnissen verschiedener Individuen und Gemeinschaften Rechnung getragen hat.

Eine Analogie, die unseren Gottesbildern noch näher kommt, stellen die unterschiedlichen Bilder Christi innerhalb des Christentums dar. Denn der historische Jesus ist ein erstklassiges Beispiel für jemanden, durch den ein Spektrum von Bildern entstanden ist, das eine Vielzahl interpretierender Antworten widerspiegelt. So hat man ihn beispielsweise wahrgenommen, vorgestellt und angesprochen als fleischgewordenen Gott, als menschlichen Lehrer, der die Vaterschaft Gottes und die Brüderlichkeit der Menschen lehrte, als apokalyptischen Prediger des bevorstehenden Endes der Geschichte, als „sanftmütigen Jesus, duldsam und mild", als Sozialrevolutionär, der verkündet, dass die Niedrigen erhöht und die Mächtigen erniedrigt werden sollen, als „Mensch für andere", als Verkörperung selbstloser Liebe und natürlich als diverse Mischformen aus all diesen Bildern. Etliche populäre Jesusbilder finden sich auch in einer wachsenden Zahl von Interpretationen seiner Person in Filmen und Rockopern. Schon das bloße Auflisten dieser verschiedenen „Jesuse" der religiösen und säkularen Phantasie bedeutet, zwischen der historischen Persönlichkeit, die vor 1900 Jahren in Galiläa lebte und über die wir eher wenig an gesicherter Information besitzen, und der Pluralität von Bildern, die in den Köpfen verschiedener Individuen und Gruppen und in den Traditionen der verschiedenen Gemeinden wirksam sind, zu unterscheiden.

Darüberhinaus sind aus dem historischen Jesus im christlichen Denken und in der christlichen Erfahrung zwei weitere Christusfiguren erwachsen, die sich voneinander unterscheiden (insofern sie innerhalb verschiedener spiritueller Strömungen wirksam wurden), aber doch auch (in wieder anderen Formen von Spiritualität) miteinander verschmelzen können. Eine dieser Figuren ist der kosmische Christus, der ewige Sohn Gottes, „der zur Rechten des Vaters sitzt", als die zweite Person der heiligen Trinität. Diesen kosmischen Christus hat man sich zu verschiedenen Phasen der Geschichte und in verschiedenen Zweigen der Kirche recht unterschiedlich vorgestellt – als kaiserlichen Pantokrator, als Sieger über den Teufel, als furchterregenden Richter, vor dem seine Mutter für die menschlichen Sünder eintreten muss, und in der modernen Kirche häufig als Geist göttlicher Liebe. Die Pluralität dieser Bilder schließt jedoch nicht aus, dass es sich dabei um unterschiedliche und partielle menschliche Erkenntnisse desselben transzendenten kosmischen Wesens handelt. Bei der anderen Christusfigur handelt es sich um den persönlich-gegenwärtigen Jesus, von dem viele Christen sagen, dass er lebt, dass sie mit ihm sprechen und er irgendwie auch mit ihnen, und dass er manchmal direkt ihr Leben leitet. Dass er gegenwärtig ist, kann zu jeder Zeit an verschiedenen Orten von vielen verschiedenen Christen auf unterschiedliche Weise, je nach ihrer persönlichen Situation und ihren persönlichen Bedürfnissen, erlebt werden. In diesen Fällen ist es das ganz persönliche Bild von Jesus, das im Bewusstsein eines jeden Gläubigen gegenwärtig ist. Somit stellt sich wiederum die offene Frage, ob es sich bei diesen Bildern einfach nur um Projektionen der Phantasie handelt oder um eine gemeinsame Schöpfung aus menschlicher Phantasie und einem Informationsinput, der von der lebendigen Person Jesu ausgeht. Es leuchtet ein, dass bis zu einem gewissen Grad alle Christen jeweils ihr eigenes Bild vom auferstandenen Herrn haben. Aber es bleibt trotzdem möglich, dass der auferstandene Jesus ihnen über diese verschiedenen Bilder auf eine Weise begegnet, die ihren eigenen spirituellen Bedürfnissen und Möglichkeiten entspricht. Aber ganz unabhängig davon, welchen ontologischen Status wir nun diesen verschiedenen Versionen des gegenwärtigen Jesus und des kosmischen Christus zuschreiben, so müssen wir doch in jedem Fall die Unterscheidung zwischen dieser Pluralität von Bildern und der Person, von der man sich diese Bilder macht, anerkennen.

Eine weitere Analogie, die für einige mehr und für andere möglicherweise weniger erhellend sein mag, stammt aus der Parapsychologie. Dort werden u. a. Phänomene untersucht, bei denen ein Medium in Trance gerät und der Eindruck entsteht, dass das noch lebende Bewusstsein einer Person, die physisch bereits gestorben ist – nennen wir sie John Smith – sich durch den Stimmapparat des Mediums mitteilt. In einigen Fällen spricht dabei der „Geist" auf eine Art und Weise, die sich als die von John Smith erkennen lässt; und manchmal enthält das, was er sagt, sogar Informationen, die dem Medium kaum bekannt gewesen sein können. Um solche Phänomene zu erklären, hat man die Theorie entwickelt, dass es sich bei jener bewussten, sprechenden und antwortenden Person, die den Stimmapparat des Mediums kontrolliert, um eine sekundäre Persönlichkeit des Mediums selbst handelt, also um einen Teil seines Bewusstseins, der im Trancezustand die Oberhand gewinnt. Diese sekundäre Persönlichkeit spielt Rollen, die ihr suggeriert werden, und zeigt dabei des öfteren erstaunlich viel Geschicklichkeit und Können, ähnlich wie bei hypnotisierten Personen, die beispielsweise auf Kommando die Rolle von Gästen eines Banketts oder von Besuchern aus dem All spielen können. Möglicherweise werden in der spiritistischen Sitzung jene Informationen, die für die Darstellung der entsprechenden Rolle erforderlich sind, auf telepathischem Weg von den an der Sitzung teilnehmenden Personen bezogen. Aber man hat auch überlegt, ob einige der Informationen vielleicht tatsächlich von jenem verstorbenen John Smith stammen könnten, der durch die sekundäre Persönlichkeit des Mediums personifiziert wird. In diesem Fall würde John Smith mit seinen Freunden auf der Erde kommunizieren, wenn auch zweifellos auf eine frustrierend indirekte und unzuverlässige Weise. Sollte dem so sein, dann hätten die Teilnehmer Kontakt mit einer schauspielerisch dargestellten Personifikation von John Smith, die zwar von einer sekundären Persönlichkeit des Mediums hervorgebracht wird, jedoch zumindest teilweise auf Informationen beruht, die von John Smith selbst stammen. Auf diese Weise wäre es möglich, dass er sich zu verschiedenen Zeiten verschiedenen spiritistischen Gruppen durch unterschiedliche dargestellte Bilder seiner selbst, die in den Köpfen verschiedener Medien entstanden sind, mitteilt. Auch in diesem Fall müssten wir unterscheiden zwischen John Smith *an sich* und einer Pluralität seiner – in diesem Falle – sprechenden und antwortenden Bilder, die ihm teilweise ähneln, teilweise aber auch nicht.

Ich möchte nun nicht weiter auf die Möglichkeit einer funktionalen Analogie zwischen spiritistischen Medien und Propheten, Avataras, Gurus usw., von denen man glaubt, dass Gott durch sie zur Menschheit spricht, eingehen. Statt dessen möchte ich einen anderen Aspekt der bereits angesprochenen Vermittlungstheorie herausarbeiten. Ich werde hierzu den Begriff der Information verwenden, jedoch nicht in dem herkömmlichen propositionalen Sinn von „Einzelheiten einer Information", sondern in dem modernen kybernetischen Sinne eines kognitiven Inputs, der auf verschiedene Weise wiedergegeben und von einem Modus in einen anderen transformiert werden kann. Der Wert dieses Konzepts liegt gerade in seiner Allgemeinheit. Jeder Einfluss bzw. jede Einwirkung der uns umgebenden Welt, die unseren Zustand als einen sich selbst steuernden Teil dieser Welt affiziert, konstituiert demnach Information. Norbert Wiener, der Vater der Kybernetik, gibt folgende Definition: „Information bezeichnet den Inhalt dessen, was mit der uns umgebenden Welt ausgetauscht wird, wenn wir uns auf sie einstellen und diese Einstellung in ihr spürbar werden lassen" (*The Human Use of Human Beings*, London 1968, 19). So erreicht Information beispielsweise in Form von Lichtwellen, die von einem erleuchteten Objekt ausgehen, die Netzhaut des Auges, wird dort in den Stäbchen und Zapfen in chemische Prozesse und dann in elektrische Impulse umgewandelt, die die Stränge des Sehnervs hinauf ins Gehirn wandern; und so wird sie schließlich zu der bewussten Erfahrung, ein Objekt zu sehen, von dem aus Licht in unser Auge gelangt ist. Oder, um ein anderes Beispiel zu wählen, Information fließt von einer Antenne durch ein Kabel in den Fernsehapparat und wird dort zu einem Bild auf dem Bildschirm umgewandelt. Oder Information fließt durch ein Telefonkabel und wird in den Klang einer Stimme transformiert. In all diesen Fällen wird jeweils dieselbe Information auf vielfältige Weise wiedergegeben. Immer dann, wenn die Information dabei von einem Code in einen anderen transformiert wird, kann sie verzerrt werden. Ja man kann sagen, dass bereits darin, wie Information funktioniert, eine Tendenz zu ihrer Verschlechterung liegt. Das Bild auf dem Fernsehschirm kann verzerrt oder verschwommen sein, und das Gehirn kann ebenfalls geschädigt sein und daher in unserem Bewusstsein ein verzerrtes Bild unserer Umgebung erzeugen. Dabei handelt es sich um mechanische Fehler, vergleichbar jenen Fehlern, die auftreten, wenn die Batterien eines Taschenrechners nicht mehr ausreichend geladen sind. Neben dieser mechanischen Umwandlung von Information, mit der sich die Kybernetik beschäftigt, gibt es jedoch noch die wichtigere, vom Verstand geleistete interpretierende Verarbeitung der Information zu Bedeutungseinheiten bzw. Bedeutungsmomenten. Auf der spezifisch menschlichen Ebene des Bewusstseins leben wir in einer mehr oder weniger vertrauten und geordneten Welt mit erkennbaren Merkmalen, auf die wir zu reagieren verstehen. (Natürlich gibt es auch hier Neues und Überraschendes, jedoch stets innerhalb des Kontextes eines vertrauten Grundschemas.) Unser gesamtes Bewusstsein von Gegenständen und Situationen besteht darin, dass wir sie als mit gewissen Eigenschaften ausgestattet erfahren, die unser Verhalten in Bezug auf einen Gegenstand oder innerhalb einer bestimmten Situation bestimmen. Auf diese Weise fließt in unserer Erkenntnis zweierlei zusammen: einerseits die uns aus unserer Umgebung erreichende Information und andererseits das begriffliche System, durch dessen Konzepte uns jene Information als geordnete und bedeutungsvolle Erfahrung bewusst wird. Die Funktion unseres begrifflichen Systems bzw. unserer Wiedererkennungsfähigkeiten besteht bei diesem, die ganz normale Wahrnehmung konstituierenden Vorgang darin, jenen vorbewussten Interpretationsprozess zu steuern, durch den die sensorische Information in unser tatsächliches Bewusstsein von der Welt umgeformt wird. Das Wort „Bedeutung" verweist dabei treffend auf jene Beziehung zwischen der Erkenntnis unserer Umgebung (wonach diese eben jene spezifischen Eigenschaften besitzt, die wir an ihr erfahren) und unsere praktische Reaktion auf sie. Zu sagen, dass die Welt, die wir wahrnehmen, Bedeutung für uns hat, heißt, dass es eine Welt ist, in der wir leben können, indem wir unsere Aktionen und Reaktionen daran ausrichten, welche Eigenschaften wir an ihr wahrnehmen. Denn Bedeutung in diesem Sinn heißt Bedeutung *für* jemanden. Sie bezeichnet den Unterschied, den es für die dispositionale Einstellung des Wahrnehmenden macht, ob ein bestimmter Gegenstand oder eine bestimmte Situation gegeben ist oder nicht. Wenn ich mir also beispielsweise bewusst bin, dass jener Gegenstand, den ich in meiner Hand halte, ein Stift ist, dann heißt dies, dass ich mich gegenüber diesem Gegenstand in einem bestimmten dispositionalen Zustand befinde: So erwarte ich etwa, dass er Zeichen aus Tinte machen kann, jedoch nicht beißen oder sprechen wird, und dass ich ihn zum Schreiben, jedoch normalerweise nicht zu irgend einem anderen Zweck verwenden werde. Somit besteht ganz allgemein die Erkenntnis unsere Umgebung, wonach sie jene komplexe Beschaffenheit besitzt, die wir an ihr wahrnehmen, zum Teil darin, dass wir uns ihr gegenüber in einem dieser Wahrnehmung entsprechenden komplexen dispositionalen Zustand befinden.

Diese allgemeine Beschreibung der Wahrnehmung gilt auch für unsere (wahrheitsgetreue oder illusorische) Erkenntnis der religiösen Bedeutung oder Beschaffenheit von Situationen. Denn unser Umgang mit Gott besteht nicht allein – und auch nicht hauptsächlich – darin, dass wir bestimmte Glaubensüberzeugungen haben, sondern vor allem darin, dass wir die Wirklichkeit Gottes erfahren als den Herrn, in dessen Gegenwart wir leben, und dass wir die Macht Gottes erfahren in den Ereignissen unseres eigenen Lebens sowie in der größeren Geschichte, zu der dieses in Kontinuität steht. Als beispielsweise Jeremia die auf Jerusalem zumarschierende babylonische Armee als ein Werkzeug Gottes wahrnahm, durch das Gott sein abtrünniges Volk strafen wollte, interpretierte er die Ereignisse seiner Zeit gemäss seinem Gottesbild. Diese Interpretation nahm in seinem Bewusstsein Gestalt an, indem er Gott wahrnahm als einen, der aktiv in die Geschehnisse der Welt eingreift. Und die dispositionale Entsprechung bestand in seinem inneren Zwang, die religiöse Bedeutung dieser Ereignisse zu verkünden. Oder wenn etwa heutzutage ein Gläubiger mit einem theistischen Gottesbild bis zu einem gewissen Grad wahrnimmt, in der unsichtbaren Gegenwart Gottes zu leben, dann nimmt er dabei eine religiöse Interpretation seiner gesamten Lebenssituation vor. Diese Interpretation wird dem Betroffenen als die Erfahrung bewusst, dass er in und durch seinen ganzen Umgang mit der Welt und mit anderen Menschen zugleich mit dem transzendenten Gott zu tun hat. Und diese Erkenntnis drückt sich in seinem dispositionalen Zustand aus, z. B. darin, dass er Gott verehren möchte, dass er auf eine ganz bestimmte Weise denkt und fühlt und dass er sich in seinem Verhalten an bestimmten ethischen Normen orientiert.

Welche Rolle spielen nun bei der religiösen Erkenntnis die Gottesbilder? Meiner Meinung nach im wesentlichen die gleiche, die bei der sinnlichen Wahrnehmung die Begriffe bzw. Wiedererkennungsfähigkeiten spielen, durch die wir uns der Gegenstände und Situationen, die unsere physische Umgebung ausmachen, bewusst werden.

Es war vor allem Immanuel Kant, der die moderne Welt befähigt hat, den eigenständigen Beitrag zu erkennen, den der Geist bei der Wahrnehmung einer bedeutungsvollen Beschaffenheit seiner Umgebung leistet. Denn Kant vertrat die Auffassung, dass wir die Welt notwendigerweise in bestimmten Formen und Kategorien erkennen, die der Struktur eines einheitlichen endlichen Bewusstseins inhärent sind. In gewisser Hinsicht entspricht mein eigener Standpunkt demjenigen Kants, in anderer Hinsicht jedoch nicht. Es dürfte daher nützlich sein, an dieser Stelle die Analogien und die Abweichungen zum Kantischen Modell zu verdeutlichen. Kant selbst ist bekanntlich schwer zu interpretieren, vor allem deshalb, weil die *Kritik der reinen Vernunft* mehrere unterschiedliche Argumentationsstränge enthält, und es ist fraglich, ob diese untereinander konsistent sind und wie ihre jeweilige Bedeutung einzuschätzen ist. Der Strang, auf den ich mich hier beziehe, besteht in der Unterscheidung zwischen Phainomenon und Noumenon, wobei ich diese Unterscheidung jedoch von der Sinneswahrnehmung auf die Gotteserkenntnis übertrage. Indem ich eine Unterscheidung verwende, die analog zu der Phainomenon/Noumenon-Unterscheidung bei Kant ist, optiere ich allerdings nicht zugunsten irgendeiner Position in der Frage nach dem Stellenwert dieser Unterscheidung in der *Kritik der reinen Vernunft*. Ich befasse mich hier überhaupt nicht mit Fragen der Kant-Interpretation oder der allgemeinen Beurteilung seiner kritizistischen Philosophie. Vielmehr verwende ich lediglich ein strukturelles Modell aus seinem System und übertrage es auf einen Bereich, den Kant selbst völlig anders behandelt hat, nämlich auf die Epistemologie der Religion. Innerhalb dieses Bereichs verwende ich dieses Modell für ein Problem, das man zu seiner Zeit noch kaum als solches zu erkennen begonnen hatte. Kant selbst hätte den Gedanken, dass wir auf irgendeine Weise Gott *erfahren*, auf keinen Fall gebilligt, auch nicht im Sinne der Unterscheidung eines göttlichen Phainomenon von einem göttlichen Noumenon. Für ihn war Gott keine Realität, der man in der religiösen Erfahrung begegnet, sondern ein Objekt, das von der Vernunft auf der Basis ihrer eigenen praktischen Funktionsweise als moralische Instanz postuliert wird. Die Realität der moralischen Verpflichtung setzt die Realität Gottes als Grundlage für die Möglichkeit des *summum bonum* (des „höchsten Gutes") voraus, in dem vollkommene Tugend und vollkommene Glückseligkeit zusammenfallen. Dementsprechend muss die Existenz Gottes postuliert werden als das „Dasein einer von der Natur unterschiedenen Ursache der gesamten Natur, welche den Grund dieses Zusammenhanges, nämlich der genauen Übereinstimmung der Glückseligkeit mit der Sittlichkeit, enthalte" (*Kritik der praktischen Vernunft*, Erster Teil, II. Buch, 2. Hauptstück, Kap. V, A 225). Die auf diese Weise indirekt etablierte Gottesidee funktioniert zudem als regulative Idee, um „alle Anordnung in der Welt so anzusehen, als ob sie aus der Absicht einer allerhöchsten Vernunft entsprossen wäre" (*Kritik der reinen Vernunft*, Anhang zur transzendentalen Dialektik, B 714). Gott wird somit nach Kant nicht erfahren, sondern postuliert. Demgegenüber befasse ich mich hier mit der anderen, völlig un-Kantischen Hypothese, dass Gott von Menschen *tatsächlich erfahren wird*, allerdings auf eine Weise, die analog zu derjenigen ist, auf die wir nach Kant die Welt erfahren – nämlich dadurch, dass der von einer externen Realität ausgehende Informationsinput vom Verstand mit Hilfe seines eigenen Systems von Kategorien interpretiert wird und dadurch als bedeutungsvolle phänomenale Erfahrung ins Bewusstsein gelangt. Denn Kant unterschied, in einem Strang seines Denkens, zwischen der noumenalen Welt, die unabhängig von und außerhalb ihrer Wahrnehmung durch den Menschen existiert, und der phänomenalen Welt, die diese Welt ist, aber so wie sie unserem menschlichen Bewusstsein erscheint. Alles, was wir über die noumenale Welt aussagen können, ist, dass es sich um jene unbekannte Realität handelt, deren Informationsinput zusammen mit dem menschlichen Geist die phänomenale Welt unserer Erfahrung hervorbringt. Dies geschieht mit Hilfe bestimmter Begriffe, die Kant als Kategorien des Verstandes bezeichnet. In Kants System werden die reinen Kategorien bzw. die reinen Verstandesbegriffe (z. B. Substanz) mittels der Zeitbestimmung schematisiert, um jene konkreteren Kategorien hervorzubringen, die sich in unserer tatsächlichen Erfahrung der Welt zeigen (z. B. wird der reine Begriff der Substanz schematisiert als der Begriff der Beharrlichkeit eines Gegenstandes in der Zeit). Meiner Meinung nach geschieht etwas Analoges bei unserer Gotteserkenntnis. Denn der religiöse Mensch erfährt das Göttliche nicht als eine allgemeine Idee, sondern unter einem spezifischen und relativ konkreten göttlichen Bild. Ein abstrakter Gottesbegriff, wie etwa der Begriff des „unerschaffenen Schöpfers des Universums", wird in einer Reihe von Gottesbildern schematisiert bzw. konkretisiert. Fragt man sich, was hierbei eine analoge Rolle spielt wie die Zeit im Schematismus der Kategorien Kants, dann handelt es sich dabei meiner Meinung nach um das Kontinuum jener historischer Faktoren, die unsere unterschiedlichen religiösen Kulturen hervorgebracht haben. Es sind die Veränderungen in den kulturellen Gegebenheiten der Menschen, die den Begriff der Gottheit als spezifische Gottesbilder konkretisieren. Und diese Bilder sind es, die die tatsächliche religiöse Erfahrung des Menschen informieren, so dass es sich dabei jeweils um die konkrete Erfahrung des Gottes Israels handelt oder Allahs oder des Vaters unseres Herrn Jesus Christus oder Vishnus oder Shivas.

An dieser Stelle könnte ein Missverständnis auftreten, das es zu vermeiden gilt. Wenn die konkrete Gottesvorstellung des Gottesverehrers lediglich ein Bild Gottes darstellt, und wenn es sich bei seiner Gotteserfahrung lediglich um die Erfahrung des Gottes aus diesem Bild handelt, folgt dann daraus nicht, dass sich die Gottesverehrung nur auf eine Illusion richtet, auf eine bloß phänomenale Erscheinung? Die Antwort darauf kann nur das Echo der Erklärung Kants sein, wonach die Unterscheidung zwischen Phainomenon bzw. Erscheinung und Noumenon bzw. Realität zu einem „transzendentalen Idealismus" führt, der zugleich ein „empirischer Realismus" ist (*Kritik der reinen Vernunft* A 370–372). Das heißt, die Welt, wie wir sie wahrnehmen, ist real, keine Illusion; aber es ist die Erscheinung von etwas für uns, das außerhalb unserer Erfahrung von ihm in sich selbst existiert. Die in unserer Wahrnehmung geordnete Welt von Farben, Geräuschen und Gerüchen, von Hitze und Kälte, von stabilen Tischen und Stühlen, Bäumen und Tieren ist vollständig real. Dennoch existiert sie, da sie von Menschen wahrgenommen wird, nur für die menschliche Wahrnehmung. Tiere mit einer anderen sensorischen Ausstattung und anderen Bewusstseinsformen müssen die Welt ganz anders wahrnehmen. Wir sind reale Wesen in einer realen Umgebung, aber wir erfahren diese Umgebung selektiv, entsprechend unserer spezifischen kognitiven Ausstattung. Etwas im Kern ganz Ähnliches gilt für die menschliche Gotteserkenntnis. So wie Gott von diesem oder jenem Individuum oder von dieser oder jener Gruppe erfahren wird, ist Gott real, keine Illusion; aber dennoch ist Gotteserfahrung partiell und den spirituellen Fähigkeiten des Menschen angepasst. Gott, wie die Menschen ihn kennen, ist nicht Gott *an sich*, sondern Gott in Beziehung zur Menschheit, vorgestellt und erfahren in den Begriffen einer konkreten, begrenzten Tradition religiöser Erkenntnis und Reaktion. So kommt es bei der Erklärung dieser Situation darauf an, zwei Themen miteinander in Einklang zu halten: das agnostische Thema, wonach wir Gott nur teilweise und unvollkommen kennen, und das positive Thema, wonach wir Gott wirklich kennen und zwar als jemanden, der ganz konkret auf heilbringende Weise in Beziehung zu uns steht.

Wenden wir diese These nun auf das an, was vielleicht den größten und deutlichsten Gegensatz zwischen den verschiedenen menschlichen Gotteserkenntnissen darstellt, nämlich auf die Erkenntnis des Göttlichen als einer personalen und als einer nicht-personalen Wirklichkeit.

Eine Reihe von christlichen Theologen macht einen Unterschied zwischen „Person sein" und „personal sein". Theologisch liegt der springende Punkt dieser Unterscheidung in der Annahme, ein personales Wesen könne auch unendlich sein, während eine Person notwendigerweise endlich ist. Diese Unterscheidung ist jedoch völlig willkürlich, und ihr einziger Zweck besteht darin, jene Probleme zu vermeiden, die mit dem Begriff einer unendlichen Person verknüpft sind. Wer personal ist, ist gewiss auch eine Person, denn der Begriff eines personalen Wesens, das nicht zugleich eine Person ist, wäre ohne Inhalt. Daher ist die Vorstellung eines unendlichen personalen Wesens genau dasselbe wie die Vorstellung von einer unendlichen Person. Es lässt sich nicht leicht entscheiden, ob eine solche Vorstellung haltbar ist, und ich möchte dies hier auch nicht weiter erörtern. Vielmehr schlage ich vor, auf die moderne Einsicht zurückzugreifen, derzufolge Personalität im wesentlichen interpersonal ist. Der mittelalterliche Begriff einer Person war derjenige „einer individuellen rationalen Substanz" (Boethius). Nach dieser Definition ist es grundsätzlich denkbar, dass nur eine einzige Person existiert; denn hiernach ist es für das Personsein nicht erforderlich, dass es andere Personen gibt, in Beziehung zu denen man eine Person ist. Nach dieser Ansicht lässt sich Gott somit „vor" und unabhängig von der Schöpfung als ewige und unendliche Person denken. Diese Vorstellung scheitert jedoch, wenn wir das moderne Verständnis von Personalität als Funktion innerhalb einer Gemeinschaft übernehmen. Eine Person zu sein besagt nach dieser Auffassung, in personaler Interaktion mit anderen Personen zu existieren. Die Vorstellung, dass eine Person *a se* existiert, wäre daher ein Selbstwiderspruch. Ein solches Verständnis von Personalität macht es somit unmöglich, sich Gott als ein Wesen zu denken, dass „vor" und ohne Beziehung zu seiner Schöpfung in seinem für sich selbst existierenden Sein in Ewigkeit personal ist.

Aber lässt sich nicht gerade dieses Problem durch die christliche Vorstellung lösen, wonach Gott drei Personen in einer ist? Innerhalb der langen christlichen Tradition ist diese Lehre in einer Vielzahl von Varianten aufgetreten, deren Spektrum von den im Grunde genom-

Auf dem Weg zu einer Philosophie des religiösen Pluralismus

men tritheistischen Formen der „sozialen" Trinitätsvorstellungen bis zu der modalistischen Auffassung von drei Wirkungsweisen des einen Gottes reicht. Die letztere Auffassung ist in vielerlei Hinsicht attraktiv. Aber auf ihrer Basis ist es nicht möglich, von interpersonalen Beziehungen zwischen den Hypostasen der Trinität und somit von der Gottheit als einem in sich und in Ewigkeit personalen Wesen zu sprechen. Soll es sich um eine Dreiergemeinschaft handeln, deren Mitglieder zueinander in personaler Beziehung stehen, dann erfordert dies – wie sehr ihre Beziehungen auch als harmonisch gedacht werden – in jedem Fall drei personale Bewusstseins- und Willenszentren. Eine solche, letztlich tritheistische Konzeption findet sich nicht nur in populären Auffassungen und künstlerischen Darstellungen der Trinität, sondern auch im patristischen Denken, insbesondere bei den Kappadokiern im 4. Jahrhundert. So gebrauchte Gregor von Nazianz das Beispiel von Adam, Eva und ihrem Sohn Seth, die drei waren und dennoch dieselbe menschliche Natur teilten, als Analogie zu Vater, Sohn und Geist, die drei sind und dieselbe göttliche Natur teilen. Diese Art der Trinitätslehre ermöglicht es, die Gottheit in ihrer ewigen Natur unabhängig von der Schöpfung als mit Personalität ausgestattet zu denken; denn nach dieser Interpretation besteht die Gottheit aus drei zueinander in Beziehung stehenden personalen Wesen, die zusammen eine einzigartig innige göttliche Gemeinschaft bilden. Aber es ist offensichtlich, dass wir es hierbei mit einer ausgeklügelten Form von Tritheismus zu tun haben. Solch ein begrenzter Polytheismus würde es zwar ermöglichen, sich die Gottheit als eine Gemeinschaft von Personen vorzustellen, doch wäre damit unser ursprüngliches Problem nicht gelöst, nämlich wie wir den Gott des Monotheismus als ein in Ewigkeit personales Wesen denken sollen.

Im Hinblick auf die unendliche und ewige Existenz Gottes *a se* lässt sich somit nicht sinnvoll von Personalität sprechen. Aber andererseits ist Gott jedoch der Grund oder der Schöpfer oder die Quelle des personalen Lebens und in diesem Sinne nicht „weniger", sondern „mehr" als eine Person. Außerdem wird Gott von endlichen Personen (wenn auch nicht ausschließlich so) als ein göttliches Du erfahren, das ihnen gegenüber in einer Ich-Du-Beziehung existiert. Somit ist Gott personal, allerdings in dem Sinn, dass die menschliche Erkenntnis Gottes als einer Person eine echte Begegnung mit dem transzendenten Grund allen Seins, einschließlich des personalen Seins, darstellt. Anders formuliert, die Erfahrung Gottes als einer Person ist eine im menschlichen Bewusstsein vollzogene gültige Transformation eines Informationsinputs aus der transzendenten göttlichen Quelle. Ergänzend ist jedoch noch auf den bedeutsamen Umstand hinzuweisen, dass Gott von Menschen nicht einfach als Person schlechthin erfahren wurde und wird, sondern als eine ganze Reihe unterschiedlicher Personen, von denen jede durch Gottes Einfluss auf eine jeweils andere menschliche Gemeinschaft mit ihrem eigenen und durch einen für diese Gemeinschaft spezifischen Verlauf der Geschichte geprägten Gottesbild zustande kam. Der Gott Israels ist also eine spezifische personale Gottheit mit einer eigenen historischen Biographie. Sein persönliches Leben, das heißt seine Interaktionen mit einer Gruppe von endlichen Personen, begann damit, dass er sich Abraham offenbarte, und dauert in der religiösen Erfahrung von Juden bis auf den heutigen Tag an. Er besitzt eine spezifische Persönlichkeit, die durch Interaktion mit seinem auserwählten Volk entstanden ist: Er ist ein Teil der Geschichte dieses Volkes, und sie sind Teil der seinen. Seine Persönlichkeit lässt sich beispielsweise von Gott Krishna deutlich unterscheiden, weil Krishna in Beziehung zu einer anderen Gemeinschaft existiert, weil dieser eine andere Kultur und Geschichte geprägt und geschaffen hat und seinerseits davon geprägt und geschaffen wurde. Ebenso ist der Gott, der im Koran zur Menschheit spricht, Teil einer wiederum anderen Geschichte der Beziehung zwischen dem Göttlichen und dem Menschen. Meines Erachtens wird diese pluralistische Situation durch die Hypothese einsichtig erklärt, dass ein unendliches göttliches Noumenon innerhalb verschiedener Stränge der Menschheitsgeschichte auf unterschiedliche Weise erfahren wird, so dass unterschiedliche göttliche Persönlichkeiten entstehen, die jeweils durch die Interaktion mit einer bestimmten Gemeinschaft oder Tradition geprägt werden.

Darüber hinaus ist Gott jedoch auch nicht-personal. Dies gilt sowohl in einem negativen Sinn, wonach Personalität eben eine Funktion personaler Interaktion ist und sich daher nicht der ewigen göttlichen Natur *a se* zuschreiben lässt, als auch in einem positiven Sinn, wonach Gott nicht nur in personalen, sondern gleichermaßen gültig auch in nicht-personalen Formen erfahren werden kann. Die unterschiedlichen göttlichen Persönlichkeiten, die in ihren jeweiligen religiösen Traditionen verehrt werden, und ebenso die unterschiedlichen nicht-personalen Formen, unter denen Gott in wiederum anderen religiösen Traditionen bekannt ist, sie sind alle gleichermaßen göttliche

Phänomene, die durch den Einfluss Gottes auf die Pluralität des menschlichen Bewusstseins entstanden sind. Ich habe mich hier auf die personale Erkenntnis Gottes konzentriert; der andere Aspekt ist allerdings genauso wichtig, doch muss seine Behandlung auf eine spätere Gelegenheit verschoben werden.

Es dürfte deutlich sein, dass sich die hier vertretene Hypothese trotz gewisser Ähnlichkeiten deutlich von der advaitisch-hinduistischen Auffassung unterscheidet. Ihr zufolge ist Gott bzw. Brahman nicht-personal und wird im Zustand der vollkommenen Erleuchtung auch so erkannt. Die Verehrung personaler Götter stellt demnach eine niedere und vorläufige Stufe des religiösen Lebens dar, die es letztlich hinter sich zu lassen gilt. Im Unterschied zu dieser Auffassung schlage ich vor, Gott als göttliches Noumenon zu denken, das von der Menschheit als eine Reihe göttlicher Phainomena erfahren wird, die sowohl theistische als auch nicht-theistische Formen annehmen kann.

Auf den ersten Blick scheint die Unterscheidung zwischen göttlichem Noumenon und göttlichen Phainomena jegliche „Lehre von Gott" bzw. jegliche Beschreibung der göttlichen Natur auszuschließen. Denn wenn wir Gott nur so kennen, wie er von der Menschheit erfahren wird, und wenn Gott dabei auf so unterschiedliche Weise erfahren wird, bleibt dann nicht der noumenale oder wirkliche Gott unergründlich vor uns verborgen? So griff Feuerbach die Unterscheidung zwischen „Gott an sich und Gott für mich" als eine skeptische Unterscheidung an (*Das Wesen des Christentums*, 2. Kapitel). In der Tat müssen wir es nach dieser Auffassung akzeptieren, dass die unendliche göttliche Realität für den Menschen nur insoweit erkennbar ist, als sie auf das endliche Bewusstsein des Menschen mit seinen diversen begrenzten und bedingten Erkenntnis- und Reaktionsfähigkeiten einwirkt. Wenn wir dies jedoch akzeptieren, dann liefert gerade die Vielfalt und Verschiedenartigkeit der menschlichen Gotteserfahrungen eine breitere Basis für die Theologie, als es die Erfahrung irgendeiner einzigen religiösen Tradition für sich allein genommen kann. Denn während wir von einer Tradition lernen können, dass Gott personal ist, als der noumenale Grund der theistischen Erfahrung, und von einer anderen Tradition, dass Gott die nicht-personale Leerheit ist, als der noumenale Grund ihrer Form von mystischer Erfahrung, lernen wir von beiden zusammengenommen, dass Gott der Grund und die Quelle beider Formen von Erfahrung und in diesem Sinne sowohl personal als auch nicht-personal ist.

Wenn wir nun unter Voraussetzung der religiösen Grundüberzeugung die Frage stellen, warum Gott auf solch unterschiedliche und unvollkommene Weisen erkannt werden sollte, liegt die Antwort meiner Meinung nach in der Tatsache endlicher Freiheit und in der Vielfalt der Formen, die das menschliche Leben durch die mannigfaltige Ausübung dieser Freiheit angenommen hat. Um dies zu verstehen, müssen wir den Unterschied zwischen unserem Bewusstsein von der Welt und anderen Menschen und unserem Bewusstsein von Gott bedenken.

Wenn wir die Existenz von Dingen erkennen, die auf der Wert- oder Wirklichkeitsskala unter uns rangieren, dann wird unsere Freiheit dadurch nicht essentiell eingeschränkt. Denn obwohl die Macht von Stürmen und Erdbeben oder die Kraft des Elefanten oder des Tigers meine eigene Kraft bei weitem übersteigt, und obwohl die unermessliche Weite des Universums uns vor Augen führt, wie mikroskopisch klein wir im Verhältnis dazu sind, so übersteigt die Menschheit dennoch die gesamte Natur mit all ihrer gewaltigen Größe und Kraft und zwar allein aufgrund ihres Bewusstseins von dieser. Mit den Worten Pascals gesagt: „... wenn das All ihn vernichten würde, so wäre der Mensch doch edler als das, was ihn zerstört, denn er weiß, dass er stirbt, und er kennt die Übermacht des Weltalls über ihn; das Weltall aber weiß nichts davon" (*Pensées*, Nr. 347). Auch im Verhältnis zu anderen Menschen gilt, dass, obwohl viele intelligenter, reicher, mächtiger usw. sind, sie doch alle als sterbliche Mitmenschen letztlich auf der gleichen Stufe stehen wie ich. Andererseits bin ich jedoch nichts im Verhältnis zu dem, was absolute Wirklichkeit und absoluten Wert besitzt. In Beziehung zu dieser Wirklichkeit kann ich keine personale Existenz und keine Freiheit besitzen, es sei denn diese unendlich wertvolle Realität gestattet es mir, sie weitgehend aus meinem Bewusstsein zu verbannen. Gegenüber der unendlichen Wirklichkeit, die als absoluter Wert einen umfassenden Anspruch auf uns erhebt, bleibt unsere Freiheit somit dadurch gewahrt, dass wir uns ihrer mittels begrenzter und begrenzender Vorstellungen und Bilder bewusst sind.

In dieser Hinsicht steht die religiöse Erkenntnis in Kontinuität zu unserer Erkenntnis von anderen Aspekten der uns umgebenden Wirklichkeit. Denn unser Erkenntnisapparat, wie er aus unseren Sinnesorganen, dem Nervensystem sowie der selektierenden und organisierenden Tätigkeit unseres Geistes/Gehirns besteht, besitzt eine doppelte

Funktion: Zum einen muss er uns gewisse Aspekte unserer Umgebung erkennen lassen und zum anderen muss er uns gleichzeitig davor bewahren, andere Aspekte wahrzunehmen. Das Ausblenden ist genauso wichtig wie das Einblenden. Ersteres beginnt bereits in unseren Sinnesorganen, die nur einen winzigen Teil der Informationsflut aus unserer physischen Umgebung selektieren – nur einen sehr kleinen Bruchteil beispielsweise aus dem Gesamtspektrum des Lichtes, der Geräusche und anderer Wellen, die immerfort auf uns einwirken. Dass dies so ist, ist von entscheidender Bedeutung für unser Überleben und unser Wohlbefinden. Wenn wir beispielsweise Wasser nicht als jene beständig glänzende Substanz sehen würden, die wir trinken, sondern statt dessen als eine Wolke aus Elektronen, die sich in rasenden Wirbeln bewegen, und das Glas, aus dem wir trinken, als eine Masse von strahlend gefärbten Kristallen, die selbst wieder aus Partikeln zusammengesetzt sind, die sich in heftiger Aktivität befinden, wären wir durch ein solches Übermaß an Information völlig verwirrt und damit unfähig, angemessen zu reagieren. Deshalb sind sowohl die Sinne als auch unser Geist/Gehirn selektierend tätig, organisieren und stellen innerhalb eines Grundschemas gut bewährter Kategorien und Muster Beziehungen her, so dass wir eine Version der Welt wahrnehmen, die enorm vereinfacht und dennoch so beschaffen ist, dass wir erfolgreich in ihr leben können.

Um als jene endlichen Geschöpfe, die wir nun einmal sind, leben zu können, endlich und begrenzt auf teilweise ganz spezifisch menschliche Art und Weise, ist es notwendig, viele Aspekte der Realität auszublenden, und dies gilt meiner Meinung nach auch für unser Bewusstsein von Gott. Wir verfügen über ein System, das die unendliche göttliche Realität ausfiltert und diese auf Formen reduziert, mit denen wir umgehen können. Dieses System ist die Religion, die unseren Widerstand (analog zu dem in der Elektronik verwendeten Begriff) gegenüber Gott darstellt. Die Funktion der verschiedenen Religionen besteht durchaus darin, uns zu einem Bewusstsein von Gott zu befähigen, allerdings nur partiell und selektiv, in Übereinstimmung mit unserer jeweiligen spirituellen Entwicklung als Individuum wie auch als Gemeinschaft.

Versteht man religiöse Traditionen als „Filter" oder als „Widerstände", dann sollte nicht übersehen werden, dass sie dabei jeweils als ein größeres Ganzes funktionieren, das nicht nur Gottesvorstellungen und Gottesbilder enthält, die die jeweilige Form der religiösen Erfahrung bestimmen, sondern auch Lehrsysteme, Rituale und Mythen, Kunstformen, Moralvorschriften, Lebensstile und häufig auch Muster für das soziale Miteinander. Denn Religionen sind die Antworten bestimmter Gemeinschaften auf Gott. Als solche haben sie ihre Wurzeln im Leben von Gesellschaften und bilden einen wichtigen, häufig sogar dominanten Aspekt ihrer Kultur. Dementsprechend ging mit der missionarischen Verbreitung von Religionen normalerweise auch die Verbreitung der mit dieser Religion verbundenen Kultur einher. Das zeitgenössische Phänomen, dass Einzelpersonen von einer Religion zur anderen konvertieren, während sie gleichzeitig jedoch in ihrer ursprünglichen Kultur verbleiben, so dass es in westlichen Gesellschaften beispielsweise buddhistische, hinduistische oder muslimische Konvertiten gibt, stellt eine neue und verwirrende, wenngleich vielleicht auch kreative Entwicklung dar.

Wenden wir nun, so kurz wie möglich, diese allgemeine Interpretation auf die konkrete Religionsgeschichte an: Der Mensch ist ein durch und durch geschichtliches Geschöpf. Seit er sich aus niederen Lebensformen entwickelt hat, lebt er in einem Kontinuum von sich beständig verändernden, kontingenten Umständen, in das er von einem primitiven prähistorischen Zustand aus eingetreten ist. Es ist daher zu erwarten, dass auch die menschliche Gotteserkenntnis Entwicklungen durchlaufen hat: durch sich verändernde historische Umstände, durch das zunehmende Wachstum religiöser Traditionen sowie durch den Einfluss von Propheten und Heiligen, also jener herausragenden Einzelpersönlichkeiten, die in ihrer eigenen individuellen Freiheit offener für Gott waren als die Gemeinschaften, denen sie angehörten. Der Einfluss dieser spirituellen und moralischen Leitgestalten ist ausschlaggebend, denn wir haben es ja nicht mit einem naturalen Entwicklungsprozess zu tun, sondern mit *Geschichte*, das heißt mit all jenen komplexen und beizeiten konfliktreichen Möglichkeiten, wie sie durch die menschliche Freiheit entstehen. In den frühesten Stadien dieser Geschichte wurde Gott in der menschlichen Gotteserkenntnis auf die Dimensionen des eigenen Ebenbildes reduziert, so dass die Götter, den menschlichen Königen gleich, häufig grausam und blutrünstig waren. Oder er wurde auf die Dimensionen des Stammes oder der Nation reduziert und symbolisierte deren Einheit und Macht; oder auf die größeren Dimensionen der Naturkräfte, wie beispielsweise die Leben spendenden, aber auch brennenden Strahlen der Sonne, die zerstörerische Kraft von Stürmen und Erdbeben oder die geheimnisvolle, alles durchdringende Kraft der Fruchtbarkeit. Die Antwort, die all diese Bilder erforderten, die Lebensweise, die als ihnen entsprechend empfunden wurde, war stets eine Antwort der gesamten Gemeinschaft. Die Wissenschaft von der Entwicklung des Menschen hat uns gezeigt, wie eng primitive Gesellschaften strukturiert waren und wie wenig Spielraum sie sowohl in der Religion als auch in allen anderen Aspekten des Lebens für individuelles Denken boten. Erst als allmählich das Individuum hervortrat, in jener Phase, die Jaspers als Achsenzeit bezeichnet hat, insbesondere ab etwa 800 v. Chr., entwickelten sich höhere Vorstellungen von Gott, gepaart mit einem tieferen Verständnis für den moralischen Anspruch, unter dem das menschliche Leben steht. Denn erst mit dem Auftreten des Individuums und insbesondere des religiösen Individuums wurden jene spirituellen Leitgestalten möglich, deren Bewusstsein sich Gott auf neue Weise bzw. mit neuer Intensität und Macht einprägte. Die bedeutendsten von ihnen begründeten religiöse Traditionen, die bis heute fortbestehen: Moses, Zarathustra, Konfuzius, Gautama, Jesus und später Mohammed. Andere bewirkten bedeutsame Entwicklungen innerhalb bereits bestehender Traditionen – wie die hebräischen Propheten, die Verfasser der Upanishaden, des Tao Te King und der Gita, Pythagoras, Sokrates, Plato oder Guru Nanak. Diese großen Traditionen haben sich über die Jahrhunderte hinweg mal stärker, mal weniger stark weiterentwickelt und sich so in jene gewaltigen und komplexen ideologischen Organismen verzweigt, die wir als die Weltreligionen kennen. Diese Religionen gründen sich somit auf unterschiedliche menschliche Wahrnehmungen der unendlichen Realität Gottes und verkörpern unterschiedliche menschliche Antworten auf sie.

Zum Schluss möchte ich noch auf die nächste wichtige Frage hinweisen, die sich dann ergibt, wenn man sich für eine Hypothese wie diese entscheidet. Bezieht man sich – wie im Vorhergehenden – auf die unterschiedlichen Weltreligionen und ihre unterschiedlichen Gottesbilder, dann stellt sich die weitergehende Frage nach der relativen Adäquatheit bzw. nach dem relativen Wert dieser unterschiedlichen Vorstellungen, sowohl der theistischen als auch der nicht-theistischen. Denn es ist selbstverständlich möglich, dass sie nicht alle gleichermaßen adäquat sind, sondern dass einige unter ihnen Gott der Menschheit besser vermitteln als andere. So wird wohl kaum jemand behaupten wollen, dass – um ein Beispiel aus den Schriften der jüdisch-christlichen Tradition Schriften herauszugreifen – die Vorstellung von Gott als einer blutrünstigen Stammesgottheit, die die Israeliten drängt, ihre Nachbarn niederzumetzeln (Dt 7,16) und die Vorstellung von Gott, wie sie Jesu Gleichnis vom verlorenen Sohn (Lk 15,11–32) vermittelt, die gleiche Gültigkeit, Adäquatheit und den gleichen Wert besitzen. Aber anhand welcher Kriterien beurteilen wir solche Vorstellungen, und wie gewinnen wir solche Kriterien?

Zu Anfang dieses Kapitels habe ich gezeigt, dass keine Religion vernünftigerweise den Anspruch erheben kann, die einzig wahre Religion zu sein und damit alle anderen Religionen als falsch abzutun. Es ist jedoch durchaus möglich, dass innerhalb unterschiedlicher religiöser Traditionen adäquatere und weniger adäquate Gottesbilder wirksam sind. Wie ist es möglich, diese Bilder zu beurteilen? Das ist die komplexe und schwierige Frage, die übrig bleibt.

Leonard Swidler

Grundregeln für den interreligiösen und interideologischen Dialog

Der an der Temple University, Philadelphia, lehrende Leonard Swidler (geb. 1929) formuliert aufgrund langjähriger Erfahrung als katholischer Dialogpartner zehn „Grundregeln für den interreligiösen und interideologischen Dialog". Den Zweck des Dialogs definiert er als Entwicklung durch umfassendes Lernen. Der Lernbegriff mit seinen Voraussetzungen – Gleichgestelltheit, Ehrlichkeit, Vertrauen, Selbstkritik der Dialogpartner – und seiner Reichweite für die ganze Gemeinschaft ist der rote Faden von Swidlers „Dialog-Dekalog". Swidler schlägt vor, „verschüttete Gemeinsamkeiten" wahrzunehmen und erst von dort zur Diskussion von Meinungsverschiedenheiten aufzubrechen. Wenngleich jeder Dialogpartner nur selbst definieren könne, was es bedeutet, authentisches Mitglied der eigenen Tradition zu sein, soll ferner doch der Versuch gemacht werden, die religiöse Erfahrung des Anderen „von innen" heraus zu teilen.

Luise Albers

Grundregeln für den interreligiösen und interideologischen Dialog

Wir sprechen hier natürlich von einer besonderen Art des Dialogs, nämlich des interreligiösen und interideologischen Dialogs. Um ihn stattfinden zu lassen, genügt es nicht, daß die Dialogpartner ein religiöses oder ideologisches Thema, das heißt ein Thema, das sich mit dem letzten Sinn des Lebens und richtiger Lebensführung beschäftigt, diskutieren. Vielmehr müssen sie den Dialog als Menschen beginnen, die auf irgendeine Weise bedeutungsvoll mit einer religiösen oder ideologischen Gemeinschaft identifiziert werden können. Wäre ich zum Beispiel weder Christ noch Marxist, so könnte ich nicht als „Partner" an einem christlich-marxistischen Dialog teilnehmen, obschon ich zwar zuhören, einige Fragen stellen und konstruktive Kommentare abgeben könnte.

Es folgen einige Grundsatzregeln des interreligiösen und interideologischen Dialogs, die beachtet werden müssen, wenn der Dialog tatsächlich stattfinden soll. Diese Regeln sind nicht theoretischer Natur, von „oben" gegeben, sondern sie sind durch mühseliges Lernen gewonnen worden.

Erste Regel: *Der primäre Zweck des Dialogs ist, zu lernen, das heißt, sich zu verändern und zu wachsen in der Wahrnehmung und in dem Verstehen von Wirklichkeit und als Konsequenz demgemäß zu handeln.* Wir beginnen den Dialog, damit wir lernen, uns ändern und wachsen können, nicht aber, um dem anderen Veränderung aufzuzwingen, wie man es in einer Debatte zu tun erhofft – eine Hoffnung, die in umgekehrter Proportion zu Häufigkeit und Grobheit steht, mit der eine Debatte begonnen wird. Andererseits aber wird, gerade weil jeder Partner mit der Intention zum Dialog kommt, um zu lernen und um sich zu ändern, sich in der Tat auch der andere Partner ändern. Deshalb wird das angestrebte Ziel einer Debatte, und manches mehr, weitaus effektiver durch Dialog erzielt.

Zweite Regel: *Interreligiöser und interideologischer Dialog muß als zweiseitiges Projekt unternommen werden – innerhalb jeder religiösen oder ideologischen Gemeinschaft selbst und zwischen den religiösen oder ideologischen Gemeinschaften.* Dank des „korporativen" Charakters des interreligiösen und interideologischen Dialogs, und weil es sein primäres Ziel ist, daß jeder Partner lernt und sich verändert, ist es auch nötig, daß jeder Teilnehmer den Dialog nicht nur mit seinem/ihrem Partner jenseits der Glaubensgrenzen beginnt – zum Beispiel der Katholik mit dem Protestant – sondern auch mit den eigenen Glaubensschwestern und -brüdern, um mit ihnen die Früchte des interreligiösen Dialogs zu teilen. Nur auf diese Weise kann schließlich die ganze Gemeinschaft lernen, sich ändern und sich auf eine wachsendere Einsicht in die Wirklichkeit hinbewegen.

Dritte Regel: *Jeder Teilnehmer muß den Dialog mit völliger Ehrlichkeit und Aufrichtigkeit beginnen.* Es sollte klargestellt werden, in welche Richtung die Haupt- und Nebenströmungen einer Tradition tendieren, welches die möglichen zukünftigen Entwicklungen sein könnten, und, wenn nötig, wo die Teilnehmer Schwierigkeiten mit der eigenen Tradition haben. Unrichtig dargestellte Positionen haben keinen Platz in einem Dialog.

Und umgekehrt: *Jeder Teilnehmer muß völlige Ehrlichkeit und Aufrichtigkeit in ihrem/seinem Partner voraussetzen.* Nicht nur Mangel an Ehrlichkeit und Aufrichtigkeit, sondern ebendso mangelndes Vertrauen in die Ehrlichkeit und Aufrichtigkeit des Partners wird den Dialog verhindern. Kurz gesagt: ohne Vertrauen keinen Dialog!

Vierte Regel: *Im interreligiösen, interideologischen Dialog sollten wir nicht unsere Ideale mit der Praxis unserer Partner vergleichen, sondern unsere Ideale mit den Idealen unserer Partner, unsere Praxis mit der Praxis unserer Partner.*

Fünfte Regel: *Jeder Teilnehmer muß seine/ihre Position selbst erläutern und klar umreißen.* So zum Beispiel kann nur ein Jude von innen heraus definieren, was es bedeutet, Jude zu sein. Andere können lediglich beschreiben, wie Jüdisch-sein von aussen her erscheint. Überdies wird sich der als Beispiel genannte jüdische Gesprächspartner ändern, da Dialog ein dynamisches Medium ist, wie jeder Teilnehmer feststellen wird, und deshalb wird sie/er kontinuierlich an Tiefe gewinnen, seinen/ihren Horizont erweitern und ihre/seine eigene Definition des Jüdisch-seins modifizieren und dabei darauf achten, in konstantem Dialog mit seinen/ihren Glaubensgenossen zu bleiben. Deshalb ist es unerläßlich, daß jeder Dialogpartner selbst definiert, was es bedeutet, authentisches Glied der eigenen Tradition zu sein.

Umgekehrt – *der/die von außen her Interpretierte muß in der Lage sein, sich selbst in der Interpretation wiederzuerkennen.* Dies ist die Goldene Regel interreligiöser und interideologischer Hermeneutik, wie sie oft von dem „Apostel des interreligiösen Dialogs", Raimundo Panikkar,[1] wiederholt worden ist. Um des Verstehens willen wird jede/r Dialogpartner/in natürlich versuchen, für sich selbst auszudrücken, was er/sie unter der Aussage eines anderen Gesprächsteilnehmers versteht; die/der Andere muß sich in diesem Verständnis wiederfinden. Der Advokat einer „Welttheologie", Wilfred Cantwell Smith, würde hinzufügen, daß eine Interpretation des/r Anderen auch durch nicht beteiligte kritische Beobachter verifizierbar sein muß.[2]

Sechste Regel: *Jeder Teilnehmer muß den Dialog ohne unveränderliche Annahmen in Bezug auf Meinungsverschiedenheiten beginnen.* Vielmehr sollte jeder Partner nicht nur der/m anderen mit Offenheit und Sympathie zuhören, sondern ebenso versuchen, mit dem Dialogpartner so weit wie möglich übereinzustimmen, ohne dabei die Integrität zur

---

1 Raimundo Panikkar, *The Intrareligious Dialogue* (New York: Paulist Press, 1978), S. 30.

2 Wilfred Cantwell Smith, *Toward a World Theology* (Philadelphia: Westminster Press, 1981), S. 60.

eigenen Tradition zu verlieren. Genau dort, wo jemand nicht mehr einer Meinung zustimmen kann, ohne die eigene Integrität zu verletzen, befindet sich der wirkliche Punkt einer Meinungsverschiedenheit – und dieser erweist sich oft als verschieden von dem, was früher fälschlich als Differenz angenommen wurde.

Siebente Regel: *Dialog kann nur zwischen Gleichgestellten stattfinden: „par cum pari"*, wie es Vatican II ausdrückte. Beide Seiten müssen beginnen, voneinander zu lernen. Wenn zum Beispiel ein Muslim den Hinduismus als etwas Minderwertiges ansieht, oder aber der Hindu den Islam, kann kein Dialog entstehen. Soll authentischer interreligiöser Dialog zwischen Muslims und Hindus stattfinden, dann müssen sowohl der Muslim als auch der Hindu kommen, um hauptsächlich voneinander lernen zu wollen; nur dann wird es „gleiches mit gleichem" geben, *par cum pari*. Diese Regel deutet auch darauf hin, daß es nicht so etwas wie „Einbahnstraßen-Dialoge" geben kann. So waren zum Beispiel die jüdisch-christlichen Dialoge, in ihren Anfängen in den sechziger Jahren, lediglich Prolegomena zu interreligiösem Dialog. Verständlicherweise und mit voller Berechtigung kamen die Juden zu diesem Austausch nur, um die Christen zu informieren, und gleichzeitig wollten die Christen hauptsächlich nur lernen. Wenn jedoch authentischer interreligiöser Dialog zwischen Christen und Juden stattfinden soll, dann müssen auch Juden kommen, um vorrangig lernen zu wollen; nur dann wird ein *par cum pari* gegeben sein.

Achte Regel: *Dialog kann nur auf der Basis gegenseitien Vertrauens stattfinden*. Obwohl interreligiöser und interideologischer Dialog in einer Art „korporativer" Dimension unternommen werden muß, das heißt, dass seine Teilnehmer als Mitglieder einer religiösen oder ideologischen Gemeinschaft engagiert sein müssen – zum Beispiel als Marxisten oder Taoisten – so ist es ebenso grundsätzlich wahr, daß nur Personen als *Personen* in Dialog treten können. Ein Dialog zwischen Personen kann jedoch nur auf persönlichem Vertrauen basieren. Deshalb ist es weise, die schwierigsten Probleme nicht gleich zu Beginn anzupacken, sondern eher erst solche Themen zu berühren, die am wahrscheinlichsten einen gemeinsamen Nenner sichern und deshalb die Grundlage für menschliches Vertrauen schaffen. Erst später können, in dem Maße, in dem sich dieses persönliche Vertrauen vertieft und erweitert, dornigere Angelegenheiten in Angriff genommen werden. Auf diese Weise bewegen wir uns, so wie wir in einem Lernprozeß vom Bekannten zum Unbekannten vordringen, auch im

Dialog von den Gemeinsamkeiten zur Diskussion von Meinungsverschiedenheiten; unsere Gemeinsamkeiten, die aufgrund gegenseitiger Ignoranz und Feindschaft über Jahrhunderte hinweg verschüttet lagen, werden uns mit Sicherheit etliche Zeit in Anspruch nehmen, um in ihrer Fülle entdeckt zu werden.

Neunte Regel: *Teilnehmer eines interreligiösen oder interideologischen Dialogs müssen zumindest ein Minimum an Selbstkritik und Kritik an der eigener religiösen oder ideologischen Tradition besitzen.* Das Nichtvorhandensein solch einer Selbstkritik setzt voraus, daß die eigene Tradition bereits alle Antworten habe. Diese Haltung macht den Dialog nicht nur unnötig, sondern sogar unmöglich, da wir ja den Dialog primär beginnen, *um zu lernen* – was offensichtlich unmöglich wäre, hätte unsere Tradition niemals einen falschen Schritt getan und hätte sie alle passenden Antworten. Natürlich müssen wir in interreligiösem und interideologischem Dialog unsere religiöse oder ideologische Tradition mit Integrität und Überzeugung vertreten, diese Integrität und Überzeugung muß jedoch gesunde Selbstkritik ein- und nicht aus schließen. Ohne Selbstkritik kann es keinen Dialog geben – und, in der Tat, auch keine Integrität.

Zehnte Regel: *Jeder Teilnehmer muß schließlich versuchen, die Religion oder Ideologie des anderen von „innen heraus" zu erfahren,* denn Religion ist nicht nur eine Angelegenheit des Kopfes, sondern auch der Seele und des Herzens, sie ist eine Angelegenheit des Ganzheitlich-Seins, individuell wie gemeinschaftlich. John Dunne spricht in diesem Zusammenhang vom „Hinüberreichen" oder „Hineingleiten" (*passing over*) in die religiöse Erfahrung des Anderen, um aus diesem Erleben erleuchtet, vertieft und mit weiterem Horizont wieder hervorzugehen.

Interreligiöser oder interideologischer Dialog vollzieht sich in drei Gebieten: Im Praktischen, wo wir zusammenarbeiten, um der Menschheit zu helfen; in der tiefen oder „spirituellen" Dimension, in der wir versuchen, die Religion des Partners oder seine Ideologie „von innen heraus" zu erfahren; und in der kognitiven Dimension, in der wir Verstehen und Wahrheit suchen. Interreligiöser, interideologischer Dialog hat ebenso drei Phasen. In der ersten Phase (aus der wir niemals vollständig herauswachsen) räumen wir falsche Vorstellungen voneinander aus dem Wege und beginnen, einander so kennenzulernen, wie wir wirklich sind. In der zweiten Phase beginnen wir, Werte in der Tradition des Partners zu verstehen und sie in unserer eigenen Tradition anzueignen. Zum Beispiel können Christen in einem buddhistischchristlichem Dialog eine größere Wertschätzung der meditativen Tradition erlernen, und Buddhisten eine größere Aufgeschlossenheit für die prophetische Tradition sozialer Gerechtigkeit – beides Werte, die in großem Maße, wenn auch nicht exklusiv, mit der Gemeinschaft des anderen assoziiert wurden.

Sind wir ernsthaft, ausdauernd und sensibel genug, so können wir zuweilen Phase drei des Dialogs beginnen. Hier beginnen wir, zusammen neue Dimensionen der Wirklichkeit, der Bedeutung des Lebens, der Wahrheit zu erforschen, derer weder wir noch unsere Partner sich jemals zuvor bewußt war. Wir werden mit dieser neuen, uns noch unbekannten Ebene der Wirklichkeit gerade aufgrund der Fragen, Einsichten und Untersuchungen, die unser Dialog hervorbrachte, konfrontiert. Aus diesem Grunde wagen wir es zu sagen, daß geduldig betriebener Dialog eine Quelle neuer „Re-velation", d.h. „Ent-hüllung" der Wirklichkeit werden kann – mit dem wir dann tätig werden müssen.

Aloysius Pieris

Der Ort der nichtchristlichen Religionen und Kulturen in der Entwicklung einer Theologie der Dritten Welt

Aloysius Pieris wurde 1934 in Sri Lanka geboren und ist seit 1953 Jesuit. Er promovierte in den Niederlanden in katholischer Theologie und erwarb in Sri Lanka seinen Doktor in buddhistischen Studien. Heute gilt Pieris als einer der wichtigsten katholischen Wissenschaftler Asiens im Feld des interreligiösen Dialogs und der Theologie der Religionen.
Für die Vereinigung der Dritte-Welt-Theologen „EATWOT" wendet er sich im vorliegenden Artikel einem theologischen Konflikt zu: Befreiungstheologie und Inkulturationstheologie streiten sich um das Proprium einer Theologie der Dritten Welt. Geht es um politisch-sozial-wirtschaftliche Befreiung oder um die Inkulturation des Evangeliums in die Kulturen und Religionen der nichtchristlichen Welt? Pieris will diesen Antagonismus auflösen und eine Theologie finden, in der „Religiosität und Armut zusammenwachsen". In den Traditionen der nichtchristlichen Welt lassen sich viele Beispiele für den revolutionären Antrieb in den Religionen finden. Hier erschließt sich sogar ein neuer Ansatzpunkt für die Theologie der Religionen. Der Bereich, in dem sich die Religionen der Welt treffen, ist ihr Einsatz für Befreiung und volle Menschwerdung und damit für Heil im umfassenden Sinne.

Gwen Bryde

Aloysius Pieris

Der Ort der nichtchristlichen Religionen und Kulturen in der Entwicklung einer Theologie der Dritten Welt*

I. Theologie der Religionen: Die gegenwärtigen Grenzen der Orthodoxie

1. *Grundlage und Hintergrund: Die Dritte Welt als eine theologische Perspektive*

Der Ausdruck „Dritte Welt" ist ein theologischer Neologismus für Gottes eigenes Volk. Er bezeichnet die hungernden Söhne Jakobs – aller Orte und aller Zeiten –, die auf der Suche nach Brot in ein reiches Land auswandern, um dort am Ende Sklaven zu werden. Mit anderen Worten, die „Dritte Welt" ist nicht nur die Geschichte des Südens in seinem Verhältnis zum Norden oder die des Ostens im Verhältnis zum Westen. Sie ist etwas, das sich immer und überall da ereignet, wo sozio-ökonomische Abhängigkeit in bezug auf Rasse, Klasse oder Geschlecht politische und kulturelle Sklaverei hervorbringt und dabei eine neue Art von Volk (peoplehood) schafft. Da es jedoch kein Volk gibt, es sei denn, es ist von Gott gerufen, und es keinen Gott gibt, über den zu reden sich lohnt, es sei denn, er spricht durch ein Volk, so hat jede Theologie es mit einem „Volksgott" zu tun, d.h. mit einem „Gottesvolk". Der vorrangige Schwerpunkt jeder „Rede von Gott", d.h. jeder Theologie, muß daher der Einbruch der Dritten Welt als einer neuen Art von Volk (peoplehood) sein, das die befreiende Gegenwart Gottes ankündigt, der diese grausame Welt vermenschlichen will.

Aber der Einbruch der Dritten Welt ist zugleich auch der Einbruch der nichtchristlichen Welt. Die große Mehrheit von Gottes Armen erfaßt ihr tiefstes Interesse und symbolisiert ihren Kampf um Befreiung nur in der Ausdrucksweise von nichtchristlichen Religionen und Kulturen. Deshalb ist eine Theologie, die nicht zu oder durch dieses nichtchristliche Volkstum (peoplehood) spricht, ein esoterischer Luxus einer christlichen Minderheit. Deshalb brauchen wir eine Theologie der Religionen, die die bestehenden Grenzen der Orthodoxie erwei-

---

* Eines der drei Hauptreferate auf der Fünften Konferenz der Ökumenischen Vereinigung von Dritte-Welt-Theologen (EATWOT V) 1981 in New Delhi, die unter dem Thema stand: „Der Aufbruch der Dritten Welt – eine Herausforderung an die Theologie". Die deutsche Version in der ZMR wurde nach dem englischen Original in: *V. Fabella – S. Torres* (Hrsg.), Irruption of the Third World. Challenge to Theology (Maryknoll N. Y. 1983) 113–139, überarbeitet.

tert, sobald wir in die befreienden Ströme der anderen Religionen und Kulturen einsteigen.

Man muß es daher bedauern, daß die einzige Art einer Theologie der Dritten Welt, die gegenwärtig im Schwange ist, einzig und allein durch den lateinischen und christlichen Kontext ihres Ursprungs bestimmt ist. Diese Bemerkung zielt nicht gegen das lateinamerikanische Modell als solches, sondern richtet sich vielmehr gegen die widersprüchliche Haltung, die es in den afro-asiatischen Kirchen hervorgerufen hat und die darin besteht, daß einige „Befreiungstheologen" („Liberationists") dieses Modell in ihrer nicht-lateinischen und nicht-christlichen Umgebung nachahmen und damit die „Inkulturationstheologen" („Inculturatio-nists") zu einem defensiven anderen Extrem treiben.

Bei der asiatischen Konsultation von EATWOT (1979)[1] habe ich versucht, diese nutzlose Diskussion dadurch abzublocken, daß ich das Befreiungs-Inkulturations-Schema gänzlich vermieden habe, indem ich Theologie als eine Entdeckung und nicht als eine Erfindung definierte, d. h. als eine christliche Teilhabe in und eine Christus-bezogene (Christic) Ausfaltung von allem, was auf der tiefsten Ebene eines konkreten Ethos sich ereignet, wo Religiosität und Armut, jede in ihrer befreienden Dimension, zusammenwachsen, um eine gemeinsame Front gegen den Mammon, den Gegen-Gott[2], zu bilden. Dennoch fiel die nachfolgende Auseinandersetzung wieder auf das alte Paradigma zurück und reduzierte Religiosität und Armut auf die Kategorien der Inkulturation bzw. der Befreiung[3], auch wenn es Anstrengungen gab, den alten Bezugsrahmen wiederherzustellen, in dem der *kulturelle* Kontext der Theologie mit der *befreienden* Dimension von Religiosität und Armut[4] gleichgesetzt wurde.

Die Polarisierung dauert bis auf den heutigen Tag an. Der Grund dafür liegt wohl darin, daß sowohl in der Ersten als auch in der Dritten Welt die krypto-kolonialistische Theologie der Religionen (und Kulturen) immer noch lauert und verhindert, daß unsere revolutio-

---

1 Vgl. *V. Fabella* (Hrsg.), Asia's Struggle for Full Humanity (Maryknoll N. Y. 1980).
2 Vgl. *A. Pieris*, Auf dem Wege zu einer asiatischen Theologie der Befreiung, in diesem Bd. 131–160.
3 Einige Gesichtspunkte dieser Kontroverse finden sich in: Voices from the Third World 2 (1979). Vgl. auch *Fabella*, a.a.O. 10 f., 165, 186.
4 Siehe dazu *A. Pieris*, The Dynamics of the ATC. A Reply to Paul Caspersz, in: Voices from the Third World 2 (1979) 23–28.

näre Rhetorik in den Herzen der nichtchristlichen Mehrheit der Dritten Welt widerhallt. Ist dies nicht die richtige Zeit und der richtige Ort, dieses Problem offen zu diskutieren?

Unsere Analyse dieser Frage geht von der Annahme aus, daß jede Religion, einschließlich des Christentums, zur selben Zeit sowohl ein Zeichen wie auch ein Gegen-Zeichen des Reiches darstellt; daß der revolutionäre Anstoß, der einer Religion ihre Existenz verschafft, durch das Bedürfnis nach einer ideologischen Formulierung sowohl gefesselt als auch gefördert wird; daß die Institutionalisierung die befreiende Kraft sowohl behindert als auch bewahrt; daß Religion daher ein Potential entweder für Emanzipation oder Versklavung darstellt.

Theologisch gesprochen jedoch, d. h. „aus einer Dritte-Welt-Perspektive" gesehen, liegt der Testfall, der den Doppelaspekt von Sünde und Gnade in der Religion offenbart, in ihrer Antwort auf das Phänomen der Armut, die in sich selbst wieder ambivalent ist. Denn es kann die Enteignung bedeuten, die den Massen durch den Hedonismus und den Erwerbstrieb der Raffgierigen aufgezwungen wird, während es andererseits auch die Tugend der Armut bezeichnet, die nach der These von Albert Tevoedjré[5] „der Status von jemandem ist, der das Lebensnotwendige, aber nichts darüber hinaus, besitzt" und der eine unverzichtbare Bedingung für die Abschaffung dessen darstellt, was wir aufgezwungene Armut genannt haben. Eine Religion wird ihrer Heilsmission schon dann untreu, wenn sie die sündhafte Dimension der Armut stillschweigend duldet. Sie ist dann heilswirkend, wenn sie die befreiende Kraft der freiwilligen Armut sowohl als persönliche Wahl (die monastische Praxis) als auch als politisches System (die sozialistische Praxis) eifrig vorantreibt. Denn von ihrer Haltung zum Problem der Armut hängt es ab, ob die Religion nicht nur in dem mikro-ethischen Bereich der individuellen Seele sondern auch in der makro-ethischen Welt der Politik und der Ökonomie der Menschheit dient oder sie verhungern läßt.

Wir geben zu, daß dieses Kriterium nicht allgemein angenommen wird und daß die Ambivalenz des religiösen Phänomens in theologischen Kreisen nicht so umfassend dargestellt wird. Hier herrscht immer noch eine gewisse einseitige Sicht der Religionen, die dazu

---

5 A. *Tevoedjré*, Poverty, Wealth of Nations (Oxford 1978) – eine Auseinandersetzung mit A. *Smith's* Wealth of Nations.

führt, daß es eine Polarisierung in der Kirche gibt zwischen einer Christus-*gegen*-die-Religionen-Theologie und einer Christus-*der*-Religionen-Theologie. Die Spaltung zwischen den Befreiungstheologen und den Inkulturationstheologen ist nur ein frisches Beispiel dafür, daß es andere frühere Formen gegeben hat, wie das Schaubild deutlich machen soll, das später folgt.

2. *Die These der Befreiungstheologen zur Religion: Ihr westlicher und kolonialistischer Charakter*

Der Gegensatz zwischen diesen beiden Perspektiven (Christus-*gegen*-die-Religionen und Christus-*der*-Religionen) ist auch in den lateinamerikanischen Theologien ganz offensichtlich. Aber im großen und ganzen haben die einsichtigen Pioniere wie Gustavo Gutierrez und nuancierte Systematiker wie Juan Luis Segundo immer die Religion als ein ambivalentes Phänomen betrachtet. Bei der kürzlich abgehaltenen Konferenz von EATWOT in São Paulo[6] wurden sowohl die versklavenden als auch die befreienden Dimensionen der Religion (d. h. des Christentums) anerkannt[7]. Gutierrez stellt der „Volksfrömmigkeit" den „befreienden Glauben" gegenüber[8]. Dussel forderte deshalb eine neue Religionstheorie[9].

Es gibt jedoch noch immer eine Art von „Christus-*gegen*-die-Religionen-Theologie" in Lateinamerika, die von kleinen aber sehr wortstarken Kreisen asiatischer Aktivisten unkritisch übernommen wird. Hier in Asien wird wohl zu wenig zur Kenntnis genommen, daß es zwei große Strömungen in der Befreiungstheologie gibt, die eine, deren Einstellung und Methode marxistisch ist, und die andere, die pastoral in den Volkskulturen ihre Wurzeln hat[10]. Während ich persönlich beide Strömungen für grundsätzlich gültig ansehe, fühle ich mich gezwungen, die einseitige Religionstheorie der ersteren in Frage zu stellen.

---

6 Vgl. dazu *S. Torres – J. Eagleson* (Hrsg.), The Challenge of Basic Communities (Maryknoll N. Y. 1981).
7 Z. B. *L. A. Gomez de Souza*, Structures and Mechanisms of Domination in Capitalism, ebd. 16.
8 *G. Gutiérrez*, Irruption of the Poor in Latin America and the Christian Communities of the Common People, ebd. 113 f.
9 *E. Dussel*, Current Events in Latin America (1972–1980), ebd. 100 f.
10 Vgl. *J. C. Scannone*, Theology, Popular Culture and Discernment, in: *R. Gebellini* (Hrsg.), Frontiers of Theology in Latin America (Maryknoll N. Y. 1979) 221.

Der beste Vertreter dieser Theorie ist José Miranda, ein lateinamerikanischer Bibeltheologe, der in Asien viel gelesen wird. Für ihn ist Religion ein Übel, das zerstört werden muß, weil sie eine eskapistische Objektivierung des Absoluten ist, eine Projektion des eigenen Selbst, eine Rechtfertigung des status quo, eine totale Entfremdung der menschlichen Person, ein Alibi für interpersonelle Gerechtigkeit, ein zyklisches Verständnis des Lebens, das die Stimme des Absoluten in der leidenden Menschheit zum Schweigen bringt – und damit etwas, das das christliche Engagement verneint[11]. Auch der viel nüchternere Jon Sobrino nennt in derselben Weise die Religion eine Erniedrigung des Glaubens[12].

Diese Theorie stellt sicherlich keine lateinamerikanische Erfindung dar. Wie wir später zeigen werden, handelt es sich um die Mischung von zwei europäischen Gedankensystemen, die auf eine Zeit zurückgeht, in der der Westen weniger über die komplexe Struktur und Geschichte der nichtchristlichen Kulturen informiert war als heute. Es ist schon überraschend, dass befreiungs-bewußte Asiaten sich zu einer Anschauung bekennen, die ebenso kolonialistisch wie westlich ist[13].

Warum ist sie westlich und warum kolonialistisch? Sie ist westlich wegen des in ihr enthaltenen Verständnisses von „Religion". Keine der asiatischen Heilslehren, eingeschlossen die biblischen, haben uns ein umfassendes Wort oder einen klaren Begriff von „Religion" im jetzigen westlichen Verständnis gegeben. Einige einheimische Worte haben unter westlichem Einfluß im Gebrauch jene Bedeutung angenommen. In einer früheren Zeit hatten wir Worte nur für die verschiedenen Teilgebiete dessen, was als Religion hätte bezeichnet werden können. Denn in unserem Kontext stellt die Religion das Leben selber dar und ist nicht eine Funktion desselben, da sie das alldurchdringende Ethos der menschlichen Existenz ist. Dies trifft noch mehr auf die Stammesreligionen zu, die oft mit „Kultur" zusammenfallen.

Im Westen kam das Wort „Religion" in die englische Sprache und vielleicht in andere moderne Sprachen durch die Vulgata, die das grie-

---

11 *J. Miranda*, Being and the Messiah, The Message of St. John (Maryknoll N. Y. 1977) 39–42 und passim.
12 *J. Sobrino*, Christology at the Crossroads (Maryknoll N. Y. 1978) 275 ff.
13 Dieser Trend ist nicht allein auf die Philippinen beschränkt. In der indischen Gruppe, die in Bangalore unmittelbar nach der Asiatischen Theologischen Konsultation mein Referat (vgl. oben Anm. 2) diskutierte, teilten viele Teilnehmer diese Überzeugung.

chische *threskeia* mit dem lateinischen *religio* übersetzte. Im Jakobusbrief (1,26 ff.) hören wir von einer „reinen Religion" und in der Apostelgeschichte (26,5) bezieht sich das Wort eindeutig auf das Judentum. Die lateinischen Apologeten sprachen anders als die griechischen von einer „vera religio" (gemeint war das Christentum) im Gegensatz zur „falsa religio", eine Überzeugung, die durch die späteren Auseinandersetzungen mit dem Judentum und dem Islam agressiv wurde. Die klassische römische Missiologie (Stufe 1 und 2 unseres Schaubildes) stellte Christus gegen *andere* (d. h. falsche) *Religionen;* weiter gehen unsere heutigen Befreiungstheologen, die Christus gegen die *Religion als solche* (Stufe 3) stellen. Hierin liegt sowohl die Kontinuität als auch der Gegensatz zwischen der frühen und der modernen Version dieser konservativen Evangelisierung.

Der enge Begriff der Religion, den die Befreiungstheologen vertreten, scheint mehr griechisch denn römisch zu sein. Die meisten griechischen Apologeten quetschen das „Heidentum" theologisch aus und behielten nur seine Philosophie, während sie seine Religion als unvereinbar mit dem Christentum verwarfen. Diese Tendenz, die Religion aus der menschlichen Existenz herauszudrücken (auf dem Weg der Heiligung und der Säkularisierung, welches zwei Seiten ein und derselben Münze sind) ist der westlichen Tradition nicht fremd. Schillebeeckx hat zwingend dargestellt, daß selbst die moderne Erscheinung der Säkularisierung im heiligen Schatten der mittelalterlichen Kathedralen entstanden ist[14].

Aber die beiden Formen, in denen diese Tendenz die Interpretation der Religion durch die Befreiungstheologen beeinflußte, erschienen erst während der letzten hundert Jahre. Denn die philosophische Verwerfung der (christlichen) Religion, die für gewisse intellektuelle Bewegungen in Europa (wie die Aufklärung, die wissenschaftliche Revolution, den Rationalismus) charakteristisch ist, fand ihre ideologische wie auch theologische Fassung in den beiden Karls von „dialektischem" Ruhm. Der dialektische Materialismus von Marx stellte Religion gegen *Revolution;* die dialektische Theologie von Barth setzte sie in Gegensatz zur *Offenbarung.* In ihren Systemen war Religion das größte Hindernis zur Befreiung bzw. zur Erlösung.

Indem er die immanente These, die über Schleiermacher an Otto gelangt war, und die ein religiöses *a priori* im Menschen voraussetzte,

---
14   E. *Schillebeeckx,* Gott – die Zukunft des Menschen (Mainz 1969) 52.

verwarf, begründete Barth eine evangelische Theologie, die den Begriff der Religion auf die gotteslästerliche Manipulation Gottes oder jedenfalls des Versuchs davon reduzierte. Die bahnbrechende exegetische Tradition der Protestanten – der katholischen Bibelwissenschaft voraufgehend und sie anregend – war durch dieses Vorurteil ernsthaft beeinträchtigt. Kittel z. B. kommt zu dem Ergebnis, indem er auf die in die Augen springende Seltenheit von Worten wie *threskeia, deisidaimonia, eusebeia* und *theosebeia* im Neuen Testament hinweist[15], daß der ganze Begriff der „Religion" (ganz offensichtlich im Sinne dieser einseitigen theologischen Tradition verstanden) der Bibel fremd ist und daß in der Muttersprache der neutestamentlichen Autoren es kein sprachliches Gegenstück für diese griechischen Begriffe gibt[16]. Wie wir schon feststellten, stimmt diese letzte Bemerkung für *alle* östlichen Religionen und sollte eigentlich Zweifel an dem Begriff der Religion geweckt haben, wie er hier gebraucht wird.

Es ist daher nicht weiter verwunderlich, wenn viele gute Wörterbücher zur Bibel oder zur biblischen Theologie (vgl. z. B. Dufour und Bauer) kein Stichwort „Religion" kennen. Es ist bedauerlich, daß unter der oben dargestellten Kategorie „Religion" alle nichtchristlichen Erlösungslehren behandelt und zugunsten des biblischen Glaubens verworfen werden.

In der militanten Richtung der Befreiungstheologie paßt das Religionsverständnis von Karl Barth genau zur Bewertung der Religionen und Kulturen durch Karl Marx, die ebenso missionarisch und eurozentrisch ist. Auch wenn es einige lateinamerikanische Kritiker geschafft haben, die Marx'sche Analyse zu einem entgegengesetzten Ergebnis zu führen, nämlich dazu, daß die „Religion eher der Sauerteig für die Befreiung als das Opium"[17] sein könne, bedarf es einer asiatischen Sensibilität, um doch ihre westliche Einseitigkeit aufzuzeigen. Marx, dessen Beitrag zur Befreiung der Nationen der Dritten Welt nicht unterschätzt werden darf, hört deswegen doch nicht auf, ein Mann seiner eigenen Zeit und seiner Umgebung zu sein: nämlich ein Europäer aus dem 19. Jahrhundert. Ein neuerer Kritiker, der sich nicht genug tun kann, um die Rassen- und Klassenvorurteile von

---

15 Vgl. *G. Kittel,* Theologisches Wörterbuch zum Neuen Testament, Artikel: „deisidaimonia", „theosebeia", „threskeia" und „eusebeia".
16 Vgl. ebd. Art. „eusebeia".
17 Vgl. besonders *A. Pérez-Esclarín,* Atheism and Liberation (Maryknoll N. Y. 1978) 160 f.

Marx und Engels aufzuzeigen, kommt zu folgender Schlußfolgerung: „Ihre Haltung war typisch für Europäer des 19. Jahrhunderts, die ungeachtet ihrer Ideologie in Begriffen einer Hierarchie der Kulturen dachten, wobei sie ihre eigene an die Spitze setzten und gelegentlich die Biologie benutzten, um eine wissenschaftliche Grundlage für ihre Einordnung der Gesellschaften in höhere und niedere Formen zu finden."[18]

Der italienische marxistische Theoretiker Lelio Basso hat diesen Mangel mit lobenswerter Offenheit anerkannt[19]. Ich möchte einige seiner gut belegten Beobachtungen herausgreifen.

In Marx' *Kommunistischem Manifest* wird die Idee des „Fortschritts" und der „Zivilisation" einfach mit der Verwestlichung des Ostens, der Urbanisierung der Landbevölkerung und der Proletarisierung der Bauern gleichgesetzt, alles im Namen des Sozialismus! Im *Kapital* wird die europäische Form der kapitalistischen Industrialisierung als das Modell für den Rest der Welt angestrebt, als unverzichtbares Vorspiel für die proletarische Revolution. Aus diesem Grund begrüßte Engels die amerikanische Aggression gegenüber Mexiko und die nachfolgende Annektierung von reichen Provinzen wie Kalifornien. Gleicherweise stimmte er der französischen Aneignung von Algerien zu, wenn er auch später sich andere Gedanken machte. Marx begrüßte ebenfalls die britische Eroberung von Indien, weil der Zusammenbruch der alten indischen Zivilisation und die nachfolgende „Europäisierung" eine unverzichtbare Bedingung für den Aufbau einer modernen Industriekultur zu sein schien. Die Frage, ob es tatsächlich einen nichtwestlichen und nichteuropäischen Weg zum Sozialismus geben könnte, der kulturell auf die ländlichen Gemeinschaften der sog. „Obščina" aufbaute, wurde schon vor der Oktoberrevolution vorgeschlagen und debattiert. Aber Marx und besonders Engels haben in diesem Punkt ihren westlichen Chauvinismus nicht ablegen können.

Die nachrevolutionäre Politik Lenins scheint diese Vorliebe für den Westen weiter im orthodoxen Zweig des klassischen Marxismus verankert zu haben. Nachdem er an die Macht gekommen war, hat er nicht nur die Industrialisierung Rußlands betrieben (angeblich auf einer Staatsgrundlage und nicht auf einer kapitalistischen Grundlage), son-

---

18 *D. Paul,* In the Interest of Civilization: Marxist Views of Race and Culture in the Nineteenth Century, in: Journal of the History of Ideas 42/1, 1981, 138 f.

19 *L. Basso,* La Via Non-Capitalistica al Socialismo, in: *S. Amin* u.a., Imperialismo e Rivoluzione Socialista nel Terzo Mondo (Milano 1979) 9–31.

dern versuchte auch, einen Sozialismus „von oben" zustande zu bringen, einen vertikalen Sozialismus, mit wenig Vertrauen in den Prozeß, ihn sich von unten vom Volk her entwickeln zu lassen. Um den „historischen Prozeß zu beschleunigen", wie dies genannt wurde, war es notwendig, dem Volk viele äußerliche Elemente aufzuerlegen, wobei es zu viel Gewalt gegenüber den religiösen und kulturellen Empfindungen des Volkes kam. Man sollte nicht vergessen, daß Lenin (vielleicht beeinflußt durch das Ideal von Tschernyschewski, den asiatischen Charakter des russischen Volkes zu zerstören – die „Aziatična", wie man es nannte) einen Dampfwalzen-Sozialismus einführte, der rücksichtslos die religiöse und kulturelle Identität des Volkes plattwalzen wollte. Der Ruf nach einem proletarischen *Internationalismus* – in sich selbst durchaus berechtigt – war in Wirklichkeit ein Eifer für die *Verwestlichung*. Darin übertraf er die christlichen Missionare seiner Zeit, die ein „universales Evangelium" predigten, das in Wirklichkeit ihre enge europäische Version desselben war. Die Breschnew-Doktrin ist eine Variation dieses intransigenten Vertikalismus.

Es ist wahr, daß Lenin viele theoretische Zugeständnisse an andere Wege des Sozialismus gemacht hat, wie sich im Fall der Mongolei z. B. zeigte, was moderne marxistische Apologeten mit Stolz vermerken[20]. Aber es hilft wenig, den Gründern des Marxismus das Recht zu verweigern, Menschen ihrer Zeit gewesen zu sein. Besser wäre es, eine besondere Anstrengung zu machen, um den Marxismus von seinem Eurozentrismus und kulturellen Kolonialismus zu reinigen. Er sollte sein Verständnis der afroasiatischen Religionen und Kulturen in Richtung ihres befreienden Potentials ändern und einheimische Wege zum Sozialismus entdecken – eine Art Aggiornamento wie das von Markow, Ernst und anderen marxistischen Intellektuellen der Leipziger Schule gegenüber den präkapitalistischen Gesellschaften Afrikas[21]. Solche Korrekturmaßnahmen sind darüber hinaus in der politischen Praxis von Afrikanern schon vorweggenommen worden. Amilcar Cabrals „Marxismus" belegt diese Aussage[22]. Mit einem Vorbehalt könnte man auch Lumumba und Nkrumah nennen. Asien hat Ho

---

20 Vgl. z. B.: A Leap across Centuries (ein Gruppenbericht über die Mongolei anläßlich des 60. Jahrestages der Revolution), in: World Marxist Review 24 (1981) 49–54.
21 Vgl. *J. Ziegler,* Elementi di una teoria sulle societá socialiste precapitaliste, in: *S. Amin* u. a., a.a.O. (Anm. 19) 42.
22 Vgl. *P. Chabal,* The Social and Political Thought of Amilcar Cabral: A Reassessment, in: The Journal of Modern African Studies 19 (1981) 31–56.

Chi Minh. Sie haben wenig geschrieben, aber vieles der Nachwelt durch ihre Praxis hinterlassen, die deshalb als *locus theologicus* für jene gilt, die sich nach einer „Befreiungstheologie der Religionen und Kulturen" sehnen.

Diese afroasiatische Kritik am marxistischen Okzidentalismus ist auch ein implizites Urteil über den militanten Flügel der lateinamerikanischen Theologie, der eine methodologische Kontinuität mit dem westlichen Marxismus und eine kulturelle Identität mit der europäischen Theologie beibehält. Ihre lateinische und marxistische Sprache läßt es nicht zu, daß die ethnische Identität rassischer Minderheiten in ihrer Theologie einen Niederschlag findet. Die amerikanischen Indianer, die Schwarzen und die Asiaten – fast ein Fünftel der südamerikanischen Bevölkerung – bilden in gewissen Provinzen die absolute Mehrheit[23]. Hat ihr einzigartiger Gemeinschaftssinn (z. B. der indianischen *cofradías,* die angeblich eine reiche kulturelle Alternative zu den lateinischen *hermandades*[24] darstellen) einen sichtbaren Einfluß gehabt auf die ekklesiologische Revolution der Basisgemeinschaften?[25] Ich stimme mit den Marxisten überein, daß ein Konflikt zwischen ethnischen Kämpfen und Klassenkämpfen die gesamte Befreiung eines Volkes gefährden kann. Aber diese Befürchtung – wenn sie verbunden wird mit der alten marxistischen Tendenz, Internationalismus mit Okzidentalismus zu verwechseln – könnte auch eine Entschuldigung sein, um den Latinismus zu verstärken. Tatsächlich bleibt der Rassismus ein Problem der Gegenwart, nicht nur eine Angelegenheit der kolonialen Vergangenheit[26]. Es ist keine Überraschung, daß selbst der Marxist Lipschütz, der zugibt, daß diese nicht-lateinischen ethnischen Gruppen selbstverwaltete „linguistische" Republiken bilden sollten, sich eine hypothetische sozialistische Nation Lateinamerikas nur in hispanoamerikanischen Begriffen vorstellen kann, weil er immer das sowjetische Modell vor Augen hat[27], ein Modell nicht frei

---

23 *P. G. Casanova,* Le Minoranze Etniche in America Latina: dal sottosviluppo al socialismo, in: *S. Amin* u. a., a.a.O. (Anm. 19) 96.
24 Vgl. *J. Swetnam,* Class-based and Community-based Ritual Organization in Latin America: in: Ethnology 17 (1978) 425–438.
25 Bei der CELAM-Begegnung in Cartagena, Juli 1980, wurde die Kirche eingeladen, die afro-amerikanischen kulturellen Werte zu studieren, zu verteidigen und zu fördern. Vgl. Misiones Extranjeras 2 (1981), 217.
26 Vgl. *R. R. Burgoa,* Clase y Raza en los Andes, ebd. 269 ff.
27 Vgl. *P. G. Casanova,* a.a.O. 118.

vom kulturellen und linguistischen Kolonialismus Rußlands[28]. Es ist daher tröstlich festzustellen, daß die Teilnehmer der São-Paulo-Konferenz diese delikate Frage angepackt haben[29], obwohl sie im Schlußdokument dieses Problem nur mit einer flüchtigen Bemerkung berührten[30].

3. Befreiung und Inkulturation: Die Geschichte einer Spannung
Einige Theologen zeigen eine übertriebene Sorge für die Inkulturation, die gleichermaßen streng zu verurteilen ist, besonders wenn der historische Kontext der Spannung zwischen Befreiung und Inkulturation ins Licht gerückt wird. Unser Schaubild tut dies, indem es die drei sich nachfolgenden Versionen der beiden christologischen Perspektiven darstellt: der „Christus-*gegen*-die-Religionen-Theologie" und der „Christus-*der*-Religionen-Theologie". Da dieses Schaubild sich selbst erklärt, werden wir die drei Perioden nur kurz streifen und gerade nur die springenden Punkte herausstellen.

Die erste Phase deckt sich mit der Ära des euro-kirchlichen Ausdehnungsdranges, als der kolonialistische Christus auf den Kriegspfad gegen die falschen Religionen in die Länder gesandt wurde, die wir heute die Dritte Welt nennen. Nicht einmal De Nobili oder Ricci stellten diese „Christus-*gegen*-die-Religionen-Theologie" in Frage. Sie hatten nur Probleme mit der Politik, die westliche Zivilisation als Mittel der Bekehrung zu benutzen, eine Politik, die sich trotz ihres Protestes doch durchsetzte und die in versteckter Weise bis heute andauert (Phasen 2 und 3). Der theologische Durchbruch begann vielleicht im 19. Jahrhundert mit dem Auftreten des gnostischen Christus. Er erscheint sowohl in den Werken von hinduistischen als auch christlichen Theologen[31].

---

28 Den Sowjets wird der Vorwurf gemacht, sie versuchten die Asiaten in der UdSSR zu russifizieren und zu verwestlichen. Die sowjetische Apologetik kann diese Vorwürfe nicht voll widerlegen. Vgl. *Z. S. Chertina*, The Bourgeois Theory of Modernization and the Real Development of the Peoples of Soviet Central Asia, in: The Soviet Review 22 (1981) 77 f.
29 *S. Torres – J. Eagleson*, a.a.O. (Anm. 4) 5, 15 f., 42–45 u a.
30 Ebd. 234.
31 Für eine umfassende Behandlung der „indischen Christologien" vgl. *M. M. Thomas*, The Acknowledged Christ of Indian Renaissance (London 1969) und *S. J. Samartha*, The Hindu Response to the Unbound Christ (Madras 1974).

Der Ort der nichtchristlichen Religionen und Kulturen ...

Christus und die Religionen
Geschichtlicher Überblick über eine Polarisierung

Christus-*gegen*-die-Religionen		Christus-*der*-Religionen
Beginnend im 16. Jahrhundert Der *kolonialistische Christus* der frühen westlichen Missionare erobert die nichtchristlichen Religionen, die verbunden sind mit der „*moralischen Armut*" der „kolonisierten" Nationen. Das Medium seines Handelns ist die *westliche* Form der *Zivilisation*.	1 →	*Beginnend im 19. Jahrhundert* Der *gnostische Christus* der indischen Theologen; Anfang der Erfüllungstheorie der Religionen. Die Verbindung zwischen Religion und materieller Armut wird nicht beachtet.
Die späten 60er Jahre Der *neo-kolonialistische Christus* der Verfechter der Entwicklung erobert die nichtchristlichen Religionen, die verbunden sind mit der „*materiellen Armut*" der „sich entwickelnden" Nationen. Das Medium seines Handelns ist das *westliche* Modell der *Entwicklung*.	2 →	*Die späten 60er Jahre* Der *ashramische Christus* der Mönche und Mystiker, inkarniert durch die traditionelle Praxis der religiösen Armut – d. h. freiwillige Annahme der materiellen Armut (Entsagung, Mönchtum). Die Verbindung zwischen Religion und struktureller Armut wird nicht beachtet.
Die späten 70er Jahre Der *krypto-kolonialistische Christus* der Befreiungstheologen erobert die nichtchristlichen Religionen, die verbunden sind mit der „*materiellen Armut*" der Nationen der Dritten Welt. Das Medium seines Handelns ist die *strukturelle Befreiung*, die auf dem marxistischen Okzidentalismus und dem *westlichen Biblizismus* aufbaut.	3 →	*Die späten 60er Jahre* Der *universale Christus* der Inkulturationstheologen, eingegangen in die Kulturen durch die Aneignung ihrer religiösen Strukturen (Sprachen, Symbole, Gefühle usw.). Die Verbindung zwischen Religion und struktureller Armut wird nicht beachtet.

Einige der letzteren nahmen schon die spätere offizielle Lehre der Lambeth Konferenz (1930) und des II. Vatikanischen Konzils vorweg, daß Christus in den anderen Religionen als die endgültige Erfüllung aller menschlichen Sehnsucht nach Erlösung schon am Werk sei. Es ist offensichtlich, daß diese „Erfüllungstheorie der Religionen" selbst in ihrer nachkonziliaren Fassung mit eingebauten theologischen Schwierigkeiten besetzt ist, die wir hier nicht diskutieren müssen. Es genügt festzustellen, daß sie eine abstrakte Theorie ist, die bei ihren religiösen Überlegungen das grundlegende Thema einer jeden echten Theologie ausschließt: die Armen. Beinhaltet schließlich nicht die Geschichte Jesu vornehmlich die Geschichte eines Gottes *der* Armen, eines Gottes *mit* den Armen und eines Gottes *für* die Armen? Es ist kein Wunder, daß in den 60er Jahren mit dem gewachsenen Bewußtsein um die Dritte Welt auch der Zusammenhang zwischen den Religionen und den Armen verstärkt Aufmerksamkeit gewann.

Damit beginnt die zweite Phase mit ihrer eigenen Version der zwei theologischen Perspektiven. Da erfolgt zunächst der Auftritt des neokolonialistischen Christus in der Person des Missionars mit dem Jeep. Die westliche „Zivilisation" macht jetzt der westlichen „Entwicklung" Platz, als dem Medium der rettenden Gegenwart Christi. Ich kann mich noch daran erinnern, daß man dies sogar Präevangelisierung genannt hat! Wie können auch die anderen Religionen die Armen aus ihrer Not befreien, da diese Religionen selber Teilursache für ihre Unterentwicklung sind und Technologie und Fortschritt einzigartige christliche Leistungen sind, dazu bestimmt, die nichtchristlichen Massen von ihren abergläubischen Traditionen zu befreien?[32] Es war einer kleinen abweichenden Minderheit vorbehalten, die Meinung zu vertreten, daß nichtchristliche Weltanschauung eine gesündere Philosophie der Entwicklung hervorbringen könnte, wie sich dies bei der Sarvodaya-Bewegung in ihrer früheren Phase zeigte[33], oder daß im Prozeß der „Modernisierung" die „evangelischen" Werte der ande-

---

32 Die bekannteste Darstellung dieser These war damals *A. Th. van Leeuwen,* Christentum in der Weltgeschichte. Das Heil und die Säkularisierung (Stuttgart – Berlin 1966). Sie wird auch aufgegriffen von *P. Gheddo,* Why is the Third World Poor? (Maryknoll N. Y. 1973), besonders 30–37 und passim.

33 Vgl. das Kapitel über Buddhistische Ökonomie in: *E. F. Schumacher,* Small is Beautiful: Economics as if People Mattered (London – New York 1973). Dt.: Die Rückkehr zum menschlichen Maß. Alternativen für Wirtschaft und Technik (Reinbek 1977). Vgl. auch *K. Ishwaran,* Bhakti Tradition and Modernization: The Case of Lingayatism, in: The Journal of Asian and African Studies 15 (1980) 72–82.

ren Religionen und Kulturen auf dem Altar des Mammon geopfert würden[34].

Eine Gegenthese zum Entwicklungsdenken kam jedoch von der „Christus-*der*-Religionen-Theologie", die ihren Rückhalt in den zahlreichen Ashrams und ihren Gegenstücken fand, die schon seit Jahrzehnten bestanden. Sie verkörperten den Geist der Entsagung, der in vielen Kulturen eine große Rolle spielt, und drückten damit ihre Solidarität sowohl mit den Armen als auch mit ihren Religionen aus. Materieller Fortschritt muß nicht notwendig auch menschliche Entwicklung bedeuten, noch ist materielle Armut in sich selbst menschliche Verarmung. Der Christus des Ashram bekämpfte keines der beiden. Sein Angriff richtete sich nur gegen das, was diese Polarität verursachte: die Gier, den Dämon *im Inneren* und Feind aller authentischen Spiritualität.

Aber hier lag die Schwierigkeit. Die organisierte Natur der Gier wurde nicht gesehen. Während der Kampf innerhalb der Mauern der Ashrams geführt und sogar gewonnen wurde, wuchsen die Armen – das Abfallprodukt der Kapital anhäufenden Plutokraten dieser Welt – sowohl an Zahl als auch an Bedürftigkeit. Konnte ihr Kampf um das nackte Überleben gelingen, wenn das sündhafte System nicht angegangen wurde? Solange die mönchische Armut nicht durch das Stigma der Solidarität mit diesem Kampf beschmutzt ist, wird sie immer das Statussymbol eines Kundenfangenden Gurus bleiben. Der Anspruch, dem Reichtum entsagt zu haben, ist die Eitelkeit aller Eitelkeiten, wenn jene, die keinem Reichtum zu entsagen haben, davon keinen Vorteil haben. Es gibt schon Präzedenzfälle in Jesus, in seinem Vorläufer Johannes und in Gandhi, seinem Bewunderer aus dem Hinduismus, für die die freiwillige Armut nicht nur in dem Verzicht auf Mammon im mikro-ethischen Bereich der eigenen Seele bestand, sondern in der Verurteilung ihrer Handlanger in der makroethischen Ordnung der religiös-politischen Institutionen.

Es ist traurig, daß, während früher der Feudalismus einige Klöster zu Oasen des Überflusses in den Wüsten der Armut verwandelte und sie so den Händen der heutigen Revolutionäre überantwortete, die die Mönche *zwangen, freiwillige* Armut für den Nutzen der Massen zu

---

[34] Eine einfühlsame und verständnisvolle Kritik, die für diese Zeit repräsentativ ist, findet sich bei *D. Goulet,* On the Goals of Development, in: Cross Currents 18 (1968) 387–405.

praktizieren (wie dies in Tibet und in der Mongolei geschah), heute der Kapitalismus einige Ashrams, Zen-Hallen und Gebetszentren dem Zugriff von geldanhäufenden Managern überantwortet hat, die sie wegen des Zaubers der Ruhe besuchen und dann unbekehrt und ohne Reue wieder verlassen, bis eine andere Revolution diese unheilige Allianz mit dem Mammon wieder zerstören wird. Haben wir nicht auch von Mystikern gehört, die durch die Ausfuhr von Meditation in den Westen Dollars scheffeln? Genauso wie Gummi, Kaffee oder Kupfer wird auch unsere „Spiritualität" im Westen verarbeitet und kehrt dann mit teuren Preisschildern und hochtrabenden Etiketten („Transzendentale Meditation") zurück, um vor Ort konsumiert zu werden! Wer ist der Nutznießer? Und was ist mit dem Greuel des Kastenwesens und der Diskriminierung der Geschlechter, alles Erscheinungen, die mit religiöser Billigung gedeihen? Wieviele Gebetszentren haben sich darum gekümmert oder es gewagt, dagegen anzugehen? Der Christus des Ashram scheint nicht empfindsamer den Ansprüchen der Gerechtigkeit gegenüber gewesen zu sein als der neokolonialistische Christus.

Es ist wichtig festzustellen, daß die dritte Phase zu einer Zeit begann, als das Pendel der Politik für einen Augenblick auf der linken Seite anhielt, bevor es dann seinen gegenwärtigen Ausschlag nach rechts begann, ausgelöst durch die umfassende Krise in den sozialistischen Ländern und den Aufstieg des Reaganismus. Enttäuschung über doktrinäre Theologien und Ernüchterung sowohl mit dem „Glauben an die Entwicklung" wie mit dem „Mystizismus" der voraufgegangenen Epoche bedeuteten Brennstoff für das Feuer des wachsenden Befreiungsfiebers in den sich ausdehnenden Kreisen christlicher Aktivisten in unserem Teil der Welt. Es war zu diesem Zeitpunkt, daß die lateinamerikanische Theologie (hier gleichgesetzt mit Befreiungstheologie), mit einem zehnjährigen Reifungsprozeß hinter sich, die afro-asiatischen „Einheimisch-Macher" aus ihrer ethnozentrischen Lähmung aufzuwecken begann, genauso wie sie zuvor die euro-amerikanischen Theoretiker aus ihrem dogmatischen Schlummer gerissen hatte. Es ist verständlich, daß einige asiatische Theologen mit linken Tendenzen das Befreiungslied in einem Takt zu singen begannen, der nicht mit dem nicht-lateinischen Rhythmus ihrer eigenen Kulturen harmonierte. Der „Herr des Tanzes" war Christus der Befreier, der die Armen nicht nur von ihrer Armut befreite, sondern auch von ihren traditionellen Religionen, die die sündhaften Systeme unterstützten.

Genauso verständlich ist es aber auch, daß im Gegenzug der inkarnierte Christus der Inkulturationstheologen auf der anderen Seite aufstand.

Genauso wie eine bestimmte Richtung innerhalb der Befreiungs-Theologie selbst heute noch das koloniale Evangelium der Vergangenheit vertreibt, wie dies oben unter Ziffer 2 gezeigt wurde, so zeigt auch die große Masse der Schriften, die auf den immer zahlreicher werdenden Seminaren über Inkulturation hervorgebracht wird, kein wesentliches Abrücken vom engen Blickwinkel der voraufgegangenen Epoche, die ganz auf Religion und Kultur fixiert war. Dem kolossalen Skandal der institutionalisierten Not, die eine Herausforderung jeder Religion darstellt, schenkt sie kaum Aufmerksamkeit.

Die defensive Einstellung gegenüber der These der Befreiungstheologie mag diese Blindheit zum Teil erklären. Die Implikationen dieser Begrenzung sind ernst und ich habe sie anderswo[35] deutlicher dargestellt. Nichtsdestoweniger werden wir diese Diskussion im folgenden zweiten Teil wieder aufgreifen, nachdem wir das Potential an Befreiung und Revolution in den nichtchristlichen Religionen dargestellt haben – etwas, das sowohl die Vertreter der Befreiungstheologie (die Gruppe jedenfalls, die wir hier kritisieren) als auch die der Inkulturation übersehen haben, was aber gerade das Kernstück einer „Dritte-Welt-Theologie der Religionen" darstellt.

II. Auf dem Weg zu einer Dritte-Welt-Theologie der Religionen

1. Die Anatomie des religiösen Phänomens in der Dritten Welt
Jeder Theologe sollte um die Tatsache wissen, daß ein umfassender Teil der Information hinsichtlich der Religionen und der Kulturen in der Dritten Welt durch euro-amerikanische Forschungszentren gesammelt, verarbeitet und verbreitet wird. Die Erste Welt hat noch immer das Monopol an den Mitteln, die für solche Forschungen notwendig sind: Geld und Kommunikationsmittel, akademisches Prestige und Personal, so daß auch die so viel gepriesene „Beobachtungsmethode in

---

35 Vgl. das Referat, das ich auf dem SEDOS-Seminar in Rom, März 1981, zum Thema The Mission of the Local Church and the Major Religious Traditions gehalten habe; in diesem Band, S. 55–78.

Teilhabe" in der Anthropologie sich als ein anderer Arm der westlichen Dominanz herausgestellt hat.[36]

Die westlichen Elemente, die die Befreiungstheologie, wie (oben) gezeigt, von einer auf Marx und Barth zurückgehenden Tradition in sich aufgenommen hat, ist nur die Spitze des Eisbergs. Es gibt tiefersitzende Einstellungen, die wir alle unter Einschluß des hier Schreibenden, im Lauf unserer wissenschaftlichen Ausbildung erworben haben, da wir alle von denselben Quellen in unserem Verständnis des religiösen Phänomens in seiner globalen Ausdehnung abhängig sind.

Denn wie Evans-Pritchard selbst festgestellt hat, haben Generationen von Wissenschaftlern, die über Religion geschrieben haben (Taylor, Frazer, Malinowski, Durkheim, Freud und ihre Nachfolger), in ihrer ehrlichen Suche nach der Wahrheit nur gegen die Religion reagiert, in der sie aufgewachsen waren.[37] Angesichts ihrer Versuche, die Religion zu erklären, indem sie sie wegerklärten, haben Theologen wie Barth versucht, das Christentum dadurch zu retten, daß sie es über den Bereich der Religion erhoben, wobei sie indirekt deren antireligiösen Theorien eine biblisch-theologische Begründung gaben.

Ein jüngerer Forscher, C. E. Stipe, hat die Malaise der westlichen Anthropologen als „Funktionalismus" diagnostiziert, der die Religionen hinwegzudeuten versucht, indem er sie als Überschuß in den Kulturen die er untersucht, erklärt[38]. Indem sie den zentralen Aspekt der Religion als etwas verstehen, das außerhalb der natürlichen menschlichen Erfahrung liegt, befassen sie sich mit dem Ritus und nicht mit dem Bedeutungs- und Glaubenssystem, behandeln sie die sozialen Beziehungen, ohne sich um die Weltanschauung zu kümmern, die die Religionen verkörpern. Ein interessantes Beispiel ist das von Sierksma, der Lanternari vorwirft, die Anthropologie verlassen und sich der Theologie verschrieben zu haben[39], nur weil er feststellte, daß das Christentum, anders als die messianischen Bewegungen, die mehr am menschlichen Heil auf dieser Erde interessiert sind, „transzendent"

---

36 Für eine kraftvolle Darlegung dieser These vgl. *E. T. Jacob-Pandian,* Anthropological Fieldwork, Empathy and the Crisis of the Apocalyptic Man, in: Man in India 55 (1975) 281–297. Vgl. ebenfalls *Epeli Han'ofa,* Anthropology and Pacific Islanders, in: ebd. 57–66.
37 Vgl. *E. Pritchard,* Religion and the Anthropologists, in: Practical Anthropology 19 (1972) 193, 205; zitiert von *C. E. Stipe,* The Role of Religion in Cultural Change, in: Christian Scholar's Review 10 (1965) 455.
38 *C. E. Stipe,* ebd. 117 ff.
39 *F. Sierksma,* in: Current Anthropology 6 (1965), 455.

sei⁴⁰. Die marxistische Interpretation der Mau-Mau-Bewegung als bloßer Ausdruck kenianischen Nationalismus oder des Melanesischen Cargo-Kults als rein ökonomische Erscheinung teilt diesen westlichen Hang zur Verkürzung. Dies verhindert, wie Stipe anmerkt, daß westliche Anthropologen die Rolle der Religion im Verhältnis zum kulturellen Wandel richtig einordnen können⁴¹.

Ist es nicht dasselbe Vorurteil, das den Theologen (sei er nun Vertreter der Befreiung oder der Inkulturation) daran hindert, der Religion eine positive Rolle im Befreiungskampf und revolutionären Wandel zuzuordnen? Deshalb möchten wir vorschlagen, daß die vorhandenen Untersuchungen über die Religionen mit kritischen Augen gelesen werden und daß neue Feldforschungen auf diesem Gebiet aus der Sicht der Dritten Welt, der Völker, die sich um gesamtmenschliche Befreiung bemühen, unternommen werden. Mit diesen Vorwarnungen möchte ich beginnen, die Anatomie des religiösen Phänomens in der Dritten Welt zu beschreiben.

Das komplizierte Geflecht von Religionen und Kulturen, das sich über die Dritte Welt erstreckt, verwirrt den Theologen ebensosehr wie den Anthropologen. Mehr zu versuchen, als seine groben Konturen nachzuzeichnen, wäre daher in dem mir gegebenen Rahmen unpragmatisch. Wir wollen auch keine Zeit darauf verwenden, Religion und Kultur zu definieren – ein akademischer Zeitvertreib, der im Westen nur Verwirrung erzeugt hat. Wir, die wir in der Religion als in unserer normalen Atmosphäre atmen, lassen uns als erstes lieber davon bestimmen, was uns Intuition und Erfahrung über die Bedeutung der Religion für das Leben sagen. Ohne für uns Definitionen zu formulieren, können wir so dennoch festhalten, welche Definitionen falsch sind!

Meine erste Beobachtung ist, daß Religion und Kultur in den Stammesgesellschaften fast überall in der Dritten Welt vollständig zusammenfallen. Die Kultur ist nur ein anderer Ausdruck der Religion. Aber da die Religionen einander immer in und durch ihre jeweiligen kulturellen Selbstdarstellungen begegnen, gibt es feine Differenzierungen zwischen den Religionen und Kulturen. So kann man manchmal von mehreren Kulturen innerhalb einer Religion sprechen

---

40 Vgl. *V. Lanternari*, The Religion of the Oppressed: A Study of Modern Messianic Cults (New York 1963) 312.
41 Vgl. *C. E. Stipe*, a.a.O. 121. Für konkrete Beispiele siehe ebd. 124–128. Vgl. auch *K. Ishwaran*, a.a.O. (Anm. 33) 80–82.

und andersherum von vielen Religionen innerhalb einer Kultur. Den ersten Fall haben wir in den drei missionarischen Religionen: dem Buddhismus, dem Islam und dem Christentum (die ich hier in der absteigenden Ordnung ihrer kulturellen Differenzierung anführe). Was die Kulturen angeht, die mehrere Religionen in sich einschließen, so lassen sich eine ganze Reihe nennen, z. B. Buddhismus und Hinduismus in Nepal, Taoismus und Konfuzianismus in China, Buddhismus und Schintoismus in Japan, oder Hinduismus und Islam auf Java.

In einigen Fällen verhält sich die Kultur einer Religion zu einer anderen wie Gastgeber zum Gast. Diese Ausdrücke besitzen daher eine begriffliche Elastizität, die die Komplexität der Wirklichkeit ihnen vermacht hat. Aus Gründen, die in unseren Eingangsbemerkungen oben miteingeschlossen sind, sprechen wir vornehmlich von den Religionen als unserem hauptsächlichen Gesichtspunkt und nur am Rande über Kultur. Dies vorausgeschickt, möchte ich versuchen, die verschiedenen Stränge der Religiosität, die in das äußerst feine kulturelle Gewebe der Dritten Welt verwoben sind, auszusortieren. Tatsächlich lassen sich ungefähr drei nennen. Die Überschneidungen der ethno-linguistischen Linien innerhalb der sogenannten Schriftreligionen müssen zuerst erwähnt werden.

Die sogenannten Schriftreligionen der Welt stammen alle aus den drei Vorratsbehältern der asiatischen Spiritualität, wobei jede ihr eigenes ethno-linguistisches Idiom hat: das semitische (Judentum, Islam und Christentum), das indische (Hinduismus, Jainismus und Buddhismus) und das chinesische Taoismus, Konfuzianismus). Diese Ströme der Religiosität haben sich nicht auf die Nachbarschaft ihrer Ursprünge beschränkt, sondern sind jenseits ihrer linguistischen Grenzen hinausgeströmt, selbst über die Kontinente hinweg, dabei die Welt und ganz besonders Asien mit einer Fülle von Mischkulturen überschwemmend.

Die semitische Religiosität des Islam durchdringt z. B. sowohl die malaiisch-polynesischen als auch die indo-arischen Kulturen von Indonesien bzw. Pakistan und viele afrikanische Stämme. Der Hinduismus hat das Leben sowohl der drawidischen wie auch der indo-arischen Völker Indiens fest im Griff, wobei er zugleich auch als die unterschwellige Grundlage vieler südostasiatischen Zivilisationen dient. Der Buddhismus, der in seiner ursprünglichen indischen Fassung nur noch in Sri Lanka erhalten ist, hat verschiedene Kulturen dadurch geformt, daß er sich von ihnen formen ließ, so daß man von ural-altaischer, malaiisch-polynesischer, sino-tibetanischer, japanischer und indo-arischer Form der buddhistischen Kultur sprechen kann. Auch das Christentum kann einige bescheidene Ansprüche in dieser Hinsicht erheben.

Ein zweiter Typ der Kreuz-Befruchtung findet zwischen diesen Religionen und den Stammesreligionen statt. Tatsächlich fällt dieser Prozeß mit dem Vorgang zusammen, den wir oben beschrieben haben, in dem eine Schriftreligion Bürgerrecht in einer anderen linguistischen Zone erhält. Es ist zu bedauern, daß unsere theologischen Handbücher, die sich mit den nicht-christlichen Religionen befassen, sich vornehmlich auf diese Schriftreligionen oder, wie die Soziologen sie nennen, die „großen Traditionen" konzentrieren. Aber die Landbevölkerung und das Proletariat der Dritten Welt sind zum großen Teil Träger einer nichtschriftlichen oder regionalisierten traditionellen Religiosität, entweder *innerhalb* des Rahmens einer größeren Religion (der sogenannte volkstümliche Buddhismus, volkstümliche Taoismus, volkstümliche Hinduismus und in Lateinamerika die Volksfrömmigkeit) oder *vollständig außerhalb* jeder Schriftreligion (z. B. die Stammesreligionen, die noch nicht unter den Einfluß der vorigen gelangt sind). Das war der Grund, warum wir auf der asiatischen theologischen Konsultation dafür plädierten, daß diesen Religionen die ihnen gebührende Aufmerksamkeit gewidmet werde[42]. Diese Glaubensformen und -praktiken sind noch nicht in schriftliche Formeln geronnen, sondern gehen mit der Zeit und haben daher eine *Flexibilität, die unabdingbar ist für sozialen Wandel*.

Da alle Schriftreligionen als mündliche Überlieferungen begonnen haben und da die heutigen traditionellen Religionen notwendig früher oder später ihr heiliges Erbe auch in schriftliche Form bringen müssen, ziehen wir es vor, auf die beiden anderen Worte zurückzukommen, die wir bei einer anderen Gelegenheit geprägt haben, um sie zu beschreiben: Metakosmische (nicht zu verwechseln mit a-kosmisch) und kosmische Religionen[43]. Die erste Form der Religion definiert ihre Erlösungslehre in Ausdrücken eines metakosmischen „Jenseits", das als heilskräftiges „Innen" der menschlichen Person verinnerlicht

---

42 A. *Pieris,* Auf dem Wege zu einer asiatischen Theologie der Befreiung; in diesem Band, S. 131–160.
43 Ebd. 135.

werden kann, entweder durch den agapischen Weg der erlösenden Liebe oder durch den gnostischen Weg der befreienden Erkenntnis. Darin liegt der Hauptunterschied zwischen den biblischen und den meisten nichtbiblischen Religionen. Die kosmischen Religionen auf der anderen Seite drehen sich mehr, wie schon das Wort sagt, um die kosmischen Mächte, normalerweise im Deutschen mit „Göttern", „Gottheiten" oder „Geistern" übersetzt. Sie beziehen sich auf Naturerscheinungen (oft personifiziert) wie auch auf die Geister früherer Helden und der eigenen Ahnen, ohne die „abgeschiedenen Seelen" und die „Heiligen" des Volkschristentums auszuschließen. Aus diesem Grund muß man den Konfuzianismus zu den kosmischen Religionen rechnen, auch wenn er eine schriftliche Basis hat.

Hinzu kommt, daß überall da, wo die zwei Religiositäten sich vermischt haben, der Genius des einfachen Volkes eine Synthese geschaffen hat, die der oberflächliche Beobachter leicht als Synkretismus mißversteht. Deshalb hat Richard Gombrich vorgeschlagen, das Wort „Akkretismus" in einem solchen Fall zu gebrauchen. Denn in den Mischkulturen, die aus dieser Symbiose hervorgehen, lernt der *homo religiosus* seine örtlich bestimmten kosmischen Anliegen (Nahrung, Ernte, Regen und Sonne, Überschwemmungen und Dürre, Gesundheit und Krankheit, Leben und Tod, Heirat und Politik) mit der heilsmäßigen Ausrichtung seines Lebens auf ein metakosmisches Jenseits[44] in Übereinstimmung zu bringen. Daher ist der bi-disziplinäre Ansatz von Exegeten zu begrüßen, die sich der Anthropologie zuwenden (Dumont, Bechert, Gombrich u. a.), um die hermeneutische Entsprechung zwischen dem Buch und den Glaubensvorstellungen, der Schrift und der Tradition, dem geschriebenen Text und dem lebenden Kontext zu beachten. Denn die volkstümliche Auslegung der alten Geschichten offenbart die andauernde schöpferische Antwort auf heutige Wirklichkeit durch das Volk.

Diese Erscheinung des „Akkretismus" leitet über zu meiner dritten Bemerkung. Keine größere Religion könnte außerhalb ihres Ursprungsgebiets gelangt sein und im Leben der Massen sich inkarniert haben, wenn sie nicht ihre Wurzeln tief in die Volksfrömmigkeit eines jeden Stammes und jeder Rasse getrieben hätte[45]. Mit anderen Worten, historisch und phänomenologisch gesprochen: es könnte keiner

---

44   Vgl. das Schaubild, ebd. 143.
45   Ebd. 135.

metakosmischen Religion gelungen sein, institutionellen Einfluß auf das Volk zu gewinnen, es sei denn, auf der Grundlage einer Volksfrömmigkeit. Das Gegenteil hingegen trifft nicht zu. Denn es ist möglich und in der Tat gibt es das, daß Stammesreligionen unabhängig von, wenn auch offen für, Schriftreligionen existieren.

Die Abläufe von Massenbekehrungen erlauben uns eine vierte wichtige Bemerkung. Wie schon an anderer Stelle festgestellt[46], sind Massenbekehrungen von einer Erlösungsreligion zu einer anderen selten, wenn nicht gar unmöglich, es sei denn unter militärischem Druck. Aber der Wandel von einer Stammesreligion zu einer metakosmischen Erlösungslehre ist ein spontaner Vorgang, in der die erstere, ohne ihren eigenen Charakter zu verlieren, die volkstümliche Grundlage für die letztere abgibt. Da es sich um kosmische Religionen handelt, sind sie in jeder Bedeutung des Wortes diesseitig und fühlen sich oft von gewissen „Vorurteilen für die Gemeinschaft" gedrängt, den institutionellen Rahmen einer Schriftreligion anzunehmen[47]. (Letztere, gewöhnlich dem Wandel abhold, benutzt paradoxerweise ihre jenseitigen Lehren dazu, ihre diesseitigen Institutionen zu stärken.)

Die Kasten und Stämme in Indien, die das Christentum oder, häufiger, den Buddhismus oder Islam in breitem Umfang angenommen haben, belegen diese Aussage. Eine bessere Verdeutlichung bieten die missionarischen Auseinandersetzungen zwischen dem Christentum und dem Islam. Nach dreieinhalb Jahrhunderten verstärkter Bekehrungsversuche gelang es der kolonialen Christenheit in Indonesien, etwas mehr als zwei Millionen Bekehrungen aus dem Islam zu gewinnen, und selbst diese kamen vornehmlich aus Nordsumatra, den Molukken, Amboina und anderen äußeren Inseln, wo die Stammeskultur stark war. Die christlichen „Erfolge" unter den Stämmen an der atlantischen Küste Afrikas, verglichen mit dem kläglichen Fehlschlag im islamischen Afrika – mit Ausnahme eines geringen Erfolgs unter den Bergstämmen der Kabylen[48] –, weisen in dieselbe Richtung.

Schließen möchte ich mit einer fünften Bemerkung. Die Stammes- und Sippen-Gesellschaften sind in ihrer starken religiös-kulturellen Bindung niemals gegen die Gefahr von Konflikten zwischen den

---

46   Ebd. 136.
47   Für einige Fallbeispiele vgl. C. E. Stipe, a.a.O. 124–128.
48   Vgl. G. H. Jansen, Militant Islam (New York 1979) 54–56. Obwohl tendenziös, eröffnen diese Seiten doch eine Perspektive.

Stämmen gefeit. Der Tribalismus – der oft gleichgesetzt wird mit spalterischem Provinzialismus – kann ideologisch von den Feinden des sozialen Wandels ausgebeutet werden. Die Strategie des „Teile und herrsche!" kann Befreiungsbewegungen zum Scheitern bringen, wie wir weiter unten zeigen werden.

Zusammenfassend läßt sich sagen, daß wir die Anatomie des religiösen Phänomens zunächst unter dem Aspekt der Überschneidung der ethno-linguistischen Linien innerhalb der Schriftreligionen beschrieben haben und in einem zweiten Schritt unter dem Aspekt der fünf Konsequenzen, die sich durch die „Akkretion" von kosmischen Religionen in metakosmische ergeben.

Es ist da noch eine andere Interaktion, die wir beachten müssen, damit das Bild vollständig wird: die Interaktion zwischen diesen Religionen und den verschiedenen soziopolitischen Ideologien. Damit kommen wir zum Kern unserer Untersuchung: Religion und Revolution.

2. Der revolutionäre Antrieb in den Religionen und die Rolle der Ideologien

Lunatscharski, der erste Volkskommissar für das Bildungswesen der Sowjetunion, legte folgendes Bekenntnis über die Religion ab: „Sie ist wie ein Nagel", so erklärte er, „je härter man draufschlägt, um so tiefer geht er ins Holz." [49] Durch die Religionsverfolgung würden die Revolutionäre die Religion kaum töten, sondern sie noch reaktionärer machen. Andererseits könnte eine Religion, durch ein Unterdrückungsregime herausgefordert, ihr Potential für einen radikalen Wandel freisetzen.

Eine wahre Revolution darf sich daher nicht gegen die Religion in ihrer Gesamtheit richten. Eine Revolution, die erfolgreich ist, ist das gewöhnlich als kathartische Erneuerung der Religion selber. Nach sieben Jahrzehnten Marxismus kann man dies bestätigen. Che Guevara hat dies gefühlt, als er sagte: „Nur wenn Christen den Mut haben, mit ganzem Herzen ein revolutionäres Zeugnis zu geben, wird die lateinamerikanische Revolution unbesiegbar werden." [50] Mit dieser Prophezeiung scheint er das Thema für ein neues Kapitel in der Geschichte der marxistischen Ideologie und der christlichen Religion

---

49 Zitiert in: *J. H. Billington,* Christianity in USSR, in: Theology Today 36 (1980) 207.
50 Zitiert in: CALA News Letter 8/4 (März 1981) 1.

vorgeschlagen zu haben; ein Kapitel, das Nicaragua in verzweifeltem Kampf dabei ist, für die Nachwelt aufzuschreiben.

Dies trifft noch mehr zu für andere Religionen, die einen umfangreicheren Einfluß in der Dritten Welt als das Christentum haben. Es gibt keine *wirkliche* Befreiung, solange die Menschen ihr gegenüber nicht „religiös motiviert" sind. Religiös motiviert zu sein kommt aus der Tiefe des eigenen Selbst. Wir geben zu, daß diese Motivation auch durch fremde Ideologien hervorgerufen sein kann, wie die Geschichte oft beweist. Aber die Völker der Dritten Welt werden sich nicht leichten Herzens auf ein kostspieliges Wagnis einlassen, wenn nicht ihr Leben berührt wird und ihre Tiefen aufgewühlt sind durch Aussichten, die auf der Linie der *„kulturellen" Eigenart ihrer eigenen „religiösen" Geschichte* liegen und die natürlich von Ort zu Ort verschieden ist, wie wir im voraufgegangenen dargelegt haben.

Nehmen wir zum Beispiel die chinesische Bauernkultur, die gekennzeichnet ist durch eine Geschichte von Aufständen, und vergleichen sie mit der Bauernkultur von Guinea, die eine solche Tradition nicht kennt – ein Beispiel, das Amilcar Cabral herausgestellt hat, der großen Wert auf die örtlichen kulturellen Unterschiede jeder sozialistischen Revolution gelegt hat[51]. Dies bedeutete für Cabral nicht, daß Guinea unfähig für einen radikalen Wandel sei, sondern daß er seine eigene Kultur zu Rate ziehen müsse und nicht versuchen dürfe, ein fremdes Modell nachzumachen. Deshalb wollen wir etwas bei der afrikanischen Situation verweilen, die uns Dritte-Welt-Theologen manches lehren kann.

a) Stammesreligionen und Christentum in Afrika

Die Stammesgesellschaften Afrikas können als „präkapitalistische sozialistische Gesellschaften" beschrieben werden, wenn wir Marx richtig interpretieren, in der Weise, daß sie zum ausgewachsenen Sozialismus gelangen können, ohne durch den Schmelztiegel des Kapitalismus gehen zu müssen[52]. Auf der Grundlage der Statistiken der Weltbank versucht Jean Ziegler das tansanische Experiment von Julius Nyerere zugunsten dieser Theorie in Anspruch zu nehmen[53]. Aber dies ist keine leichte Aufgabe, da sowohl koloniale als auch ein-

---
51 P. *Chabal,* a.a.O. (Anm. 22) 42–54.
52 J. *Ziegler,* a.a.O. (Anm. 21) 38 f.
53 Ebd. 36.

heimische Elemente ihre *ideologischen* Spuren in diesen Gesellschaften hinterlassen haben. Ich beziehe mich auf die örtliche Bourgeoisie und die feudalen Barone (um nicht die weißen Siedler in Rhodesien und Südafrika zu erwähnen), die die Macht von den Kolonialherren geerbt haben, so daß auch fortschrittliche Patrioten wie Lumumba und Nkrumah nicht den Grundcharakter der *nationalistischen* Befreiungsbewegungen radikal verändern konnten. Mosambik zeigt uns eine andere Möglichkeit, wenn wir Sergio Vieira, einem Minister und Mitglied der FRELIMO, zustimmen wollen[54]. Denn Portugal hatte anders als Großbritannien, Belgien und Frankreich, gute Gründe, seinen Kolonien nicht einmal eine „Flaggen-Unabhängigkeit" zu gewähren, sondern an der faschistischen Herrschaft[55] festzuhalten und damit eine kämpferische Auseinandersetzung hervorzurufen. Mosambik gab denn auch die Antwort. Die willkürliche Festlegung der zukünftigen Grenzen der afrikanischen „Nationen" durch die Kolonialisten, die die rassische und stammesmäßige Zersplitterung vergrößerten, und die örtliche Ausbeutung der Stammesloyalitäten wurden gleichzeitig angegriffen, um den Patriotismus in Übereinstimmung mit dem zwischen den Stämmen sich entwickelnden Proletarier-Bewußtsein zu bringen, wie sich dies am Beispiel der großen Opferbereitschaft des Volkes von Mosambik für die Befreiung Simbabwes zeigte[56]. Dies ist die afrikanische Antwort auf *eine* Ideologie – unter gleichzeitiger Ablehnung einer anderen. Dieser Vorgang wird normativ für die Zukunft sein, weil Afrika der bei weitem am meisten ausgebeutete Kontinent ist.

Auf diesem Hintergrund sollte die Rolle der Schriftreligionen neu bewertet werden. Natürlich gibt es nur zwei Konkurrenten im Bekehrungs-Wettlauf in Afrika: Islam und Christentum. Da die Regel des Spiels lautet: „Wer zuerst kommt, mahlt zuerst", wird eine Stammesgesellschaft, die sich schon einem der beiden Rivalen verschrieben hat, normalerweise dies nicht zugunsten des anderen rückgängig machen.

---

54 S. *Vieria,* Stages of Fundamental Changes, in: World Marxist Review, Januar 1981, 15–20.
55 Ebd. 15. Anders als Belgien, Frankreich oder England hat Portugal mit Ausnahme des letzten Jahrhunderts kein Kapital angesammelt, sondern es für aristokratisches Gepränge ausgegeben, so daß es nicht in der Lage gewesen wäre, die Metropole und die portugiesischen Siedler in den Kolonien zu unterhalten, wenn es ihnen nationale Unabhängigkeit gewährt hätte.
56 Ebd. 17.

Der Ort der nichtchristlichen Religionen und Kulturen ...

Deshalb können wir gegen Ende dieses Jahrhunderts, wenn Stammes-Afrika zwischen Islam und Christentum so ziemlich verteilt sein wird, eine von drei Möglichkeiten erwarten oder vielleicht sogar alle drei: eine verhängnisvolle Auseinandersetzung, einen defensiven Kompromiß oder eine mutige Zusammenarbeit zwischen den beiden Religionen. Die erste Möglichkeit ist *nicht* unwahrscheinlich, während die dritte geboten erscheint, vorausgesetzt, man weiß, auf welchen Gebieten eine Zusammenarbeit wünschenswert ist. Ich möchte jede dieser Möglichkeiten kurz kommentieren.

Warum eine Auseinandersetzung? Das Christentum der Kolonialherren, das immer noch die afrikanische Kirche beherrscht, ist institutionell wegen seiner Geschichte der Feindseligkeiten mit dem Islam in Europa und in den Missionsgebieten behindert[57]. Es ist in seiner Glaubwürdigkeit im Einsatz für die afrikanische Einheit im Vergleich mit dem Islam gedemütigt. Durch sein Zögern, seine kirchliche Loyalität aus dem ideologischen Griff der Länder seiner Herkunft zu befreien, ist es behindert. Auf dem Gebiet der Pastoral ist seine Freiheit eingeschränkt, weil es Befreiungskämpfe fürchtet. Wenn es nicht gänzlich sich ändern sollte, d. h. durch eine autonome einheimische Alternative ersetzt wird, dann wird es notwendigerweise dem Islam gegenüber über-defensiv sein, und möge Gott verhüten, daß es alle greifbare auswärtige Hilfe herbeiruft, um sich diesem Rivalen gegenüber zu stärken. Sind nicht Rhodesien und Südafrika Präzedenzfälle gewesen? Die andere Alternative könnte der „Dialog" sein – der Dialog von jener zweifelhaften Art, der gefördert und von verschiedenen ideologischen Blöcken sogar finanziert wird, ein gefährlicher Kompromiß, der die befreiende Schärfe beider Religionen abstumpfen würde.

Der gesunde Menschenverstand müßte es daher nahelegen, daß ein Klima geschaffen wird, um den religiösen Eifer beider Religionen einzuspannen zugunsten einer prophetischen Bewegung im Dienst an Gottes Armen durch eine sozio-politische Zusammenarbeit in einer gemeinsamen *Theopraxis der Befreiung.* Dies würde eine vorurteilsfreie christliche Bekanntschaft mit dem Islam zur Voraussetzung haben.

---

57 *G. H. Jansen,* a.a.O. Kapitel 3 und 4.

b) Der Islam im Iran

Die Christen sollten deshalb einen Schritt zurücktreten und die gewaltige Stellung des Islam zu ermessen suchen, der mit Selbstbewußtsein an den Toren der Dritten Welt steht, wo er die am meisten verbreitete religiöse Kraft, mit der zu rechnen ist, darstellt. Durch die Massenmedien wird den Christen weisgemacht, daß der Islam auch religiösen Fanatismus und Fundamentalismus erzeugt. Chomeini ist das offensichtliche Symbol, das ihnen da vorschwebt. Warum sollten wir also unsere Überlegungen nicht gerade auf den Iran konzentrieren und uns fragen, woher denn die Fanatiker kommen und wie eine Revolution geboren wird?

Eqbal Ahmed, ein pakistanischer Gelehrter, fordert uns auf, die letzten hundert Jahre der Geschichte zu durchforschen, um herauszufinden, daß die Khomeini-Episode die *achte* größere Auseinandersetzung ist, auf die sich die islamische Nation eingelassen hat, um ihre Souveränität gegen eine wirtschaftliche und militärische Ausbeutung durch den Westen zu verteidigen. Die religiösen Kleriker steckten mitten in diesem Kampf. Das Zugeständnis an Reuter (1872) und das Tabakabkommen an Major Talbot (1895) waren die ersten beiden westlichen Schachzüge. Der dritte Aufstand richtete sich 1905 gegen das Abkommen mit D'Arcy, das dem Westen die iranischen Ölvorkommen sicherte, mit der Zustimmung des Monarchen, wie in den anderen Fällen. Dieser Aufstand hatte Erfolg darin, daß es ihm gelang, eine moderne konstitutionelle Regierung 1906 zu schaffen, die bald darauf 1911 vom zaristischen Rußland und Großbritannien gestürzt wurde. Die Opposition gewann wieder an Kraft 1919 im Kampf gegen den englisch-persischen Vertrag von Lord Curzon, der den Iran faktisch zu einer englischen Kolonie gemacht hätte. Dieser vierte nationale Sieg hatte nur eine Lebenszeit von zwei Jahren. Denn die Engländer brachten einen Staatsstreich zustande, der 1921 von Reza Khan geleitet wurde. Auf diese Weise wurde die absolute Monarchie wieder errichtet mit Khan als Diktator, Vater des berüchtigten Ex-Schah!

Ahmed fügt hinzu, daß Reza Khan von der westlichen Presse gefeiert wurde, weil er „Modernisierung und Verwestlichung unter dem Schutz fremder Herrschaft" eingeleitet habe. Die Nationalisten warfen ihn 1941 aus dem Land, konnten ihre Herrschaft aber nicht konsolidieren, denn die Engländer führten eine Regentschaft ein, während der der zukünftige Schah unter kolonialer Bevormundung heranwuchs. Die Nationalisten unternahmen einen neuen Versuch

1950, und nach einem Kampf gelang es ihnen, neue Wahlen (nach der Verfassung von 1906) zu erzwingen, nach denen die Regierung Mossadek schließlich die Ölvorkommen des Iran verstaatlichte.

Dann begann Irans Alptraum: die CIA organisierte 1953 einen Staatsstreich gegen die Regierung Mossadek und setzte den Schah ein, den Tyrannen, der fast 200 000 Iraner umbringen ließ – unter ihnen Dichter und Schriftsteller. „Der Reichtum des Iran wurde geplündert, in den Westen verbracht und verbraucht." Die islamischen Massen kämpften nicht allein gegen den Schah. Sie kämpften auch gegen jene Großmacht, die den Schah zwang, für sie den Polizisten am Persischen Golf zu spielen, ihm für 19 Milliarden Dollar Waffen verkaufte und seine Unterdrückungspolitik bis in die letzten mörderischen Tage seines Regimes unterstützte[58].

Wer waren nun die Fanatiker? Wer waren die Befreier? Ist dies auch die Zukunft der ASEAN-Länder mit einer unruhigen Muslim-Mehrheit und die Pakistans, die alle in den Händen derselben Mächte sind, die den Zorn Irans hervorriefen? Was sollen wir von der sowjetischen Intervention in Afghanistan halten, die angesichts der kapitalistischen Aggression verständlich, aber nicht weniger verdammungswürdig ist? Der Islam *ist* ein Riese, und *kein* schlafender.

c) Der Hinduismus in Indien
Unser drittes Beispiel ist der Hinduismus – eine große Religion, die viele kleinere Religionen umfaßt, die selbst für den Fachmann, der sich jeweils nur auf einen kleinen Ausschnitt des Labyrinth konzentrieren kann, undurchschaubar bleibt. Wenn wir uns auf unsere besondere Perspektive – den revolutionären Antrieb in den Religionen – beschränken, dann können wir doch zutreffende Feststellungen machen, die die oben gemachten Aussagen belegen.

Zunächst kann der Hinduismus verstanden werden als eine metakosmische Heilslehre, die sich um die heiligen Texte der geoffenbarten und erläuterten Wahrheit (*Śruti* und *Smrti*) rankt. Innerhalb dieser orthodoxen Tradition nahm die indische Renaissance als eine Reformbewegung ihren Anfang, angeregt durch die Herausforderung der westlichen Christenheit. Ungeachtet ihrer sozialen Einflüsse und theologischen Aufbrüche (einschließlich der Entdeckung des gnostischen

---

58 Zitiert nach einer mir zugänglich gemachten Mitschrift eines Vortrags von *Eqbal Ahmed*, den er am 20. 1. 1980 in der Riverside-Kirche in New York gehalten hat.

Christus, auf die wir uns im ersten Teil bezogen), hörte diese Bewegung nicht auf, elitär zu sein.

Nach einer soziologischen Untersuchung haben die Ableger dieser Bewegung sich zu frommen Sekten gewandelt, während andere im Norden und Westen Indiens dem politischen Rechtsextremismus und fremdenfeindlichen Chauvinismus sich ergeben haben. Auch die Gottmenschen-Kulte erscheinen als ein apolitisches Phänomen der Mittelklasse und unterscheiden sich sehr von den mittelalterlichen Erlöser-Kulten, die „befreiend" waren. Vielleicht in einer Reaktion auf den Ansturm der Verstädterung zeigen diese neuen Kulte eine deutliche Abweichung von der klassischen Sorge um Befreiung, indem sie sich nur um Sinngebung bemühen, wie dies in den reichen Gesellschaften anderswo der Fall ist[59]. Hinzu kommt, daß das am meisten brennende Problem der Kastendiskriminierung – eine sozioökonomische Versklavung, die von der brahmanischen Orthodoxie „religiös" erzwungen wird – in diesen Reformbewegungen nicht direkt angegangen wird.

Um den Übergang von der Reform zur Revolution beobachten zu können, muß man sich von dem orthodoxen Zentrum des brahmanischen Hinduismus wegwenden. Die Bhakti-Bewegung, die *Dalit Sāhitya* („Schriften der Unterdrückten") und die Stammesrevolten repräsentieren drei Stufen dieser zentrifugalen Tendenz.

Die Bhakti-Bewegung – anfanghaft eine volkstümliche Richtung am Rand des Brahmanismus – „ist die schöpferischste des indischen Geistes", die „verschiedene soziale und politische Revolten ... von der Schivaji-Rebellion im 17. Jahrhundert bis zur Bewegung Mahatma Gandhis im 20. Jahrhundert"[60] inspiriert hat. Eine vergleichende Studie zweier derartiger Bewegungen in Maharaschtra[61] ist hilfreich, die einzelnen Bestandteile einer *religiösen* Revolte gegen Kasten- und Geschlechterdiskriminierung deutlich zu machen. Die erste ist die Mahānubhāva-Bewegung, die von Chakradhar (1194–1276) begründet wurde, der in seiner rücksichtslosen Verdammung der brahmanischen Orthodoxie nicht einmal die vedischen Schriften aussparte. Die Brüderlichkeit, die sie förderte, bot sowohl den *śūdras* als auch den

---

59 Vgl. *M. Chatterjee,* The Concept of Multiple Allegiance. A Hypothesis Concerning the Contemporary Indian Spectrum, in: Man in India 56 (1976) 123–133.
60 *Balachandra Nemade,* The Revolt of the Underprivileged, in: Journal of Asian and African Studies 15 (1980) 113.
61 Ebd. 113–123.

Frauen Gleichheit der sozialen Stellung. Chakradhar wurde natürlich dafür umgebracht. Doch die Bewegung (erst kürzlich wieder erneuert) konnte keine öffentliche Unterstützung finden, da sie konservativ-monastisch und verhältnismäßig weit entfernt von den Kämpfen an der Basis war. Ihre Botschaft litt auch darunter, daß sie auf die Weitergabe durch das geschriebene Wort beschränkt war, ein Medium, das den analphabetischen Massen vollkommen unzugänglich ist.

Vergleichen wir dies mit der Warkari-Bewegung, die weiter verbreitet war, tiefere Wurzeln geschlagen hat und im Untergrund Verfolgung überdauerte. Der Grund liegt darin, daß es sich um eine Laien-Initiative handelte mit einer Basis im Volk und wirklich eine Bewegung der Unterdrückten darstellte, der Kasten der Unberührbaren. Sie brachte eine Reihe von revolutionären Dichter-Heiligen hervor, von denen viele gemartert wurden: in der Tat ein Gegenstück zu den hebräischen Propheten. Im religiösen Ethos Indiens hat ein Reformer wenig Aussichten, die Massen zu begeistern, wenn er nicht ein Dichter und Heiliger ist. Das andere Geheimnis des Erfolges, wie das Beispiel der Warkari-Bewegung deutlich zeigt, liegt im Gebrauch des gesprochenen Wortes als Medium, um die Botschaft zu vermitteln, weil dies eine persönliche Begegnung zwischen den sich gegenseitig inspirierenden Mittlern des sozialen Wandels mit sich bringt, zwischen den leidenden Massen und dem Dichter-Heiligen. Eine umfassende Produktion von mündlicher Literatur und der ausgiebige Gebrauch von Gesang und Tanz stellten ein ständig andauerndes Programm der „Bewußtmachung" sicher. Es wurde daher niemals versteinert in einen geschriebenen Text, sondern blieb lebendig fließend mit dem Fluß der Zeit. Selbst die heiligen Texte der Alten, wann immer auf sie in den Freiheitsliedern angespielt wurde, gingen durch einen schöpferischen Prozeß volkstümlicher Auslegung. Auch in ihren späteren Begegnungen mit dem Islam und dem Christentum zeigten sie den Geist einer menschlichen Ökumenizität.

Auf der anderen Seite nehmen die *Dalit Sahitya* – die „Schriften der Armen" –, die jetzt zwei Jahrzehnte im Umlauf sind, ihre ideologische Ausrichtung von der eben erwähnten Bhakti-Bewegung, deren geschichtliche Weiterführung sie sind[62]. Die größere Offenheit gegenüber anderen revolutionären Ideologien hat dieser Bewegung

---

62 Vgl. *Jayashree B. Gokhale-Turner,* Bhakti or Vidroha: Continuity and Change in Dalit Sahitya, in: Journal of Asian and African Studies 15 (1980) 29–42.

Zähne gegeben und sie zu mehr werden lassen als nur Gewissen innerhalb der Volksfrömmigkeit zu sein. Marx, Lenin, Mao, Che, Ho Chi Minh und Martin Luther King spielen in diesen Schriften eine große Rolle: die Daliten wissen sich selbst mit den Befreiungskämpfen aller Unterdrückten dieser Welt verbunden. Von der Offenheit gegenüber allem, das in den anderen Religionen befreiend ist, ist eine neue Offenheit gegenüber anderen weltlichen Ideologien gewachsen. Daher hat sich die Bhakti-Bewegung ideologisch gebrauchen lassen, das unterdrückende religiöse System zu zerstören, in dem es immer noch seine Wurzeln hat[63].

Indem wir so zur Stammesbevölkerung Indiens kommen, haben wir uns nicht nur an den Rand der brahmanischen Religiosität bewegt, sondern sind zu einem *anderen* religiösen System *außerhalb* seiner gelangt. Hier begegnen wir ohne Zweifel dem prä-kapitalistischen Sozialismus wieder, im Gegensatz zum Feudalismus der monastischen Religionen (z. B. des Buddhismus) und der theokratischen Religionen (z. B. des Brahmanismus). Doch wie in Afrika, so dringen noch mehr in Indien feudalistische Tendenzen in die Stammesgesellschaften ein[64]. Es wird gesagt, daß, obwohl die Frau in der Stammesgesellschaft und den geschlossenen Kasten oft Gleichheit mit dem Mann hat wegen ihrer relativen ökonomischen Unabhängigkeit, die Übernahme von Hindu-Werten dahin führt, den gesellschaftlichen Rang der Harijan-Frau zu reduzieren[65].

Überall, wo eine Stammesgesellschaft besteht, ist sie egalitär, frei von Kaste oder Klasse, da sie auf einem *religiösen Sozialismus* aufbaut und unbeeinflußt ist von den puritanischen Sittenvorstellungen, die so typisch für die Schriftreligionen sind, aber bereit, Gegengewalt zu brauchen, wenn die Verteidigung der Gemeinschaft es erfordert. Kein Wunder, wie Gail Omvedt dokumentiert, daß die Stammesgesellschaften als ganzes sich einer Geschichte von nationalistischen Kämpfen und Klassenkämpfen überall in Asien unter Einschluß Indiens rühmen können, ganz zu schweigen von den Robin Hoods, die reiche

---

63 Ebd. 37 ff.
64 Vgl. als Fallbeispiel zur Feudalisierung von Stammesgesellschaften: *Jaganath Pathy*, Political Economoy of Kandha Land, in: Man in India 56 (1976) 1–36.
65 *K. D. Gangrade*, Social Mobility in India: A Study of Depressed Classes, in: Man in India 55 (1975), 258, 278.

Landherren unter dem Beifall der armen indischen Dorfbewohner berauben[66].

d) Der Buddhismus in China
Beschließen möchte ich diesen Überblick mit einer ausführlichen Bemerkung zum Buddhismus, der eine all-asiatische Religion ist und eine Stellung innehat in Asien, die der des Islam in der Dritten Welt entspricht.

Es ist allgemein bekannt, daß die buddhistischen Schriften einen radikalen sozialen Wandel verlangen, dem bewaffneten Kampf aber keinen Rückhalt geben, auch wenn naive Theorien über „rechtmäßiges Töten" im Laufe der buddhistischen Geschichte entwickelt worden sind[67]. Aber, was in den Schriften fehlt, wird durch die Tradition in reichem Maße wettgemacht. Da hat selbst der orthodoxe Buddhismus eine Theorie und Praxis der Rebellion auf der Habenseite. Einige Wissenschaftler haben festgestellt, daß nur dann, wenn der Buddhismus als Religion mitten im politischen Chaos herausgefordert ist, die Mönche sich mit Unterstützung der Laien an die Spitze stellen, wie dies in Thailand geschieht[68].

Aber was sollen wir über das Wiederaufleben des Buddhismus in Burma sagen, das einen messianisch-politischen Charakter hatte? Ursprünglich richtete es sich gegen die Könige Burmas, später gegen ihre britischen Nachfolger. Zwischen 1838 und 1928 muß es über zwanzig Aufstände gegeben haben, die alle durch den Maitreya-Kult inspiriert waren, der eschatologischen Erwartung einer gerechten sozialen Ordnung, die zusammen mit der Erscheinung des Maitreya, des zukünftigen Buddha, zustande kommen sollte. Es ist ein Glaube, der in der Schrift begründet ist. Es sollte auch beachtet werden, daß diese Welle der buddhistischen Erhebungen auch die spätere Unabhängigkeitsbewegung hervorbrachte, mit deren Hilfe U Nu, anfangs ein Philo-Marxist, sein gescheitertes Experiment eines „buddhistischen

---

66 Vgl. *G. Omvedt,* Adivasis and Modes of Production in India, in: Bulletin of Concerned Asian Scholars 12 (1980) 15–22. Vgl. auch *Gautama Bhadra,* The Kuki Uprising (1917–1919): Its Causes and Nature, in: Man in India 55 (1975) 10–58.
67 Vgl. *P. Demiéville,* Le bouddhisme et la guerre, in: Mélange (Paris) 1 (1957) 375–384.
68 Vgl. *C. F. Keyes,* Political Crisis and Militant Buddhism in Contemporary Thailand, in: *Bardwel Smith* (Hrsg.), Religion and Legitimation of Power in Thailand, Laos and Burma (Chambersbury 1978) 160.

Sozialismus" unternahm[69]. Sri Lanka und Indochina haben ähnliche Versuche gemacht. Die Geschichte Vietnams der Li-Dynastie und der Begriff des „Kaiser-Mönch" spiegelt einen militanten politischen Buddhismus wider, der heute nicht weniger virulent ist.

Es ist nicht verwunderlich, daß die revolutionäre Praxis am Rande der buddhistischen Institution einen größeren Radikalismus zeigt. China bietet uns eine Reihe überzeugender Beispiele[70], unter denen ich hier eine zufällige Auswahl treffe. Von etwa 402 n. Chr. an gab es 10 bewaffnete, von Mönchen organisierte Aufstände, die 515 n. Chr. ihren Höhepunkt mit der Erhebung von Fa-K'ing fanden, einem revolutionären Mönch, der wie viele seiner Art mit einer Nonne verheiratet war. Diese monastischen Rebellionen richteten sich sowohl gegen den Staat wie auch gegen das offizielle religiöse Establishment. Danach hat es viele messianische Sekten gegeben, die einen Rückhalt im Volk hatten und die deutlich den Einfluß der kosmischen Religiosität auf die metakosmische zeigen. Eine solche war die Maitreya-Sekte, die 610 n. Chr. gegründet wurde von einem buddhistischen Mönch, der sich selbst zum Kaiser erklärte. Diese Sekte hatte in ihre Glaubenslehre den Kult des Buddha Amitābha und das Verlangen nach Wiedergeburt in seinem Himmel, bekannt als das westliche Paradies, aufgenommen. Die Anhänger dieser Sekte behaupteten, daß dieses Paradies hier und jetzt auf dieser Erde geschaffen werden sollte und nicht in einer entfernten Zukunft. Sie wollten ein Buddha-Land, einen Staat des Friedens und der Gleichheit in dieser Existenz schaffen. Diese Sekte hat ihre Spuren in der ganzen Zeitspanne vom 7. bis zum 16. Jahrhundert hinterlassen.

Die „Sekte der Weißen Wolke" (zwischen 1108 und 1300) und die „Lo-Sekte" (1505–1956) waren zwei weitere Beispiele dieser Richtung. Die bedeutendste ist vielleicht die „Weiße-Lotus-Sekte" (Pai-Lien Ts'ai, 1133–1813), von der ein Zweig unter dem Namen „I-Kuam-Tao" noch bis 1956 bestanden hat und vom Mao-Regime verfolgt wurde. Ihr Gründer war Mao-Tzu Yuan (1086–1166), der von Frauen und verheirateten Mönchen unterstützt wurde, eine Tatsache, die den Zorn des orthodoxen *samgha* hervorrief. Aber diese Bewegungen erfuhren lange

---

69 Vgl. für eine ausgezeichnete Behandlung dieser Geschichte E. *Sarkisyanz*, The Buddhist Backgrounds of the Burmese Revolution (Den Haag 1965).
70 Vgl. *Demiéville*, a.a.O. 357–368. Ebenfalls : *D. L. Overmyer*, Folk-Buddhist Religion: Creation and Eschatology in Medieval China, in: History of Religions 12 (1972) 42–70.

eine gewisse Unterstützung durch das Volk. Mao-Tzu Yuan wurde ins Exil geschickt und die Bewegung mehrere Male verboten, bis sie erneut von Kaiser Jen T'sing (1312–1321) anerkannt wurde. Unter ihren vielen Revolutionen war die erfolgreichste die des Jahres 1351 unter der Leitung von Han-Shan T'ung, der sich selber Buddha Maitreya nannte. Dieser Revolution gelang es, die Mongolenherrschaft zu zerstören und eine neue Dynastie zu begründen – die Ming-Dynastie. Ihr erster Kaiser war Chu-Yuang Chang, ein ehemaliger buddhistischer Novize und früherer Offizier der Weißen-Lotus-Armee. Die Ironie liegt natürlich darin, daß er später ein Gegner des Buddhismus wurde. Diese Bewegung wurde 1813 wieder zerstört. 1911 wurde der Bann aufgehoben, und ein Zweig war dann, wie schon erwähnt, noch bis 1956 aktiv.

Nach marxistischen Grundsätzen handelt es sich natürlich nicht um wirkliche Revolutionen; man kann sie bestenfalls Rebellionen nennen. Aber sie zeigen, wie Buddhisten auf die revolutionären Stimmungen und Vorstellungen ihrer Zeit haben antworten können. In den genannten Fällen war die buddhistische messianische Interpretation der Schrift und die Rechtfertigung der „Revolution" aus der Schrift eine Antwort auf eine zeitgenössische Ideologie, die aus den taoistischen geheimen Gesellschaften stammte und den wahren Herrscher erwartete, der seinen Gläubigen den großen Frieden bringen würde, und zugleich eine Antwort auf die Erwartung des „Erleuchteten Kaisers" durch die Konfuzianer. Was ich hier unterstreichen möchte, ist die Tatsache, daß die Buddhisten in einer bestimmten geschichtlichen Situation unter dem Einfluß von nichtbuddhistischen Ideologien und Bewegungen ihre schriftlichen Quellen neu interpretieren können, um schöpferisch auf ein augenblickliches Bedürfnis zu reagieren, selbst wenn dies eine Revolution mit Folgen bedeutet. Diese Geschichte setzt sich bis auf den heutigen Tag im chinesischen Buddhismus fort.

3. Religion und Revolution in einer Dritte-Welt-Theologie
Bei unserem Überblick über den weiten Bereich von nichtchristlichen Kulturen in der Dritten Welt haben wir nur vier Bereiche herausgegriffen: die afrikanische Religiosität (die der von Ozeanien ähnelt), den vorderasiatischen Islam, den südasiatischen Hinduismus und den ostasiatischen Buddhismus. Wenn auch in keiner Weise erschöpfend, so erläutern diese vier Beispiele doch einige der wichtigsten Formen

der Religiosität in der Dritten Welt und berechtigen uns zu den folgenden drei Schlußfolgerungen.

a) Außerhalb des Bereichs des semitischen Monotheismus gibt es vielleicht nur eine Form der Religiosität (und zwar eine Form des Hinduismus), die die Eine Letzte Wirklichkeit als persönliches Wesen ansieht, das den Kosmos ins Leben ruft und zu einer persönlichen erlösenden Begegnung mit Ihm/Ihr selbst einlädt. Ein Gott, der der eine persönliche absolute Schöpfer-Erlöser der Welt und der Menschheit ist, wird also weder allgemein angenommen noch allgemein verneint. Die Religiosität – besonders in Asien – ist zum größeren Teil meta-theistisch oder zumindest nicht-theistisch, falls nicht sogar manchmal ausdrücklich atheistisch. Die allgemeine Stoßrichtung bleibt jedoch *erlösungsbetont,* das Anliegen der meisten Religionen ist die *Befreiung* (vimukti, moksa, nirvāna) eher als die Spekulation über einen hypothetischen Befreier. Viele metakosmische Religionen weisen auf eine Zukunft, die erreichbar ist als der gegenwärtige Augenblick einer totalen menschlichen Emanzipation, wobei der Akzent auf einem meta-personalen Jenseits, wenn nicht auf einem „unpersönlichen", aber transphänomenalen „Es" (Tao, Dharma, Tathatā, Brahman, Nirvāna usw.) liegt. Die kosmischen Religionen auf der anderen Seite schauen auf zu vielen Göttern und geistigen Kräften, die das Spektrum einer komplexen Einheit des Seins darstellen und das Gesamt der menschlichen und kosmischen Existenz einschließen. Selbst dort, wo die beiden Formen der Religion – die kosmische und die metakosmische – verschmelzen, ist das Gesamtergebnis nicht eine einfache Entsprechung des biblischen Monotheismus.

Deshalb ist Theologie als Reden von Gott oder Gottes Reden nicht notwendig der allgemein gültige Ausgangspunkt, das direkte Objekt oder die einzige Basis einer inter-religiösen Zusammenarbeit in der Dritten Welt. Befreiung dagegen ist es. Die Erlösungslehre ist die Grundlage der Theologie. Es ist bedauerlich, daß die gegenwärtigen Theologien der Religion (die Christus *gegen* die Religionen stellen oder ihm einen Platz in ihnen zuweisen) jeder Dritte-Welt-Perspektive entbehren, weil sie aus dem textlichen Niederschlag der nichtchristlichen Religiosität schöpfen und die historische Tatsache negieren, daß die mikro-ethische Sorge einer Religion für die Selbstreinigung von Individuen („kulturelle Revolution") oft auf den makro-ethischen Sektor der sozio-politischen Katharsis („strukturelle Revolution") übertragen wird; dies gilt selbst für jene Religionen, die akademisch als „weltverneinend" oder „weltflüchtig" abgestempelt werden. Genausowenig werden die vielen explosiven Befreiungsmythen gesehen, die in ihren symbolischen Verfremdungen von Tanz und Drama, Lied und Ritual, Parabel und Poesie die Samen der Revolution in den Herzen des Volkes bewahren. Sollte daher nicht eine Dritte-Welt-Theologie der Religionen notwendigerweise auch eine einheitliche Sicht von Religion und Revolution haben?

Ich schlage vor, den religiösen Instinkt zu definieren als ein revolutionäres Verlangen, einen psycho-sozialen Anstoß, eine neue Menschheit zu schaffen. Er ist nichts anderes als der durchdringende Schub der Evolution in ihrem selbstbewußten Stadium, die menschliche Version des Durstes der Natur nach höheren Formen des Lebens. Das religiöse Suchen ist mit anderen Worten der unwiderstehliche Drang, das zu *humanisieren,* was nur *hominisiert* wurde. Wie es in der Biosphäre vorkommt, daß etwas in einer Sackgasse endet, so kann auch in der *Noosphäre* dieser evolutionäre Aufschwung abschlaffen in regressive Stadien der Trägheit. Die Revolution kann reaktionär und die Religion areligiös werden. Aber die Grundlage einer Dritte-Welt-Theologie der Religionen bleibt unerschütterlich, daß es dieser revolutionäre Anstoß ist, der das Wesen des *homo religiosus* konstituiert und daher auch definiert.

Diese vereinigende Sicht von Revolution, Religion und kosmischer Evolution verleiht dem Verständnis von Technologie und den damit verbundenen Begriffen „Fortschritt" und „Modernisierung" eine Dritte-Welt-Dimension und erhebt damit die ganze Debatte über die Inkulturation auf eine andere Ebene.

b) Technologie ist die unmittelbare und unausweichliche Folge der Noogenese oder der Hominisation. Der menschliche Verstand verlangt, sobald er aus der Biosphäre entsteht, sensitivere Organe der Wahrnehmung (Sinne) und effektivere Mittel der Fortbewegung (Glieder), die der Körper physiologisch nicht bereitstellt. Denn der Verstand ist in der Lage, das Gehirn, die Sinne und die Glieder des Körpers auszudehnen, indem er die äußere Materie organisiert zu sensibilisierten und mechanisierten Werkzeugen von Erkenntnis und Aktion. Technologie ist sicher die Kunst *(technē)* der Ausdehnung der menschlichen Gegenwart und Aktivität in Raum und Zeit, um bewußt und wissentlich die psychosoziale Evolution der Menschheit fortzuführen. Da sie jedoch die natürliche Begleitform der Hominisierung ist, kann sie den Einfluß der Humanisierung, der aus dem revolutionären Wachsen der Religiosität hervorgeht, annehmen oder ablehnen. Hier möchte ich mit einigen Erläuterungen den Begriff der Technologie, den ich schon einmal bei einer Begegnung der EATWOT vorgeschlagen habe, noch einmal wiederholen: „Technologie ist ein [menschlich] ausgelöster kosmischer Prozeß, der eine bewußte [d. h. selbst-reflektierte] Fortsetzung der [untermenschlichen] biologischen Evolution darstellt und der wie die letztere (d. h. wie die biologische Evolution) vermenschlicht [d. h. befreiend] wird nur durch seine meta-kosmische Ausrichtung [d. h. durch den revolutionären Schub der Religion auf immer höhere Ebenen der menschlichen Existenz]."[71]

Wenn daher das Gesetz der Evolution im Buch der Natur den revolutionären Imperativ vorgeschrieben hat, die Technologie durch die Revolution zu humanisieren, dann ist eine enthumanisierte Technokratie in der Tat eine Umkehrung der evolutionären Richtung, ein kosmologisches Unglück, eine areligiöse Un-Entwicklung, auch wenn sie in unseren Ländern plump als „internationale Kultur", als Modernisierung und Fortschritt, wenn nicht sogar als Prä-Evangelisierung angepriesen wird.

Was die Technologie enthumanisiert, ist die Sünde der Profitsucht, die in eine sozio-ökonomische Ordnung menschlicher Beziehungen organisiert ist, eine verdrehte Kosmologie, die unweigerlich das hervorbringt, was Marx den „Antagonismus zwischen Mensch und Natur" nennt. In diesem System entfremdet die Technologie ihren untrennbaren menschlichen Partner, dessen kosmische Ausdehnung sie sein sollte. Sie entweiht die *kosmische Religiosität* der bäuerlichen Massen mit der Übertragung der biosphärischen Verschmutzung aus den industrialisierten Ländern in die Dritte Welt und mit ihrer erworbenen (nicht eingebauten) Neigung, die Natur zu verschleudern, um Waffen des kosmischen Holocaust herzustellen[72]. Sie verbiegt die meta-kosmische Ausrichtung der Natur und Kultur durch einen Säkularismus, der das „Jenseits" durch das „Jetzt" verfinstert und konsequent im Menschenherzen eine pathologische Besessenheit mit kosmischen Bedürfnissen oder eine „Konsum-Mentalität" hervorruft, wie man sie in den Kulturen kennt, die sie zuerst hervorgebracht haben. Dann *muß* wirkliche Modernisierung und Fortschritt den Umsturz

---

71   A. Pieris, Auf dem Wege zu einer asiatischen Theologie der Befreiung: in diesem Band, S. 149.
72   Vgl. K. Zaradov, The Environmental Movement and the Communists. The Political Class Approach, in: World Marxist Review 24 (1981) 50–53.

dieses repressiven, aber allgegenwärtigen Systems beinhalten zugunsten einer neuen Ordnung der menschlichen Beziehung[73], in der die Technologie nicht so sehr die Natur „kontrolliert", sondern vielmehr mit deren angeborenem Durst nach Humanisierung, das heißt mit den revolutionären Impulsen der Religion selber, „harmoniert".

Sexismus, ein sensitives Problem in den meisten Religionen, kann in unserer Abhandlung über die Technologie und Zivilisation nicht fehlen, denn es besteht eine innige Übereinstimmung zwischen der anthropokosmischen Harmonie, die wir hier vertreten, und der androgynen Gegenseitigkeit, die sie voraussetzt. Wenn die Natur ein ausschließlich feminines Symbol ist und wenn das metakosmische Jenseits, das die erlösende Erfüllung der kosmischen Prozesse ist, eine maskuline Maske trägt, dann ist natürlich das religiöse Unterfangen, die Natur zu humanisieren, die Technologie zu zivilisieren und das Menschliche zu vergöttlichen, notwendigerweise die maskuline Absorbierung des Weiblichen. Die Frauen werden das letzte sein, was der Mann zivilisiert, sagt George Meredith mit Verachtung; aber dies gilt auch andersherum, korrigiert Theodore Reik[74].

Die Aufgabe, die Natur zu hominisieren, die sowohl männlich als auch weiblich ist, gründet sich auf die sich gegenseitig ergänzende Tätigkeit von Mann und Frau, die einander zivilisieren. In diesem Punkt ist der revolutionäre Impuls aller Religionen – mit Ausnahme der Religion *einiger* Stammesgesellschaften und *eines* winzigen Zweiges des Hinduismus – rücksichtslos gedrosselt. Der Sexismus weist auf einen unzivilisierten Bereich in der Religion hin. Die neue kosmologische Ordnung, welche die Dritte Welt verlangt, beinhaltet ungehinderte Teilhabe der Frau an der Religion und der Revolution.

c) Inkulturation, jenes unglückliche Wort, das im Westen geprägt wurde und an die eingeschränkte Sicht der Religion erinnert, die durch die Theologie, durch die Anthropologie und marxistische Ideologie läuft, hat glücklicherweise im gegenwärtigen Gebrauch die Bedeutung erhalten: die christliche Suche nach Sinnerfüllung innerhalb des *religiösen* Ethos der nichtchristlichen Kulturen. Das bringt uns dazu, es in die Rubrik des „Christus-der-Religionen" einzureihen. In diesem Fall muß jedoch gefragt werden: in welchen Strom der nichtchristlichen Religiosität möchte das Christentum denn eintreten,

---

73 Vgl. *Z. S. Chertina*, a.a.O. (Anm. 28) 69.
74 *T. Reik,* Of Love and Lust (New York/Toronto 1967) 470.

den reaktionären oder den revolutionären? Oder anders, auf welcher Stufe, auf der mikro-ethischen Stufe der Liturgie und des Mystizismus allein oder auch auf der makro-ethischen Stufe der sozio-politischen Gerechtigkeit? Um den Verdacht der Befreiungstheologen auszuräumen, den sie im Hinblick auf die Inkulturation hegen, muß noch eine brennende Frage gestellt werden: Welche Form der Christenheit will denn inkulturiert werden, die eine, die eingerahmt ist in eine Kosmologie, die von der Dritten Welt verworfen wird, oder jene, die sich herleitet von einer Dritte-Welt-Auslegung des Evangeliums?

Eine Dritte-Welt-Auslegung belebt das christliche Kerygma, indem es die drei Schlüsselworte, um die es sich dreht, mit neuer Kraft erfüllt, nachdem sie durch ideologischen Mißbrauch ihre Kraft verloren haben: *Basileia* (die neue Ordnung), *Metanoia* (innere Bekehrung zu jener Ordnung) und *Martyrion* (offenes Bekenntnis zu ihr).

In Treue zu unseren nichtchristlichen religiösen Traditionen können wir die neue Ordnung weder beschreiben noch definieren, wir kämpfen aber mutig um sie auf der *via negativa*, indem wir die gegenwärtige Ordnung nicht nur in der Theorie und Analyse verneinen, sondern indem wir uns tatsächlich daran machen, sie umzustoßen. Die Zukunft, die das Gegenwärtige in Frage stellt, bleibt immer das „Unnennbare" oder zumindest die „nichtgenannte Voraussetzung" für jede wirkliche Revolution. Denn die unmittelbare Begegnung mit der letzten Wirklichkeit – das Herz der Mystik – fällt fast zusammen mit der zutiefst verändernden Erfahrung der gegenwärtigen Un-Wirklichkeit. Die heilswirkende Wahrheit beginnt mit dem Aufdecken der Täuschung. Sein scheint auf in den tiefsten Tiefen des Nichtsein. Brahman-Ātman wird erreicht im Durchstoß durch Māya. Nirvāna findet seinen Höhepunkt in der Pilgerschaft des Samsara. Leben ist der Durchgang durch Tod. Gnade quillt über, wo die Sünde überwiegt. Die Revolution wird geboren aus der Knechtschaft. Yahwe wohnt bei den Anawîm. Gottes rettende Macht bricht aus den versklavten Armen dieser Erde hervor.

Können wir das eine berühren, ohne von dem anderen berührt zu sein? Nur das Opfer der gegenwärtigen Ordnung ist berechtigt, ihr Richter zu sein, und autorisiert, die „unmittelbare Zukunft zu verkünden" – das ist es, was Kerygma bedeutet. *Metanoia* ist dann der Aufruhr des Herzens und der Wandel der Lebensführung, den solche Mystik bewirkt. Es ist das religiös motivierte Verlangen und die Entscheidung, der neuen Menschheit entgegenzugehen: eine „kulturelle

Revolution" in den Worten jener, die gegenüber dem Wort „religiöse Bekehrung" allergisch sind. *Martyrion* ist das gleichzeitige Wachsen eines gemeinschaftlichen Zeugnisses in den Gemeinden der Bekehrten, die eine personalisierte Vorwegnahme und sichtbare Garantie der neuen Ordnung sind. Gleich wie der höchste Martyrer, Jesus, sind sie die Opfer-Richter des bestehenden Systems und das Vorbild für die Zukunft, die sie ansagen. Diese anfangende „strukturelle Revolution" ist als die Kirche bekannt – die die gute Nachricht für die Armen darstellt, weil die von Geburt Armen und die freiwillig Armen sie konstituieren.

Solche Basisgemeinschaften entstehen jetzt überall in der Dritten Welt. Sie sind nicht der „internationalen Kultur" der institutionellen Kirche untergeordnet, sondern werden geformt durch die örtliche Religiosität der Armen. Echte Inkulturation ist die Frucht dieser ekklesiologischen Revolution, niemals ihr Same, wie an anderer Stelle schon gesagt[75].

Von hier aus ergibt sich die betretene Frage: Ist nicht der Dritte-Welt-Theologe derselben Versuchung ausgesetzt, der auch die westlichen und verwestlichten Anthropologen in ihren Forschungen über die „primitiven Kulturen" zum Opfer gefallen sind? Diese Anthropologen werden eines „apokalyptischen" Größenwahns beschuldigt, weil sie den Anspruch auf eine geheime Macht erheben, durch die sie diese Kulturen „einfühlsam" mit Hilfe „von Beobachtung durch Teilhabe" kennen und daher die Autorität besitzen, sie dem unwissenden Westen zu vermitteln[76].

Die Begeisterung der Inkulturationstheologen für eine Kultur, der sie entfremdet sind, und die Verteidigung der Armen durch die Befreiungstheologen gegen jene, an deren Kultur sie fröhlich teilhaben, weist auf einen gefährlichen Trend in der Dritte-Welt-Theologie hin. Sollte nicht Theologie die Ausfaltung der Theopraxis jener *Ekklesiolae* sein, die sich die revolutionäre Religiosität der Dritten Welt zu eigen gemacht haben? Sollte nicht das Aufschreiben dieser Theologie späteren Redaktoren überlassen bleiben? Sind nicht alle Heiligen Schriften auf diese Weise entstanden? Wäre dies nicht die Art und Weise, Dritte-Welt-Theologie zu betreiben?

---

75 Vgl. *A. Pieris,* Asiens nichtsemitische Religionen und die Mission der Ortskirchen, in diesem Band S. 55–78.
76 Vgl. *E. T. Jacob-Pandian,* a.a.O. (Anm. 36).

Francis X. D'Sa

Das endzeitliche Pfingstfest und der endgültige Mokscha

Francis X. D'Sa wurde 1936 im südindischen Bundesstaat Karnataka geboren. Nach einem Studium der Philosophie in Poona (Indien), der katholischen Theologie in Innsbruck und der indischen Philosophie in Wien promovierte der Jesuit D'Sa 1973 mit einer Arbeit über indische Sprachphilosophie. Im gleichen Jahr gründete er das „Institute for the Study of Religion" in Poona. Ein Schwerpunkt des Instituts liegt in der Bearbeitung interreligiöser und interkultureller Fragestellungen. Außerdem lehrt Prof. D'Sa „Indische Religionen" und „Theologie der Religionen" an der dortigen katholischen Hochschule. Seit 1975 nahm er mehrere Gastprofessuren in Deutschland, Österreich und der Schweiz wahr. Daneben engagiert er sich seit Jahrzehnten für sozial benachteiligte Gruppen in Indien.

D'Sa ist derzeit einer der einflussreichsten Theologen Indiens. Geprägt von der Vielfalt indischer und europäischer Kultur sowie christlicher und hinduistischer Religion, versucht er diese unterschiedlichen Perspektiven miteinander ins Gespräch zu bringen. Denn für das Überleben einer Kultur werde in Zukunft ihre Dialogfähigkeit entscheidend sein. Die interkulturelle Kommunikation sei auch deswegen notwendig, weil sie eine zu einseitige Ausrichtung einer Tradition berichtigen könne. So fehle dem Christentum eine ganzheitlichere Sichtweise, während die indische Tradition (der Dharma) zu sehr auf den Kosmos und zu wenig auf den einzelnen Menschen bezogen sei.

Der vorliegende Text ist 1987 nach einer Gastprofessur D'Sas an der Universität Frankfurt entstanden. Er fragt hier nach dem Wesenskern des Christentums und des Hinduismus und ihrem Verhältnis zueinander. Der Weg zur Verständigung führt für ihn dabei über den „dialogischen" Dialog. Dieser hat den Austausch über eigene Glaubenserfahrungen und den Versuch, die Wahrheit des anderen zu verstehen, zum Ziel. Die Verwechslung der Glaubenssätze mit dem Inhalt des Glaubens verhindere dagegen eine echte Begegnung. An dieser Stelle verweist D'Sa auf die Hermeneutik: Christliche wie hinduistische Glaubenssätze müssten neu und aufeinander bezogen wahrgenommen werden. Mit der Praxis der wortwörtlichen Auslegung sei zu brechen, da sonst „aus dem Heilsweg ein Holzweg" werde.

Martina Ulm

Das endzeitliche Pfingstfest und der endgültige Mokscha

Unsere Überlegungen begannen mit der Frage nach dem Verhältnis von christlicher Religion und indischem Dharma. In der Gegenüberstellung entdeckten wir einerseits ein anthropozentrisches und andererseits ein kosmozentrisches Weltbild als Hintergrund. Diese Unterscheidung half uns auch, die Eigenarten des Gottesbildes, des Dreieinen Gottes und des All-Ganzen, des Gebetes und der Meditation zu verdeutlichen. Aus der jeweiligen Eigenart der Religion und des Weltbildes wurde dann auch der unterschiedliche Stellenwert der Offenbarung in der inspirierten Schrift und der exspirierten Schruti deutlich.

Am Ende dieser Überlegungen stehen vier Fragen, denen wir im einzelnen nachgehen wollen.

1. Was ist der Kern der christlichen Religion und des indischen Dharma?

Der christlichen Religion liegt die Erfahrung des Angenommenseins zugrunde. Diese Erfahrung drückt sich in dem Ruf „Abba – Vater" aus und drängt uns, auch unsere Mitmenschen anzunehmen, wie wir angenommen sind. Sie macht aus unserem Ich ein Wir und befreit uns dadurch innerlich von unseren Zwängen, Komplexen, Vorurteilen sowie von unserer Blindheit und führt uns außerdem auch durch unseren Einsatz für die Gerechtigkeit zu einer Gemeinschaft.[1] Es ist offenkundig, daß hier das trinitarische Gottesverständnis leitend ist. Die Erfahrung des Angenommenseins ist nämlich die Erfahrung des Dreieinen Gottes. Der Mensch, der sich von der bedingungslosen Liebe, die der Vater ist, angenommen weiß, betrachtet sich als Geschenk, als Gnade, als etwas Liebenswertes. Daher braucht er keine Angst zu haben; er kann nun auch andere annehmen als ein Geschenk, als Gnade und als etwas Liebenswertes.[2] Die Liebe des Vaters macht

---
1   Vgl. Kap. I, S. 25 f.
2   Vgl. Kap. III, Anm. 11.

in uns ja den Geist der Freude und Freiheit, der Gemeinschaft und Gerechtigkeit wirksam. Deshalb findet das christliche Gebet seinen tiefsten Ausdruck im „Abba – Vater"![3] Es kommt hervor aus der tiefsten Erfahrung des Angenommenseins und ist in sich sowohl Bekenntnis der Abbaerfahrung wie auch Auftrag, sich für die Verbreitung dieser Erfahrung einzusetzen.[4] Die christliche Schrift ist die authentische Deutung dieser Erfahrung des Angenommenseins in Jesus, und die Inspirationslehre garantiert die Authentizität der Deutung.[5] Alle diese Eigenschaften der christlichen Gesamtperspektive manifestieren den anthropozentrischen Charakter der christlichen Tradition.[6]

Auf der hinduistischen Seite liegt die Erfahrung des Getragenseins vom All-Ganzen zugrunde. Das Getragensein ist es hier, was dem Leben Halt und Inhalt gibt. Getragen wird das All und jedes Ding vom All-Ganzen, der die Weltseele, der Weltgeist ist.[7] In diesem All-Ganzen gibt es keine privilegierten Wesen, keine privilegierten Momente. Privilegiert ist allein der All-Ganze.[8] Nur durch die Meditation kann man den All-Ganzen wahrnehmen, das Teil-des-All-Ganzen-Sein erleben. Durch die Meditation werden die Handlungsmotive gereinigt, die zwischenmenschlichen Beziehungen richtiggestellt und die Erkenntnis sowie das richtige, wahre Bewußtsein angeeignet. Mit anderen Worten: Nur durch die Meditation wird die Ganzheit, die Ganzheitlichkeit erlebt und wahrgenommen.[9] Weil die exspirierte Schruti offenbart, was der Mensch in Wirklichkeit ist,[10] kann das Hinhören durch die Meditation immer und überall geschehen. Die ständige Exspiration des ganzen Kosmos ist so eine immerwährende Offenbarung; ihr Inhalt ist, die Ganzheit des Teiles aufzuzeigen. Der christliche Kern verrät seine eindeutige Anthropozentriertheit, wäh-

---

3 Vgl. Kap. IV, S. 80 ff.
4 Der „Missionsauftrag" ist eine Konsequenz der Erfahrung des Angenommenseins. Weil man sich angenommen weiß, will man das einerseits „spontan" bekennen und fühlt sich andererseits unter Drang („caritas Christi urget nos"), diese Erfahrung anderen mitzuteilen und sie mit ihnen zu teilen. Der Missionsauftrag ist kein Sonderauftrag, der als Nachtrag im letzten Moment gegeben worden wäre. Vgl. *J. Masson,* Salvation outside the Visible Church and the Necessity of the Mission, 126 f.
5 Vgl. Kap. V, S. 101.
6 Vgl. Kap. II, S. 43 ff.
7 Vgl. Kap. I, S. 31 f.
8 Vgl. Kap. II, S. 51.
9 Vgl. Kap. IV, S. 83 ff.
10 Vgl. Kap. V, S. 96 ff.

rend der dharmische Kern seinen Kosmozentrismus nicht verleugnen kann. Die christliche Tradition hält ihre Geschichtlichkeit hoch und verbindet diese mit der Heilsgeschichte, während die hinduistische Tradition Wert auf die Ganzheit legt.

2. Wie verhält sich der christliche Kern zum indischen Kern?

Sicherlich ist die Erfahrung des Angenommenseins nicht die gleiche wie die Erfahrung des Getragenseins des Teiles. Denn Teilsein wird von der Perspektive der Ganzheit her gesehen und Angenommensein von der Perspektive der bedingungslosen Liebe her erfahren. Und dennoch: Wie das Wasser, selbst wenn es vom Eskimo und vom Menschen in der Rajasthanwüste jeweils anders erlebt und erfahren wird, doch ein und dieselbe Wirklichkeit ist, so ist auch der Mensch, selbst wenn er sich in der christlichen und in der dharmischen Tradition anders erfährt, der gleiche. Diese Tatsache darf man trotz der großen Unterschiede nicht übersehen. Das anthropozentrische wie auch das kosmozentrische Weltbild beschäftigen sich mit dem Menschen, wenn auch aus einer unterschiedlichen Perspektive: Er ist es, der gerettet oder befreit werden muß, und in beiden Traditionen geht es um diese Rettung oder Befreiung.[11]

Das Wesen Mensch ist zugleich ein von der bedingungslosen Liebe Angenommener wie auch ein Teil des Ganzen. Die Erfahrung der bedingungslosen Liebe ist nicht die gleiche wie die Erfahrung des All-Ganzen, und dennoch ist das Subjekt, die bedingungslose Liebe und der All-Ganze, das gleiche, das von einer Perspektive so und von einer anderen anders erfahren wird. Was in einer Perspektive als Teil des Ganzen erfahren wird, wird in der anderen Perspektive als der Angenommene erlebt.[12] Es wäre methodologisch verfehlt, die eine Per-

---

11 Daß es im anthropozentrischen Weltbild um den Menschen geht, ist genügend klar. Was in Frage gestellt wird, ist der zweite Teil der Behauptung, daß es auch im kosmozentrischen Weltbild um den Menschen geht. Wir dürfen nicht vergessen, daß alle Schrutis und die Yogawege für den Menschen und nicht für andere Wesen des Kosmos bestimmt sind. Sowohl das anthropozentrische wie auch das kosmozentrische Weltbild haben den Menschen als den Finis cui, den Endzweck.

12 Die Erfahrung des Höchsten als Liebe und als All-Ganzer ist jeweils verschieden: Das, was erfahren wird, ist dasselbe, nämlich das Höchste, aber die Weise des Erfahrens ist verschieden. Es geht also um die Art der Beziehung zwischen dem Endlichen und dem Unendlichen. Im christlichen Bereich erfährt das Endliche das Unendliche als Liebe, als den liebenden Vater, und sich selber als das Angenommene, als geliebtes Kind. Im hinduistischen Bereich erfährt das Endliche das Unendliche als den All-

spektive als Kriterium für die andere zu nehmen, nur weil die erste Perspektive die meine ist. Es gibt keinen Grund, die eine oder die andere mit Vorzug zu behandeln. Die sogenannten Offenbarungsaussagen der eigenen Tradition darf man nicht gegen die Offenbarungsaussagen einer anderen Tradition ausspielen. Methodologisch gesehen gibt es dafür keine Rechtfertigung.[13]

Es kann jedoch der Fall sein, daß die eine Tradition die andere darauf aufmerksam macht, was diese nicht hat und wessen sie sich nicht bewußt ist. Umgekehrt kann es auch der Fall sein, daß die eine Tradition die andere darauf aufmerksam macht, was diese tatsächlich hat, wessen sie sich aber nicht ganz bewußt ist.

Diesen beiden Prinzipien folgend, können wir nun feststellen, daß die christliche Tradition das mythische Bewußtsein nicht zu pflegen und die kosmische Dimension der Erfahrung eher zu bagatellisieren scheint; daß umgekehrt die dharmische Tradition das geschichtliche

---

Ganzen, den Tragenden und Ertragenden, und sich selber als das Getragene, als den Teil. Die Metaphern von Angenommensein und Getragensein sind weder gänzlich verschieden noch gänzlich identisch.

[13] Diesen Fehler begehen die meisten Theologen, für die die christliche Offenbarung die Erfüllung aller Religionen und Offenbarungen ist. Vgl. *J. Hessen,* Der Absolutheitsanspruch des Christentums, besonders den Abschnitt „Das Christentum als Wesenserfüllung der Religionen": 61–74. Selbst diejenigen Theologen, die eine große Offenheit an den Tag legen, sprechen von anderen religiösen Traditionen auf eine Art und Weise, die zeigt, daß der genannte methodologische Fehler noch immer am Werk ist. Vgl. *H. Küng,* The World Religions in God's Plan of Salvation, 51: „Gleich welche Wahrheit über Gott auch immer sie ihr eigen nennen, die Weltreligionen sind zugleich im Irrtum. Wir brauchen nicht zu wiederholen, was das Alte und das Neue Testament über Irrtum, Lüge, Sünde und Dunkelheit der heidnischen Welt sagen. All dies drückt eine Entfremdung von Gott und von dem aus, den der gnädige Gott gesandt hat und der nicht nur Licht, sondern *das* Licht, nicht nur Wahrheit, sondern *die* Wahrheit ist. Das Evangelium Jesu Christi verlangt nicht einfach die Erfüllung der Weltreligionen, sondern eine Wende, eine Umkehr hin zum wahren Gott in Jesus Christus." Die Frage, die in solchem Zusammenhang zu stellen wäre, ist: Woher weiß man, daß man selber an den wahren Gott glaubt und daß die anderen Religionen nicht an den wahren Gott glauben? Ich kann mich des Eindrucks nicht erwehren, daß solche Theologen entweder ein besonderes Erkenntnismittel oder einen besonderen Zugang zu den Geheimnissen Gottes haben. Woher würden sie sonst solche Titel nehmen wie „The World Religions in God's Plan?" Ich möchte die Aufmerksamkeit auch speziell auf die Formulierung des Buchtitels lenken: „Christian *Revelation* and World *Religions*" (meine Hervorhebung).

Bewußtsein nicht zu pflegen und den Stellenwert des Menschen im Kosmos eher zu bagatellisieren scheint.[14]

Das mythische Bewußtsein ist im Geschichtsbewußtsein zwar vorhanden, wird aber total übersehen. In gleicher Weise ist das Geschichtsbewußtsein im kosmischen Bewußtsein wohl vorhanden, nur wird ihm keine Bedeutung zugemessen. Das mythische Bewußtsein und das Geschichtsbewußtsein sind keine Gegensätze, genausowenig wie das linke und das rechte Auge Gegensätze sind. Das bedeutet: Das kosmozentrische Weltbild muß das in ihm vorhandene Geschichtsbewußtsein und das anthropozentrische Weltbild das in ihm vorhandene mythische Bewußtsein entdecken lernen. Denn sowenig wie es Geschichtsbewußtsein ohne mythisches Bewußtsein geben kann, sowenig kann es mythisches Bewußtsein ohne Geschichtsbewußtsein geben.[15]

Im anthropozentrischen Weltbild wird das Geschichtsbewußtsein „historisiert", als ob das die ganze Wahrheit und das Wahrheitsprinzip wäre. Im kosmozentrischen Weltbild wird das mythische Bewußtsein „mythologisiert", als ob dies die ganze Wahrheit und das Wahrheitsprinzip wäre. Das Geschichtsbewußtsein wird historisiert, wenn die historischen Geschehnisse so ausgelegt werden, als ob sie ohne das Mythische die Wahrheit ausmachen würden. Und umgekehrt wird das mythische Bewußtsein mythologisiert, wenn das „Mythische" so ausgelegt wird, als ob es ohne das „Geschichtliche" die Wahrheit ausmachen würde. Das Wahrheitsverständnis beinhaltet, was immer unsere Perspektive sein mag, sowohl das mythische wie auch das geschichtliche Bewußtsein. Die Eigenart unserer Perspektive ist dafür

---

14 Die moderne christliche Tradition betont den geschichtlichen Charakter der christlichen Offenbarung zu stark, so daß die mythische Dimension unseres Bewußtseins vernachlässigt wird. Das „Mythische" wird gleichgesetzt mit dem „Illusorischen". Damit ist auch eine Art Allergie der Natur und dem Kosmos gegenüber verbunden, so daß „Naturreligion" und „Naturoffenbarung" von vornherein minderwertig erscheinen. Der Grund dafür liegt in der Überbetonung des Historischen. Nur das Geschehen, das zum Ereignis wird, ist wichtig, alles andere ist unwichtig.
Die dharmische Tradition hingegen bewertet das Mythische zu hoch, so daß es zum Mythologischen reduziert wird. (Vgl. *G. Oberhammer*, Ephiphanie des Heils, 7 f.) Damit hat natürlich das Geschichtliche keinen Sinn mehr. Der Akzent auf dem Ganzen sorgt dafür, daß der Teil, besonders der Mensch, an Wichtigkeit verliert. (Vgl. *H. Nakamura*, Ways of Thinking of Eastern Peoples, besonders 44–151.)

15 Mythisches und Geschichtliches sind organische Aspekte unseres Bewußtseins; daher verstehen wir auch, was mit Mythischem und Geschichtlichem gemeint ist – eben weil sie Komponenten des Bewußtseins sind.

verantwortlich, daß unsere Wahrheitserfahrung eine andere ist; das heißt aber nicht, daß die Komponenten unseres Wahrheitsverständnisses andere sind. Dies ist nicht möglich. Es wird nur gesagt, daß die Betonung der mythischen Ebene eine andere Wahrheitserfahrung produziert als die Betonung der geschichtlichen Ebene. Beide tendieren dahin, eine Komponente zu übersehen. Die Begegnung zwischen Menschen verschiedener Perspektiven ermöglicht die Entdeckung dieser übersehenen Komponente.[16]

Freilich wird das „Geschichtliche" im kosmozentrischen Weltbild nie die Bedeutung haben, die es im anthropozentrischen Weltbild besitzt; und das „Mythische" wird im anthropozentrischen Weltbild nie die Bedeutung haben, die es im kosmozentrischen Weltbild besitzt. In ähnlicher Weise wird auch der Stellenwert des Kosmos im anthropozentrischen und der des Menschen im kosmozentrischen Weltbild neu entdeckt. Das heißt nicht, daß das anthropozentrische Weltbild ins kosmozentrische Weltbild verwandelt werden kann und umgekehrt. Es heißt nur, daß das, was von jedem vernachlässigt wurde, nunmehr entdeckt wird. Mit anderen Worten: Die Ganzheitlichkeit des kosmozentrischen Weltbildes wird ganzheitlicher durch die Neuentdeckung der Geschichte, die eine wichtige Komponente des Menschen ist; und die Geschichtlichkeit des Menschen wird vollständiger durch die Entdeckung der mythischen Komponente; denn die Geschichte wird nur durch die Heilsgeschichte sinnvoll, und dafür ist die mythische Komponente unentbehrlich.[17]

3. Wohin führen christliche Religion und indischer Dharma?

Die Liebe des Vaters gibt uns das Vertrauen und die Sicherheit, daß wir Angenommene sind und daß wir als solche dazu berufen sind, uns anderer anzunehmen, um auf diese Weise eine Gemeinschaft zu bilden. Das Angenommensein befreit uns innerlich und treibt uns dazu, uns für eine echte Gemeinschaft einzusetzen. Die Liebe hat eine zentripetale Kraft, die uns befreit, und eine zentrifugale Kraft, die uns zum Einsatz für eine echte Gemeinschaft drängt. Zielsetzung der christlichen Religion ist daher die vollständige innere Befreiung und

---

16 Nur aus einer solchen Begegnung heraus ist Dialog möglich, denn sie macht einen in seinen Ansprüchen bescheidener. Vgl. *W. T. Stevenson,* History as Myth.
17 Vgl. ebd. 22 f.

eine echte, gerechte Gemeinschaft. Beide Kräfte sind wichtig und unentbehrlich für ein gesundes und geheiltes Menschsein.

Die Erfahrung des Angenommenseins manifestiert sich durch bestimmte, eindeutige Werte und Werthandlungen. Deren erste ist die Fußwaschung. Diese ist ja ein Grundwert des Angenommenseins in Jesus Christus: Der Herr und Meister wäscht seinen Jüngern die Füße, damit alle Menschen lernen, einander die Füße zu waschen. Füßewaschen heißt im Alltag: dienen, zu Dienste stehen, füreinander dasein, besonders für die Schwachen und die Entrechteten. Fußwaschung ist der christliche Weg zur Gerechtigkeit, zu einer gerechten Gesellschaft. Nur darf man die Fußwaschung primär nicht als eine demütige Geste auslegen. Fußwaschung hat nicht mit Demut, sondern mit einer doppelten Haltung zu tun: dem Angenommensein und der Bereitschaft, andere anzunehmen. Fußwaschung beinhaltet daher ein Doppeltes: innere Freiheit, die aus dem Angenommensein entspringt, und den Drang, andere zu akzeptieren, wie man selber akzeptiert ist. Somit ist die Fußwaschung das Symbol einer inneren Freiheit, die bereit ist, jeden Weg zu gehen, der in der jeweiligen Situation dazu führt, die Mitmenschen anzunehmen, damit diese ihrerseits bereit werden, anderen die Füße zu waschen. Die christliche Tradition wird erst dann richtig verstanden, wenn diese Werte der Fußwaschung nicht nur auf individueller Ebene, sondern auch auf gesellschaftlicher und internationaler Ebene erkannt und gelebt werden. Die Fußwaschung ist jedoch nur der erste Schritt. Der zweite Schritt ist das Brotbrechen. Echtes Brotbrechen setzt immer die Fußwaschung voraus; das heißt, Brotbrechen ist erst dann möglich, wenn die Brotbrechenden bereit sind, einander die Füße zu waschen; das impliziert, daß sie innerlich frei und äußerlich offen füreinander sind. Die Bedingungen für das Brotbrechen sind innere Freiheit und äußere Offenheit. Aufgrund dieser Voraussetzungen ereignet sich das Brotbrechen. Es ist ein Teilen und ein Mitteilen. Ein Teilen dessen, was man ist und was man hat. Und ein Mitteilen, daß das Ziel allen Lebens die durch das Brotbrechen zustande kommende Communio ist.

Das Brotbrechen ist ein Teilen auf mehreren Ebenen. Das Wichtigste dabei ist das Annehmen des anderen. Weil man den anderen annimmt, teilt man mit ihm, was man ist und was man ißt. Das erste ist die Essenz des zweiten. Das Teilen dessen, was man ist, was einem teuer ist, ist die Essenz des Brotbrechens. In einer solchen Situation ist der andere keine Bedrohung, sondern gleich mir ein Geschenk. Im

Brotbrechen findet das Angenommensein seinen echten und besten Ausdruck, denn wie wir angenommen sind, so nehmen wir einander an. In dieser Gemeinschaft kommt aus dem Herzen spontan der Ruf: „Abba! Lieber, liebender Vater!" In dieser Mitteilung gipfelt dann das Brotbrechen.

Wo diese Mitteilung stattfindet, ist das Teilen von dem, was wir haben, kein Problem mehr; denn wir sind nunmehr Teile eines Leibes, die voneinander abhängig sind, Teile, die füreinander leben, Teile, die füreinander Brot geworden sind.

Ist diese Stufe erreicht, so ist sie die Stufe der Communio: des Einsseins. Hier weiß sich jeder angenommen und verstanden. Jeder versteht den anderen in seiner Muttersprache. Dies ist möglich, weil der eine Geist alle belebt und beseelt. Es ist der Geist Jesu Christi, der Geist, den der Vater uns schenkt. Das ist das große eschatologische Fest, das Pfingstfest, die Zielvorstellung und das Ziel des Angenommenseins. Pfingsten ist – im Gegensatz zu Babel – das Fest der Einheit in der Vielfalt, das Fest, bei dem jeder geborgen und angenommen wird und sich geborgen und angenommen weiß.

Die Erfahrung des Getragenseins im indischen Dharma manifestiert sich durch bestimmte, eindeutige Werte und Einstellungen. Da ist zuerst der Yoga des Handelns (des Dienens). Er besteht darin, daß man einerseits selbstlos handelt und andererseits zum Wohl aller Wesen handelt. Damit wirkt man dem Verlangen entgegen, die Welt als Objekt zu betrachten und zu behandeln. In der Tat ist sie der Leib des All-Ganzen, dessen Teile wir alle sind. In diesem Leib kann es nur *ein* berechtigtes Motiv zum Handeln geben, und das besteht darin, daß man zum Wohl des Ganzen handelt. Dabei wird vorausgesetzt, daß man selbstlos ist. Während Selbstlosigkeit die Einstellung ist, macht das Motiv des Wohles des Ganzen den Inhalt dieser Einstellung aus. Ein solches Handeln ist daher nichts anderes als Dienen, dem ganzen Leib dienen. Der Karma-Yoga ist der Yoga des Dienens.[18]

---

18 Die Bhagavadgītā ist dafür berühmt geworden, daß sie diesen Yoga des Dienens (wörtlich: des Handelns) verbreitete. Die meisten Kommentare – besonders die erbaulichen – betonen einseitig, aber zu einseitig, diese Selbstlosigkeit; dadurch kommt dann die Ganzheitlichkeit der Gītā zu kurz. Die Selbstlosigkeit ist nur die Einstellung, während die Berechtigung dazu das Wohl des Ganzen ist. Weil man „egoistisch" ist und handelt, ist man auch nicht fähig, den All-Ganzen zu „sehen"; der Karma-Yoga ist der Weg zur Befreiung im Bereich des Handelns. Erst wenn man das

Der zweite Wert ist der Yoga der Liebe, der liebenden Hingabe. Das Getragensein vom All-Ganzen zu erleben, das Getragensein zu akzeptieren und dementsprechend zu leben ist Ziel und Zweck des Bhakti-Yoga. Teil des Ganzen sein ist eine Ganzheitserfahrung, insofern der Teil, seine Grenze erfahrend, die Ganzheit erlebt (*bhakti*).[19] Dies wird so erlebt, daß die Begrenztheit des Teils als ein Getragensein erfahren wird. Dieses Getragensein ist es, das uns ermöglicht, echt zu lieben, zu tragen und zu ertragen. Getragensein befreit uns von einer objektivierenden, an der objektivierten Person verhaftet bleibenden Liebe. Daher ist es der Bhakti-Yoga, der uns die Erfahrung der echten und reinen Liebe ermöglicht, ein Yoga, der unsere Liebe von Fesseln und Phantasien befreit.[20]

Handeln als Dienst des All-Ganzen ansieht, ist man imstande, den All-Ganzen zu erleben. Vgl.: „Deine Aufgabe liegt allein im Handeln, nicht in dessen Früchten. Lasse nicht die Früchte deines Tuns deinen Beweggrund sein; ergib dich nicht der Untätigkeit!" (2.47). „Die Heiligen, deren Sünden getilgt, deren Zweifel vernichtet, deren Sinne bezähmt sind und die sich daran erfreuen, allen Wesen Gutes (zu tun), gelangen zu Brahmanirvāṇam" (5.25). „Wer für mich wirkt, wer mich als sein Ziel betrachtet, wer mich verehrt, frei von Anhänglichkeit und ohne Feindschaft gegen alle Geschöpfe ist, dieser gelangt zu mir" (11.55). Dieser Yoga ist übrigens der Weg, sich den ersten Lebenszweck anzueignen, so daß man die Welt nicht mehr nur auf der Objektebene behandelt, sondern sich der Subjektebene bewußt wird.

19 Die traditionellen Auslegungen haben den Bhakti-Yoga zur „Devotion" reduziert und dadurch verharmlost. Bhakti ist eine fundamentale Einstellung und nicht so sehr eine emotionale Angelegenheit. Vgl. F. X. *D'Sa,* Zur Eigenart des Bhagavadgītā-Theismus, 114: „Moderne Arbeiten über die Gītā übersetzen das Wort *bhaj-* und seine verwandten Formen wie *bhakta* und *bhakti* meist mit lieben, Liebe, Geliebter, verehren, Verehrung, Verehrer und ähnlichem, ohne Rücksicht auf seine Grundbedeutung. *bhaj-* bedeutet primär verteilt, teilt zu, wird teilhaftig, empfängt, genießt. *bhakta* bedeutet zugeteilt, und *bhakti* Zuteilung, Austeilung. Die Bedeutungen von lieben, Liebe, usw. sind historische Späterscheinungen. Zumal das Bhaktiphänomen erst in der Gītā thematisch wird, ist es angebracht, die Bhakti-Ausdrücke im Zusammenhang mit der Grundbedeutung zu übersetzen. Unser Vorschlag gewinnt an Überzeugungskraft, wenn wir die Grundbedeutung von *bhaj-* mit der Grundsymbolik der Gītā zusammenbringen. Wenn *sarvaḥ* der All-Ganze ist, d. h. derjenige, der das All umfaßt, dann kann *bhaktaḥ* ohne weiteres als dessen Teil übersetzt werden. *Bhakta in fine compositi* bedeutet ‚einen Teil von ... bilden, zu ... gehörig'. Das Kompostium *madbhakta* z. B. würde bedeuten, ‚ein Teil von mir bildend, zu mir gehörig'."

20 Ebd. 114: „In der Gītā kann nur der Mensch, nicht aber die übrige Welt, *bhakta* des All-Ganzen sein. Um ein *bhakta* sein zu können, genügt es nicht, ein Teil von ihm zu sein. Bhakta-Sein ist mehr als Teilsein. Zum Bhakta-Sein gehört *das Bewußtsein des Teilseins.* Der Teil muß sich seiner Teilhaftigkeit bewußt sein. Damit ist auch ein *Verlangen* des Teiles verbunden, von innen her seine Erfüllung, seine Vollendung, seine Ganzheit im All-Ganzen zu finden. Von Natur aus ist ein Teil auf der Suche nach

Als dritter und in der indischen Tradition wichtigster Bestandteil unter den Werten und Einstellungen des Getragenseins erscheint der Yoga der Erkenntnis und Einsicht, der Yoga des Selbstbewußtseins. Die Aufgabe dieses Yoga besteht darin, daß man einerseits von falschen Erkenntnissen und Vorurteilen befreit wird und andererseits die Wirklichkeit ganzheitlich zu erleben lernt, so wie ist und wirkt.[21] Die erste Aufgabe, die Beseitigung von falschen Erkenntnissen, Voraussetzungen und Blindpunkten, ist außerordentlich wichtig. Denn solange diese nicht beseitigt sind, ist das Erschließen des Geistprinzips, das Erleben der ganzheitlichen Wirklichkeit nicht möglich. Haben wir jedoch das Geistprinzip einmal erlebt, so bedeutet das, daß unsere falschen Werte und Vorurteile, unsere Blindheit und Verblendung, unsere Neigung und Abneigung keinen Platz mehr in uns haben werden, denn das falsche Zentrum der Identität ist nunmehr verschwunden, und das wahre Zentrum, das Geistprinzip, kommt jetzt richtig zur Geltung. Damit ist man von allen Hindernissen befreit, die uns irgendwie verführen könnten.[22]

Ziel des dreifachen Yogapfades ist die endgültige Befreiung, der Mokscha; Befreiung insofern, als die Sinne ihre wahre Natur erkennen

---

dem Ganzen, weil die Suche in seiner Natur verwurzelt ist; daher ist der All-Ganze sein *bonum*. *Bhaj-* heißt also erstens das Bewußtsein des Teilseins und zweitens die bewußte Suche nach dem All-Ganzen als seinem *bonum*."

21 Vgl. Bhagavadgītā 7.1–2: „Wenn du mit dem Herzen an mir hängst, Yoga übst und auf mich vertraust, wie du dann ohne Zweifel mich vollständig erkennen wirst, das höre (jetzt). Ich werde dir diese Erkenntnis samt deren Erfahrung ganz und gar mitteilen; wenn du sie erkannt hast, ist hier (auf Erden) nicht anderes mehr zu erkennen."

22 Vgl. *F. X. D'Sa*, Zur Eigenart des Bhagavadgītā-Theismus, 103: „Wenn wir bei der Symbolik der Wirklichkeitsebenen bleiben wollen, dann ist der All-Ganze, wie es mehrere Male behauptet wird, die Wurzel von allem, d. h. von der höheren und von der niederen Natur. Einübung in den Jnānayoga heißt, die Wirklichkeit von ihrer Wurzel her betrachten lernen. Im Jnānayoga geht es um eine ganzheitliche Sicht, nicht um eine Teilansicht. Wegen seiner Weltverfallenheit beschränkt sich der Blick des Menschen meistens auf das Äußere. Der Jnānayoga will eine solche Verengung beheben, indem er dem Einübenden Einblick gewährt, und zwar nicht nur in das, was geschieht, sondern auch in das, was sich in und hinter einem Geschehen ereignet. Weil der Mensch durch seine Neigungen und Abneigungen verblendet ist, beschränkt sich seine Erfahrungssicht auf das Geschehen, während das Ereignis hinter dem Geschehen außer acht gelassen wird. Der Jnānayoga beseitigt diese Blindheit, indem er eine Ganzheitssicht herbeiführt. Mit anderen Worten: Dieses All ist nicht alles; man muß ihn erkennen, der dieses All ins Dasein bringt, es darin erhält und es zu seiner Auflösung leitet."

und sich nicht mehr von Neigung und Abneigung leiten lassen, da die Liebe keine objektivierende, sondern eine dem in allem wirkenden und wesenden All-Ganzen sich hingebende Liebe ist, und es keine Vorurteile, falschen Erkenntnisse und Einstellungen mehr gibt. Die Befreiung ist endgültig, weil sie für immer Gültigkeit hat. Wenn einmal die Befreiung erreicht worden ist, kann es nichts mehr geben, das eine Einschränkung herbeiführen könnte. Der Mokscha ist endgültige Befreiung, weil nichts mehr im Weg steht, wodurch der Teil sein Teilsein ablehnen könnte.[23] Das Teilsein ist von nun an ein Getragensein, ein bewußtes Getragensein. Da es keine falsche, d. h. egoistische Identität mehr gibt, wird unser Erleben des Getragenseins ein Im-ganzen-Kosmos-Getragensein.

4. Welche Konsequenzen ergeben sich daraus für die christlichen und die hinduistischen Traditionen?

Das Pfingstfest und der Mokscha sind die zwei gültigen Perspektiven ein und desselben Berges der Bedeutsamkeit. Bei den Bergperspektiven ist die Frage, welche Perspektive die richtige ist, nicht relevant. Relevant ist die Frage: Welche Perspektive offenbart uns den Berg? Da alle Perspektiven dies auf ihre Weise tun, wird man bescheidener, wenn man weiß, daß keine Perspektive uns den Berg ganz und ganzheitlich (totum et totaliter) offenbaren kann.

Dennoch taucht die Frage auf, wie die Perspektiven zueinander stehen. Um dies zu erörtern, bediene ich mich einer anderen Analogie: der Analogie des Leibes.

Der eine Leib hat unzählige, aber gänzlich verschiedene Funktionen in sich, die alle dem Wohl des ganzen Leibes dienen. Die Organe, wie die Augen und Ohren, und die Glieder, wie die Füße und Hände, haben Funktionen, die ganz verschieden sind, und dennoch sind alle miteinander in der Einheit – nicht in der Uniformität – des einen Leibes verbunden. Jedes Organ ist eigenartig und einzigartig; in diesem Sinne kann jedes Organ eine Art Absolutheitsanspruch erheben. Das gilt, meine ich, auch von den verschiedenen religiösen Traditionen;

---

23 Mokscha ist endgültige Befreiung. Positiver könnte man dies so ausdrücken: Wenn man nicht endgültig befreit ist, dann lebt man auf der Leibebene und vernachlässigt den Ātmā. Endgültige Befreiung bedeutet, daß man auf der Ātmāebene lebt.

jede ist einzigartig, und jede hat eine einmalige Funktion auszuüben, und dennoch dienen sie alle dem einen Leib.[24]

Eine wichtige Aufgabe religiöser Traditionen besteht darin, daß jede *ihre Eigenart herausarbeitet und zeigt, welche Funktion sie zum Wohl des ganzen Leibes erfüllt.* In diesem Sinne sind meine Überlegungen über Fußwaschung, Brotbrechen und Communio einerseits und Yoga des Dienens, der Liebe und der Erkenntnis andererseits als erster Versuch zu verstehen. Je detaillierter man der genannten Aufgabe nachkommt, desto größer wird der Beitrag zum Verständnis der Tradition und zum gegenseitigen Verständnis sein. Auf der konkreten und praktischen Ebene müssen die religiösen Traditionen ihre Zusammengehörigkeit in dem einen Leib entdecken und zur Zusammenarbeit übergehen; sie brauchen nicht mehr in Konkurrenz zueinander zu stehen. Haben sie die Einheit auf der Leibebene gefunden, so bleibt ihnen noch, die Geistebene zu entdecken. Jede Tradition ist überzeugt, daß sie von dem hohen, heiligen Geheimnis geoffenbart ist, daß nur dieses Geheimnis ihr Zentrum ist. In der Tat werden wir entdecken, daß dieses Geheimnis den ganzen Leib beseelt, und so werden die religiösen Traditionen es nicht schwer haben, den sie alle einigenden Geist zu entdecken.[25] Der eine Leib ist von der einen Person beseelt, und wenn die Einheit des Leibes entdeckt ist, wird es nicht schwer sein, die Wurzel dieser Einheit in der Person zu finden.

Somit sind alle Religionen Teilfunktionen im Leib des Ganzen und dienen so alle diesem einen Leib. Bei dieser Analogie bleibt der Absolutheitsanspruch jeder Religion aufrechterhalten. Nur wird dieser ein klein wenig anders verstanden. Eine Absolutheit hebt die andere nicht auf, sondern ergänzt sie. Das Christentum meint „absoluter" zu sein,

---

24 R. Panikkar spricht von drei Modellen: physikalisches Modell: der Regenbogen, geometrisches Modell: die topologische Invariante, und anthropologisches Modell: Sprache (The Intrareligious Dialogue, XIX–XXVII).

25 Vgl. *W. C. Smith,* The Faith of Other Men, 92: „Aufs Ganze gesehen, gab es eine Tendenz, anzunehmen, da der christliche Glaube wahr sei, müßten logischerweise andere Glaubensüberzeugungen falsch sein. Diese Logik ist einfach nicht zwingend. Der Trugschluß rührt daher, daß man Glaube und Theologie in der einen oder anderen ihrer verschiedenen Formen verwechselt. Da jene Schlußfolgerung zum Glauben selbst in Widerspruch steht, schließe ich meinerseits, daß die Theologie, als Prämisse verwendet, sich selbst diskreditiert. Und ich sehe – vielleicht schon bald – eine Zeit kommen, in der die Menschheit erkennt, daß, wenn die christliche Offenbarung Gültigkeit hat, gerade daraus folgt, daß der Glaube anderer Menschen genuin und daß er die Weise ist, in der Gott diesen Menschen begegnet und sie rettet."

Das endzeitliche Pfingstfest und der endgültige Mokscha

wenn der Hinduismus nicht absolut ist, und umgekehrt. Die Absolutheit in beiden Fällen ist so, daß sie keine exklusive, sondern eine inklusive Absolutheit ist, denn in dieser Analogie ist das wirklich Absolute das Geheimnis, das den Leib beseelt. An dieser Absolutheit nehmen die anderen teil. Und wenn alle etwas von der Absolutheit haben, dann haben sie es nicht aus sich, sondern aus dem wirklich Absoluten.[26]

Trotz dieser Einschränkung ist es außerordentlich wichtig, daß die beiden Traditionen ihren Absolutheitsanspruch *nicht* aufgeben. Die christliche Glaubensgemeinschaft ist in der Weise absolut, daß sie allein die Menschen durch Fußwaschung, Brotbrechen und Communio zu der fundamentalen Erfahrung des Angenommenseins durch den Dreieinen Gott hinführen kann; genauso wie die hinduistische Glaubensgemeinschaft unfehlbar durch den Yoga des Dienens, der hingebenden Liebe und der Erkenntnis zur Grunderfahrung des Getragenseins von dem All-Ganzen hinzuführen vermag. Der Absolutheitsanspruch ist ein Anspruch auf die absolute Eigenart, und diese aufzugeben wäre ein Verrat.

Diese Eigenart ist aber nicht die Eigenart der jeweiligen Tradition, sie ist die Eigenart des hohen, heiligen Geheimnisses, das sich durch jene offenbart. Das bedeutet, daß sie nicht für diese Tradition allein da ist. Sie ist vielmehr eine Gabe an die Tradition und wird damit zur Aufgabe. Sie ist für alle bestimmt. So ist der Komplex von Fußwaschung, Brotbrechen und Communio nicht nur für die Christen, sondern für alle Menschen da, und das gleiche gilt für den des Dienens,

---

26 Vgl. *P. F. Knitter,* No Other Name? 215–216: „Wichtiger noch: Das Modell ‚Wahrheit-durch-Beziehung' macht es jeder Religion möglich, einzig zu sein; solche Einzigkeit kann dann auch – wenn wir nur bereit sind, unsere Begriffe neu zu definieren – absolut genannt werden. Jede Religion enthält etwas, was ihr allein zugehört, was ihr getrennt, gesondert, unterschieden eigen ist: ihren besonderen Bereich göttlicher Wahrheit. Die Wahrheit, die sie beinhaltet, ist einzigartig wichtig; sie darf nicht verlorengehen. Ihre Einzigartigkeit kann als absolut bezeichnet werden, insofern sie zu totalem personalem Engagement aufruft und universale Bedeutsamkeit beansprucht. Doch zu diesem neuen Modell von religiöser Wahrheit gehört auch noch eine weitere Qualität von ‚absoluter Wahrheit': Absolutheit wird definiert und erreicht nicht durch die Fähigkeit einer Religion, andere einzuschließen oder auszuschließen, sondern durch ihre Fähigkeit, mit anderen in Beziehung zu treten, in einem echten Dialog mit anderen zu sprechen und auf sie zu hören. Je mehr die Wahrheit meiner Religion mich für andere offen macht, desto mehr kann ich sie als absolut behaupten. Freilich fordert dieses neue Wahrheitsmodell, daß wir die traditionelle Sprache ausweiten und mit neuem Sinn füllen."

der hingebenden Liebe und der Erkenntnis. Nur auf diese Weise werden die Gemeinschaften die Einheit des einen Leibes und dadurch auch die Einheit des alles beseelenden Geistes entdecken.

Das ist dann der Höhepunkt der Begegnung zwischen der christlichen Religion und dem indischen Dharma.

Die Schwierigkeit bei einem solchen Umdenken ist unser Denkschema vom Glauben. Dieses muß zuerst in eine organische Einheit gebracht werden, und zwar schon vom interkulturellen Denken her. Das heißt, unser Denkschema muß sowohl die Eigenart unserer Tradition wie auch die Gemeinsamkeit mit anderen Traditionen berücksichtigen. Es wird daher nicht angebracht sein, den Glauben im Zusammenhang mit dem Gottesbegriff zu erklären, denn „Gott" ist bereits die Eigenart einer Tradition. Der Glaube muß, um interkulturell verständlich zu werden, zuerst auf einen gemeinsamen Nenner gebracht werden. Die christlichen theologischen Bemühungen, den Glauben theologisch auszulegen, sind fast alle *aus* dem christlichen Bereich und *für* den christlichen Bereich bestimmt. Im nachhinein nehmen sie zu den anderen Glaubenstraditionen Stellung (üblicherweise in einem Exkurs). Der Nachteil bei einem solchen Verfahren ist, daß man sich (meist unwillkürlich) des eigenen Glaubensverständnisses bedient, um die anderen Glaubensverständnisse zu erklären. Methodologisch wäre es sauberer, ein Glaubensverständnis auszuarbeiten, das die anderen Glaubenstraditionen von vornherein mit einbezieht. Das ist zugegebenermaßen ein äußerst schwieriges Unterfangen. Aber es ist nicht wichtig, ob wir das Ideal erreichen; wichtig ist, daß wir in der Richtung des Ideals vorwärts schreiten.

R. Panikkar hat sich um solches Glaubensverständnis verdient gemacht. Er unterscheidet zwischen Religion, Glaube (faith), Glaubensakt (act of faith), Glaubensbekenntnis (creed), Glaubenssatz (belief), Dogma und Theologie. Glaube, Glaubensakt und Glaubenssatz sind darunter am wichtigsten. Religion ist für Panikkar der Weg, der den Menschen von seinem gegenwärtigen Unheilszustand zu seinem geglaubten endgültigen Ziel führt, ein Heils- oder Befreiungsweg. Der Weg besteht aus einem Symbolsystem, aus Handlungen und Ideen, deren Ziel es ist, den Menschen zu heilen oder zu befreien. Gewöhnlich kristallisiert sich eine Religion in einer religiösen Tradition.[27]

---

27 Vgl. *R. Panikkar,* Rtatattva: A Preface to a Hindu-Christian Theology, 29 f.

Glaube ist die existentiale Offenheit (existential openness) des Menschen, insofern sie eine konstitutive Dimension von ihm ist. Kein Mensch ist „vollständig", und daher hat jeder in sich das Potential, „erfüllt" zu werden. Glaube ist das unbegrenzte Potential des Menschen, zu wachsen, geheilt und befreit zu werden.[28]

Für Panikkar ist der Mythos der Verstehens- und Auslegungs-Horizont. An sich ist der Horizont unbegrenzt; in Wahrheit aber wird er durch „unseren" Mythos begrenzt. Mit anderen Worten: Der Mythos ist unsere Sicht, unsere Perspektive des Horizonts. „Glaube wird als jene Dimension des Menschen, die dem Mythos entspricht, verstanden."[29] Glaube ist daher das unbegrenzte Potential im Menschen, was seine Sicht des Horizontes betrifft. Wenn man glaubt, glaubt man den Mythos.[30]

Der Glaubensakt ist die Aktualisierung jener konstitutiven Dimension des Menschen, die wir Glauben genannt haben. Ist Glaube die Potentia, so ist der Glaubensakt der Actus. Es ist diese Aktualisierung, unsere Antwort ex fide, aus dem Glauben,[31] die uns rettet.

Der Glaubensakt wird, wenn er sprachliche Gestalt annimmt, zum Glaubenssatz. „Belief is taken to be the vehicle by which human consciousness passes from *mythos* to *logos*."[32] Dementsprechend heißt „believing" „Glaubensakt" und in sprachlicher Gestalt „Glaubenssatz". Die Unterscheidungen sind wichtig, denn „Glaube" hat keinen Inhalt; er besteht darin, daß die Offenheit aktiviert wird. Daher sagt Panikkar: „Belief articulates the myth in which we believe without ‚believing' that we believe in it."[33] *Glauben* und *glauben an* sind zwei verschiedene Dinge. *Glauben* ist die Fides qua der Scholastiker, der Akt, wodurch geglaubt wird. *Glauben an* reduziert die sprachliche Formulierung des Glaubenssatzes zum Inhalt des Glaubens. Der Glaubenssatz ist wie die Wasserleitung. Wenn man an den Glaubenssatz glaubt, dann verwechselt man das Wasser mit der Wasserleitung.[34]

---

28   Ebd.
29   Vgl. *R. Panikkar,* Myth, Faith and Hermeneutics, 5.
30   Ebd.
31   A. a. O. 210.
32   Ebd. 5: „Glaube wird als das Vehikel genommen, mit dem das menschliche Bewußtsein vom Mythos zum Logos übergeht."
33   Ebd.: „Der Glaubenssatz artikuliert den Mythos, an den wir glauben, ohne zu ‚glauben', daß wir an ihn glauben."
34   Dies scheint die „Erbsünde" aller Glaubensschulen zu sein.

Alle drei, Glaube, Glaubensakt und Glaubenssatz, sind in unserem Zusammenhang wichtig. Denn Glaube ist eine allen Menschen aller Zeiten gemeinsame konstitutive Dimension. Und alle, die glauben, aktivieren diese Dimension. Dementsprechend ist es angebracht, daß unsere Sprechweise sich ändert. Der Glaube ist nicht etwas, was man verliert, sondern etwas, was aktiviert werden muß. Das Aktiviertwerden hat eine sprachliche Gestalt. Die Funktion dieser sprachlichen Gestalt jedoch besteht nicht darin, auf den Inhalt hinzuweisen, sondern eher darin, das Glaubensleben und die Glaubensdimension bewußter werden zu lassen.

Hier ist die wunde Stelle jedweden Dialogversuchs. Einerseits werden Glaubenssätze als Inhalt des Glaubens ausgelegt, und andererseits wird der Dialog als dialektischer Dialog verstanden. Klarheit hinsichtlich dieser zwei Punkte würde den Dialogprozeß erheblich erleichtern, denn die Natur aller Glaubenssätze ist dieselbe: Der Glaubenssatz artikuliert nicht den Inhalt, sondern weist auf den Glaubensakt hin.

Damit ist natürlich die Aufgabe des Dialogs eine gänzlich andere: Nicht dem anderen die Wahrheit meines Glaubens aufzuzwingen oder zu beweisen, sondern ihm verstehen zu helfen wird nun zur Hauptaufgabe. Dies geschieht nicht durch den dialektischen Dialog, an dem Argument und Beweisführung maßgebend beteiligt sind, sondern durch den dialogischen Dialog, in dem der „erfahrene Gläubige" von seiner Erfahrung Zeugnis ablegt.[35] In einem echten Dialog ist die wichtigste Frage: Wie kann ich die Wahrheit des anderen verstehen und lernen, an sie zu glauben? Ohne diese Einstellung sind weder Dialog noch Mission möglich. Der Dialog ist nicht möglich, wenn man sich von vornherein darum bemüht, den anderen zu „bekehren", und nicht bei sich selbst beginnt. Mission ist ebenfalls nicht möglich; denn wenn ich nicht selber offen bin, wie kann ich dann erwarten, daß der andere mir gegenüber offen sein wird? Mission heißt nicht „Missionierung", sondern Zeugnis ablegen von dem, was sich durch Glauben in mir ereignet hat. Zeugnisablegen ist jedoch nur dort möglich, wo die Bereitschaft vorhanden ist, sich das Zeugnis anzueignen. So, wie Dialog und Mission hier verstanden werden, sind sie organisch miteinander verwandt. Wo Offenheit (Glaube) lebendig ist, dort ist

---

35 Vgl. *R. Panikkar,* Witness and Dialogue, in: ders., Myth, Faith and Hermeneutics, 232–256.

das Zeugnisablegen fruchtbar, in dem Sinne, daß die Hoffnung besteht, daß dieses Zeugnis von den Hörern des Wortes angeeignet werden wird. Dialog ist bekennender Austausch und entspringt der Glaubenserfahrung. Die jeweilige Eigenart der Glaubenserfahrung drängt dahin (Mission), daß man von ihr Zeugnis ablegt. In diesem Sinne ist Mission notwendig, weil die Eigenart einer jeden religiösen Tradition aufrechterhalten werden muß, Mission nicht allein für das Christentum, sondern für alle Religionen.

In diesem Schema, das für alle Glaubensrichtungen gültig zu sein scheint, hängen Glaube, Glaubensakt, Glaubenssatz, Absolutheitsanspruch, Mission und Dialog aufs engste miteinander zusammen. Diese für alle Menschen gültige Grundgegebenheit sollte das Rückgrat einer neuen theologischen Anthropologie darstellen; denn die existentiale Offenheit, die in jedem Menschen vorhanden ist, muß aktiviert werden, so daß ihr sprachlicher Ausdruck, der ein Symbol sowohl für den Glaubensakt wie auch für die fundamentale Offenheit ist, geboren werden kann. Diese Glaubenserfahrung beansprucht eine gewisse Absolutheit, denn sie legt Zeugnis von einem Widerfahrnis ab, das wahr ist. Und weil sie absolut ist, will man, daß auch andere sie sich aneignen.

Auf dem Hintergrund unserer Analogie vom Leib Gottes könnte dies folgendes bedeuten: Jede Glaubenstradition hat in diesem Leib einen eigenartigen und einzigartigen Beitrag zum Wohl des ganzen Leibes zu leisten. Keine Glaubenstradition ist für sich, sondern jede ist für den ganzen Leib da. Wenn nun die Glaubenstraditionen ihre organische Einheit in dem einen Leib entdeckt haben, dann werden sie alle *wirk*lich auf der Suche nach dem einen Geist sein, der sie alle belebt und beseelt. Um uns einer christlichen Metapher zu bedienen: Dann ereignet sich das eschatologische Pfingstfest, wenn jeder den anderen in seiner Sprache verstehen wird und wenn jeder sich verstanden wissen wird.

Dazu sind neue Auslegungen der alten Glaubenssätze erforderlich.[36] Glaubenssätze sind keine Informationssätze; sie sind Transfor-

---

36 Vgl. K. Rahner, Probleme der Christologie von heute, 169: „Die klarste und deutlichste Formulierung, die geheiligtste Formulierung, die klassische Verdichtung der Jahrhunderte währenden Arbeit der betenden, denkenden und kämpfenden Kirche um die Mysterien Gottes lebt also gerade davon, daß sie Anfang und nicht Ende, Medium und nicht Ziel ist, *eine* Wahrheit ist, die frei macht für *die* – immer größere – Wahrheit."

mationssätze. Sollen die Transformationssätze wirklich transformieren, so müssen sie immer wieder neu und relevant ausgelegt werden. Hier hilft weder eine pietätvolle wörtliche Wiederholung der Sätze noch eine phantasievolle Auslegung. Angemessen sind nur Auslegungen, die die Zeitprobleme ernst nehmen.

Eines der wichtigsten Probleme der Zeit ist das religiöse Problem. Die Menschen sind heute nicht weniger religiös; sie sind anders religiös. Und gerade das Anders-religiös-Sein verlangt, daß man die alten Glaubenssätze sowohl für die christliche Religion wie auch für den indischen Dharma neu auslegt. Neu ausgelegt werden müssen sowohl die christliche Religion wie auch der indische Dharma, aber nicht mehr je für sich, sondern nunmehr mit Rücksichtnahme aufeinander.[37]

---

[37] Obwohl es angebracht wäre, die Frage der Einzigartigkeit und des Absolutheitsanspruchs Christi hier zu erörtern, ist dies aus Platzgründen nicht möglich. Dafür sei die ausgezeichnete Arbeit von P. F. Knitter, No Other Name? erwähnt. Knitter behandelt die verschiedenen Einstellungen in den christlichen Traditionen zu den Weltreligionen und nimmt sie kritisch unter die Lupe. Er macht auch Vorschläge, wie man die Schrift und die betreffenden theologischen Meinungen auslegen sollte.

Paul F. Knitter

Befreiungstheologie der Religionen

Der katholische Theologe Paul F. Knitter, geb. 1939 in Chicago, hat seit Januar 2007 die Paul Tillich Professur für Theologie, Weltreligionen und Kultur am Union Theological Seminary in New York inne: ein katholischer Theologe, der an einer evangelischen Hochschule lehrt: Damit sei bereits ein Charakteristikum seines Werdegangs hervorgehoben.
Nach seinem Studium an der Päpstlichen Universität Gregoriana in Rom begann Knitter dort seine Forschungsarbeit als Doktorand, die er unter Karl Rahner an der Universität Münster fortsetzte und 1972 in Marburg am Fachbereich für Evangelische Theologie abschloss. Anschließend lehrte er über 30 Jahre an der jesuitischen Xavier University in Cincinnati, Ohio. Studien- und Vortragsreisen in vielen Ländern verschiedener Kontinente führten jedoch auch zu intensivem Kontakt Knitters mit Menschen anderer Religionen.
In den meisten seiner Publikationen sind der religiöse Pluralismus und der interreligiöse Dialog die zentralen Themen, wie etwa im 1985 erschienenen Werk „No Other Name? A Critical Survey of Christian Attitudes Toward the World Religions".
In dem vorliegenden Aufsatz fordert Knitter den Dialog zwischen der pluralistischen Theologie der Religionen und der Befreiungstheologie, da ein interreligiöser Dialog, der sich nicht der Armut und Unterdrückung in der Welt als primärer Sorge widmet, zu einer rein mystischen Angelegenheit bzw. einem „hyperakademischen Dialog" nicht authentischer Religionen verkomme.

Miriam Buse

Paul F. Knitter

Befreiungstheologie der Religionen

1987

Unter den vielen „Zeichen der Zeit", die die Kirchen heute herausfordern, gibt es zwei, die besonders dringliche Anforderungen an die Christen stellen, nämlich die Erfahrung der *vielen Armen* und die Erfahrung der *vielen Religionen*. Es ist daher nicht verwunderlich, daß die kreativsten und belebendsten Ausdrucksformen christlichen Lebens und Denkens heute die Theologie der Religionen und die Theologie der Befreiung sind, die auf das Problem des religiösen Pluralismus beziehungsweise auf das größere und drängendere Problem von Leiden und Unrecht antworten.

Vertreter dieser Theologien sind jedoch in zwei unterschiedlichen Quartieren der christlichen Kirche aufgewachsen und leben auch weiterhin dort. Nicht, daß es natürliche Barrieren zwischen ihnen gäbe, es ist nur so, daß sie in Anbetracht ihres aktiven Lebens und ihrer zahlreichen Interessen weder Zeit noch Gelegenheit hatten, einander kennenzulernen. Seit einigen Jahren gibt es jedoch Anzeichen dafür, daß die alten Quartiere sich wandeln oder ausdehnen. Heute können und müssen Angehörige dieser beiden theologischen Lager einander kennenlernen, voneinander lernen und bei ihren verschiedenen Projekten zusammenarbeiten. Wenn sie dies tun können, werden sie fähig sein, so glaube ich, noch kreativer und wirkungsvoller zum Leben der Kirche und der Welt beizutragen.

In diesem Aufsatz möchte ich zu zeigen versuchen, warum ein Dialog zwischen Befreiungstheologen und Religionstheologen notwendig ist, und was er verspricht. In Anbetracht meiner eigenen Identität als Religionstheologe und besonders in Anbetracht des Themas dieses Buches[1] wird mein Hauptaugenmerk auf dem liegen, was die Theologie der Religionen von der Theologie der Befreiung lernen muß. Besonders hoffe ich, zeigen zu können, wie Prinzipien und Leitlinien der Befreiungstheologie uns helfen können, uns auf das hinzubewegen, was im Untertitel dieses Buches eine „pluralistische Theologie der Religionen" genannt wird. Bei dem Versuch, Autoren für dieses

---

1 Anmerkung des Übersetzers: Der Aufsatz entstammt dem von *J. Hick* und *P. F. Knitter* herausgegebenen Sammelband „The Myth of Christian Uniqueness. Toward a Pluralistic Theology of Religions": Maryknoll (1987).

Buch zu verpflichten, haben John Hick und ich entdeckt, daß es eine eindrucksvolle Phalanx von Unsicherheiten, Zurückhaltung und Einwänden gibt, der man ins Auge sehen muß, wenn man die Behauptung unterstützen oder auch nur erkunden möchte, andere religiöse Traditionen und religiöse Gestalten könnten in gleicher Weise gültig sein wie Christus und das Christentum. Einige der Fragen, die Autoren davon abgehalten haben, an unserem Projekt teilzunehmen, waren: „Ist dieser Schritt wirklich notwendig?", „Ist er angebracht?", „Wird er den interreligiösen Dialog fördern oder wird er ihn schwächen?" Und besonders: „Kann man diesen Schritt tun, ohne aufzugeben oder zu verwässern, was für das christliche Leben und Zeugnis wesentlich ist?"

Ich möchte zu bedenken geben, wie uns Einsichten und Vorgehensweisen der Theologie der Befreiung helfen können, uns mit diesen Fragen auseinanderzusetzen, wenn nicht gar, sie zu beantworten. Doch zunächst möchte ich den Hintergrund dafür skizzieren, warum die theologischen Quartiere der Befreiung und des religiösen Pluralismus ineinander übergehen.

Die Notwendigkeit eines Dialogs zwischen Theologen der Befreiung und der Religionen

1. Es wird zunehmend deutlich, wie dringend die Theologie der Befreiung und die Theologie der Religionen einander brauchen. Erstens hat das vergangene Jahrzehnt aus der Sicht derer, die mit Befreiung befaßt sind, gezeigt, welche bedeutende und mächtige Rolle die Religion zum Guten und zum Bösen spielen kann, indem sie soziale Veränderung bewirkt. (Man beachte das ganze Spektrum vom schiitischen Islam in der iranischen Revolution über die „Moral Majority" bei der Einsetzung und Unterstützung der Reagan-Administration bis hin zu den christlichen Basisgemeinden bei der Einführung der Revolution in Nicaragua und ihrem Kampf um die Revolution in El Salvador.) Einige würden sogar die breiten philosophisch-anthropologischen Behauptungen Arnold Toynbees und Wilfred Cantwell Smiths unterstützen, daß die Menschheit *nur* durch die Vision, die Motivation und die Kraft, die aus religiösen Symbolen und religiöser Erfahrung kommt, fähig sein wird, ihren angeborenen widerstreitenden Egoismus zu überwinden; nur durch Hoffnung und aufopfernde Liebe, die aus religiöser Erfahrung hervorgehen, werden

Menschen fähig sein, „die Kraft aufzubringen, die Hingabe, die Vision, die Entschlossenheit, die Fähigkeit, Enttäuschungen zu überleben, die notwendig sein werden – die notwendig sind – für die Herausforderung", eine bessere und gerechtere Welt zu bauen.[2] Und dies impliziert, was besonders lateinamerikanische Befreiungstheologen schärfer sehen müssen, daß die Befreiungsbewegung nicht nur Religion, sondern *Religionen* braucht! Ökonomische, politische und besonders nukleare Befreiung ist eine viel zu große Aufgabe für eine einzelne Nation, Kultur oder Religion. Eine kulturübergreifende, interreligiöse Zusammenarbeit in der Befreiungspraxis und ein Austausch der Befreiungstheorie ist erforderlich. Dies wird überzeugend von Harvey Cox in seinem Buch „Religion in the Secular City" vertreten. Nachdem er den größten Teil seines Buches darauf verwandt hat zu zeigen, daß die höchsten Hoffnungen auf eine Bedeutung des Christentums in der säkularen Stadt nicht im Fundamentalismus, sondern in der Befreiungstheologie liegen, dringt er in einem abschließenden Kapitel darauf, daß die Befreiungstheologie nur dann fähig sein wird, ihre Aufgabe zu erfüllen, wenn sie „aus ihren regionalen Begrenzungen" des westlichen Christentums ausbricht und es lernt, „nicht nur die religiöse Erfahrung ihrer eigenen einheimischen Bevölkerungsgruppen ernster zu nehmen, sondern auch die Erfahrung der Weltreligionen".[3]

In der Tat, wenn die Befreiungstheologie in Asien und nicht nur in Lateinamerika Fuß fassen will, dann hat sie keine andere Wahl, als sich dem Dialog mit den östlichen Religionen zu öffnen. Aloysius Pieris aus Sri Lanka erinnert seine lateinamerikanischen Kollegen: „Der Einbruch der Dritten Welt (mit ihren Forderungen nach Befreiung) ist zugleich der Einbruch der nichtchristlichen Welt. Die große Mehrheit der Armen Gottes begreift ihren letzten Sinn und symbolisiert ihren Kampf für Freiheit in der Sprache der nichtchristlichen Religionen und Kulturen. Daher ist eine Theologie, die nicht aus diesem oder durch dieses nichtchristliche Menschsein (und seine Religionen) spricht, der Luxus einer christlichen Minderheit".[4]

---

2   *W. C. Smith,* The Faith of Other Men: New York (1962) 127.
3   *H. Cox,* Religion in the Secular City. Toward a Postmodern Theology: New York (1984) 223f.
4   *A. Pieris,* The Place of Non-Christian Religions and Cultures in the Evolution of Third World Theology: *V. Fabella/S. Torres* (eds.), Irruption of the Third World. Challenge to Theology: Maryknoll (1983) 113–114.

Mit anderen Worten, eine rein christliche Befreiungstheologie leidet unter der gefährlichen Begrenzung durch Inzucht und den Rückgriff auf nur eine Vision des Reiches. Eine Begegnung mit dem befreienden Potential des Buddhismus und des Hinduismus wird lateinamerikanischen Theologen beispielsweise offenbaren, daß sie vielleicht durch die negative Sicht der Religion überbeeinflußt worden sind, die von den beiden „mächtigen Karlen" des Westens vorgetragen wurden – von Karl Barth, der die Fähigkeit der Religion leugnete, Offenbarung zu vermitteln, und von Karl Marx, der nicht sah, inwiefern Religion ein Instrument der Revolution sein kann. Zu viele lateinamerikanische Befreiungstheologen (z. B. Segundo und Sobrino) sind gegenüber den „befreienden und revolutionären Potentialen nichtchristlicher Religionen"[5] verschlossen. Eine weltweite Befreiungsbewegung braucht einen weltweiten interreligiösen Dialog.

2. Andererseits, und das ist sogar noch deutlicher und unbequemer, begannen Religionstheologen in den vergangenen Jahren zu erkennen, wieviel sie von der Theologie der Befreiung nicht nur lernen können, sondern lernen müssen. Eine wachsende Zahl von Theologen der Ersten Welt in Wissenschaft und Kirchen fühlen sich durch die bevorzugte Parteinahme der Befreiungstheologen für die Armen und die „Unpersonen" erschüttert und herausgefordert. Die Theologen der Ersten Welt sind sich wohl bewußt, daß ihre interreligiösen Dialoge oft auf Gipfeln stattgefunden haben, die über Favelas und Todesschwadrone hinwegsahen. Dank der Ermahnungen und Beispiele ihrer im Befreiungskampf engagierten Nächsten erkennen die Theologen, die sich für den Dialog einsetzen, daß *die* Religion keine authentische Religion ist, die sich nicht der Armut und der Unterdrückung, die unsere Welt heimsuchen, als primärer Sorge widmet. Dialog zwischen nicht authentischen Religionen wird leicht zu einem rein mystischen Unternehmen oder einem interessanten Zeitvertreib, den sich nur Mystiker oder Gelehrte der Ersten Welt leisten können. Es fehlt Wesentliches in einem solchen jenseitigen oder hyperakademischen Dialog.

Theologen, die im interreligiösen Dialog engagiert sind, erkennen auch die Grenzen und Gefahren einer zu enthusiastischen Betonung des Pluralismus. Offene Toleranz anderen gegenüber und eifrige Akzeptanz der Vielfalt kann allzuleicht dazu verleiten, vielleicht

---
5 Ebenda 122, 117–120.

unwissend das zu tolerieren, was Langdon Gilkey in seinem Aufsatz „das Intolerable" genannt hat.[6] Dialog und Pluralismus sollten weder die erste Sorge noch Selbstzweck sein. Dorothee Sölle zeigt die Grenzen von Pluralismus und Toleranz auf: „Die Grenzen der Toleranz werden an den Opfern der Gesellschaft offenbar. Die Toleranz endet immer da, wo Menschen verstümmelt, ihrer Würde beraubt, zerstört und vergewaltigt werden."[7] Befreiungstheologen würden betonen: Wir machen uns nicht *primär* auf den Weg, um Vielfalt und Dialog zu genießen, wenn wir andere treffen und anderen Religionen begegnen, sondern um Leiden und Unterdrückung zu beseitigen – nicht nur, um Mildtätigkeit zu üben, sondern vor allem, um für Gerechtigkeit zu arbeiten. Gerechtigkeit, so wird uns gesagt, hat Vorrang vor Pluralismus, Dialog und sogar Mildtätigkeit.

Im Lichte des gegenwärtigen Zustands unserer Welt scheinen es daher sowohl grundlegende humanitäre Anliegen als auch die Soteriologien der meisten Religionen zu gebieten, daß eine *bevorzugte Parteinahme für die Armen und die Nicht-Personen* sowohl die *Notwendigkeit* als auch den *primären Zweck* des interreligiösen Dialogs begründet.[8] Religionen müssen gemeinsam sprechen und handeln, weil sie nur so einen entscheidend wichtigen Beitrag zur Beseitigung der Unterdrückung leisten können, die unsere Erde vergiftet. Dialog ist daher kein Luxus für religiöse Müßiggänger, noch ist er eine „Top-Priorität", nachdem wir uns um die wesentlichen Dinge gekümmert haben. Interreligiöser Dialog ist wesentlich für weltweite Befreiung.

Unter der Voraussetzung, daß Befreiungstheologen und Theologen des interreligiösen Dialogs einander viel zu sagen haben, möchte ich mich nun darauf konzentrieren, wie uns die Befreiungstheologie helfen kann, das neue Gebiet einer pluralistischen Theologie der Religio-

---

6   L. *Gilkey*, Plurality and Its Theological Implications: *J. Hick/P. F. Knitter* (eds.), The Myth of Christian Uniqueness. Toward a Pluralistic Theology of Religions: Maryknoll (1987) 44.

7   D. *Sölle*, Strength of the Weak. Toward a Christian Feminist Identity: Philadelphia (1984).

8   Weiter unten werde ich nachdrücklich darlegen, daß gemeinsame befreiende Praxis, die aus gemeinsamer bevorzugter Parteinahme für die Unpersonen hervorgeht, nicht nur den *primären Zweck,* sondern auch eine *Bedingung der Möglichkeit* und den *ersten wesentlichen Schritt* für den interreligiösen Dialog begründet. Befreiende Praxis ist in gewissem Sinne die Substanz des Dialogs unter den Weltreligionen – das, woraus gemeinsames Gebet, gemeinsame Meditation und gemeinsame Reflexion und Lehre entspringen können.

nen zu erkunden. Genauer gesagt, ich möchte zeigen, 1. wie die Methode des befreiungsorientierten Denkens einen Kontext und einen Ausgangspunkt für einen Dialog bereitstellt, der absolutistische Positionen vermeidet und die genuinen Unterschiede und die Gültigkeit anderer respektiert und gleichwohl nicht die „glitschigen Hänge des Relativismus" hinabrutscht, und ich möchte zeigen, 2. wie die Bestandteile der Befreiungstheologie uns befähigen können, „angemessen" auf eine pluralistische (d. h. über eine exklusivistische und inklusivistische hinausgehende) Christologie zuzugehen, ohne den Kontext und die Kraft der christlichen Tradition oder des Zeugnisses aufzugeben.

Ich werde das „blanke Gerippe" dessen, was eine Befreiungstheologie der Religionen sein könnte, darbieten. Wenn ich das tue, illustriere ich, wie ich annehme, was Befreiungstheologen seit langem sagen, nämlich, daß ihre theologische Methode nicht nur für Lateinamerika oder die Dritte Welt gedacht ist, sondern daß sie die Art und Weise beeinflussen kann und sollte, in der Theologie in ihren verschiedenen Disziplinen in der Ersten Welt praktiziert wird. Von ihrem Ansatz und ihrer Methode her ist die Befreiungstheologie für die gesamte Kirche gedacht.

Grundlagen für einen pluralistischen, nicht-relativistischen Dialog

Theologen, die behaupten, das Christentum bedürfe einer neuen Weise, sich auf andere Religionen zu beziehen, versuchen einen interreligiösen Dialog voranzutreiben, der genuin *pluralistisch* sein wird – einen Dialog, der im voraus festgelegte absolutistische oder endgültige Positionen vermeiden wird, um zuzulassen, daß alle Teilnehmer eine gleichermaßen gültige Stimme haben und daß jeder Teilnehmer wirklich soviel wie möglich von dem hören kann, was der andere sagt. Doch die Vorkämpfer eines solchen pluralistischen Dialogs sind sich wohl der Gefahr bewußt, daß diese Art des Gesprächs leicht auf einen relativistischen Brei hinauslaufen kann, bei dem Vielfalt Beliebigkeit bedeutet und niemand wertende Urteile fällen kann. Es gibt drei Wege, auf denen eine Befreiungstheologie der Religionen Dialogtheologen helfen kann, den Reichtum des Pluralismus zu bewahren, ohne zuzulassen, daß er sich in relativistischen Brei auflöst.

1. Befreiungstheologen begeben sich mit einer „Hermeneutik des Mißtrauens" in den hermeneutischen Zirkel, d. h. in den fortgesetzten Versuch, das Wort Gottes auszulegen und zu hören. Sie erinnern sich selbst argwöhnisch daran, wie leicht, ja, wie unvermeidlich Auslegungen der Schrift und Lehraussagen zur *Ideologie* werden, zu einem Mittel, die eigenen Interessen auf Kosten anderer durchzusetzen. Allzuoft ist die Wahrheit, die wir als „Gottes Willen" oder als göttlich geoffenbart verkünden, in Wirklichkeit unser eigener getarnter, unbewußter Wille, den *status quo* aufrecht zu erhalten oder unsere eigene Kontrolle der Lage oder unsere eigene kulturelle und ökonomische Überlegenheit zu verteidigen. Ein solcher subtiler Mißbrauch der lebendigen Tradition ist, wie die Befreiungstheologen uns sagen, eine ständig lauernde Gefahr in jeglicher Lehre, wenn nicht ein getarntes Faktum. Daher ist ihr erster Schritt, wenn sie die Aufgabe der Auslegung des Wortes Gottes anfassen, mißtrauisch zu sein und die Ideologien aufzuspüren, die in einem gegebenen christlichen Kontext wirksam sein mögen. Ideologisierte Lehre und Praxis müssen zuerst entdeckt und revidiert werden, bevor Gottes Stimme in der Tradition und in der Welt wirklich gehört werden kann.[9]

Religionstheologen müssen viel von einer solchen Hermeneutik des Mißtrauens lernen. Sie würde als ersten Schritt von ihnen verlangen, bei der Ausarbeitung einer christlichen Theologie anderer Religionen oder bei der Begegnung mit anderen Gläubigen hermeneutisch gegenüber ihren vorgegebenen christlichen Positionen bezüglich derer draußen mißtrauisch zu sein. Wie weit hat die traditionelle Theologie der Religionen und insbesondere ihre christologische Basis dazu gedient, ein unbewußtes Verlangen zu bemänteln oder zu entschuldigen, Überlegenheit zu bewahren, zu herrschen oder zu kontrollieren oder andere Traditionen kulturell oder religiös abzuwerten? Warum haben Christen eigentlich so sehr darauf bestanden, an der Lehre des *extra ecclesiam nulla salus* („außerhalb der Kirche kein Heil") festzuhalten, oder warum haben sie auf der Behauptung bestanden, daß Christus die endgültige Norm für alle anderen Religionen sein muß? Es kann

---

[9] *J. L. Segundo*, The Liberation of Theology: Maryknoll (1976) 7–9. In einem anderen Sinn können und sollten Ideologien nicht vermieden werden; sie sind nicht notwendigerweise dem Wort Gottes entgegengesetzt. Befreiungstheologen behaupten, daß eine göttliche Ideologie sich durch die Bibel zieht: Gott hat sich auf die Seite der Armen geschlagen. Siehe ebenda 97–124; *ders.,* Faith and Ideologies: Maryknoll (1984) 87–129.

sicher nicht geleugnet werden, daß in der Vergangenheit solche Lehren und solche Christologie dazu benutzt wurden, die Unterordnung und Ausbeutung anderer Kulturen und Religionen zu rechtfertigen.

Selbst wenn es weder bewußte noch unbewußte Absicht der Christen ist, bestimmte Lehren dazu zu benutzen, andere Kulturen zu unterwerfen oder ihre religiösen Gefühle zu verletzen, so unterliegen diese Lehren dennoch dem hermeneutischen Mißtrauen der Befreiungstheologen, wenn die Wirkungen dieser Lehren so *sind*. „Orthodoxe" Lehren, die unethische Früchte bringen, sind, um das mindeste zu sagen, hochgradig verdächtig. Größtenteils können westliche Christen nur im Dialog und durch die Stimmen anderer Kulturen und Religionen beginnen, solches Mißtrauen zu fühlen. Dritte-Welt-Theologen aus Asien beispielsweise teilen uns in keineswegs unsicheren Begriffen mit, daß die Ernte missionarischer Expansion in nicht-europäische Kulturen hinein eine Fülle unethischer Früchte trägt. Sie weisen daraufhin, wie traditionelle Modelle eines christlichen Verständnisses anderer Religionen – sogar die eher inklusivistischen (Rahners „anonymes Christentum") und liberalen (Küngs „kritischer Katalysator") Modelle[10] – eine „krypto-kolonialistische Theologie der Religionen" und den „kulturellen Imperialismus des Westens" fördern.[11]

Solche liberalen, inklusivistischen Modelle für den Dialog mit anderen Religionen ähneln stark dem *Entwicklungsmodell* der Ersten Welt zur Förderung wirtschaftlichen Wohlergehens der Dritten Welt. Wie Befreiungstheologen gezeigt haben, führt solche „Entwicklung" auf subtile, doch wirksame Weise eher zu weiterer wirtschaftlicher Abhängigkeit und Unterordnung als zu wirklicher *Befreiung*. Dies ist in der Tat eine Form des Neokolonialismus. Und wie Tissa Balasuriya schonungslos sagt, führt das dazu, daß man mißtrauisch wird: „Kann das Selbstverständnis von Kirchen, die sexistische, rassistische, reli-

---

10 *K. Rahner*, Anonymes Christentum und Missionsauftrag der Kirche: Schriften zur Theologie IX, Einsiedeln (1970) 498–515; *ders.*, Bemerkungen zum Problem des „anonymen Christen": Schriften zur Theologie X, Einsiedeln (1972) 531–546; *H. Küng*, Christ sein: München 11. Aufl. (1974) 102–104.

11 *A. Pieris*, The Place of Non-Christian Religions and Cultures in the Evolution of Third World Theology: *V. Fabella/S. Torres* (eds.), Irruption of the Third World. Challenge to Theology: Maryknoll (1983) 114; *ders.*, Speaking of the Son of God in Non-Christian Cultures, e.g., in Asia: *E. Schillebeeckx/J. B. Metz* (eds.) Concilium 153 (1982) 67; *I. Puthiadam*, Christian Faith and Life in a World of Religious Pluralism: *C. Geffré/ J.-P. Jossua* (eds.) Concilium 135 (1980) 103–105.

giöse Unterdrückung und die Unterdrückung von Klassen legitimierten, theologisch wahr sein?"[12]

Genau dieses „hermeneutische Mißtrauen" gegenüber traditioneller christlicher Theologie der Religionen und speziell gegenüber ihrer christologischen Grundlage treibt viele christliche Theologen dazu, nach einer pluralistischen Theologie der Religionen zu suchen.

2. Wenn die Hermeneutik des Mißtrauens der Befreiungstheologen den Religionstheologen dazu verhelfen kann, die ideologischen Hindernisse für einen wirksameren Dialog beiseite zu räumen, dann kann ein anderer Grundstein der Befreiungstheologie – die bevorzugte Parteinahme für die (oder das hermeneutische Privileg der) Armen – helfen, die komplexen und umstrittenen Fragen bezüglich der Voraussetzungen und des Vorgehens im interreligiösen Dialog zu klären. Manche gelehrte Debatte hat sich um die „Bedingungen der Möglichkeit des Dialogs gedreht" – d. h. darum, wie wir religiösen Pluralismus verstehen sollten und wie wir im Gespräch so vorgehen, daß jeder beides hat: sowohl *das volle Recht zu sprechen*, als auch die *echte Fähigkeit zu hören*. Die traditionelle Sichtweise war, daß fruchtbarer interreligiöser Dialog wenigstens hypothetisch die Annahme eines gewissen *gemeinsamen Grundes* erfordert, der von allen Religionen geteilt wird – vielleicht eine „gemeinsame Substanz" innerhalb aller Traditionen (à la A. Toynbee) oder ein „universaler Glaube" (à la W. C. Smith, B. Lonergan) oder ein gemeinsames, doch undefinierbares „mystisches Zentrum" (à la W. T. Stace, F. Schuon, T. Merton).[13]

Zeitgenössische Kritiker warnen jedoch davor, irgendetwas Gemeinsames in den Religionen als Grundlage für den Dialog vorauszusetzen. Philosophen wie Richard Bernstein und Richard Rorty ebenso wie philosophisch orientierte Theologen wie Francis Schüssler Fiorenza und George Lindbeck[14] formulieren ihre Warnungen bezüg-

---

12 T. *Balasuriya*, A Third World Perspective: V. *Fabella/S. Torres* (eds.), Doing Theology in a Divided World: Maryknoll (1985) 202.

13 A. *Toynbee*, The Task of Disengaging the Essence from Non-essentials in Mankind's Religious Heritage: An Historian's Approach to Religion, New York (1965) 262–283; W. C. *Smith*, The Meaning and End of Religion: New York (1964) Kap. 6 u. 7; B. J. F. *Lonergan*, Method in Theology: New York (1972) 101–124; W. T. *Stace*, Mysticism and Philosophy: Philadelphia (1960); F. *Schuon*, The Transcendent Unity of Religions: New York (1975); T. *Merton*, The Asian Journal of Thomas Merton: N. Burton et al. (eds.) New York (1975) 309–317.

14 R. *Bernstein*, Beyond Objectivism and Relativism. Science, Hermeneutics and Praxis: Philadelphia (1983); R. *Rorty*, Philosophy and the Mirror of Nature: Princeton (1979);

lich der Gefahren der „Letztbegründungsideologie" (foundationalism) oder des „Objektivismus". In den Worten Bernsteins: „Unter ‚Objektivismus' verstehe ich die grundlegende Überzeugung, daß es eine dauernde ahistorische Matrix oder einen Rahmen gibt oder geben muß, auf den wir uns letztlich beziehen können, wenn wir das Wesen der Rationalität, des Wissens, der Wahrheit, der Wirklichkeit, des Gutseins, des Rechtseins (und der religiösen Erfahrung) bestimmen ... Objektivismus ist eng verwandt mit der ‚Letztbegründungsideologie' (foundationalism) und der Suche nach einem archimedischen Punkt. Der Objektivist glaubt, daß wir radikalen Skeptizismus nicht vermeiden können, es sei denn, wir können Philosophie, Wissen oder Sprache (interreligiösen Dialog) in rigoroser Weise begründen."[15]

Wir werden von Philosophen gedrängt, der sirenenhaften Verführung des Objektivismus zu widerstehen und unsere Suche nach Grundlagen oder einem „gemeinsamen Grund" über oder außerhalb der Vielfalt der Ansichten mutig aufzugeben. Philosophische Reife verlangt zu akzeptieren, daß alles Wissen „theoriegeladen" ist; unterschiedliche Gesellschaften haben unterschiedliche Plausibilitätsstrukturen; jede Religion spricht innerhalb ihres eigenen „Sprachspiels"; die „Protokollaussagen" der Positivisten – die behaupten zu berichten, was *jeder* beobachten würde – existieren vielleicht gar nicht. So scheint es, daß es keine gemeinsame Substanz oder keinen gemeinsamen Grund gibt, „keinen Weg von ‚außerhalb' einer Tradition, um ihren Sinn und die Wahrheitsansprüche zu beurteilen, die innerhalb derselben erhoben werden. Verschiedene religiöse Traditionen und Schemata des Glaubens oder Unglaubens spiegeln Rahmenbedingungen, die letztlich inkommensurabel sind."[16]

Aus einer etwas praktischeren Perspektive der Erfahrung spiegeln Theologen wie John Cobb und Raimundo Panikkar diese Philosophen wider. Wenn wir wirklich den Pluralismus ernst nehmen wollen, so ermahnen sie uns, dann müssen wir unsere Suche nach einer „universalen Theorie" oder einer „gemeinsamen Quelle" der Religion oder sogar nach „einem Gott" innerhalb aller Religionen aufgeben. In sei-

---

F. *Schüssler Fiorenza*, Foundational Theology. Jesus and the Church: New York (1984) 285–311; G. A. *Lindbeck*, The Nature of Doctrine. Religion and Theology in a Postliberal Age: Philadelphia (1985).

15 R. *Bernstein*, Beyond Objectivism and Relativism. Science, Hermeneutics and Praxis: Philadelphia (1983) 8.

16 T. B. *Oman*, Relativism, Objectivism and Theology: Horizons 13 (1986) 299.

nem Aufsatz in diesem Band nimmt Panikkar kein Blatt vor den Mund: „Pluralismus läßt kein universales System zu. Ein pluralistisches System wäre ein Selbstwiderspruch. Die Inkommensurabilität unbedingter Systeme ist unüberbrückbar."[17] John Cobb tadelt John Hick, Wilfred Cantwell Smith und mich: „Das Problem ist die Suche nach dem, was gemeinsam ist. Den Pluralismus wirklich zu akzeptieren heißt, diese Suche aufzugeben. Wenn unsere liberalen Theisten wirklich offen sein wollen, sollten sie einfach offen sein. Die Offenheit wird behindert durch das Bedürfnis, im voraus festzustellen, was wir gemeinsam haben."[18]

Nach diesen Kritikern besteht die Gefahr darin, daß wir wegen unseres Verlangens, eine gemeinsame Substanz oder ein gemeinsames Zentrum nachzuweisen oder herauszuarbeiten, allzu leicht übersehen, was in anderen Religionen wirklich verschieden und daher furchterregend ist. Wie John Cobb vorgeschlagen hat, mag es nicht ein „Unbedingtes" innerhalb oder hinter allen Weltreligionen geben; es mag sein, daß es zwei gibt – und wir fürchten uns, uns diesem Faktum zu stellen.[19] John Cobb hat auch einige schmerzlich treffende Kritik gegen John Hick und mein theozentrisches Modell für einen christlichen Zugang zu anderen Religionen gerichtet. Ich muß gestehen, er hat ziemlich überzeugend gezeigt, daß man anderen Gläubigen, die wie viele Buddhisten nicht einmal über Gott reden möchten oder die das Unbedingte als *Sunyata* erfahren, was nichts oder wenig mit dem zu tun hat, was Christen erfahren und Gott nennen, implizit und unbewußt doch noch immer imperialistisch unser Verständnis der Gottheit oder des Letzten überstülpt, wenn man Gott an Stelle der Kirche oder Christi als gemeinsame Basis für den Dialog vorschlägt.[20]

Das Argument der Kritiker ist deutlich. Doch wenn sie dieses Argument vorbringen, wenn sie vor den Fallen der „Letztbegrün-

---

17   R. *Panikkar*, The Jordan, the Tiber, and the Ganges: *J. Hick/P. F. Knitter* (eds.), The Myth of Christian Uniqueness. Toward a Pluralistic Theology of Religions: Maryknoll (1987) 110; s. auch *ders.*, A Universal Theory of Religion or a Cosmic Confidence in Reality?: *L. Swidler* (ed.), Toward a World Theology of Religions: Maryknoll (1987).
18   *J. Cobb*, The Meaning of Pluralism for Christian Self-Understanding: *L. S. Rouner* (ed.) Religious Pluralism: Notre Dame (1984) 172.
19   *J. Cobb*, Beyond Dialogue. Toward a Mutual Transformation of Christianity and Buddhism: Philadelphia (1982) 86–90, 110–114; *ders.*, Buddhist Emptiness and the Christian God: Journal of the American Academy of Religion 45 (1979) 11–25.
20   *J. Cobb*, Beyond Dialogue 41–44.

dungsideologie" (foundationalism) und gemeinsamer Substanzen warnen, warnen sie auch vor der gleichfalls drohenden Falle des „radikalen Skeptizismus" oder eines Relativismus, der Religionen oder Kulturen so in ihre eigenen Sprachspiele oder Plausibilitätsstrukturen einschließt, daß jede Kommunikation zwischen ihnen abgeschnitten wird. Die oben erwähnten Philosophen und Theologen glauben paradoxerweise alle fest an die Möglichkeit und den Wert der Kommunikation und des Dialogs zwischen offensichtlich „inkommensurablen" Traditionen. Sie suchen einen schwierigen, paradoxen Weg zwischen „foundationalism" und Relativismus; obwohl es keine vorweg begründeten gemeinsamen Grundlagen gibt, können wir doch miteinander reden und einander verstehen.

Wie dies jedoch funktioniert, ist nicht klar. Cobb und Panikkar (auch Bernstein) scheinen sich eines Habermas'schen Ansatzes zu bedienen; sie werfen sich einfach kaltblütig in den Dialog und vertrauen darauf, daß in der Praxis der Kommunikation selbst der gemeinsame Grund oder gemeinsame Ansichten entdeckt oder geschaffen werden. Obwohl dieser gemeinsame Grund keineswegs fester Boden ist, obwohl er „schwankender Grund"[21] bleibt, kann er ausreichen, die Inkommensurabilität zu überwinden (z. B. zwischen *Sunyata* und Gott) und kann zu gegenseitigem Verständnis führen, und sogar (wie Cobb uns sagt) zu der „gegenseitigen Transformation" von Religionen.

Indem sie ihren Glauben an den Wert des Dialogs bekräftigen, versuchen nun viele der Autoren, die zuvor jeden Anschein eines „gemeinsamen Grundes" vermeiden, zu zeigen, was den Dialog möglich und wertvoll macht und wie man bei der Kommunikation vorgehen sollte. Ich muß sagen, wenn sie dies tun, klingt es so, als suchten sie nach etwas „Gemeinsamem" in der Religionsgeschichte oder in religiöser Erfahrung. Obwohl er jegliche universale Theorie für Religionen in Abrede stellt, beruft Panikkar sich doch auf eine Aspiration (im wörtlichen Sinne eines Atems) oder eine Inspiration (als ein Geist) für alle Religionen.[22] Bernstein schlägt ein auf Vernunft gegründetes dialogisches Modell vor, daß von der Vielfalt der Stimmen geteilt wer-

---

21 M. K. *Taylor*, In Praise of Shaky Ground. The Liminal Christ and Cultural Pluralism: Theology Today 43 (1986) 36–51.
22 R. *Panikkar*, A Universal Theory of Religion or a Cosmic Confidence in Reality?: L. *Swidler* (ed.), Toward a World Theology of Religions: Maryknoll (1987).

den kann.[23] Andere Philosophen berufen sich auf einen universalen menschlichen „Brückenkopf" geteilter Wahrnehmungen und logischer Standards, die eine Grundlage für die Übersetzung zwischen (unterschiedlichen) Perspektiven bereitstellen.[24] Obwohl er Buddhismus und Christentum als zwei klar unterschiedene Wege ansieht, vertraut Heinrich Ott darauf, daß sie durch „dieselben Wälder" führen oder durch eine gemeinsame „Nachbarschaft".[25]

Diese Autoren spüren, daß die verschiedenen Religionen im letzten Sinn nicht Äpfel und Orangen sein können, denn wenn sie es wären, wie könnten sie, oder warum sollten sie miteinander reden und arbeiten? Jeder, der den Wert des interreligiösen Dialogs bekräftigt, bestätigt implizit, daß es etwas gibt, das die Religionen der Welt verbindet. Aber das Problem ist, wie kann es gezeigt werden? Wie kann es entdeckt werden? Wie kann man kreativ damit arbeiten?

An dieser Stelle kann eine Befreiungstheologie der Religionen sehr hilfreich sein. Wenn es schon keinen im voraus begründeten gemeinsamen Grund oder keine gemeinsame Substanz gibt, auf die wir uns vor dem Dialog berufen können, gibt es vielleicht einen gemeinsamen *Zugang* oder einen gemeinsamen *Kontext*, mit dem wir den Dialog beginnen können, um unseren gemeinsamen „schwankenden Grund" zu schaffen. Für Befreiungstheologen wäre dieser gemeinsame Kontext die *bevorzugte Parteinahme für die Armen und die Unpersonen* – d. h. die Entscheidung, mit den *Opfern* dieser Welt und für sie zu arbeiten. Wie es Harvey Cox mit typischer Klarheit ausdrückt: „Für Befreiungstheologen ist der Kampf für die Armen die Grundlage des interreligiösen Dialogs."[26]

Der Grund dafür, daß die bevorzugte Parteinahme für die Armen eine solche Basis bereitstellt, hat mit den epistemologischen Behauptungen der Befreiungstheologie zu tun – d. h. mit dem hermeneutischen Privileg der Armen. „Lateinamerikanische Befreiungstheologie,

---

23 R. *Bernstein*, Beyond Objectivism and Relativism. Science, Hermeneutics and Praxis: Philadelphia (1983), 172.

24 M. *Hollis*, The Social Destruction of Reality: M. *Hollis/S. Lukes* (eds.), Rationality and Relativism: Cambridge (1984) 67–86; S. *Lukes*, Relativism in its Place: ebenda 261–305.

25 H. *Ott*, The Beginning Dialogue between Christianity and Buddhism, the Concept of a "Dialogical Theology" and the Possible Contribution of Heideggerian Thought: Japanese Religions (Sept. 1980) 87–91, 96.

26 H. *Cox*, Religion in the Secular City. Toward a Postmodern Theology: New York (1984) 230

Black Theology und feministische Theologie behaupten alle, daß die Erfahrung der Unterdrückten eine privilegierte hermeneutische Grundlage ist und daß die Identifikation mit den Armen der erste Akt zum Verständnis entweder der Bibel oder unserer heutigen Welt sei."²⁷ Und wir könnten hinzufügen: Es ist „der erste Akt religiös Gläubiger, einander zu verstehen". Die Befreiungstheologen sagen uns, daß ohne Hingabe an die Unterdrückten unsere Erkenntnis defizitär bleibt – unsere Erkenntnis unserer selbst, anderer und des Unbedingten. Dies soll nicht implizieren, daß wir die Wahrheit nur in solcher Hingabe kennen können, vielmehr heißt das, daß ohne diese Parteinahme für die Armen die Wahrheit, die wir kennen, bestenfalls unvollkommen, defizitär und gefährlich ist.

Wegen ihrer hermeneutischen Priorität und Stärke bildet die bevorzugte Parteinahme für die Unterdrückten daher (wenigstens in der gegenwärtig existierenden Welt) die wirksame Bedingung der Möglichkeit des Dialogs – also das, was unterschiedlichen Religionen ermöglicht, miteinander zu sprechen und einander zu verstehen. In anderen Worten, wenn die Religionen der Welt Armut und Unterdrückung als gemeinsames Problem anerkennen können und wenn sie eine gemeinsame Verpflichtung (in unterschiedlichen Formen ausgedrückt) übernehmen können, solche Übel zu beseitigen, werden sie eine Basis haben, von der aus sie über ihre Inkommensurabilitäten und Unterschiede hinausgehen können, um aufeinander zu hören, einander zu verstehen und möglicherweise in diesem Prozeß verändert zu werden.

Es ist wichtig, die Unterschiede zwischen dem, was hier vorgeschlagen wird, und dem „Objektivismus" und „Foundationalism" zu erkennen. Die grundlegende Parteinahme für die Armen und Unpersonen dient nicht als „Grundlage" oder „archimedischer Punkt" oder feuersicheres Kriterium für Urteile, sondern als Zugang, Kontext und Ausgangspunkt, der selbst zu klären ist, während er neuen gemeinsamen Boden für das Verstehen klärt und schafft.

Wenn dies alles Sinn hat, können wir, denke ich, einen Schritt weiter gehen. Statt nach „einem Gott" oder „einem Unbedingten" oder einer „gemeinsamen Substanz" oder einem „mystischen Zentrum" in allen Religionen zu suchen, können wir einen *gemeinsamen Ort religiöser*

---

27 L. *Cormie,* The Hermeneutical Privilege of the Oppressed: Catholic Theological Society of America Pro-ceedings 33 (1978) 78.

Erfahrung anerkennen, der nun allen Religionen der Welt zugänglich ist. Innerhalb des Kampfes für Befreiung und Gerechtigkeit, den sie mit den und für die vielen verschiedenen Gruppen unterdrückter Menschen führen, können Gläubige unterschiedlicher Traditionen gemeinsam und doch verschieden erfahren, was ihre Entschlüsse begründet, ihre Hoffnungen inspiriert und ihre Handlungen leitet, um Ungerechtigkeit zu überwinden und Einheit zu fördern. Aloysius Pieris weist darauf hin, daß in unserer gegenwärtigen Welt der Kampf für Befreiung und Veränderung dieser Welt eine interkulturelle und interreligiöse Grundlage für Definition und Mitteilung religiöser Erfahrung zwischen allen Religionen abgibt: „Ich schlage vor, daß der religiöse Instinkt als revolutionärer Drang, als psychosozialer Impuls definiert wird, eine neue Menschheit hervorzubringen ... Es ist dieser revolutionäre Impuls, der die Substanz des *homo religiosus* begründet und daher definiert."[28]

Vielleicht kann der Kampf für Gerechtigkeit eher als das Kloster oder der Berg des Mystikers die Arena werden, in der Hindus und Muslime, Buddhisten, Christen und Juden spüren, was sie vereint, wo sie beginnen können, darüber zu sprechen. Eine Kommunikation über die Lehre zwischen Gläubigen verschiedener Wege ist nicht nur durch das möglich, was Thomas Merton eine *Kommunikation der mystisch-kontemplativen Erfahrung*[29] nannte, sondern auch und besonders durch eine *Kommunikation der befreienden Praxis*. In den Worten von M. M. Thomas: „Die gemeinsame Antwort auf die Probleme der Humanisierung der Existenz in der modernen Welt ist in unserer Zeit der fruchtbarste Eingangspunkt für ein Treffen der Religionen *in der spirituellen Tiefe*, eher als irgendeine gemeinsame Religiosität oder ein gemeinsames Gefühl für das Göttliche."[30]

Eine solche Behauptung entspricht dem Insistieren der Befreiungstheologen darauf, daß lehrmäßige Klarheit nur innerhalb befreiender Praxis und durch sie erreicht werden kann. Um daher in

---

28 A. *Pieris,* The Place of Non-Christian Religions and Cultures in the Evolution of Third World Theology: V. *Fabella/S. Torres* (eds.), Irruption of the Third World. Challenge to Theology: Maryknoll (1983) 134.

29 T. *Merton,* The Asian Journal of Thomas Merton: N. *Burton et al.* (eds.) New York (1975) 309–317.

30 M. M. *Thomas,* Man and the Universe of Faiths, zitiert nach R. H. *Drummond,* Toward a New Age in Christian Theology: Maryknoll (1985) 129, Hervorhebung von P. F. *Knitter.*

die schwierige Diskussion darüber eintreten zu können, ob es eine „gemeinsame Substanz" oder einen „gemeinsamen Grund" in allen Religionen gibt, um wissen zu können, ob „Gott" und „*Sunyata*" am Ende etwas gemeinsam haben könnten, müssen wir nicht nur zusammen beten und meditieren, sondern vor allem zusammen mit den Unterdrückten und für sie agieren. John Cobb hat daher recht: Vor dem Dialog können wir nicht wissen, was den Religionen „gemeinsam" ist – aber Dialog wird nun nicht nur als gemeinsames Gespräch oder Gebet verstanden, sondern als gemeinsame Praxis. „Für Befreiungstheologen", so sagt uns Harvey Cox in westlichen Bildern, „liegt diese unsichtbare Realität (die hypothetische, transzendente Einheit der Religionen) voraus, nicht unter der Oberfläche oder hinter uns. Sie ist eschatologisch, nicht ursprünglich. Sie erfordert gläubige Liebe und Dienst, nicht esoterische Einsicht."[31]

Dieses Verständnis der zentralen Rolle der bevorzugten Parteinahme für die Armen und Unpersonen innerhalb des interreligiösen Dialogs bedeutet, daß die Evolution christlicher Haltungen gegenüber anderen Religionen, die ich in meinem Buch *No Other Name?* beschrieben habe, unvollständig ist. Die Evolution, so schlage ich vor, wird zu einer anderen Stufe berufen. Wenn christliche Haltungen sich vom Ekklesiozentrismus zum Christozentrismus und zum Theozentrismus entwickelt haben, so müssen sie sich nun auf das zu bewegen, was in christlicher Sprache eine „Orientierung auf das Reich Gottes" oder universaler „Heilsorientierung" genannt werden könnte. Für Christen besteht das, was die Grundlage und das Ziel des interreligiösen Dialogs bildet, was gegenseitiges Verstehen und Zusammenarbeit zwischen den Religionen (die „Bedingung der Möglichkeit") möglich macht, und was die Religionen im gemeinsamen Diskurs und gemeinsamer Praxis vereint, nicht darin, wie sie auf die Kirche (unsichtbar durch die „Taufe des Verlangens") oder auf Christus (anonym [Rahner] oder normativ [Küng]) bezogen sind, noch auch darin, wie sie auf Gott antworten oder ihn denken, sondern vielmehr darin, wie weit sie *Soteria* vorantreiben (im christlichen Bild: die *Basileia*) – wie weit sie bei der Förderung menschlichen Wohlergehens engagiert sind und Befreiung zusammen mit den Armen und den Unpersonen und für sie herbeiführen.

---

31 *H. Cox*, Religion in the Secular City 238.

Eine christliche Befreiungstheologie der Religionen wird daher als den „gemeinsamen" (doch noch immer „schwankenden") Grund oder Ausgangspunkt für religiöse Begegnung nicht *Theos*, das unaussprechliche Mysterium des Göttlichen, sondern vielmehr *Soteria*, das „unaussprechliche Mysterium des Heils"[32], vorschlagen. Ein solcher heilsorientierter Ansatz ist, wie es scheint, weniger anfällig (doch niemals völlig immun) gegen ideologischen Mißbrauch, da er nicht seine eigenen Ansichten von Gott oder dem Letzten anderen Traditionen aufzwingt; auf diese Weise stellt er eine Antwort auf Cobbs Kritik des Theozentrismus dar. Ein heilsorientierter Zugang zu anderen Religionen scheint auch im Hinblick auf die Daten der vergleichenden Religionswissenschaft ehrlicher zu sein. Denn obwohl die Religionen der Welt eine divergente Verschiedenheit von Modellen für das Unbedingte beinhalten – theistische, metatheistische, polytheistische und atheistische –, „bleibt die gemeinsame Stoßrichtung jedoch *soteriologisch*, die Sorge der meisten Religionen richtet sich auf *Befreiung (vimukti, moksha, nirvana)*, nicht so sehr auf die Spekulation über einen hypothetischen (göttlichen) Befreier"[33].

In seiner Kritik am ersten Entwurf dieses Aufsatzes warnte John Cobb jedoch weiterhin: „Einseitig eine solche Bedingung (d.h. die bevorzugte Parteinahme) von christlicher Seite für den Dialog aufzustellen, ist eine Fortsetzung des Imperialismus, dem Knitter entgegentritt ... er scheint zu sagen, daß er Dialog nur mit denen sucht, die sein Verständnis des Heils teilen." Cobbs Ermahnungen sind wichtig. Sie helfen klarzustellen, daß die bevorzugte Parteinahme für die Unterdrückten nicht als eine *absolute Bedingung* für den interreligiösen Dialog *erzwungen* werden kann; vielmehr wird sie als *Einladung* zu einem authentischen und effektiven Dialog angeboten oder vorgeschlagen. Ich *fordere* nicht, daß andere Religionen die Sorge für das Leiden unterdrückter Völker als einen Ausgangspunkt für die interreligiöse Begegnung akzeptieren; aber ich vermute und ich gebe zu bedenken, daß sie es können und auch wollen. Meine Vermutungen werden gestützt durch die Behauptung von Pieris, daß die Religionen der Welt viel mehr gemeinsame Ausgangspunkte in ihren Soteriologien teilen als in ihren Theologien. Wie im nächsten Abschnitt betont

---

32 A. *Pieris*, Speaking of the Son of God in Non-Christian Cultures, e.g., in Asia: E. *Schillebeeckx/J. B. Metz* (eds.) Concilium 153 (1982) 67.

33 A. *Pieris*, The Place of Non-Christian Religions and Cultures in the Evolution of Third World Theology 133.

wird, sage ich, wenn ich *Soteria* als Kontext oder Ausgangspunkt für den Dialog vorschlage, damit gewiß nicht, daß es nur einen Weg gibt, „Heil" zu verstehen, oder daß mein christliches Verständnis davon endgültig oder normativ ist. Man beginnt auf „schwankendem" Grund, der im Dialog gefestigt werden muß; *nachdem* man begonnen hat, kann der Ausgangspunkt geklärt oder korrigiert werden. Aber man *hat* keinen Ausgangspunkt.

3. Harvey Cox faßt die praktischen Vorteile eines soteriologischen Ansatzes zusammen und deutet einen weiteren Beitrag an, den er zu einer Befreiungstheologie der Religionen liefern kann: „Im Lichte dieser am Reich Gottes ausgerichteten Sichtweise ... verschiebt sich die ganze Bedeutung der Diskussion zwischen Menschen verschiedener Religionen. Der Zweck des Gesprächs wird ein anderer. Interreligiöser Dialog wird weder zu einem Selbstzweck noch zu einer ausschließlich religiösen Suche, sondern zu einem Schritt in Vorwegnahme der Gerechtigkeit Gottes. Er wird zur Praxis. Ähnlichkeiten und Unterschiede, die einstmals als wichtig erschienen, schwinden, wenn die wirklichen Unterschiede – zwischen denen, deren heilige Geschichten gebraucht werden, um Herrschaft zu perpetuieren, und denen, deren Religion sie für den Kampf gegen Herrschaft stärkt – klarer hervortreten."[34]

„Die wirklichen Unterschiede treten klarer hervor" – Cox deutet an, wie die bevorzugte Parteinahme für die Unterdrückten Akademikern und auch Teilnehmern im Dialog helfen kann, ein weiteres Problem in der Diskussion über religiösen Pluralismus anzupacken: Wie kann man einen radikalen Skeptizismus oder einen erstickenden Relativismus vermeiden, wenn die unabhängige Gültigkeit aller Traditionen und die Gefahr betont wird, die Wahrheit des anderen nach den je eigenen unangemessenen Kriterien zu richten? Wie ist man fähig, entschlossen dem zu widerstehen, was Langdon Gilkey in seinem Beitrag in diesem Band „unerträgliche Formen der Religion und des Religiösen"[35] genannt hat? Bisher habe ich erörtert, wie die verschiedenen Religionen einander *verstehen* können. Gibt es auch eine Möglichkeit, daß sie einander *beurteilen* können? In ihren Religionsstudien und -gesprächen erkennen sogar Akademiker, daß sowohl der Zustand

---

34 *H. Cox*, Religion in the Secular City 238.
35 *L. Gilkey*, Plurality and its Theological Implications: *J. Hick/P. F. Knitter* (eds.), The Myth of Christian Uniqueness. Toward a Pluralistic Theology of Religions: Maryknoll (1987) 44.

unserer Welt als auch die Natur des menschlichen Geistes (Lonergan sagt uns, daß Verstehen nichts als eine Stufe zum Urteil ist) es erfordern, daß wir Urteile darüber bilden, wenn auch nur vorläufig, was wahr und falsch, gut oder schlecht – oder wenigstens darüber, was vorzuziehen ist. Wir können, in John Hicks Worten gesagt, der Notwendigkeit nicht ausweichen, „Religionen zu benoten".[36]

Doch solche bewertende Urteile zu fordern bedeutet, Ängste vor der Letztbegründungsideologie, dem Neokolonialismus und ideologischem Mißbrauch neu zu wecken. Wo können wir Kriterien für eine Beurteilung oder „Benotung" finden – Kriterien, die eine eingebaute Sicherung gegen die Verkehrung in ausbeuterische Werkzeuge haben und die allgemeine Zustimmung in der Wissenschaft und in der interreligiösen Begegnung finden können? Lehrmäßige Kriterien, die sich auf die Qualitäten des Letzten oder die Aktivität eines universalen Logos, oder die Gegenwart eines anonymen Christus oder Buddha beziehen, erweisen sich als zu umstritten und anfällig für Ideologie. Kriterien aus der mystischen Erfahrung – Mertons „Kommunion vor Kommunikation" – sind hilfreich, aber letztlich oftmals schwer anzuwenden.

Könnte eine heilsorientierte Grundlage – die bevorzugte Parteinahme für die Armen und Unpersonen – allgemeine Kriterien bereitstellen, auf die sich eine Vielzahl von Religionen einlassen könnte, um sie als Grundlage dafür zu gebrauchen, sich selbst zu benoten? Hick selbst schlägt das Kriterium der „soteriologischen Effektivität" vor – das, was „jene grenzenlos bessere Qualität menschlicher Existenz" fördert, „die aus dem Übergang von der Selbstbezogenheit zur Realitätsbezogenheit erwächst".[37] Stanley Samartha ist der Meinung, daß die Religionen der Welt eine „globale Ethik" oder einen „Konsens des Gewissens" formulieren können, der kein „religiöser Obstsalat" sei, sondern „ein Reihe von Prinzipien über Fragen des Teilens von Macht und Ressourcen innerhalb nationaler Gemeinschaften und international in der Weltgemeinschaft".[38] Hans Küng hat vorgeschlagen, daß der erste Bestandteil einer „ökumenischen Kriteriologie" zur Bestimmung „wahrer Religion" das *Humanum* sei – jene „grundlegen-

---

36 *J. Hick*, On Grading Religions: Religious Studies 17 (1981) 451–467.
37 *J. Hick*, On Grading Religions 267, s. auch 461–464; vgl. auch *J. Hick,* The Non-Absoluteness of Christianity: *J. Hick/P. F. Knitter* (eds.), The Myth of Christian Uniqueness. Toward a Pluralistic Theology of Religions: Maryknoll (1987) 16–36.
38 *S. Samartha*, Courage for Dialogue: Maryknoll (1982) 126–167.

den Werte und grundlegenden Bedürfnisse", die wesentlich für das Menschsein sind. „Sollte es nicht möglich sein, mit Berufung auf die gemeinsame Menschlichkeit aller ein allgemeines, grundlegendes ethisches Kriterium zu formulieren, das auf dem *Humanum* beruht, dem wahrhaft Menschlichen, konkret auf menschlicher Würde und den grundlegenden Werten, die ihr zukommen?"[39]

Eine Befreiungstheologie der Religionen würde solche Vorschläge begrüßen, aber sie würde vor ihrem gefährlichen Mangel an Genauigkeit warnen. Über *wessen Humanum* reden wir? Oder wie Befreiungstheologen hartnäckig fragen: Wer ist der Gesprächspartner dieser Theologen? „Soteriologische Effektivität", „eine globale Ethik", das *Humanum* müssen bevorzugt auf die Unterdrückten, die Marginalisierten, die Machtlosen in unserer Welt bezogen werden, und das heißt, daß diese Kriterien in der wirklichen Praxis der Befreiung zu Gunsten der Unterdrückten formuliert und konkretisiert werden müssen. Sonst laufen solche Kriterien Gefahr, in eine unwirksame Theorie oder Ideologie der Ersten Welt zu versinken. Können die Religionen der Welt der Notwendigkeit und dem Wert solcher befreienden Kriterien zustimmen? Die Erklärung der Weltkonferenz über Religion und Frieden in Kyoto (1970) ist ein hoffnungsvolles Zeichen; unter den Überzeugungen, die die Religionen „gemeinsam besitzen", war „ein Gefühl der Verpflichtung, auf der Seite der Armen und Unterdrückten gegen die Reichen und die Unterdrücker stehen zu sollen".[40]

Solche heilsorientierten Kriterien brauchen, obwohl sie auf die Armen und die Nichtpersonen bezogen sind, nicht zu einer neuen Form der Letztbegründungsideologie oder zu einem archimedischen Punkt in der Ethik außerhalb der Praxis der Befreiung und des Dialogs zu führen. Wie schon betont, gehen wir nicht von im voraus stabilisierten Absoluta aus. In ihrem Beitrag zu diesem Band hat Marjorie Suchocki erhellend die Komplexität und hartnäckige Vielgestaltigkeit auf dem Weg zu einem gemeinsamen Verständnis der „Gerechtigkeit" gezeigt.[41] Heilsorientierte Kriterien dienen daher eher als *heuristische Werkzeuge*, nicht als definierte Grundlage. Die Kriterien dafür, welche Elemente zu echter, vollständiger Befreiung beitragen,

---

39 H. *Küng,* What Is the True Religion? Toward a Three-dimensional Ecumenical Criteriology: *L Swidler* (ed.), Toward a World Theology of Religions: Maryknoll (1987).
40 Ebenda.
41 M. H. *Suchocki,* In Search of Justice: *J. Hick/P. F. Knitter* (eds.), The Myth of Christian Uniqueness. Toward a Pluralistic Theology of Religions: Maryknoll (1987) 156–160.

Paul F. Knitter

können nur in der wirklichen Praxis des Kampfes zur Überwindung von Leid und Unterdrückung und nur in der Praxis des Dialogs erkannt werden. Was sind die Gründe des Leidens, der Unterdrückung? Wie können sie am besten ausgeschaltet werden? Welche Art sozio-kultureller Analyse ist nötig? Welche Art persönlicher Verwandlung oder Veränderung des Bewußtseins ist erforderlich? Die bevorzugte Parteinahme für die Armen stellt keine vorgefertigten Antworten auf solche Fragen bereit. Und doch ist der Ausgangspunkt für eine gemeinsame Bemühung um Antworten in der grundlegenden Parteinahme für die Unterdrückten und die Verpflichtung ihnen gegenüber gegeben.[42]

Weiterhin sollte man nicht erwarten, wie Hick angedeutet hat, daß man in der Lage ist, eine Note *in globo* für eine ganze Religion zu geben oder Religionen in einer Art ethischen Hierarchie zu klassifizieren, wenn man die heilsorientierten Kriterien der Befreiungstheologie in interreligiösen Gesprächen anwendet.[43] Wie W. C. Smith deutlich

---

42 Ich glaube, daß dies auf die Bedenken *John Cobbs* in seinem Kommentar zum ersten Entwurf dieses Artikels eingeht: „Wenn sie (die Hindus und Buddhisten) an Befreiung denken, dann haben sie anderes im Sinn als sozialen Wandel, und wie würden uns dieses andere Interesse gern mitteilen. Sie glauben, es sei von äußerster Wichtigkeit für jeden, unabhängig von seiner Wirkung auf die äußeren sozialen Bedingungen. Sollten wir uns weigern, zu hören, weil nach unserem Urteil die Notlage der Armen nun wichtiger ist als die Befreiung des Frommen?" Natürlich nicht! Mit einiger Zurückhaltung gegenüber *Cobbs* Ausschluß jeglichen sozialen Wandels aus jedem hinduistischen und buddhistischen Verständnis von Befreiung würde ich anerkennen, daß Christen, die sich um soziale Befreiung bemühen, das östliche Insistieren darauf hören sollten, daß solche Befreiung unmöglich oder vergänglich ist ohne Erleuchtung oder religiöse Befreiung – daß man daher auch eine gewisse „bevorzugte Parteinahme" für persönliche Erleuchtung vollziehen muß. Gleichzeitig hoffe ich, daß Buddhisten und Hindus anerkennen werden (wie es viele tun), daß Erleuchtung, obwohl sie gültig ist ohne Wirkung auf soziale Bedingungen, in der Welt von heute solche Wirkungen besonders für die herbeiführen kann und muß, die am meisten in dieser Welt leiden. Doch was ist mit Religionen, die eine Beziehung zwischen Verwandlung dieser Welt und persönlichem Heil oder Erleuchtung leugnen, die ihre Anhänger dazu aufrufen, jegliches Bemühen für diese Welt aufzugeben und sich nur auf die nächste Welt zu konzentrieren? Im Hinblick auf seinen Beitrag zu diesem Buch würde *Gilkey* dies vielleicht als Beispiel für *unerträgliche* Religion bezeichnen. Wenn es, wie wir oben sagten, Grenzen der Toleranz gibt, dann gibt es auch Grenzen des Dialogs. Höchstens jedoch kann man sagen, daß wir unter der Voraussetzung der drängenden Notwendigkeiten unserer gegenwärtigen Welt „vorziehen", nicht mit solchen jenseitsbezogenen Religionen in einen Dialog einzutreten. Wenn oder falls dazu Zeit ist, kann ein solcher Dialog in Zukunft aufgenommen werden.

43 *J. Hick,* On Grading Religions: Religious Studies 17 (1981) 465–467.

gemacht hat, überschreitet die Wirklichkeit der Religion unsere rationalen, westlichen Konstrukte von „Religion".[44] Wenn jedoch die Kriterien befreiender Praxis angewendet werden und beispielsweise gefragt wird, wie ein spezieller Hinduglaube oder ein christliches Ritual oder buddhistische Praxis menschliches Wohlergehen fördert und zur Beseitigung von Armut und zur Förderung von Befreiung führt, könnten wir in der Lage sein, im Blick auf verschiedene religiöse Ansprüche oder Praktiken zu gemeinsamen Urteilen über „wahr" und „falsch" zu kommen oder darüber, was vorzuziehen sei.

Wenn *Soteria* als Quelle ethischer Kriterien für den interreligiösen Dialog hochgehalten wird, braucht man nicht ideologisch naiv zu sein. Obwohl es allgemeine Übereinstimmung hinsichtlich der Förderung von Gerechtigkeit und Beseitigung von Unterdrückung geben mag, wird jede Religion oder Tradition ihr eigenes Verständnis davon haben, was *Soteria* und Befreiung mit sich bringen. Wie Gavin D'Costa in seiner Kritik meines Buches hierzu gezeigt hat, bleibt jeder theozentrische oder heilsorientierte Ansatz in gewissem Sinne von Natur aus christozentrisch (oder buddhazentrisch, krischnazentrisch, koranozentrisch).[45] Wir haben alle unsere besonderen Sichtweisen, unsere Perspektiven oder verschiedenen Mittler. Die Kriterien, nach denen wir verstehen, was Befreiung bedeutet oder was echte oder vorgetäuschte Befreiung ausmacht, werden von unseren besonderen Mittlern bereitgestellt. Das Universale, sei es *Theos* oder *Soteria*, wird daher immer durch ein partikulares Symbol oder einen partikularen Mittler erfahren, verstanden und beantwortet. Keinesfalls wird Christus zurückgelassen; er bleibt für Christen der Weg, die Wahrheit und das Leben.

Was aber den heilsorientierten Ansatz vom christozentrischen oder theozentrischen unterscheidet, ist die ausdrückliche Anerkennung dessen, daß vor dem Mysterium der *Soteria* kein Mittler oder Symbolsystem absolut ist. Die Perspektive der *Soteria*, die von irgendeinem Mittler gegeben wird, bleibt immer offen für Klärung, Vervollständigung, vielleicht Verbesserung durch die Sichtweisen anderer Mittler. Wiederum ist also das Absolute, das, was allem anderen dient und es klärt, nicht die Kirche oder Christus oder gar Gott, sondern vielmehr

---

44 *W. C. Smith*, The Meaning and End of Religion: New York (1964) 109–138.
45 *G. D'Costa*, Review of No Other Name?: Modern Theology 2 (1985) 83–88; s. auch *G. D'Costa*, An Examination of the Pluralist Paradigm in the Christian Theology of Religions: Scottish Journal of Theology 39 (1986) 211–224.

das Reich Gottes und seine Gerechtigkeit. Und obwohl Christen das Reich Gottes *durch* Christus verstehen und ihm durch ihn dienen, wird ihnen alles andere einschließlich eines deutlicheren, vielleicht berichtigten Verständnisses des Reiches Gottes *und* Christi zufallen, wenn sie zuerst das Reich und seine Gerechtigkeit suchen. Dies führt uns zu einer Überlegung darüber, wie die Methode der Befreiungstheologie zur Klärung der christologischen Komponente einer Theologie der Religionen beitragen kann.

Befreiungstheologie der Religionen und die Einzigartigkeit Christi

Außer bei der Klärung des Kontexts und des Ausgangspunkts für einen echten pluralistischen interreligiösen Dialog – jenseits von Exklusivismus und Inklusivismus – kann die Methode der Befreiungstheologie auch dabei helfen, das noch verzwicktere Problem der Einzigartigkeit Christi zu lösen. Wie es scheint, müssen Christen ihr traditionelles Verständnis von Jesus Christus als der endgültigen, definitiven, maßgeblichen Stimme Gottes überarbeiten oder sogar aufgeben, um im voraus festgelegte absolutistische Positionen zu vermeiden, die einen echten pluralistischen Dialog verhindern. Können sie das tun und sich noch Christen nennen? Um zu zeigen, wie eine Befreiungstheologie der Religionen helfen kann, auf solche christologischen Verlegenheiten zu antworten, trage ich die folgenden vier Überlegungen vor.

1. Wie schon erwähnt, besteht die Befreiungstheologie darauf, daß *Praxis* sowohl der *Ursprung* als auch die *Bestätigung* der Theorie oder der *Lehre* ist. Alle christlichen Glaubensaussagen und Wahrheitsbehauptungen müssen aus der Praxis oder gelebten Erfahrung dieser Wahrheiten erwachsen und dann durch sie wiederum bestätigt werden. Nach der Befreiungstheologie kennt man nicht zuerst die Wahrheit und wendet sie dann in der Praxis an; vielmehr wird Wahrheit in der Aktion, im Handeln wirklich erkannt und bestätigt. Was dies für die Christologie bedeutet, ist von Theologen wie Jon Sobrino und Leonardo Boff klar gemacht worden: Wir können nicht eher erkennen, wer Jesus von Nazareth ist, bis wir ihm nachfolgen, indem wir seine Botschaft in unserem Leben praktizieren.[46] In diesem Prozeß wurden

---

46 *J. Sobrino*, Christology at the Crossroads: Maryknoll (1978) 346–395; *L. Boff*, Jesus Christ Liberator: Maryknoll (1978) 32–48, 264–296.

die neutestamentlichen Titel Jesu formuliert; sie sind die Frucht, die frohe Botschaft, die aus der Erfahrung der Nachfolge erwuchs. Und weil diese Erfahrung sich entsprechend den verschiedenen Gemeinschaften und Kontexten der frühen Kirchen veränderte, wucherten die Titel für Jesus.

Praxis war daher der Ausgangspunkt jeder Christologie. Und sie bleibt das Kriterium jeder Christologie, denn was wir über Jesus wissen oder sagen, muß in wechselnden Kontexten der Geschichte beständig in der Praxis des Lebens seiner Vision bestätigt, geklärt und vielleicht korrigiert werden. In diesem Sinne ist daher nichts endgültig, was wir über Jesus sagen. Wie Leonardo Boff uns sagt, „kann kein Christus beigelegter Titel verabsolutiert werden".[47]

Was dieser Primat der Praxis für eine Christologie des interreligiösen Dialogs bedeutet, ist in einer Bemerkung Jon Sobrinos impliziert: Jesu „Universalität kann nicht auf der Grundlage von Formeln oder Symbolen demonstriert oder bewiesen werden, die in sich universal wären: z. B. dogmatische Formeln, das Kerygma als Ereignis, die Auferstehung als universales Symbol der Hoffnung usw. Die wirkliche Universalität Jesu zeigt sich nur in ihrer konkreten Verkörperung."[48]

In anderen Worten, die christliche Überzeugung und Verkündigung, daß Jesus Gottes endgültiges und maßgebliches Wort für alle Religionen ist, kann nicht nur auf traditioneller Lehre oder persönlicher, individueller Erfahrung beruhen. Nur auf der Grundlage dessen, daß man uns dies gesagt hat oder daß wir ihn als solchen in unserem eigenen Leben erfahren haben, können wir nicht wissen, daß Jesus Gottes letztes oder maßgebliches Wort ist. Vielmehr kann die Einzigartigkeit Jesu nur „in ihrer konkreten Verkörperung", nur in der Praxis historischer und sozialer Beteiligung erkannt und bekannt werden. Das heißt konkret, daß wir nicht erfahren und bekennen können, was die Einzigartigkeit und Normativität Christi bedeuten, es sei denn, wir sind in der Praxis des christlichen Dialogs mit anderen Religionen engagiert und wenden in der Nachfolge Christi seine Botschaft im Dialog mit anderen Gläubigen an. Aber hat solche Praxis stattgefunden? Haben Christen aktiv von anderen Religionen gelernt und mit ihnen in solchem Ausmaß zusammengearbeitet, daß sie die Einzigartigkeit und Normativität Jesu gegenüber allen anderen erfahren

---

47 L. *Boff*, a. a. O. 229–231.
48 J. *Sobrino*, Christology at the Crossroads 9–10.

haben? Ist ihre Praxis des Dialogs mit anderen Gläubigen ausgedehnt genug gewesen, um den universalen Anspruch zu erheben, daß Jesus diese anderen Religionen übertrifft und daher maßgeblich für sie ist? Ich glaube nicht.

Obwohl es zutrifft, daß die Kirche über Jahrhunderte hinweg „zu allen Völkern" und Religionen gegangen ist, haben erst in diesem Jahrhundert die katholische Kirche im Vatikanum II und die protestantischen Kirchen durch den Ökumenischen Rat der Kirchen einen bewußten, ausgedehnten Dialog mit anderen religiösen Traditionen aufgenommen. Aus der Perspektive der Befreiungstheologie müssen Christen daher zugeben, daß es mindestens im Augenblick *unmöglich* ist, Ansprüche auf die Endgültigkeit und Normativität Christi oder des Christentums zu erheben. Das heißt, wir haben die „Erlaubnis" – vielleicht sogar die Verpflichtung –, in einen Dialog mit anderen Gläubigen einzutreten, ohne unsere traditionellen Ansprüche („kein anderer Name" oder „ein Mittler") zu erheben. Wenn wir diesen Schritt vollziehen, werden wir durch Leonardo Boffs Hinweis gestärkt und getröstet, daß kein christologischer Titel absolut ist; sogar jene Titel, die Endgültigkeit und Normativität für Jesus beanspruchen, müssen möglicherweise auf Grund unserer Praxis des Religionsdialogs revidiert werden.

2. Ein weiterer verwandter Bestandteil der Befreiungstheologie – der *Primat der Orthopraxis vor der Orthodoxie* – versichert Christen, daß Ansprüche auf die Endgültigkeit Christi oder des Christentums auch nicht *notwendig* sind, wenn sie gegenwärtig nicht möglich sind. Das vorrangige Interesse einer heilsorientierten Befreiungstheologie der Religionen ist nicht der „rechte Glaube" an die Einzigartigkeit Christi, sondern die „rechte Praxis" der mit anderen Religionen gemeinsamen Förderung des Reiches Gottes und seiner *Soteria*. Klarheit darüber, ob und wie Christus der eine Herr und Retter ist, mag ebenso wie Klarheit über jede andere Lehre wichtig sein, aber sie ist der Wahrnehmung der bevorzugten Parteinahme für die Armen und Unpersonen nachgeordnet. Orthodoxie wird nur dann eine drängende Frage, wenn sie für die Orthopraxis notwendig ist, nämlich dafür, die bevorzugte Parteinahme für die Armen wahrzunehmen und das Reich Gottes voranzutreiben. Solange rechtgläubige Klarheit für solche Zwecke nicht nötig ist, kann sie warten.

Ich meine, sie kann warten. Christen *brauchen* keine rechtgläubige Klarheit und Gewißheit bezüglich Jesu als des „einen" oder „endgültigen" oder „universalen" Retters, um die befreiende Wahrheit seiner Botschaft zu erfahren und sich ihr völlig hinzugeben. Christen *wissen* auf Grund ihrer Praxis der Nachfolge Jesu, daß seine Botschaft ein sicheres Mittel ist, Befreiung von Ungerechtigkeit und Unterdrückung zu bewirken, daß sie ein wirksamer, hoffnungsvoller, universal bedeutsamer Weg der Verwirklichung der *Soteria* und der Förderung des Reiches Gottes ist. Nicht zu wissen, ob Jesus einzigartig und ob er das endgültige oder normative Wort Gottes für alle Zeiten ist, verhindert nicht die Hingabe an die Praxis seiner Nachfolge und die mit anderen Religionen gemeinsame Arbeit am Aufbau des Reiches Gottes. Solche Fragen brauchen jetzt nicht beantwortet zu werden. In der Tat, sie können jetzt nicht beantwortet werden, wie wir gerade sahen. In der Zwischenzeit ist noch viel harte Arbeit zu tun. Nicht die, die „der Herr allein, der Herr allein" rufen, sondern die, die den Willen des Vaters *tun*, werden in das Reich eingehen (Mt 7,21–23).

Diese christologischen Schlußfolgerungen aus dem Insistieren der Befreiungstheologen auf dem Primat der Orthopraxis vor der Orthodoxie haben Ähnlichkeit mit H. Richard Niebuhrs Empfehlung von 1941, Christen sollten einen *bekenntnishaften Ansatz* gegenüber Menschen anderen Glaubens wählen. Er drängte seine christlichen Glaubensgenossen, sich dadurch auf andere Gläubige zu beziehen, daß sie „in einfacher, bekenntnishafter Form aussagen, was uns in unserer Gemeinschaft widerfahren ist, wie wir zum Glauben kamen, wie wir über die Dinge denken und was wir von unserem Blickpunkt aus sehen". Und heute hätte er vermutlich hinzugefügt: „und dadurch, daß wir praktizieren, was wir glauben". Niebuhr drängte darauf, daß ein solches Bekenntnis in Wort und Tat nicht durch irgendeinen Versuch, das Christentum „als allen anderen Religionen überlegen zu rechtfertigen", begleitet zu werden braucht und begleitet werden sollte. Solche „orthodoxen" Ansprüche auf die Überlegenheit und Normativität Christi über alle Religionen waren nicht nur nicht nötig für das Leben des christlichen Bekenntnisses; sie waren, in Niebuhrs prophetischen Worten, „zerstörender für die Religion, das Christentum und die Seele, als irgendein feindlicher Angriff es jemals sein kann".[49]

3. Die oben beschriebenen Möglichkeiten, die bevorzugte Parteinahme für die Armen als Arbeitskriterium zur „Benotung von Religionen" zu gebrauchen, enthalten weitere christologische Implikatio-

---

49 *H. R. Niebuhr,* The Meaning of Revelation: New York (1962) 39, 41.

nen. Wenn befreiende Praxis mit den und für die Armen und Unpersonen ein Indikator und Maßstab wahrer Offenbarung und religiöser Erfahrung ist, dann müssen Christen, ob sie es mögen oder nicht, nicht nur entscheiden ob, sondern *inwieweit* andere religiöse Bekenntnisse und Handlungsweisen echte „Wege des Heils" sind – und weiter, ob und *inwieweit* andere religiöse Gestalten echte Befreier und „Retter" sind. In anderen Worten, die heilsorientierten Kriterien für den Religionsdialog, die in der bevorzugten Parteinahme für die Unterdrückten enthalten sind, bieten Christen die Werkzeuge zur kritischen Überprüfung und möglicherweise zur Revision des traditionellen Verständnisses der Einzigartigkeit Christi an.

Einfach ausgedrückt, an ihren ethischen, soteriologischen Früchten werden wir sie erkennen – wir werden in der Lage sein zu beurteilen, ob und inwieweit andere religiöse Wege und ihre Mittler heilbringend sind. Urteile können in verschiedene Richtungen gehen. Bei der Anwendung der Kriterien befreiender Praxis in ihren akademischen und persönlichen Begegnungen mit Andersgläubigen mögen christliche Theologen finden, daß ihnen – und vielleicht auch anderen Gläubigen –, obwohl es auch andere „Retter" in anderen Traditionen gibt, doch noch immer Jesus der Nazarener als der einzigartige und irgendwie besondere Befreier erscheint, als der, der alle anderen Bemühungen um *Soteria* vereint und erfüllt. Oder Christen könnten entdecken, daß andere Religionen und religiöse Gestalten einen Weg und eine Vision der Befreiung anbieten, die denen Jesu gleichen, daß es unmöglich ist, Retter oder erleuchtete Wesen im Sinne einer Klassifizierung zu „benoten". Zum Beispiel könnten sie schließen, daß die befreiende, verändernde Kraft der buddhistischen Begriffe der Erleuchtung, die auf gemeinsamer Hervorbringung und Mitleid beruhen und in den „Familientreffen" der Sarvodaya-Bewegung in Sri Lanka praktiziert werden, genauso heilbringend sind wie die Symbole des Reiches Gottes, der Erlösung und der Gnade, wie sie in den *comunidades de base* in Nicaragua gelebt werden. Jesus wäre dann einzigartig zusammen mit anderen einzigartigen Befreiern. Er wäre ein universaler Retter mit anderen universalen Rettern. Seine Universalität und Einzigartigkeit wäre weder exklusiv noch inklusiv, sondern komplementär.

Und doch ist es nach heilsorientierter Befreiungstheologie der Religionen letztendlich nicht so wichtig, ob solche Unterscheidungen hinsichtlich der Einzigartigkeit möglicherweise getroffen werden oder nicht, solange wie wir mit allen Völkern und Religionen zuerst das Reich Gottes und seine Gerechtigkeit suchen (Mt 6,33).

4. Eine Befreiungstheologie der Religionen bietet Hilfe im Umgang mit einem weiteren Hindernis, das denen entgegensteht, die Möglichkeiten erkunden, Christus nicht absolut und endgültig zu verstehen. Der letzte Prüfstein für Gültigkeit und Angemessenheit eines neuen Verständnisses Christi als des „einen unter vielen", der in einer Beziehung „komplementärer Einzigartigkeit" zu anderen steht, ist – so könnte man sagen –, ob eine solche Sicht schließlich von den Gläubigen *angenommen* wird. Annahme durch die Gläubigen war das letzte Kriterium für die Gültigkeit der frühen ökumenischen Konzile, und es bleibt heute für Päpste, Konzile und Theologen ein solches Kriterium.[50] In anderen Worten, christliche Theologen können ihr Geschäft nicht in wohlbehüteten Elfenbeintürmen betreiben; weil sie, wie es der Fall ist, zur „akademischen Öffentlichkeit" gehören, müssen sie auch fähig sein, sich in der „Öffentlichkeit der Kirche" verständlich zu machen und einen Platz zu finden.[51]

Aber dies ist genau der Grund, warum eine Anzahl sehr aufgeschlossener Theologen glaubt, sie könnten eine pluralistische Theologie der Religionen nicht unterstützen und sich auf eine Sicht Jesu hinbewegen, die seine „ein für allemal" (*ephapax,* Hebr 9,12) Einzigartigkeit verkleinert. Eine solche Sicht könnte niemals vom „Gefühl der Gläubigen" angenommen werden. Monika Hellwig und Frans Josef van Beeck bestehen feinfühlig, doch fest darauf, „zu behaupten, Jesus biete uns einen Weg des Heils an, der einer unter vielen ist, hieße der Treue gegenüber den klassischen Aussagen über Jesus in der Bibel und der Tradition nicht gerecht zu werden".[52] Avery Dulles behauptet, daß jegliche Verringerung der *lex credendi* bezüglich der „äußersten Einzigartigkeit und Transzendenz dessen, was im Leben Jesu Christi" geschah, die *lex orandi* der Gemeinschaft schwächen wird. „Wenn dies (die äußerste Einzigartigkeit Christi) verdunkelt wird, dann wird das Christusereignis nicht die Art von Gottesdienst hervorrufen, die notwendig ist, um die christliche Gemeinschaft in ihrer lebendigen

---

50 A. *Dulles,* The Magisterium in History. A Theological Reflection: Chicago Studies 17 (1978) 269.
51 D. *Tracy,* The Analogical Imagination. Christian Theology and the Culture of Pluralism: New York (1981) 3–33.
52 M. *Hellwig,* Jesus the Compassion of God: Wilmington (1983) 133; F. J. *van Beeck,* Professing the Uniqueness of Christ: Chicago Studies 24 (1985) 17–35.

Beziehung zu Gott zu erhalten."[53] Und Hans Küng hat mir persönlich und auch öffentlich gesagt, obwohl es logisch sinnvoll sein mag, sich in Richtung auf eine Christologie zu bewegen, die nicht absolut ist, könne er selbst diesen Schritt hauptsächlich aus zwei Gründen nicht vollziehen: Er würde ihn von seiner Glaubensgemeinschaft entfremden und er würde dazu führen, die Tiefe und Festigkeit der persönlichen Verpflichtung von Christen Jesus Christus gegenüber zu verringern.[54]

Alle diese Vorbehalte, die nicht von den Falwells oder Ratzingers stammen, sondern von einigen der liberaleren Denker in unseren Gemeinschaften, beruhen darauf, daß ein Gegensatz zwischen der neuen, nicht-absoluten Sichtweise Christi und dem *sensus fidelium* wahrgenommen wird. Wenn also diese neuen Christologien irgendeine Zukunft in der christlichen Theologie haben sollen, dann bedürfen sie einer besseren *kirchlichen Vermittlung,* damit sie von den Gläubigen „angenommen" werden können.

Bei der Ausarbeitung einer solchen kirchlichen Vermittlung kann die Befreiungstheologie hilfreich sein. Erstens deshalb, weil die Befreiungstheologen nicht so besorgt sein würden, die Gläubigen aufzurütteln und herauszufordern, obwohl sie äußerst feinfühlig sind hinsichtlich der Arbeit mit und von dem „Verständnis der Gläubigen" her – Befreiungstheologie ist aus dem Schoß der Basisgemeinden geboren. In den christlichen Basisgemeinden vollzieht sich nicht nur eine Reflexion christlicher Glaubensaussagen, sondern eine Schärfung, ja Transformation des Verständnisses der Gläubigen. Befreiungstheologen betrachten sich selbst nicht nur als Lehrende und Lernende, sondern auch, wenn es nötig ist, als *Propheten.* (Gustavo Gutiérrez hat gesagt: „In den Vereinigten Staaten werde ich Theologe genannt. In Peru bin ich ein Aktivist."[55]) Befreiungstheologen würden Hellwig und Küng raten, bereit zu sein, die Gläubigen anzutreiben und anzuspornen, statt nur über ihre Erfahrung nachzudenken. (Als ob Küng Ermuti-

---

53 A. *Dulles,* The Resilient Church. The Necessity and Limits of Adaption: Garden City (1977) 78; vgl. *ders.,* Model of Revelation: Garden City (1983) 189–192; F. J. *van Beeck* spricht die gleichen Vorbehalte aus: Christ Proclaimed. Christology as Rhetoric: New York (1979) 385–395.
54 H. *Küng* auf Konferenzen in Philadelphia (Temple University, Oktober 1984) und in Toronto (Toronto University, November 1985).
55 Zitiert in: R. *McAffee Brown,* Makers of Contemporary Theology: Gustavo Gutiérrez: Atlanta (1980) 20.

gung zum Antreiben und Anspornen nötig hätte!) Wie die amerikanischen Bischöfe kürzlich durch ihre Hirtenbriefe zum Atomkrieg und zur Wirtschaft entdeckt haben, müssen Theologen manchmal voraneilen, wo die gewöhnlichen Gläubigen Furcht haben, sich voranzutasten. Besonders was die Frage der Einzigartigkeit Christi angeht, habe ich gefunden, daß Furcht und Zurückhaltung der Gemeinde überwunden werden kann – ja, viele Gläubige sind froh darüber, daß sie schließlich jemand antreibt und herausfordert.[56]

Aber die Befreiungstheologie hat mehr anzubieten als eine Ermunterung zur Lösung dieses Problems kirchlicher Vermittlung. Die grundlegende befreiungstheologische Maxime, daß Orthopraxis den Primat gegenüber der Orthodoxie hält, ist nicht nur eine herausfordernde epistemologische Einsicht; sie ist auch ein brauchbares pastorales Instrument zur Vermittlung der neuen, nicht-absoluten Christologien an die Kirche. Wenn der Primat der Orthopraxis verstanden und bekräftigt wird, kann den Gläubigen meines Erachtens geholfen werden zu erkennen, daß sie beim „Empfangen" dieser neuen Sicht Jesu nicht nur dem Zeugnis des Neuen Testaments und der Tradition treu bleiben, sondern daß sie auch zu einer noch tieferen Hingabe an Christus und sein Evangelium herausgefordert werden.

Ich vermute, daß z. B. das „Empfinden" der meisten christlichen Gläubigen – soweit sie durch eine befreiende Praxis ihres Glaubens mit ihrer eigenen Erfahrung in Berührung gebracht werden – mit der oben gemachten Behauptung übereinstimmen wird, daß die richtige Praxis der Nachfolge Jesu und die Arbeit für sein Reich für die christliche Identität wichtiger sind als die rechte Kenntnis über die Natur Gottes oder Jesu selbst. Ich bin ziemlich sicher, daß jene Christen, die herausgefordert und befähigt werden, eine Verbindung zu ziehen zwischen ihrer eigenen Erfahrung, dem Evangelium und befreiender Praxis, zustimmen werden, daß das Wesen des Christseins eher im *Tun* des Willens des Vaters liegt, als im Wissen oder Bestehen darauf, daß Jesus der Eine und Einzige oder der Beste von allen ist. In der Tat, die Psychologie der Liebe und Hingabe scheint es nahezulegen, je tiefer und sicherer die Hingabe eines Menschen an einen bestimmten Weg oder eine Person ist, desto offener ist es für die Schönheit oder Wahrheit anderer Wege und Personen. Christen können zur Einsicht geführt

---

56 P. F. *Knitter*, The Impact of World Religions on Academic and Ecclesial Theology: Catholic Theological Society of America Proceedings (1985) 160–165.

werden, daß weder ihre Hingabe an Jesus noch ihre Fähigkeit, ihn anzubeten (die *lex orandi*), gefährdet zu werden brauchen, nur weil es andere als ihn geben mag. Warum muß denn etwas „einzig und alleinig" sein, um unserer Verehrung und Hingabe würdig zu sein? Die christlichen Gläubigen werden auch verstehen, welche solide evangelische Bedeutung ein solcher nicht-absoluter Zugang zu Christus hat: Andere werden sich viel bereitwilliger von Christen überzeugen lassen, die ein einfaches Zeugnis davon ablegen, wie viel ihr Retter wirklich für sie getan hat, als von Christen, die darauf bestehen, daß „unser Retter größer ist als eurer".

Die Anerkenntnis des Primats der Orthopraxis vor der Orthodoxie kann auch pastoral genutzt werden, um christliche Gläubige zum Verstehen des Wesens der neutestamentlichen Sprache und dessen zu befähigen, was es heißt, dieser Sprache treu zu bleiben. Auf der Grundlage ihrer eigenen Erfahrung des Nachdenkens und Betens über der Schrift können die Gläubigen wirklich verstehen, daß die Kraft und der Zweck der biblischen Sprache zunächst auf eine Lebensweise zielt und nicht auf ein Korpus von Glaubenssätzen. Genauer, der erste Zweck der christologischen Sprache und Titel des Neuen Testaments war nicht, endgültige ontologische Aussagen über die Person und das Werk Jesu zu machen, sondern Männer und Frauen zu befähigen, die Kraft und die Anziehung der Vision Jesu zu spüren und dann „hinzugehen und gleichermaßen zu tun". Das heißt nicht, daß abgestritten werden soll, daß die Gemeinden des Neuen Testaments versuchten, etwas Wirkliches über Jesus auszusagen. Sie machten kognitive Aussagen über ihn. Aber diese Aussagen waren nicht die primäre Absicht; sie waren in gewissem Sinne Zwecke zu einem Ende – oder besser, Aufrufe zur Jüngerschaft.

In meinem Buch habe ich die neutestamentliche Rede über Jesus als „Überlebens-" und „Liebessprache" bezeichnet, um sie von philosophischer Sprache zu unterscheiden.[57] Es wäre genauer und pastoral wirkungsvoller, die neutestamentlichen Aussagen über Jesus als „Handlungssprache" (action language) zu bezeichnen. Er wurde nicht *primär* als der „Eine und Einzige" oder „eingeborene Sohn" bezeichnet, um uns damit endgültige theologischphilosophische Aussagen zu geben, und auch nicht *primär*, um andere auszuschließen, sondern die

---

57 P. F. *Knitter,* No Other Name? A Critical Survey of Christian Attitudes Toward the World Religions: Maryknoll (1985) 182–186.

neutestamentlichen Autoren gebrauchten ihre Sprache des „Ein und Einzig" vielmehr, um auf Handlungen zu drängen. Wenn nun Christen heute dieselbe Handlung fortsetzen, wenn sie Christus weiterhin nachfolgen und ohne die traditionelle Sprache des „Ein und Einzig" für das Reich arbeiten können, dann halten sie dennoch an dem zentralen Inhalt der ursprünglichen Botschaft fest. Wenn die Anerkenntnis der Möglichkeit anderer Retter und Mittler diese Praxis nicht behindert, dann ist sie mit der christlichen Identität und Tradition kompatibel.

In der Tat könnte argumentiert werden, daß heute eine solche Anerkennung anderer notwendig ist, um dem ursprünglichen Zeugnis über Jesus treu zu bleiben. Theologen, die eine pluralistische Theologie der Religionen und eine nicht-absolute Christologie erkunden, tun dies nicht einfach nur um des Neuen oder um eines wahrhaft pluralistischen interreligiösen Dialogs willen, sondern sie tun es vielmehr, weil „die Liebe Christi sie treibt" (2Kor 5,14). Sie wollen der ursprünglichen Botschaft des Nazareners treu bleiben – dem, dem sich Jesus selbst immer untergeordnet hat: dem Reich der Liebe, der Einigkeit, der Gerechtigkeit.

Um diesem Reich zu dienen und es zu fördern, wollen wir mit anderen dialogisieren und arbeiten und für die Möglichkeit offen sein, daß es andere Lehrer, Befreier und Retter gibt, die uns helfen können, das Reich zu verstehen und dafür in einer Weise zu arbeiten, die noch jenseits dessen liegt, was wir gehört haben oder uns vorstellen können. „Jeder, der *nicht gegen* uns ist, ist *mit* uns" (Mk 9,40). Der vorliegende Band wurde mit der Vermutung und dem Vertrauen zusammengestellt, daß es andere, vielleicht viele andere, *mit* Jesus gibt – und viele andere religiöse Wege *mit* dem Christentum. Jeder verschieden, jeder einzigartig – aber *mit*einander.

Hans Küng

Weltfrieden – Weltreligionen – Weltethos

Der schweizerische katholische Theologe Hans Küng (geb. 1928 in Sursee/Schweiz) lehrt seit 1960 an der katholisch-theologischen Fakultät der Universität Tübingen. 1980 wurde ihm aufgrund seiner Kritik an zentralen Dogmen der katholischen Tradition wie der Unfehlbarkeit des Papstes die kirchliche Lehrerlaubnis entzogen, er blieb aber bis zu seiner Emeritierung 1996 Professor der Tübinger Universität und Direktor des Instituts für Ökumenische Forschung. Er ist seit seinem Buch „Projekt Weltethos" (1990) mit seinem Programm eines Engagements der Religionen um des Friedens willen hervorgetreten und hat in diesem Zusammenhang neben zahlreichen einführenden Werken in den christlichen Glauben und Auseinandersetzungen mit der offiziellen katholischen Theologie auch der Beschäftigung mit anderen Religionen wichtige Werke gewidmet, so zum Judentum und zum Islam. Er geht in seinem Beitrag davon aus, dass die Religionen das Potential haben, sich gemeinsam für einen ethischen Grundbestand einzusetzen, den er als „Weltethos" bezeichnet. Es geht um eine Kultur der Gewaltlosigkeit, der Solidarität, der Toleranz und Wahrhaftigkeit sowie der Gleichberechtigung und Partnerschaft der Geschlechter. Ferner können Gebote wie das, nicht zu lügen, nicht zu stehlen, die Ehe nicht zu brechen und die Eltern zu achten und Bedürftigen und Schwachen zu helfen, als religionsübergreifend betrachtet werden. Er verknüpft dies mit einem Appell für einen Bewusstseinsbildungsprozess und eine neue Welt(wirtschafts)ordnung, für die auch die Religionen eine hohe Verantwortung tragen.

Ulrich Dehn

Weltfrieden – Weltreligionen – Weltethos

Daß die politische Weltlage nach den unerwarteten Ereignissen des Jahres 1989 insgesamt instabiler, unsicherer geworden ist: Mit dieser Analyse werden die meisten der Zeitkritiker übereinstimmen. Niemand hätte für möglich gehalten, daß das weltgeschichtliche Szenario sich so rasch verändern würde: der Zusammenbruch des Sowjetsystems, die Wiedervereinigung Deutschlands, die Demokratisierung der früheren Ostblockstaaten, der Golfkrieg, der Bürgerkrieg im ehemaligen Jugoslawien. Wohin die Gesamtentwicklung treiben wird, kann heute noch niemand definitiv sagen. Das eine dagegen scheint sicher: Der Zusammenbruch des marxistischen Sozialismus in Jahre 1989 und die Auflösung der antagonistischen Militärblöcke ist – sehe ich richtig – die dritte Chance zu einer neuen Weltordnung, die nach dem Ersten Weltkrieg 1918 und nach dem Zweiten Weltkrieg 1945 verspielt worden war.

1. Drei Chancen für eine neue Weltordnung: 1918–1945–1989

Chance 1: 1918: Nach dem Ersten Weltkrieg war auf Anregung des damaligen amerikanischen Präsidenten Wilson der „Völkerbund" gegründet worden (1920), beruhend auf der Vision, daß die Völker endlich zu einer gemeinsamen, friedlichen und gerechten Regelung der Weltangelegenheiten kommen würden. Europa und die Welt aber hatten diese erste Chance verspielt: vor allem mit Faschismus und Nationalsozialismus, aber auch mit Kommunismus und japanischem Militarismus, und in deren Gefolge mit dem Zweiten Weltkrieg, mit dem Holocaust, mit Archipel Gulag und Hiroshima. Statt einer Weltordnung ein noch nie dagewesenes *Weltchaos*.

Chance 2: 1945: Damals bestand erneut die Chance zu einer solchen neuen Weltordnung, und die jetzt gegründeten „Vereinten Nationen" sollten dazu verhelfen. Doch auch dieser neue Versuch erwies sich als zwiespältig. Und es war vor allem die stalinistische Sowjetunion, welche in Osteuropa und anderswo eine bessere Ordnung verhinderte und sich durch Totalitarismus nach innen und Hegemonismus nach außen selber das Grab schaufelte. Statt einer Weltordnung eine *Weltteilung!* Zu einem entfesselten Kapitalismus mit negativen Auswirkungen vor allem in Lateinamerika und Afrika kam jetzt ein Sozialismus, der von der Elbe bis Wladiwostok zu einer beispiellosen Versklavung der Menschen und der Ausbeutung der Natur führte – bis es nicht mehr weiterging.

Chance 3: 1989: Jetzt ist die dritte Chance zu einer – ich möchte es nennen – „postmodernen" Weltordnung gekommen. Politisch gesehen hat sie ein demokratisches Staatswesen zur Voraussetzung, ökonomisch gesehen eine sowohl sozial wie ökologisch ausgerichtete Marktwirtschaft (nicht zu verwechseln mit „Kapitalismus", der weder sozial noch ökologisch ist), wie sie zumindest im Prinzip von Washington über Brüssel bis Moskau bejaht wird, wenngleich noch längst nicht entwickelt ist. Doch wird eine solche Weltordnung nicht entstehen ohne ein neues Verhältnis zwischen den Völkern. Und wer hätte ahnen können, daß mitten in Europa noch einmal ein Krieg von unvorstellbarer Grausamkeit geführt wird. Auch andere Regionen sind weit davon entfernt, befriedet zu sein. Statt einer neuen Weltordnung eine neue *Weltunordnung?*

Schaut man auf die Welt von heute, so kommt man um die erschreckende Tatsache nicht herum: Es gibt zur Zeit ungefähr 30 bewaffnete Konflikte. Die UN ist aber schon jetzt mit ihren laufenden 13 friedenserhaltenden Missionen überfordert. Zur Zeit zählen die UN 184 Mitgliedsstaaten (verglichen mit 51 im Jahre 1945). UN-Beamte schätzen, daß, wenn auch Afrika nach ethnischen Grenzen aufgeteilt werden sollte, die Zahl der „souveränen Staaten" gegen 450 anwachsen könnte. Doch wenn immer kleinere ethnische und religiöse Einheiten sich den Status eines „souveränen Staates" erkämpfen wollen, wird nicht nur Afrika, sondern auch Europa von Spanien bis nach Rußland durch Aufsplitterung in Unordnung geraten. Die Zukunft wird dann unsicherer denn je sein. Von Stabilität wird keine Rede mehr sein können, wenn die Einheiten immer kleiner werden, die Perspektiven immer enger, der Drang nach nationaler Abgrenzung immer fanatischer. Jugoslawien ist ein warnendes Beispiel. Und was sich in den vergangenen Monaten auch in Deutschland zwischen Rostock, Solingen und Konstanz abgespielt hat, ist eine grausame Mahnung, umzudenken und zu besseren Regeln des Zusammenlebens in dieser einen Welt und Menschheit zu kommen. Aber wie?

2. Keine neue Weltordnung ohne ein Weltethos

Zuerst *negativ* formuliert: Eine neue, bessere Weltordnung wird nicht heraufgeführt werden auf der Basis
- von diplomatischen Offensiven allein, welche oft allzusehr nur auf die Regierungen und nicht auf die Völker ausgerichtet sind und welche Frieden und Stabilität der Region nur zu oft nicht zu garantieren vermögen;
- einfach von humanitären Hilfen, die politische Aktionen nicht zu ersetzen vermögen;

- primär von militärischen Interventionen, die meist mehr negative als positive Folgen zeitigten;
- allein des „Völkerrechts", solange dieses auf einer uneingeschränkten Souveränität der Staaten beruht und mehr die Rechte der Staaten als die Rechte der Völker und der Menschen (Menschenrechte) im Auge hat.

Positiv formuliert: Eine neue Weltordnung wird letztlich nur *heraufgeführt auf der Basis von*
- mehr gemeinsamen Visionen, Idealen, Werten, Zielen und Maßstäben;
- einer verstärkten globalen Verantwortung der Völker und ihrer Lenker;
- eines neuen verbindlichen und verbindenden, Kulturen und Religionen umgreifenden Ethos für die gesamte Menschheit, auch die Staaten und ihre Machthaber. *Keine neue Weltordnung ohne ein neues Weltethos!*

Man mag einwenden: Hat es nicht etwas Verwegenes, angesichts des Krieges in Jugoslawien, wo orthodoxe Serben, katholische Kroaten und muslimische Bosnier sich grauenhaft-blutige Schlachten liefern, angesichts der Lage im Nahen Osten, angesichts der Spannungen zwischen christlichen Armeniern und muslimischen Aserbaidschanern, zwischen Hindus, Muslimen und Sikhs in Indien, zwischen buddhistischen Singhalesen und hinduistischen Tamilen in Sri Lanka und nicht zuletzt angesichts des unbereinigten Konfliktes in Nordirland zwischen Katholiken und Protestanten: Hat es nicht etwas Verwegenes, für die Zukunftssicherung dieser Erde ein Weltethos zu fordern, für das die Religionen einen entscheidenden Beitrag liefern sollten. Aber ich frage zurück: Wann wäre eine solche Forderung dringender als heute? „Weltethos" ist ohnehin nie eine Schönwetter- oder Luxusparole gewesen, mit der man sich akademisch interessant machen oder als Festredner profilieren möchte. Sie kommt aus bitteren Erfahrungen der Vergangenheit, aus blutigen Krisen von gestern, in denen die Religionen oft eine fatale Rolle gespielt haben. Krise aber bedeutet nicht nur Gefahr, sondern auch Chance.

3. Nicht eine einzige Weltkultur oder Weltreligion

Weltpolitik, Weltwirtschaft und Weltfinanzsystem bestimmen unser eigenes nationales und regionales Schicksal wesentlich mit. Daß es keine nationalen oder regionalen Inseln der Stabilität mehr gibt, beginnt man selbst in der Schweiz langsam einzusehen. Und trotz der starken nationalen und regionalen Interessenzersplitterung gibt es doch schon eine so starke politische, wirtschaftliche und finanzielle *Weltverflechtung,* daß Ökonomen von einer *Weltgesellschaft* und Soziologen von einer *Weltzivilisation* (im technisch-wirtschaftlich-sozialen Sinn) reden: Weltgesellschaft und -zivilisation als ein zusammenhängendes Interaktionsfeld, in das alle direkt oder indirekt involviert sind.

Doch besagt diese entstehende Weltgesellschaft und technologische Weltzivilisation keinesfalls auch eine einheitliche *Weltkultur* (im geistig-künstlerisch-gestaltenden Sinn), gar eine *Weltreligion.* Vielmehr schließen Weltgesellschaft und Weltzivilisation eine zum Teil sogar neuakzentuierte *Vielzahl von Kulturen und von Religionen* ein. Eine einzige Weltreligion zu erhoffen, ist eine Illusion, sie zu befürchten ist Unsinn. Nach wie vor verwirrend ist in der Welt von heute die Vielfalt der Religionen, Konfessionen und Denominationen, der religiösen Sekten, Gruppen und Bewegungen. Ein kaum überschaubares Miteinander, Durcheinander und Gegeneinander, das nicht auf einen Nenner gebracht werden kann oder soll.

Aber will man in einer nicht nur regionalen oder nationalen, sondern *welthistorischen und weltweiten* und in diesem Sinne *planetarischen Betrachtung* diese durch die Jahrhunderte gewachsene Überkomplexität reduzieren, ja will man sich angesichts der aktuellen Unübersichtlichkeit auch und gerade in Sachen Religion neu orientieren, so hält man sich angesichts der „einen religiösen Geschichte der Menschen" (Wilfrid Cantwell Smith) am besten an die noch heute bestehenden großen religiösen Stromsysteme der *Hochreligionen,* die auch die Naturreligionen Afrikas, Amerikas und Ozeaniens überflutet haben. Blickt man also auf die Welt von heute und überschaut man unseren Globus gleichsam von einem Satelliten aus, so lassen sich in der Kulturlandschaft dieser Erde gegenwärtig noch *drei große – überindividuelle, internationale und transkulturelle – religiöse Stromsysteme* mit ihren Einzugsgebieten unterscheiden, die alle ihre eigene Genesis und Morphologie haben:

- die Religionen *semitischen* Ursprungs: Sie haben einen *prophetischen* Charakter, gehen stets von einem *Gegenüber* von Gott und Mensch aus und stehen vorwiegend im Zeichen religiöser *Konfrontation:* Judentum, Christentum und Islam;

- die Religionen *indischer* Herkunft: Sie sind primär von einer *mystischen*, auf *Einheit* hin tendierenden Grundstimmung getragen und stehen mehr im Zeichen religiöser *Inneneinkehr:* frühe indische Religion der Upanishaden, Buddhismus und Hinduismus;
- die Religionen *chinesischer* Tradition: Sie zeigen eine *weisheitliche* Ausprägung und stehen grundsätzlich im Zeichen der *Harmonie:* Konfuzianismus und Taoismus.

Älter, stärker und konstanter als viele Dynastien und Imperien haben diese großen Religionssysteme durch die Jahrtausende die Kulturlandschaft dieses Globus modelliert. In unnachgiebigem Rhythmus des Wechsels erhoben sich in den verschiedenen Kontinenten sporadisch neue Bergmassive und Hochplateaus, doch die großen *Ströme,* älter, stärker und konstanter, haben sich immer wieder neu in die sich hebende Landschaft eingeschnitten. Ähnlich sind in unserer Kulturlandschaft immer wieder neue Gesellschaftssysteme, Staatswesen und Herrscherhäuser aufgestiegen, die großen alten Ströme der *Religionen* jedoch vermochten sich – allen Hebungen und Senkungen zum Trotz – mit einigen Anpassungen und Umwegen immer wieder durchzusetzen und die Züge der Kulturlandschaft in neuer Weise zu gestalten. Schon von daher, von den tiefgreifenden Prägungen der Kulturen durch die Religionen her, wäre es auch sinnlos, von einer einzigen Weltkultur oder Weltreligion zu sprechen oder eine solche gar anzustreben.

Und doch: Es gibt *Gemeinsamkeiten in den Religionen*. Wie die natürlichen Stromsysteme dieser Erde und die von ihnen geprägten Landschaften zwar höchst verschieden sind, die Flüsse und Ströme der verschiedenen Kontinente aber allesamt ähnliche Profile und Hangneigungen aufweisen, ähnlichen Gesetzmäßigkeiten gehorchen, Schluchten schneiden ins Gebirge, sich winden in den Ebenen und unweigerlich einen Weg zum Meer suchen, so auch die religiösen Stromsysteme dieser Erde: Wiewohl höchst verschieden, zeigen sie doch in vielem ähnliche Profile, Gesetzlichkeiten und Auswirkungen. Religionen – so verwirrend verschieden sie auch allesamt sind – sind Heilsbotschaften, die alle auf ähnliche *Grundfragen* des Menschen antworten, auf die ewigen Fragen nach Liebe und Leid, Schuld und Sühne, Leben und Tod: Woher die Welt und ihre Ordnung? Warum sind wir geboren, und warum müssen wir sterben? Was bestimmt das Schicksal des Einzelnen und der Menschheit? Wie begründet sich das sittliche Bewußtsein und das Vorhandensein ethischer Normen? Und sie alle bieten über alle Weltdeutung hinaus auch ähnliche *Heilswege* an: Wege aus der Not, dem Leid und der Schuld des Daseins; Wegweisung für ein sinnvolles und verantwortungsbewußtes Handeln in diesem Leben – zu einem dauernden, bleibenden, ewigen Heil, der Erlösung von allem Leid, von Schuld und Tod.

Dies alles heißt nun aber auch: Selbst wer die Religionen ablehnt (und ich habe in ‚Existiert Gott?' alle Argumente der neuzeitlichen Religionskritik einer eingehenden Prüfung unterzogen), wird sie ernst nehmen müssen als grundlegende gesellschaftliche und existentielle Realität; haben sie doch zu tun mit Sinn und Unsinn des Lebens, mit Freiheit und Versklavung des Menschen, mit Gerechtigkeit und Unterdrückung der Völker, mit Krieg und Frieden in Geschichte und Gegenwart.

4. Die religiöse Dimension ernst nehmen

Keine Frage: Jede *Religion* ist als menschliches Phänomen *ambivalent* – ambivalent wie Kunst oder Musik, die ja auch massiv mißbraucht wurden und werden: Auch Religionen sind, soziologisch gesehen, Machtsysteme, die auf Stabilisierung und Machtausweitung bedacht sind. Sie verfügen über ein hohes Streitpotential. Sie verfügen aber auch über ein oft übersehenes Friedenspotential. Religion kann aufputschen, gewiß, sie kann aber auch besänftigend wirken. *Religion kann Kriege motivieren, schüren und verlängern, sie kann aber auch Kriege verhindern und abkürzen.*

Der Frieden zwischen Frankreich, Deutschland und Italien ist durch überzeugte Christen (und Katholiken) grundgelegt worden: Charles de Gaulle, Konrad Adenauer, Robert Schuman, Aleide de Gasperi.

Frieden zwischen Deutschland und Polen ist durch ein Memorandum der protestantischen Kirche (EKD) vorbereitet worden.

Friedliche Revolutionen in Polen, der DDR, der Tschechoslowakei, aber auch in Südafrika und den Philippinen haben gezeigt, daß Religion sich friedensstiftend auswirken kann.

Ich möchte dies hier in aller Deutlichkeit sagen: Vor lauter strategischen, ökonomischen und politischen Aspekten darf auch heute die soziale, moralische und religiöse Dimension solcher Krisen nicht außer acht gelassen werden.

Beispiel: das frühere *Jugoslawien.* Wer nicht geschichtsblind ist, dem wird aufgefallen sein: Die modernen Staatsgrenzen in Osteuropa scheinen zu verblassen vor den uralten Grenzen, die von Religionen und Konfessionen einmal gezogen wurden: zwischen Armenien und Aserbaidschan, zwischen Georgien und Rußland, der Ukraine und Rußland und eben auch zwischen den verschiedenen Völkerschaften in Jugoslawien. Die Komplexität der Probleme in Jugoslawien versteht man nur, wenn man weiß: Seit einem Jahrtausend – grundgelegt seit der Teilung von West- und Ostrom – treffen mitten in Jugoslawien zwei verschiedene Paradigmen von Christentum aufeinander: das östlich-byzantinische mit Serbien und das römisch-katholische mit Kroatien; besser könnten sich katholische Kroaten mit Muslimen als mit orthodoxen Mitchristen verständigen ... Dazu kommen noch die Probleme der 500jährigen Besetzung des serbischen Territoriums durch die Türken (seit der Niederlage auf dem Kosovo polje = Amselfeld 1389), was unter den Serben die Ideologie eines dauernden Leidens und Duldens hervorgebracht hat, die sehr oft der Wirklichkeit nicht (mehr) entspricht.

Nun aber sind Serben, Kroaten und Bosniaken (die einzig autochthonen Muslime in Europa) allesamt Südslawen. Serben haben seit Jahrhunderten unter Kroaten gewohnt, ursprünglich angeworben gegen die Türken, als ethnische Cousins. Und so sind heutzutage die drei Gruppen auf dem Staatsgebiet des früheren Jugoslawien höchst gemischt, am meisten in Bosnien. Deshalb war es falsch, nach 1989 zunächst einen uniformen jugoslawischen Einheitsstaat zu verteidigen (Phase 1 der EG- und US-Politik), falsch aber auch, dann gerade umgekehrt ganz Jugoslawien in Nationalstaaten aufzusplittern (Phase 2, insbesondere der deutschen und dann auch der EG- und US-Politik). Eine Konföderation (mit Kantonen oder wie immer) wäre von Anfang an das Richtige gewesen, nicht erst jetzt, wo es dafür zu spät ist.

Ob es aber in einem solchen Gebiet je Frieden geben wird, wenn man die religiöse Dimension des Konflikts nicht ernst nimmt? Meine Sympathien waren in der gegenwärtigen Auseinandersetzung zunächst mit Kroatien (nicht weil es katholisch, sondern weil es angegriffen war) und dann vor allem mit den Muslimen. Aber darf ich als katholischer Theologe verschweigen, daß der katholisch-kroatische Ustascha-Staat unter Naziprotektorat Zehntausende (manche sagen Hunderttausende) von Serben umgebracht hat – ohne daß der damalige

Zagreber Erzbischof Stepinac oder der damalige Papst Pius XII., der ebenfalls bestens orientiert war, protestiert hätten? Doch wahrhaftig, auch die orthodoxen Serben haben ihr eigenes überschwer belastetes Schuldenkonto.

Über 40 Jahre hätten beide Kirchen Zeit gehabt, die Lage zu klären, Schuld einzugestehen, um Vergebung zu bitten, den Frieden der Politiker vorzubereiten. Es war gewiß gut gemeint, aber zu spät getan, als der Weltrat der Kirchen, oft mehr um die Welt als um die Kirchen besorgt, endlich mitten im Bürgerkrieg Bischöfe von beiden Seiten versammelte, deren ökumenische Reden schließlich in unökumenischen Beschuldigungen endeten. Ja, ob man heute mit einem Serben oder einem Kroaten redet: Er erzählt von den Verbrechen der anderen Seite und schweigt von den Verbrechen der eigenen – ganz so wie früher Deutsche und Franzosen. Ob auch Serben und Kroaten noch einen weiteren Revanchekrieg brauchen, bevor sie merken, daß solches Revanchedenken und solche Revanchepolitik nie zum Frieden, sondern immer wieder zu neuer Zerstörung führen wird? Ob es denn auch noch jetzt, wenn endlich ein Waffenstillstand erreicht werden sollte, wirklich keine Bischöfe oder Theologen gibt, die miteinander verständig zu reden beginnen könnten? Selbstkritische Erinnerungsarbeit ist unumgänglich.

Meine grundsätzliche Frage ist: Müssen diese *Religionen* unbedingt in Gegensatz und Streit miteinander stehen? Frieden (Schalom, Salam, Eirene, Pax) ist doch zu allermeist in ihrem Programm. Ihre erste Aufgabe in dieser Zeit müßte die *Friedensstiftung untereinander* sein, um mit allen Mitteln, die heute auch die Medien bieten,
– die Mißverständnisse aufzuklären,
– die traumatischen Erinnerungen aufzuarbeiten,
– die stereotypen Feindbilder aufzulösen,
– die Schuldkonflikte gesellschaftlich und individuell zu verarbeiten,
– den Haß und die Destruktivität abzubauen,
– sich auf die Gemeinsamkeiten zu besinnen. Ob aber die Angehörigen der verschiedenen Religionen um das wissen, was ihnen – trotz ihrer großen „dogmatischen" Unterschiede – gerade im Ethos gemeinsam ist? Keineswegs. Deshalb:

5. Die Notwendigkeit eines ethischen Minimalkonsenses

Ein Erstes: Mit der Verständigung unter den Religionen ist keine Front der Gläubigen gegen die Ungläubigen gefordert. Die römische Re-katholisierungskampagne besonders in Osteuropa, die man euphemistisch als Re-evangelisierung bezeichnet, führt nur zum Neuaufwerfen der alten Kriegsgräben – wir brauchen nicht wieder eine Teilung der Gesellschaft und der politischen Parteien in Klerikale und Antiklerikale (Beispiel: Polen). Das Projekt Weltethos fordert geradezu die *Allianz von Glaubenden und Nichtglaubenden* für ein neues gemeinsames Basisethos.

Ein Zweites: Im Hinblick auf ein Minimum an gemeinsamen Werten, verbindlichen Maßstäben und persönlichen Grundüberzeugungen haben die Religionen zweifellos eine besondere Funktion und Verantwortung. Was alle großen *Religionen* eint, müßte im einzelnen aufgrund der Quellen genau herausgearbeitet werden – eine bedeutsame und erfreuliche Aufgabe für die Gelehrten der verschiedenen Religionen, die erst in den Anfängen steckt, aber erstaunlich rasch viel Interesse geweckt und ein erstes Ergebnis gezeigt hat.

Ich möchte grundsätzlicher fragen: Was können Religionen *trotz ihres sehr verschiedenen Dogmen- und Symbolsystems zur Förderung eines Ethos leisten,* das sie unterscheidet von Philosophie, politischer Pragmatik, internationalen Organisationen, philanthropischen Bemühungen aller Art? Gewiß: Religionen haben in der Vergangenheit stets ihre Traditionen verabsolutiert, mysteriöse Dogmen und rituelle Vorschriften fixiert und sich abgekapselt von den je anderen. Und doch können sie, wo sie wollen, mit noch anderer Autorität und Überzeugungskraft als Politiker, Juristen und Philosophen grundlegende *Maximen elementarer Menschlichkeit* zur Geltung bringen.

Dies muß bewußtgemacht werden: Alle großen Religionen fordern ja bestimmte „non-negotiable standards": ethische Grundnormen und handlungsleitende Maximen, die von einem Unbedingten, einem Absoluten her begründet werden und deshalb für Hunderte von Millionen Menschen auch unbedingt gelten sollen – auch wenn sie natürlich im konkreten Fall nicht befolgt werden. Doch Ethik ist immer kontrafaktisch. Es wird faktisch immer wieder gegen sie gehandelt. Aber es ist doch ein wesentlicher Unterschied, ob sie prinzipiell noch gilt oder ob sie faktisch unterwandert oder überspielt, verdrängt oder vergessen ist.

Doch neu bedacht werden soll in unserer Zeit: *Fünf große Gebote der Menschlichkeit,* die zahllose Applikationen auch in Wirtschaft, Politik und Gesellschaft haben, gelten in *allen* großen Weltreligionen: 1. nicht töten (anderen Schaden zufügen); 2. nicht lügen (betrügen, Verträge brechen); 3. nicht stehlen (Rechte anderer verletzen); 4. nicht Unzucht treiben (Ehe brechen); 5. die Eltern achten (Bedürftigen und Schwachen helfen). – Diese Gebote mögen für viele allgemein klingen. Zu allgemein?

6. Selbstkritik nötig

Seit der Entführung und Ermordung des zweijährigen James Bulger durch zwei 10jährige in Liverpool macht man sich nun doch in aller Welt Gedanken darüber, wie herrlich weit wir es mit unserem zivilisatorischen Fortschritt gebracht haben. Nur ein Einzelfall? In den USA ist der Tod durch Schußwaffe nach den Unfällen die zweithäufigste Todesursache: 4200 Teenager sind 1990 durch Schußwaffen gestorben (mehr als durch alle Krankheiten). In anderen Ländern und Deutschland ist es besser? Nur bedingt. Denn auch bei uns häufen sich Gewalt- und Greueltaten Minderjähriger in erschreckender Weise (Beispiele: Hünxe, Mölln, Solingen). Eine erschreckende Spur von Haß- und Gewalttaten durch Jugendliche, die oft aus einem sozial zerrütteten Milieu kommen, manchmal auch arbeitslos sind. Solche Symptome sind gewiß nicht zu verallgemeinern, aber das dahintersteckende geistige und soziale Problem geht die Gesellschaft als ganze an! Viele geben alle Schuld den Medien und der Enttabuisierung des Tötens (und auch aller sexuellen Gewalttätigkeit) gerade in den Bildmedien. Aber sosehr die Medien und ihr Profitdenken eine Mitschuld tragen mit ihren Reality-, Brutality- und Porno-TVs, so liegen doch die Ursachen der zunehmenden physischen Verrohung, sprachlichen Verwilderung, ungezügelten Selbstverwirklichung, der abgesunkenen Schamschwelle, der Spirale von Zynismus, Gewalt und Obszönität tiefer. Einige symptomatische Äußerungen, aber auch kritische Rückfragen von einem, der sich wahrhaftig nicht einbildet, besser zu sein als andere:

1. Publikationsorgane wie „Der Spiegel" beklagen neuerdings eine Orientierungskrise, ja einen *„Orientierungsdschungel",* und eine in der Kulturgeschichte beispiellose Enttabuisierung, freilich ohne ein Wort der Selbstkritik, als hätten diese Publikationsorgane nicht selber

wesentlich zu dieser Krise beigetragen. Eine Hauptursache sei die nicht mehr funktionierende Familie. „Der Spiegel" 9/93: „Die jüngste Generation muß mit einer Werteverwirrung zurechtkommen, deren Ausmaß kaum abzuschätzen ist. Klare Maßstäbe für Recht und Unrecht, Gut und Böse, wie sie noch in den fünfziger und sechziger Jahren von Eltern und Schulen, Kirchen und manchmal auch von Politikern vermittelt wurden, sind für sie kaum noch erkennbar." Aber *Rückfrage:* Wo sollen die Familien ihre ethischen Orientierungen hernehmen? Etwa von der antiautoritären Erziehung (Nicht-Erziehung), von der heute einige Vertreter (Beate Scheffler, Claus Leggewie) auch öffentlich zugeben, daß sie ihr Ziel nicht erreicht hat und statt einer mündigen, sozial und ökologisch engagierten, politisch hochmotivierten Jugend eine Spezies heranwachsen ließ, die zu allermeist egozentrisch, konsumorientiert und im schlimmsten Fall gewalttätig und fremdenfeindlich ist: statt Mündigkeit Wurstigkeit, statt Aufmerksamkeit Gleichgültigkeit, statt Verantwortungsgefühl Egoismus?

2. Auch der Chefredakteur der „Zeit", Theo Sommer (Leitartikel vom 9.4.93), stellt jetzt fest, daß die Krise des Westens, die nach dem Zusammenbruch des Kommunismus die Fundamente der Demokratien erschüttere, nicht nur eine Krise der Außenpolitik, der Innenpolitik und der Ökonomie sei, sondern auch eine *„geistige Krise":* das demokratische System müsse sich nicht nur den Brot- und Butterfragen stellen, es müsse auch *Antworten auf die Sinnfragen* des gesellschaftlichen und gemeinschaftlichen Lebens geben. Angesichts einer Explosion des Egoismus, die das Unterfutter der Gemeinschaftlichkeit zerreiße, über die Abkehr von der Schnödigkeit der Politiker hinaus, die keine Ideale mehr haben, sondern einfach Interessen managen, müsse man „einen neuen Konsens" etablieren. Aber *Rückfrage:* Darf es bei der vagen Antwort bleiben, dieser „neue Konsens" müsse „aus der Tiefe und Breite der Gesellschaft" kommen?

3. Sechs Wochen später liest man vom selben Verfasser wiederum auf der ersten Seite – nach den Fällen Krause, Streibl, Steinkühler – zum ersten Mal Selbstkritisches: „Ganz gewiß müssen auch die *Intellektuellen* des Landes in sich gehen. Viele von ihnen haben die Selbstverwirklichung bis zum Exzeß gepredigt; haben Tugend, Anstand, Stil verlacht; haben die postmoderne Beliebigkeit eine Zeitlang so weit getrieben, daß nach der Devise ‚Alles geht' nichts mehr verpönt war. So wurde die Gemeinschaft auf dem Altar der Gesellschaft geopfert. Die Maßstäbe lösten sich im ätzenden Säurebad der Kritik auf. Die

intellektuelle Steuerhinterziehung –, Verweigert dem Kaiser was des Kaisers ist!' – war nicht minder gravierend als die finanzielle ... Was not tut, ist ein neuer Gemeinsinn, der den Individualismus verwurzelt in der Gemeinschaft, nicht bloß in der Gesellschaft; in dem Bürgerrechte aufs neue verknüpft sind mit Bürgerpflichten; der wieder Raum schafft für einen Minimalkonsens über bürgerliche Tugend und individuelle Haltung" („Die Zeit" vom 21.5.93). *Rückfrage:* Woher aber der neue Gemeinsinn? Woher der Minimalkonsens, nachdem man seit 1968 weithin den Autoritätsabbau mitgemacht, aber, wie der Soziologe Kurt Sontheimer zu Recht kritisierte, notorisch schwach und unproduktiv in der Schaffung neuer Werte und der sie verkörpernden Autoritäten war? Ist es nicht ein Stück modernen Größenwahns (so jetzt Cohn-Bendits Co-Autor Thomas Schmid) zu meinen, Werte und Verbindlichkeiten der Gesellschaft ohne Rückbindung auf Traditionen und damit auch Autoritäten jeweils neu schaffen zu können?

4. Hat die Orientierungskrise vielleicht auch mit *Religion* zu tun? Jedenfalls liest man zur gleichen Zeit von einer Umfrage der Zeitschrift „Eltern" unter 2060 Jugendlichen: Von Jugendlichen zwischen acht und 16 Jahren glauben 38 Prozent nicht an Gott, 16 Prozent bekennen sich zwar zu Gott, halten aber nichts von Religion, somit lehnen 54 Prozent Jugendlicher (dieser Eltern!) Religion ab. Und in den neuen Bundesländern? In einer vor kurzem abgeschlossenen Untersuchung des Leipziger Jugendforschungsinstituts glaubt höchstens jeder sechste Schüler in der Ex-DDR an Gott. 86 % der Schülerinnen und Schüler in Ostdeutschland leben ohne religiöse Bindung, während der Anteil der religionslosen Schüler in Westdeutschland 16% betrage (epd-Meldung vom 13.4.93). *Rückfrage:* Soll man sich unter diesen Umständen so sehr über die moralische Desorientiertheit und zunehmende Gewalttätigkeit wundern? Gewiß: Ich behaupte nicht, daß nur der religiöse Mensch ethisch orientiert ist oder gar: die Rückbesinnung auf Religion allgemein löse alle Probleme. Ich stelle nur die Erfahrungstatsache heraus, daß bei Ungezählten und gerade Jugendlichen mit der religiösen Dimension auch gleich die ethische abhanden gekommen ist und daß Familien oder die Gesellschaft nicht erstaunt sein sollen, daß ein Fehlen der religiösen Selbstverpflichtung oft durch eine ethische nicht aufgefangen wurde. Selbstverwirklichung statt Selbstverpflichtung war ja auch vielerorts die Parole – ohne Rücksicht auf die gesellschaftlichen Kosten ...

Doch Schluß mit der kritischen Diagnose! Ich frage – jetzt schon mal vom 5. Gebot des Nichttötens abgesehen – mit dem Blick auf eine bessere Zukunft: Wieviel würde sich ändern, wenn etwa nur das 7. Gebot „*Du sollst nicht stehlen*" wieder mehr ins Bewußtsein des Einzelnen, der Öffentlichkeit im allgemeinen und der Banken im besonderen (Spareckzinsen, Hypothekarzinsen) träte und angewandt würde auf das (leider immer mehr auch in früher diesbezüglich intakten Staaten grassierende) Übel nicht nur des massenhaften Auto- und Fahrraddiebstahls, sondern auch der Korruption?

7. Eine oberste Gewissensnorm und Leitfigur

Gewiß, Religionen waren und sind immer in Versuchung, sich in einem unendlichen Gestrüpp von Geboten und Vorschriften, Kanones und Paragraphen zu verlieren. Und doch können sie, wo sie wollen, mit ganz anderer Autorität als jede Philosophie begründen, daß die Anwendung ihrer Normen nicht von Fall zu Fall, sondern kategorisch gilt. Religionen können Menschen eine *oberste Gewissensnorm* geben, jenen für die heutige Gesellschaft immens wichtigen *kategorischen Imperativ*, der in ganz anderer Tiefe und Grundsätzlichkeit verpflichtet. Denn alle großen Religionen fordern ja so etwas wie eine „*Goldene Regel*" – gerade sie ist eine nicht nur hypothetische, bedingte, sondern eine kategorische apodiktische, *unbedingte Norm* –, durchaus praktikabel angesichts der höchst komplexen Situation, in der der Einzelne oder auch Gruppen oft handeln müssen.

Diese „Goldene Regel" ist schon bei *Konfuzius* bezeugt: „Was du selbst nicht wünscht, das tue auch nicht anderen Menschen an" (Konfuzius, ca. 551–489 v. Chr.); aber auch im *Judentum* (negativ formuliert): „Tue nicht anderen, was du nicht willst, das sie dir tun" (Rabbi Hillel, 60 v. Chr. – 10 n. Chr.), und schließlich auch in der Bergpredigt (positiv formuliert): „Alles, was ihr wollt, das euch die Menschen tun, das tut auch ihr ihnen ebenso."

Diese Goldene Regel könnte einer kruden *Erfolgsethik,* die gar keine Ethik ist, wehren, brauchte aber auch nicht als eine reine Gesinnungsethik verstanden werden, welche die Realitäten nicht wahrnimmt, sondern könnte gerade das Zentrum einer *Verantwortungsethik* (Max Weber, Hans Jonas) ausmachen, welche stets die Folgen unseres Tuns und Lassens mitbedenkt.

Mit dem Verweis auf Konfuzius und Jesus von Nazaret ist auch schon ein weiteres angedeutet: Religionen bieten anders als Philosophien nicht nur abstrakte Lebensmodelle. Sie können auf konkrete Menschen verweisen, die den Weg bereits gegangen sind, „maßgebende Menschen" (Karl Jaspers). Deshalb sind die *maßgebenden Leitfiguren* der Weltreligionen von größter Bedeutung: Buddha, Jesus von Nazaret, Kon-futse, Lao-tse oder Muhammad. Es macht eben einen alles entscheidenden Unterschied aus, ob man Menschen eine neue Lebensform abstrakt vordoziert oder ob man sie mit Verweis auf ein verpflichtendes konkretes Lebensmodell zu einer solchen Lebensform einladen kann: zur Nachfolge Buddhas, Jesu Christi, Kon-futses, Laotses oder des Propheten Muhammad. Für mich als Christen – um hier völlig unzweideutig zu reden – ist und bleibt Jesus Christus der Weg, die Wahrheit und das Leben (das ist sozusagen meine Innenperspektive), aber (und das ist gleichzeitig meine Außenperspektive) ich komme um die Feststellung nicht herum, daß „der Weg, die Wahrheit und das Leben" für gläubige Juden die Tora, für Muslime aber der Koran und für andere Religionen jemand oder etwas anderes ist.

8. Der Bewußtseinsbildungsprozeß für ein Weltethos

Aber ist die Herausarbeitung eines solchen Ethos überhaupt realistisch? Handelt es sich vielleicht nur um das Unternehmen einiger westlicher Intellektueller, die ihr Projekt wieder einmal „exportieren" wollen? Nein, bei der Forderung nach einem Weltethos geht es nicht um den „Export" eines Modells, um eine künstliche „Globalisierung" oder um die „Idee Universalität" gegen die „Idee Regionalität". Es geht weder um einen radikalen Universalismus, der die faktische Pluralität in unserer Welt nicht wahrnimmt, noch um einen radikalen Relativismus, der nicht zum Zusammenleben der Verschiedenen beiträgt, sondern um eine „relative Universalität" (Wolfgang Huber), die trotz aller kulturellen und religiösen Unterschiede einige kultur- und religionenübergreifende Prinzipien anerkennt. Ja, genauer, geht es um das *Bewußtwerden des bereits Gemeinsamen* zwischen den Kulturen und Religionen: um eine Bewußtseinsbildung und von daher um eine Bewußtseinsveränderung wie im Fall etwa der Ökologie oder der Abrüstung so auch im Bereich des Ethos.

Gibt es aber auch nur die geringsten Anzeichen dafür, daß sich konkret etwas bewegt? Ich bin glücklich, über folgende Ereignisse und Pläne berichten zu können, die zeigen, daß ein Bewußtseinsbildungsprozeß über das schon Gemeinsame international in Gang gekommen ist:

1. Auch die UNESCO (vorher eher distanziert gegenüber den Religionen) ermöglichte schon 1989 in Paris ein Colloquium von Vertretern der verschiedenen Weltreligionen unter dem Titel ‚Kein Weltfrieden ohne Religionsfrieden'.

2. Amerikanische Kollegen haben die Forderung der Formulierung einiger Grundprinzipien eines Weltethos in einer Erklärung aufgegriffen, und diese Erklärung durfte ich selber 1991 in Paris an der UNESCO vortragen. Dabei geht es nicht um die *juristische* Ebene der Gesetze, kodifizierten Rechte und einklagbaren Paragraphen (z. B. die Menschenrechte), auch nicht um die *politische* Ebene der konkreten Lösungsvorschläge (z. B. bezüglich der Schuldenkrise der Dritten Welt), sondern nur um die *ethische Ebene*: die Ebene der verbindlichen Werte, unverrückbaren Maßstäbe und inneren Grundhaltungen. Diese drei Ebenen stehen allerdings in Verbindung miteinander.

3. Dem Parlament der Weltreligionen wurde zu seiner 100-Jahr-Feier Anfang September 1993 in Chicago eine solche ‚Erklärung der Religionen für ein Weltethos' vorgelegt, die auszuarbeiten ich die Ehre und Mühe hatte; sie wurde von der großen Mehrheit der Delegierten angenommen und schließlich feierlich promulgiert. Zum ersten Mal in der Geschichte der Weltreligionen hat es dieses Parlament unternommen, einen Grundkonsens bezüglich verbindlicher Werte, unverrückbarer Maßstäbe und persönlicher Grundhaltungen zu formulieren. Eine solche Erklärung wird die Welt zwar nicht über Nacht verändern, aber all diejenigen ermutigen, die sich schon heute dafür einsetzen und diejenigen beschämen, die mehr Gemeinsamkeiten zwischen den Religionen ironisch belächeln, besserwisserisch abtun oder aus konfessionellem Egoismus für unmöglich erklären. (Text greifbar in: Küng, H./Kuschel, K. J. [Hrsg.]: Erklärung zum Weltethos. Die Deklaration des Parlaments der Weltreligionen, München 1993.)

Denn die Bedeutung eines gemeinsamen minimalen Ethos für die heutige Menschheit ist offenkundig:

9. Schluß

Alle geschichtlichen Erfahrungen zeigen es: Unsere Erde kann nicht verändert werden, ohne daß mittelfristig ein *Wandel des Bewußtseins* und eine *Umorientierung des Denkens und Handelns* des Einzelnen wie der Öffentlichkeit erreicht wird. Dies hat sich in Fragen wie Krieg und Frieden oder Ökonomie und Ökologie bereits gezeigt. Und für diesen Wandel der inneren Einstellung, der ganzen Mentalität, des „Herzens" sind gerade die Religionen in besonderer Weise verantwortlich. Selbstverständlich wird es schwierig sein, einen universalen Konsens für viele umstrittene ethische Einzelfragen (von der Bio- und Sexualethik über die Medien- und Wissenschaftsethik bis zur Wirtschafts- und Staatsethik) zu erreichen. Doch im Geist der hier entwickelten gemeinsamen Grundsätze sollten sich auch für viele bisher umstrittene Fragen differenzierte Lösungen finden lassen.

In vielen Lebensbereichen ist bereits ein neues Bewußtsein für ethische Verantwortung erwacht. Ich würde es deshalb begrüßen, wenn für möglichst viele Bereiche und Berufe wie zum Beispiel Ärzte, Wissenschaftler, Geschäftsleute, Journalisten, Politiker von den zuständigen beruflichen, nationalen oder internationalen Organisationen zeitgemäße Ethikcodes ausgearbeitet würden.

Vor allem würde ich es begrüßen, wenn auch die einzelnen Religionen formulierten, was ihr ganz spezifisches Ethos ist: was sie aufgrund ihrer Glaubenstradition zu sagen haben etwa über den Sinn von Leben und Sterben, das Durchstehen von Leid und die Vergebung von Schuld, selbstlose Hingabe und Notwendigkeit von Verzicht, Mitleid und Freude. Dies alles wird mit einem Weltethos vereinbar sein, ja wird es vertiefen, spezifizieren und konkretisieren können.

Ich bin überzeugt: Die neue Weltordnung wird nur dann eine bessere Ordnung sein, wenn es eine soziale und plurale, partnerschaftliche und friedensfördernde, naturfreundliche und ökumenische Welt sein wird. Deshalb setzen sich bereits jetzt viele Menschen aufgrund ihrer religiösen oder humanen Überzeugungen für ein gemeinsames Weltethos ein und rufen alle Menschen guten Willens auf, zu einem Bewußtseinswandel in Sachen Ethik beizutragen.

Perry Schmidt-Leukel

Zur Einteilung religionstheologischer Standpunkte

Der seit 2000 an der Universität von Glasgow lehrende systematische Theologe und Religionswissenschaftler Perry Schmidt-Leukel (geb. 1954) begann seine universitäre Karriere in seiner deutschen Heimat, wo er 1992 zum christlich-buddhistischen Dialog promovierte. Das röm.-kath. Lehramt verweigerte ihm jedoch das Nihil Obstat für seine spätere Habilitationsschrift, was es ihm praktisch unmöglich machte, auf einen katholischen Lehrstuhl berufen zu werden. Seit 2001 gehört er der anglikanischen Kirche an. Seine pluralistische Theologie der Religionen entwickelte er in Auseinandersetzung mit den Werken von Cantwell Smith, Hick sowie Knitter.

Der vorliegende Text stammt aus dem 2005 erschienenen Buch „Gott ohne Grenzen. Eine christliche und pluralistische Theologie der Religionen". Schmidt-Leukel bekräftigt hier seine schon früher geäußerte Überzeugung, dass das religionstheologische Dreierschema aus Exklusivismus, Inklusivismus und Pluralismus in der Forschung nicht bloß als deskriptive Typologie, sondern als systematische Klassifikation verwendet werden sollte. Die Positionierung zugunsten eines der Modelle ist nach ihm logisch notwendig und theologisch angemessen. Die Ungenauigkeit, mit der die Termini Exklusivismus, Inklusivismus und Pluralismus verwendet werden, erschwert nach Schmidt-Leukel den theologischen Austausch. Weiter setzt sich der anglikanische Theologe mit der Kritik an seiner Theorie auseinander und problematisiert eine religionstheologische Alternative, die „komparative Theologie". Die vielfache Kritik an der logischen Umfassendheit des Dreierschemas und die Suche nach Alternativen in der Forschung zeigen, dass viele Theologen sich in keinem der drei Typen verorten können, ein Umstand, der zur Weiterarbeit an dieser Thematik auffordert.

Gwen Bryde

Perry Schmidt-Leukel

Zur Einteilung religionstheologischer Standpunkte

Das religionstheologische Dreierschema

Seit Beginn der achtziger Jahre[1] hat sich zur Einteilung religionstheologischer Positionen ein Schema weit verbreitet, das diese Positionen drei Gruppen zuordnet:
- Exklusivismus,
- Inklusivismus,
- Pluralismus.

Obwohl dieses Schema immer noch vielfach Verwendung findet, ist es seit den neunziger Jahren[2] auch zum Gegenstand teilweise heftiger Kritik geworden. Einige der schärfsten Angriffe kommen inzwischen von Gavin D'Costa, der früher seiner Arbeit ebenfalls dieses Schema zugrunde gelegt[3] und es gegen erste Angriffe verteidigt hatte[4]. Inzwischen betrachtet D'Costa das Schema jedoch als „unhaltbare" oder „fehlerhafte Typologie".[5] Nicht selten ist auch die Ansicht anzutreffen, die Wesley Ariarajah, der langjährige Leiter des Dialog-Programms im Ökumenischen Rat der Kirchen, geäußert hat: das Schema sei „zunehmend zu einem jener Hindernisse geworden, die den Fortschritt in der Diskussion, wie Christen religiöse Vielfalt verstehen und sich auf diese beziehen sollten, blockieren."[6] Paul Knitter, der ebenfalls bisher, wenn auch in eigenen Varianten, das Dreierschema benutzte, hat es inzwischen um eine vierte Position ergänzt, die er als „Akzep-

---

1 Für sich genommen wurde jeder der drei Termini schon seit längerem (zwar nicht nur, aber auch) im Zusammenhang religionstheologischer Fragestellungen verwendet. In einer noch eher losen Zusammenstellung erscheinen die Prädikate „exklusiv", „inklusiv" und „pluralistisch" zur Bezeichnung religionstheologischer Optionen (soweit ich sehe) erstmals in Whittaker 1981, 147 ff. Annäherungen an diese Terminologie finden sich auch in Veröffentlichungen Hicks aus den Jahren 1981 und 1982. Im Sinne einer systematischen Klassifikation wurde diese Terminologie zeitgleich eingeführt im Jahre 1983 von John Hick (vgl. Hick 1983b) und seinem Schüler Alan Race (vgl. Race 1983).
2 Relativ frühe Kritiken finden sich beispielsweise in DiNoia 1990 u. 1992, 47–55, Markham 1993, 33–41.
3 Vgl. D'Costa 1986.
4 Vgl. D'Costa 1993b.
5 Vgl. D'Costa 1996, D'Costa 2000, 19–52.
6 Ariarajah 1997, 30. Ähnlich urteilt auch Tilley 1999, 326.

tanz Model" (*acceptance model*) bezeichnet.[7] Demgegenüber ist es in jüngerer Zeit sowohl von Befürwortern (Alan Race) als auch von Kritikern der pluralistischen Position (Paul Eddy) verteidigt worden.[8] Auch im deutschsprachigen Bereich hat es in den letzten Jahren kritische[9] ebenso wie befürwortende Stimmen[10] gegeben, darunter zwei bemerkenswert ausführliche und konstruktive Diskussionen[11], die sich vor allem mit der von mir vorgeschlagenen logischen Re-Interpretation dieses Schemas[12] auseinandersetzen.

Da ich nach wie vor von der inneren Stimmigkeit, der theologischen Angemessenheit und der Fruchtbarkeit dieses Schemas für die religionstheologische Diskussion überzeugt bin, werde ich zunächst nochmals den Grundgedanken meiner logischen Interpretation der Dreierklassifikation erläutern sowie die damit verbundenen terminologischen Präzisierungen verdeutlichen. Daran anschließend gehe ich

---

7 Vgl. Knitter 2002, 192–237. Knitter rechnet hierzu den Ansatz Mark Heims sowie einige Vertreter komparativer Theologie (Fredericks, Clooney).

8 Vgl. Race 2001, 21–42; Eddy 2002, 3–13. Beide dringen jedoch nicht zu einer logischen Interpretation vor, sondern verbleiben auf der Ebene eines deskriptiven Verständnisses, was ihre Verteidigung schwächt. Eddy plädiert dafür, das Schema jeweils gesondert auf epistemologische und soteriologische Aspekte zu beziehen. Die bei Race und Eddy diskutierten Einwände decken sich partiell mit den im diesem Kapitel aufgeführten Kritiken. Darüber hinaus erwähnt Eddy noch einen Einwand, der sich gegen jegliche apriorische Klassifikation richtet.

9 Nach G. Gäde „(lassen sich) weder die christliche Botschaft noch die Religionen, insofern sie eine unüberbietbare und alle Wirklichkeit umfassende Wahrheit verkündigen, ... theologisch in solche vorgefaßten und angeblich ‚logischen' Modelle einordnen." Gäde 2002, 169. Ähnlich ablehnend äußert sich Müller 1998, bes.162–170.

10 Vgl. beispielsweise Chr. Heller: „Es ist m. E. gegenüber dieser klaren Einteilung der religionstheologischen Optionsmöglichkeiten bislang nicht gelungen aufzuzeigen, dass es andere Möglichkeiten gibt, wie sich Religionen zueinander verhalten können. Natürlich existieren in jedem Modell eine Fülle von Variationsmöglichkeiten, in ihren Grundaussagen lassen sie sich jedoch immer den drei ... genannten Entwürfen zuordnen." Heller 2003, 167, Anm. 1. Ähnlich, allerdings mit einem grundsätzlichen Vorbehalt gegenüber religionstheologischer Modellbildung, urteilt von Stosch (Stosch 2002, 295 f., Anm. 3; Stosch 2001, 324 ff.).

11 Vgl. Grünschloß 1999, 15–43; Hüttenhoff 2001, 29–77. Während Grünschloß dem Schema zwar einen „heuristischen" Wert beimisst, greift es nach seiner Meinung letztendlich zu kurz (Grünschloß 1999, 27–30). Demgegenüber plädiert Hüttenhoff mit einigen Einschränkungen und Qualifikationen für die Verwendung des Schemas (Hüttenhoff 2001, 75–77).

12 Vgl. Schmidt-Leukel 1993a; 1996; 1997, 65–97. Den grundlegenden Ansatz für eine logische Interpretation der Klassifikation hatte bereits Reinhold Bernhardt geboten. Vgl. Bernhardt 1990, 26–40.

auf die wichtigsten der kritischen Einwände ein. Zum Schluss setze ich mich mit der in jüngerer Zeit von einigen Autoren vorgebrachten These auseinander, es gebe eine Alternative zu jener Form einer Theologie der Religionen, wie sie sich in den drei klassifizierten Standpunkten niederschlägt, nämlich die „Komparative Theologie".

Die weite Verbreitung des Dreierschemas beinhaltet in keiner Weise, dass dieses Schema immer im selben Sinn und mit denselben Definitionen verwendet wird. Im Gegenteil, die unterschiedliche Verwendung der Termini „Exklusivismus", „Inklusivismus" und „Pluralismus" ist bedauerlicherweise ein Quelle beständiger Missverständnisse, die die sachliche Debatte in der Religionstheologie unnötig belastet und erschwert. Denn es ist offenkundig, dass Auseinandersetzungen über den „Exklusivismus", den „Inklusivismus" oder den „Pluralismus" nicht zu fruchtbaren Ergebnissen führen können, wenn die Kontrahenten mit diesen Begriffen jeweils verschiedene Sachverhalte verbinden. Einer der Gründe für diese Situation dürfte darin bestehen, dass jeder der drei Termini auch unabhängig von dieser Klassifikation verwendet wird. Diese ‚externen' Verwendungen decken sich jedoch häufig nicht mit dem Sinn, der den Termini im Rahmen des religionstheologischen Dreierschemas zufällt. Es ist daher unbedingt erforderlich, in jeder religionstheologischen Diskussion über eine der drei genannten Optionen möglichst präzise zu klären, was darunter verstanden werden soll. Ich werde daher im folgenden exakte Definitionen vorschlagen und diese den weiteren Argumentationen dieses Buches zugrunde legen.

Eine logisch umfassende Klassifikation

Das Problem der unterschiedlichen Verwendung der Termini Exklusivismus, Inklusivismus und Pluralismus hängt eng mit dem Umstand zusammen, dass das Dreierschema bei einigen Autoren als eine rein deskriptive Typologie angelegt ist, bei anderen hingegen als eine logische Klassifikation intendiert ist.[13] Die Unterschiede zwischen beiden Klassifikationsverfahren sind allerdings gravierend. Während eine logische Klassifikation um logische Vollständigkeit und um trennscharfe Distinktionen bemüht ist, versucht eine deskriptive Klassifi-

---

13 Auf den Unterschied in der jeweiligen Definition von Exklusivismus, Inklusivismus und Pluralismus und ihren Zusammenhang mit dem entsprechenden Klassifikationsverfahren weist auch Bernd Elmar Koziel hin (vgl. Koziel 2001, 449–469).

kation faktisch bestehende Positionen aufzulisten und diese nach ihren jeweils hervorstechenden Charakteristika zu benennen.[14] Dieses Verfahren ist daher weder um logische Vollständigkeit, noch unbedingt um systematische Einheitlichkeit hinsichtlich der definierenden Merkmale bemüht. So bleibt es bei einer deskriptiv verfahrenden Typologie immer möglich, Positionen zu suchen oder zu entwickeln, die bisher noch nicht erfasst wurden. Bei einer logisch umfassenden Klassifikation ist dies jedoch, falls sie fehlerfrei ist, nicht möglich. Sie deckt alle logischen Möglichkeiten ab und zwar prinzipiell unabhängig davon, ob diese faktisch überhaupt vertreten werden. Daher muss hier die Einteilung der Optionen streng an einer systematisch einheitlichen Fragestellung orientiert sein und strikt disjunktiven Charakter tragen. Dies mag von einigen als Nachteil betrachtet werden, weil sich eine solche einheitlich systematisierte Einteilung nicht an der faktisch häufig vorliegenden Vielschichtigkeit oder gar Heterogenität diverser theologischer Einzelentwürfe orientiert. Umgekehrt besteht der Vorteil einer logisch strengen Klassifikation jedoch genau darin, dass man auf ihrer Grundlage nicht mehr nach weiteren Positionen suchen muss, weil es keine weitere Position geben kann. Auf der Basis einer logischen Klassifikation vermag sich somit die Diskussion ganz darauf zu konzentrieren, anhand der jeweiligen Vorzüge oder Nachteile der klassifizierten Positionen eine Entscheidung unter ihnen zu treffen. Ob dieser Vorteil den genannten Nachteil überwiegt, ist keine Frage des subjektiven Beliebens, sondern lässt sich daran bemessen, ob der einheitliche Leitgedanke der logischen Klassifikation sowie die Bestimmung der einzelnen Disjunktionen der grundsätzlichen religionstheologischen Problemstellung angemessen sind oder nicht. Falls jemand allerdings eine andere Problemstellung bevorzugt, wäre zu klären, ob in diesem Fall nicht überhaupt von etwas anderem als einer „Theologie der Religionen" die Rede ist. Daher war es wichtig, vor der Einteilung der Standpunkte zunächst die Aufgabenstellung einer Theologie der Religionen zu präzisieren.

Nach den Ausführungen des vorangegangenen Kapitels lautet die religionstheologische Doppelfrage in ihrer allgemeinen Formulierung:

---

14 Vgl. beispielsweise Thomas 1969, wo folgende Ansätze aufgelistet werden: Rationalismus, Relativismus, Exklusivismus, Dialektik, Neukonzeption, Toleranz, Dialog, Katholizismus, Vergegenwärtigung. Weniger ausufernd, aber nach demselben Prinzip verfahrend, zählt Rössler 1990 die folgenden Positionen auf: Intolerante Exklusivität, Relativismus, Synkretismus, Steigerung, Universalismus.

Wie versteht und beurteilt das Christentum andere Religionen? Und: *Wie versteht und beurteilt das Christentum sich selbst angesichts der anderen Religionen?* Wie zuvor gezeigt wurde, geht es hierbei vor allem darum, wie sich der christliche Anspruch, eine heilshafte Erkenntnis/Offenbarung transzendenter Wirklichkeit zu bezeugen beziehungsweise zu vermitteln, zu den vergleichbaren Ansprüchen anderer Religionen verhält. Unter „transzendenter Wirklichkeit" verstehe ich dabei eine Wirklichkeit, die die endliche, begrenzte Wirklichkeit in qualitativ *un*endlicher, *un*begrenzter Weise übersteigt, also „transzendiert".[15] Von einer „heilshaften" Erkenntnis/Offenbarung dieser Wirklichkeit ist insofern die Rede, als die transzendente Wirklichkeit das höchste Gut darstellt und sich folglich das Heil des Menschen daran bemisst, ob der Mensch in der rechten Beziehung zu dieser Wirklichkeit steht (vor wie nach dem Tod).[16] „Erkenntnis" und „Offenbarung"[17] sind hierbei aus zwei Gründen zusammengefasst. Zum einen, weil jede Offenbarung nur dann zustande kommt, wenn sie ein erkennendes Wesen auch tatsächlich erreicht (wer nichts erkennt, dem wird nichts offenbar). Zum anderen weil „Offenbarung" im gängigen Sprachgebrauch häufig mit einer personalen beziehungsweise theistischen Vorstellung von transzendenter Wirklichkeit verknüpft ist, im Zusammenhang mit nicht-theistischen Transzendenzvorstellungen daher vielleicht sachgemäßer von „Manifestation" oder eben nur von „Erkenntnis" zu reden ist. Dass aber die Offenbarung oder Manifestation einer transzendenten Wirklichkeit tatsächlich das menschliche Erkennen erreicht beziehungsweise erreicht hat, ist etwas, das in und von den Religionen bezeugt wird, so dass diese Erkenntnis, falls das Zeugnis zutreffend ist, durch dieses Zeugnis auch vermittelt wird.

Bezeichnen wir nun die „Vermittlung/Bezeugung heilshafter Erkenntnis/Offenbarung einer transzendenten Wirklichkeit" als die Eigenschaft *P*. Die Frage, die der religionstheologischen Doppelfrage zugrunde liegt, lautet dann: Gibt es unter den Religionen, einschließlich des Christentums, *P?* Es geht also nicht darum, ob es unter den Religionen den Anspruch auf *P* gibt (denn dies ist unbestritten), sondern ob – und wenn ja in welchem Umfang – dieser Anspruch auch

---

15 Vgl. hierzu Kapitel 7.
16 Vgl. hierzu Kapitel 10.
17 Vgl. hierzu Kapitel 8.

tatsächlich zutrifft, das heißt, ob dieser wahr ist. Die Frage, von der unsere Klassifikation ihren Ausgang nimmt, lautet somit:
Gibt es unter den Religionen die Eigenschaft P?
Hierauf lassen sich folgende vier Antworten geben:
(1) P gibt es in keiner Religion.
(2) P gibt es nur in einer einzigen Religion.
(3) P gibt es in mehr als einer Religion, aber nur in einer einzigen Religion in einer alle anderen überbietenden Form.
(4) P gibt es in mehr als einer Religion, ohne dass dabei eine einzige Religion alle anderen überbietet.
Mit diesen vier Antworten liegt eine logisch umfassende, weil in sich einheitliche und streng disjunktive Einteilung vor: Entweder es gibt P oder es gibt P nicht. Wenn es P gibt, dann entweder nur einmal oder mehr als einmal. Wenn es P mehr als einmal gibt, dann entweder mit einer singulär überlegenen Form oder ohne diese.

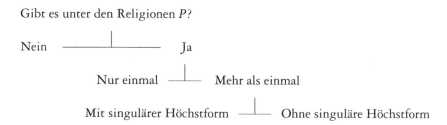

Jede weitere denkbare Aussage über das Vorkommen von P ist in dieser Klassifikation mit eingeschlossen. Daher haben wir es mit einer logisch umfassenden Klassifikation zu tun. Es gibt also keine Aussage über das Vorkommen von P, die von dieser Klassifikation nicht prinzipiell abgedeckt wäre, wohl aber mehrere mögliche Aussagen, die Unterformen der hier zugrunde gelegten formalen Positionen darstellen. Es bleibt z.B. offen, ob die jeweiligen Höchstformen von P im Sinne absoluter, nicht weiter zu steigernder Höchstformen gedacht sind, oder nur als relative, derzeitige Höchstformen. Beide Optionen sind bei der Definition der Positionen (3) und (4) mit eingeschlossen. Zudem umfassen Position (3) und (4) unterschiedliche Variationen hinsichtlich der Frage, ob es unter den defizitären Verwirklichungsformen von P weitere Abstufungen gibt und ob einige Religionen völlig frei sind von P. Die Definition von Position (4) umfasst zudem Positionen, die ein gleichermaßen hohes Vorkommen von P in allen Religionen annehmen ebenso wie solche, die dies nur für einige (mindestens aber zwei) Religionen behaupten. Des weiteren sagt die Klassifikation nichts darüber aus, mit welcher Modalität das Vorkommen von *P* behauptet wird, etwa als bloße Möglichkeit, als bekräftigte Hypothese oder als apodiktische Behauptung. Die Klassifikation betrifft nicht die logische Modalität der jeweiligen Behauptungen, sondern deren Inhalt. Und in dieser Hinsicht ist sie vollständig.

Wenn wir nun die Formalisierung aufgeben, gelangen wir zu folgenden vier Definitionen:

(1) *Atheismus/Naturalismus:* Die Vermittlung heilshafter Erkenntnis/Offenbarung einer transzendenten Wirklichkeit gibt es in keiner Religion.

(2) *Exklusivismus:* Die Vermittlung heilshafter Erkenntnis/Offenbarung einer transzendenten Wirklichkeit gibt es nur in einer einzigen Religion.

(3) *Inklusivismus:* Die Vermittlung heilshafter Erkenntnis/Offenbarung einer transzendenten Wirklichkeit gibt es in mehr als einer Religion, aber nur in einer einzigen Religion in einer alle anderen überbietenden Form.

(4) *Pluralismus:* Die Vermittlung heilshafter Erkenntnis/Offenbarung einer transzendenten Wirklichkeit gibt es in mehr als einer Religion, ohne dass dabei eine einzige Religion alle anderen überbietet.

Die erste Option beruht auf der Überzeugung, dass so etwas wie eine transzendente Wirklichkeit nicht existiert. Das heißt es gibt allein die endliche, begrenzte Wirklichkeit und daher sind alle Ansprüche der Religionen auf die heilshafte Erkenntnis einer tranzendenten Wirklichkeit unzutreffend. Die Doppelbezeichnung dieser Position als *Atheismus/Naturalismus* verdeutlicht, dass es hierbei nicht um Atheismus im Sinne eines Nicht-Theismus, also einer nicht-theistischen Transzendenzvorstellung, geht, sondern um die naturalistische Leugnung transzendenter Wirklichkeit. Diese Option stellt in der Interpretation religiöser Vielfalt sowohl eine klare logische Möglichkeit dar, als auch eine rationale philosophische Alternative zu religiösen Deutungen. Als *theologische* Position, also unter der Voraussetzung einer transzendenten Wirklichkeit, scheidet sie jedoch aus.[18] Als reli-

---

18 Hüttenhoffs Vorschlag, diese auch in einer religionstheologischen Variante zuzulassen, etwa im Sinne der Religionskritik, wie sie von Karl Barth und anderen Dialekti-

gionstheologische Optionen im engeren Sinn kommen daher allein der *Exklusivismus,* der *Inklusivismus* und der *Pluralismus* in Frage.

Im Sinne der hier vorgestellten Interpretation des Dreierschemas kann jede Religion ihr Verhältnis zu den anderen Religionen prinzipiell im Sinne einer der drei genannten Optionen bestimmen. Grundsätzlich kann es also so etwas wie einen buddhistischen, hinduistischen, jüdischen, islamischen, usw. Exklusivismus, Inklusivismus oder Pluralismus geben. Ob dies auch faktisch der Fall ist hängt, ähnlich wie im Christentum, zum einen von den doktrinären Voraussetzungen der jeweiligen Religion und zum anderen von ihrer konkreten Einschätzung der anderen Religionen ab. Zudem wird bei dieser standpunktgebundenen Anwendung der Klassifikation naturgemäß die jeweils eigene Religion als diejenige betrachtet werden, der die exklusive Alleingeltung oder die inklusive Höchstgeltung zugesprochen wird, beziehungsweise als diejenige, von der her die pluralistische Gleichgeltung anderer Religionen formuliert wird. Ist es dann aber nicht auch grundsätzlich denkbar, dass vom Standpunkt christlicher Religionstheologie aus die Überlegenheit einer anderen Religion in Sachen heilshafter Gotteserkenntnis vertreten wird, dass also beispielsweise ein Christ einen islamischen Inklusivismus einnimmt? Wie ich bereits an anderer Stelle gesagt habe, wäre in diesem Fall eine, zumindest innerlich bereits vollzogene, Konversion zum Islam zu konstatieren, so dass wir es hierbei gerade nicht mit einer an einen christlichen Standpunkt gebundenen Position zu tun hätten.[19] Die-

---

schen Theologen geäußert wurde (vgl. Hüttenhoff 2001, 31 mit Anm. 4) kann ich nicht nachvollziehen. Weder bei Barth noch bei den anderen der von Hüttenhoff genannten Theologen besteht irgendein Zweifel daran, dass sie heilshafte Gotteserkenntnis allein im Christentum bezeugt und somit auch vermittelt sehen. Ansonsten wären beispielsweise Barths Aussagen zur Mission, wonach allein das Christentum von Gott dazu bevollmächtigt und berufen ist, „sich der Welt aller Religionen als die eine wahre Religion gegenüberzustellen, sie mit unbedingtem Selbstvertrauen zur Umkehr von ihren Wegen, zum Einlenken auf den christlichen Weg einzuladen und aufzufordern" (KD I/2 392), nicht verstehbar.

19 Vgl. hierzu Schmidt-Leukel 1997, 79, Anm. 42, u. 82 f. Andreas Grünschloß (1999, 21–24) hat die genannte Anfrage zu einem Einwand gegen die behauptete logische Vollständigkeit der Klassifikation ausgeweitet, trägt dabei jedoch dem Umstand nicht genügend Rechnung, dass die von ihm hinzugefügte Position des „Inferiorismus" bzw. „Exotismus" nichts anderes ist als der hier definierte „Inklusivismus", nur eben aus der Sicht des inferioren Standpunktes formuliert. Michael Hüttenhoff (2001, 68– 71) weist in seiner differenzierten und ausgewogenen Diskussion dieser Frage ebenfalls darauf hin, dass bei einer standpunktunabhängigen Formulierung der Klassifi-

selbe Antwort wäre natürlich auch auf die Frage zu geben, ob im Sinne christlicher Religionstheologie ein islamischer, buddhistischer, usw. Exklusivismus vertreten werden könnte, oder ein Pluralismus, der das Christentum nicht zur Gruppe der überlegenen Religionen zählt. Somit verbleiben als Positionen einer *christlichen Religionstheologie* allein drei Optionen und diese stellen sich folgendermaßen dar:

Christlicher Exklusivismus besagt, dass sich heilshafte Offenbarung/ Transzendenzerkenntnis nur innerhalb des Christentums findet, nicht jedoch in irgendeiner anderen Religion. Bei dieser Definition des Exklusivismus (und dies unterscheidet sie von einer Reihe anderer Verwendungen!) geht es somit nicht um die individuelle Heilsmöglichkeit des Nichtchristen. Radikale Exklusivisten werden dahin tendieren, jede Heilsmöglichkeit von Nichtchristen auszuschließen. Moderate Exklusivisten können mit einer individuellen Heilsmöglichkeit des Nichtchristen rechnen (beispielsweise durch eine postmortale Christusbegegnung oder einen isoliert individualistisch gedachten Gewissensentscheid), schreiben hierfür aber den nichtchristlichen Religionen keinerlei positive Rolle zu. Unentschiedene Exklusivisten lassen die Frage nach der individuellen Heilsmöglichkeit des Nichtchristen offen, bestreiten aber, wie alle anderen Spielarten des Exklusi-

---

kation der Inferiorismus keine zusätzliche Option darstellt. Allerdings geht er mit Grünschloß davon aus, dass bei einer standpunktrelativen Anwendung des Schemas die inferioristische Option zu ergänzen sei (vgl. ebd. 75). Das heißt, es geht hier also um die Frage der Anwendbarkeit, nicht um die der logischen Vollständigkeit oder Unvollständigkeit! Hüttenhof zitiert meine Antwort, dass in einem solchen Fall von einer „zumindest innerlich" vollzogenen Konversion auszugehen sei und somit der Inferiorismus *gerade als standpunktgebundenes Urteil* nicht in Frage kommt. In seiner Reaktion auf diesen Einwand gibt er jedoch zu bedenken, es sei möglich, dass aus bestimmten Gründen heraus kein äußerlicher Religionswechsel vollzogen werden kann. Das ändert jedoch nichts daran, dass auch in diesem Fall „innerlich" eine Konversion bereits stattgefunden hat. Wie es aber als Standpunkt einer christlichen Religionstheologie möglich sein soll, einen islamischen, etc. Inklusivismus oder gar Exklusivismus einzunehmen, wird weder von Grünschloß noch von Hüttenhoff erklärt. Grünschloß und Hüttenhoff betonen zwar mit Recht, dass hinsichtlich einzelner partieller Elemente oder Aspekte anderen Religionen eine gewisse Überlegenheit zugesprochen werden kann. Darauf habe ich zuvor bereits selbst aufmerksam gemacht, jedoch auch darauf hingewiesen, dass sich dann zwangsläufig die Frage ergibt, welche Konsequenzen sich aus einem solchen Urteil für die religionstheologische Grundfrage nach der heilshaften Transzendenzerkenntnis ergeben (vgl. Schmidt-Leukel 1997, 86 f.). Siehe auch unten Anm. 40.

vismus auch, eine positive Heilsbedeutung der nichtchristlichen Religionen.[20]

Christlicher Inklusivismus besagt, dass sich heilshafte Offenbarung/Transzendenzerkenntnis in defizitärer Form auch in nichtchristlichen Religionen findet, innerhalb des Christentums jedoch in einer alle anderen überbietenden Weise. Zahlreiche Varianten eines solchen Inklusivismus sind von dieser Definition umfasst, sowohl was das genauere Verständnis der Defizienz betrifft (ob diese beispielsweise als implizit im Gegensatz zu explizit, als undeutlich im Gegensatz zu deutlich, als Fragment im Gegensatz zur Fülle, als grundsätzlich überholbar oder als unüberholbar, als kontinuierlich oder diskontinuierlich, als partiell oder umfassend, usw. gedeutet wird) als auch die genauere Art der dogmatischen Zuordnung der heilshaften Offenbarung zu Jesus von Nazareth.[21]

Christlicher Pluralismus schließlich besagt, dass sich heilshafte Offenbarung/Transzendenzerkenntnis innerhalb nichtchristlicher Religionen und innerhalb des Christentums findet, ohne dass hierbei eine der unterschiedlichen Formen, in denen sie bezeugt und vermittelt wird, alle anderen überragt. Das heißt, aus christlicher Sicht werden andere Formen der Transzendenzerkenntnis beziehungsweise Offenbarung trotz ihrer Unterschiedenheit vom Christentum als der im Christentum bezeugten Offenbarung gleichwertig anerkannt. Auch diese Definition lässt Spielraum für eine ganze Reihe möglicher Unterformen und Varianten. So könnte man sich theoretisch einen umfassenden Pluralismus vorstellen, der die Gleichwertigkeit aller Religionen behauptet. Allerdings ist mir niemand bekannt, der eine solche Position ernsthaft verträte, doch wird sie häufig in der antipluralistischen Polemik als *die* pluralistische Position ausgegeben. In der Regel nehmen christliche Pluralisten an, dass nicht alle Religionen eine gleichermaßen heilshafte Offenbarung beziehungsweise Transzendezerkenntnis bezeugen, wohl aber mehrere, wobei es in der genaueren Bestimmung des Radius signifikante Unterschiede geben kann. Bisweilen wird nur *eine* weitere Religion als gleichwertig betrachtet, nämlich das Judentum.[22] Die pluralistische Gleichordnung

---

20 Zum christlichen Exklusivismus siehe Kapitel 4.
21 Zum christlichen Inklusivismus siehe Kapitel 5.
22 So beispielsweise bei Theologen wie Paul van Buren, A. Roy Eckardt, J. Coos Schoneveld und J. T. Pawlikowski. Vgl. die Übersicht in Pawlikowski 1988. Siehe hierzu auch unten Kapitel 12.

könnte auch nur auf die theistischen Religionen ausgedehnt werden.²³ Die meisten Pluralisten schließen allerdings auch prominente nichttheistische Religionen, wie etwa bestimmte Formen des Buddhismus, des Hinduismus, den Taoismus oder den Jainismus, mit ein. Viele Pluralisten lassen die Beurteilung kleinerer und jüngerer Religionen offen. Allerdings ist es mit der hier gewählten Definition von Pluralismus völlig vereinbar, gegenüber bestimmten Erscheinungsformen von Religion oder quasireligiösen Weltanschauungen eine exklusivistische oder auch eine inklusivistische Haltung einzunehmen, wie dies denn auch faktisch durchaus in den Überlegungen von Pluralisten vorkommt. John Hick hat beispielsweise destruktive Kulte, wie die Jim-Jones-Bewegung, die Gemeinschaft von Waco, den Satanismus oder eine „säkulare Religion" wie den Nationalsozialismus als eindeutig nicht heilshaft kritisiert²⁴, jedoch gegenüber bestimmten Formen des atheistischen Humanismus eine inklusivistische Haltung eingenommen.²⁵ Inkonsistent wäre dies nur dann, wenn der Pluralismus auf die Position festgelegt wäre, alles und jedes in der Religion als gleichwertig anzusehen, was aber, wie gesagt, außer in den polemischen Unterstellungen, nicht der Fall ist.

Verglichen mit den beiden anderen Optionen verfügt die pluralistische Position somit über den größten Urteilsspielraum. Der Exklusivist vermag andere Religionen in der zentralen Frage heilshafter Gotteserkenntnis ausschließlich negativ zu beurteilen. Er kann bestenfalls zwischen einem völligen Ausfall echter Gotteserkenntnis und zwischen einer nicht-heilshaften Gotteserkenntnis (etwa im Sinne einer Offenbarung „zum Gericht") differenzieren. Eine andere Option hat er *als* Exklusivist nicht. Der Inklusivist hingegen kann neben einem völligen Ausfall von Gotteserkenntnis zahlreiche Abstufungen derselben diagnostizieren, wie dies beispielsweise in dem bekannten „Zwiebelschalenmodell" des Zweiten Vatikanischen Konzils geschieht, das die Religionen (und christlichen Konfessionen) differenziert nach dem Grad ihrer jeweiligen Übereinstimmung mit der römisch-katholischen Kirche bemisst.²⁶ Doch kann der Inklusivist *als* Inklusivist

---

23 In diese Richtung tendiert beispielsweise Vroom 1990, bes. 89 f. Letztendlich geht Vroom jedoch – inklusivistisch – von der Überlegenheit des Evangeliums aus (vgl. Vroom 1996, 157, 163).
24 Vgl. Hick 1989, 326; Hick 1995, 44.
25 Vgl. Hick, 1983a, 88; Hick 1999, 326; Hick 1991, 83; Hick 1995, 80 f.
26 Vgl. Bernhardt 1990, 116 ff.; Zehner 1992, 37–47, Grünschloß 1999, 272 ff.

Zur Einteilung religionstheologischer Standpunkte

niemals das Urteil der Ebenbürtigkeit fällen, wieviel auch immer ihm bei einer anderen Religion an Wahrem, Gutem und Heiligem begegnet. Dem Pluralisten hingegen stehen alle drei Möglichkeiten offen. Er kann, je nach dem was die konkrete Anschauung und die theologische Bewertung nahe legen, bestimmte religiöse Erscheinungsformen in exklusivistischer Art rein negativ werten, andere wiederum nach Art des Inklusivismus als defizitäre Formen heilshafter Transzendenzerkenntnis einstufen und wieder andere als dem Christentum ebenbürtig ansehen.

Der unterschiedliche Urteilspielraum der verschiedenen Positionen sowie ihre definierenden Merkmale lassen sich durch folgende Graphik veranschaulichen. Die Außenkreise symbolisieren hierbei verschiedene Religionen, während die schwarzen Innenflächen für das Vorkommen von P, also für die Vermittlung heilshafter Transzendenzerkenntnis/Offenbarung stehen, wobei die definierenden Merkmale und der logisch umfassende Charakter der Klassifikation (keinmal – einmal – singuläre Überlegenheit – Gleichwertigkeit) durch den rechteckigen Kasten angezeigt sind.

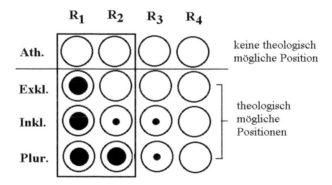

Terminologische Klärungen

Wie bereits erwähnt, werden innerhalb der internationalen religionstheologischen Diskussion die einzelnen Termini des Dreierschemas teilweise in recht unterschiedlicher Form verwendet, was nicht selten Anlass für unnötige Missverständnisse und Konfusionen gibt. Die hier vorgeschlagene logische Interpretation der Klassifikation führt zu sehr klaren und eindeutigen Definitionen, die zum Zweck der Reduktion von Missverständnissen nochmals ausdrücklich von einigen gängigen alternativen Verwendungsformen abgegrenzt werden sollen.

(1) Die hier vorgeschlagene Interpretation des Dreierschemas bezieht sich auf *Urteile über Religionen beziehungsweise religiöse Traditionen*. Dies unterscheidet sie von einigen anderen Interpretationen, die das Schema auf Urteile über die Frage der individuellen Heilsmöglichkeit von Nichtchristen anwenden. Daraus resultieren signifikante Unterschiede in der Bestimmung der drei zentralen Termini:

Interpretiert man das Schema mit Bezug auf die individuelle Heilsmöglichkeit, so wird unter „Exklusivismus" zumeist die Bestreitung einer Heilsmöglichkeit für Nichtchristen verstanden. Als „Inklusivismus" gelten dann Positionen, die Nichtchristen auf unterschiedlichen Wegen dennoch eine Heilsmöglichkeit einräumen, sei es durch eine postmortale Christusbegegnung, durch die Lehre von der „Begierdetaufe", durch eine unsichtbare Kirchenmitgliedschaft, einen anonymen Christusbezug, etc. Mit „Pluralismus" wird dann bisweilen entweder eine unabhängig von christlichen Rückbindungen bestehende Heilsmöglichkeit des Nichtchristen bezeichnet, bisweilen aber auch ein Heilsuniversalismus, also die Apokatastasis-Lehre, derzufolge am Ende alle Menschen das ewige Heil erlangen.

Nach der von mir vorgeschlagenen Interpretation besagt (christlicher) „Exklusivismus" allein die Bestreitung einer positiven Heilsbedeutung nichtchristlicher Religionen, unabhängig von der Frage individueller Heilsmöglichkeit. Entsprechend verwende ich den Terminus „Inklusivismus" ausschließlich für jene Ansichten, die den nichtchristlichen Religionen eine solche positive Bedeutung zusprechen, das Christentum oder eine bestimmte Form desselben in dieser Hinsicht jedoch für überlegen halten. Und „Pluralismus" hat nach meiner Definition nichts mit der Frage des Heilsuniversalismus zu tun, sondern bezieht sich allein auf die Anerkennung einer prinzipiellen Gleichwertigkeit hinsichtlich der Vermittlung heilshafter Transzendenzerkenntnis durch die Religionen. In diesem Sinn können „Pluralisten" sowohl einen heilsuniversalistischen als auch einen heilspartikularistischen Standpunkt vertreten, und Heilsuniversalisten können religionstheologisch ebenso gut auch Exklusivisten oder Inklusivisten sein.

(2) Die Termini „Exklusivismus", „Inklusivismus" und „Pluralismus" werden nicht selten auch in einem *epistemologischen* oder *hermeneutischen* Sinn verwendet, der bisweilen in die religionstheologischen Debatten hineinspielt und dann für nicht geringe Verwirrung sorgt.

Zur Einteilung religionstheologischer Standpunkte

Im epistemologischen Sinn kann „Exklusivismus" ganz allgemein die „exklusive" Geltung von Wahrheitsansprüchen bezeichnen. Das heißt, es geht dabei nicht speziell um religiöse Wahrheitsansprüche, sondern um den generellen Sachverhalt, dass jeder Wahrheitsanspruch aus logischen Gründen die Wahrheit einer kontradiktorisch entgegengesetzten Behauptung „ausschließt". In diesem Sinn ist „Exklusivismus" in der Tat unvermeidlich. Ihn zu bestreiten würde einem intellektuellen Suizid gleichkommen, da eine Position, die nichts ausschließt, auch nichts mehr besagt. In diesem Sinn von „Exklusivismus" sind natürlich alle drei der von mir klassifizierten religionstheologischen Positionen „exklusivistisch", da jede von ihnen nicht nur die Wahrheit der beiden anderen Positionen, sondern auch die des Atheismus sowie zahlreiche weitere mögliche Gegenpositionen ausschließt (ein christlicher Exklusivismus etwa einen islamischen Exklusivismus, usw., falls jedes Mal wirklich vom selben Sachverhalt die Rede ist). Das zeigt aber auch, dass die Qualifikation aller drei Positionen als „exklusivistisch" im epistemologischen Sinn keinen Vorentscheid darüber beinhaltet, ob religionstheologisch im Sinne der von mir verwendeten Definitionen ein exklusivistischer, inklusivistischer oder pluralistischer Standpunkt vorliegt.

Auch „Inklusivismus" wird als epistemologische Bezeichnung verwendet und besagt dann beispielsweise, dass alles menschliche Verstehen einerseits zwar tendenziell auf das Ganze ausgreift, dabei andererseits jedoch alles konkret Begegnende in den je eigenen Horizont „inkludiert", der sich dabei zwar verändern kann, aber dennoch immer die je eigene Perspektive repräsentiert. In diesem epistemologischen oder hermeneutischen Sinn gilt, wie Michael Bongardt zutreffend vermerkt hat: „Verstehen ist inklusiv oder es ist gar nicht"[27]. Selbstverständlich ist in diesem Sinn von „Inklusivismus" jede der drei religionstheologischen Positionen „inklusivistisch", da im Sinne ihrer standpunktgebundenen Formulierung jede Position ihr Verständnis anderer Religionen im Ausgang vom je eigenen religiösen Hintergrund gewinnt, auch wenn sich dieser dabei in spezifischer Weise verändern kann. In gleicher Weise wie für den epistemologischen Exklusivismus gilt daher auch hier, dass mit der Feststellung eines epistemologischen oder hermeneutischen Inklusivismus keinerlei Vorentscheid darüber verbunden ist, welche der drei möglichen religionstheologischen Posi-

---

27 Vgl. Bongardt 2000a, passim.

tionen unter dem Vorzeichen des epistemologischen Inklusivismus eingenommen wird. Dies kann ebenso gut eine exklusivistische wie eine inklusivistische oder eine pluralistische sein.

Auch „Pluralismus" wird bisweilen im epistemologischen Sinn verwendet und bezeichnet dann zumeist in mehr oder minder starker Form die ein oder andere Spielart des Relativismus. Wie stark der Relativismus hierbei jeweils ist, hängt davon ab, wie radikal die Inkommensurabilitätsthese gefasst wird. Im extremen Fall kann epistemologischer Pluralismus bis hin zum Postulat kollektiver Solipsismen führen, wonach radikal inkommensurable Erkenntniskontexte ebenso radikal inkommensurable Welten bilden. Mildere Formen eines epistemologischen Pluralismus sind mit allen drei religionstheologischen Modellen vereinbar, da hierbei lediglich so etwas wie eine Pluralität von epistemischen Inklusivismen konstatiert wird.[28] Treibt man den epistemologischen Pluralismus jedoch so weit, dass mit ihm die Preisgabe einer umfassenden Wirklichkeit verbunden ist, dann ist dieser Sinn von „Pluralismus" mit keiner der drei hier vorgestellten religionstheologischen Optionen vereinbar, da sie alle die Existenz einer letzten transzendenten Wirklichkeit voraussetzen, die keineswegs nur als ein kontextabhängiges Konstrukt gedacht ist. In diesem Sinn von „Pluralismus" wäre dann weder der Exklusivismus, noch der Inklusivismus, noch der Pluralismus „pluralistisch".

(3) Schließlich sei noch auf zwei spezielle Abgrenzungen des religionstheologischen Pluralismus hingewiesen. Die religionstheologisch pluralistische Option wird bisweilen auch als „religiöser Pluralismus" bezeichnet (vor allem auch im englischsprachigen Raum: „religious pluralism"). Dies kann zu Missverständnissen führen, wenn unter „religiösem Pluralismus" die rein deskriptive Feststellung *religiöser Pluralität* – also des Faktums, dass es eine Vielzahl von Religionen gibt – verstanden wird. Als religionstheologische Option ist Pluralismus nicht deskriptiv gemeint, sondern beinhaltet ein normatives Urteil hinsichtlich der theologischen Interpretation der religiösen Pluralität. Religionstheologischer Pluralismus wird bisweilen auch mit der politischen Forderung nach einem *gesellschaftlichen Pluralismus* verwechselt, also der gesellschaftspolitischen Maxime, ein weitgehend repressionsfreies und faires Zusammenleben von Menschen höchst unterschiedlicher weltanschaulicher und religiöser Überzeugungen zu

---

28 Vgl. hierzu auch die Übersicht in Bernhardt 1996.

ermöglichen. Doch hierfür sind meines Erachtens allein das Toleranzgebot sowie die rechtliche Garantie von Gewissens-, Meinungs- und Religionsfreiheit erforderlich. Eine pluralistische Religionstheologie hingegen braucht es dafür nicht, weil die Forderung nach Toleranz und Religionsfreiheit ohne inneren Widerspruch von Exklusivisten, Inklusivisten und von Pluralisten unterstützt werden kann. Aus dem Plädoyer für einen gesellschaftspolitischen Pluralismus ergibt sich daher weder ein Argument für, noch gegen einen religionstheologischen Pluralismus.[29]

Diskussion einiger Einwände

Wie sich nun zeigen wird, sind diese terminologischen Klärungen auch für die Auseinandersetzung mit den kritischen Einwänden gegen die Dreierklassifikation wichtig. Diese beruhen teilweise auf terminologisch bedingten Missverständnissen, teilweise auf deskriptiven Interpretationen des Dreierschemas. In einigen Fällen knüpfen sie aber auch an die logische Interpretation der Klassifikation an.

(1) *Das Dreierschema besitzt eine inkonsistente Struktur, „da die Positionen nicht zum selben Genre gehören und sich nicht auf dieselben Fragen beziehen."*[30] So lautet ein Einwand, den T. W. Tilley und I. Markham erhoben haben. Dieser Einwand mag auf die ein oder andere deskriptiv ausgerichtete Fassung des Schemas zutreffen oder auch nicht. Für die hier vorgestellte logische Interpretation besitzt er keine Gültigkeit. Alle vier definierten Positionen haben einen einheitlichen Referenten (die Religionen) und beziehen sich auf dieselbe Frage (die Vermittlung heilshafter Transzendenzerkenntnis).

(2) *Das Dreierschema ist irreführend, weil es die eigentlichen Fragen einer Theologie der Religionen verfehlt oder verdunkelt.* Dieser Einwand findet sich beispielsweise bei J. A. DiNoia, T. W. Tilley und G. D'Costa. Darin, was jeweils das eigentliche Thema der Religionstheologie sein soll, unterscheiden sie sich jedoch. Nach DiNoia ist dies die Frage, wie sich die Universalität des Christentums mit seiner Partikularität ver-

---

[29] Vgl. hierzu die Ausführungen zur Frage der Toleranz in Kapitel 6, S. 181 ff. Anders verhält es sich jedoch, wenn die Religionsgemeinschaft mit der politischen Gemeinschaft identifiziert wird, wie dies teilweise bei muslimischen Denkern geschieht. Dann tendiert die Argumentation zugunsten eines gesellschaftspolitischen Pluralismus dazu, mit der Argumentation für einen religionstheologischen Pluralismus zu verschmelzen.

[30] Tilley 1999, 34.

einbaren lässt[31], nach Tilley geht es um die Anerkennung des „religiös Anderen *als Anderen*, und nicht als jemand, der als Außenstehender, als Widerspiegelung, als Ausdehnung oder als unbewusstes Mitglied der eigenen religiösen Tradition gesehen wird"[32] und nach D'Costa handelt es sich hierbei um die Rechtfertigung, Klärung und das wechselseitige Verhältnis verschiedener Wahrheitsansprüche, nicht aber darum „wie viele gerettet werden".[33] Nun ist es freilich jedem freigestellt, Theologie der Religionen so zu konstruieren wie er oder sie es für angemessen hält. Wenn man hierbei jedoch den christlichen Anspruch auf die Bezeugung und Vermittlung heilshafter Gotteserkenntnis und die vergleichbaren Ansprüche anderer Religionen ernst nimmt, dann ist das Dreierschema nicht nur nicht „irreführend", sondern vielmehr unmittelbar auf die Kernfrage einer Theologie der Religionen bezogen. Beachtet man zudem den im vorangegangenen Kapitel ausgeführten Zusammenhang der religionstheologischen Doppelfrage mit den genannten fünf Problemfeldern, dann ist zudem deutlich, dass die von DiNoia, Tilley und D'Costa angesprochenen Themen auf die ein oder andere Art durchaus eng mit der Frage nach der heilshaften Vermittlung von Transzendenzerkenntnis verknüpft sind.

(3) *Das Schema ist zu eng, denn es gibt mehr als nur drei Optionen.* Dieser Einwand wird ebenfalls in recht unterschiedlicher Form vorgetragen. Um nur einige Beispiele zu nennen: Nach S. Ogden gibt es eine vierte, vom Schema nicht erfasste Option, die sich ihm zufolge „dadurch vom Pluralismus (unterscheidet), daß sie nicht behauptet, daß es tatsächlich mehrere wahre Religionen oder Heilswege gibt", sondern „daß es mehrere wahre Religionen *geben kann*".[34] Nach A. Grünschloß muss das Schema, gerade im Sinne einer logischen Klassifikation, um die weitere Option des Exotismus oder Inferiorismus ergänzt werden, der die Überlegenheit einer anderen religiösen Tradition über die eigene behauptet.[35] P. Knitter hat, wie bereits erwähnt, das Schema inzwischen ebenfalls um eine vierte Position, das „Akzeptanz Modell", erweitert.[36] R. Plantinga sieht den Heils-

---

31 DiNoia 1992, 180.
32 Tilley 1999, 323.
33 D'Costa 1996, 225 u. 232.
34 Ogden 1991, 99.
35 Grünschloß 1999, 21–30. Vgl. auch oben Anm. 19.
36 Siehe oben bei Anm. 7.

universalismus als vierte Möglichkeit an[37] und G. Gäde hat als vierte Position einen „Interiorismus" vorgeschlagen. Dabei werde Christus weder exklusivistisch *gegen* die Religionen gestellt, noch inklusivistisch *über* diese, noch pluralistisch *neben* sie, sondern werde vielmehr „*in* den Religionen erkannt". [38]

Die genannten Beispiele dürften ausreichen, um zu verdeutlichen, wie dieser Einwand zu lösen ist. Sofern das Dreierschema als deskriptive Klassifikation aufgefasst wird, lässt es sich beliebig erweitern. Dies ist jedoch anders bei seiner logischen Rekonstruktion. Ist diese korrekt, dann bleibt außer der Option des Atheismus/Naturalismus keine weitere Option mehr übrig. Das heißt, jede alternative Option erweist sich entweder als eine Unterform der vom Schema erfassten Optionen oder als eine Position, die keine Aussage hinsichtlich der hier klassifizierten Thematik macht. S. Ogdens „potentieller Pluralismus" stellt demnach keine neue Option dar, sondern präsentiert die pluralistische Option lediglich in einer anderen Modalität.[39] Der von Grünschloß postulierte „Inferiorismus" oder „Exotismus" stellt ebenfalls keine neue logische Möglichkeit dar, sondern wiederholt den Inklusivismus aus der Sicht der inferioren Position.[40] Für die von P. Knitter als „Akzeptanz Modell" bezeichneten Entwürfe von M. Heim, F. Clooney und J. Fredericks lässt sich zeigen, dass diese entweder, wie bei Heim und Clooney, einen Inklusivismus im hier definierten Sinn vertreten, oder sich, wie im Fall von Fredericks, nicht

---

37 Vgl. R. Plantinga 1999, 6. Er schränkt dies jedoch ein, indem er ausführt, der Universalismus könne auch als eine Spielart des Pluralismus angesehen werden.
38 Vgl. Gäde 2002, 184 ff.
39 So auch Hüttenhoff 2001, 54.
40 Es ist denn auch bezeichnend, dass sich das von Grünschloß als Alternative vorgelegte Klassifikationsmodell in seinem Kernstück nicht wirklich von der Dreierklassifikation unterscheidet. Es geht von drei grundsätzlichen Relationen aus: „distanzierend", „hierarchisierend" und „harmonisierend". Während Grünschloß nun die distanzierende Relation mit dem Exklusivismus assoziiert und die harmonisierende mit dem Pluralismus, unterteilt er bei der hierarchisierenden Relation in eine „superioristische" und eine „inferioristische Variante". Die superioristische wird dem Inklusivismus zugeordnet und die inferioristische einem „Exotismus", der nun allerdings auf der Systemebene aus der standpunktgebundenen Verhältnisbestimmung herausgeführt und der „Konversion" (!) zugeordent wird (vgl. die schematische Darstellung in Grünschloß 1999, 82, „Systemebene": „Relationierung"). Dies entspricht freilich exakt meiner Kritik an der Behauptung von Grünschloß, die Notwendigkeit einer Erweiterung des Schemas aufgezeigt zu haben (vgl. hierzu oben Anm. 19).

zu der hier klassifizierten Thematik äußern.⁴¹ Plantingas Heilsuniversalismus beinhaltet ebenfalls keine Aussage darüber, ob religiöse Traditionen heilshafte Transzendenzerkenntnis vermitteln und fällt daher auch nicht unter die hier vorgeschlagene Klassifikation. Sobald jedoch verdeutlicht wird, in welchem Zusammenhang ein Heilsuniversalismus mit der Rolle der Religionen steht, wird sich zeigen, ob es sich um eine exklusivistische, inklusivistische oder pluralistische Position handelt. Als Form des Inklusivismus lässt sich auch Gädes „Interiorismus" erweisen. Denn der Christus *in* den Religionen, der diesen ihre Wahrheit gibt, wird nach Gäde nur von Christen erkannt. So verkündet nach Gäde die christliche Botschaft zwar keine „größere" Wahrheit als die Religionen. Doch wird nur in der christlichen Botschaft „universal verständlich und verkündbar", was in den nichtchristlichen Religionen „schleierhaft" bleibt. Damit ist in eindeutig inklusivistischer Art eine höhere Deutlichkeit für die christliche Bezeugung der Offenbarung beansprucht. An Gäde bleibt freilich die Frage zu richten, ob nach seiner Meinung mit dieser höheren Deutlichkeit auch in irgendeiner Weise eine höhere Heilsrelevanz verbunden ist, oder ob die beanspruchte höhere Deutlichkeit letztlich heilsirrelevant ist.⁴² Anders würde sich die Einordnung von Gädes Interiorismus jedoch dann darstellen, wenn damit – wie bei Panikkar⁴³ – eingeräumt wäre, dass Christus nur für Christen den „hermeneutischen Schlüssel" zum Verständnis anderer Religionen darstellt, diesen aber ihre eigene Wahrheit in gleichermaßen guter, wenn auch anderer Weise durch ihre eigenen „Schlüssel" erschlossen ist. Für eine solche Ansicht gibt es bei Gäde jedoch keine Anzeichen.

(4) *Das Schema ist zu weit, denn es gibt in Wirklichkeit nur eine einzige Option.* Nach G. D'Costa ist die einzig verfügbare Option der Exklusivismus, denn „sowohl der Pluralismus als auch der Inklusivismus sind Unterformen des Exklusivismus". Jede der religionstheologischen Positionen folge „der Logik des Exklusivismus", da in allen Fällen bestimmte Wahrheitsansprüche erhoben werden, deren Gegenteil explizit oder implizit als falsch verworfen wird.⁴⁴ In gleicher Weise

---

41 Zu Heim siehe unten Kapitel 5, S. 139–145 zu Clooney und Fredericks vgl. die Ausführungen im letzten Abschnitt dieses Kapitels.
42 Warum aber sollte sich dann, wie Gäde beansprucht, die christliche Verkündigung als ein „Dienst" an den Religionen verstehen lassen?
43 Vgl. hierzu unten Kapitel 14, S. 413–419.
44 D'Costa 1996, 225.

hat auch A. Plantinga den Exklusivismus als die einzig mögliche Option verteidigt.[45] D'Costa bemerkt jedoch, dass man Exklusivismus und Pluralismus eventuell auch als „bloße Unterformen des Inklusivismus" sehen könne.[46] Dies verweist in die Richtung jener, die – wie R. Bernhardt[47], M. von Brück[48], M. Bongardt[49], H. Kessler[50], A. Grünschloß[51] – einen epistemologischen oder hermeneutischen Inklusivismus für unüberwindbar halten und daher dafür plädieren, das interreligiöse Verhältnis im Sinne eines „mutualen" oder „reziproken Inklusivismus" zu bestimmen, wobei zumindest einige der genannten Autoren hierin eine hermeneutische Rekonstruktion des religionstheologischen Pluralismus sehen oder so etwas wie eine Annäherung zwischen Pluralismus und Inklusivismus.

Grundsätzlich basiert der genannte Einwand auf einer Verwechslung jener Bedeutung, die die Termini „Exklusivismus" oder „Inklusivismus" im epistemologischen Sinn haben können, mit dem hier definierten religionstheologischen Sinn. Wie weiter oben gezeigt, handelt es sich im epistemologischen Sinn hierbei um formale Feststellungen, die etwas über *jede Art* von Wahrheitsbehauptungen (nämlich dass diese logisch unvermeidlich die Wahrheit einer gegenteiligen Behauptung *exkludieren*) oder über die *Struktur* von Verstehensprozessen (nämlich dass neue Einsichten immer in den eigenen Verständnishorizont *inkludiert* werden) aussagen, ohne dass damit bereits etwas über den *Inhalt* der jeweiligen Wahrheitsbehauptungen oder Verstehensprozesse präjudiziert wäre.[52] Von diesem Inhalt handeln jedoch die drei hier unterschiedenen religionstheologischen Positionen, die jeweils eine inhaltlich andere Behauptung über die Vermittlung heilshafter Transzendenzerkenntnis durch die Religionen implizieren. Die Bekräftigung, dass im epistemologischen Sinn alle religionstheologischen Urteile einer exklusiven Logik folgen, besagt daher nichts darüber, ob

---

45 Vgl. A. Plantinga 2000, bes. 174.
46 D'Costa, 1996, 225.
47 Vgl. Bernhardt 1996;1997; 1999.
48 Vgl. von Brück 1993, bes. 88 ff.
49 Vgl. Bongardt 2000a, 2000b, 2000c.
50 Kessler 2001, bes. 218 f.
51 Grünschloß 1999, 313 f.
52 Diesem Irrtum scheint jedoch Grünschloß anheimzufallen, wenn er schreibt: „Letztlich bleibt daher der sogenannte r e l i g i o n s t h e o l o g i s c h e ‚Inklusivismus' auch *hermeneutisch* unüberwindbar" (Grünschloß 1999, 297 – gesperrte Hervorhebung von mir).

es sich nun bei diesen Urteilen um im religionstheologischen Sinn exklusivistische, inklusivistische oder pluralistische Positionen handelt.[53] Die inhaltlichen Unterschiede zwischen diesen drei Positionen werden durch die epistemologisch einheitliche Form einer exklusiven Bekräftigung nicht im Geringsten tangiert. Verräterisch ist diesbezüglich auch D'Costas Hinweis, Pluralismus und Inklusivismus seien „Unterformen" („subtypes") des Exklusivismus. Denn dies zeigt an, dass auf der Ebene der „Unterformen" das Dreierschema unbeschadet fortlebt. Dasselbe gilt denn auch *mutatis mutandis* für einen epistemologischen oder hermeneutischen Inklusivismus. Auch dieser erlaubt, dass der inkludierende Verstehensprozess entweder zu der exklusivistischen Auffassung von der Falschheit einer anderen Religion führt oder zu ihrer Einstufung als defizitär oder aber zu ihrer Betrachtung als ebenbürtig.[54] Wenn jedoch „wechselseitiger Inklusivismus" nicht im epistemologischen Sinn gemeint ist, sondern im religionstheologischen Sinn von wechselseitigen Überlegenheitsansprüchen, dann kann dies keine stimmige Position beinhalten, sondern lediglich die Beschreibung des faktischen religionstheologischen Problems, das sich natürlich auch darin darstellt, dass die verschiedenen Religionen gegeneinander ihre wechselseitige Überlegenheit bekräftigen. Sofern sie dies in der gleichen Hinsicht tun, ist aus logischen Gründen ein solcher wechselseitiger Inklusivismus jedoch ebenso unmöglich wie, dass von zwei Geschwistern jedes ein Jahr älter als das andere wäre.

(5) *Das Schema übt einen „Akt subtiler Gewalt aus", weil es nicht „das Selbstverständnis der sogenannten Exklusivisten und Inklusivisten" wiedergibt, sondern einer pluralistischen Agenda dient.* Dieser von Gerd Neuhaus vorgebrachte Einwand[55] ist so gewaltsam wie er es den Vertretern des Schemas unterstellt. Zunächst einmal ist hier nüchtern festzuhalten, dass das Dreierschema keineswegs nur von religionstheologischen Pluralisten, sondern auch von Inklusivisten und Exklusivisten zur Eintei-

---

53   Eine ähnliche Zurückweisung dieses Einwandes mit Bezug auf A. Plantinga findet sich bei Basinger 2002, 4 f., und mit Bezug auf G. D'Costa bei Eddy 2002, 10 ff.
54   Vgl. zu dieser Unterscheidung auch Hüttenhoff 2001, 271: „Urteile über andere religiöse Orientierungssysteme sind, auch wenn sie aufgrund ihres I n h a l t e s p l u r a l i s t i s c h sind, *strukturell inklusivistisch*, weil sie von den selbstverständlichen Überzeugungen der eigenen Position geleitet sind" (gesperrte Hervorhebung von mir).
55   Vgl. Neuhaus 1999, 86. Der Vorwurf, die logische Interpretation des Schemas diene allein pluralistischen Interessen, findet sich auch bei Grünschloß 1999, 28.

lung religionstheologischer Standpunkte verwendet wurde und wird.[56] Was die Terminologie betrifft, so dient diese nicht irgendwelchen dunklen pluralistischen Absichten[57] und kann nach Belieben verändert werden. Ein guter Grund für eine solche Änderung wäre der Umstand, dass, wie oben gezeigt, die Verwendung derselben Termini außerhalb der religionstheologischen Problemstellungen Anlass häufiger Missverständnisse ist. Doch kann ich nicht sehen, dass die Terminologie in irgendeiner Weise verzeichnend oder verletzend wäre. Begriffe wie „exklusiv" sind in bestimmten Zusammenhängen sogar hochgradig positiv besetzt (oft äquivalent mit „vorzüglich" oder „besonders") und auch das Prädikat „inklusiv" steht in manchen Zusammenhängen für die Haltung einer positiv besetzten Offenheit. Wie dem auch sei, einige Exklusivisten haben es vorgezogen, ihren Standpunkt anders zu benennen, beispielsweise als „Partikularismus"[58]. Hüttenhoff[59] (ähnlich auch schon Bernhardt[60]) hat den durchaus sinnvollen Vorschlag gemacht, den Inklusivismus als „Superiorismus" zu bezeichnen, weil allein der Anspruch auf singuläre Superiorität das eigentlich bestimmende Merkmal ist und Superiorität nicht zwangsläufig eine inkludierende Relation voraussetzt. Ich stimme insoweit zu, als dass der Terminus „Superiorismus" gleichermaßen gut und vielleicht sogar besser geeignet wäre, die zweite Option zu benennen, bleibe jedoch bei der bisherigen Terminologie, weil sich diese eingebürgert hat, weil alle Termini – auch neue – missverständlich sind

---

56 Um nur einige Beispiele zu nennen: Auf inklusivistischer Seite findet das Schema beispielsweise Verwendung bei C. Pinnock (1997, 14 f.) und bei G. D'Costa als dieser selbst sich noch deutlicher zu einer inklusivistischen Position bekannte (vgl. D'Costa 1986). Auf exklusivistischer Seite findet es sich bei Hempelmann 2000, übrigens mit unverkennbarem Stolz auf das Prädikat „exklusivistisch", bei Netland 1991, bes. 8–35, und bei Eddy 2002.

57 Nach Neuhaus wollen „Pluralisten" mit dem Schema und seiner Terminologie „jenen dunklen Kontrasthintergrund schaffen vor dem das von ihnen favorisierte religionstheologische Modell erst die gewünschten Konturen gewinnt." Neuhaus 1999, 86.

58 Vgl. die Beiträge von A. MacGrath, D. Geivett und G. Phillips in: Okholm, Phillips 1995.

59 Hüttenhoff 2001, 45 f. Aber jeder Anspruch auf Höhergeltung setzt natürlich eine gemeinsame Vergleichsebene voraus. Ob man diesbezüglich nun von einer „inkludierenden Relation" sprechen möchte oder nicht, halte ich für weniger entscheidend. Daher folge ich Hüttenhoff auch nicht in seiner Auffassung, dass der Übergang von inkludierenden zu nicht-inkludierenden Formen des Superioritätsanspruchs irgendwie ausschlaggebender sei als der Übergang vom Inklusivismus bzw. Superiorismus zum Pluralismus. Vgl. ebd. 73 f.

60 Vgl. Bernhardt 1990, 36 ff.

und weil es ohnehin nicht auf die Namen, sondern auf die damit bezeichneten Konzeptionen oder Positionen ankommt. Dass die hier als Exklusivismus und Inklusivismus charakterisierten Positionen jedoch kein Produkt einer verdeckten pluralistischen Agenda sind, zeigt sich schon darin, dass es sie der Sache und der Konzeption nach schon längst vor dem religionstheologischen Pluralismus gab.[61]

Was eventuell jedoch im Hintergrund Neuhaus' Vermutung einer mit dem Schema verknüpften pluralistischen Agenda steht, ist der Umstand, dass eine logische Interpretation des Dreierschemas bewusst die Notwendigkeit einer Entscheidung zwischen den verschiedenen logischen Möglichkeiten zu verdeutlichen sucht. Dies kann jedoch in gleicher Weise von allen drei Positionen genutzt werden. Wenn etwa der Exklusivist durchschlagende Argumente gegen den Inklusivismus und Pluralismus ins Feld zu führen vermag, dann ist aus logischen Gründen klar, dass als religionstheologische Option allein der Exklusivismus verbleibt.[62] Die Absicht, mittels logischer Analyse das Feld möglicher Optionen abzustecken und die Notwendigkeit einer Entscheidung zwischen ihnen zu verdeutlichen, dient dem Ziel einer konstruktiven Kanalisation der theologischen Diskussion. Das heißt, Zeit und Kraft sollten nicht auf die Suche nach anderen – aus logischen Gründen eben unmöglichen – Optionen verschwendet, sondern in die vergleichende und argumentativ abwägende Diskussion der möglichen Positionen investiert werden. In diesem Rahmen können Verteidiger aller drei (und unter Einbeziehung des Atheismus: vier) Positionen jene Argumente verdeutlichen, die für ihre und gegen die anderen Positionen sprechen.[63] Hierdurch wird also nicht auf verdecktem Weg

---

61 Beispielsweise schrieb Heinrich Ostermann bereits im Jahre 1963: „Theoretisch bieten sich drei Möglichkeiten der Wertung dieser großen Religionen an: 1. Entweder man sagt: *Alle Religionen sind ihrem Werte nach gleich.* ... 2. Oder man sagt: *Nur das Christentum ist die wahre Religion.* ... 3. Oder man sagt: *Das Christentum ist zwar die einzig wahre Religion, aber auch die anderen Religionen besitzen Teilwahrheiten.*" Ostermann 1963, 76 f.

62 Vgl. beispielsweise Netland 1991, S. X: „After carefully reflecting upon the various alternatives advanced in the current debate, I am persuaded that the proposed alternatives suffer from even greater difficulties than those associated with exclusivism."

63 Zwei mustergültige Beispiele hierfür bilden der von D. Okholm und T. Phillips herausgegebene Band „More Than One Way?" (Okholm, Phillips 1995), in dem ein Pluralist, ein Inklusivist, ein gemäßigter Exklusivist und zwei radikale Exklusivisten miteinander diskutieren, sowie das Themenheft der Salzburger Theologischen Zeitschrift 4, Heft 2 (2000), das eine Diskussion zwischen einem Atheisten, einem Exklusivisten, einem Inklusivisten und einem Pluralisten bietet.

einer bestimmten Position gedient (der Einwand ist aber typisch für eine „Hermeneutik des Verdachts"!), sondern der wissenschaftlichen Zielsetzung rational kontrollierter Suche nach Wahrheit. Der Zwang zur Entscheidung wird dabei nicht etwa künstlich durch das Schema *herbeigeführt*, wie Grünschloß meint[64], sondern vielmehr *verdeutlicht*. Denn dieser Zwang wurzelt nicht in dem Schema, sondern in den von dem Schema aufgezeigten logischen Sachverhalten. Steht man vor einer Entscheidung zwischen verschiedenen Alternativen und vermag die logische Analyse zu zeigen, dass diese Alternativen unvereinbar und unausweichlich sind, dann scheint es nicht besonders sinnvoll, die Schuld an dieser Situation der Logik zu geben.

Mit der von der logischen Fassung des Dreierschemas ausgehenden Verdeutlichung eines Entscheidungszwangs haben es auch die folgenden Einwände zu tun.

(6) *Das Schema ist trennschärfer als es die Realität erlaubt.* Dieser Einwand ist von Michael Hüttenhoff vorgebracht und vor allem auf folgendes Problem bezogen worden[65]: Die Bestimmung der pluralistischen Position durch die Ablehnung der inklusivistischen Behauptung einer singulären Superiorität impliziert, dass es im Hinblick auf den die Klassifikation leitenden Gesichtspunkt zwischen mindestens zwei Religionen eine Gleichheit gibt. Hüttenhoff postuliert nun, dass Gleichheit hierbei „einen quantitativen, keinen qualitativen Sinn"[66] habe. In einem streng quantitativen Sinn lasse sich Gleichheit zwischen den Religionen, etwa bezüglich ihrer Heilseffektivität, faktisch nicht überprüfen und daher könne nicht ausgeschlossen werden, dass eben doch irgendeine Religion den anderen, wenn auch nur geringfügig und daher unauffällig, überlegen sei, überlegen freilich ebenfalls im quantitativen Sinn. Um brauchbar zu sein, müsse somit die Definition des Pluralismus somit schwächer, nämlich im Sinne einer „ungefähren" Gleichheit angesetzt werden. Damit aber lasse sie sich nicht mehr eindeutig von einem Superiorismus abgrenzen, der „unbestimmt" lässt, ob und wenn ja welche Religion überlegen ist. Hieraus resultiere dann das Dilemma, dass die Klassifikation entweder logisch trennscharf bleibt, dann aber künstlich wird, oder dass sie realistischer gestaltet wird, dafür aber an logischer Trennschärfe einbüßt. Doch

---

64 Vgl. Grünschloß 1999, 28–30.
65 Vgl. Hüttenhoff 2001, 71–75.
66 Ebd. 72.

auch in einer weniger trennscharfen Fassung, so Hüttenhoff, lasse sich die pluralistische Position immer noch hinreichend deutlich von einem „bestimmten" Superiorismus oder Inklusivismus abgrenzen, insofern der Pluralismus dann den Anspruch einer bestimmten Religion auf Allein- oder Höchstgeltung bestreitet.[67]

Hüttenhoff hat mit dieser Kritik zweifellos eine gewisse Schwäche der logischen Rekonstruktion des Dreierschemas aufgezeigt, zugleich aber auch verdeutlicht, dass dies ihrer praktischen Relevanz keinen Abbruch tut und ihre Unterscheidungen immer noch klar genug bleiben, um die klassifizierten Positionen deutlich voneinander abzugrenzen. Dennoch stimme ich seiner Argumentation nicht in allen Punkten zu. Dies betrifft vor allem seine Prämisse, dass die Gleichordnung allein einen quantitativen, aber keinen qualitativen Sinn habe. Das Problem in welchem Sinn hier von einer Gleichordnung oder Gleichwertigkeit die Rede sein kann, betrifft keineswegs nur die Definition der pluralistischen Position, sondern tritt gleichermaßen auch bei der Bestimmung des Inklusivismus auf. Denn die vom Pluralismus behauptete Gleichwertigkeit bezieht sich auf denselben Sinn, in dem der Inklusivismus Überlegenheit behauptet. Nur dann ist wirklich die Einheitlichkeit der Klassifikation gewahrt. Wenn es aber grundsätzlich möglich ist, in bestimmter Hinsicht die Überlegenheit einer Religion über die anderen zu behaupten, dann ist es grundsätzlich auch möglich in derselben Hinsicht von einer Gleichwertigkeit auszugehen. Die eigentliche Frage lautet daher, ob überhaupt eine Abstufung zulässig ist.[68] Wenn ja, dann schließt sie auch die Möglichkeit der Gleichordnung ein.

Muss nun aber, wie Hüttenhoff unterstellt, die Gleichordnung (und damit implizit jede Abstufung) allein quantitativ, nicht aber auch qualitativ gedacht werden? Ich sehe hierzu keinen Anlass. Schon früher habe ich in Anlehnung an die Analysen von Bernhardt und im Rückgriff auf faktische Beispiele darauf hingewiesen, dass die graduelle Abstufung (und damit auch die Gleichordnung) grundsätzlich sowohl quantitativ als auch qualitativ verstanden werden kann.[69] Qualitative Abstufungen erscheinen in allen der drei genannten kriteriologischen Feldern, das heißt sowohl hinsichtlich des Wahren, des Guten

---

67 Ebd. 74 ff.
68 Darauf habe ich bereits in allen meinen früheren Arbeiten zum Dreierschema hingewiesen. Vgl. Schmidt-Leukel 1993a, 177 f.; 1996, 239 f.; 1997, 80 f.
69 Vgl. die Angaben der vorhergehenden Anmerkung.

und des Heiligen, denkbar. Auch die von Hüttenhoff im Rückgriff auf Hick herangezogene „soteriologische Wirksamkeit" muss keineswegs nur quantitativ aufgefasst werden, sondern kann auch qualitativ, im Sinne eines grundsätzlich heilswirksamen Potentials, verstanden und bewertet werden, unabhängig davon, wie viel (quantitativ) von diesem Potential zu unterschiedlichen Zeiten und an verschiedenen Orten jeweils manifest wird.

Hüttenhoff ist jedoch darin zuzustimmen, dass die vergleichende Bewertung von Religionen alles andere als leicht ist und unsere diesbezüglichen Erkenntnismöglichkeiten äußerst begrenzt sind. Dies gilt freilich nicht nur hinsichtlich der Feststellbarkeit von Gleichwertigkeitsbehauptungen, sondern auch hinsichtlich der Behauptung von Überlegenheit oder Einzigartigkeit. Dieser Einschränkung wird man sich immer bewusst bleiben müssen. Dennoch kann es so etwas wie bestätigende und falsifizierende Indizien geben. Exklusivistische, inklusivistische und pluralistische Positionen können so ausformuliert werden, dass sich aus ihnen bestimmte Prognosen oder – vorsichtiger – Erwartungen ableiten lassen, die für falsifizierende oder auch bestätigende Indizien nicht unempfindlich sind. Zudem lassen sie sich immer auch anhand ihrer inneren Konsistenz überprüfen und anhand des Preises, den sie unter Umständen für diese Konsistenz bezahlen müssen, auch vergleichend bewerten. Aber dies stellt, so weit ich sehe, auch Hüttenhoff nicht in Frage. Doch hat diese Einsicht bedeutsame Konsequenzen für die Beantwortung der beiden folgenden, eng zusammenhängenden Einwände.

(7) *Das Schema ist irreführend, da es der komplexen Gestalt der Religionen nicht hinreichend Rechnung trägt.* Dieser Einwand wird in zwei Varianten vorgebracht. Nach der ersten Variante, die vor allem von Grünschloß und Schenk vorgetragen wird (sich modifiziert aber auch bei Hüttenhoff und anderen findet), drängt die Komplexität der Religionen zu differenzierten Urteilen im Hinblick auf je unterschiedliche Einzelaspekte. In der Folge davon könne es zu kombinierten Urteilen kommen, dergestalt, dass etwa im Hinblick auf die Heilsfrage exklusivistisch, im Hinblick auf die Verehrung eines barmherzigen Gottes pluralistisch, mit Bezug auf dessen genauere Charakterisierung inklusivistisch und im Hinblick auf die spirituelle Praxis sogar „inferioristisch" (also die Überlegenheit einer anderen Religion anerkennend) geurteilt werde. Solcherart differenzierte und kombinierte Urteilsbildung auf der Elementebene mache jedoch eine eindeutige Klassifika-

tion auf der Systemebene problematisch wenn nicht gar unmöglich.⁷⁰ Bereits Reinhold Bernhardt hatte geurteilt:

„Ein Christ wird in allen Religionen Elemente entdecken, die er kompromißlos verwirft, andere, die er in einer Wertskala positiv würdigen, aber doch als überholt ablehnen wird, wieder andere, die er als erfüllungsfähige Bewegung in die richtige Richtung anerkennen kann, und schließlich solche, die gleichwertig neben seiner eigenen Glaubenseinstellung zu bestehen vermögen und diese sogar bereichern."⁷¹

Daher, so Bernhardt, werden sich die verschiedenen religionstheologischen Positionen

„nicht einlinig auf die Beurteilung ganzer Religionen anwenden lassen, sondern eher auf einzelne ihrer Erscheinungen und Überzeugungen."⁷²

Michael Hüttenhoff hat in seiner Diskussion dieses Einwands mit Recht hervorgehoben, dass daraus nur dann Schwierigkeiten für die Anwendung der Klassifikation resultieren, wenn dieser kein einheitlicher Leitgesichtspunkt zugrunde liegt.⁷³ Liegt jedoch ein solcher einheitlicher Gesichtspunkt vor, dann lässt sich jedes der zweifellos erforderlichen Einzelurteile auf der Elementebene (wie Grünschloß es nennt) daraufhin befragen und bemessen, welche Bedeutung diesem für den exklusivistischen, inklusivistischen oder pluralistischen Anspruch hinsichtlich des Leitgedankens zukommt. Wenn also – wie von mir vorgeschlagen – der Leitgedanke der Klassifikation in der Vermittlung heilshafter Transzendenzerkenntnis besteht, dann lässt sich fragen, ob die Urteile über einzelne Elemente innerhalb anderer Religionen den Anspruch auf alleinige Vermittlung heilshafter Transzendenzerkenntnis oder auf singuläre Superiorität oder auf prinzipielle Gleichwertigkeit eher bestätigen oder eher falsifizieren!⁷⁴ Die

---

70 Das Referat des Einwands folgt vor allem Grünschloß 1999, 24 ff. In ähnlicher Form findet sich der Einwand auch bei Schenk 1999 und bei Thomas 1990, 58.
71 Bernhardt 1990, 235.
72 Ebd. 234.
73 Vgl. Hüttenhoff 2001, 35.
74 Es ist dieser Zusammenhang zwischen den Urteilen auf der Element- und Systemebene, dem Grünschloß nicht hinreichend Rechnung trägt, auch nicht hinsichtlich seines zweiten größeren Kritikpunktes, der von ihm geforderten Ausweitung des Schemas um den Inferiorismus. Denn auf der Elementebene kann in einem begrenzten Aspekt einer anderen Religion Überlegenheit zugeschrieben (für die eigene Religion also Inferiorität beansprucht) werden, insofern und solange dies nicht die zen-

Zur Einteilung religionstheologischer Standpunkte

Unterscheidung von Element- und Systemebene ist daher keineswegs dazu angetan, die Anwendung der Klassifikation auf der Systemebene problematisch oder gar unmöglich zu machen, wie Grünschloß nahe legt.[75] Vielmehr zeigt sie geradezu einen der Wege auf, wie angesichts und trotz der Komplexität der Religionen dennoch auf der Systemebene eindeutige Urteilsbildungen angestrebt werden können. Ein Blick auf faktisch vorliegende Entwürfe zeigt denn auch, dass sich diese, gemessen an der hier vorgelegten Leitkategorie, zumeist ohne größere Schwierigkeit als entweder exklusivistisch, inklusivistisch oder pluralistisch einstufen lassen.[76]

In einer anderen Variante, die vor allem bei J. A. DiNoia und M. Heim anzutreffen ist, besagt der genannte Einwand, dass nun gerade ein einheitlicher Leitgedanke der Klassifikation an der Komplexität und Vielgestaltigkeit der Religionen scheitert, beispielsweise daran – wie DiNoia und Heim betonen –, dass die Religionen sehr unterschiedliche Heilsvorstellungen haben, die sich der Einordnung in ein einheitliches Heilsverständnis im Rahmen des Dreierschemas widersetzen.[77]

Auf diesen Einwand ist zu erwidern, dass der klassifizierende Leitgedanke des Schemas, insbesondere bei seiner logischen Rekonstruktion, zwar einheitlich zu sein hat. Aber dies setzt nicht voraus, dass deshalb den Religionen ein im deskriptiven Sinn identisches Heilsverständnis unterstellt werden muss! Wer exklusivistisch urteilt, argumentiert unter anderem in der Regel damit, dass das Heilsverständnis anderer Religionen – und dementsprechend das sich an diesem Heilsverständnis orientierende Leben der Nichtchristen – mit dem christ-

---

trale Leitkategorie auf der Systemebene tangiert. Wenn jedoch letzteres der Fall ist, dann werden solche Inferioritätsbekundungen entweder ausbleiben, oder aber es kommt zur Konversion. Vgl. hierzu nochmals oben Anm. 19.

75 Vgl. sein vielleicht doch etwas zu vollmundiges Urteil, „der Wahl zwischen Exklusivismus, Inklusivismus und Pluralismus" werde auf diesem Weg „religionswissenschaftlich der Boden entzogen". Grünschloß 1999, 27.

76 Vgl. Schmidt-Leukel 1997, 87, Anm. 54. Hüttenhoff hat dieses „zumeist" im Sinne eines Eingeständnisses gedeutet, dass die Klassifikation eben doch nicht vollständig sei (vgl. Hüttenhoff 2001, 35). Dies ist freilich ein Missverständnis. Denn der Umstand, dass sich nicht immer eine eindeutige Zuordnung vornehmen lässt, hängt nicht etwa mit der Unvollständigkeit der Klassifikation zusammen, sondern mit der bisweilen anzutreffenden Unklarheit bestimmter religionstheologischer Entwürfe, z. B. dergestalt, dass aus bestimmten Einzelurteilen nicht immer deutliche Konsequenzen für die Systemebene gezogen werden.

77 Vgl. Heim 1995b, bes. 4; DiNoia 1990 und 1992, bes. 47–55.

lichen Heilsverständnis inkompatibel sei und genau deshalb den anderen Religionen auch keine positive Heilsbedeutung zugesprochen werden könne. Inklusivisten verweisen demgegenüber häufig auf partielle Übereinstimmungen zwischen dem christlichen Heilsverständnis und dem Heilsverständnis nichtchristlicher Religionen beziehungsweise einer diesem entsprechenden Praxis. Am Grad und/oder an der Art der Übereinstimmung richtet sich dann auch der Grad der Anerkennung einer positiven Heilsbedeutung aus. Allein der Pluralist muss hinsichtlich jener Religionen, die als gleichwertig eingestuft werden, zwar nicht völlige Identität, wohl aber eine zumindest indirekte Kompatibilität und eventuell auch Komplementarität annehmen, das heißt, die Verschiedenheit der jeweiligen Heilsvorstellungen und entsprechenden Heilswege muss sich aus pluralistischer Sicht als eine Vielfalt von gleichermaßen gültigen oder soteriologisch wirksamen Wegen und Konzepten deuten lassen. DiNoias und Heims Einwand ist daher kein Einwand gegen das Schema, sondern gegen die pluralistische Position – und im Falle von DiNoia – wohl auch gegen die inklusivistische Position, obwohl seine Aussagen in dieser Hinsicht nicht immer eindeutig sind. Die Einschätzung der Heilshaftigkeit nichtchristlicher Religionen ist also gerade das, was unter Zugrundelegung der Klassifikation zwischen Exklusivisten, Inklusivisten und Pluralisten strittig ist. Daher setzt die Klassifikation auch nicht voraus, dass die Religionen einen inhaltlich identischen Heilsbegriff haben, sondern, wie auch Hüttenhoff vermerkt[78], sondern lediglich, dass ihre Heilsbegriffe miteinander vergleichbar und wechselseitig beurteilbar sind. Um einen griffigen Einwand gegen die Klassifikation selbst würde es sich hier bestenfalls dann handeln, wenn er auf einer radikal gefassten Inkommensurabilitätsthese basierte.[79] Doch selbst die Panzerung mit einer relativistischen Rüstung könnte nicht verhindern, dass damit in logischer Hinsicht immer noch ein exklusivistischer Standpunkt eingenommen ist, allerdings ein Exklusivismus, der zugeben müsste, dass er auf einem Nicht-Verstehen anderer, weil inkommensurabler Religionen beruht.

---

78 Vgl. Hüttenhoff 2001, 67.
79 Diese Bemerkung ist alles andere als abwegig, weil J. DiNoia, ähnlich wie G. Lindbeck und bisweilen auch M. Heim, in der Tat auf postmodern-relativistische Strategien zurückgreifen, jedoch, wenn ich richtig sehe, von einer wirklich streng gefassten Inkommensurabilitätsthese Abstand halten. Vgl. hierzu ausführlicher Schmidt-Leukel 1997, 146–164.

Kommen wir nun zum letzten der hier zu behandelnden Einwände.

(8) *Das Schema ist zu grobschlächtig. Es wird der komplexen und nuancierten Gestalt religionstheologischer Entwürfe nicht gerecht.* Dieser Einwand resultiert zum Teil aus den Annahmen des vorhergehenden Einwandes.[80] Wenn Theologen hinsichtlich verschiedener Aspekte auf der Elementebene unterschiedliche Urteile kombinieren, das heißt in einer Hinsicht exklusivistisch, in einer anderen inklusivistisch und in einer weiteren pluralistisch urteilen, sie dann aber letztlich nur aufgrund der jeweiligen Relevanz dieser Einzelaspekte hinsichtlich des klassifizierenden Leitmotivs in das Schema eingeordnet werden, so resultiert daraus zwangsläufig eine Verkürzung und Vergröberung ihrer an sich weitaus subtileren, komplexeren und nuancierteren Theologie.

Mit diesem Einwand ist zwar eine unübersehbare Gefahr des logisch reinterpretierten Dreierschemas benannt, doch muss der Gebrauch dieses Schemas keineswegs dazu führen, dieser Gefahr auch tatsächlich zu erliegen. Zunächst ist festzuhalten, dass eben eine logisch ausgerichtete Klassifikation sich ausdrücklich und absichtlich von einer deskriptiven Typologie unter anderem dadurch unterscheidet, dass sich die deskriptiv verfahrende Typologisierung an den charakteristischen Merkmalen faktisch vorliegender theologischer Ansätze orientiert, während die logische Klassifikation davon abstrahiert. Die Klassifikation fragt also zunächst ganz unabhängig von den tatsächlich vorfindlichen Ansätzen danach, welche Antworten auf eine bestimmte Frage grundsätzlich logisch möglich sind und untersucht dann bestehende theologische Entwürfe daraufhin, welche der logisch möglichen Antworten von ihnen jeweils gegeben wird. Die logische Klassifikation schafft damit eine Konzentration auf das Wesentliche, falls ihrer Ausgangsfrage in religionstheologischer Hinsicht tatsächlich zentrale Bedeutung zukommt. Diese Konzentration auf das Wesentliche bewirkt zum einen eine unverkennbare Verdeutlichung, weshalb denn auch Kritiker des Schemas diesem zumeist so etwas wie einen heuristischen Wert nicht absprechen. Zum anderen kann der damit verbundenen Gefahr einer unzulässigen Verkürzung und Vergröberung dadurch entgegengewirkt werden, dass man für jeden einzelnen theologischen Entwurf genauer untersucht, warum und auf

---

80 Vgl. hierzu Grünschloß 1999, 26 f. (wo er diesen Einwand anhand von Tillich verdeutlicht); Hüttenhoff 2001, 35 f.; Schenk 1999.

welche individuell spezifische Art und Weise gerade dieser Entwurf zu seiner Antwort auf die klassifizierende Frage führt, warum also ein bestimmter Entwurf letztlich in einer exklusivistischen, inklusivistischen oder pluralistischen Position mündet. In dieser Hinsicht kann das Schema auch dazu verhelfen, eventuell vorhandene Inkonsistenzen oder Unklarheiten in faktisch vorliegenden religionstheologischen Entwürfen aufzudecken, dann nämlich, wenn sich zeigt, dass unterschiedliche Einzelurteile bei ein und demselben Theologen zu inkompatiblen Resultaten oder einem nebulösen Gesamturteil führen. Des weiteren kann das Schema dazu verhelfen, prinzipielle Schwierigkeiten der verschiedenen religionstheologischen Grundoptionen aufzudecken, um dann in quasi umgekehrter Fragerichtung konkrete religionstheologische Einzelentwürfe daraufhin zu untersuchen, ob und wie diese Schwierigkeiten von ihnen jeweils behandelt beziehungsweise gelöst werden. Insofern „bewährt sich", wie auch Hüttenhoff vermerkt, „das Schema als wertvolles Hilfsmittel bei der Analyse religionstheologischer Entwürfe."[81] Sollte sich nun aber zeigen, dass sich ein bestimmter religionstheologischer Einzelentwurf auf gar keine Weise in das Schema einordnen lässt, dann macht das Schema aufgrund seiner logischen Vollständigkeit klar, dass eine Einordung deshalb unmöglich ist, weil der betreffende Autor zu dem der Klassifikation zugrundeliegenden Problem einfach keine Aussage macht. Wo aber keine Position vorliegt, dort lässt sich freilich auch nichts klassifizieren.

Komparative Theologie als Alternative?

Dass die formallogische Reinterpretation des Dreierschemas in der Tat zu einer logisch vollständigen Klassifikation führt, ist bislang, soweit ich sehe, noch von keinem einzigen Argument widerlegt worden. Es kämen hierfür auch allein ebenfalls rein formallogische Argumente in Frage.[82] Umstritten ist vielmehr seine theologische Angemessenheit und religionstheologische Brauchbarkeit. Ich hoffe durch die Diskussion der Einwände gezeigt zu haben, dass das Schema beides zu gewährleisten vermag. Dann aber zeigt es weiterhin mit unverminderter Deutlichkeit, dass es in einer christlichen Theologie der Religionen um eine Entscheidung für eine der drei genannten Optionen geht,

---

81 Hüttenhoff 2001, 76.
82 Ernsthaft versucht hat dies freilich Grünschloß 1999 – allein, wie ich meine, ohne Erfolg. Vgl. hierzu nochmals oben S. 68 f., Anm. 19 und S. 76 f., Anm. 40.

und dass, sofern man Theologie der Religionen betreibt, diese Entscheidung unausweichlich ist. Nach Klaus von Stosch resultiert hieraus allerdings für eine bewusst *christliche* Religionstheologie folgendes „Grunddilemma":

„Zum einen geht es ihr darum, als konfessorische Theologie dem eigenen Wahrheits- und Unbedingtheitsanspruch treu zu bleiben, der sich für Christen vor allem im Bekenntnis zu Jesus von Nazareth als *dem* Christus, Erlöser und Sohn Gottes festmacht. Zum anderen strebt sie danach, Andersgläubige in ihrer Andersheit zumindest nicht negativ einschätzen zu müssen. (…)

Das Grunddilemma jeder Theologie der Religionen besteht (…) darin, daß dem (der christlichen Glaubenslogik immanenten) Wunsch nach Festhalten am Eigenen bei möglicher Anerkennung des Fremden in keinem der denkbaren religionstheologischen Modelle entsprochen werden kann."[83]

Der Exklusivismus und der Inklusivismus bewahren zwar uneingeschränkt das Bekenntnis zu Jesus Christus, doch ist nach von Stosch der Exklusivismus von seinen theoretischen Voraussetzungen her zu keiner positiven Bewertung anderer Religionen in der Lage, und der Inklusivismus vermag diese nur als „defizitäre Form des Eigenen" zu schätzen, nicht jedoch in ihrer genuinen Andersheit.[84] Demgegenüber ist der Pluralismus um eine solche „genuine Wertschätzung religiöser Vielfalt" bemüht[85], ist aber wegen der von seinen Voraussetzungen her „notwendigen Depotenzierung der Christologie" unfähig, „in adäquater Weise am christlichen Wahrheitsanspruch festzuhalten"[86]. Doch besteht – wie von Stosch einräumt – aus logischen Gründen keine andere Option.[87] Nach von Stosch bleibt daher nur ein Ausweg:

„… die Bemühung um religionstheologische Modellbildungen (müßte) … durch eine komparative Theologie ersetzt werden, die konkrete Religionen oder Weltbilder hinsichtlich genau bestimmter Probleme vergleicht.

Komparative Theologie … wendet sich dem konkreten Einzelfall und damit spezifischen Feldern der Auseinandersetzung zu. Es geht ihr nicht um Allgemeinaussagen über die Wahrheit einer oder mehrerer Religionen, sondern um das Hin-

---

83 Stosch 2002, 294 f. Ähnlich Stosch 2001, 345–352.
84 Vgl. Stosch 2002, 294 f.
85 Ebd. 297. Von Stosch meldet jedoch Zweifel an, ob dies dem Pluralismus auch tatsächlich gelingen könne.
86 Ebd. 297 f.
87 Vgl. ebd. 295 f.

und Hergehen zwischen konkreten religiösen Traditionen angesichts bestimmter Problemfelder, um Verbindendes und Trennendes zwischen den Religionen neu zu entdecken."[88]

Von Stosch setzt damit auf ein Programm, das vor allem von James Fredericks[89] und Francis Clooney[90] (bei Clooney allerdings, wie gleich zu zeigen sein wird, mit einer weniger konsequenten Abstinenz bezüglich religionstheologischer Modelle) verfolgt wird.[91] Nach Fredericks befindet sich die religionstheologische Diskussion über Exklusivismus, Inklusivismus und Pluralismus derzeit in einer „Sackgasse". Pluralisten hätten erfolgreich die Defizite von Exklusivismus und Inklusivismus aufgezeigt, doch habe die Kritik am Pluralismus auch diesen als inadäquat erwiesen. In dieser Situation zeige die Komparative Theologie eine Alternative zu allen drei Modellen auf und somit einen Weg aus der genannten Sackgasse.[92] Allerdings bestehe die Alternative nicht in einem alternativen religionstheologischen Modell:

„Komparative Theologie ist nicht eine weitere Religionstheologie. Alle Religionstheologien, seien sie nun exklusivistisch, inklusivistisch oder pluralistisch, sind theoretische Stellungnahmen zur religiösen Vielfalt. Sie betrachten religiöse Vielfalt als ein theoretisches Problem, das es zu lösen gilt. Demgegenüber ist Komparative Theologie ein Prozess oder eine Praxis, keine Theorie."[93]

Diese Praxis besteht in der vergleichenden Zuwendung zu spezifischen Feldern der interreligiösen Auseinandersetzung. Allerdings ist damit ausdrücklich nicht eine Rückkehr zum religionsphänomenologischen Vergleich intendiert. „Komparative Theologie" vesteht sich nicht als „Vergleichende Religionswissenschaft", sondern, wie Clooney es ausdrückt, als „das Betreiben konstruktiver Theologie durch und im Anschluss an den Vergleich".[94] „Als Theologie", so Clooney, „bedeutet Komparative Theologie letztlich Glaube, der sein Verstehen sucht; ihr letzter Horizont kann nicht weniger sein als die Erkenntnis des Göttlichen, des Transzendenten." Was sie hierbei jedoch kennzeichnet, ist „ihre Verpflichtung auf die detaillierte Erörterung anderer

---

88 Ebd. 307.
89 Siehe vor allem J. Fredericks 1995 und 1999.
90 Vgl. Clooney 1990; 1993; 1995; 1996; 2001.
91 Verhaltene Zustimmung hat auch Norbert Hintersteiner signalisiert. Vgl. Hintersteiner 2001, 318–320.
92 Vgl. Fredericks 1999, 8 f.
93 Ebd. 9.
94 „(T)he doing of constructive theology from and after comparison". Clooney 1995, 522.

Religionen."⁹⁵ Ähnlich formuliert es auch Fredericks: „Theologie komparativ zu betreiben heißt, dass Christen auf die Wahrheiten nichtchristlicher Traditionen blicken, um hierdurch ihren eigenen Glauben zu verstehen."⁹⁶ Dadurch, so urteilen Fredericks und Clooney übereinstimmend, kann es zu Veränderungen des eigenen Glaubens kommen. Nach Clooney wird die Theologie durch die aufmerksame Betrachtung anderer Religionen „zutiefst verändert" („deeply changed").⁹⁷ Nach Fredericks begegnet die Theologie in den anderen Religionen „herausfordernden und verändernden Wahrheiten", die die Kraft haben, „uns zu neuen Einsichten zu inspirieren".⁹⁸ Doch beide, Clooney und Fredericks, betonen gleichermaßen, dass der Komparative Theologe in seiner Tradition „verwurzelt bleibt"⁹⁹ und seiner Verpflichtung auf das Christentum nicht untreu wird.¹⁰⁰ Die „Spannung zwischen der Verpflichtung auf das Christentum und der Offenheit für andere Religionen" gilt es nach Fredericks auszuhalten, wohingegen jede der drei religionstheologischen Optionen diese Spannung auf ihre jeweilige Art auflöse.¹⁰¹ Die Vorgabe einer konfessorischen, Revisionen ausschließenden Standpunkttreue markiert einen deutlichen Unterschied zu anderen, gleichfalls komparativ arbeitenden Theologen, wie beispielsweise Keith Ward.¹⁰² Auch nach Ward wird komparative Theologie nicht „traditions-neutral", sondern „von einer spezifischen Perspektive aus" betrieben.¹⁰³ Doch sollte komparative Theologie „bereit sein, Glaubensvorstellungen zu revidieren, falls und wenn dies nötig zu sein scheint."¹⁰⁴ Dieser Unterschied ist erhellend für das Verständnis des gesamten Projekts.

Es steht außer Zweifel, dass es einen methodologischen Unterschied macht, ob man sich mit den grundsätzlichen systematischen Fragen und Problemen der Religionstheologie befasst, oder ob man sich dem

---

95 Ebd. 521.
96 Fredericks 1999, 140.
97 Clooney 1995, 522.
98 Fredericks 1999, 170.
99 Clooney 1995, 522; Fredericks 1999, 170.
100 Vgl. Clooney 1990, 73; Fredericks 1999, 170.
101 Fredericks 1999, 170 f.
102 Zu dem zukunftsweisenden Projekt, christliche Systematische Theologie im Horizont der Weltreligionen zu betreiben, hat Ward herausragende Pionierarbeiten vorgelegt. Vgl. hierzu: Ward 1987; 1994; 1996; 1998; 2000.
103 Ward 1994, 47 u. 49.
104 Ebd. 48.

Vergleich spezieller Texte, Denker, Ideen, Rituale, usw. des Christentums mit denen einer anderen religiösen Tradition widmet, wie dies vor allem Clooney auf beispielhafte Art in seinen Arbeiten zu Christentum und Hinduismus vorführt.[105] Insofern ist Fredericks und anderen zuzustimmen, wenn sie in dieser Hinsicht von Komparativer Theologie als einem anderen Weg sprechen.[106] Sie operiert, um auf die Terminologie von Grünschloß zurückzugreifen, primär auf der Elementebene, während sich systematische Religionstheologie vorwiegend auf der Systemebene bewegt. Zudem grenzt sie die Elementebene nicht nur auf wenige Gesichtspunkte ein, sondern in der Regel auch auf eine enge Materialbasis aus der eigenen und der fremden Tradition. Aber beinhaltet all dies, dass Komparative Theologie eine Alternative zu den in der Religionstheologie kontrovers diskutierten Fragen darstellt, zu Fragen also, die nach von Stosch und Fredericks deshalb zu vermeiden sind, weil sie zwangsläufig in ein „Grunddilemma" oder eine „Sackgasse" führen?

Wer Komparative Theologie betreibt, mag also zunächst – wie verlangt[107] – von den Problemen systematischer Religionstheologie gebührend Abstand halten und sich, vom christlichen Standpunkt aus, der vergleichenden Beschäftigung mit einem partikularen Phänomen einer anderen Religion zuwenden. Diese Zuwendung zum Vergleich muss durchaus nicht mit irgendeiner expliziten, im vorhinein gewonnenen religionstheologischen Option verknüpft sein. Da sie jedoch vom eigenen christlichen Standpunkt aus geschehen soll, ist nicht auszuschließen, dass implizit und vielleicht unbewusst eine solche Option durchaus vorliegt. Zumindest aber liegen jene im eigenen Glauben begründeten systematischen Elemente vor, die für eine solche Option in der ein oder anderen Weise relevant sind. Die Durchführung der vergleichenden Arbeit soll nun nach den Theoretikern der Komparativen Theologie theologischen und nicht etwa rein phänomenologischen Charakter tragen, das heißt, sie soll „letztlich" der Frage nach der Wahrheit dienen. Wenn dem so ist, dann wird früher oder später die vergleichende Arbeit an einen Punkt geraten, an dem die

---

105 Vgl. nochmals die oben in Anm. 90 genannten Arbeiten Clooneys. Fredericks hingegen tritt paradoxerweise eher mit Arbeiten zur generellen Problematik systematischer Religionstheologie hervor.
106 Vgl. Fredericks 1999, 167 f. Vgl. nochmals das Zitat von von Stosch oben bei Anm. 87.
107 Vgl. Fredericks 1999, 167 f.

Frage nach der logischen Kompatibilität bestimmter christlicher Glaubensinhalte mit den entsprechenden nichtchristlichen Vergleichsgegenständen auftritt. An diesem Punkt werden sich vier logische Möglichkeiten anbieten: (1) Entweder der christliche und der entsprechende nichtchristliche Glaubensgegenstand sind beide falsch. (2) Oder einer von beiden ist wahr und der andere falsch. (3) Oder einer von beiden drückt die Wahrheit vollständiger und adäquater aus als der andere. (4) Oder beide lassen sich als gleichermaßen wahr betrachten. Wie unschwer zu erkennen ist, handelt es sich hierbei um nichts anderes als um die vier Optionen, die der von mir vorgeschlagenen logischen Rekonstruktion der religionstheologischen Klassifikation zugrunde liegen. Was aber wird nun der Komparative Theologe oder die Theologin tun? Entweder sie bleibt der Maxime treu, dass Komparative Theologie „Theologie" sein soll und daher der Suche nach der Wahrheit verpflichtet ist und wird folglich versuchen, auf argumentativem Weg, sich für eine der vier möglichen Optionen zu entscheiden. Hierbei treten jedoch unvermeidlich Fragen nach der systematischen Kohärenz der jeweiligen Entscheidungsmöglichkeiten mit weiteren Glaubensannahmen auf, sei es auf der Seite des christlichen oder des nichtchristlichen Systems. Damit betritt die Komparative Theologin das Feld der Religionstheologie. Nun wird ihr jedoch einfallen, dass Theoretiker wie von Stosch und Fredericks genau hiervor gewarnt haben, weil dieser Weg in eine „Sackgasse" oder in ein „Grunddilemma" führt, vor dem die Komparative Theologie ja gerade bewahren soll. Sie schreckt also vor dem soeben noch gefassten Mut zurück und beschließt statt dessen, die Wahrheitsfrage nicht weiter zu verfolgen, sondern auf sich beruhen zu lassen. Doch dann erinnert sie sich, dass der Verzicht auf die Wahrheitsfrage genau jene Form des religionswissenschaftlichen Vergleichs kennzeichnet, wie ihn die Religionsphänomenologie empfiehlt und daher unvermeidlich hinter dem theologischen Anspruch Komparativer Theologie zurückbleibt. Nun ist guter Rat teuer. Und dieser kommt von Fredericks. Denn, so liest man bei ihm, es geht ja gerade darum die Spannung auszuhalten und nicht etwa nach ihrer Auflösung im Sinne einer der religionstheologischen Optionen zu streben. Aber was bedeutet dies methodologisch? Vermutlich nichts anderes als sich im Niemandsland zwischen vergleichender Religionswissenschaft und vergleichender Theologie niederzulassen und weder in der einen noch in der anderen Richtung voranzukommen, gefangen in einer „Sackgasse" und einem „Grunddilemma".

Aber hatte man ihr nicht verheißen, Komparative Theologie sei ein Weg, der aus „Sackgasse" und „Grunddilemma" herausführt?

Clooney hat aus der Erfahrung seiner eigenen komparativen Arbeit heraus eingeräumt, dass es einen Punkt gibt, wo beispielsweise der Vergleich bestimmter christlicher und vedāntischer Texte unvermeidlich zur Konfrontation zwischen dem vedāntischen Anspruch, dass alles Heil in der Erkenntnis Brahmans wurzelt, und dem christlichen Anspruch, dass Christus die Quelle allen Heils ist, führt.[108] Oder, um ein anderes Beispiel von Clooney herauszugreifen, der Vergleich shivaitischer und vishnuitischer Texte mit christlichen kommt früher oder später an einen Punkt, an dem die Frage unvermeidlich wird, ob Gott nun der Gott Jesu Christi sei oder Nārāyana (Vishnu) oder Shiva? Und ob Gott nur in Jesus Christus Mensch geworden ist, nicht aber in Rāma und in Krishna?[109] Wie aber soll der Komparative Theologe dann urteilen?

Clooney gibt in seinen Schriften mehrere Antworten. Zum einen wird er nicht müde zu betonen, dass eine Antwort hierauf nicht leicht fällt und Zeit braucht.[110] Zumindest eine gewisse Zeit lang solle die Frage nach einer systematischen Antwort ausgesetzt und schlicht eine Art von Hilflosigkeit bekannt werden.[111] Doch woher soll dann Hilfe kommen? Auch Clooney scheint zu sehen, dass dieser Rat entweder überhaupt nicht weiter führt oder aber das Warten letztlich doch jener sorgfältigen Abwägung von Argumenten zu dienen hat, die schließlich zu einer religionstheologischen Entscheidung ermutigen. Doch „die Abfolge", schreibt Clooney, „ist wichtig". *Zuerst* muss die konkrete und vergleichende Arbeit geleistet werden, *danach* kann der Schritt auf die Ebene der Religionstheologie erfolgen.[112] Um im Kontext Komparativer Theologie ernst genommen zu werden, benötige jedes der drei religionstheologischen Modelle weitaus mehr Rückgriff auf konkrete Beispiele und Details als bisher.[113] Schließlich aber, so Clooney, zeige sich die inklusivistische Position als die überlegene, da sie sowohl der Treue zu den universalen Ansprüchen der eigenen religiösen Tradition als auch der Anerkennung von Wahrheit jenseits der

---

108 Vgl. Clooney 1993, 189 ff.
109 Vgl. Clooney 2001, 180.
110 Vgl. Clooney 1993, 189 ff.; Clooney 1996, 298 f.
111 Vgl. Clooney 1996, 310.
112 Clooney 1990, 66.
113 Vgl. Clooney 1993, 194.

konfessionellen Grenzen Rechnung trage.[114] Clooney verdeutlicht, was dies für ihn im Hinblick auf die beiden genannten Beispiele konkret bedeutet. Gegenüber dem Vedānta werde der komparative Theologe dabei bleiben, dass das Heil von Christus kommt, damit aber – *nach dem Vergleich* – vermutlich nicht länger den Anspruch verbinden, die Erkenntnis Brahmans sei nicht heilshaft.[115] Und gegenüber Shivaismus und Vishnuismus könne weiterhin „kompromisslos" an den Wahrheiten des christlichen Glaubens festgehalten werden, ohne jedoch gleichfalls behaupten zu müssen, dass Shiva nicht Gott ist und sich Vishnu nicht zum Heil der Menschen inkarniert habe.[116]

Wie aber sind diese religionstheologischen Eingeständnisse Clooneys angesichts der Behauptung von Komparativer Theologie als Alternative zur Religionstheologie zu verstehen? Ist Clooney schwach geworden? Oder ist er kein guter Vertreter des Programms? Komparative Theologie gerät – wie die Beispiele Clooneys zeigen – früher oder später an jene Punkte, wo sich das zuvor benannte Dilemma auftut, entweder den theologischen Anspruch aufzugeben und sich auf die Ebene des rein phänomenologischen Religionsvergleichs zurückzuziehen, oder aber dem theologischen Anspruch treu zu bleiben und damit in das Feld der Religionstheologie einzutreten und sich für eine der hier zur Verfügung stehenden Optionen zu entscheiden. Wird diese Entscheidung jedoch abgelehnt, dann ist deutlich, dass nicht die Religionstheologie, sondern die Komparative Theologie in eine Sackgasse führt. Dies lässt sich allerdings dadurch vermeiden, dass die komparative Arbeit für die religionstheologischen Problemstellungen offen, ja mehr noch, sensibel bleibt, von der systematischen Diskussion lernt und ihrerseits versucht, konkrete, aus dem unmittelbaren Vergleich mit nichtchristlichen Religionen gewonnene Argumente für die eine oder andere religionstheologische Position beizubringen. Dann aber tut sie nichts anderes als das, was Aufgabe eines ernsthaften interreligiösen Dialogs ist.[117] Problematisch ist hierbei jedoch die von Clooney und Fredericks aufgestellte Vorgabe, dass die komparative Arbeit nicht zu einem Resultat führen darf, bei dem – wie Keith Ward es for-

---

114 Vgl. Clooney 1993, 194 f. Ähnlich Clooney 1990, 66, 72–79.
115 Vgl. Clooney 1993, 192.
116 Vgl. Clooney 2001, 180 f. Letzteres dürfte jedoch die Grenzen des Inklusivismus sprengen und auf so etwas wie einen „potentiellen" Pluralismus hinauslaufen.
117 Inzwischen hat auch Clooney stärker als zuvor den dialogischen Charakter komparativer Theologie herausgestellt. Vgl. Clooney 2001, 7 ff.

dert – gegebenenfalls auch eigene Glaubensannahmen revidiert werden müssen. Durch diese Vorgabe widerspricht sie nicht nur ihrem eigenen Bekenntnis zur verändernden Kraft komparativer Arbeit, sondern präjudiziert auch – wie dies besonders bei Clooney deutlich wird – die Entscheidung für eine inklusivistische Position. Denn diese begründet sich bei Clooney weniger (und damit entgegen seinem eigenen Programm) durch die konkreten Resultate des Vergleichs, sondern durch das unbedingte Festhalten an den unveränderten Geltungsansprüchen des Christentums.

Auch von Stosch kann all dem nicht entrinnen. Zwar bemüht er sich darum, im Rückgriff auf die Philosophie Wittgensteins der Komparativen Theologie methodologische Hilfe zur adäquateren Durchführung ihrer Vergleiche zu bieten, indem eben nicht allein auf die kognitiven Gehalte religiöser Lehren, sondern auch auf deren grammatische Funktion zu achten sei, die – wie Stosch vermerkt – Kompatibilitäten auf der Regel-Ebene erlauben bei gleichzeitig vorliegender inhaltlicher Inkompatibilität. Doch wozu sollen diese durchaus fruchtbaren Hinweise dienen, wenn nicht letztendlich dazu, ihren Teil zu einer religionstheologischen Entscheidung beizutragen, bei der es eben unausweichlich darum geht, ob solche Kompatibilitäten nun im Sinne des Inklusivismus oder des Pluralismus zu deuten sind oder ob die eventuelle Inkompatibilität nicht doch eher den Exklusivismus stützt. Es fällt auf, dass von Stosch denn auch selber – freilich nur im „Kleingedruckten" – bekennt, man solle „damit vorsichtig sein, die Errungenschaften der traditionellen Modellbildung der Theologie der Religionen gänzlich zugunsten der Mikrologie komparativer Theologie aufzugeben." Denn es sei „nicht a priori falsch ..., wenn wir uns als Christinnen und Christen von den anderen das Bild machen, daß sie durch eine anonyme Beziehung zu Jesus Christus ihr Heil wirken."[118]

Die Auseinandersetzung mit den Thesen der Komparativen Theologie verdeutlicht somit nochmals einige wichtige Gesichtspunkte dieses Kapitels. Die religionstheologischen Entscheidungen auf der Element- und Systemebene bleiben aufeinander bezogen und sind zumindest partiell interdependent. Das heißt, selbst eng begrenzte Teilfragen, wie sie sich bei einer vergleichenden theologischen Beurteilung einzelner Aspekte aus dem Christentum und einer nichtchristlichen Religion ergeben, haben mitunter gravierende Rückwirkungen

---

118 Stosch 2002, 308, Anm. 40.

auf die grundsätzliche Entscheidung für oder gegen eine der zur Verfügung stehenden religionstheologischen Positionen. Komparative Theologie beziehungsweise der interreligiöse Dialog kann daher der Religionstheologie wichtige Entscheidungshilfen liefern.[119] Doch ist hierbei gleichfalls die umgekehrte Abhängigkeit zu beachten, dass nämlich explizite oder implizite religionstheologische Vorentscheidungen beziehungsweise entscheidungsrelevante Hintergrundannahmen auch eine Auswirkung auf den Spielraum der Urteilsbildung in der konkreten Durchführung komparativer oder dialogischer Arbeit besitzen. Soll verhindert werden, dass diese Vorentscheidungen die Ergebnisse komparativer Arbeit präjudizieren, dann ist mit Ward Offenheit dafür zu fordern, dass die Ergebnisse des Dialogs und des theologischen Vergleichs unter Umständen auch zu einer Revision bisheriger Glaubensstandpunkte führen können.[120]

Welche religionstheologischen Entscheidungen hierbei letztlich in Frage kommen, wird von der logisch interpretierten Klassifikation auf umfassende Weise festgestellt. Jenseits einer atheistisch/naturalistischen Position kann es sich hierbei aus christlicher Sicht nur um eine Variante des Exklusivismus, des Inklusivismus und des Pluralismus handeln.[121] Die Entscheidung für eine dieser Optionen hängt jedoch nicht allein von jenen Gesichtspunkten ab, die sich aus der konkreten vergleichenden beziehungsweise dialogischen Auseinandersetzung mit anderen Religionen ergeben. Vielmehr spielen hierfür auch solche Gesichtspunkte eine Rolle, die mit den systematischen Implikationen der jeweiligen Optionen zusammenhängen. Der ersten Fragerichtung wird im dritten Teil dieses Buches Rechnung getragen werden, während die verbleibenden Kapitel dieses Teils sowie der gesamte zweite

---

119 Hierfür steht im übrigen auch mein eigener religionstheologischer Werdegang. Es war die lange, detaillierte, gelegentlich schmerzhafte, aber zutiefst lohnende Auseinandersetzung mit dem Buddhismus, die mich letztlich von der Überlegenheit der pluralistischen Option überzeugt hat und mich darin weiterhin bestärkt. Vgl. hierzu Schmidt-Leukel 1984; 1992; 1993b; 1995; 1999b; 2001a; 2003a.

120 Vgl. hierzu auch die folgende mit Blick auf die Vertreter Komparativer Theologie geäußerte Bemerkung Paul Knitters: „Während wir uns dessen bewusst sein müssen, dass wir auf die Reise des Dialogs unser theologisches Gepäck mitbringen, so bedeutet dies jedoch nicht, dass wir während der Reise einiges von diesem Gepäck neu ordnen oder sogar loswerden müssen." Knitter 2002, 236.

121 Die „Reise des Dialogs", wie es Knitter formuliert, kann jedoch sehr wohl auch zu einer Konversion führen. Doch auch dann stehen aus der Sicht der neuen Religion des Konvertiten lediglich die drei genannte Optionen zur Verfügung.

Teil, den systematischen Implikationen der unterschiedlichen religionstheologischen Optionen gewidmet sind. Da das Hauptinteresse dieser Arbeit jedoch darin liegt, die pluralistische Option als eine mögliche christliche Position auszuweisen, werde ich in den beiden folgenden Kapiteln nur in geraffter Form auf den Exklusivismus und den Inklusivismus eingehen und dabei vor allem darstellen, warum ich diese beiden Positionen nicht für überzeugend halte.[122]

Literatur

Ariarajah, Wesley 1997: The Need for a New Debate. In: L. Swidler, P. Mojzes (eds.): The Uniqueness of Jesus. A Dialogue with Paul Knitter. Maryknoll, 29–34.
Barth, Karl 1932–1970: Die Kirchliche Dogmatik, 4 Bände in 13 Teilbänden sowie einem Registerband. Zollikon – Zürich.
Basinger, David 2002: Religious Diversity. A Philosophical Assessment. Aldershot.
Bernhardt, Reinhold 1990: Der Absolutheitsanspruch des Christentums. Von der Aufklärung bis zur Pluralistischen Religionstheologie, Gütersloh.
- 1996: Philosophische Pluralismuskonzepte und ihre religionstheologische Rezeption. In: G. Riße, H. Sonnemans, B. Theß (Hg.): Wege der Theologie (FS Waldenfels). Paderborn, 461–480.
- 1997: Prinzipieller Pluralismus oder mutualer Inklusivismus als hermeneutisches Paradigma einer Theologie der Religionen? In: P. Koslowski (Hg.): Die spekulative Philosophie der Weltreligionen. Wien, 17–31.
- 1999: Auf dem Weg zur „größeren" Ökumene: Paradigmenwechsel in der ökumenischen Theologie. In: R. Kirste, M. Klöcker, P. Schwarzenau, U. Tworuschka (Hg.): Vision 2001. Die größere Ökumene, 23–50.
Bongardt, Michael 2000a: Aufs Ganze sehen. Der Inklusivismus eines glaubenden Blicks auf die Welt. In: Salzburger Theologische Zeitschrift 4, 142–154.
- 2000b: Haltungsfragen. In: Salzburger Theologische Zeitschrift 4, 163–166.
- 2000c: Veraltete Grenzen? In: Salzburger Theologische Zeitschrift 4, 186–188.
Brück, Michael von 1993: Heil und Heilswege im Hinduismus und Buddhismus
- eine Herausforderung für christliches Erlösungsverständnis. In: M. von Brück, J. Werbick (Hg.): Der einzige Weg zum Heil? Die Herausforderung des christlichen Absolutheitsanspruchs durch pluralistische Religionstheologien (QD 143). Freiburg i. B., 62–106.
Clooney, Francis X. 1990: Reading the World in Christ. From Comparison to Inclusivism. In: G. D'Costa (ed.): Christian Uniqueness Reconsidered. The Myth of a Pluralistisc Theology of Religions. Maryknoll, 63–80.

---

[122] Für eine ausführlichere Darstellung und Diskussion dieser beiden Modelle vgl. Schmidt-Leukel 1997, 99–235.

- 1993: Theology After Vedanata. An Experiment in Comparative Theology. Albany.
- 1995: Comparative Religion: A Review of Recent Books (1989–1995). In: Theological Studies 56, 521–550.
- 1996: Seeing Through Texts. Doing Theology among the Srivaisnavas of South India. Albany.
- 2001: Hindu God, Christian God. How Reason Helps Break Down the Boundaries between Religions. Oxford.

D'Costa, Gavin 1986: Theology and Religious Pluralism. The Challenge of Other Religions. Oxford.
- 1993b: Creating Confusion: A Response to Markham. In: New Blackfriars 74 no. 867, 41–47.
- 1996: The Impossibility of a Pluralist View of Religions. In: Religious Studies 32, 223–232.
- 2000: The Meeting of Religions and the Trinity. Maryknoll.

Die Theologie der Religionen in der Diskussion 2000: Themenheft der Salzburger Theologischen Zeitschrift 4, Heft 2.

DiNoia, Josepf A. 1990: Varieties of Religious Aims: Beyond Exclusivism, Inclusivism, and Pluralism. In: B. D. Marshall (ed.), Theology and Dialogue. Essays in Conversation with George Lindbeck. Notre Dame, 249–274.
- 1992: The Diversity of Religions. A Christian Perspective. Washington.

Eddy, Paul Rhodes 2002: John Hick's Pluralist Philosophy of World Religions. Aldershot.

Fredericks, James L. 1995: A Universal Religious Experience? Comparative theology as an alternative to a theology of religions. In: Horizons 22, 67–87.
- 1999: Faith among Faiths. Christian Theology and Non-Christian Religions. New York.

Gäde, Gerhard 2002: Der Zumutungscharakter der christlichen Botschaft. In: Freiburger Zeitschrift für Philosophie und Theologie 49, 166–188.

Geivett, R. Douglas; Phillips, W. Gary 1995: A Particularist View: An Evidentialist Approach. In: D. Okholm, T. Phillips (eds.): More Than One Way? Four Views on Salvation in a Pluralistic World. Grand Rapids, 213–245.

Grünschloß, Andreas 1999: Der eigene und der fremde Glaube. Studien zur interreligiösen Fremdwahrnehmung in Islam, Hinduismus, Buddhismus und Christentum. Tübingen.

Heim, Mark 1995b: Salvations. Truth and Difference in Religion. Maryknoll.

Heller, Christian 2003: Auf dem Weg zu einer christlichen Theologie des religiösen Pluralismus. In: Zeitschrift für Katholische Theologie 125, 167–185.

Hempelmann, Heinzpeter 2000: Christus allein. Skizze der Voraussetzungen und biblisch-theologischen Begründungszusammenhänge einer exklusivistischen Religionstheorie. In: Salzburger Theologische Zeitschrift 4, 112–126.

Hick, John 1983a: The Second Christianity. London.
- 1983b: On Conflicting Religious Truth Claims. In: Religious Studies 19, 485–491.
- 1989: An Interpretation of Religion: Human Responses to the Transcendent. Houndmills.

- 1991: Reply (to Mesle). In: H. Hewitt (ed.): Problems in the Philosophy of Religion. Critical Studies of the Work of John Hick. Houndmills, 82–85.
- 1995: The Rainbow of Faiths. Critical Dialogues on Religious Pluralism. London.
- 1999: The Fifth Dimension. An Exploration of the Spiritual Realm. Oxford.

Hintersteiner, Norbert 2001: Traditionen überschreiten. Angloamerikanische Beiträge zur interkulturellen Traditionshermeneutik. Wien.

Hüttenhoff, Michael 2001: Der Religiöse Pluralismus als Orientierungsproblem. Religionstheologische Studien. Leipzig.

Kessler, Hans 2001: Der universale Jesus Christus und die Religionen. In: Theologische Quartalschrift 181, 212–237.

Knitter, Paul 2002: Introducing Theologies of Religions. Maryknoll.

Koziel, Bernd Elmar 2001: Kritische Rekonstruktion der Pluralistischen Religionstheologie John Hicks vor dem Hintergrund seines Gesamtwerks. Frankfurt a. M.

MacGrath, Alister E. 1995: A Particularist View: A Post-Enlightenment Approach. In: D. Okholm, T. Phillips (eds.), More Than One Way? Four Views on Salvation in a Pluralistic World. Grand Rapids, 151–180.

Markham, Ian 1993: Creating Options: Shattering the Exclusivist, Inclusivist, and Pluralist Paradigm. In: New Blackfriars 74, no. 867, 33–41.

Müller, Gerhard Ludwig 1998: Ist die Einzigkeit Jesu Christi im Kontext einer pluralistischen Weltzivilisation vermittelbar? In: R. Schwager (Hg.): Relativierung der Wahrheit? Kontextuelle Christologie auf dem Prüfstand (QD 170). Freiburg i. Br., 156–185.

Netland, Harold 1991: Dissonant Voices. Religious Pluralism and the Question of Truth. Grand Rapids.

Neuhaus, Gerd 1999: Kein Weltfrieden ohne christlichen Absolutheitsanspruch (QD 175). Freiburg i. Br.

Ogden, Schubert 1991: Gibt es nur eine wahre Religion oder mehrere? In: Zeitschrift für Theologie und Kirche 88, 81–100.

Okholm, Dennis; Phillips, Timothy 1995 (eds.): More Than One Way? Four Views on Salvation in a Pluralistic World. Grand Rapids.

Ostermann, Heinrich 1963: Die Weltreligionen und das Christentum. Augsburg.

Pawlikowski, John T. 1988: Judentum und Christentum. In: Theologische Realenzyklopaedie. Bd 17, Berlin – New York, 386–403.

Plantinga, Alvin 2000: Pluralism: A Defense of Religious Exclusivism (1995), reprinted in: P. Quinn, K. Meeker (eds.): The Philosophical Challenge of Religious Diversity. New York – Oxford, 172–192.

Plantinga, Richard 1999 (ed.): Christianity and Plurality. Classic and Contemporary Readings. Oxford.

Pinnock, Clark H. 1997: A Wideness in God's Mercy. The Finality of Jesus Christ in a World of Religions. Nachdruck der Ausgabe von 1992. Eugene.

Race, Alan 1983: Christians and Religious Pluralism. Patterns in the Christian Theology of Religions, London.
- 2001: Interfaith Encounter. The Twin Tracks of Theology and Dialogue. London.

Rössler, Andreas 1990: Steht Gottes Himmel allen offen? Zum Symbol des kosmischen Christus. Stuttgart.

Schenk, Richard 1999: In universum mundum. Das Zeugnis des Evangeliums im Zeitalter pluralistischer Religionstheologien. In: W. Schreer, G. Steins (Hg.): Auf neue Art Kirche sein (FS Josef Homeyer). München, 514–530.

Schmidt-Leukel, Perry 1984: Die Bedeutung des Todes für das menschliche Selbstverständnis im Pāli-Buddhismus. St. Ottilien.

– 1992: „Den Löwen brüllen hören" – Zur Hermeneutik eines christlichen Verständnisses der buddhistischen Heilsbotschaft, Paderborn.

– 1993a: Zur Klassifikation religionstheologischer Modelle. In: Catholica 47, 163–183.

– 1993b: Christliche Buddhismus-Interpretation und die Gottesfrage. In: Münchener Theologische Zeitschrift 44, 349–358.

– 1995: Buddhismus und Christentum. Ausdrucksgestalten und Kontexte unterschiedlicher Erfahrungen mit derselben transzendenten Wirklichkeit. In: H¯orin. Vergleichende Studien zur japanischen Kultur 2, 169–192.

– 1996: Die religionstheologischen Grundmodelle: Exklusivismus, Inklusivismus Pluralismus. In: A. Peter (Hg.): Christlicher Glaube in multireligiöser Gesellschaft. Erfahrungen, theologische Reflexionen, missionarische Perspektiven, Immensee, 227–248.

– 1997: Theologie der Religionen. Probleme, Optionen, Argumente. Neuried.

– 1999b: Die Wahrheit des Buddhismus aus christlicher Sicht – ein dialogisches Zwischenresümee. In: Salzburger Theologische Zeitschrift 3, 52–69.

– 2001a (ed.): Buddhist Perceptions of Jesus. St. Ottilien.

– 2003a: Buddha and Christ as Mediators of Salvific Transcendent Reality. In: H. Eisenhofer-Halim (Hg.): Wandel zwischen den Welten. Festschrift für Johannes Laube. Frankfurt a.M., 647–667.

Stosch, Klaus von 2001: Glaubensverantwortung in doppelter Kontingenz. Untersuchungen zur Verortung fundamentaler Theologie nach Wittgenstein. Regensburg.

– 2002: Komparative Theologie – ein Ausweg aus dem Grunddilemma jeder Theologie der Religionen? In: Zeitschrift für Katholische Theologie 124, 294–311.

Thomas, M. M. 1990: A Christ-Centred Humanist Approach to Other Religions in the Indian Pluralistic Context. In: G. D'Costa (ed.): Christian Uniqueness Reconsidered. Maryknoll, 49–62.

Thomas, O. C. 1969 (ed.): Attitudes Toward Other Religions. London.

Tilley, Terrence W. 1999: "Christianity and the World Religions" – a Recent Vatican Document. In: Theological Studies 60, 318–337.

Vroom, Hendrik 1990: Do All Religious Traditions Worship the Same God? In: Religious Studies 26, 73–90.

– 1996: No Other Gods. Christian Belief in Dialogue with Buddhism, Hinduism and Islam. Grand Rapids –Cambridge.

Ward, Keith 1987: Images of Eternity. Concepts of God in Five Religious Traditions. London.

- 1994: Religion and Revelation. A Theology of Revelation in the World's Religions. Oxford.
- 1996: Religion and Creation. Oxford.
- 1998: Religion and Human Nature. Oxford.
- 2000: Religion and Community. Oxford.

Whittaker, J. H. 1981: Matters of Faith and Matters of Principle. San Antonio.

Zehner, Joachim 1992: Der notwendige Dialog. Die Weltreligionen in katholischer und evangelischer Sicht. Gütersloh.

Offizielle kirchliche Texte

Römisch-katholische Texte:

Lumen gentium, Nostra aetate, Dominus Iesus

Die hier dokumentierten Texte *Lumen gentium* Abschnitt 16 (1964) und *Nostra aetate* (1965) markieren eine Trendwende in der offiziellen römisch-katholischen Theologie. In diesen Texten im Zusammenhang des 2. Vatikanischen Konzils wird die Heilsausschließung für Menschen außerhalb des ausdrücklichen Christusglaubens aufgehoben. Auch Menschen, die den Glauben an Gott den Schöpfer teilen oder auf andere Weise einen ihnen noch unbekannten Gott suchen, und die, die ohne eigene Schuld noch nicht mit dem Evangelium in Berührung gekommen, sind vom Heilswillen Gottes umfasst. In der Kirchenkonstitution *Lumen gentium* (Abschnitt 16, 1964) werden bereits ausdrücklich die Muslime und ihre Nähe zu einigen Glaubensaspekten des Christentums erwähnt; in *Nostra aetate* (1965) wird die geistliche Verbundenheit des „Volkes des Neuen Bundes" mit dem „Stamme Abrahams" betont und damit die Thematik der Kontinuität aus dem Judentum, das vom Vorwurf einer Kollektivschuld am Tode Jesu befreit wird, in das Nachdenken über Kirche und ihre theologischen Beziehungen hereingeholt. Die vatikanischen Texte stehen im Zeichen des in *Nostra aetate* 1 formulierten Friedensanliegens, dem eine versöhnliche Hand gegenüber den Religionen dienen soll. Im Text *Dominus Iesus* (2000) wird die Öffnung der vatikanischen Texte eingegrenzt mit dem Hinweis, dass Nichtchristen sich gegenüber Christen in einer defizitären Situation befinden, auch wird vor einem „religiösen Relativismus" gewarnt, der zur Annahme führe, dass „eine Religion gleich viel gilt wie die andere".

Ulrich Dehn

Dogmatische Konstitution Lumen Gentium Über die Kirche (1964)

16. Diejenigen endlich, die das Evangelium noch nicht empfangen haben, sind auf das Gottesvolk auf verschiedene Weise hingeordnet[1]. In erster Linie jenes Volk, dem der Bund und die Verheißungen gegeben worden sind und aus dem Christus dem Fleische nach geboren ist (vgl. *Röm* 9,4–5), dieses seiner Erwählung nach um der Väter willen so teure Volk: die Gaben und Berufung Gottes nämlich sind ohne Reue (vgl. *Röm* 11,28–29). Der Heilswille umfaßt aber auch die, welche den Schöpfer anerkennen, unter ihnen besonders die Muslim, die sich zum Glauben Abrahams bekennen und mit uns den einen Gott anbeten, den barmherzigen, der die Menschen am Jüngsten Tag richten wird. Aber auch den anderen, die in Schatten und Bildern den unbekannten Gott suchen, auch solchen ist Gott nicht ferne, da er allen Leben und Atem und alles gibt (vgl. *Apg* 17,25–28) und als Erlöser will, daß alle Menschen gerettet werden (vgl. *1 Tim* 2,4). Wer nämlich das Evangelium Christi und seine Kirche ohne Schuld nicht kennt, Gott aber aus ehrlichem Herzen sucht, seinen im Anruf des Gewissens erkannten Willen unter dem Einfluß der Gnade in der Tat zu erfüllen trachtet, kann das ewige Heil erlangen[2]. Die göttliche Vorsehung verweigert auch denen das zum Heil Notwendige nicht, die ohne Schuld noch nicht zur ausdrücklichen Anerkennung Gottes gekommen sind, jedoch, nicht ohne die göttliche Gnade, ein rechtes Leben zu führen sich bemühen. Was sich nämlich an Gutem und Wahrem bei ihnen findet, wird von der Kirche als Vorbereitung für die Frohbotschaft[3] und als Gabe dessen geschätzt, der jeden Menschen erleuchtet, damit er schließlich das Leben habe. Vom Bösen getäuscht, wurden freilich die Menschen oft eitel in ihren Gedanken, vertauschten die Wahrheit Gottes mit der Lüge und dienten der Schöpfung mehr als dem Schöpfer (vgl. *Röm* 1,21.25) oder sind, ohne Gott in dieser Welt lebend und sterbend, der äußersten Verzweiflung ausgesetzt. Daher ist die Kirche eifrig bestrebt, zur Ehre Gottes und zum Nutzen des Heils all dieser Menschen die Missionen zu fördern, eingedenk des Befehls des Herrn,

---

1 Vgl. Thomas v. Aquin, Summa Theol. III., q. 8, a. 3, ad 1.
2 Vgl. Brief des Heiligen Offiziums an den Erzbischof von Boston: Denz. 3869 bis 3872.
3 Vgl. Eusebius v. Cæs., Præparatio Evangelica 1, 1: PG 21, 28 AB.

der gesagt hat: „Predigt das Evangelium der ganzen Schöpfung" (*Mk* 16,15).

Erklärung
Nostra Aetate
Über das Verhältnis der Kirche zu den nichtchristlichen Religionen (1965)

Einführung

1. In unserer Zeit, da sich das Menschengeschlecht von Tag zu Tag enger zusammenschließt und die Beziehungen unter den verschiedenen Völkern sich mehren, erwägt die Kirche mit um so größerer Aufmerksamkeit, in welchem Verhältnis sie zu den nichtchristlichen Religionen steht. Gemäß ihrer Aufgabe, Einheit und Liebe unter den Menschen und damit auch unter den Völkern zu fördern, faßt sie vor allem das ins Auge, was den Menschen gemeinsam ist und sie zur Gemeinschaft untereinander führt.

Alle Völker sind ja eine einzige Gemeinschaft, sie haben denselben Ursprung, da Gott das ganze Menschengeschlecht auf dem gesamten Erdkreis wohnen ließ[4]; auch haben sie Gott als ein und dasselbe letzte Ziel. Seine Vorsehung, die Bezeugung seiner Güte und seine Heilsratschlüsse erstrecken sich auf alle Menschen[5], bis die Erwählten vereint sein werden in der Heiligen Stadt, deren Licht die Herrlichkeit Gottes sein wird; werden doch alle Völker in seinem Lichte wandeln[6].

Die Menschen erwarten von den verschiedenen Religionen Antwort auf die ungelösten Rätsel des menschlichen Daseins, die heute wie von je die Herzen der Menschen im tiefsten bewegen: Was ist der Mensch? Was ist Sinn und Ziel unseres Lebens? Was ist das Gute, was die Sünde? Woher kommt das Leid, und welchen Sinn hat es? Was ist der Weg zum wahren Glück? Was ist der Tod, das Gericht und die Vergeltung nach dem Tode? Und schließlich: Was ist jenes letzte und unsagbare Geheimnis unserer Existenz, aus dem wir kommen und wohin wir gehen?

---
4   Vgl. *Apg* 17,26.
5   Vgl. *Weish* 8,1; *Apg* 14,17; *Röm* 2,6–7; 1 *Tim* 2,4.
6   Vgl. *Apg* 21,23f.

Die verschiedenen Religionen

2. Von den ältesten Zeiten bis zu unseren Tagen findet sich bei den verschiedenen Völkern eine gewisse Wahrnehmung jener verborgenen Macht, die dem Lauf der Welt und den Ereignissen des menschlichen Lebens gegenwärtig ist, und nicht selten findet sich auch die Anerkenntnis einer höchsten Gottheit oder sogar eines Vaters. Diese Wahrnehmung und Anerkenntnis durchtränkt ihr Leben mit einem tiefen religiösen Sinn.

Im Zusammenhang mit dem Fortschreiten der Kultur suchen die Religionen mit genaueren Begriffen und in einer mehr durchgebildeten Sprache Antwort auf die gleichen Fragen. So erforschen im Hinduismus die Menschen das göttliche Geheimnis und bringen es in einem unerschöpflichen Reichtum von Mythen und in tiefdringenden philosophischen Versuchen zum Ausdruck und suchen durch aszetische Lebensformen oder tiefe Meditation oder liebend-vertrauende Zuflucht zu Gott Befreiung von der Enge und Beschränktheit unserer Lage. In den verschiedenen Formen des Buddhismus wird das radikale Ungenügen der veränderlichen Welt anerkannt und ein Weg gelehrt, auf dem die Menschen mit frommem und vertrauendem Sinn entweder den Zustand vollkommener Befreiung zu erreichen oder – sei es durch eigene Bemühung, sei es vermittels höherer Hilfe – zur höchsten Erleuchtung zu gelangen vermögen. So sind auch die übrigen in der ganzen Welt verbreiteten Religionen bemüht, der Unruhe des menschlichen Herzens auf verschiedene Weise zu begegnen, indem sie Wege weisen: Lehren und Lebensregeln sowie auch heilige Riten.

Die katholische Kirche lehnt nichts von alledem ab, was in diesen Religionen wahr und heilig ist. Mit aufrichtigem Ernst betrachtet sie jene Handlungs- und Lebensweisen, jene Vorschriften und Lehren, die zwar in manchem von dem abweichen, was sie selber für wahr hält und lehrt, doch nicht selten einen Strahl jener Wahrheit erkennen lassen, die alle Menschen erleuchtet.

Unablässig aber verkündet sie und muß sie verkündigen Christus, der ist „der Weg, die Wahrheit und das Leben" (*Joh* 14,6), in dem die Menschen die Fülle des religiösen Lebens finden, in dem Gott alles mit sich versöhnt hat[7].

Deshalb mahnt sie ihre Söhne, daß sie mit Klugheit und Liebe, durch Gespräch und Zusammenarbeit mit den Bekennern anderer

---
7 Vgl. 2 *Kor* 5,18–19.

Religionen sowie durch ihr Zeugnis des christlichen Glaubens und Lebens jene geistlichen und sittlichen Güter und auch die sozialkulturellen Werte, die sich bei ihnen finden, anerkennen, wahren und fördern.

Die muslimische Religion

3. Mit Hochachtung betrachtet die Kirche auch die Muslim, die den alleinigen Gott anbeten, den lebendigen und in sich seienden, barmherzigen und allmächtigen, den Schöpfer Himmels und der Erde[8], der zu den Menschen gesprochen hat. Sie mühen sich, auch seinen verborgenen Ratschlüssen sich mit ganzer Seele zu unterwerfen, so wie Abraham sich Gott unterworfen hat, auf den der islamische Glaube sich gerne beruft. Jesus, den sie allerdings nicht als Gott anerkennen, verehren sie doch als Propheten, und sie ehren seine jungfräuliche Mutter Maria, die sie bisweilen auch in Frömmigkeit anrufen. Überdies erwarten sie den Tag des Gerichtes, an dem Gott alle Menschen auferweckt und ihnen vergilt. Deshalb legen sie Wert auf sittliche Lebenshaltung und verehren Gott besonders durch Gebet, Almosen und Fasten.

Da es jedoch im Lauf der Jahrhunderte zu manchen Zwistigkeiten und Feindschaften zwischen Christen und Muslim kam, ermahnt die Heilige Synode alle, das Vergangene beiseite zu lassen, sich aufrichtig um gegenseitiges Verstehen zu bemühen und gemeinsam einzutreten für Schutz und Förderung der sozialen Gerechtigkeit, der sittlichen Güter und nicht zuletzt des Friedens und der Freiheit für alle Menschen.

Die jüdische Religion

4. Bei ihrer Besinnung auf das Geheimnis der Kirche gedenkt die Heilige Synode des Bandes, wodurch das Volk des Neuen Bundes mit dem Stamme Abrahams geistlich verbunden ist.

So anerkennt die Kirche Christi, daß nach dem Heilsgeheimnis Gottes die Anfänge ihres Glaubens und ihrer Erwählung sich schon bei den Patriarchen, bei Moses und den Propheten finden.

---

8 Vgl. Gregor VII., *Ep.* III.,21 ad Anazir (Al-Nasir), regem Mauritaniæ, ed. E. Caspar in MGH, Ep. sel. II, 1920, I, 288, 11–15; *PL* 148, 451 A.

Sie bekennt, daß alle Christgläubigen als Söhne Abrahams dem Glauben nach[9] in der Berufung dieses Patriarchen eingeschlossen sind und daß in dem Auszug des erwählten Volkes aus dem Lande der Knechtschaft das Heil der Kirche geheimnisvoll vorgebildet ist. Deshalb kann die Kirche auch nicht vergessen, daß sie durch jenes Volk, mit dem Gott aus unsagbarem Erbarmen den Alten Bund geschlossen hat, die Offenbarung des Alten Testamentes empfing und genährt wird von der Wurzel des guten Ölbaums, in den die Heiden als wilde Schößlinge eingepfropft sind[10]. Denn die Kirche glaubt, daß Christus, unser Friede, Juden und Heiden durch das Kreuz versöhnt und beide in sich vereinigt hat[11]. Die Kirche hat auch stets die Worte des Apostels Paulus vor Augen, der von seinen Stammverwandten sagt, daß „ihnen die Annahme an Sohnes Statt und die Herrlichkeit, der Bund und das Gesetz, der Gottesdienst und die Verheißungen gehören wie auch die Väter und daß aus ihnen Christus dem Fleische nach stammt" (*Röm* 9,4–5), der Sohn der Jungfrau Maria.

Auch hält sie sich gegenwärtig, daß aus dem jüdischen Volk die Apostel stammen, die Grundfesten und Säulen der Kirche, sowie die meisten jener ersten Jünger, die das Evangelium Christi der Welt verkündet haben.

Wie die Schrift bezeugt, hat Jerusalem die Zeit seiner Heimsuchung nicht erkannt[12], und ein großer Teil der Juden hat das Evangelium nicht angenommen, ja nicht wenige haben sich seiner Ausbreitung widersetzt[13]. Nichtsdestoweniger sind die Juden nach dem Zeugnis der Apostel immer noch von Gott geliebt um der Väter willen; sind doch seine Gnadengaben und seine Berufung unwiderruflich[14]. Mit den Propheten und mit demselben Apostel erwartet die Kirche den Tag, der nur Gott bekannt ist, an dem alle Völker mit einer Stimme den Herrn anrufen und ihm „Schulter an Schulter dienen" (*Soph* 3,9)[15].

---

9   Vgl. *Gal* 3,7.
10 Vgl. *Röm* 11,17–24.
11 Vgl. *Eph* 2,14–16.
12 Vgl. *Lk* 19,44.
13 Vgl. *Röm* 11,28.
14 Vgl. *Röm* 11,28–29; vgl. II. Vat. Konzil, Dogm. Konst. über die Kirche *Lumen Gentium*: AAS 57 (1965) 20.
15 Vgl. *Jes* 66,23; *Ps* 65,4; *Röm* 11,11–32.

Da also das Christen und Juden gemeinsame geistliche Erbe so reich ist, will die Heilige Synode die gegenseitige Kenntnis und Achtung fördern, die vor allem die Frucht biblischer und theologischer Studien sowie des brüderlichen Gespräches ist.

Obgleich die jüdischen Obrigkeiten mit ihren Anhängern auf den Tod Christi gedrungen haben[16], kann man dennoch die Ereignisse seines Leidens weder allen damals lebenden Juden ohne Unterschied noch den heutigen Juden zur Last legen.

Gewiß ist die Kirche das neue Volk Gottes, trotzdem darf man die Juden nicht als von Gott verworfen oder verflucht darstellen, als wäre dies aus der Heiligen Schrift zu folgern. Darum sollen alle dafür Sorge tragen, daß niemand in der Katechese oder bei der Predigt des Gotteswortes etwas lehre, das mit der evangelischen Wahrheit und dem Geiste Christi nicht im Einklang steht.

Im Bewußtsein des Erbes, das sie mit den Juden gemeinsam hat, beklagt die Kirche, die alle Verfolgungen gegen irgendwelche Menschen verwirft, nicht aus politischen Gründen, sondern auf Antrieb der religiösen Liebe des Evangeliums alle Haßausbrüche, Verfolgungen und Manifestationen des Antisemitismus, die sich zu irgendeiner Zeit und von irgend jemandem gegen die Juden gerichtet haben. Auch hat ja Christus, wie die Kirche immer gelehrt hat und lehrt, in Freiheit, um der Sünden aller Menschen willen, sein Leiden und seinen Tod aus unendlicher Liebe auf sich genommen, damit alle das Heil erlangen. So ist es die Aufgabe der Predigt der Kirche, das Kreuz Christi als Zeichen der universalen Liebe Gottes und als Quelle aller Gnaden zu verkünden.

Universale Brüderlichkeit

5. Wir können aber Gott, den Vater aller, nicht anrufen, wenn wir irgendwelchen Menschen, die ja nach dem Ebenbild Gottes geschaffen sind, die brüderliche Haltung verweigern. Das Verhalten des Menschen zu Gott dem Vater und sein Verhalten zu den Menschenbrüdern stehen in so engem Zusammenhang, daß die Schrift sagt: „Wer nicht liebt, kennt Gott nicht" (1 *Joh* 4,8).

So wird also jeder Theorie oder Praxis das Fundament entzogen, die zwischen Mensch und Mensch, zwischen Volk und Volk bezüglich

---

16 Vgl. *Joh* 19,6.

der Menschenwürde und der daraus fließenden Rechte einen Unterschied macht.

Deshalb verwirft die Kirche jede Diskriminierung eines Menschen oder jeden Gewaltakt gegen ihn um seiner Rasse oder Farbe, seines Standes oder seiner Religion willen, weil dies dem Geist Christi widerspricht. Und dementsprechend ruft die Heilige Synode, den Spuren der heiligen Apostel Petrus und Paulus folgend, die Gläubigen mit leidenschaftlichem Ernst dazu auf, daß sie „einen guten Wandel unter den Völkern führen" (1 *Petr* 2,12) und womöglich, soviel an ihnen liegt, mit allen Menschen Frieden halten[17], so daß sie in Wahrheit Söhne des Vaters sind, der im Himmel ist[18].

28. Oktober 1965

Kongregation für die Glaubenslehre

Erklärung „Dominus Iesus" Über die Einzigkeit und die Heilsuniversalität Jesu Christi und der Kirche (2000)

VI. Die Kirche und die Religionen im Hinblick aus das Heil

20. Von dem, was oben in Erinnerung gerufen wurde, ergeben sich auch einige notwendige Punkte für die Richtung, welche die theologische Reflexion einschlagen muss, um die Beziehung der Kirche und der Religionen mit dem Heil zu vertiefen.

Es ist vor allem *fest zu glauben*, dass die „pilgernde Kirche zum Heile notwendig ist. Der eine Christus ist Mittler und Weg zum Heil, der in seinem Leib, der Kirche, uns gegenwärtig wird; indem er aber selbst mit ausdrücklichen Worten die Notwendigkeit des Glaubens und der Taufe betont hat (vgl. *Mk* 16,16; *Joh* 3,5), hat er zugleich die Notwendigkeit der Kirche, in die die Menschen durch die Taufe wie

---

17 Vgl. *Röm* 12,18.
18 Vgl. *Mt* 5,45.

durch eine Türe eintreten, bekräftigt".[19] Diese Lehre darf nicht dem allgemeinen Heilswillen Gottes entgegengesetzt werden (vgl. *1 Tim* 2,4); deswegen „muss man diese beiden Wahrheiten zusammen gegenwärtig haben, die tatsächlich gegebene Möglichkeit des Heiles in Christus für alle Menschen und die Notwendigkeit der Kirche für dieses Heil".[20]

Die Kirche ist das „allumfassende Heilssakrament".[21] Sie ist immer auf geheimnisvolle Weise mit dem Retter Jesus Christus, ihrem Haupt, verbunden und ihm untergeordnet, und hat deshalb im Plan Gottes eine unumgängliche Beziehung zum Heil eines jeden Menschen.[22] Für jene, die nicht formell und sichtbar Glieder der Kirche sind, „ist das Heil in Christus zugänglich kraft der Gnade, die sie zwar nicht förmlich in die Kirche eingliedert – obschon sie geheimnisvoll mit ihr verbunden sind –, aber ihnen in angemessener Weise innerlich und äußerlich Licht bringt. Diese Gnade kommt von Christus, sie ist Frucht seines Opfers und wird vom Heiligen Geist geschenkt".[23] Sie steht in Beziehung zur Kirche, die „ihren Ursprung aus der Sendung des Sohnes und der Sendung des Heiligen Geistes herleitet gemäß dem Plan Gottes des Vaters".[24]

21. Bezüglich der *Weise*, in der die heilbringende Gnade Gottes, die immer durch Christus im Heiligen Geist geschenkt wird und in geheimnisvoller Beziehung zur Kirche steht, die einzelnen Nichtchristen erreicht, stellt das Zweite Vatikanische Konzil lediglich fest, dass Gott sie schenkt „auf Wegen, die er weiß".[25] Die Theologie ist damit beschäftigt, dieses Thema zu vertiefen. Diese theologische Arbeit ist zu ermutigen, denn sie ist zweifellos nützlich für ein wachsendes Verständnis der Heilspläne Gottes und der Wege ihrer Verwirklichung.

---

19 II. Vat. Konzil, Dogmatische Konstitution *Lumen gentium*, 14; vgl. Dekret *Ad gentes*, 7; Dekret *Unitatis redintegratio*, 3.

20 Johannes Paul II., Enzyklika *Redemptoris missio*, 9: *AAS* 83 (1991) 258; vgl. *Katechismus der Katholischen Kirche*, 846–847.

21 II. Vat. Konzil, Dogmatische Konstitution *Lumen gentium*, 48.

22 Vgl. Hl. Cyprian, *De catholicae unitate ecclesiae*, 6: *CCL* 3, 253–254; Hl. Irenäus, *Adversus haereses*, III, 24, 1: *SC* 211, 472–474.

23 Johannes Paul II., Enzyklika *Redemptoris missio*, 10: *AAS* 83 (1991) 258.

24 (82) II. Vat. Konzil, Dekret *Ad gentes*, 2. In dem hier erklärten Sinn muss auch die bekannte Formel „*Extra Ecclesiam nullus omnino salvatur*" (IV. Konzil im Lateran, Kap. 1. *Der katholische Glaube*: DH 802) interpretiert werden. Vgl. auch den *Brief des Hl. Offiziums an den Erzbischof von Boston*: DH 3866–3872.

25 II. Vat. Konzil, Dekret *Ad gentes*, 7.

Doch aus dem bisher Gesagten über die Mittlerschaft Jesu Christi und über die „besondere und einzigartige Beziehung"[26] zwischen der Kirche und dem Reich Gottes unter den Menschen – das im Wesentlichen das Reich des universalen Retters Jesus Christus ist –, geht klar hervor, dass es dem katholischen Glauben widerspräche, die Kirche als *einen Heilsweg* neben jenen in den anderen Religionen zu betrachten, die komplementär zur Kirche, ja im Grunde ihr gleichwertig wären, insofern sie mit dieser zum eschatologischen Reich Gottes konvergierten.

Gewiss enthalten und bieten die verschiedenen religiösen Traditionen Elemente der Religiosität, die von Gott kommen[27] und zu dem gehören, was „der Geist im Herzen der Menschen und in der Geschichte der Völker, in den Kulturen und Religionen bewirkt".[28] Einige Gebete und Riten der anderen Religionen können tatsächlich die Annahme des Evangeliums vorbereiten, insofern sie Gelegenheiten bieten und dazu erziehen, dass die Herzen der Menschen angetrieben werden, sich dem Wirken Gottes zu öffnen.[29] Man kann ihnen aber nicht einen göttlichen Ursprung oder eine Heilswirksamkeit *ex opere operato* zuerkennen, die den christlichen Sakramenten eigen ist.[30] Es kann auch nicht geleugnet werden, dass andere Riten, insofern sie von abergläubischen Praktiken oder anderen Irrtümern abhängig sind (vgl. *1Kor* 10,20–21), eher ein Hindernis für das Heil darstellen.[31]

22. Mit dem Kommen Jesu Christi, des Retters, hat Gott die Kirche für das Heil *aller* Menschen eingesetzt (vgl. *Apg* 17,30–31).[32] Diese Glaubenswahrheit nimmt nichts von der Tatsache weg, dass die Kirche die Religionen der Welt mit aufrichtiger Ehrfurcht betrachtet, schließt aber zugleich radikal jene Mentalität des Indifferentismus aus, die „durchdrungen ist von einem religiösen Relativismus, der zur

---

26 Johannes Paul II., Enzyklika *Redemptoris missio*, 18: AAS 83 (1991) 266.
27 Dies sind die Samen des göttlichen Wortes („*semina Verbi*"), die von der Kirche mit Freude und Ehrfurcht anerkannt werden. Vgl. II. Vat. Konzil, Dekret *Ad gentes*, 11; Erklärung *Nostra aetate*, 2.
28 Johannes Paul II., Enzyklika *Redemptoris missio*, 29: AAS 83 (1991) 275.
29 Vgl. ebd.; *Katechismus der Katholischen Kirche*, 843.
30 Vgl. Konzil von Trient, Dekret über die Sakramente, Kan. 8 über die Sakramente im Allgemeinen: DH 1608.
31 Vgl. Johannes Paul II., Enzyklika *Redemptoris missio*, 55: AAS 83 (1991) 302–304.
32 Vgl. II. Vat. Konzil, Dogmatische Konstitution *Lumen gentium*, 17; Johannes Paul II., Enzyklika *Redemptoris missio*, 11: AAS 83 (1991) 259f.

Annahme führt, dass "eine Religion gleich viel gilt wie die andere"".³³ Wenn es auch wahr ist, dass die Nichtchristen die göttliche Gnade empfangen können, so ist doch gewiss, dass sie sich *objektiv* in einer schwer defizitären Situation befinden im Vergleich zu jenen, die in der Kirche die Fülle der Heilsmittel besitzen.³⁴ „Alle Söhne der Kirche sollen aber dessen eingedenk sein, dass ihre ausgezeichnete Stellung nicht den eigenen Verdiensten, sondern der besonderen Gnade Christi zuzuschreiben ist; wenn sie ihr im Denken, Reden und Handeln nicht entsprechen, wird ihnen statt Heil strengeres Gericht zuteil".³⁵ Man versteht also, dass die Kirche in Treue zum Auftrag des Herrn (vgl. *Mt* 28,19–20) und als Forderung der Liebe zu allen Menschen „unablässig verkündet und verkündigen muss Christus, der ist "der Weg und die Wahrheit und das Leben" (*Joh* 14,6), in dem die Menschen die Fülle des religiösen Lebens finden, in dem Gott alles mit sich versöhnt hat".³⁶

Auch im interreligiösen Dialog behält die Sendung *ad gentes* „heute und immer ... ihre ungeschmälerte Bedeutung und Notwendigkeit".³⁷ „Gott will ja, "dass alle Menschen gerettet werden und zur Erkenntnis der Wahrheit gelangen" (*1 Tim* 2,4). Gott will, dass alle durch die Erkenntnis der Wahrheit das Heil erlangen. Das Heil liegt in der Wahrheit. Wer dem Antrieb des Geistes der Wahrheit gehorcht, ist schon auf dem Weg zum Heil; die Kirche aber, der diese Wahrheit anvertraut worden ist, muss dem Verlangen des Menschen entgegengehen und sie ihm bringen. Weil die Kirche an den allumfassenden Heilsratschluss Gottes glaubt, muss sie missionarisch sein".³⁸ Deswegen ist der Dialog, der zum Evangelisierungsauftrag gehört, nur eine der Tätigkeiten der Kirche in ihrer Sendung *ad gentes*.³⁹ Die Parität, die Voraussetzung für den Dialog ist, bezieht sich auf die gleiche personale Würde der Partner, nicht auf die Lehrinhalte und noch weniger auf Jesus Christus, den menschgewordenen Sohn Gottes, im Vergleich zu den Gründern der anderen Religionen. Geführt von der Liebe und

---

33 Johannes Paul II., Enzyklika *Redemptoris missio*, 36: *AAS* 83 (1991) 281.
34 Vgl. Pius XII., Enzyklika *Mystici corporis*: DH 3821.
35 II. Vat. Konzil, Dogmatische Konstitution *Lumen gentium*, 14.
36 II. Vat. Konzil, Erklärung *Nostra aetate*, 2.
37 II. Vat. Konzil, Dekret *Ad gentes*, 7.
38 *Katechismus der Katholischen Kirche*, 851; vgl. auch ebd. 849–856.
39 Vgl. Johannes Paul II., Enzyklika *Redemptoris missio*, 55: *AAS* 83 (1991) 302–304; Apostolisches Schreiben *Ecclesia in Asia*, 31: L'*Osservatore Romano*, 7. November 1999, XIII.

von der Achtung vor der Freiheit,[40] muss sich die Kirche vorrangig darum bemühen, allen Menschen die Wahrheit, die durch den Herrn endgültig geoffenbart wurde, zu verkünden und sie aufzurufen, dass die Bekehrung zu Jesus Christus und die Zugehörigkeit zur Kirche durch die Taufe und die anderen Sakramente notwendig sind, um in voller Weise an der Gemeinschaft mit Gott dem Vater, dem Sohn und dem Heiligen Geist teilzuhaben. Die Pflicht und die Dringlichkeit, das Heil und die Bekehrung zum Herrn Jesus Christus zu verkünden, wird durch die Gewissheit des universalen Heilswillens Gottes nicht gelockert, sondern verstärkt.

---

40 Vgl. II. Vat. Konzil, Erklärung *Dignitatis humanae*, 1.

Ökumenischer Rat der Kirchen (Hg.)

Leitlinien zum Dialog mit Menschen verschiedener Religionen und Ideologien

Ökumenische Erwägungen zum Dialog und zu den Beziehungen mit Menschen anderer Religionen

Die „Leitlinien" beruhen auf einer Dialogtagung in Chiang Mai (Thailand) 1977. Der ÖRK will bei seinen Überlegungen zum Dialog von 1979 die Erfahrungen der Mitgliedskirchen aufnehmen und den Gemeinschaftsaspekt und das interreligiöse Lernen betonen. Der „Dialog im Leben" erhalte besonderes Gewicht in Anbetracht der Tatsache, dass viele Familien in der Ökumene in sich multireligiös seien oder in direkter Nachbarschaft mit andersreligiösen Menschen lebten. Dialog sei ein auf den Nächsten bezogener Lebensstil. Damit ist nach Ansicht der ÖRK-Leitlinien die Regel verbunden, bei jedem Dialogteilnehmer die Definitionshoheit über seinen Glauben zu belassen, denn „Beschreibungen des Glaubens anderer im Selbstbedienungsverfahren sind eine der Wurzeln für Vorurteile, Klischees und Herablassung".
Diese Leitlinien hat der ÖRK nach mehr als zwanzigjähriger Erfahrungen 2002 überarbeitet und insbesondere die Situationen interreligiöser Interaktion in politischen Krisengebieten in die Reflexion einbezogen. Über den Beziehungsaspekt des Dialogs hinaus weist der neue Text darauf hin, dass es sich nicht um eine Verhandlung zweier Parteien handele, sondern ein „Prozess gegenseitiger Befähigung" zu erwirken sei hin auf gemeinsames Engagement für mehr Gerechtigkeit und Frieden. Dem gehe voraus der Glaube daran, dass der Geist Gottes am Werk sei in einer Weise, die sich dem menschlichen Erkennen und Beschreiben entziehe. Interreligiöser Dialog sei eine Methode, um Brücken zu bauen für gegenseitige Achtung und wechselseitiges Verständnis. Er sei eine freudige Bekräftigung des Lebens für alle.

Ulrich Dehn

Ökumenischer Rat der Kirchen (Hg.)

Leitlinien zum Dialog mit Menschen verschiedener Religionen und Ideologien

Einführung

Teil I: Gemeinschaft
    A. Gemeinschaften und die Gemeinschaft der Menschheit
    B. Christliche Gemeinschaft: Die Kirchen und die Kirche

Teil II: Dialog
    C. Gründe für den Dialog
    D. Die theologische Bedeutung der Menschen anderer Religionen und Ideologien
    E. Synkretismus

Teil III: Leitlinien zur Prüfung und Arbeit für die Kirchen
    Lernen und Verstehen im Dialog
    Gemeinsames Leben und Erleben im Dialog
    Planung des Dialogs

Dialog in der Gemeinschaft

Einführung
Warum das Thema „Dialog in der Gemeinschaft"? In dem Maße, wie Christen mit ihren Mitmenschen anderen Glaubens oder anderer Weltanschauung zusammenleben, hat sich der Schwerpunkt verschoben: es geht nicht mehr so sehr um den Dialog als solchen, sondern um den Dialog in der Gemeinschaft. Die christliche Gemeinschaft hat inmitten der Menschengemeinschaft ein gemeinsames Erbe und eine besondere Botschaft beizusteuern. Es bedarf daher des Nachdenkens über das Wesen der Gemeinschaft, nach der die Christen gemeinsam mit anderen streben, aber auch des Nachdenkens über das Verhältnis des Dialogs zum Leben der Kirchen. Denn diese stehen vor der Frage, wie sie Gemeinschaften des Dienstes und des Zeugnisses sein können, ohne daß ihr Glaube geschwächt oder ihre Bindung an den dreieinigen Gott aufs Spiel gesetzt wird. Wer diese Fragen aufgreifen will, braucht ein solides Wissen über die verschiedenen Religionen und Ideologien und muß sich auf die Einsichten aus unmittelbaren Dialogen stützen. Ferner müssen auch die Anliegen, Fragen und Erfahrungen der Mitgliedskirchen des ÖRK einbezogen werden.

Der Zentralausschuß bestätigte auf seiner Tagung in Addis Abeba (1971), daß „die Beteiligung des ökumenischen Rates am Dialog als ein gemeinsames Wagnis der Kirchen zu verstehen (ist)". Der ökumenische Rat der Kirchen umfaßt unterschiedliche konfessionelle Traditionen und eine große Vielfalt an Überzeugungen. Die kulturelle Vielfalt sowie die unterschiedlichen religiösen, kulturellen, ideologischen, politischen und sozialen Standpunkte, die die Christen in ihr gemeinsames Leben einbringen, spielen in den Diskussionen eine wesentliche Rolle. Politische Überzeugungen und wirtschaftliche Faktoren beeinflussen die Machtverhältnisse zwischen Gemeinschaften. In einer Zeit, in der die ganze Menschheit um Überleben und Befreiung kämpft, haben Religionen und Ideologien einen wesentlichen Beitrag zu leisten, welcher nur im wechselseitigen Dialog bestimmt werden kann.

Christen sind verpflichtet, diesen Dialog im Geiste der Versöhnung und der Hoffnung, den Christus uns geschenkt hat, zu fördern. Man kann leicht über Religionen und auch Ideologien so diskutieren, als ob sie sich in einem luftleeren Raum befänden, abgeschieden von den Spannungen, Konflikten und Leiden, die die Menschheit erschüttern. Religionen und Ideologien tragen oft zum Auseinanderbrechen von Gemeinschaften bei und verursachen damit das Leiden derer, denen mit dieser Gemeinschaft der Rückhalt genommen wurde. Die nachfolgenden Ausführungen über die Beziehungen zwischen christlichen Gemeinschaften und den Gemeinschaften ihrer Umgebung sollten deshalb als ein Bestandteil des Gesamtprogramms des ÖRK betrachtet werden. Dieses schließt ein umfassendes christliches Engagement für die Lösung politischer, wirtschaftlicher und sozialer Probleme ein sowie die Auseinandersetzung mit den Fragen, die sich aufgrund der wissenschaftlichen und technischen Entwicklung für die Zukunft der Menschheit stellen. Des weiteren sollten sie in Beziehung gesetzt werden zu anderen Aktivitäten des ÖRK und zu Diskussionen wie beispielsweise der über „die Einheit der Kirche und die Einheit (Gemeinschaft) der Menschheit".

Sowohl die Erklärung als auch die Leitlinien befassen sich weniger mit Ideologien als vielmehr in erster Linie mit Religionen. Wir haben

---

* Die vorliegende Erklärung war im April 1977 in Chiang Mai (Thailand) von einer christlichen theologischen Konsultation angenommen worden. Sie wurde sodann auf Empfehlung des Ausschusses der Programmeinheit I vom Zentralausschuß auf seiner Tagung in Genf im August 1977 entgegengenommen.

uns ganz bewußt darauf beschränkt, da die Abteilung „Dialog mit Menschen verschiedener Religionen und Ideologien" (DFI) bislang über weitaus reichere Erfahrungen im Dialog mit Menschen anderer Religionen verfügt als im Dialog mit Ideologien. Das bedeutet jedoch keineswegs, daß das Dialogprogramm sich nicht mit Fragen der Ideologie auseinandersetzte: dies gehört angesichts der Tatsache, daß sich Religionen und Ideologien im Leben der Gemeinschaft wechselseitig beeinflussen, zu seinem Mandat. So haben sich bereits mehrere Konsultationen mit der Frage befaßt, inwiefern ideologische Kräfte religiöse Strukturen und Einstellungen prägen. Ideologische Fragen sind für die verschiedensten Arbeitsbereiche des Ökumenischen Rates von Bedeutung. Das Referat für Kirche und Gesellschaft hatte mehrere Jahre lang christlich-marxistische Gespräche in seinem Programm. In vielen Ländern leben und arbeiten Christen zusammen mit Menschen, die sehr konsequente ideologische Positionen vertreten. In den verschiedenen ÖRK-Programmen, beispielsweise über Wissenschaft und Technik, über die Grundlagen einer gerechten, partizipatorischen und verantwortbaren Gesellschaft, internationale Angelegenheiten, Entwicklung etc. spielen die durch Ideologien aufgeworfenen Probleme eine wichtige Rolle. Wenn also in der Erklärung und in den Leitlinien ideologische Aspekte angesprochen werden, so im Bewußtsein der Tatsache, daß die in diesem Bereich zu leistende Arbeit nicht vom Dialogressort allein bewältigt werden kann, sondern nur in Zusammenarbeit mit anderen Abteilungen und unter Berücksichtigung der Erfahrungen, die der Ökumenische Rat insgesamt in diesem Problembereich bereits gemacht hat.

Die Begriffe „Mission" und „Evangelisation" werden in der Erklärung nur selten verwendet. Dies jedoch keinesfalls deshalb, weil man sich der von der Vollversammlung in Nairobi erneut unterstrichenen Verpflichtung entziehen wollte, Christus heute zu bekennen. Vielmehr war dabei das Bestreben leitend, andere und neue Möglichkeiten zu finden, die Intentionen christlichen Zeugnisses und Dienstes herauszustellen. Zum christlichen Selbstverständnis gehört auch eine klare Antwort auf den Ruf des auferstandenen Christus, seine Zeugen zu sein bis ans Ende der Erde.

Teil I

Gemeinschaft

A. Gemeinschaften und die Gemeinschaft der Menschheit
1. Christen beginnen ihr Nachdenken über Gemeinschaft mit der Bekräftigung, daß Gott, von dem sie glauben, daß er in Jesus Christus kam, der Schöpfer aller Dinge und der ganzen Menschheit ist: daß er von Anbeginn die Verbindung zu ihm selbst und zwischen allem, was er zum Leben erweckt hat, wollte: daß er deshalb die Bildung von Gemeinschaften möglich gemacht hat, sie richtet *und* erneuert. Wenn Christen ihn als Heilige Trinität bekennen, wenn sie sich seiner neuen Schöpfung in der Auferstehung Christi erfreuen, erkennen und erfahren sie neue Dimensionen des von Gott geschenkten Menschseins. Wesen und Inhalt unseres christlichen Bekenntnisses führen sie indessen zu wacher Aufmerksamkeit für die Realitäten der Welt, wie sie sich unter der schöpferischen, strafenden und erlösenden Herrschaft Gottes entwickelt hat. Daher versuchen sie, Gemeinschaften *und* die Gemeinschaft der Menschheit zwar im Lichte eines grundlegend christlichen Bekenntnisses zu beschreiben, jedoch in einer Form, die auch von Anhängern anderer Religionen und Ideologien verstanden und sogar akzeptiert werden kann:
2. Alle Menschen sind in Beziehungen zu anderen Menschen hineingeboren. Zuerst und unmittelbar sind es die Angehörigen ihrer Familie, aber schon sehr bald haben sie es mit weiterreichenden Beziehungen zu tun, wenn sie zur Schule kommen oder eine Erwerbstätigkeit aufnehmen. Dies kann sich in der Vielschichtigkeit der Beziehungen innerhalb einer Dorfgemeinschaft oder in den modernen Ballungsräumen der Stadt und Großstadt vollziehen, die immer größere Bevölkerungsgruppen anziehen. Noch weiter reichende Gruppierungen erleben sie innerhalb eines Staates, einer Rasse oder einer Religion, *und* gleichzeitig können sie auch noch verschiedenen Klassen oder Kasten angehören, die ihre Weltanschauung prägen. Zeitungen, Radio- und Fernsehprogramme machen ihnen bewußt, in wie vieler Hinsicht ihr Leben von Menschen in anderen Teilen der Welt abhängig ist, in denen die Lebensformen so überraschend vielfältig sind. Aus diesen und vielen ähnlichen Zusammenhängen werden sie gewahr, daß sie Teil von bestimmten Gemeinschaften sind und anderen Gemeinschaften nicht zugehören. Das Gefühl der Identität mit den

einen und der Fremdheit gegenüber anderen Gemeinschaften werden wir nie ganz deuten können, es ist jedoch in den vielen Bereichen unserer Existenz für uns alle Realität.

3. Jede Gemeinschaft, der Menschen angehören, wird von den Werten zusammengehalten, die diesen Menschen gemeinsam sind. Diese Werte sind zutiefst mit ihrer Identität verbunden und geben ihnen das Gefühl, in den Gruppen, denen sie angehören, „zu Hause" zu sein. Identität kann sich in langer geschichtlicher Erfahrung oder auch in der Reaktion auf ganz neu sich stellende Probleme herausbilden; sie kann ihren Ausdruck in Gemeinschaftstraditionen und -riten finden, die im Laufe der Jahrhunderte entstanden sind; oder sie drückt sich in neuen, mal weniger kohärenten, mal starreren Formen aus. Gemeinschaften werden in hohem Maße von Religionen und Ideologien beeinflußt; andererseits sind auch Religionen und Ideologien nachhaltig von Elementen der jeweiligen Kultur – Sprache, ethnische Zugehörigkeit, Klasse oder Kaste – geprägt worden. Gewisse Gemeinschaften tendieren vielleicht in dieser Hinsicht zur Einheitlichkeit: andere hingegen sind traditionell pluralistisch angelegt, und es ist nichts Außergewöhnliches, daß in einer einzigen Familie mehr als nur eine Glaubensrichtung vertreten ist.

4. Es gibt sehr viele und sehr unterschiedliche menschliche Gemeinschaften. Sie alle sind einem fortwährenden Veränderungsprozeß unterworfen, der sie eher einem strömenden Fluß als festgegründeten Bauwerken vergleichbar macht. Wenn es auch immer schon Veränderung gegeben hat, so besteht doch kein Zweifel, daß sich heute insbesondere unter dem Einfluß von Wissenschaft, Technik, wirtschaftlichen Kräften und Massenmedien der Wandel beschleunigt hat. Manche Veränderungen vollziehen sich so schnell und einschneidend, daß sie als Verlust von Gemeinschaft überhaupt erfahren werden und zu menschlicher Vereinsamung führen. In anderen Fällen werden Gemeinschaften neu strukturiert und umgestaltet: einstmals geschlossene Gemeinschaften kommen mit anderen unversehens in Verbindung und haben nun mit ihnen die Probleme der Staatwerdung zu lösen; ehemals kulturell homogene Gemeinschaften müssen sich einem kulturellen Pluralismus und religiöser Vielfalt öffnen; Gemeinschaften, in denen traditionale Religionen tiefgreifende Veränderungen durchmachen und dann, zu neuem Leben erweckt, neue Identität und Kontinuität mit der Vergangenheit schaffen. Viele Menschen werden durch diese Veränderungen von jeglicher Gemeinschaft ent-

fremdet und geben entweder das Streben nach Gemeinschaft ganz auf oder sie suchen in vielerlei Quellen danach.

5. Ein wichtiger Aspekt dieses beschleunigten Wandels ist das komplexe Netz von Beziehungen, das in jüngster Zeit zwischen menschlichen Gemeinschaften geschaffen worden ist. Unausweichlicher als je zuvor bewegen sich die Traditionen der verschiedenen Gemeinschaften aufeinander zu und finden in einigen Fällen zu neuer Harmonie, in anderen dagegen kommt es zu einem zerstörerischen Strudel in den strömenden Flüssen. Die wechselseitige [Ver]flochtenheit menschlicher Gemeinschaften führt zu einer ganzen Reihe von neuen Anforderungen an gegenseitiges Verantwortungsbewußtsein und seelsorgerliche Verpflichtung füreinander; die Art und Weise, in der die Menschen individuell oder kollektiv als Gemeinschaft darauf reagieren, wird die Realität der „Gemeinschaft der Menschheit" ganz entscheidend prägen.

6. Auf diese Probleme wird häufig mit ideologischem Engagement reagiert. Der beschleunigte Wandel hat den Menschen in der Tat deutlicher bewußt gemacht, wie notwendig zielbewußtes soziales und politisches Handeln geworden ist. Denn sie befinden sich inmitten vieler ideologischer Programme, die auf verschiedenste Weise die Gesellschaft formen oder verändern wollen. Auch traditionale Gemeinschaften können sich dem Einfluß ideologischen Denkens und Handelns nicht entziehen, und ihre verschiedenen Reaktionen können sowohl Konflikt als auch Erneuerung zur Folge haben.

7. Eine solche Situation birgt Gefahren, doch andererseits hat die Erfahrung der wechselseitigen Verknüpfung der verschiedenen örtlichen Situationen das Bewußtsein für den Reichtum vertieft, der in der Vielgestaltigkeit der Menschheitsgemeinschaft liegt, von der die Christen glauben, daß Gott sie in seiner Liebe für alle Menschen geschaffen hat und immer bereithält. Sie sind erfüllt von Staunen über diesen Reichtum und voller Dank, und sie stellen fest, daß diese Erfahrung vielen von ihnen dazu verholfen hat, die Werte ihrer eigenen Tradition höher einzuschätzen und – in einigen Fällen – überhaupt erst wiederzuentdecken. Gleichzeitig ist ihnen mit aller Schärfe bewußt geworden, wie Vielgestaltigkeit auch mißbraucht werden kann und häufig genug mißbraucht worden ist: die Versuchung, die eigene Gemeinschaft für die beste zu halten, der eigenen religiösen und kulturellen Identität absolute Geltung zuzuschreiben, andere daraus auszuschließen und sie von anderen zu isolieren. Diese Versuchungen zeigen den

Christen, daß sie Gefahr laufen, die Reichtümer, die Gott in seiner Großmut der von ihm erschaffenen Menschheit zuteil werden ließ, zu verschmähen und zu vertun ..., daß sie Gefahr laufen, sich der geistigen Verarmung, der Spaltung und Ausbeutung schuldig zu machen.

8. Religionen und Ideologien führen leicht zu Spaltungen. Sie müssen sich selbst kritisch betrachten, um aus ihrem Fundus etwas zum Wohle der Gemeinschaft der Menschheit insgesamt beisteuern zu können. In ihrem Nachdenken über die Herausforderung für den christlichen Glauben werden Christen sowohl an die Gefahr erinnert, die darin liegt, „Friede, Friede" zu sagen, wo doch kein Friede ist, sowie an die Worte Jesu in der Bergpredigt: „Selig sind die Friedfertigen: denn sie werden Gottes Kinder heißen" (Matth. 5,9). Sie arbeiten für Frieden, Befreiung und Gerechtigkeit, die in vielen Fällen nicht ohne Konflikte erreicht werden können und wo Versöhnung mitunter einen hohen Preis verlangt. So fühlen sie sich aufgerufen, gemeinsam mit anderen die Gemeinschaft der Menschheit zu teilen und sich auf die Suche nach neuen Erfahrungen in der Weiterentwicklung der Gemeinschaft zu machen; einer Gemeinschaft, in der Menschen ihre wechselseitige Abhängigkeit, gleichzeitig aber auch die Achtung vor der Identität des anderen bekräftigen können. Die Konsultation von Colombo (1974) befaßte sich mit der Idee einer weltweiten „Gemeinschaft der Gemeinschaften". Ein solches Konzept könnte bei der Suche nach Gemeinschaft in einer pluralistischen Welt hilfreich sein. Es geht hierbei nicht um eine homogene Einheit oder eine totalitäre Gleichförmigkeit, noch um die einfache Koexistenz autarker Gemeinschaften. Der Akzent liegt vielmehr auf der positiven Rolle, die bestehende Gemeinschaften für die Entwicklung der Gemeinschaft der Menschheit (Abs. 6) spielen können. Für Christen besteht ein Zusammenhang zwischen dieser Gemeinschaft der Gemeinschaften und der Königsherrschaft Gottes über alle menschlichen Gemeinschaften.

B. Christliche Gemeinschaft: Die Kirchen und die Kirche

9. Wir Christen, die wir in der Welt menschlicher Gemeinschaften verstreut sind, suchen nach Zeichen der Königsherrschaft Gottes und glauben mit ganzer Seele an die Gemeinschaft mit Christen überall in der Kirche, die der Leib Christi ist. Da die christliche Gemeinschaft ganz und gar in dieser Welt ist, machen auch die vielen Unterscheidungen und Spaltungen innerhalb und zwischen den Gemeinschaften der Menschheit vor ihr nicht halt. Die christliche Gemeinschaft weist

eine ungeheure kulturelle Vielgestaltigkeit auf, die sich nicht nur auf die Ausübung, sondern auch auf die Auslegung des Glaubens durch verschiedene Gruppen von Christen auswirkt. Das haben wir anzuerkennen. Deutlich wird dies etwa am Beispiel Südasiens, wenn dort beheimatete Christen über ihre Bemühungen sprechen, innerhalb ihrer vom Hinduismus, Buddhismus und Islam geprägten Kulturen ihren Glauben zu bekennen und dabei sowohl dem Evangelium gehorsam zu bleiben als auch die Verbindung zu ihrer kulturellen Umwelt zu bewahren. In Europa und Nordamerika sind Verständnis und Ausübung des christlichen Glaubens außerordentlich stark von der westlichen Kultur beeinflußt worden.

10. Wir machen als Christen in dieser weit verstreuten Gemeinschaft sehr unterschiedliche Erfahrungen. Es gibt Kirchen inmitten sozialer, kultureller und nationaler Unterdrückung, deren Identität bedroht und deren Freiheit eingeschränkt ist. Zu bestimmten Zeiten und an bestimmten Orten müssen sich die Christen aus Treue zu Christus von anderen Gruppierungen fernhalten; das entlastet jedoch keineswegs Christen, die bewußt oder unbewußt der Versuchung kultureller Überheblichkeit oder Exklusivität erlegen sind. Sie haben damit zu den Spaltungen in der Gemeinschaft der Menschheit beigetragen und unüberbrückbare Gegensätze zwischen verschiedenen Gruppen selbst innerhalb der christlichen Gemeinschaft geschaffen. Darum fallen Christen unter das Gericht Gottes. Nach unserer Überzeugung ist etwas Richtiges daran, daß unsere Einheit mit allen Menschen gerade in unserer gemeinsamen Mitwirkung an alledem besteht, was in so tragischer Weise Spaltungen in der Welt verursacht hat. In diesem Sinne haben wir unserem Thema die Erfahrung der bestehenden Kirchen hinzuzufügen, daß sie fortwährend der Vergebung Gottes bedürfen.

11. Doch inmitten dieser komplexen, verwirrenden und demütigenden Situation glauben wir, daß das Evangelium unseres Herrn Jesus Christus nichts von seiner göttlichen Gegebenheit verliert. Das Evangelium läßt sich auf keine bestimmte Kultur beschränken, sondern kraft des Heiligen Geistes läßt es sein Licht in und über allen Kulturen leuchten. Auch kann die Sündhaftigkeit der Christen die Wahrheit des Evangeliums nicht entstellen. Vielmehr ruft das Evangelium sie als einzelne Christen und als Gemeinschaft zu Buße und Bekenntnis auf und lädt sie zu neuem Leben im auferstandenen Christus ein. Diese Realität einer erneuerten christlichen Gemeinschaft

gehört zu den tiefgreifendsten Erfahrungen, die wir als Christen gewonnen haben. Es gibt verschiedene Möglichkeiten, von dieser Erfahrung zu sprechen. Zum Beispiel:
— unsere Gemeinschaft in der Kirche, als Sakrament der Versöhnung und der Einheit der Menschheit, die durch das Heilshandeln Gottes in Jesus Christus neu geschaffen worden ist;
— unsere Gemeinschaft mit Gott, der die Menschheit in der Vollkommenheit seiner Trinität zur Einheit mit ihm in seiner ewigen Gemeinschaft mit seiner ganzen Schöpfung ruft;
— unsere Gemeinschaft in der Zusammengehörigkeit aller Glieder des Leibes Christi durch die Geschichte hindurch und über die Grenzen zwischen Rassen, Geschlechtern, Kasten, Klassen und Kulturen hinweg;
— die Überzeugung, daß Gott uns in Christus befreit hat für die Gemeinschaft mit allen Menschen und mit allem, was Gott durch sein Werk geheiligt hat.

Wenn wir auch unseren Auffassungen von der Wirklichkeit dieser Gemeinschaft auf unterschiedliche Weise Ausdruck geben, so stehen wir doch unverbrüchlich zu Gott in Christus, der seine Kirche mit Wort und Sakramenten speist.

12. Wir müssen feststellen, daß unser Bemühen um Dialog und unsere Arbeit für die sichtbare Einheit der Kirche eng miteinander verbunden sind. Einerseits haben die verschiedenen konfessionellen Traditionen die verschiedenen Ansätze für einen Dialog beeinflußt und werden die Fragen zum Dialog in und zwischen den Kirchen ernsthaft diskutiert. Andererseits aber erschweren die Spaltungen unter den Christen auch ihren Beitrag zum Dialog.

13. Im ÖRK haben wir die Erfahrung gemacht, daß es möglich ist, gemeinsam unseren Glauben zu bekennen und miteinander Gottesdienst zu feiern; andererseits werden wir uns auch der Hindernisse auf dem Weg zur Einheit der Christen bewußt. Wir sind uns darüber einig, daß wir dem Studium der Bibel und dem Gottesdienst einen vorrangigen Platz einräumen; wir sind in der Lage, unseren einen Herrn in den sehr unterschiedlichen Formen anzubeten, die den im ÖRK vertretenen Kirchen eigen sind. Andererseits sehen wir auch, daß es im Zusammenhang mit der Autorität der Bibel noch Probleme gibt, die bisher nicht gelöst werden konnten. Problematisch ist auch die Tatsache, daß es uns noch nicht gelungen ist, die eine eucharistische Gemeinschaft zu verwirklichen. Daher verwundert es nicht,

wenn Christen unterschiedlicher Meinung sind über den meditativen Gebrauch (nicht nur ein rein intellektuelles Studium) der heiligen Bücher anderer Religionen und über die Frage eines gemeinsamen Gottesdienstes mit Menschen anderen Glaubens. Diese Probleme müssen auch weiterhin sehr eingehend und sorgfältig erörtert werden, und wir möchten daher das Dialogressort ersuchen, die Bearbeitung dieser Fragen in den ÖRK-Mitgliedskirchen und mit unseren Dialogpartnern zu fördern.

14. Als Christen wissen wir, daß eine Spannung besteht zwischen der christlichen Gemeinschaft, wie wir sie in der Welt der menschlichen Gemeinschaften erleben, und der christlichen Gemeinschaft, wie wir sie ihrem Wesen nach und in der Verheißung Gottes glauben. Diese Spannung ist für unsere christliche Identität von grundlegender Bedeutung. Wir können sie nicht aufheben, sollten ihr aber auch nicht ausweichen. Mitten in dieser Spannung entdecken wir die besondere Art der christlichen Kirche, die gleichzeitig ein Zeichen für das Bedürfnis der Menschen nach einer vollkommeneren und tieferen Gemeinschaft sowie für die göttliche Verheißung einer in Christus wiederhergestellten menschlichen Gemeinschaft ist. Unser Bewußtsein der angedeuteten Spannung muß jede Spur von Triumphalismus im Leben der christlichen Kirche in den Gemeinschaften der Menschheit beseitigen. Ferner muß es jede Spur von Herablassung gegenüber unseren Mitmenschen ausschließen. Es sollte vielmehr eine Haltung wirklicher Demut gegenüber allen Menschen in uns hervorrufen, denn wir wissen, daß wir zusammen mit unseren Brüdern und Schwestern nicht zu der Gemeinschaft gefunden haben, die Gottes Willen entspricht.

15. Wir verstehen unseren Auftrag als Christen im Sinne eines umfassenden Teilhabens an der Mission Gottes (missio Dei) – mit dem Mut der Überzeugung, der uns die Kraft für Wagnis und Risiko gibt. Im Blick darauf können wir uns demütig mit allen unseren Mitmenschen auf einer uns aufgegebenen Pilgerfahrt wissen. Vor allem anderen sind wir Jünger Christi, doch lehnen wir es ab, ihn in die Dimensionen unseres menschlichen Begreifens einzuzwängen. Wir glauben, daß wir in unseren Beziehungen innerhalb der vielfältigen menschlichen Gemeinschaften Christus vollkommener erfahren können durch den Glauben an ihn als Sohn Gottes und Heiland der Welt; wir wachsen in seinem Dienst in der Welt; und wir freuen uns in der Hoffnung, die er gibt.

Teil II

Dialog

C. Gründe für den Dialog

16. Die Formulierung „Dialog in der Gemeinschaft" ist insofern nützlich, als sie das christliche Nachdenken über den Dialog konkret macht. Darüber hinaus lenkt sie die Aufmerksamkeit auf die Gründe für ein Leben im Dialog, die sich in zwei ineinandergreifende Kategorien aufteilen lassen.

Heute lebt die Mehrzahl der Christen in unmittelbarer Gemeinschaft mit Menschen, die anderen Religionen und Ideologien angehören. Sie leben in Familien mit manchmal unterschiedlichen religiösen und weltanschaulichen Überzeugungen: sie leben als Nachbarn in denselben Städten und Dörfern; und sie müssen ihre mitmenschlichen Beziehungen so gestalten, daß darin das Füreinander der Menschen und ihr Bemühen um gegenseitiges Verstehen zum Ausdruck kommen. Diese Form des Dialogs ist praktisch-konkret. Es geht dabei um die Probleme des heutigen Lebens – soziale, politische, ökologische Probleme sowie vor allem um den Alltag und das Familienleben.

Es gibt aber auch Probleme, die über die konkrete Ortsebene hinausgehen. Hier müssen sich die Christen auf den Dialog einlassen, um eine erweiterte Gemeinschaft zu schaffen, in der Friede und Gerechtigkeit umfassender verwirklicht werden können. Dies wiederum führt zu einem Dialog zwischen Gemeinschaften; in dessen Rahmen Fragen von nationalem und internationalem Interesse verhandelt werden.

17. „Dialog" läßt sich ebenso wenig wie „Gemeinschaft" genau definieren. Er muß vielmehr als ein Lebensstil beschrieben, erfahren und entwickelt werden. Als Menschen haben wir sprechen gelernt; wir unterhalten uns, plaudern, geben und empfangen Informationen, wir diskutieren – aber all das ist noch kein Dialog. Gelegentlich führen unsere Gespräche und Beziehungen zu einer tieferen Begegnung, öffnen wir uns über ein intellektuelles Interesse hinaus den Problemen des anderen. Das geschieht in Familien und unter Freunden und zwischen denen, die derselben Religion oder Ideologie angehören. Uns geht es jedoch vor allem um den Dialog, der über die Grenzen von Religionen, Ideologien und Kulturen hinausgeht, auch dann, wenn die Gesprächspartner sich über zentrale Aspekte des menschlichen

Lebens nicht einig sind. Der Dialog kann als ein geeigneter Weg der gehorsamen Erfüllung des Gebotes gesehen werden: „Du sollst kein falsch Zeugnis reden wider deinen Nächsten." Der Dialog hilft uns, das Bild unseres Nächsten, der einer anderen Religion oder Ideologie angehört, nicht zu entstellen. Viele Christen machen die Erfahrung, daß dieser Dialog auf dem Boden gegenseitigen Vertrauens und der Achtung vor der Unantastbarkeit der Identität des anderen tatsächlich möglich ist.

18. Der Dialog ist daher ein grundlegender Bestandteil unseres christlichen Dienstes in der Gemeinschaft. Im Dialog erfüllen die Christen das Gebot: „Liebe Gott und deinen Nächsten wie dich selbst." Ihr Eintreten für den Dialog ist Ausdruck ihrer Liebe und gibt Zeugnis von der Liebe, die ihnen in Christus zuteil geworden ist. Es ist ein freudiges Ja zum Leben gegen das Chaos und eine gemeinsame Suche mit allen, die Bundesgenossen des Lebens sind, nach den einstweiligen Zielen einer besseren menschlichen Gesellschaft. Darum ist „Dialog in der Gemeinschaft" keine Geheimwaffe im Arsenal einer aggressiven christlichen Militanz, sondern ist vielmehr ein Mittel, den Glauben an Christus im Dienst an der Gemeinschaft mit den Mitmenschen zu leben.

19. So verstanden ist der Dialog ein ganz besonderes und legitimes Element des christlichen Lebens, das mit anderen Formen des Dienstes in jeder Weise vergleichbar ist. „Ganz besonders" heißt indessen nicht „vollständig anders geartet" oder „exklusiv". Im Dialog bemühen sich die Christen, „wahrhaftig zu sein in der Liebe" und sich nicht unkritisch „bewegen und umhertreiben zu lassen von jeglichem Wind der Lehre" (Eph 4,14–15). Und indem sie Zeugnis ablegen, erkennen sie, daß heute die meisten Situationen Dialogbereitschaft erfordern. Aus diesem Grund sehen wir zwischen Dialog und Zeugnis überhaupt keinen Widerspruch. Mehr noch, wenn Christen mit ihrer Bindung an Jesus Christus in den Dialog eintreten, dann wird ihnen die dialogische Beziehung immer wieder Gelegenheit zu glaubwürdigem Zeugnis geben. Darum können wir den Mitgliedskirchen des ÖRK aus ehrlicher Überzeugung heraus den Dialog als eine Möglichkeit empfehlen, Jesus Christus in der Welt heute zu bekennen. Gleichzeitig können wir unseren Gesprächspartnern aus ehrlicher Überzeugung versichern, daß wir nicht manipulieren, sondern ihnen als aufrichtige Weggenossen auf unserer Pilgerfahrt begegnen wollen, um mit ihnen darüber zu sprechen, was Gott nach unserer Glaubensüberzeugung in

Jesus Christus getan hat, der uns voranging und dem wir im Dialog aufs neue begegnen möchten.

D. Die theologische Bedeutung der Menschen anderer Religionen und Ideologien

20. Christen, die den aufrichtigen „Dialog in der Gemeinschaft" mit Menschen anderer Religionen und Ideologien suchen, können den eindringlichen Fragen nach dem Platz dieser Menschen im Handeln Gottes in der Geschichte nicht ausweichen. Und sie stellen sich diese Fragen nicht rein theoretisch, sondern versuchen zu erkennen, was Gott im Leben von Millionen von Männern und Frauen tun mag, die zusammen mit Christen leben und Gemeinschaft mit ihnen suchen, auch wenn sie dabei andere Wege beschreiten. Im Mittelpunkt des Dialogs sollten daher die Menschen anderer Religionen und Ideologien stehen und nicht abstrakte, unpersönliche Systeme. Das heißt nicht, daß die Bedeutung der religiösen Traditionen und ihrer Wechselbeziehungen geleugnet wird. Aber es ist entscheidend zu untersuchen, wie die verschiedenen Glaubensrichtungen und Ideologien dem täglichen Leben von einzelnen und Gruppen seine Ausrichtung geben und so den Dialog auf beiden Seiten beeinflussen.

21. Wenn Christen sich in diesem Geist den theologischen Fragen zuwenden, sollten sie sich leiten lassen von ...

Bußfertigkeit, denn sie wissen, wie leicht sie Gottes Offenbarung in Jesus Christus mißdeuten, sie in ihrem Tun verraten und sich eher als Besitzer der göttlichen Wahrheit ausgeben denn als das, was sie wirklich sind, nämlich unwürdige Empfänger der Gnade;

Demut, denn sie entdecken oft in Menschen anderer Religionen und Ideologien in solchem Maße Spiritualität, Hingabe, Mitgefühl und Weisheit, daß es sich ihnen verbieten sollte, gleichsam von einer überlegenen Warte aus ein Urteil über andere zu fällen; vor allem sollten sie sich hüten, Begriffe wie „anonyme Christen", „christliche Präsenz", „unbekannter Christus" in einem Sinne zu verwenden, in dem diese Formulierungen von denen, die sie zu theologischen Zwecken geprägt haben, nicht gemeint waren, oder so, daß sie dem Selbstverständnis von Christen und anderen schädlich sind;

Freude, denn sie predigen nicht sich selbst; sie predigen Jesus Christus, den viele Menschen der Religionen und Ideologien unserer Zeit als Propheten, Heiligen, Lehrer, Vorbild anerkennen; den aber die

Christen als Herrn und Heiland, als treuen Zeugen und als den, der da kommt (Off. 1,5–7), bekennen;

Lauterkeit, denn nur in dieser bußfertigen, demütigen Freude in Jesus Christus können sie den Dialog mit anderen beginnen und anderen von ihren Erfahrungen und ihrem Zeugnis berichten, gleichzeitig aber auch deren tiefste Überzeugung und Einsicht kennenzulernen suchen. Dies alles bedeutet: sich zu öffnen und sich auszusetzen, sich verletzen zu lassen – eine Fähigkeit, die wir am Vorbild unseres Herrn Jesus Christus sehen und die wir mit dem Wort Verwundbarkeit zusammenfassen.

22. Nur in diesem Geist können Christen hoffen, schöpferische Antworten auf die theologischen Fragen zu finden, die sich im Zusammenhang mit anderen Religionen und Ideologien stellen. Christen verschiedener Herkunft und Tradition gelangen vor allem in folgenden Bereichen zu einem wachsenden Verständnis:

– Der Schöpfungslehre muß neue Beachtung geschenkt werden, zumal sie diese im Licht des christlichen Verstandnisses von Gott, der einen Heiligen Trinität, und im Licht der Auferstehung und Verherrlichung Christi sehen.

– Im Dialog tauchen grundsätzliche Fragen nach dem Wesen und Handeln Gottes und der Lehre vom Heiligen Geist auf; die christologische Diskussion muß in diesen umfassenden Zusammenhang eingebettet werden.

– Die Bibel mit all den Hilfsmitteln der kirchlichen Tradition und Gelehrsamkeit, die ihrem Verständnis und ihrer Aneignung dienen, muß als Grundlage für das christliche Nachdenken über die sich ergebenden Fragen schöpferisch genutzt werden; sie bietet beides, Ermutigung und Warnung, auch wenn man sich den Dialogpartnern gegenüber nicht auf sie berufen kann. – Die theologischen Probleme der Einheit der Kirche müssen ebenfalls im Zusammenhang mit den Bemühungen um den Dialog gesehen werden.

– Ziel des Dialogs ist nicht, die Religionen und Ideologien unserer Zeit auf den kleinsten gemeinsamen Nenner zu bringen, und auch nicht, lediglich Symbole und Konzepte zu vergleichen und zu diskutieren, sondern eine wahre Begegnung zwischen jenen spirituellen Einsichten und Erfahrungen zu ermöglichen, die nur in den tiefsten Gründen des menschlichen Daseins zu finden sind.

23. Wir freuen uns auf weitere fruchtbare Diskussionen über diese (und viele andere) Fragen in unseren christlichen Kreisen und überall dort, wo ein Dialog stattfindet. Daneben gibt es aber auch Fragen, in denen eine Einigung schwerer fällt oder sogar unmöglich ist; auch diese Fragen empfehlen wir der weiteren theologischen Aufmerksamkeit:
- In welchem Verhältnis steht das universale Schöpfungs-/Heilshandeln Gottes an der ganzen Menschheit zu seinem besonderen Schöpfungs-/Heilshandeln in der Geschichte Israels sowie in der Person und dem Werk Jesu Christi?
- Sollen Christen von dem Wirken Gottes im Leben aller Menschen nur in der vorsichtigen Hoffnung sprechen, daß sie vielleicht etwas von ihm verspüren werden, oder sollen sie mit kräftigeren Worten von Gottes Selbsterschließung gegenüber den Menschen anderer Religionen und Ideologien sowie im Ringen der Menschheit reden?
- Wie finden Christen in der Bibel Maßstäbe für ihre Haltung gegenüber Menschen anderer Religionen und Ideologien? Das heißt, wie können sie sowohl die Autorität, die der Bibel von Christen aller Jahrhunderte zugesprochen wurde und die auch ihnen vorgegeben ist, berücksichtigen (wobei bestimmte Fragen zur Autorität des Alten Testaments für die christliche Kirche angemerkt werden müssen), als auch der Tatsache Rechnung tragen, daß ihre Gesprächspartner von ihren heiligen Büchern und Traditionen her andere Ausgangspunkte und Quellen haben?
- Wie stellt sich das Wirken des Heiligen Geistes in biblischer Sicht und christlicher Erfahrung dar, und ist es richtig und hilfreich, das Wirken Gottes außerhalb der Kirche im Sinne der Lehre vom Heiligen Geist zu begreifen?

E. Synkretismus

24. Im Dialog müssen die Christen kühn sein und bereit, Risiken einzugehen; gleichzeitig müssen sie aufmerksam sein und hellwach für Gott. Ist Synkretismus eine Gefahr, vor der sie sich hüten müssen?

25. Es ist fraglos notwendig, die christliche Botschaft für jede Zeit und jeden Ort echt und unverfälscht zu „übersetzen". Diese Notwendigkeit wird bereits dann deutlich, wenn sich die Bibelübersetzer daran machen, die Bibel in eine bestimmte Sprache zu übersetzen,

und abwägen müssen, welche kulturellen und philosophischen Assoziationen deren Worte haben. Es gibt aber auch eine erweiterte „Übersetzung" der Botschaft, wo sie in einer künstlerischen, dramatischen, liturgischen und insbesondere zwischenmenschlichen Form ausgedrückt wird; einer Form, welche geeignet ist, den echten Gehalt der Botschaft echt in die konkrete Situation zu vermitteln. Dabei werden häufig, nach theologischer Prüfung, die Symbole und Vorstellungen einer bestimmten Gemeinschaft verwendet.

26. Trotz verschiedener Versuche, das Wort „Synkretismus" zu retten, hat der Begriff nach seinem bisherigen Gebrauch in der christlichen Diskussion heute einen eindeutig negativen Unterton. Das ist offenkundig der Fall, wenn man das Wort wie die Vollversammlung in Nairobi gebraucht, *nämlich* als den „bewußten oder unbewußten Versuch des Menschen, aus Elementen verschiedener Religionen eine neue Religion zu schaffen". Synkretismus in diesem Sinne wird auch von den Dialogpartnern abgelehnt, auch wenn möglicherweise der eine oder andere in seiner Selbstentfremdung aus vielen Quellen Hilfe schöpfen möchte und darum im Synkretismus nichts Negatives sieht.

27. Der Synkretismus-Begriff wird indessen auch in viel weiterem Sinn verwendet als in Nairobi und soll vor allem vor zwei anderen Gefahren warnen:

Die erste Gefahr liegt darin, daß Christen bei dem Versuch, die christliche Botschaft zu „übersetzen" – für eine bestimmte Kultur oder in der Hinwendung zu Religionen und Ideologien, mit denen sie im Dialog stehen -, zu weit gehen und die Reinheit christlichen Glaubens und Lebens aufs Spiel setzen könnten. Sie haben die Bibel als Wegweiser, doch ist es immer mit Risiken verbunden, das Evangelium in eine neue Situation hinein zu sagen: denken wir beispielsweise an den Kampf der ersten Christen gegen die Häresie in der Debatte mit den Gnostikern oder an die Verfälschung des Evangeliums in den sogenannten „Staatsreligionen" des Westens. Es ist heilsam, solchen Beispielen nachzugehen, damit nicht der Eindruck entsteht, der Synkretismus könne nur in bestimmten Kontinenten um sich greifen.

Die zweite Gefahr besteht darin, daß eine Religion unserer Zeit nicht aus sich selbst gedeutet, sondern in den Rahmen einer anderen Religion oder Ideologie gestellt wird. Das verstößt sowohl gegen die Grundregeln der Wissenschaft wie des Dialogs. Auf diese Art und Weise kann das Christentum synkretistisch verformt werden, wenn es lediglich als eine besondere Spielart irgendeines anderen Zugangs zu

Gott betrachtet wird. Ebenso kann eine andere Religion synkretistisch verfälscht werden, indem sie lediglich als ein teilweises Verstehen dessen gesehen wird, was die Christen in ganzer Fülle zu wissen glauben. Weitere Untersuchungen werden sich insbesondere damit befassen müssen, wie sich diese Form des Synkretismus zwischen einer Religion und einer Ideologie abspielen *kann.*

28. Hier liegen in der Tat Gefahren, und Christen und Kirchen werden unterschiedlich beurteilen, wann diese Gefahren drohen oder wann sie bestimmte christliche Unternehmungen bereits erfaßt haben. Obwohl sie die Gefahren kennen, sollten die Christen jedoch das Wagnis des forschenden Glaubens begrüßen und freudig eingehen. Die spezifischen Risiken des Synkretismus in der heutigen Welt sollten die Christen nicht vom Dialog abhalten. Sie sind umgekehrt ein zusätzlicher Grund, den Dialog zu beginnen und sich dabei um eine Klärung der anstehenden Fragen zu bemühen.

29. Innerhalb der ökumenischen Bewegung haben die Praxis des Dialogs und des bekennenden Zeugnisses gelegentlich gegenseitigen Argwohn hervorgerufen. Gott hat viel Geduld mit seiner Kirche und gibt ihr Raum und Zeit, seinen Weg und seinen Reichtum zu erkennen (vgl. 2Petr. 3:9). Auch in der ökumenischen Gemeinschaft ist es notwendig, einander Raum und Zeit zu gewähren – Raum und Zeit zum Beispiel in Indien oder Ghana, um den Reichtum des Evangeliums in einer sich vom „hellenisierten" Europa ganz wesentlich unterscheidenden Kultur zu entdecken; Raum und Zeit beispielsweise in Korea, um die bemerkenswerte evangelistische Arbeit, die dort zur Zeit von den Kirchen geleistet wird, weiterzuentwickeln; Raum und Zeit auch in Europa, um sich auf eine neue Situation einzustellen, in der die säkulare Weltlichkeit heute durch ein neues religiöses Interesse verändert wird, das sich nicht in überkommenen Formen ausdrückt. Gerade die Vielgestaltigkeit des Dialogs muß im Hinblick auf den jeweiligen Inhalt und im Zusammenhang mit dem spezifischen Kontext gesehen werden.

Teil III

Leitlinien zur Prüfung und Arbeit für die Kirchen
Die Erfahrungen von Christen im Dialog mit Menschen verschiedener Religionen und Ideologien sowie die Erklärung des Zentralausschus-

ses zum Bericht „Dialog in der Gemeinschaft" haben deutlich werden lassen, daß der Dialog für viele Christen heute zu einem Gebot der Stunde geworden ist. Die nachstehend formulierten *Leitlinien* gehen von den christlichen Überzeugungen aus, die in den ersten beiden Teilen dieser Erklärung zum Ausdruck gebracht worden sind; Erklärung und Leitlinien sind als ein zusammengehörender Text zu lesen und zu verstehen.

Es ist der christliche Glaube an den dreieinigen Gott – den Schöpfer allen menschlichen Lebens, den Erlöser in Jesus Christus, den sich offenbarenden und erneuernden Heiligen Geist –, der uns Christen zu einer menschlichen Verbindung mit allen unseren Nächsten verpflichtet. Zu dieser Verbindung gehört der Dialog: das Bezeugen unserer eigenen tiefsten Überzeugungen und das Hören auf diejenigen unserer Nächsten. Der christliche Glaube macht uns frei für Offenheit gegenüber dem Glauben der anderen, für Wagnis, für Vertrauen und für Verwundbarkeit. Überzeugung und Offensein halten sich im Dialog die Waage.

In einer Welt, in der die Christen eine große Nachbarschaft haben, ist der Dialog nicht nur eine Begleiterscheinung von Tagungen und Konferenzen. Dialog ist auch eine Möglichkeit, den christlichen Glauben in der Beziehung zu und der Verpflichtung gegenüber den Mitmenschen zu leben, mit denen zusammen die Christen dieselben Dörfer, Städte, Länder und dieselbe Erde bewohnen. Dialog ist ein auf den Nächsten bezogener Lebensstil. Dieser ersetzt oder beschränkt jedoch in keiner Weise unsere christliche Verpflichtung zum Zeugnis, da ja die Partner mit ihren jeweiligen Bindungen in den Dialog eintreten.

Wir legen diese Leitlinien den Mitgliedskirchen des ÖRK sowie einzelnen Gemeinden vor, wobei wir uns bewußt sind, daß sie sich in einer Vielzahl von Situationen befinden und unter höchst unterschiedlichen Verhältnissen und Bedingungen leben. Die Nächsten, mit denen Christen im Dialog Verbindung aufnehmen, haben vielleicht an derselben gesellschaftlichen, wirtschaftlichen und politischen Krise teil und bemühen sich um die Lösung derselben Probleme: oder sie sind Kollegen in der wissenschaftlichen Arbeit oder bei geistiger und spiritueller Forschung; oder sie sind, Tür an Tür lebend, im wahrsten Sinne des Wortes Nachbarn. Manchmal verfügen die Christen sowie die Kirche als Institution über Macht und Einfluß, und ihre Nächsten haben keine Macht. In anderen Fällen sind es die Christen, die sich in der Position der Machtlosigkeit befinden. Daneben gibt es Konfliktsituationen oder Spannungen, die einen Dialog unmöglich machen oder zumindest erheblich erschweren. Vielfach haben Angehörige verschiedener Glaubensrichtungen nicht nur Verbindung untereinander, sondern auch zu Anhängern verschiedener Ideologien. Allerdings sind die Grenzen zwischen Religionen und Ideologien manchmal fließend, denn es gibt religiöse Dimensionen in den Ideologien und ideologische Dimensionen in den Religionen, das Christentum eingeschlossen. Das Entstehen neuer religiöser Gruppen in zahlreichen Ländern hat neue Dimensionen in die interreligiösen Beziehungen eingebracht, gleichzeitig aber auch zu neuen Spannungen geführt. Im Bewußtsein all dieser Vielfalt werden den Mitgliedskirchen die nachstehenden Leitlinien zur Prüfung und Diskussion, zur Erprobung und Auswertung sowie zur konkreten Anwendung und Weiterentwicklung in spezifischen Situationen empfohlen.

Lernen und Verstehen im Dialog
1. Die Kirchen sollten sich bemühen, den christlichen Gemeinden praktische Möglichkeiten des Dialoges mit ihren Nächsten, die andere religiöse und ideologische Überzeugungen haben, zu eröffnen.

Sie sollten sich auch Gedanken darüber machen, wie sie am besten auf entsprechende Initiativen reagieren, die von den Nächsten in ihrer Mitte ausgehen.

2. Der Dialog sollte in der Regel gemeinschaftlich geplant werden.

Im Rahmen der gemeinsamen Planung mit Partnern anderer religiöser oder ideologischer Überzeugungen können bestimmte thematische Schwerpunkte gesetzt werden: theologische oder religiöse, politische oder soziale.

3. Die Dialogpartner sollten eine Bestandsaufnahme der religiösen, kulturellen und ideologischen Vielfalt an ihrem jeweiligen Ort machen.

Nur, wenn sie sich deutlich bewußt machen, wo in ihrem eigenen Bereich Spannung und Diskriminierung herrschen und wo sich Möglichkeiten zum Gespräch und zur Zusammenarbeit bieten, werden die Christen und ihre Nachbarn die Voraussetzungen für einen Dialog schaffen können. Insbesondere sollten sie darauf achten, ob und wo die grundlegenden Menschenrechte religiöser, kultureller oder ideologischer Minderheiten verletzt werden.

4. Die Dialogpartner sollten die Freiheit haben, „sich selbst zu definieren".

Der Dialog hat unter anderem die Funktion, den Partnern die Möglichkeit zu geben, ihren Glauben mit ihren eigenen Worten und Begriffen zu beschreiben und zu bezeugen. Dies ist von elementarer Wichtigkeit, denn Beschreibungen des Glaubens anderer im Selbstbedienungsverfahren sind eine der Wurzeln für Vorurteile, Klischees und Herablassung. Größte Aufmerksamkeit für das Selbstverständnis ihrer Nachbarn macht die Christen fähig, das Gebot besser zu erfüllen: „Du sollst kein falsch Zeugnis reden wider deinen Nächsten." Dabei ist es gleichgültig, ob dieser Nächste einer seit langem bestehenden religiösen, kulturellen oder ideologischen Tradition oder einer neu gebildeten religiösen Gruppe angehört. Partner im Dialog müssen anerkennen, daß das Selbstverständnis jeder Religion oder Ideologie, die einen universalen Anspruch erhebt, auch spezifische Vorstellungen von anderen Religionen und Ideologien mit einschließt. Der Dialog bietet Gelegenheit, das Selbstverständnis der Dialogpartner und ihre Ansichten voneinander kritisch zu durchleuchten. Ein sinnvoller Dialog entsteht aus der gegenseitigen Bereitschaft, einander zuzuhören und voneinander zu lernen.

5. Der Dialog sollte Aufklärungsbemühungen innerhalb der Gemeinschaft auslösen.

In vielen Fällen müssen Christen ihre Erfahrung aus dem Dialog nutzbar machen und die Initiative für eine Aufklärungs- und Informationsarbeit ergreifen, um das eventuell in den Gemeinden vorhandene entstellte Bild ihrer Nächsten wieder richtigzustellen und zu einem besseren Verständnis anderer Glaubensrichtungen und Ideologien beizutragen.

Auch wo Christen nicht in unmittelbarer Nachbarschaft mit Menschen verschiedener religiöser, kultureller und ideologischer Traditionen leben, sollten sie ihre Verantwortung ernst nehmen, mehr über die anderen Traditionen zu erfahren und sie besser zu verstehen.

Die Mitgliedskirchen sollten überlegen, welche Maßnahmen sie in den folgenden Bildungsbereichen ergreifen könnten:

a) Die Unterrichtsprogramme für Schulen und Hochschulen sowie in der Erwachsenenbildung sollten zu einem besseren Verständnis der Kulturen, Religionen und Ideologien der Menschheit beitragen; im Rahmen solcher Programme sollten, wann immer möglich, Vertreter der verschiedenen Traditionen selbst zu Wort kommen.

b) Die Unterrichtsprogramme der theologischen Seminare und Hochschulen sollten den christlichen Geistlichen die Ausbildung und das Gespür vermitteln, die für den interreligiösen Dialog unerläßlich sind.
c) Wünschenswert sind auch Kontakte zu den Programmen der verschiedenen Fakultäten und anderer höherer Lehranstalten, die mit dem akademischen Studium der Religion befaßt sind.
d) Unterrichtsmaterial und Lehrinhalte von Ausbildungskursen auf allen Ebenen innerhalb der Kirchen einschließlich theologischer Hochschulen und Seminare sollten überprüft werden in dem Bemühen, alles auszuscheiden, was Fanatismus oder Gleichgültigkeit gegenüber Menschen anderer Religionen und Ideologien fördern könnte.
e) Für die kirchlichen Bildungseinrichtungen sollte Studienmaterial über Menschen anderer Religionen und Ideologien ausgearbeitet werden.
f) Ferner sollten Vorbereitungskurse für Personen durchgeführt werden, die in anderen Kulturkreisen leben und arbeiten oder als Touristen dorthin reisen werden, um ihre Verständnisbereitschaft und Aufgeschlossenheit zu fördern.
g) Auf Schulbücher und Darstellungen in den Medien, die nicht vorurteilsfrei über Menschen anderer Religionen und Ideologien berichten, sollte verantwortlich reagiert werden.
h) Wann immer möglich, sollten Medien, Radio, Fernsehen, usw. phantasievoll eingesetzt werden, um das Verständnis für Menschen anderer Religionen und Ideologien auf ein größeres Publikum auszuweiten.

Gemeinsames Leben und Erleben im Dialog
6. *Der Dialog ist dort besonders wichtig, wo die Dialogpartner im Alltag unmittelbar zusammenleben.*

Gerade in vorhandenen Gemeinschaften, in denen Familien als Nachbarn zusammenleben und ihre Kinder zusammen spielen, kann sich ein spontaner Dialog entwickeln. Wo Anhänger verschiedener Glaubensrichtungen und Ideologien denselben Tätigkeiten nachgehen, gemeinsame geistige Interessen haben und sich mit den gleichen geistlichen Problemen auseinandersetzen, kann der Dialog das ganze Leben umgreifen und zu einem Lebensstil der mitmenschlichen Beziehung werden. Wer seinen Nachbarn, der einer anderen Religion angehört, bittet, ihm die Bedeutung eines Brauchs oder Festes zu erklären, hat bereits den ersten Schritt im Dialog getan.

Natürlich kann der Dialog zwischen Nachbarn, die über lange Zeit zusammenleben, auch an einem tief verwurzelten Mißtrauen scheitern; mit anderen Worten: Männer und Frauen haben es im Dialog nicht nur mit der Gemeinschaft zu tun, die sie anstreben, sondern auch mit der Gemeinschaft, in der sie heute leben, und mit ihren Schranken.

7. Der Dialog sollte auch in gemeinsamen Unternehmungen innerhalb der Gemeinschaft zum Ausdruck kommen.

Gemeinsame Aktivitäten und Erfahrungen geben einen konstruktiven Rahmen ab für den Dialog über Fragen des Glaubens, der Ideologie und des gesellschaftlichen Handelns. In dem gemeinsamen Bestreben, eine gerechte menschliche Gemeinschaft aufzubauen, können Christen und ihre Nächsten einander helfen, aus ihrer kulturellen, bildungsbedingten, politischen und gesellschaftlichen Isolierung auszubrechen, um mehr Teilhaben aller an der Gesellschaft zu verwirklichen. Es ist durchaus möglich, daß solche gemeinsamen Unternehmungen unter besonderen Umständen zur Bildung von interreligiösen Ausschüssen oder Organisationen führen, die diesen „Dialog-in-der-Aktion" erleichtern.

8. Die Dialogpartner sollten sich ihrer ideologischen Bindungen bewußt sein.

Der Dialog sollte dazu beitragen, daß die situationsspezifischen ideologischen Elemente in den Religionen gesehen und verstanden werden. In ihrem Zusammenleben mit Menschen anderer Glaubensrichtungen können Christen dieselben oder unterschiedliche ideologische Überzeugungen haben.

In solchen Situationen müssen die Partner sowohl auf die religiösen als auch auf die ideologischen Dimensionen ihres Dialogs achten. Wenn Christen in Gemeinschaft mit Angehörigen weltlicher ideologischer Überzeugungen leben, dann wird der Dialog zumindest erkennen lassen, inwieweit die Beiträge übereinstimmen, die im gemeinsamen Bemühen um die vorläufigen Ziele einer besseren menschlichen Gemeinschaft geleistet werden. In diesem Fall könnte der Dialog als eine Art „interner Dialog" beginnen. Er ergibt sich aus dem Zusammentreffen des Evangeliums mit der jeweiligen Ideologie und zwar sowohl mit den ideologischen Faktoren in den verschiedenen Gemeinschaften, in denen Christen leben, als auch mit den ideologischen Vorstellungen der Christen selbst. Der „interne Dialog" versucht, solche Fragestellungen in die bewußte Reflexion und Diskussion zu heben.

9. *Die Dialogpartner sollten sich ihrer kulturellen Bindungen bewußt sein.*

Die Verbindung des christlichen Glaubens mit den verschiedensten Kulturen verlangt eine dialogische und aufgeschlossene Haltung gegenüber dem Nächsten. Das ist besonders dort wichtig, wo traditionelle und volksnahe Kulturen von den Kirchen gering geschätzt und abgelehnt worden sind. Natürlich sollte keine Kultur romantisiert oder verabsolutiert werden, aber sie kann oft eine Herausforderung und Bereicherung für die Ausdrucksmöglichkeiten des christlichen Glaubens darstellen. Wenn man sich eingehend mit ihnen auseinandersetzt und sie sorgfältig interpretiert hat, können einheimische Kulturen wertvolle Beiträge liefern im Hinblick auf Symbole und liturgische Ausdrucksformen, gesellschaftliche Strukturen, menschliche Beziehungen, Formen von Heilung, Kunst, Architektur und Musik, Tanz und Drama, Prosa und Poesie.

10. *Der Dialog wirft die Frage gemeinsamer Feiern, Rituale, Gottesdienste und Meditationen auf.*

In rituellen Feiern und im Gottesdienst gewinnen menschliche Gemeinschaften Gestalt, können sie sich ausdrücken und erneuern. Der Dialog setzt Achtung vor den rituellen Ausdrucksformen der Nachbargemeinschaften voraus. Zum Dialog gehören zuweilen gegenseitige Einladungen, als Gäste oder Beobachter an familiären und gemeinschaftlichen Riten, Zeremonien und Feiern teilzunehmen. Dies sind ausgezeichnete Gelegenheiten, um das Verständnis füreinander zu vertiefen.

Die Zusammenarbeit an gemeinsamen Projekten und gemeinsame Aktivitäten oder Besuche bei den Nächsten sowie Teilnahme an ihren Feiern werden irgendwann einmal die außerordentlich schwierige und wichtige Frage einer umfassenderen Teilhabe am gemeinsamen Gebet und Gottesdienst oder in der Meditation aufwerfen. Hier stößt der Dialog in einen Bereich vor, der äußerst umstritten ist und noch besonders eingehender Erforschung bedarf.

Unabhängig davon, ob solche gemeinsamen Aktivitäten unternommen werden, sollten die Dialogpartner die anstehenden Fragen ohne Umschweife aufgreifen, dabei die Integrität des anderen achten und sich die Voraussetzungen und Konsequenzen ihres Tuns oder Unterlassens deutlich bewußt machen.

Planung des Dialogs
11. Der Dialog sollte, wann immer möglich, ökumenisch geplant und durchgeführt werden.
Die Mitgliedskirchen sollten dazu übergehen, den Dialog in Zusammenarbeit untereinander zu planen. Das kann u.U. bedeuten, daß regionale und lokale Kirchenräte Sonderausschüsse für Dialogfragen bilden.
12. Die Dialogplanung erfordert Leitlinien für die regionale und lokale Ebene.
Im Zuge der Prüfung, Erprobung und Auswertung der vorliegenden Leitlinien werden die Mitgliedskirchen des ÖRK für sich selbst und in Zusammenarbeit mit ihren jeweiligen Dialogpartnern Erklärungen und Leitlinien für den Gebrauch in ihrer spezifischen Situation erarbeiten müssen. Das „Dialog"-Ressort kann den Mitgliedskirchen in ihren jeweiligen Dialogen am besten dadurch helfen, daß es sich auf die weltweiten Aspekte des christlichen Dialogs mit Anhängern bestimmter Religionen und Ideologien konzentriert. Das Ressort wird zu diesem Zweck entsprechende Konsultationen auf Weltebene einberufen.
13. Der Dialog kann durch ausgewählte Beteiligung an weltweiten interreligiösen Tagungen und Organisationen unterstützt werden.
Es gibt inzwischen eine ganze Reihe von Organisationen, in denen verschiedene Weltreligionen miteinander verbunden sind und versuchen, gemeinsam auf verschiedene Ziele hinzuarbeiten, wie zum Beispiel die Verwirklichung von Frieden und Gerechtigkeit in der Gemeinschaft und im Verhältnis der Staaten untereinander. Christen, die im Dialog engagiert sind, müssen sich sorgfältig überlegen, an welchen der von solchen Organisationen veranstalteten Treffen sie teilnehmen wollen. Die christlichen Vertreter sollten darauf achten, daß die Integrität eines jeden Glaubens gegenseitig anerkannt und respektiert wird. Gegebenenfalls müssen Christen klar machen, daß ihre Teilnahme nicht zwangsläufig bedeutet, daß sie die einer bestimmten Zusammenkunft oder Organisation zugrunde liegenden Vorstellungen übernehmen: Auch sollten sie sich bemühen, nicht mit irgendwelchen Allianzen gegen andere Religionen oder gegen Ideologien als solche identifiziert zu werden. Der ÖRK ist zwar bereit, Berater-Beobachter zu ausgewählten Treffen dieser Art zu entsenden, doch wird er sich zum gegenwärtigen Zeitpunkt nicht offiziell und direkt am

strukturellen Aufbau weltweiter interreligiöser Organisationen beteiligen.

In den Dialog eintreten bedeutet, sich dem anderen mit Herz und Sinnen zu öffnen. Der Dialog ist ein Unternehmen, das sowohl Risikobereitschaft als auch ein tiefes Bewußtsein von der eigenen Berufung erfordert. Dialog ist ohne Gespür für die reiche Vielfalt des menschlichen Lebens nicht möglich. Diese Offenheit, diese Risikobereitschaft, diese Berufung, dieses Gespür bilden den Kern der ökumenischen Bewegung und die Quelle kirchlichen Lebens. Wenn der Zentralausschuß den Kirchen diese Erklärung und diese Leitlinien vorlegt, so geschieht das also aus dem Bewußtsein heraus, daß der Dialog für die Mitgliedskirchen des Ökumenischen Rates von großer Bedeutung ist.

Literaturhinweise

Dialog mit anderen Religionen. Material aus der ökumenischen Bewegung, herausgegeben von Hans Jochen Margull und Stanley J. Samartha, Verlag Otto Lembeck, Frankfurt 1972

Living Faiths and Ultimate Goals. A discussion on the meaning of salvation according to a Hindu, a Buddhist, a Jew, a Christian, a Muslim and a Marxist. Ed. S. J. Samartha, World Council of Churches, Geneva 1974

Der offene Tempel. Die Weltreligionen im Gespräch miteinander. Von Gustav Mensching, Deutsche Verlagsanstalt, Stuttgart 1974

Auf dem Weg zur Weltgemeinschaft. Grundlagen und Erfordernisse des Zusammenlebens. Memorandum Multilateraler Dialog Colombo, Sri Lanka, April 1974. Ökumenischer Rat der Kirchen, Genf 1975

Faith and Ideologies. An Ecumenical Discussion. Memorandum of the Cartigny Consultation. World Council of Churches, Geneva 1975: Study Encounter Vol. 11, No. 3 – Deutsche Übersetzung steht zur Verfügung

Von Vorurteilen zum Verständnis. Dokumente zum jüdisch-christlichen Dialog. Herausgegeben von Franz von Hammerstein, Verlag Otto Lembeck, Frankfurt 1976

Um Einheit und Heil der Menschheit. Herausgegeben von J. Robert Nelson und Wolfhart Pannenberg, Verlag Otto Lembeck, Frankfurt 2. Auflage 1976

Veränderung der Welt – Bekehrung der Kirchen. Denkanstöße der Fünften Vollversammlung des ökumenischen Rates der Kirchen in Nairobi. Von Lukas Vischer, Verlag Otto Lembeck, Frankfurt 1976

Christians meeting Muslims. WCC Papers on 10 Years of Christian-Muslim Dialogue. Ed. J. B. Taylor, World Council of Churches, Geneva 1977

Muslime – unsere Nachbarn. Beiträge zum Gespräch über den Glauben. Im Auftrag der Kommission „Gemeindedienst für Weltmission und Ökumene" des Deut-

schen Evangelischen Missions-Rates herausgegeben von Gerhard Jasper, Verlag Otto Lembeck, Frankfurt 1977
Denkpause im Dialog. Perspektiven der Begegnung mit anderen Religionen und Ideologien. Herausgegeben von Michael Mildenberger, Verlag Otto Lembeck, Frankfurt 1978
Alle haben denselben Gott. Begegnung mit den Menschen und Religionen Asiens. Von Walbert Bühlmann, Verlag Josef Knecht, Frankfurt 1978
Christen und Juden.
 – Eine Studie des Rates der Evangelischen Kirche in Deutschland. Gütersloher Verlagshaus Gerd Mohn, Gütersloh 1975
 – Arbeitsbuch zur Studie des Rates der Evangelischen Kirche in Deutschland. Im Auftrag der Studienkommission Kirche und Judentum herausgeben von Rolf Rendtorff, Gütersloher Verlagshaus Gerd Mohn, Gütersloh 1979
 – *Vom Geist, den wir brauchen.* Herausgegeben von Walter Strolz, Verlag Herder, Freiburg 1979

Ökumenische Erwägungen zum Dialog und zu den Beziehungen mit Menschen anderer Religionen

30 Jahre Dialog und überarbeitete Leitlinien

1. Von Anbeginn hat die Kirche bekannt, dass Gott die Welt mit sich selbst durch Jesus Christus versöhnt. Im Laufe ihrer Geschichte hat die Kirche immer versucht, die Grundlagen ihres Glaubens auszulegen und auf ihre konkreten Lebenssituationen anzuwenden. Als die Urgemeinde sich von einem Teil der jüdischen Tradition zu einer Kirche der Juden und Heiden entwickelte und aus ihren griechisch-römischen Wurzeln in andere Kulturen und Regionen der Welt hineinwuchs, musste sie immer wieder neu über ihr Selbstverständnis nachdenken. Heute ist die Kirche ständig aufgerufen, ihre Glieder zu befähigen, Beziehungen zu Menschen mit anderen Glaubenstraditionen einzugehen und als Zeugen mit diesen anderen Menschen zusammenzuleben.

2. Getreu dieser Vision hat der Ökumenische Rat der Kirchen in Chiang Mai in Thailand im Jahr 1979 die „Leitlinien zum Dialog mit Menschen verschiedener Religionen und Ideologien" entwickelt. Wir bekräftigen den Wert dieser Leitlinien, die von den Kirchen weit verbreitet und umfassend kommentiert worden sind. Wir können allerdings mittlerweile auf dreißig Jahre Erfahrung mit interreligiösen

Beziehungen und Dialog zurückblicken und sind daher in der Lage, auf der Grundlage des Erreichten bzw. Versuchten weitere Fortschritte zu erzielen. Seit der Herausgabe der *Leitlinien im Jahr 1979*, hat die ökumenische Bewegung viel unternommen, um die Beziehungen und den Dialog zwischen den Religionen zu erleichtern; andererseits sind aber auch die Erwartungen an die Ergebnisse unserer Anstrengungen gestiege.

3. In den letzten Jahren haben die Mitgliedskirchen neue, dem heutigen Kontext entsprechende Leitlinien zu den Beziehungen und zum Dialog zwischen den Religionen verlangt. Mehr als je zuvor wächst unser Bedürfnis nicht nur nach Dialog mit Menschen anderen Glaubens, sondern auch nach echten Beziehungen zu ihnen. Das zunehmende Bewusstsein für die religiöse Pluralität, die Rolle, die die Religion bei Konflikten spielen kann, und ihre zunehmende Bedeutung im öffentlichen Leben stellen dringende Herausforderungen dar, die ein größeres gegenseitiges Verständnis und intensivere Zusammenarbeit unter den Menschen verschiedenen Glaubens erfordern.

4. Aus einer globalen Sichtweise heraus sprechen wir als Christen aus unterschiedlichen Traditionen zu den Mitgliedskirchen. Wir hoffen, dass die lokalen Kirchen diese ökumenischen Erwägungen studieren, diskutieren und an ihre eigenen Kontexte anpassen werden. Dabei sollten die Christen versuchen, weitere Schritte zu tun, um in Zusammenarbeit mit den Nächsten anderer religiöser Traditionen gemeinsame Leitlinien für die Beziehungen und den Dialog zu entwerfen, die von allen als erhellend und weiterführend empfunden werden und es ihnen erlauben, sich auf den Weg des Vertrauens und des Aufbaus von Gemeinschaft zu begeben.

Interreligiöse Beziehungen und Dialog heute

5. Mit dem Bewusstsein für die religiöse Pluralität ist auch die Notwendigkeit gewachsen, die Beziehungen und den Dialog unter den Menschen verschiedenen Glaubens zu verbessern. Größere Mobilität, massive Flüchtlingsbewegungen und Migration aus wirtschaftlichen Gründen haben dazu geführt, dass heute mehr Menschen unterschiedlichen Glaubens als je zuvor Seite an Seite leben. Wenn Möglichkeiten für Dialog und Begegnung existieren, gibt es auch Chancen, das Wissen und das Bewusstsein unter den Menschen verschiedener Religionen zu fördern. Leider wird eine Vertiefung der Beziehungen zwischen

den Gemeinschaften manchmal durch Spannungen und Angst beeinträchtigt. Viele Gemeinschaften sehen diese Spannungen als Bestätigung dafür, dass ihre eigene Identität und Unterschiedlichkeit geschützt werden muss. Manchmal verschwimmen die Unterschiede zwischen legitimer Suche nach Identität und Feindseligkeit gegenüber Nachbarn anderer Glaubensrichtungen und Kulturen. Überall auf der Welt lässt sich unter den Gläubigen der großen religiösen Traditionen eine zunehmende Einflussnahme von Bewegungen und Anführern beobachten, die ihre Anhänger im Namen der Bewahrung einer bestimmten Identität mobilisieren, die als bedroht wahrgenommen wird. Häufig wird ein solches Identitätsverständnis zur exklusiven Grundlage für die Schaffung einer neuen Gesellschaftsordnung gemacht, die bestimmt wird von einer selektiven Auswahl von Lehr- und Glaubensaussagen sowie religiöser Praktiken aus einer sakralisierten Vergangenheit.

6. Wo religiöse Vielfalt Anlass zu Spannungen zwischen Gemeinschaften gibt, können religiöse Empfindungen auch missbraucht werden. Religion ist oft Ausdruck der tiefsten Gefühle und Empfindsamkeiten von Menschen und Gemeinschaften; sie ist Träger tief verwurzelter historischer Erinnerungen und kann an eine unkritische konfessionelle Solidarität appellieren. Religion gilt manchmal als Ursache von Konflikten, aber tatsächlich dürfte es eher so sein, dass sie bestehende Konflikte verschärft. Interreligiöse Beziehungen und Dialog sollen dazu beitragen, die Religion von dieser Art des Missbrauchs zu befreien, und religiösen Menschen die Möglichkeit bieten, gemeinsam für Heilung und Versöhnung zu wirken.

7. Nur allzu oft werden religiöse Identitäten in Konflikte und Gewalt hineingezogen. In einigen Teilen der Welt wird Religion immer stärker mit Ethnizität gleichgesetzt, wodurch ethnische Konflikte religiöse Komponenten erhalten. In anderen Situationen ist die Beziehung zwischen der religiösen Identität und der Macht so eng, dass Gemeinschaften, die keine Macht besitzen oder die diskriminiert werden, die Religion als eine Kraft betrachten, mit der sie ihren Dissens und Protest mobilisieren können. Diese Konflikte können wie Konflikte zwischen religiösen Gemeinschaften aussehen bzw. als solche dargestellt werden und damit die Situation polarisieren. Religiöse Gemeinschaften sind oft Erben tiefer Spaltungen, von Hass und von Feindschaft, die meist von Generation zu Generation weitergegeben werden. Wenn die Gemeinschaften sich selbst ausschließlich über ihre

Religion identifizieren oder von anderen über die Religion identifiziert werden, kann die Situation explosiv werden und sogar Gemeinschaften auseinander reißen, die seit Jahrhunderten in Frieden miteinander gelebt haben. Interreligiöse Beziehungen und Dialog haben die Aufgabe, verhindern zu helfen, dass die Religion zur Verwerfungslinie zwischen Gemeinschaften wird.

8. Polarisierungen zwischen religiösen Gemeinschaften weltweit zu verhindern ist wichtiger als je zuvor. Aufgrund der medialen Vermittlung neigen die Menschen dazu, einen Konflikt an einem Ort als Teil eines Konfliktes an einem anderen wahrzunehmen, was dazu führt, dass Feindschaften in einer Region auf andere Regionen übergreifen. Ein Akt der Gewalt an einem Ort wird benutzt, um das Klischee des „Feindes" an einem anderen Ort zu bestätigen oder sogar Racheakte anderswo in der Welt zu provozieren. Die Konfliktsituationen müssen daher ent-globalisiert und jeder Konflikt in seinem eigenen Kontext analysiert werden. Die Betonung der Besonderheit jedes Kontextes sollte gläubige Menschen in anderen Teilen der Welt nicht davon abhalten, sich betroffen zu fühlen oder einzumischen. Interreligiöses Engagement an einem Ort kann tatsächlich ein wichtiger Beitrag zur Friedensstiftung und Versöhnung an einem anderen Ort sein.

9. In vielen Ländern spielt die Religion im öffentlichen Leben eine immer wichtigere Rolle; das erfordert ein größeres Verständnis und intensivere Zusammenarbeit zwischen den Religionen. Religiöse Führer werden von staatlichen und nicht-staatlichen Organisationen aufgerufen, sich öffentlichen Fragen der Moral und der Ethik zu stellen. Aber um kollektiv und mit moralischer Autorität sprechen zu können, müssen die religiösen Gemeinschaften ihre gemeinsamen Werte identifizieren, entscheiden, inwieweit sie mit einer Stimme sprechen können, und darüber diskutieren, wie sie verhindern können, dass sie von politischen Kräften manipuliert werden.

Auf dem Weg zur religiösen Pluralität

10. Bei ihren Begegnungen mit Nachbarn anderer religiöser Traditionen haben viele Christen die Bedeutung des „gemeinsamen Menschseins" vor Gott erfahren können. Diese Erfahrung wurzelt in der biblischen Aussage, dass Gott der Schöpfer und Bewahrer der gesamten Schöpfung ist. „Die Erde ist des Herrn und was darinnen ist, der Erd-

kreis und die darauf wohnen" (Ps 24.1). Gott hat das Volk Israel zu Zeugen vor allen Völkern gerufen und dabei gleichzeitig bekräftigt, dass Gott der Gott aller Völker ist (2Mose 19,5–6). Die eschatologischen Visionen in der Bibel nehmen vorweg, dass alle Völker zusammenkommen werden und dass die Schöpfung in der Fülle, die Gott für alle will, wiederhergestellt wird. Diese Überzeugung findet ihren Niederschlag in der Aussage, dass Gott sich selbst vor keinem Volk und zu keiner Zeit unbezeugt gelassen hat (Apg 14,17).

11. Wenn Christen in Beziehung zu Menschen mit anderen Glaubensüberzeugungen treten, müssen sie sich der Ambiguität religiöser Ausdrucksformen bewusst sein. In den religiösen Traditionen spiegeln sich zwar Weisheit, Liebe, Mitleid und das Leben der Heiligen wider, doch sind sie keinesfalls immun gegenüber Torheit, Boshaftigkeit und Sünde. Religiöse Traditionen und Institutionen unterstützen manchmal Systeme der Unterdrückung und der Ausgrenzung oder stellen sogar selbst solche Systeme dar. Will man religiöse Traditionen angemessen beurteilen, muss man sich auch mit deren Unfähigkeit beschäftigen, in Einklang mit ihren höchsten Idealen zu leben. Wir Christen müssen uns in besonderem Maße bewusst sein, dass – wie die Geschichte bezeugt – unsere eigene religiöse Tradition manchmal missbraucht worden ist, um die Bedeutung des Evangeliums, das wir verkünden sollen, zu verzerren.

12. Als Zeugen treten wir in interreligiöse Beziehungen und interreligiösen Dialog in treuem Festhalten an unseren Glauben ein. Der Kern des christlichen Glaubens ist der Glaube an den dreieinigen Gott. Wir bekräftigen, dass Gott, der Vater, der Schöpfer und Bewahrer der gesamten Schöpfung ist. Wir glauben, dass das Leben, der Tod und die Auferstehung Jesu Christi das Zentrum von Gottes Erlösungswerk für uns und für die Welt ist. Der Heilige Geist bestätigt uns in diesem Glauben, erneuert unser Leben und führt uns in alle Wahrheit.

13. Wir sind überzeugt, dass wir berufen sind, Gottes heilendes und versöhnendes Werk in Christus in der Welt zu bezeugen. Wir tun dies, indem wir demütig bekennen, dass wir die Wege, auf denen Gottes Erlösungswerk zur Vollendung gebracht wird, nicht genau kennen. Wir sehen jetzt durch einen Spiegel ein dunkles Bild, denn wir erkennen nur stückweise und wissen nicht genau, was Gott für uns bereithält (siehe 1Kor 13,12–13).

14. Viele Christen finden es schwierig, die Realität anderer religiöser Traditionen zu verstehen oder kreativ darauf zu reagieren. Dennoch glauben wir als Christen, dass der Geist Gottes auf eine Art und Weise, die wir nicht begreifen können, am Werk ist (siehe Joh 3,8). Das Wirken des Geistes entzieht sich unseren Definitionen, Beschreibungen und Grenzen. Wir sollten uns bemühen, die Gegenwart des Geistes zu erkennen, wo es „Liebe, Freude, Friede, Geduld, Freundlichkeit, Güte, Treue, Sanftmut, Keuschheit" gibt (Gal 5,22–23). Der Geist Gottes seufzt mit unserem Geist. Der Geist ist am Werk, um die Erlösung der gesamten geschaffenen Ordnung zu vollbringen (Röm 8,18–27).

15. Wir sind Zeugen in einer Welt, in der Gott nicht abwesend ist, und vor Menschen, die etwas über Gott zu sagen haben. Wir treffen mit Menschen zusammen, die bereits aus einem Glauben heraus leben, welcher ihr Leben bestimmt und in dem sie sich zu Hause fühlen. Wir legen vor ihnen Zeugnis ab in einem Geist und einer Spiritualität, die durch unseren christlichen Glauben geprägt ist. Christen müssen sich für das Zeugnis anderer öffnen, das nicht nur in Worten, sondern auch in gläubigen Taten abgelegt wird, in Hingabe an Gott, in selbstlosem Dienst und in der Verpflichtung zu Liebe und Gewaltlosigkeit.

16. Unser Zeugnis ist geprägt von Buße, Demut, Integrität und Hoffnung. Wir wissen, wie leicht wir Gottes Offenbarung in Jesus Christus missverstehen und sie in unseren Handlungen und dadurch, dass wir als Besitzer von Gottes Wahrheit statt als unwürdige Empfänger seiner Gnade auftreten, verraten können. Die Spiritualität, die Hingabe, das Mitleid und die Weisheit, die wir bei anderen sehen, lassen uns wenig Raum, unsere eigene moralische Überlegenheit zu behaupten. Während wir sehnsüchtig auf die Freiheit warten, die Gott für die gesamte Schöpfung will (Röm 8,19–21), können wir nicht anders, als andere an unserer Erfahrung und unserem Zeugnis teilhaben zu lassen und ihnen gleichzeitig zuzuhören, wenn sie ihren tiefsten Überzeugungen und Einsichten Ausdruck verleihen.

17. Im Dialog und in den Beziehungen zu Menschen mit anderem Glauben sind wir zu der Erkenntnis gelangt, dass das Geheimnis von Gottes Erlösung sich nicht in unseren theologischen Aussagen erschöpft.

Die Erlösung gehört Gott. Wir wagen es daher nicht, andere zu verurteilen. Während wir unseren eigenen Glauben bezeugen, versuchen wir zu verstehen, auf welchen Wegen Gott sein Werk vollenden will.

Die Erlösung gehört Gott. Wir fühlen uns daher in der Lage, unseren Dialogpartnern zu versichern, dass wir wir den aufrichtigen Wunsch haben, den Weg zur Fülle der Wahrheit gemeinsam mit ihnen zu gehen.

Die Erlösung gehört Gott. Wir bekennen uns daher mit Zuversicht zu dieser Hoffnung und wir sind allzeit bereit, Rechenschaft über diese Hoffnung abzulegen in unserem gemeinsamen Engagement und Wirken mit anderen in einer Welt, die durch Rivalitäten und Krieg, soziale Unterschiede und wirtschaftliche Ungleichheit zerrissen ist.

Leitsätze

18. Dialog muss ein Prozess gegenseitiger Befähigung sein, nicht eine Verhandlung zwischen Parteien, die gegensätzliche Interessen und Ansprüche vertreten. Die Dialogpartner sollten nicht durch Zwänge und Machtverhältnisse gebunden sein, sondern befähigt werden, sich gemeinsam für Gerechtigkeit, Frieden und konstruktives Handeln zum Wohle aller Menschen zu engagieren.

19. Im Dialog wachsen wir im Glauben. Für uns Christen führt die Beteiligung am Dialog zu einer ständigen Neubewertung unseres Verständnisses der biblischen und theologischen Tradition. Dialog bringt alle Gemeinschaften dazu, selbstkritisch zu sein und die Art und Weise, wie sie ihre Glaubenstradition interpretieren, neu zu überdenken. Dialog führt zu einer veränderten Glaubenserfahrung und hilft den Menschen, ihren Glauben zu vertiefen und in ihm auf unerwartete Weise zu wachsen.

20. Im Dialog bekräftigen wir die Hoffnung. Inmitten zahlreicher Spaltungen, Konflikte und Situationen der Gewalt gibt es auch die Hoffnung, dass es möglich ist, eine menschliche Gemeinschaft zu schaffen, die in Gerechtigkeit und Frieden lebt. Dialog ist kein Selbstzweck. Er ist ein Mittel, um Brücken zu bauen für gegenseitige Achtung und wechselseitiges Verständnis. Er ist eine freudige Bekräftigung des Lebens für alle.

21. Im Dialog pflegen wir Beziehungen. Beziehungen zu denen aufzubauen, die als „die anderen" angesehen werden, ist das Ziel jeden Dialogs. Solche Beziehungen lassen sich allerdings nicht leicht und

schnell aufbauen. Daher sind für die Praxis des Dialogs Geduld und Beharrlichkeit von entscheidender Bedeutung. Die Hartnäckigkeit, auch dann weiterzumachen, wenn die Früchte nicht gleich zu erkennen sind, ist eine der Grundvoraussetzungen für den Dialog.

22. Im Dialog müssen wir den Kontext beachten. Jeder Dialog findet in einem konkreten Umfeld statt. Das Bewusstsein für Realitäten, wie historische Erfahrung, wirtschaftlicher Hintergrund und politische Ideologien, ist von wesentlicher Bedeutung. Außerdem haben auch Unterschiede in der Kultur, im Geschlecht, in der Generation, Rasse und ethnischen Zugehörigkeit spürbare Auswirkungen auf die Art und den Stil der Interaktion. Wenn der Kontext ernst genommen wird, dann verfolgt der Dialog nicht den Zweck, die bestehenden Unterschiede zu beseitigen oder zu leugnen, sondern Zuversicht und Vertrauen über diese Unterschiede hinweg aufzubauen.

23. Im Dialog streben wir nach gegenseitiger Achtung. Die Dialogpartner haben die Pflicht, die jeweils anderen Partner ihr Verständnis des eigenen Glaubens darlegen zu lassen und ihnen zuzuhören. Vertrauen und Zuversicht entstehen, wenn die Partner sich selbst definieren können, keinen Proselytismus betreiben und die Möglichkeit haben, sich gegenseitig Fragen zu stellen und nötigenfalls gerechtfertigte Kritik zu üben. Diese Praxis fördert ein informiertes Verständnis des anderen, das zur Grundlage aller anderen Beziehungen werden kann.

24. Im Dialog muss die Integrität der religiösen Traditionen in der Vielfalt ihrer Strukturen und Organisationen geachtet werden. Genauso wichtig ist es, die Art und Weise anzuerkennen, in der die Teilnehmenden am Dialog ihre Beziehungen zur Gemeinschaft definieren. Einige bekräftigen ihr Recht und ihre Pflicht, für ihre Gemeinschaft zu sprechen. Andere würden es vorziehen, aus ihrer eigenen Erfahrung heraus zu sprechen.

25. Im Dialog müssen alle zusammenarbeiten. Alle Beteiligten müssen von Anfang an in den Planungsprozess einbezogen werden. Der Vorteil einer gemeinsamen Aufstellung der Agenda liegt darin, dass alle Partner diese Agenda akzeptieren und sich für ihre Umsetzung verantwortlich fühlen. Außerdem müssen für die Teilnahme und die regelmäßige Bewertung klare Ziele vorgegeben und Kriterien gemeinsam vereinbart werden.

26. Im Dialog streben wir nach Einbeziehung aller, denn der Dialog kann sich leicht zu einer elitären Aktivität entwickeln und auf

bestimmte Gesellschaftsschichten begrenzt bleiben. Es sollte Wert darauf gelegt werden, dass der Dialog auf verschiedenen Ebenen stattfindet, zwischen verschiedenen Gruppen und zu Themen, die das Leben aller Teile der Gemeinschaft betreffen.

Praktische Überlegungen

27. Selbst wenn alle Seiten die besten Absichten haben, kann es sein, dass Einzelpersonen und Gemeinschaften bei interreligiösen Beziehungen und interreligiösem Dialog auf Probleme und Schwierigkeiten stoßen. Manchmal stößt der Aufruf zum Dialog sowohl innerhalb der eigenen Gemeinschaft als auch bei anderen religiösen Gemeinschaften auf Zögern, Misstrauen, Gleichgültigkeit oder Widerstand. Mitunter werden bei den interreligiösen Beziehungen auch Einstellungen vermittelt, die im Widerspruch zu den Werten stehen, die der Kultur und der Ethik des Dialogs innewohnen. In anderen Fällen kann es so aussehen, als würde das mögliche Ergebnis des Dialogs eine Beteiligung eigentlich nicht rechtfertigen. Außerdem sind auch noch andere Probleme genau zu untersuchen, von denen einige sich bei den jüngsten Diskussionen ergeben haben.

28. Oft wird erwartet, dass der Dialog wesentlich zur Lösung von politischen Konflikten oder Konflikten zwischen Gemeinschaften, bei denen die Religion anscheinend eine Rolle spielt, beitragen und den Frieden wiederherstellen kann. In einer Reihe von Ländern ist es Dialogpartnern möglich, über die religiöse Trennmauer hinweg in der konkreten Friedensstiftung zusammenzuarbeiten. In anderen Fällen werden religiöse Persönlichkeiten eingeladen, eine sichtbare Rolle in staatlich geförderten Friedensinitiativen zu spielen. Wer im Zusammenhang mit Konflikten zu hohe Erwartungen an den Dialog stellt, mag angesichts der Ergebnisse enttäuscht sein. Wenn der Dialog den Konflikt nicht zu lösen vermag, wird seine Relevanz für die Friedensstiftung in Frage gestellt. Allerdings ist der interreligiöse Dialog seinem Wesen nach kein Instrument zur Problemlösung in akuten Krisensituationen. Kontakte und Beziehungen, die auf dem durch geduldigen Dialog in Friedenszeiten aufgebauten wertvollen Vertrauen und der Freundschaft zwischen Menschen verschiedener Religionen beruhen, können in Zeiten des Konflikts verhindern, dass die Religion als Waffe benutzt wird. In vielen Fällen können solche Beziehungen den Weg für Schlichtungs- und Versöhnungsinitiativen ebnen. In Zeiten

von Spannungen zwischen Gemeinschaften oder auf dem Höhepunkt einer Krise können die Kontakte über die Spaltungen hinweg ihren unschätzbarem Wert für den Aufbau des Friedens erweisen.

29. Zwar ist der Dialog seinem Wesen nach eine direkte Begegnung, aber auf jeder Seite gibt es dabei stets auch gewissermaßen unsichtbare Teilnehmer. Unsere Dialogpartner werden uns immer wieder dafür verantwortlich machen, was unsere Mit-Christen getan oder unterlassen haben, was sie gesagt oder nicht gesagt haben. Das ist in gewisser Weise unvermeidbar und manchmal sogar verständlich, und wir sind uns bewusst, dass es auch innerhalb der Religionen tief reichende Meinungsunterschiede gibt, und wir wissen, dass die Trennungslinien nicht immer zwischen den religiösen Gemeinschaften, sondern oft innerhalb dieser Gemeinschaften verlaufen. Die Differenzen sind nicht immer rein theologischer Art, sondern beziehen sich oft auch auf soziale, politische und moralische Fragen. Wir stehen aus verschiedenen Gründen manchmal im Widerspruch zu Menschen, mit denen wir unseren Glauben gemeinsam haben. Wir haben gelernt, dass religiöse Gemeinschaften sich nicht als monolithische Blöcke gegenüberstehen. Bei der Verteidigung der Interessen (oder der vermeintlichen Interessen) der eigenen Gemeinschaft sollte die Vielfalt der Positionen auf jeder Seite nicht ignoriert oder unterdrückt werden. Engagement für den Glauben bedeutet nicht, dass man sich mit allem identifiziert, was im Namen dieses Glaubens getan oder unterlassen wird. Daher sollten wir nicht defensiv reagieren, sondern zuversichtlich bleiben, dass der Dialog das Potenzial hat, tief verwurzelte Meinungen oder Vorurteile zu verändern.

30. In vielen religiösen Gemeinschaften begegnen wir Menschen, denen es vor allem auf das Wachstum ihrer eigenen Gemeinschaft durch verschiedene Formen der Mission, darunter auch Proselytismus, anzukommen scheint. Sie haben wenig Interesse am Dialog oder benutzen ihn vielleicht für ihre eigenen missionarischen Zwecke. Solche Situationen können für Menschen, die sich am Dialog beteiligen wollen, entmutigend sein. Ihre Enttäuschung lässt sie oft übersehen, dass es durchaus möglich ist, Partner innerhalb ihrer Gemeinschaft zu finden, die dieser Einstellung kritisch gegenüberstehen. Es ist wichtig, dass wir gerade solche Partner suchen und Möglichkeiten erkunden, wie die Glaubwürdigkeit des Dialogs wiederhergestellt werden kann und Menschen mit unterschiedlichen Positionen befähigt werden können, in Beziehungen einzutreten, die von gegenseitiger Achtung und

Offenheit bei der Diskussion spaltungsträchtiger Fragen getragen werden.

31. Der Dialog kann verschiedene Ausdrucksformen annehmen, die verschiedene Aspekte des Lebens selbst widerspiegeln. Keine Ausdrucksform ist von vornherein besser als eine andere, und wir sollten beim Dialog nicht ein vorgefertigtes Modell anwenden oder einer vorgegebenen Hierarchie folgen, sondern das tun, was notwendig ist, und das anstreben, was möglich ist. In einigen Kontexten ist es leichter, über „kulturelle" als über „religiöse" Unterschiede zu diskutieren, auch wenn dabei durchaus Fragen religiöser Theorie und Praxis zur Sprache kommen können. Ebenso kann in den Fällen, in denen gezögert wird, einen Dialog über theologische Fragen zu beginnen, eine Zusammenarbeit bei „sozialen" Anliegen möglich sein oder sogar starken Zuspruch finden.

32. Die Motivation für den Dialog kann manchmal von den Machtverhältnissen zwischen religiösen Gemeinschaften und der objektiven wie subjektiven Bedeutung zahlenmäßiger Unterschiede mitbestimmt werden. In vielen Ländern haben unterschiedliche religiöse Gemeinschaften die gleiche Sprache und oft auch die gleiche Kultur. In vielen Fällen werden ihren Mitgliedern offiziell die gleichen bürgerlichen und politischen Rechte gesetzlich garantiert, gleichzeitig aber diskriminierende Praktiken geübt, die das Misstrauen vergrößern und die Spaltung vertiefen. Die Vermischung von Politik und konfessionellen Identitäten, die in Gemeinschaftstraditionen verwurzelt sind, kann dazu führen, dass Gemeinschaften einander als Bedrohung betrachten. Dies gilt besonders in Zeiten der Unsicherheit oder wenn politische und verfassungsmäßige Veränderungen eintreten, die eine Neudefinition der Beziehungen zwischen Staat und Religion implizieren. Der interreligiöse Dialog darf nicht davor zurückschrecken, die Auswirkungen ungleicher Machtverteilung und die Wirkung der gegenseitigen Wahrnehmung – wie verzerrt diese auch sein mag – anzuerkennen. Die Relevanz der Initiativen zum Dialog hängt in starkem Maße davon ab, ob man sich bewusst und konzentriert bemüht, Angst und Misstrauen bei denen zu zerstreuen, die als Repräsentanten der religiösen Gemeinschaften gelten. Außerdem muss der interreligiöse Dialog die Möglichkeit schaffen, überkonfessionelle Loyalitäten zu stärken, und bei Diskussionen und gemeinsamem Handeln müssen Gemeinwohl und integrative politische Teilhabe immer im Mittelpunkt stehen.

33. Die Teilnahme an multireligiösen Andachten ist für viele Christen immer selbstverständlicher geworden. In konkreten Situationen des täglichen Lebens gibt es immer wieder Gelegenheiten, Menschen mit anderen Religionen zu begegnen. Dazu gehören interreligiöse Ehen, persönliche Freundschaften und das gemeinsame Gebet für einen gemeinsamen Zweck, für Frieden oder in besonderen Krisensituationen. Aber eine solche Gelegenheit kann auch ein nationaler Feiertag sein, ein religiöses Fest, eine Schulversammlung oder andere Versammlungen im Zusammenhang mit interreligiösen Beziehungen und Dialog. Es gibt verschiedene Formen des Gebets, die von Menschen mit verschiedenen Religionen praktiziert werden können. Christen können zu Gottesdiensten an anderen Orten eingeladen werden, wo sie den Praktiken dieser Tradition mit Respekt begegnen sollten. Christen können Gäste anderer Religionen zu einem Gottesdienst einladen und dabei für einen gastfreundlichen Empfang sorgen. Das multireligiöse Gebet stellt die Gebete verschiedener Traditionen nebeneinander. Ein Vorteil dieser Form des Gebets ist, dass die Vielseitigkeit und die Integrität jeder Tradition anerkannt werden und dass wir in Gegenwart des anderen beten. Ein Nachteil kann sein, dass für eine Seite nur die Zuschauerrolle bleibt. Die gemeinsame interreligiöse Andacht bietet die Gelegenheit, dass Menschen verschiedener Religion ein gemeinsames Gebet zusammen planen, vorbereiten und daran teilnehmen. Es gibt allerdings Befürchtungen, dass damit das Gebet auf den kleinsten gemeinsamen Nenner reduziert und die einzigartige Spiritualität des Gebets jeder Religion beeinträchtigt werden könnte. Für andere ist ein solches Gebet ganz unmöglich. Und doch könnte das gemeinsame Gebet für einige eine spirituelle Bereicherung darstellen. Alle diese unterschiedlichen Reaktionen deuten darauf hin, dass ernsthafte Gespräche über diese Frage unter den Christen noch keine Selbstverständlichkeit sind.

Schlussfolgerung

34. In den zahlreichen pluralistischen Gesellschaften, in denen Christen und Menschen anderer Religionen leben, sind sie in einem Dialog des Lebens miteinander verbunden, mit allen Schwierigkeiten, aber auch allen Reichtümern und Verheißungen. Sie gewinnen neue Einsichten in ihren eigenen Glauben und den Glauben der anderen. Sie entdecken wieder Ressourcen, die ihnen helfen, menschlicher zu wer-

den und die Welt zu einem besseren Ort für das Zusammenleben zu machen. Sie lernen, aufgeschlossener zu werden für die Bedürfnisse und die Bestrebungen anderer und gehorsamer gegenüber dem Willen Gottes für die gesamte Schöpfung.

Evangelische Kirche in Deutschland (Hg.)

Christlicher Glaube und nichtchristliche Religionen
Theologische Leitlinien

Die Evangelische Kirche in Deutschland hat sich in mehreren Texten insbesondere zum Dialog mit dem Islam und dem Judentum geäußert und aus diesen Anlässen auch jeweils theologische Reflexionen zur Verhältnisbestimmung von Seiten des christlichen Glaubens vorgelegt. Zum Judentum hat sie drei Studien (1975, 1991 und 2000) vorgelegt, zum Islam sind Reflexionen in ihrer Migrationsschrift (gemeinsam mit der Deutschen Bischofskonferenz) von 1997 und in Handreichungen von 2000 und 2006 zu finden. In dem hier dokumentierten Text jedoch hat erstmalig die Kammer für Theologie der EKD eine allgemeine Positionsbestimmung gegenüber den anderen Religionen vorgelegt, die in das Umfeld einer Theologie der Religionen gehört. Ausgehend von einem Religionsbegriff, der vom Rechtfertigungsgedanken reformatorischer Theologie geprägt ist, versucht dieser Text auf dem Hintergrund eines deutlichen Profils protestantischen Glaubens Gemeinsamkeiten, aber auch Differenzen und Defizite der anderen Religionen zu eruieren und warnt u. a. vor einer gegenseitigen Teilhabe an spezifischen Ausprägungen der religiösen Praxis.

Ulrich Dehn

Christlicher Glaube und nichtchristliche Religionen
Theologische Leitlinien

Vorwort

Wie überall in Europa so ist auch in Deutschland die Zahl der Menschen, die einer anderen als der christlichen Religion angehören, im Wachsen begriffen. In unserem Land leben inzwischen auf Dauer etwa 3 Millionen Muslime. Die Notwendigkeit, mit Menschen anderer Religion oder Weltanschauung zusammen zu leben, stellt hohe Anforderungen an die einheimische Bevölkerung wie an die Zugewanderten. Gegenwärtig nehmen auch die Begegnungsmöglichkeiten mit anderen Religionen zu, etwa durch Reisen selbst in entlegene Regionen der Erde. Diese und andere Folgen der Globalisierung tragen dazu bei, dass wir – ob in unserem Land oder außerhalb – anderen Religionen mit einer Mischung von Faszination und Befremden begegnen.

Spätestens die Ereignisse des 11. September 2001 lassen verstärkt nach dem friedenstiftenden wie dem friedengefährdenden Potenzial der Religionen fragen. Tragen die Religionen zur Spaltung unserer Welt bei und verhindern sie mit ihren absoluten Ansprüchen den ausgleichenden politischen Kompromiss? Oder sind sie eine Brücke der Verständigung und des Dialogs, indem sie unverzichtbare Werte wie Toleranz, Frieden, Gerechtigkeit und Recht in unserer Gesellschaft stiften und in den Menschen verankern?

Zugleich nimmt, zumindest in Europa, die Entkirchlichung zu. Religiöse Praxis einschließlich ihres Bezuges zu entsprechenden Institutionen wird nicht mehr selbstverständlich über die Generationen hin weitergegeben. Die Verwurzelung in den eigenen religiösen und kulturellen Traditionen wird schwächer. Religion wird stattdessen als ein Angebot wahrgenommen und die Menschen bedienen sich in ihrer Sinnsuche der Versatzstücke aus unterschiedlichen Religionen. So wird der Einzelne nicht mehr in eine spezifisch geprägte religiöse Welt hineingeboren, sondern er hat die Freiheit, aber damit auch den Zwang zum Auswählen.

Der Rat der Evangelischen Kirche in Deutschland (EKD) hat seine Kammer für Theologie beauftragt, sich des Themas anzunehmen und theologische Leitlinien zum Verhältnis zwischen dem christlichen Glauben und nichtchristlichen Religionen auszuarbeiten. Das Ergebnis der Beratungen in der Kammer wird mit dieser Schrift vorgelegt. Der Rat hat es mit Dank entgegengenommen und seiner Veröffentlichung zugestimmt.

Folgende Gesichtspunkte aus der Ausarbeitung der Kammer seien an dieser Stelle besonders herausgestellt:

– Die Achtung vor dem Glauben anderer erfordert die Bereitschaft, deren Glauben kennen zu lernen. Dabei wird man Gemeinsamkeiten erkennen, aber vor allem muss man den anderen in seiner Fremdheit und Eigenheit akzeptieren. Dies ist eine unabdingbare Voraussetzung für einen gelingenden Dialog.

– Um sich zu anderen Religionen in ein Verhältnis zu setzen, ist es notwendig, von der Eigenart und dem charakteristischem Profil

- der jeweiligen Religion auszugehen und nicht von dem Konstrukt eines allgemeinen theoretischen Religionsbegriffs.
- Im Umgang mit den Religionen kommt es darauf an, die in der christlichen Tradition enthaltenen religionskritischen Züge zu bewahren und zur Geltung zu bringen. Der biblisch inspirierte Gottesglaube hat immer die Zweideutigkeiten der Religion aufgedeckt.
- Wir bedürfen der religiösen Dimension in unserem Leben. Sie weist uns über uns selbst hinaus. Eine Gesellschaft ist arm, die meint, des Unverfügbaren nicht mehr zu bedürfen.
- Dabei zeichnen sich in der gegenwärtigen Debatte in unserem Land zwei völlig gegensätzliche Tendenzen ab: einerseits eine verschärfte Erneuerung radikaler neuzeitlicher Religionskritik und andererseits eine neue Sensibilität für die unverzichtbare Bedeutung des Religiösen für den einzelnen Menschen wie für das Gemeinwesen.
- Das Kriterium, von dem her sich die evangelische Kirche und Theologie der Frage nach der Bedeutung der Religion zuwendet, ist das Evangelium von der Rechtfertigung des Sünders. Gott ist allen Menschen nah, welcher Religion sie auch immer angehören mögen. Im Glauben an Jesus Christus wird diese Nähe Gottes zu den Menschen bejaht und in die je eigenen Lebenszusammenhänge aufgenommen. Das Christentum unterscheidet sich darin von allen anderen Religionen, dass die christliche Kirche diesen Glauben bekennt. Eine neutrale Vergleichsposition über allen Religionen kann die Kirche deshalb nicht einnehmen. In der strikten Unterscheidung und Bezogenheit von Gott und Mensch liegt aber zugleich der unverzichtbare und spezifische Beitrag der christlichen Kirche zu dem notwendigen Gespräch mit anderen Religionen.

Der Rat der EKD verbindet die Veröffentlichung mit der Hoffnung, ein vertieftes Verständnis für den Umgang mit anderen Religionen zu wecken und zum notwendigen Dialog zwischen den Religionen zu ermutigen. Sein ausdrücklicher und großer Dank gilt den Mitgliedern der Kammer für Theologie, die unter dem Vorsitz von Professor

Dr. Eberhard Jüngel und Professor Dr. Dorothea Wendebourg diesen klärenden und anregenden Beitrag ausgearbeitet haben.

Hannover, im Juni 2003

Manfred Kock
Vorsitzender des Rates der Evangelischen Kirche in Deutschland

1. Die Religionen als Herausforderung für Kirche und Gesellschaft

Die Zahl der Menschen in Europa, die einer anderen als der christlichen Religion zugehören, ist ständig im Wachsen. Das wirft für das Verhältnis der Kirchen zu den nichtchristlichen Religionen und für das Zusammenleben von Christen und Menschen aus anderen Religionen auch in Deutschland besondere theologische und ethische Probleme auf. Diese Probleme hängen mit den Fragen zusammen, welche die religiöse Situation in der pluralistischen Gesellschaft heute überhaupt kennzeichnen: Die Praxis anderer Religionen gesellt sich zum Erscheinungsbild einer neben den Kirchen in vielfältiger Weise auftretenden Religiosität. Auf dem Boden religiöser Individualisierung und einer sich neuen religiösen Bewegungen öffnenden Frömmigkeit gedeiht die Faszination durch fremde Religionen, Spiritualitäten und Kulte. Das fordert die Kirche heraus, ihr Verhältnis zu anderen Religionen theologisch zu klären – eine Herausforderung, deren Dringlichkeit in den religionsphilosophischen Diskursen der von der Aufklärung bestimmten Theologie, aber auch unter dem Einfluss der frühen „dialektischen Theologie" nicht hinreichend wahrgenommen wurde. Die römisch-katholische Kirche hat sich auf dem Zweiten Vatikanischen Konzil dieser Herausforderung mit bemerkenswerten Überlegungen zu stellen versucht.

Zur theologischen Klärung des Verhältnisses der christlichen Kirche zu den Angehörigen anderer Religionen gehört eine gründliche Kenntnis dieser anderen Religionen, die in der Regel eine *lange Geschichte* in anderen Teilen der Welt haben – eine Geschichte, die man verstehen muss, wenn man sich zu den Angehörigen anderer Religionen in ein angemessenes Verhältnis setzen will. Diese Religionen sind mit anderen *Kulturen* verwoben. Die Folge ist, dass das Verhalten ihrer Angehörigen in unserer Gesellschaft als *fremdartig* wahrgenommen wird. Vor allem aber sind in den anderen Religionen andere Grundanschauungen von der Wirklichkeit im Ganzen, von der Welt und vom Menschen und nicht zuletzt von Gott und vom Göttlichen zu Hause, die auf *anderen Gewissheiten* beruhen als der christliche Glaube.

Das *Befremdende* des Auftretens von Menschen anderer Religionen muss nüchtern wahrgenommen werden. Es verunsichert Christen und Gemeinden, weil ihnen hier neben den Sorgen, welche ihnen die *weitgehende Gottvergessenheit* der säkularen Gesellschaft bereitet, nun auch noch eine *konzentrierte religiöse Infragestellung* ihres Glaubens gegenüber tritt. Es schafft zudem gesellschaftliche Beunruhigung, weil das Befremdende anderer Religionen auch rechtliche Selbstverständlichkeiten unserer Gesellschaft berührt (Tierschutz, Eherecht, Wehr- und Zivildienst). Die Regelung des von den geltenden sozialen Normen abweichenden Verhaltens wird so zu einer problemgeladenen Aufgabe. Man denke nur an die Frage, wie der öffentlichen Rolle von anderen Religionen im Bereich der Bildung angemessen Rechnung getragen werden kann!

Auch die entzweiende Wirkung der Religionen, wie sie in vielen Konflikten manifest wird, ist nicht übersehbar. Sind die schrecklichen Terrorakte des 11. September 2001 und die vielfältigen Erscheinungsformen von Antisemitismus nicht Geist vom Geiste der Religionen? Ist der christliche Glaube frei davon? Die dunklen Seiten der Religionen wie z. B. die Rechtfertigung von Religionskriegen und die aus religiösem Fanatismus hervorgehende Missachtung der Menschenrechte bilden zweifellos einen gravierenden Störfaktor für das friedliche Zusammenleben der Menschheit. Wächst auf dem Boden der Religionen nicht Intoleranz und Konkurrenzdenken, so dass die Religionen an immer mehr Orten der Welt in konfliktträchtiger Vielfalt auftreten und gerade im Zeitalter der Globalisierung keineswegs eine die Menschheit verbindende Rolle spielen? Der Einfluss von Religionen auf Menschen und Völker sei einzudämmen, um überall den gesellschaftlichen Frieden zu wahren, lautet deshalb eine verbreitete religionskritische Forderung.

Den problematischen Seiten der Religionen steht ihr unbestreitbarer *Reichtum* gegenüber, der sich in bewunderungswürdigen geistigen und kulturellen Schöpfungen sowie in einer durch lange Zeiten gereiften Erfahrung im Menschlichen auszeichnet. In jeder Religion können Dimensionen der religiösen Überzeugung und Praxis entdeckt werden, die in anderer Weise auch zum christlichen Glauben gehören. Die Verehrung eines Gottes oder des Göttlichen in Kultus und Gebet, in ästhetischer Darstellung und ethischem Verhalten teilt der christliche Glaube mit den Religionen. Das erklärt, warum auch er zu ihnen gezählt wird. Steckt in der Nachbarschaft des christlichen Glaubens zu den Religionen darum nicht auch ein Potential gemeinsamer, verständigungsoffener religiöser Erfahrung, die dem Zusammenleben von Menschen verschiedener Religionen in unserer Gesellschaft zugute kommen kann?

Innerhalb wie außerhalb der christlichen Kirchen bestehen in dieser Hinsicht jedenfalls auch große Erwartungen an die Religionen. Es wird ihnen zugetraut, dass sie eine humane Gesinnung zu fördern und mit ihrer religiösen Praxis den Gesellschaften, in denen sie wirken, Achtung vor dem Humanum einzuprägen vermögen. Der „Dialog der Religionen", der von vielen Seiten eingefordert wird, hätte sich vor diesem Hintergrund vor allem auf das gemeinsam Menschliche als das eigentlich Verbindende zwischen den Religionen zu konzentrieren. Das ist angesichts der Zerrissenheit unserer Welt überaus wünschenswert, stellt sich aber gegenüber der Realität der Religionen leider als ein ziemlich abstrakter Wunsch dar.

Schon die Annahme, die diesem Bestreben zugrunde liegt, dass sich nämlich in oder hinter der geschichtlichen Vielfalt gelebter Religionen *die* alle Religionen verbindende *wahre Religion* oder *der „von Natur aus" religiöse Mensch* manifestiere, ist ein abstraktes Postulat. Die geschichtliche Besonderheit einer Religion kann nicht auf ein allgemeines gesellschaftliches Erfordernis oder eine authentische religiöse Anlage des Menschen reduziert werden. Eine solche in der Tradition der Aufklärung stehende Betrachtungsweise unterschätzt die spezifische Bestimmtheit der Religionen. Auch das Humanum oder die humanen Werte begegnen in einer bestimmten Religion niemals neutral. Sie sind vielmehr durch eben diese Religion geprägt. Wenn Frauen Kopftücher tragen oder sich ganz verschleiern *müssen*, dann äußert sich darin das dieser Religion eigene Verständnis des Humanum! Was menschlich ist, stellt sich also zwischen den verschiedenen Religionen so verschieden dar, wie sie selbst voneinander verschieden sind. Es gehört darum auch zu dem, was zwischen den Religionen selbst strittig ist.

Hinzu kommt, dass außereuropäische Religionen die ganze Frage nach dem Humanum in den Religionen keineswegs immer als so neutral empfinden, wie sie gemeint ist. Oft sehen sie in der These von dem alle Religionen verbindenden Humanum eine auf dem Boden des Christentums entstandene Anmaßung. Nicht die Suche nach solcherart Gemeinsamem, sondern die gegenseitige Pflege und Achtung der Differenzen der verschiedenen Religionen wird dann als der richtige Weg empfohlen, der religiöse Konflikte vermeiden hilft.

Angesichts dieses Bündels von lokalen und globalen Problemen und ihrer Bearbeitung von vielen (gesellschaftlichen, politischen, wissenschaftlichen) Seiten her sind die christlichen Kirchen herausgefordert, ihr Verhältnis zu den Religionen theologisch zu klären. Ansätze dazu bilden die vom Rat der EKD im Jahr 2000 publizierte Handreichung *Zusammenleben mit Muslimen* und seine drei Studien *Christen und Juden I–III* aus den Jahren 1975, 1991 und 2000. Doch diese Texte bedürfen einer sie ergänzenden, sich auf die Fundamente richtenden Perspektive. Die für viele Christen verwirrende Situation des Zusammenlebens mit Menschen, die eine andere Religion haben, macht es erforderlich, den Gemeinden mit Orientierungen in diesem Verhältnis zu helfen. Zugleich wird von den Kirchen mit Recht erwartet, dass sie besonders intensiv auf andere Religionen eingehen. Von den kirchlichen Institutionen sollen Impulse für Gesellschaft und Politik ausgehen, die dem Frieden unter den Menschen dienlich sind.

Die Evangelische Kirche in Deutschland stellt sich dieser Herausforderung, indem sie *theologische Leitlinien* formuliert, die helfen sollen, ein gedeihliches Verhältnis zwischen Menschen mit einem jeweils anderen Glauben zu fördern. Natürlich ist es in diesem Rahmen nicht möglich, die vielfältigen Probleme im Einzelnen zu erörtern, die sich konkret stellen, wenn es z. B. um die – noch dazu in sich mannigfach differenzierte – buddhistische, hinduistische, muslimische oder eine afrikanische Religion geht. Aber solche Leitlinien aus der *Perspektive evangelischer Theologie* können doch eine Ermutigung für die christlichen Gemeinden und die Gesellschaft werden, das Verhältnis zwischen den Religionen und den Menschen, die ihnen anhängen, als ein zukunftsträchtiges Verhältnis zu begreifen.

2. Der theologische Ausgangspunkt des Verständnisses der Religionen

Das Kriterium, von dem her sich die evangelische Theologie der Frage nach der Bedeutung der Religionen zuwendet, ist dasselbe, an dem sie auch alle kirchliche Lehre und Praxis misst. Sie betrachtet die Religionen und die Menschen, die sie praktizieren, *im Lichte des Evangeliums von der Rechtfertigung des Sünders,* also im Lichte der Botschaft von der Liebe Gottes: Das Evangelium besagt, dass Gott schon als Schöpfer allen Menschen nahe ist. Menschsein heißt: in der Nähe Gottes sein. Darin sind alle Menschen gleich, welcher Religion sie auch immer angehören. Diese Nähe des Schöpfers zu allen Menschen erschließt sich in ihrem ganzen Reichtum und unwiderruflich in Jesus Christus. In ihm ist Gott der Menschheit geschichtlich-konkret begegnet, und im Evangelium von Jesus Christus wendet er sich allen Menschen *gnädig* zu. In dieser Hinsicht befinden sich Christen und Menschen anderer Religionen vor Gott in derselben Situation. Sie leben als Gottes Geschöpfe in der durch seine Gnade bestimmten Gegenwart. Auf die Nähe des gnädigen Gottes aber sind alle Menschen umso mehr angewiesen, als sie sich zu ihrem Verderben der Gegenwart Gottes entziehen und also als *Sünder* leben. Auch darin unterscheiden sich Christen nicht von Menschen anderer Religionen. Das Verhältnis zu ihnen ist also nicht dadurch bestimmt, dass hier Nicht-Sünder Sündern gegenüber treten. Gerade als Sünder sind Christen und Menschen, die eine andere Religion haben, ganz auf Gottes freie, gnädige Zuwendung angewiesen. Das ist die Voraussetzung, unter der Christen diesen Menschen begegnen, mit ihnen verkehren, zusammenleben und auch ihre Religion beurteilen.

Der *Unterschied* zwischen Christen und Menschen einer anderen Religion wird dagegen durch die Erfahrung der heilsamen Zuwendung Gottes zur Menschheit in der Geschichte Jesu Christi begründet, die nur der an Jesus Christus Glaubende macht. Durch den *Glauben an Jesus Christus* unterscheidet sich das Christentum von allen anderen Religionen. Im *Bekenntnis* der Kirche zu Gottes Gegenwart in Jesus Christus und in der Taufe wird dieser Unterschied zwischen der „Versammlung der Glaubenden" und denjenigen, die in anderen Religionen anderes bekennen, sichtbar und wirksam. Dieses Unterschiedensein stellt Gottes gnädige Zuwendung zu allen Menschen nicht in Frage, macht aber deutlich, dass andere Religionen die Erfahrung des in Jesus Christus allen Menschen nahe kommenden Gottes nicht vermitteln. Das den christlichen Glauben mit den Menschen aller Religionen Verbindende (Gott ist allen Menschen gnädig nahe) ist insofern das sie zugleich Trennende.

Darin liegt der Grund, warum ein „neutraler" Vergleich einzelner mehr oder weniger ins Auge fallender Gemeinsamkeiten zwischen dem christlichen Glauben und den Religionen schwerlich als Basis einer Verständigung zwischen den Religionen taugt. Alle derartigen Vergleichspunkte sind immer schon von einer besonderen religiösen Perspektive besetzt. Das bedeutet nicht, ein solcher Vergleich aus *religionswissenschaftlicher* und also aus nichttheologischer Perspektive sei überflüssig. Er kann im Gegenteil das Wissen um die Phänomene erweitern und zu einem differenzierenden Problembewusstsein der evangelischen Theologie beitragen.

Das Gleiche gilt für die Beurteilung der Religionen einschließlich des Christentums durch eine der anderen Religionen, wie wir sie z. B. aus dem Hinduismus und dem Islam kennen. Solche außerchristlichen religiösen Perspektiven auf die Religionen und den christlichen Glauben sind kritisch und selbstkritisch zu berücksichtigen, wenn sich die christliche Theologie auf Phänomene in den Religionen bezieht, die nach einem vergleichenden Urteil rufen. Erst recht gilt das für den Eigen-Sinn, den alle religiösen Phänomene in einer besonderen Religion haben. Aus der Perspektive der christlichen Theologie kann sachgerecht nur dann über die einzelnen Religionen geurteilt werden, wenn deren Selbstauffassung als Grenze und Kritik der eigenen theologischen Auffassung dieser Religion respektiert wird. Theologisch zureichend wird eine andere Religion demnach nur verstanden, wenn in dieses Verständnis eingeht, dass sie sich selbst anders versteht. Aber auch dann bleibt die christlich-theologische Betrachtungsweise anderer Religionen dadurch charakterisiert, dass sie diese im Licht des christlichen Glaubens thematisiert.

Dieser Sachverhalt setzt dem Versuch Grenzen, das Verhältnis der Religionen zueinander auf der Grundlage eines von allen Religionen geteilten *Religionsbegriffs* zu erfassen.[1] Die zahlreichen Definitionsvor-

---

[1] Der Begriff „Religion" bezieht sich seiner lateinischen Herkunft nach u. a. auf die Praxis des Kultus und der Zeremonien. Er lenkt von daher die Aufmerksamkeit auf die sichtbaren Praktiken des Kultus in den verschiedenen Religionen. Auf dieser Linie wird der Begriff der „Religion" auch auf das individuelle und soziale Verhalten von Menschen in Bezug auf Gott, Götter, Göttliches oder einfach geheimnisvoll Jenseitiges bezogen. Er bezeichnet dann summarisch die Frömmigkeit, die Normen der Lebensführung und die Praxis der religiösen Gemeinschaften, die Religionskultur, in die man hineingeboren wird (Tradition) oder die man wählt. In dieser Perspektive werden Christen, Juden, Moslems, Buddhisten etc. dadurch erkennbar und definiert, dass sie am Kultus und an der religiösen Praxis ihrer „Religion" teilnehmen.

schläge sind allesamt nicht befriedigend. Irgendein Phänomen in irgendeiner Religion fällt immer aus solchen Definitionsversuchen heraus. Ist der Buddhismus z. B. eine Religion, obwohl ein Gottes- oder Götterglaube nicht zu seinen Grundlagen gehört? Ist es sinnvoll, den Ahnenkult in Afrika eine Religion zu nennen? Soll als Zentralvorstellung der Religion „das Heilige" oder die „jenseitige Macht" gelten? usw., usw. Die meisten Religionen können sich zwar als Religion beschreiben. Doch wenn dieser Begriff jeweils mit dem gefüllt wird, was eine bestimmte Religion auszeichnet, dann bringt der Plural „Religionen" eher eine Gegensätzlichkeit als eine Gemeinsamkeit zum Ausdruck. Daraus folgt aber, dass Recht und Sinn der Beanspruchung des Begriffs der „Religion" an der jeweils konkret bestimmten Gestalt einer Religion ausgewiesen werden muss.

Auch die christliche Kirche begegnet anderen Religionen mit einem theologisch erarbeiteten Religionsverständnis, das es ihr erlaubt, sie als Religionen differenziert wahrzunehmen und sich so in ein Verhältnis zu ihnen zu setzen. Ein solches Religionsverständnis kann nach Lage der Dinge nicht zu einer abschließenden Definition von Religion, sondern nur zu einem *Arbeitsbegriff* führen, der sich im Verhältnis des christlichen Glaubens zu den einzelnen Religionen immer erst bewähren muss und für Korrekturen offen ist. Diese Offenheit für die Kritik und die Überbietung von allem, was Menschen – gerade christlich glaubende Menschen! – „Religion" nennen, ist mit dem Wesen des christlichen Glaubens ohnehin gegeben. Denn nach christlichem Verständnis überholt der den Glauben schaffende Gott immer wieder alles, worauf Menschen ihre Gotteserfahrung und ihre Wirklichkeitssicht als „Religion" festgelegt haben.

Ein solcher am Evangelium von der Rechtfertigung des Sünders orientierter Arbeitsbegriff von Religion zeichnet sich dadurch aus, dass mit seinem Gebrauch die andauernde *Differenzierung zwischen dem, was Gott tut, und dem, was Menschen tun,* nötig wird. Denn Religion wird im Sinne der evangelischen Theologie als die *von Gott gewirkte glaubende Aufnahme seiner gnädigen Nähe in die Lebens- und Tätigkeitszusammenhänge des menschlichen Lebens* verstanden. Da der Glaube in diesen Lebens- und Tätigkeitszusammenhängen als Glaube *sündiger* Menschen aber ständig zu einer bloß menschlichen Angelegenheit zu werden droht, bedeutet „Religion": *im ständigen Unterscheiden* von Gottes Handeln und menschlichem Handeln und Verhalten leben und dabei nach der größtmöglichen Entsprechung zwischen dem, was Gott tut, und dem, was wir tun sollen, zu suchen.

3. Die Religionen im Licht christlich-theologischer Leitdifferenzierungen

Gott begegnet in der christlichen Glaubenserfahrung als Vater, Sohn und Heiliger Geist. Darum sind mit dem evangelischen Verständnis von Religion zugleich drei Dimensionen des Unterscheidens zwischen dem, was Gott tut, und dem, was Menschen tun, gegeben. Sie werden hier als *andauernd aufgegebene Leitdifferenzierungen* verstanden, die auf das Verhältnis der christlichen Religion zu den anderen Religionen angewandt werden. Es geht

- um die *theologische* Grunddifferenzierung zwischen *Gott und Mensch* bzw. zwischen *Gott und seiner Schöpfung,* die allen Versuchen des Menschen, „wie Gott zu sein", entgegen steht,
- um die *christologische* Konkretion dieser Grunddifferenzierung, in welcher der gnädige Gott die sündigen Menschen annimmt, obgleich sie sich der Anmaßung, „wie Gott zu sein", durch maßlose quasi-göttliche und menschenunwürdige Taten schuldig gemacht haben,
- und um die *pneumatologische* Konkretion dieser Grunddifferenzierung, in welcher der *Heilige Geist* Menschen befähigt, dem *Evangelium* von der zuvorkommenden Gnade Gottes in allen Lebenszusammenhängen das erste Wort zu geben und alle menschliche Daseinsäußerungen von daher zu verstehen.

Im Vollzuge dieser Leitdifferenzierungen werden Christen sich in ihrem Leben selbst verständlich. So begegnen sie auch Menschen, die einer anderen Religion anhängen, und den religiösen Überzeugungen, die in dieser Religion wirksam sind. Was das für die Begegnung des christlichen Glaubens mit anderen Religionen, mit den Menschen, die in ihnen leben, für die Orientierung der christlichen Gemeinden und für den Umgang mit Menschen anderer Religionen in der Gesellschaft bedeutet, soll nun an den durch die Leitdifferenzierungen aufgerufenen Problemfeldern des Verhältnisses des christlichen Glaubens zu anderen Religionen ansatzweise verdeutlicht werden.

3.1. Die Religionen und das Geschöpf Gottes

Dass alle Menschen Gottes Geschöpfe sind, begründet nach christlichem Verständnis eine ursprüngliche Solidarität der Menschen untereinander.

Es gibt allerdings anthropologische Theorien, die suggerieren, Menschen seien zu dieser Solidarität mit allen Menschen gar nicht fähig. Ihre Zuneigung zu anderen beschränke sich nur auf einen bestimmten Umkreis des Volkes, der Rasse, der Erdregion, in der sie leben, und sogar des sozialen Status. Für solche Theorien scheint u. a. zu sprechen, dass Menschen andere Menschen ausgrenzen, sie aus ihrem Lebensumkreis vertreiben und ihnen fremde Lebensverhältnisse mit politischer und wirtschaftlicher Machtausübung aufdrängen.

Die Globalisierung verhilft dort, wo Menschen das Beste aus ihr machen, der universalen Solidarität zum Durchbruch. Ihre dunklen Seiten aber, die in einer rücksichtslosen wirtschaftlichen Expansion ohne ausreichende politische Rahmenbedingungen ihren Ursprung haben, widerstreiten der Solidarität und verursachen ein immer größer werdendes Ungleichgewicht zwischen Reichen und Armen dieser Welt. Betroffen sind neben Christen auch Menschen anderer Religionen. Man darf auf keinen Fall unterschätzen, was das für das durch lange Zeiten hindurch gewachsene religiöse Empfinden der Armen dieser Erde bedeutet. Dass viele von ihnen angesichts von Not und Elend und der Konflikte, die das auslöst, Zuflucht in den reichen Ländern dieser Erde suchen, ist nicht zuletzt der Grund, warum in unserer Gesellschaft so viele Menschen mit einer anderen Religion leben.

Der christliche Glaube an den allen Menschen nahen Schöpfer ist angesichts dessen zur selbstkritischen Wahrnehmung einer Entwicklung herausgefordert, die zur fortschreitenden Verarmung des größten Teils der Menschheit führt und die natürlichen Lebensgrundlagen aller Menschen auf dieser Erde zu zerstören droht. Er tritt dafür ein, dass die globalen Prozesse so gestaltet und gesteuert werden, dass sie Gottes Geschöpfen und seiner Schöpfung zugute kommen. Für sein Verhältnis zu den Menschen, die einer anderen Religion anhängen, bedeutet das: Er bringt zur Geltung, dass jeder Mensch ein undiskutierbares Recht hat, da zu sein und ein seiner Geschöpflichkeit würdiges Leben zu führen. Er *begrüßt* das Dasein jedes Geschöpfes Gottes und damit auch das Dasein jedes Menschen einer anderen Religion. Das ist der *cantus firmus* des Geistes, der vom Evangelium ausgeht und von dem sich die christlichen Gemeinden in Bezug auf den rechtlichen und politischen Umgang mit Menschen anderer Religionen in unserer Gesellschaft bestimmen lassen müssen.

Das christliche Verständnis jedes Menschen als Geschöpf Gottes begründet die Unanstastbarkeit der Menschenwürde und veranlasst Christen, sich mit anderen Religionen darüber zu verständigen, ob ihre Religion nicht auch Impulse enthält, die mit der Intention des christlichen Schöpfungsglaubens zusammenfallen und darum gemeinsam zur Geltung gebracht werden können. Dabei werden Christen Angehörige anderer Religionen fragen, ob und wie sie von ihren Voraussetzungen her die Menschenwürde und die Menschenrechte zu bejahen oder zumindest anzuerkennen vermögen. Im Verhältnis zum Judentum, in dessen biblischen Grundlagen auch der christliche Schöpfungsglaube gründet, dürfen Christen sich in dieser Hinsicht sogar einer großen Übereinstimmung gewiss sein.[2] Auch im Verhältnis zum Islam, der wesentliche Elemente des jüdisch-christlichen Schöpfungsglaubens enthält, kann der Glaube an Gott als Schöpfer aller Menschen zu tendenziell zusammenstimmenden Stellungnahmen führen, wie die muslimische Kritik am terrorbereiten islamistischen Fundamentalismus gerade gezeigt hat. Es gibt zwar tiefgreifende Unterschiede im Verständnis des Schöpfers der Welt, die sich auf die Wirklichkeitsbeurteilung und die menschliche Lebensführung auswirken. Dennoch hat diese Grundlage muslimischen Glaubens auch in Zukunft eine wichtige Bedeutung für die Verständigung über die Würde und die Rechte jedes Menschen.

Schwieriger stellt sich ein Gespräch über den Schöpfungsglauben dagegen mit dem Buddhismus und dem Hinduismus dar, die einen solchen Glauben entweder gar nicht oder nur in stark relativierter Weise haben. Dadurch vermögen sie sich einerseits überraschenderweise für das evolutive Wirklichkeitsverständnis, wie es durch die neueren Naturwissenschaften befördert wird, zu öffnen, können das Leben der Menschen aber nicht als Leben in der Verantwortung vor dem einen Schöpfer der Welt begreifen. Dennoch begegnen in den reichen Texten und vor allem in der Frömmigkeit dieser Religionen Zeugnisse schöpfungsgemäßer Menschlichkeit und der Achtung vor

---

2   Vgl. hierzu die drei Studien der EKD: Christen und Juden (I–III) von 1975 (I), 1991 (II) und 2000 (III); wiederabgedruckt in: Christen und Juden I–III, Gütersloh, 2002. Vgl. auch die Studie der LKG: Kirche und Israel – Ein Beitrag der reformatorischen Kirchen Europas zum Verhältnis von Christen und Juden, hg. von Wilhelm Hüffmeier, Leuenberger Texte 6, Frankfurt am Main, 2001.

der Schöpfung überhaupt. Sie können im Lichte des christlichen Glaubens durchaus als *Zeichen* der schöpferischen Gegenwart Gottes verstanden werden. Solche Zeichen vermögen das christliche Verständnis des Geschöpfes Gottes und des Schöpfers sogar zu vertiefen oder zu erweitern. Denn dieses Verständnis weiß sich immer von der Wirklichkeit des Schöpfers selbst unterschieden. Darum ist es dafür offen, dass seine Nähe zu allen Menschen sich auch in einer Fülle von konkreten Vollzügen menschlichen Lebens – auch des menschlichen Geisteslebens! – spiegelt.

Das theologische Interesse an Gottes Geschöpf, wie es in den Religionen mit und ohne einen expliziten Schöpfungsglauben begegnet, ist auch mit einer kritischen Aufmerksamkeit für die *Selbstentstellungen* des Menschen verbunden, die seiner Geschöpflichkeit widersprechen. Menschen missbrauchen ihre Freiheit zur Religion, indem sie sich selbst eine quasi-göttliche Vollmacht über andere Menschen anmaßen oder weit hinter den reichen Möglichkeiten ihrer Geschöpflichkeit zurückbleiben. Der christliche Glaube bringt im Blick auf solche Entstellungen des Menschen, die zuerst in der eigenen christlichen Religion, aber dann auch in den anderen Religionen wahrgenommen werden, ausdauernd die *schöpfungstheologische Leitdifferenzierung* zur Geltung, welche gleichermaßen auf die geschöfliche Abhängigkeit des Menschen von Gott wie auf seine Selbständigkeit und auf seine Würde zielt. Menschen sollen anderen Menschen nicht zu gewalttätigen Götzen werden! Sie sollen vielmehr in den reichen Möglichkeiten ihrer Geschöpflichkeit aufblühen und sich gegenseitig zu intensiverer Selbstentfaltung verhelfen.

3.2. Die Religionen und die Wahrheit

Wahrheit ist im Verständnis des christlichen Glaubens nicht zuerst eine in Sätzen formulierte Richtigkeit. Wahrheit ist ein *Ereignis*, in dem das geschieht, worauf man sich schlechterdings verlassen kann. Nach christlichem Verständnis ereignet sich die Wahrheit in der Offenbarung des lebendigen, von der Sünde errettenden Gottes in Jesus Christus, der durch das Wirken des Heiligen Geistes den freimachenden Glauben schafft: Die Wahrheit rettet und heilt. Diese Wahrheit bezeugt die christliche Kirche, auch wenn sie sich auf andere Religionen bezieht. Für sie treten Christen ein, wenn sie Menschen anderer Religionen begegnen. Würden die Kirche und die Christen darauf verzichten, dann hätten sie im Grunde aufgehört, Kirche oder

Christen zu sein. Denn das Zeugnis von dieser Wahrheit gehört unabdingbar zum christlichen Glauben selbst. Nur durch das Zeugnis des Glaubens kann die Christusgeschichte in der Welt bekannt gemacht werden. Nur durch das Zeugnis des Glaubens vergegenwärtigt sich die rettende Wahrheit so, dass Glaube aufs Neue entsteht.

Damit ist aber nicht nur ein Unterschied, sondern auch ein *Gegensatz* zu anderen Religionen gegeben. Er wird darin sichtbar, dass andere Religionen aufgrund anderer religiöser Erfahrungen Jesus Christus *nicht als Ereignis der Wahrheit* anzuerkennen vermögen, in dem sich die Rettung der ganzen Welt vollzogen hat und vollzieht. Die bleibend schmerzende Urform dieses Gegensatzes ist die Ablehnung Jesu Christi als entscheidendes, Menschen errettendes Ereignis der Wahrheit im *Judentum*. Dass es andere Religionen, sogar in der Zeit nach Christus entstandene und entstehende Religionen gibt, ist ebenfalls nicht nur ein Ausdruck begrüßenswerter religiöser Vielfalt. Hier wird vielmehr entschieden bestritten, dass der christliche Glaube aus der über die ganze Welt entscheidenden Wahrheitserfahrung hervorgeht. Darüber sollte man sich bei allem Bestreben einer Verständigung des christlichen Glaubens mit den Religionen nicht hinwegtäuschen. Wenn es aber in Jesus Christus wirklich um Wahrheit geht, dann kann der christliche Glaube auf diese Situation nicht so reagieren, dass er die Wahrheit des Christusgeschehens zu einer Teilwahrheit ermäßigt. Ein bisschen Wahrheit ist gar keine Wahrheit. Wie also geht der christliche Glaube mit dem Widerspruch der Religionen zur Wahrheitserfahrung des christlichen Glaubens um?

Die *christologische Konkretion der Leitdifferenzierung* weist hier den Weg, der die Kirche und die Christen davon entlastet, den Religionen einen so genannten „Absolutheitsanspruch" der Wahrheit entgegen zu setzen. Das wäre nämlich ein Anspruch, über den die glaubenden Menschen in ihrer subjektiven Aneignung der Wahrheit verfügen und den sie mit dem Aufgebot weltlicher Mittel gegen andere Religionen und die Menschen, die ihnen anhängen, wenden. Die Geschichte der christlichen Mission ist leider reich an Vorgängen, bei denen die Wahrheit des christlichen Glaubens auf diese Weise vertreten wurde. Das wird dem Christentum bis heute zu Recht vorgehalten. Theologisch geurteilt handelt es sich bei solchen Vorgängen um eine von Menschen in Besitz und in Betrieb genommene Wahrheit und also um ein Werk von Sündern. Die Wahrheit als Ereignis aber wird niemals ein menschlicher Besitz. Sie betrifft Menschen in der freien

Selbstvergegenwärtigung Gottes im Heiligen Geist. Man „hat" sie nur, weil und insofern man von ihr ergriffen, durch sie also für Gott frei und vor Gott wahr *gemacht wird.* Sie lässt sich nicht erzwingen und nicht fordern, sondern nur in Freiheit realisieren. Und nur indem man im Glauben sein eigenes Meinen, Wollen, Wünschen, Fühlen und Tun von dieser frei machenden Wahrheit Gottes zu unterscheiden lernt, kann man sein Leben an ihr orientieren, von ihr her gestalten und diese Wahrheit gegenüber anderen Menschen vertreten.

In dieser Hinsicht sind Christen also in der gleichen Lage wie die Menschen mit anderen religiösen Grunderfahrungen. Sie sind selbst *auf das Ereignis der Wahrheit angewiesen,* das sie bezeugen. Sie werden das in der Begegnung mit anderen Religionen so klar wie möglich machen müssen. Ihre Lehre, ihre Lebensformen und -ordnungen sind nicht *die* wahre Religion. Sie sind der Versuch, der Erfahrung der Wahrheit Gottes menschlich zu entsprechen. Christen können und wollen dementsprechend mit ihrer Religion das „Ankommen" dieser Wahrheit bei religiös anders glaubenden Menschen nicht erzwingen. Sie wollen mit ihrer Religion keine Mauer zwischen sich und den Menschen anderer Religionen aufrichten. Sie weisen, indem sie von dieser Wahrheit reden, darauf hin, dass sie sich nur in der Freiheit Gottes ereignen kann. Ja, sie begegnen anderen Religionen in der Erwartung, dass sich dort ebenfalls in irgendeiner Weise Erfahrungen mit dieser Wahrheit finden.

Diese Erwartung impliziert wiederum auch die kritische Frage an die konkreten Erscheinungsformen anderer Religionen, ob ihre besonderen religiösen Erfahrungen sie tatsächlich zur *Offenheit* für das *Ereignis* der Wahrheit, die mit Recht Gottes Wahrheit zu heißen verdient, befähigen. Es gibt religiöse Strömungen, bei denen das wohl der Fall sein kann. Doch es gibt auch andere religiöse Strömungen, die ihre Wahrheitserfahrung definitiv an doktrinale, kultische und ethische Festlegungen gebunden haben. Im Blick auf letztere ist es sicherlich geboten, die Einsicht geltend zu machen, dass die Behauptung, Gott in Wahrheit erfahren zu haben, nicht bedeuten kann, dass Gott sich in die Verfügung von Menschen begeben habe. Das tangiert den Ereignischarakter der Wahrheit Gottes, ohne den der Gebrauch des Wortes „Gott" im Grunde sinnlos wird. Gerade weil alle Religionen sich in irgendeiner Weise auf eine *Offenbarung* Gottes, des Göttlichen oder einer letzten, namenlosen Wirklichkeit berufen, kann das Problem solcher Berufung an ihrer „Kanalisierung" in der gelebten Religion und ihren Überzeugungen verdeutlicht werden. In solcher „Kanalisierung" ist sie nämlich – wie gerade die Irrwege des Christentums zeigen – in der Gefahr, den Ereignischarakter der Wahrheit zu verfehlen.

Die Offenheit für das Ereignen der Wahrheit kann jedoch nicht bedeuten, dass sie selbst nur noch in einer konturlosen Unbestimmtheit verstanden wird, die alles geschichtlich Konkrete abstößt. Jede Religion lebt davon, dass sie die geheimnisvollen, unzugänglichen, chaotischen oder als sinnlos erfahrenen Dimensionen der Wirklichkeit auf einen verstehbaren und in diesem Sinne konkreten Grund, der sich ihr in einer bestimmten geschichtlichen Situation erschlossen hat, zurückführt. Erst das ermöglicht es ihr, aus der erfahrenen oder erkannten Wahrheit *zu leben*. Das gilt für alle Religionen. Sie sind mit ihrem konkreten Verständnis der Wahrheit auf geschichtliche Grundsituationen bezogen, von denen her sich ihr Gottesverständnis oder das religiöse Grundverständnis der Wirklichkeit bildet und welche die Lebensform der je besonderen Religion prägen. Darin unterscheidet sich die christliche Religion formal nicht von anderen Religionen. Doch sie unterscheidet sich durch ihre geschichtliche Grundsituation, in der das Ereignis der Wahrheit mit der Geschichte Jesu Christi identisch ist.

Auch wenn die Menschen, die diese Wahrheit geltend machen, sich aller Verfügung über sie enthalten, führt das im Verhältnis zu anderen Religionen unausweichlich in die angesprochene Gegensätzlichkeit.

Nachdem diese Gegensätzlichkeit schon viel zu lange zu schrecklichen Auseinandersetzungen und Kriegen zwischen den Religionen geführt hat, muss insbesondere die christliche Kirche heute neu lernen, mit ihr in einem Geiste umzugehen, welcher der geschichtlichen Besonderheit Jesu Christi entspricht. Das heißt: Jesus Christus ist von ihr so geltend zu machen, dass *er* unter keinen Umständen zu Feindschaft und tödlichem Streit treibt. Er ist derjenige Mensch, der die gnädige, unverfügbare Nähe Gottes zu allen Menschen trotz ihrer religiösen Entzweiung geschichtlich wirksam werden lässt. Seine geschichtliche Besonderheit darf gemäß der christologischen Leitdifferenzierung darum nicht zu einer bloßen Durchlaufstation auf dem Wege der Ausbildung irgendeiner menschlich-religiösen Weisheit degradiert werden. Sie ist unüberholbar, weil sie die ganze sich religiös

Christlicher Glaube und nichtchristliche Religionen

und nichtreligiös entzweiende Menschheit in das versöhnende Licht der Nähe Gottes stellt und ihr einen gemeinsamen Horizont gibt.

Es liegt nicht in der Hand der Christenheit, den Gegensatz der Religionen mit dem so verstandenen Bezeugen der Wahrheit aus der Welt zu schaffen. Nach evangelischem Verständnis wird vielmehr, wenn es zum interreligiösen Dialog kommt, um die Wahrheit, um die Vertretbarkeit der eigenen Glaubenseinsicht und der anderen religiösen Meinung in Freiheit zu streiten sein. Dass derartige Dialoge jedoch durch irgendeine Methodik zur religiösen Entdifferenzierung führen, ist weder zu erwarten noch sinnvollerweise anzustreben. Es geht dabei jedoch um den Abbau falscher Vorstellungen von der anderen Religion, um den Versuch des Verstehens des besonderen Profils ihrer Grundlagen und ihrer Praxis und vielleicht um die Entdeckung von Dimensionen der Gemeinsamkeit.

Vergleichbares gilt hinsichtlich der Begegnung von Christen mit Menschen, die in den Gewissheiten und praktischen Gewohnheiten einer anderen Religion leben. Sie wird sich vom Grunde des christlichen Glaubens her in einem Geiste verstehensbereiter Offenheit und des Werbens um das Verstehen des christlichen Glaubens vollziehen. Sowohl bei dieser Begegnung wie in jenen Dialogen wird sich der eigene Vollzug der christologischen Leitdifferenzierung im Reden und Verhalten der Kirche und der Christen dann aber so auswirken, dass sie sich mit keinem Gegensatz zu anderen Religionen als letztem Gegensatz und mit keinem Trennenden als absoluter Grenze abfinden. Weil Jesus Christus nicht aufhört, mitten in der sündig entzweiten Welt solche Gegensätze und Grenzen mit der Sünden vergebenden Nähe Gottes zu jedem Menschen zu überbieten, geht von ihm die bleibende Ermutigung aus, das Menschenmögliche zu tun, damit sie sich nicht zu tödlich entzweienden Gegensätzen und Grenzen auswachsen.

3.3 Die Religionen und das Evangelium
Die schöpfungstheologische und die christologische Leitdifferenzierung im Hinblick auf das Verhältnis des christlichen Glaubens zu den Religionen bringen auf Grund ihrer trinitarischen Zusammengehörigkeit implizit schon die Leitdifferenzierung zur Geltung, die in der christlichen Erfahrung des Wirkens des *Heiligen Geistes* gegeben ist. Sie ist in ihrer Bedeutung aber eigens hervorzuheben, wenn es um Fragen des unmittelbaren Zusammenlebens von Christen, aber auch

von religiös nicht Gebundenen mit Menschen anderer Religionen *in unserer Gesellschaft* geht. Der Heilige Geist wirkt im Hier und Heute. Deshalb kommt seine unterscheidende Kraft dem Geist zugute, in dem die Kirche und die Christen jenes Zusammenleben in ihrem eigenen Umkreis und in der Gesellschaft prägen. Sie prägen es mit dem *Evangelium* und *nicht* mit dem *Gesetz*.

Das heißt grundlegend: Sie machen die christliche Religion für Menschen anderer Religionen nicht zu einer Norm der Welt, der sie sich zuzuordnen oder gar unterzuordnen haben. Sie qualifizieren sie nicht als problematische Fälle, weil sie mit der vom Christentum geprägten Kultur nicht ohne weiteres zusammenstimmen. Sie propagieren ihnen gegenüber das Christentum nicht als „bessere", aufgeklärtere Religion, welche die archaischen Muster anderer Religionsausübung hinter sich gelassen hat. Sie sehen sie vielmehr im Licht des Evangeliums, d. h. *in der Klarheit der Liebe Gottes,* die keinen Menschen zu irgendetwas zwingt, sondern *Freiheit* zum Zusammensein bejahter Geschöpfe schafft. Nur so ist auch christliche Mission verantwortbar, die ihren Sinn verfehlen würde, wenn sie die Wahrheit des Evangeliums nicht als *befreiende Wahrheit* zur Sprache brächte. Letztlich ist diese Art, Menschen anderer Religionen zu begegnen, also in der christlichen Gotteserkenntnis begründet.

Gott hat in Jesus Christus nicht eine dunkle, unverständliche und grausame Seite, in der er Menschen abstößt, und eine helle, verständliche, liebevolle Seite, in der er ihnen zugewandt ist. Er hat am Kreuz Jesu Christi *die Situation geteilt,* in der Menschen ihn seit Menschengedenken als dunkel, unverständlich und grausam erfahren. Er hat damit auch die Zerrissenheit geteilt, in der Menschen in den verschiedenen Religionen versuchen, ihre Erfahrungen des Sinnlosen und Unverständlichen auf einen verstehbaren jenseitigen Grund zurückzuführen. In der Sicht des christlichen Glaubens begegnet der sich erniedrigende Gott immer an der Seite der Menschen: bei ihnen und für sie da. Dadurch hören die Menschen anderer Religionen auf, auch wenn sie sich noch so fremdartig darstellen, Fremde für die Christen zu sein. Gott ist schon mitten unter ihnen in Gestalt des *Menschenbruders,* der aller Religion von Menschen mit dem Grundakt der Liebe Gottes *zuvorkommt*. Gott lässt sich seine Geliebten nicht durch die menschlichen Religionen wegnehmen. Das ist der Grund, warum die Christenheit ihren Glauben an Gott nicht als Gesetz gegen sie wendet, sondern sie in der Atmosphäre des Evangeliums wahrnimmt, in welcher der aller Religion zuvorkommende Gott schon bei ihnen ist.

Natürlich bedeutet das nicht, dass die konkreten Gestalten der praktischen Frömmigkeit von Menschen anderer Religionen dadurch für die Sicht des christlichen Glaubens zu unwesentlichen Äußerlichkeiten würden. Sie sind ja faktisch Ausdruck einer anderen Gotteserfahrung und eines anderen umfassenden Verständnisses der Wirklichkeit. Sie haben sich zudem mit kulturellen Kontexten, Traditionen und Institutionen verbunden, in denen der andere religiöse Glaube eine derart verfestigte weltliche Gestalt gewonnen hat, dass sich die Frage aufdrängt, inwiefern die religiöse Praxis der verschiedenen Religionen in Wahrheit Gottesverehrung zu heißen verdient.

Zur Achtung von Menschen anderer religiöser Überzeugung gehört es außerdem, ihren Überzeugungen zu widersprechen, wenn man Grund hat, sie nicht zu teilen, und es Anlass gibt, dem Ausdruck zu geben. Aber auch wenn Übereinstimmungen entdeckt und Gemeinsamkeiten wahrgenommen werden, ist es nicht geraten, sie aus dem jeweiligen religiösen Überzeugungszusammenhang zu abstrahieren und als theoretische oder praktische Übergänge zwischen den Religionen auszugeben. Auch in diesen Gemeinsamkeiten walten die konkreten Eigenarten jeder Religion kräftig, so dass Symmetrie der Religionen mit der christlichen Religion auf diese Weise schwerlich erreicht werden kann. Christen können aus diesem Grunde auch nicht guten Gewissens an der religiösen Praxis einer anderen Religion teilnehmen (z. B. Opferriten mit vollziehen, Geister und Ahnen anrufen, zu Göttern beten und vor ihnen tanzen usw.), um auf diese Weise andere religiöse Erfahrungen zu sammeln oder die zuvorkommende Liebe Gottes zu demonstrieren. Sie würden sie auf diese Weise gerade religiös zu handhaben trachten und ins Zwielicht bringen. Die Idee einer der christlichen Ökumene vergleichbaren „Ökumene der Religionen" ist deshalb als Irrweg anzusehen.

Aber auch die schwerwiegende Frage, ob und unter welchen Voraussetzungen Christen mit Vertretern anderer Religionen gemeinsam beten können, muss im konkreten Fall an dem Kriterium entschieden werden, ob solches gemeinsames Beten der befreienden Wahrheit des Evangeliums von Gottes schöpferischer Nähe beim sündigen Menschen die Ehre gibt oder ob es dieser Wahrheit in den Rücken fällt. Für die Prüfung dieser Frage sind die Überlegungen hilfreich, die in der Handreichung zum *Zusammenleben mit Muslimen in Deutschland* zum Verhältnis von christlichem und islamischem Gebet angestellt worden sind (S. 41 – 45). Dort heißt es: „Die Unterschiede im Gebetsverständnis, die mit dem unterschiedlichen Gottes- und Menschenbild begründet sind, können nicht übergangen, sondern müssen respektiert werden. Weil diese Unterschiede nicht verwischt werden dürfen, haben wir uns zu bescheiden und die Grenzen zu akzeptieren, die es uns verwehren, uns im gemeinsamen Gebet mit Muslimen vor Gott zu vereinen. Doch können wir im Sinne menschlicher Verbundenheit in einer multireligiösen Situation mit innerer Anteilnahme gleichsam nebeneinander beten" (S. 44) .[3]

Der Glaube an den Gott, der im Menschen Jesus auch in die Welt der Religionen gekommen ist und sie einlädt, sich seine Liebe gefallen zu lassen, gibt den Christen bei der Begegnung mit Menschen anderer Religionen die Gelassenheit, nichts erzwingen zu müssen, was sich nur in Freiheit einstellen kann. Im evangelischen Geiste aber brauchen die Abgrenzungen nicht ständig das erste Wort zu führen, weil auf diese Weise die Kluft zu diesen Menschen nur gesetzlich vertieft wird. Indem Christen, Gemeinden und Kirchen mit Menschen anderer Religionen zusammenleben, kann ihnen das einerseits vielmehr Anlass sein, den evangelischen Charakter ihres Glaubens in Wort und Tat immer eindeutiger darzustellen. Andererseits gewinnen sie gerade so die Freiheit, den Menschen dieser Religionen zu verstehen zu geben, was sie an ihrer Religion erfreut und warum sie sich wünschen, dass diejenigen Momente ihrer religiösen Praxis immer stärker hervortreten, die am meisten an das Evangelium erinnern. Wenn die Begegnung mit Menschen anderer Religionen gelingt, werden Eindrücke vom Christentum und Wünsche an das Verhalten von Christen auch von der anderen Seite artikuliert werden. Dass Christen, Gemeinden und Kirchen dann dafür offen sind, dem in ihrer Selbstdarstellung, in ihrem Reden und Verhalten Rechnung zu tragen, müsste sich von den erörterten Leitdifferenzierungen her eigentlich von selbst verstehen.

4. Die Religionen in der demokratischen, pluralistischen Gesellschaft

Die aufgewiesenen Leitdifferenzierungen ermöglichen eine positive Gestaltung des Verhältnisses der Christen, Gemeinden und Kirchen

---

3   Zusammenleben mit Muslimen in Deutschland. Gestaltung der christlichen Begegnung mit Muslimen. Eine Handreichung des Rates der EKD, Gütersloh, 2000.

zu den Religionen und den Menschen, die in ihnen leben. Auch wenn es faktisch erst Ansätze gibt, sie beim Zusammenleben und beim Dialog der Religionen wirksam werden zu lassen, bringen sie doch den Geist zur Geltung, den der christliche Glaube in dieses Verhältnis einbringt. Dieser Geist kann von den Kirchen her auch auf die Gesellschaft ausstrahlen und politische Regelungen befördern, die Probleme und Konflikte gerecht lösen, welche das Zusammentreffen von vielen Menschen mit einer anderen Religion nicht bloß im Hinblick auf das Christentum, sondern für die ganze Gesellschaft schaffen.

Das ist nicht so gemeint, als könne oder wolle die Kirche den Anspruch erheben, politische Entscheidungen in dieser Hinsicht direkt zu beeinflussen. Religion hat zwar, wo sie eine Gesellschaft dominiert, in der Tat die Tendenz, auch das Recht und damit die Politik zu prägen. Im äußersten Falle kann das bis zu theokratischen Vorstellungen führen, wie sie heute in einigen islamischen Staaten anzutreffen sind. Die Kirche bejaht dagegen den Grundsatz der *weltanschaulichen Neutralität* des demokratischen Staates. Gerade dieser weltanschaulich neutrale und keine Religion privilegierende Staat ist aber auf Prägekräfte angewiesen, die sich dem Christentum verdanken.[4] Der Staat regelt durch das sanktionsgestützte Recht das Zusammenleben der verschiedenen Religions- und Weltanschauungsgemeinschaften in der Gesellschaft, ohne sich dabei von irgendeiner Religion abhängig zu machen. Er sorgt dafür, dass argumentativ nicht lösbare Grunddifferenzen zwischen diesen Gemeinschaften nicht zu lebensschädigenden Konflikten in der Gesellschaft entarten.

Es würde hier zu weit führen, im Einzelnen aufzuzeigen, inwiefern die Trennung von Religion und Recht, Kirche und Staat aus dem reformatorischen Verständnis des Glaubens selbst folgt – wohl wissend dass sich das den Kirchen im Prozess der Moderne erst nach und nach erschlossen hat.[5] Wie der Staat an keine Religion oder Weltanschauung gebunden sein darf, so muss auch die Religion frei von staatlichem Zwang und politischer Gewalt sein. Denn für den eigenen

---

4 Vgl. hierzu die Erklärung des Rates der EKD von 1997: Christentum und politische Kultur – Über das Verhältnis des demokratischen Rechtsstaates zum Christentum, EKD-Texte 63, Hannover, 1997.

5 Vgl. hierzu die Demokratiedenkschrift der EKD von 1985: Evangelische Kirche und freiheitliche Demokratie – Der Staat des Grundgesetzes als Angebot und Aufgabe; wiederabgedruckt in: Die Denkschriften der Evangelischen Kirche in Deutschland, Band 2 / 4, Gütersloh, 1992, S. 9 – 54.

Glauben und die eigene Gewissensüberzeugung hat jeder Mensch selbst einzustehen. Indem die christliche Kirche das bejaht, bejaht sie auch den Grundsatz der *Religionsfreiheit* und damit das schutzwürdige Recht der Entfaltung jeder Religion in unserer Gesellschaft.

Für Menschen, die aus anderen Religionen in unsere Gesellschaft kommen, ist es durchaus nicht selbstverständlich und sogar vielfach befremdend, dass der damit entstehende Religionspluralismus nicht von den Interessen der einzelnen Religionen her, sondern durch ein religiös indifferentes Recht geregelt wird. Doch die Rahmenbedingungen, die dieses Recht setzt, ermöglichen es den Kirchen wie den anderen Religionen, in der Öffentlichkeit friedlich zusammenzuleben. Denn dieses Recht schützt nicht nur die freie Gewissensentscheidung jedes Einzelnen und damit die Freiheit, sein gesamtes Leben religiös auszurichten, sondern auch das Recht der Religionsgemeinschaften, sich nach den Grundsätzen ihres Glaubens unter Einhaltung der Regeln dieses Rechts als Gemeinschaft zu organisieren und zu betätigen. Dazu gehört, dass anderen Religionen dieses Recht nicht streitig gemacht wird – eine Anforderung, die letztlich in der Anerkennung der Würde jedes Menschen begründet ist, die nicht aus religiösen Gründen relativiert oder im Umgang miteinander missachtet werden darf.

Die Anerkennung der Menschenwürde und der Menschenrechte ist nichtchristlichen Religionen, die in einem demokratischen Staatswesen existieren, allerdings zugemutet. Es geht hier aber nicht um eine religiöse Zumutung, auch wenn die Idee der Menschenrechte auf dem Boden der vom Christentum geprägten Welt entstanden ist und Menschenwürde im christlichen Verständnis in der Zuwendung Gottes zu jedem Menschen gründet. Vielmehr schafft die auf der Anerkennung der Menschenwürde beruhende Rechtsordnung einen öffentlichen, rechtlich verfassten Raum der Kommunikation, der sich nicht einem vorgängigen Konsens in religiösen Fragen verdankt. In diesem Raum können sich die Religionen begegnen und den Dialog untereinander führen, ohne dass sie sich gegenseitig ihr Lebensrecht streitig machen dürfen.

Beziehen wir diese rechtliche und gesellschaftspolitische Lage, in der sich Menschen anderer Religionen als Einzelne und als Gemeinschaft in unserer Gesellschaft befinden, auf die vom christlichen Glauben ausgehenden Impulse für das interreligiöse Verhältnis, dann sind die Chancen für ein gutes Zusammenleben von Christen und Menschen anderer Religionen unverkennbar. Sie haben in der demokratischen Gesellschaft einen Raum religiös unbelasteter, freier Kommunikation. Christen, Gemeinden und Kirchen begrüßen anders Glaubende in diesem Raum als Geschöpfe Gottes, denen Gott nahe ist. Sie stellen sich dabei nicht als absolute Religion dar, sondern machen deutlich, dass sie im christlichen Glauben auf die unverfügbare Wahrheit Gottes angewiesen bleiben wie alle Menschen auch. Sie suchen im Geist des Evangeliums das Beste in den Religionen und bei ihren Anhängern, ohne Illusionen über die Grenzen zu verbreiten, die sie von den anderen Religionen trennen.

Kirchen, Gemeinden und Christen muss daran gelegen sein, diese Einstellung zu den Religionen und ihren Gläubigen der gesellschaftlichen Öffentlichkeit zu vermitteln. In dieser Weise können sie am Entstehen eines gesellschaftlichen Klimas mitwirken, in dem Menschen anderer Religionen in unserer Gesellschaft ein geachtetes, von ihnen selbst bejahbares und der Kultur unserer Gesellschaft zugute kommendes Leben zu führen vermögen.

Quellennachweise

Ernst Troeltsch, Die Stellung des Christentums unter den Weltreligionen, in: Ders., Der Historismus und seine Überwindung. Fünf Vorträge, Pan Verlag Rolf Heise, Berlin 1924, S. 62–83 (Entstehung 1923)

Karl Barth, Die Kirchliche Dogmatik, Erster Band, Zweiter Halbband, Evangelischer Verlag, Zollikon-Zürich ³1945 (Erstauflage 1937), S. 324–331, S. 372–378 (§ 17, Abschnitte aus 2. Religion als Unglaube, sowie aus 3. Die wahre Religion)

Hendrik Kraemer, Die Stellung zu den nichtchristlichen Religionen, in: Ders., Die christliche Botschaft in einer nichtchristlichen Welt, Evangelischer Verlag, Zollikon-Zürich 1940, S. 94–105. Erstveröffentlichung des engl. Originals: The Christian Message in a Non-Christian World, The Edinburgh House Press, London 1938

Karl Rahner, „Das Christentum und die nichtchristlichen Religionen", in: Kirche in den Herausforderungen der Zeit. Studien zur Ekklesiologie und zur kirchlichen Existenz, Rahner-Werkausgabe Bd. 10, S. 557–573, © Verlag Herder, Freiburg im Breisgau, 2003. Erstveröffentlichung in: Karl Rahner, Schriften zur Theologie Bd. V, Neuere Schriften, Benzinger Verlag 1962, S. 136–158

Wolfhart Pannenberg, Erwägungen zu einer Theologie der Religionsgeschichte, in: Ders., Grundfragen systematischer Theologie. Gesammelte Aufsätze, Vandenhoeck & Ruprecht, Göttingen ²1971 (erstmals 1967), S. 252–295

Paul Tillich, Die Bedeutung der Religionsgeschichte für den systematischen Theologen (1965), in: Ders., Korrelationen. Die Antworten der Religion auf Fragen der Zeit, Ergänzungs- und Nachlassbände zu den gesammelten Werken von Paul Tillich, Bd. IV, hg. von Ingeborg C. Henel, Evangelisches Verlagswerk Stuttgart 1975, S. 144–156 (jetzt © Walter de Gruyter & Co., Berlin)

Georges Khodr, Das Christentum in einer pluralistischen Welt – das Werk des Heiligen Geistes, in: Hanfried Krüger (Hg.), Addis Abeba 1971 (Beiheft zur Ökumenischen Rundschau Nr. 17), Verlag Otto Lembeck, Frankfurt/Main 1971, S. 34–44

Hans Jochen Margull, Verwundbarkeit. Bemerkungen zum Dialog, in: Zeugnis und Dialog. Ausgewählte Schriften, Verlag an der

Lottbek, Ammersbek bei Hamburg 1992, S. 330–342. Erstveröffentlichung: Evangelische Theologie, 34. Jg. (1974), S. 410–420

Raimon Panikkar, Die Spielregeln der religiösen Begegnung, in: Ders., Gott, Mensch und Welt. Die Dreieinigkeit der Wirklichkeit, hg. von Roland R. Ropers, Verlag Via Nova, Petersberg 1999, S. 198–211

John Hick, Auf dem Weg zu einer Philosophie des religiösen Pluralismus, in: Ders., Gott und seine vielen Namen, Verlag Otto Lembeck, Frankfurt/Main 2001, S. 97–126. Erstveröffentlichung des engl. Originals in: God Has Many Names, The Westminster Press, Philadelphia 1982

Leonard Swidler, Grundregeln für den interreligiösen Dialog, in: Ders., Die Zukunft der Theologie im Dialog der Religionen und Weltanschauungen (1992). Quelle: global-dialogue.com/swidlerbooks/zukunft.htm

Aloysius Pieris, Der Ort der nichtchristlichen Religionen und Kulturen in der Entwicklung einer Theologie der Dritten Welt, in: Theologie der Befreiung in Asien, Theologie der Dritten Welt Bd. 9, S. 161–199, © Verlag Herder, Freiburg im Breisgau, 1986. (Vortrag auf der 5. Konferenz der Ecumenical Association of Third World Theologians 1981 in New Delhi, im Original: The Place of Non-Christian Religions and Cultures in the Evolution of Third World Theology, in: Aloysius Pieris, S.J., An Asian Theology of Liberation, Orbis Books, Maryknoll 1988, S. 87–110)

Francis X. D'Sa, Das endzeitliche Pfingstfest und der endgültige Mokscha, in: Ders., Gott Der Dreieine Und Der All-Ganze. Vorwort zur Begegnung zwischen Christentum und Hinduismus, Patmos Verlagshaus, Düsseldorf 1987, S. 113–129

Paul F. Knitter, Befreiungstheologie der Religionen, in: Ders., Horizonte der Befreiung. Auf dem Weg zu einer pluralistischen Theologie der Religionen, hg. von Bernd Jaspert, Verlag Otto Lembeck, Frankfurt/Main 1997, S. 177–200

Hans Küng, Weltfrieden – Weltreligionen – Weltethos, in: Karl-Josef Kuschel (Hg.), Christentum und nichtchristliche Religionen, Wissenschaftliche Buchgesellschaft, Darmstadt 1994, S. 155–171

Perry Schmidt-Leukel, Zur Einteilung religionstheologischer Standpunkte, in: Ders., Gott ohne Grenzen. Eine christliche und pluralistische Theologie der Religionen, Gütersloher Verlagshaus 2005, S. 62–95

Lumen Gentium, 1964, Abschnitt 16. Quelle: http://www.vatican.va/archive/hist_councils/ii_vatican_council/documents/vat-ii_const_19641121_lumen-gentium_ge.html

Nostra Aetate, 1965. Quelle: http://www.vatican.va/archive/hist_councils/ii_vatican_council/ documents/vat-ii_decl_19651028_nostra_aetate_ge.html

Kongregation für die Glaubenslehre: Erklärung Dominus Iesus. Über die Einzigkeit und die Heilsuniversalität Jesu Christi und der Kirche, Bonn 2000 (= Verlautbarungen des Apostolischen Stuhls Nr. 148), Abschnitt VI

Leitlinien zum Dialog mit Menschen verschiedener Religionen und Ideologien, hg. vom Ökumenischen Rat der Kirchen, Genf 1979, veröffentlicht u. a. als EZW-Arbeitstext Nr. 19, VI/79, Stuttgart 1979

Ökumenische Erwägungen zum Dialog und zu den Beziehungen mit Menschen anderer Religionen, hg. vom Ökumenischen Rat der Kirchen, Genf 2002. Quelle: http://www.oikoumene.org/index.php?id=3445&L=2

Christlicher Glaube und nichtchristliche Religionen, hg. v. EKD, Hannover 2003 (= EKD-Text 77)